普通高等教育“十一五”国家级规划教材

微分方程数值方法

(第二版)

胡健伟　汤怀民

科 学 出 版 社
北 京

内 容 简 介

本书为普通高等教育“十一五”国家级规划教材，分为常微分方程的数值解法、偏微分方程的差分方法和有限元方法三部分，共8章. 内容包括常微分方程初值问题、椭圆型方程、离散方程的数值解法、抛物型方程、双曲型方程、边值问题的变分原理与广义解、有限元方法的基本过程及其进一步的讨论.

本书在不太高的起点上循序渐进，通过一些典型有效的方法阐明构造数值方法的基本思想，尽可能精确地叙述必要的基本概念. 每章都有习题和小结，书末附有部分习题答案及提示，宜于教学和自学.

本书既可作为理工科本科生或研究生的教材，也可作为从事科学与工程计算的有关人员自学与进修的参考书.

图书在版编目(CIP)数据

微分方程数值方法/胡健伟，汤怀民. —2版. —北京：科学出版社，2007
普通高等教育“十一五”国家级规划教材

ISBN 978-7-03-018539-6

I.微… II.①胡… ②汤… III.微分方程-数值计算-高等学校-教材
IV.O241.8

中国版本图书馆CIP数据核字(2007) 第017510号

责任编辑：赵 靖／责任校对：张 琪
责任印制：赵 博／封面设计：耕者设计工作室

科学出版社 出版
北京东黄城根北街16号
邮政编码：100717
http://www.sciencep.com

北京富资园科技发展有限公司印刷
科学出版社发行 各地新华书店经销
*
1999年1月第 一 版 开本：720×1000 1/16
2007年3月第 二 版 印张：24
2025年10月第二十三次印刷 字数：452 000

定价：79.00元

(如有印装质量问题，我社负责调换)

第二版前言

本书第一版自 1999 年初问世以来已经过去八年了. 在此期间, 我国的高等教育得到前所未有的巨大发展, 高等学校的专业设置和培养目标也作了很大调整. 除了数学类的专业, 很多理工类专业在本科或者研究生阶段都开设了微分方程数值解法方面的课程. 因此, 在本书被列入普通高等教育"十一五"国家级规划教材目录后, 为适应广大的读者面, 在修订过程中仍然设法保持原先的风格, 在不太高的起点上循序渐进, 介绍实用的数值方法.

根据本书第一版的使用情况, 修订中首先删除了一些过于繁杂的内容, 如对流扩散问题的特征差分法、变系数抛物型方程差分格式的能量方法等; 某些部分则在章节标题前加了星号, 表示不是最基本的内容. 其次, 对微分方程离散后所建立的代数方程组, 为强调一些当代数值求解方法的重要性, 将有关内容单独列成一章, 以引起读者注意. 此外, 还修改了部分习题, 使不同难度的习题都有适当的数量; 在书末新增了习题答案及提示, 以便于自学; 修订了文字, 使之更为通顺易读; 更新了参考文献, 使读者了解最新的出版物. 全书仍然分为三部分, 每一部分保持相对的独立性. 因此, 本书可以作为一门课程或者多门课程的教材使用.

本书问世以来, 广大的读者通过各种途径向我们提出了很多意见和建议. 虽然这次修订中作者做了仔细校阅和检查, 但仍然会有缺点甚至错误, 希望读者能对本书提出批评和意见, 我们将感激不尽. 科学出版社的编辑对本书的出版给予了积极的支持, 孙文昌教授和黄惠茹、廖清清两位同学为排版付出了辛勤的劳动, 谨此向他们表示衷心的感谢.

作　者

2006 年 10 月于南开大学

第一版前言

现代的科学、技术、工程中的大量数学模型都可以用微分方程来描述, 很多近代自然科学的基本方程本身就是微分方程. 从微积分理论形成以来, 人们一直用微分方程来描述、解释或预见各种自然现象, 不断地取得了显著的成效. 遗憾的是, 绝大多数微分方程 (特别是偏微分方程) 定解问题的解不能以实用的解析形式来表示. 这就产生了理论与应用的矛盾: 一方面, 人们列出了反映客观现象的各种微分方程, 建立了大量实用的数学模型; 另一方面, 人们又无法得到这些方程的准确解以定量地描述客观过程.

随着电子计算机的出现和发展, 解决上述矛盾的一门学科 —— 微分方程的数值方法得到了前所未有的发展和应用. 虽然常微分方程数值方法的历史可以追溯到 18 世纪, 一些偏微分方程的数值方法也在 20 世纪初得到研究, 但是, 它们发展成为一门理论上严谨、实用上有效的学科, 还是 20 世纪 50 年代以来的事. 究其原因, 除了其他学科和工程技术发展的需要, 电子计算机的诞生是最重要的客观条件.

自从 Galielo 系统地引进实验方法和 Newton 奠定物理学的理论基础以来, 近代的科学方法一直分为实验与理论两大方面. 任何科学工具的创新, 都能推动有关学科的发展, 正如望远镜、显微镜带动了天文学、生物学和医学的发展, 而电子计算机是一种延伸、强化人的思维和智能的工具, 它的出现影响了一切科学技术领域. 它刚诞生时, 著名的数学家 von Neumann 就深刻地指出这一新工具的巨大潜力, 并预见计算的方法作为一项第三种科学方法的发展前景. 50 年来社会发展和科学技术进步的历史证明了这位天才科学家的预言是完全正确的. 今天, 计算机的飞速发展正把计算的方法推向人类科学活动的前沿, 使它成为一种重要的科学方法, 特别是对科学的定量化起了重要的作用.

在科学的计算机化进程中, 科学与工程计算作为一门工具性、方法性、边缘交叉性的新学科开始了自己的新发展. 由于科学基本规律大多是通过微分方程来描述的, 因此, 科学与工程计算的主要任务就是求解形形色色的微分方程, 特别是一些大规模、非线性、几何非规则性的方程. 因此, 今天需要掌握和应用微分方程数值方法的已不再限于有关专业的学生和专门从事科学与工程计算的人员. 大量从事力学、物理学、天文学方面的科研人员, 航空、土木、船舶、机械、电机、地质勘探、油田开发、水文、原子能、电子、航天等领域的工程技术人员, 甚至连金融工程、风险投资等非科技领域都已把这门学科作为自己领城的一种重要研究手段和方法.

特别应该指出的是, 人类的计算能力决不是单方面地依赖于电子计算机, 还取决于计算方法的效率. 例如, 从 20 世纪 50 年代到 70 年代, 计算机的运算速度提高了数千倍; 但同一时期内, 解决某些椭圆型方程的计算方法效率提高了近百万倍. 又如, 从 20 世纪 60 年代中期至 80 年代初, 计算机速度提高了数百倍, 而计算二维平面粘性流的数值方法效率提高近千倍. 因此, 数值方法的发展对于提高计算能力的贡献是与新一代计算机的研制同样重要的. 在今天, 即使计算机发展速度之快往往使人预料不及, 但实际应用需求的增长更快, 仍然使人们觉得计算机还不够快、不够大, 还不能满足大规模科学与工程计算的需要, 仍然要依靠发展新的数值方法来完成更大规模的计算.

本书是作为入门性质的教材而编写的, 它不可能也不必要包罗万象. 第一部分为常微分方程初值问题的数值方法, 第二部分是求解偏微分方程的差分方法, 第三部分是有限元方法. 我们通过一些典型、常用、有效的数值方法来阐明构造数值方法的基本思想, 以使读者了解如何在电子计算机上应用这些方法数值求解一个微分方程定解问题. 另外, 我们对数值方法中一些基本概念和基本理论 (如方法的稳定性、收敛性、误差估计等) 给出尽可能精确的叙述, 使得对此感兴趣的读者在理论分析能力上得到一定的训练. 对于只是关心如何使用数值方法的读者, 最好也能粗读一下这方面的内容, 因为这些理论对使用数值方法是有指导意义的.

对多数学生而言, 大学学习是他们一生中系统学习的最后阶段. 因此, 应当创造条件减少他们对老师的依赖性, 培养和提高他们的自学能力. 所以, 本书的起点并不高, 凡是学过微积分, 并且对数值逼近、数值代数和微分方程的初步内容有所了解的读者都可以设法读懂. 在较难的地方或者容易混淆概念的地方, 我们都多做了解释, 或者结合例子予以说明. 我们认为, 课本内容应该丰富一些, 但讲授不必讲得过多, 有些内容由学生根据个人条件灵活地选择自学.

按照我们的设想, 本教材讲授时间大约需要 100 学时左右. 三大部分的内容基本上是独立的, 每一部分的后面章节也有相对独立性. 因此, 读者可以酌情选学感兴趣的部分而不必从头读起. 我们在每一章的末尾都写了该章的内容提要, 并且对正文中未能深入讨论的某些内容作必要的补充, 给出参考书目, 以利于读者自学. 每一章后都配备了习题, 以利于读者消化正文中的内容. 还应当指出, 为了培养读者的实际解题能力, 应当结合正文安排一些实习, 使读者应用学过的数值方法在计算机上算出数值结果, 并对结果作出分析.

本书初稿最初以油印讲义在南开大学使用. 编写过程中南开大学计算数学教研室的同事们给了许多帮助和支持, 听课的同学也对初稿提出了很多有益的意见. 1990 年, 南开大学出版社正式出版了此书. 近年来, 兄弟院校一些用过本书的老师和同学也提出了宝贵的意见, 并给予热情的鼓励. 此次再版, 由两作者作了全面的修订和补充, 其中第 2 章和第 4 章的一些小节是重新写的. 编写和修订过程中参考了国内外的一些教材和专著, 它们中的一些被列在本书每一部分附录的参考书目中.

作者衷心感谢科学出版社和南开大学出版社的支持, 使本书得以顺利问世. 两个出版社的编辑为本书的出版都付出了辛勤的劳动, 谨向他们表示最衷心的感谢. 由于笔者水平所限, 书中一定有疏漏和不足之处, 敬请读者批评指正.

作　者

1998 年 7 月于南开大学

目　　录

第一部分　常微分方程的数值解法

第二部分　偏微分方程的差分方法

第三部分 偏微分方程的有限元方法

第一部分　常微分方程的数值解法

本书开篇, 我们首先讨论常微分方程初值问题的数值方法. 常微分方程作为微分方程的基本类型之一, 是生产和科学发展的得力助手和工具. 自然界与工程技术中的很多现象, 其数学表述归结为常微分方程定解问题. 很多偏微分方程问题也可以化为常微分方程问题来近似求解. 因此, 常微分方程的数值解法是微分方程数值分析的基础内容. 由于生产和技术需要的推动, 经过长时间的发展, 特别是电子计算机诞生以来的大发展, 常微分方程定解问题的数值解法已经比较成熟, 理论是比较完善的, 数值分析工作者构造了许多有实用价值的方法, 并且形成了计算机软件.

常微分方程数值解法主要分为两大部分, 初值问题与边值问题的数值方法. 本部分只讨论初值问题, 而不涉及边值问题. 因为后者的典型问题与椭圆型方程边值问题具有很多相近性, 我们将它放到第二部分第 2 章讨论.

第 1 章　常微分方程初值问题

本章讨论一阶常微分方程初值问题

$$\begin{cases} \dfrac{\mathrm{d}u}{\mathrm{d}t} = f(t,u), \\ u(t_0) = u_0 \end{cases} \tag{1.0.1}$$

的数值求解, 其中 f 为 t 和 u 的已知函数,u_0 为给定的初值. 为方便, 我们做如下基本假设：设函数 $f(t,u)$ 在区域:$t_0 \leqslant t \leqslant T, |u| < \infty$ 内连续, 并且关于 u 满足 Lipschitz 条件, 亦即, 存在常数 L(以后称为 Lipschitz 常数), 对所有 $t \in [t_0, T]$ 和 u_1, u_2, 有

$$|f(t,u_1) - f(t,u_2)| \leqslant L|u_1 - u_2|.$$

由常微分方程理论, 在上述基本假设下, 初值问题 (1.0.1) 在区间 $[t_0, T]$ 上有唯一解 $u(t)$, 并且 $u(t)$ 为连续可微的. 进而, 解函数 $u(t)$ 连续地依赖于初值及右端.

在常微分方程理论中, 已对某些类型的初值问题 (1.0.1) 提出了一些解析求解方法, 但都满足不了生产实践与科学技术发展的需要. 本章着重讨论初值问题 (1.0.1) 的数值解法, 它是一种具有实用价值的方法.

什么是数值解法？它是一种离散化方法, 利用这种方法, 可以在一系列离散点 $t_1, t_2, \cdots, t_N$ 上求出未知函数 $u(t)$ 之值 $u(t_1), u(t_2), \cdots, u(t_N)$ 的近似值 $u_1, u_2, \cdots, u_N$. 自变量 t 的离散值 $t_1, t_2, \cdots, t_N$ 是事先取定的, 称之为节点, 通常取成等距的, 即 $t_1 = t_0 + h, t_2 = t_0 + 2h, \cdots, t_N = t_0 + Nh$, 其中 $h > 0$ 称为步长, 必要时, 可以改变它的大小. 而 $u_1, u_2, \cdots, u_N$ 通常称为初值问题的一个数值解.

本章 1.1 节将以最简单的数值方法为例, 说明数值解法中的基本概念和主要讨论的问题. 1.2 节讨论最常用的单步方法 ——Runge-Kutta 法, 并相应研究它的理论问题. 1.3 节导出另一类重要方法 —— 线性多步方法, 同时讨论它的使用. 1.4 节讨论线性差分方程的基本性质, 它是本章以后各节对数值方法进行理论分析的工具. 1.5 节对一般多步方法 (包括单步方法及线性多步方法) 进行理论分析, 讨论它们的收敛性问题, 并给出相应的充要条件. 1.6 节讨论舍入误差对数值解的影响, 分析数值方法的绝对稳定性质. 1.7 节将前述各节的结果推广到一阶微分方程组的情形, 并简介一类具有特殊性质的方程 —— 刚性 (stiff) 方程的数值求解问题.

1.1　基本概念　Euler 法与梯形法

本节通过 Euler 法及梯形法的讨论, 说明常微分方程数值解法中的一些基本概

念与主要研究的问题.

1.1.1　Euler 法

Euler 法是最简单的数值方法. 考虑初值问题 (1.0.1). 由于 $u(t_0) = u_0$ 是已知的, 可以算出 $u'(t_0) = f(t_0, u_0)$. 设 $t_1 = t_0 + h$, 当 h 充分小时, 则近似地有

$$\frac{u(t_1) - u(t_0)}{h} \approx u'(t_0) = f(t_0, u_0),$$

从而可取

$$u_1 = u_0 + hf(t_0, u_0)$$

作为 $u(t_1)$ 的近似值. 类似地, 利用 u_1 及 $f(t_1, u_1)$ 又可算出 $u(t_2) = u(t_0 + 2h)$ 的近似值

$$u_2 = u_1 + hf(t_1, u_1).$$

一般地, 用 u_n 表示 $u(t_n)$ 的近似值, 在任意节点 $t_{n+1} = t_0 + (n+1)h$ 处,$u(t_{n+1})$ 的近似值由下式给出

$$u_{n+1} = u_n + hf(t_n, u_n). \tag{1.1.1}$$

这就是 Euler 法的计算公式.

显然, 近似值 u_n 依赖于步长 h, 换言之, 由不同的 h_1 及 h_2 算出的近似值 u_{n,h_1} 及 u_{n,h_2} 是不同的. 为简化记号, 在不至于混淆的情况下, 仍用 u_n 表示近似值 $u_{n,h}$.

Euler 法的几何意义是十分清楚的: 在这种方法中, 实际上是用一条过 (t_0, u_0) 的折线来近似替代过 (t_0, u_0) 的积分曲线, 如图 1.1.1 所示. 因此, 这种方法又称为折线法.

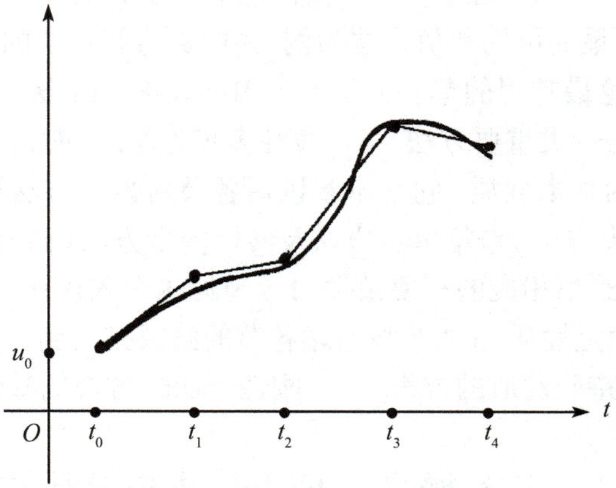

图 1.1.1　Euler 折线法的数值解与真解比较

为考察由 Euler 法提供的数值解是否具有实用价值, 首先应该知道, 当步长 h 取得充分小时, 所得数值解 u_n 能否足够精确地逼近初值问题 (1.0.1) 的真解 $u(t_n)$. 这是所谓收敛性问题. 其次, 还必须估计数值解与真解之间的误差, 以便在实际计算中根据精度要求确定计算方案. 在 Euler 法中, 数值解的误差首先是由差商代替导数引起的, 这种近似替代所产生的误差称为截断误差. 其次, 计算过程中还会由于数值的舍入产生另一种误差 —— 舍入误差. 由于 Euler 法是一种步进方法, 显然, 只有当最初产生的误差在以后各步的计算中不会无限制扩大时, 换言之, 只有当 (1.1.1) 的解对初值具有某种连续相依性质时, 方法才具有实用价值. 这种性质称为稳定性问题.

上述收敛性、截断误差估计与稳定性问题也是常微分方程初值问题其他数值方法的研究中, 必须解决的基本问题. 现在, 先对 Euler 法一一讨论这些问题.

首先讨论 Euler 法的截断误差估计及收敛性问题. 由常微分方程理论, 初值问题 (1.0.1) 可写成等价的积分形式

$$u(t) = u_0 + \int_{t_0}^{t} f(\tau, u(\tau))\mathrm{d}\tau,$$

于是

$$u(t+h) = u(t) + \int_{t}^{t+h} f(\tau, u(\tau))\mathrm{d}\tau. \tag{1.1.2}$$

在上式中, 令 $t = t_n$, 并用左矩形公式计算右端积分, 则有

$$u(t_n + h) = u(t_n) + hf(t_n, u(t_n)) + R_n, \tag{1.1.3}$$

其中

$$R_n = \int_{t_n}^{t_{n+1}} f(t, u(t))\mathrm{d}t - hf(t_n, u(t_n)).$$

舍去 R_n, 并用 u_n 替代 $u(t_n)$, 则得到公式 (1.1.1).

R_n 称为 Euler 法的局部截断误差, 它表示当 $u_n = u(t_n)$ 为精确值时, 利用公式 (1.1.1) 计算 $u(t_n + h)$ 的误差. 在逐步计算的过程中, 局部截断误差要传播要积累, 因此, 还必须对这种误差的积累与传播作出估计.

设 u_n 是在无舍入误差情况下, 用 (1.1.1) 计算出的数值解,$u(t)$ 为真解, $\varepsilon_n = u(t_n) - u_n$ 为 Euler 法 (1.1.1) 的截断误差, 或更精确地称为整体截断误差. 为估计 ε_n, 先给出 R_n 的上界.

从式 (1.1.3) 知,

$$R_n = \int_{t_n}^{t_{n+1}} \left[f(t, u(t)) - f(t_n, u(t_n))\right] \mathrm{d}t.$$

若函数 $f(t,u)$ 关于 t 也满足 Lipschitz 条件, 以 K 记相应的 Lipschitz 常数, 则由上式推出

$$\begin{aligned}|R_n| &\leqslant \int_{t_n}^{t_{n+1}} |f(t,u(t))-f(t_n,u(t))|\mathrm{d}t + \int_{t_n}^{t_{n+1}} |f(t_n,u(t))-f(t_n,u(t_n))|\mathrm{d}t \\ &\leqslant K\int_{t_n}^{t_{n+1}} |t-t_n|\mathrm{d}t + L\int_{t_n}^{t_{n+1}} |u(t)-u(t_n)|\mathrm{d}t \\ &\leqslant \frac{1}{2}h^2(K+LM),\end{aligned}$$

式中 $M=\max\limits_{t_0\leqslant t\leqslant T}|u'(t)|=\max\limits_{t_0\leqslant t\leqslant T}|f(t,u(t))|$. 于是, 得到局部截断误差的上界

$$|R_n|\leqslant R=\frac{1}{2}h^2(K+LM).$$

从式 (1.1.3) 减去式 (1.1.1), 得到整体截断误差所满足的方程

$$\varepsilon_{n+1}=\varepsilon_n+h[f(t_n,u(t_n))-f(t_n,u_n)]+R_n.$$

一般讲来, 我们不能从上式解出 ε_n, 实用上也只需要 $|\varepsilon_n|$ 的一个较为精确的上界. 于是, 从上式推出

$$|\varepsilon_{n+1}|\leqslant(1+hL)|\varepsilon_n|+R. \tag{1.1.4}$$

引理 1.1.1　设数列 ξ_i 满足不等式

$$|\xi_{i+1}|\leqslant(1+\delta)|\xi_i|+B,\quad \delta>0, B\geqslant 0, i=0,1,2,\cdots,$$

则有

$$|\xi_i|\leqslant e^{i\delta}|\xi_0|+\frac{e^{i\delta}-1}{\delta}B,\quad i>1.$$

证明　由题设, 直接得到

$$\begin{aligned}|\xi_1| &\leqslant (1+\delta)|\xi_0|+B,\\ |\xi_2| &\leqslant (1+\delta)^2|\xi_0|+B(1+\delta)+B,\\ &\cdots\cdots\\ |\xi_i| &\leqslant (1+\delta)^i|\xi_0|+B[1+(1+\delta)+\cdots+(1+\delta)^{i-1}]\\ &= (1+\delta)^i|\xi_0|+B\frac{(1+\delta)^i-1}{\delta}\\ &\leqslant e^{i\delta}|\xi_0|+B\frac{e^{i\delta}-1}{\delta},\end{aligned}$$

因为 $0<1+\delta\leqslant e^{\delta}$, 当 $\delta>-1$. 证毕.　□

由式 (1.1.4), 引用上述引理, 则得如下结论: 若 $f(t,u)$ 关于 t,u 均满足 Lipschitz 条件,K 及 L 为相应的 Lipschitz 常数, 则 Euler 法 (1.1.1) 的整体截断误差满足估计式

$$|\varepsilon_n| \leqslant e^{L(T-t_0)}|\varepsilon_0| + \frac{h}{2}(M+K/L)(e^{L(T-t_0)}-1). \tag{1.1.5}$$

若固定 $t=t_n=t_0+nh$ 为一节点, 且又因 $u_0=u(t_0)$(即 $\varepsilon_0=0$), 由式 (1.1.5), 则知当 $h\to 0$ 时,Euler 法之解 u_n 在 $[t_0,T]$ 上一致收敛于问题 (1.0.1) 之解 $u(t)$.

从 $u_0=u(t_0)$ 及式 (1.1.5), 又知

$$\varepsilon_n = O(h), \quad 当 h\to 0 时,$$

即 Euler 法的整体截断误差与 h 同阶. 此时, 称 Euler 法为一阶方法. 它的直观意义是, 当 $u(t)$ 为一次多项式时,Euler 法是精确的.

下面来研究 Euler 法的稳定性问题.

在利用公式 (1.1.1) 计算数值解的过程中, 难免有舍入误差, 这里, 考虑一种简单情况, 即仅初值 u_0 有误差, 而其他计算步骤无误差, 初始误差对方法 (1.1.1) 之解的影响.

设 u_0, v_0 为任意两个初值, 方法 (1.1.1) 相应的精确解分别为 u_n 和 v_n, 于是

$$\begin{aligned} u_{n+1} &= u_n + hf(t_n,u_n), \\ v_{n+1} &= v_n + hf(t_n,v_n). \end{aligned}$$

记 $e_n = u_n - v_n$, 则有

$$\begin{aligned} |e_{n+1}| &\leqslant |e_n| + h|f(t_n,u_n)-f(t_n,v_n)| \\ &\leqslant (1+hL)|e_n| \leqslant \cdots \leqslant (1+hL)^{n+1}|e_0|. \end{aligned}$$

从而当 $t_n \leqslant T$ 时, 有

$$|e_n| \leqslant e^{L(T-t_0)}|e_0|.$$

由此得到如下结论, 当 $f(t,u)$ 关于 u 满足 Lipschitz 条件时,Euler 法 (1.1.1) 的解连续地依赖于初值.

上述结论所表述的 Euler 法的性质, 即所谓关于初值的稳定性: 当初始误差充分小时, 以后各步的误差也可充分小.

我们将在 1.6 节介绍另一种稳定性概念, 它要求: 初始误差与某计算步中的误差对以后各步的影响, 将随着步数的增多而减少.

大家知道, 左矩形求积公式精度很低, 因而 Euler 法的精度也很低. 我们来构造具有较高精度的方法 —— 梯形法.

1.1.2　梯形法

本节以梯形法为例, 介绍数值解法中另外一些基本概念.

由式 (1.1.2), 取 $t = t_n$, 并用梯形求积公式计算其右端积分, 则得

$$u(t_{n+1}) = u(t_n) + \frac{h}{2}[f(t_n, u(t_n)) + f(t_{n+1}, u(t_{n+1}))] + R_n^{(1)}, \tag{1.1.6}$$

其中,$R_n^{(1)}$ 表示梯形求积公式的余项. 由数值逼近理论, 当 $u'''(t)$ 在 $t_0 \leqslant t \leqslant T$ 上连续时,

$$R_n^{(1)} = -\frac{h^3}{12}u'''(\xi), \quad t_n < \xi < t_{n+1}. \tag{1.1.7}$$

舍去 $R_n^{(1)}$, 即得到梯形法的计算公式

$$u_{n+1} = u_n + \frac{h}{2}[f_n + f_{n+1}], \tag{1.1.8}$$

这里, 记 $f_n = f(t_n, u_n)$. 由式 (1.1.7) 所表示的 $R_n^{(1)}$ 即为梯形法的局部截断误差, 它与 h^3 同阶, 比 Euler 法高一阶.

对于梯形法, 可类似地建立其截断误差估计式及收敛性, 且

$$|u(t_n) - u_n| = O(h^2), \quad 当h \to 0时.$$

此时, 称梯形法为二阶方法.

这里要注意梯形法与 Euler 法的一个重要区别, 即式 (1.1.8) 只给出一个关于 u_{n+1} 的 (非线性) 方程, 而 Euler 法给出的是 u_{n+1} 的明显表达式. 因此,Euler 法是一个显式方法, 而梯形法是隐式方法. 当用梯形法求 u_{n+1} 时, 可利用求解非线性方程的各种方法, 例如, 最简单的是用下述迭代方法:

$$u_{n+1}^{(m+1)} = u_n + \frac{h}{2}[f_n + f(t_{n+1}, u_{n+1}^{(m)})], \quad m = 0, 1, 2, \cdots. \tag{1.1.9}$$

若记 $F(u_{n+1}) \equiv u_n + \frac{h}{2}[f_n + f_{n+1}]$, 则当 h 取充分小, 以使 $\frac{1}{2}hL < 1$ 时, 由压缩映象原理知, 方程

$$u_{n+1} = F(u_{n+1})$$

(即方程 (1.1.8)) 有唯一解, 且迭代程序 (1.1.9) 是收敛的.

实际计算时, 初始近似 $u_{n+1}^{(0)}$ 可用 Euler 法求出. 这样, 梯形法每步完整的计算公式为

$$\begin{cases} u_{n+1}^{(0)} = u_n + hf(t_n, u_n), \\ u_{n+1}^{(m+1)} = u_n + \dfrac{h}{2}[f_n + f(t_{n+1}, u_{n+1}^{(m)})], \\ \qquad m = 0, 1, 2, \cdots. \end{cases} \tag{1.1.10}$$

上述公式又称为预测校正格式, 即由 Euler 法给出预测值, 再用梯形法予以校正. 当步长取得适当小时, 由 Euler 法算出的值已是较好的近似, 格式 (1.1.10) 收敛很快, 通常只需一两次迭代即可满足精度要求, 如需多次送代, 则应缩小步长 h 后再算.

通过上述两个方法的讨论可知, 数值方法的研究中有如下基本问题: 计算公式的构造, 方法的收敛性, 截断误差估计, 稳定性及方法的实际应用等.

1.2 Runge-Kutta 方法及一般单步方法

前节介绍的两个方法的精度是很低的. 本节从提高局部截断误差阶入手, 来构造具有较高精度的方法.

设初值问题 (1.0.1) 的解 $u(t)$ 具有 $q+1$ 次连续导数. 考虑 $u(t)$ 在 $t=t_0$ 处的 Taylor 展开式

$$u(t_0+h)=u(t_0)+hu'(t_0)+\frac{h^2}{2}u''(t_0)+\cdots+\frac{h^q}{q!}u^{(q)}(t_0)+O(h^{q+1}).$$

若取

$$u_1=u(t_0)+hu'(t_0)+\frac{h^2}{2!}u''(t_0)+\cdots+\frac{h^q}{q!}u^{(q)}(t_0), \tag{1.2.1}$$

则局部截断误差为

$$u(t_0+h)-u_1=O(h^{q+1}),$$

q 可取任意正整数, 式 (1.2.1) 中的各阶导数 $u^{(i)}(t_0)$ 可直接利用 $u'(t)=f(t,u(t))$ 算出:

$$\begin{cases} u'=f, \\ u''=f_t+ff_u, \\ u^{(i)}=\dfrac{\mathrm{d}^{i-1}}{\mathrm{d}t^{i-1}}f(t,u(t))=\left(\dfrac{\partial}{\partial t}+f\dfrac{\partial}{\partial u}\right)^{i-1}f(t,u(t)), \\ \qquad\qquad i=2,3,\cdots, \end{cases} \tag{1.2.2}$$

式中 f_t, f_u 等表示 $f(t,u)$ 对相应变量的偏导数. 一般地, 第 $n+1$ 步的计算公式为

$$u_{n+1}=u_n+hu'_n+\frac{h^2}{2}u''_n+\cdots+\frac{h^q}{q!}u_n^{(q)}.$$

这里,$u_n^{(i)}=\left(\dfrac{\partial}{\partial t}+f\dfrac{\partial}{\partial u}\right)^{i-1}f(t_n,u_n), i=1,2,\cdots,q$. 这种方法称为 Taylor 级数法. 虽然它的局部截断误差的阶可任意高, 但由式 (1.2.2) 知, 各阶导数 $u^{(i)}(t)$ 的计算量非常大, 不实用.

现在介绍一类既可达到较高精度, 又可避免高阶导数计算的方法 ——Runge-Kutta 方法 (以后简写为 RK 方法).

1.2.1　RK 方法的构造

根据公式 (1.1.2) 及积分中值定理

$$\int_{t_n}^{t_{n+1}} f(t,u(t))\mathrm{d}t = hf(t_n+\theta h, u(t_n+\theta h)), \qquad 0<\theta<1,$$

可得

$$u(t_n+h) = u(t_n) + hf(t_n+\theta h, u(t_n+\theta h)). \tag{1.2.3}$$

但 $f(t_n+\theta h, u(t_n+\theta h))$ 之值是无法计算的. 我们用 f 在位于 $[t_n, t_n+h]$ 上的若干个点 (例如 s 个点) 处的值的线性组合来近似它, 并使之有尽可能高的精度. 具体地讲, 就是用下列公式代替式 (1.2.3)

$$u_{n+1} = u(t_n) + h\sum_{i=1}^{s} W_i K_i, \tag{1.2.4}$$

$$\begin{cases} K_1 = f(t_n, u(t_n)), \\ K_i = f(t_n + h\alpha_i, u(t_n) + h\displaystyle\sum_{j=1}^{i-1}\beta_{ij}K_j), \quad i=2,\cdots,s, \end{cases} \tag{1.2.5}$$

其中 $W_i, \alpha_i, \beta_{ij}$ 都是待定的系数. 在实际计算时, 用 u_n 代替 $u(t_n)$. 公式 (1.2.4) 及 (1.2.5) 称为 s 级 RK 方法.

现在去选定系数 $\alpha_i, \beta_{ij} (i \geqslant 2)$, 以及 $W_i (i \geqslant 1)$, 使 RK 方法的局部截断误差具有尽可能高的阶 q. 这个阶数 q, 当然与级数 s 有关, 可记为 $q(s)$. 现以 $s=4$ 为例, 说明构造 4 级方法的过程. 这里的基本步骤是, 选定上述系数, 使 $u(t_n+h)-u(t_n)$ 与 $h\sum\limits_{i=1}^{s} W_i K_i$ 两者的 Taylor 展开中含 $h^r (r=1,2,\cdots,q)$ 项的系数对尽可能大的 q 相等.

首先

$$u(t_n+h) - u(t_n) = \sum_{l=1}^{\infty} h^l u^{(l)}(t_n)/l!, \tag{1.2.6}$$

或者由式 (1.2.2),

$$u(t_n+h) - u(t_n) = \sum_{l=0}^{\infty} \frac{h^{l+1}}{(l+1)!}\left(\frac{\partial}{\partial t} + f\frac{\partial}{\partial u}\right)^l f(t_n, u(t_n)). \tag{1.2.7}$$

定义

$$D = \frac{\partial}{\partial t} + f(t_n, u(t_n))\frac{\partial}{\partial u},$$

于是, 可写 (例如)

$$\left[\frac{\partial}{\partial t}+f\frac{\partial}{\partial u}\right]^2 f(t_n,u(t_n))=[D^2f+f_uDf]|_n, \tag{1.2.8}$$

这里, 记号 $|_n$ 表示所有的量在 $(t_n,u(t_n))$ 处求值.

利用算子 D, 式 (1.2.7) 开头的几项是

$$\begin{aligned}&u\,(t_n+h)-u(t_n)\\=&\Big[\,hf+\frac{h^2}{2!}Df+\frac{h^3}{3!}(D^2f+f_uDf)+\frac{h^4}{4!}(D^3f+f_uD^2f+f_u^2Df\\&+3DfDf_u)+\frac{h^5}{5!}(D^4f+6DfD^2f_u+4D^2fDf_u+D^2ff_u^2+Dff_u^3\\&+3(Df)^2f_{uu}+D^3ff_u+7f_uDfDf_u)\Big]\Big|_n+O(h^6).\end{aligned} \tag{1.2.9}$$

为得到 $h\sum\limits_{i=1}^{4}W_iK_i$ 的展式, 先利用二元函数的 Taylor 级数展式, 有

$$f\left(t_n+\alpha_ih,u(t_n)+\left(\sum_{j=1}^{i-1}\beta_{ij}\right)hf_n\right)=\sum_{l=0}^{\infty}h^lD_i^lf(t_n,u(t_n))/l!, \tag{1.2.10}$$

这里 $f_n=f(t_n,u(t_n))$,

$$D_i=\alpha_i\frac{\partial}{\partial t}+\left(\sum_{j=1}^{i-1}\beta_{ij}\right)f_n\frac{\partial}{\partial u}. \tag{1.2.11}$$

利用式 (1.2.10) 和 (1.2.11), 则可得到每个 K_i 的展式.

因为 $\alpha_1=0,K_1=f_n$, 对于 K_2, 我们有

$$\begin{aligned}K_2&=f(t_n+\alpha_2h,u(t_n)+h\beta_{21}K_1)\\&=\sum_{l=0}^{\infty}h^lD_2^lf(t_n,u(t_n))/l!,\end{aligned}$$

这里 D_2 由式 (1.2.11) 给出. 对于 K_3, 用类似的办法, 则有

$$\begin{aligned}K_3&=f(t_n+\alpha_3h,u(t_n)+h\beta_{31}K_1+h\beta_{32}K_2)\\&=f(t_n+\alpha_3h,u(t_n)+(\beta_{31}+\beta_{32})hf_n+\beta_{32}h(K_2-f_n))\\&=\sum_{l=0}^{\infty}\left[hD_3+\beta_{32}h(K_2-f_n)\frac{\partial}{\partial u}\right]^lf(t_n,u(t_n))/l!.\end{aligned}$$

FZY

对于 K_4, 则有

$$
\begin{aligned}
K_4 &= f\left(t_n + \alpha_4 h, u(t_n) + h\sum_{j=1}^{3}\beta_{4j}K_j\right) \\
&= f\left(t_n + \alpha_4 h, u(t_n) + \sum_{j=1}^{3}(\beta_{4j}hf_n + \beta_{4j}h(K_j - f_n))\right) \\
&= \sum_{l=0}^{\infty}\left[hD_4 + \sum_{j=2}^{3}\beta_{4j}h(K_j - f_n)\frac{\partial}{\partial u}\right]^l f(t_n, u(t_n))/l!.
\end{aligned}
$$

将每个 $K_i(i=1,2,3,4)$ 的展式写成 h 的升幂形式, 且写出 K_i 时, 利用 $K_j(j<i)$ 的展式, 则有

$$
K_2 = \left[f + hD_2 f + \frac{h^2}{2!}D_2^2 f + \frac{h^3}{3!}D_2^3 f + \frac{h^4}{4!}D_2^4 f\right]\bigg|_n + O(h^5), \tag{1.2.12}
$$

$$
\begin{aligned}
K_3 = &\left\{f + hD_3 f + h^2\left(\frac{1}{2}D_3^2 f + \beta_{32}f_u D_2 f\right) + h^3\left[\frac{1}{6}D_3^3 f + \frac{\beta_{32}}{2}f_u D_2^2 f\right.\right. \\
&\left. + \beta_{32}D_2 f D_3 f_u\right] + h^4\left[\frac{1}{24}D_3^4 f + \frac{\beta_{32}}{6}f_u D_2^3 f + \frac{\beta_{32}}{2}D_2^2 f D_3 f_u\right. \\
&\left.\left. + \frac{\beta_{32}^2}{2}f_{uu}(D_2 f)^2 + \frac{\beta_{32}}{2}D_2 f D_3^2 f_u\right]\right\}\bigg|_n + O(h^5),
\end{aligned} \tag{1.2.13}
$$

$$
\begin{aligned}
K_4 = &\left\{f + hD_4 f + h^2\left(\frac{1}{2}D_4^2 f + \beta_{42}f_u D_2 f + \beta_{43}f_u D_3 f\right) + h^3\left[\frac{1}{6}D_4^3 f\right.\right. \\
& + \frac{1}{2}\beta_{42}f_u D_2^2 f + \beta_{32}\beta_{43}f_u^2 D_2 f + \frac{1}{2}\beta_{43}f_u D_3^2 f + \beta_{42}D_2 f D_4 f_u \\
&\left. + \beta_{43}D_3 f D_4 f_u\right] + h^4\left[\frac{1}{24}D_4^4 f + \frac{1}{6}\beta_{42}f_u D_2^3 f + \frac{1}{2}\beta_{32}\beta_{43}f_u^2 D_2^2 f\right. \\
& + \beta_{32}\beta_{43}f_u D_2 f D_3 f_u + \frac{1}{6}\beta_{43}f_u D_3^3 f + \frac{1}{2}\beta_{42}D_4 f_u D_2^2 f + \frac{1}{2}\beta_{43}D_4 f_u D_3^2 f \\
& + \frac{1}{2}\beta_{42}^2 f_{uu}D_2^2 f + \beta_{42}\beta_{43}f_{uu}D_2 f D_3 f + \frac{1}{2}\beta_{43}^2 f_{uu}D_3^2 f + \frac{1}{2}\beta_{42}D_2 f D_4^2 f_u \\
&\left.\left. + \frac{1}{2}\beta_{43}D_3 f D_4^2 f_u + \beta_{43}\beta_{32}f_u D_2 f D_4 f_u\right]\right\}\bigg|_n + O(h^5).
\end{aligned} \tag{1.2.14}
$$

由 $K_1 = f_n$ 及式 (1.2.12)~(1.2.14), 写出 $h\sum\limits_{i=1}^{4}W_i K_i$ 的展式, 并使之与式 (1.2.9) 中 h 的同次幂系数相等, 则得到

$$
h: W_1 + W_2 + W_3 + W_4 = 1, \tag{1.2.15}
$$

$$
h^2: [W_2 D_2 f + W_3 D_3 f + W_4 D_4 f]|_n = \frac{1}{2!}Df|_n, \tag{1.2.16}
$$

$$
\begin{aligned}
h^3: &\frac{1}{2}[W_2D_2^2f+W_3D_3^2f+W_4D_4^2f]|_n=\frac{1}{3!}D^2f|_n,\\
&f_u[W_3\beta_{32}D_2f+W_4(\beta_{42}D_2f+\beta_{43}D_3f)]|_n=\frac{1}{3!}f_uDf|_n,
\end{aligned}
\tag{1.2.17}
$$

$$
\begin{aligned}
h^4: &\frac{1}{6}[W_2D_2^3f+W_3D_3^3f+W_4D_4^3f]|_n=\frac{1}{4!}D^3f|_n,\\
&\frac{1}{2}f_u[W_3\beta_{32}D_2^2f+W_4(\beta_{42}D_2^2f+\beta_{43}D_3^2f)]|_n=\frac{1}{4!}f_uD^2f|_n,\\
&[W_3\beta_{32}D_2fD_3f_u+W_4(\beta_{42}D_2fD_4f_u+\beta_{43}D_3fD_4f_u)]|_n=\frac{3}{4!}DfDf_u|_n,\\
&W_4\beta_{32}\beta_{43}f_u^2D_2f|_n=\frac{1}{4!}f_u^2Df|_n.
\end{aligned}
\tag{1.2.18}
$$

这是含有 13 个未知参数的 8 个方程.

我们要求, 系数 $W_i(i=1,2,3,4),\alpha_i(i=2,3,4)$ 及 $\beta_{ij}(i=2,3,4;\ j=1,\cdots,i-1)$ 的选择与 f 无关, 以使所得方法对任意的 f 都可应用, 则比值

$$
\frac{D_jf}{Df},\ j=2,3,4 \quad \text{和} \quad \frac{D_jf_u}{Df_u},\ j=3,4 \tag{1.2.19}
$$

必须是常数. 若取

$$
\alpha_i=\sum_{j=1}^{i-1}\beta_{ij},\quad i=2,3,4, \tag{1.2.20}
$$

则式 (1.2.19) 中各比值均取常数, 且

$$
D_i=\alpha_iD. \tag{1.2.21}
$$

利用上式化简式 (1.2.15)~(1.2.18), 则得

$$
\begin{aligned}
&W_1+W_2+W_3+W_4=1,\\
&W_2\alpha_2+W_3\alpha_3+W_4\alpha_4=\frac{1}{2},\\
&W_2\alpha_2^2+W_3\alpha_3^2+W_4\alpha_4^2=\frac{1}{3},\\
&W_3\alpha_2\beta_{32}+W_4(\alpha_2\beta_{42}+\alpha_3\beta_{43})=\frac{1}{6},\\
&W_2\alpha_2^3+W_3\alpha_3^3+W_4\alpha_4^3=\frac{1}{4},\\
&W_3\alpha_2^2\beta_{32}+W_4(\alpha_2^2\beta_{42}+\alpha_3^2\beta_{43})=\frac{1}{12},\\
&W_3\alpha_2\alpha_3\beta_{32}+W_4(\alpha_2\beta_{42}+\alpha_3\beta_{43})\alpha_4=\frac{1}{8},\\
&W_4\alpha_2\beta_{32}\beta_{43}=\frac{1}{24}.
\end{aligned}
\tag{1.2.22}
$$

方程组 (1.2.20) 及 (1.2.22) 有 11 个方程, 13 个未知数, 故有两个自由参数. 当式 (1.2.4)~(1.2.5) 中各个系数满足式 (1.2.20) 及 (1.2.22) 时, $u(t_n+h)-u(t_n)$ 与 $h\sum\limits_{i=1}^{4}W_iK_i$ 两者的展式中, 含 $h^r(r=1,2,3,4)$ 项的系数对应相等, 且一般不能再使含 h^5 项的系数相等, 故所得方法的局部截断误差为 $O(h^5)$, 即方法为四阶的. 选定一组自由参数值, 就得到一个四阶 RK 方法. 因此, 我们可得无穷多个四级四阶方法. 在选定这两个参数时, 人们常先取定一个参数, 然后把方程组的解表示成另一个参数的函数, 其中值得注意的是取参数 $\alpha_2=1/2$ 和 $\alpha_2=1-\alpha_3$ 两种情况. 对应 $\alpha_2=1/2$, 可给出一个解族 (以 β_{43} 为待选参数)

$$\begin{aligned}
&\alpha_2=1/2,\ \alpha_3=1/2,\ \alpha_4=1,\\
&\beta_{21}=1/2,\ \beta_{31}=1/2-1/2\beta_{43},\ \beta_{41}=0,\\
&\beta_{32}=1/2\beta_{43},\ \beta_{42}=1-\beta_{43},\ \beta_{43}\text{待定},\\
&W_1=1/6,\ W_2=(2-\beta_{43})/3,\ W_3=\beta_{43}/3,\ W_4=1/6.
\end{aligned}\tag{1.2.23}$$

对应 $\alpha_2=1-\alpha_3$, 又给出另一个解族

$$\begin{aligned}
&\alpha_2\text{待选},\ \alpha_3=1-\alpha_2,\ \alpha_4=1,\\
&\beta_{21}=\alpha_2,\ \beta_{31}=(1-\alpha_2)(2\alpha_2-1)/2\alpha_2,\\
&\beta_{41}=1-(3\alpha_2-1)/2\alpha_2[6\alpha_2(1-\alpha_2)-1],\\
&\beta_{32}=(1-\alpha_2)/2\alpha_2,\\
&\beta_{42}=(1-\alpha_2)(2\alpha_2-1)/2\alpha_2[6\alpha_2(1-\alpha_2)-1],\\
&\beta_{43}=\alpha_2/[6\alpha_2(1-\alpha_2)-1],\\
&W_1=[6\alpha_2(1-\alpha_2)-1]/12\alpha_2(1-\alpha_2),\\
&W_2=1/12\alpha_2(1-\alpha_2),\ W_3=W_2,\ W_4=W_1.
\end{aligned}\tag{1.2.24}$$

在前一个解族中, 选择 $\beta_{43}=1$, 则得到实际计算中最常用的 RK 方法公式

$$\begin{aligned}
&u_{n+1}=u_n+\frac{1}{6}h(K_1+2K_2+2K_3+K_4),\\
&\begin{cases}
K_1=f(t_n,u_n),\\
K_2=f\left(t_n+\dfrac{1}{2}h,u_n+\dfrac{1}{2}hK_1\right),\\
K_3=f\left(t_n+\dfrac{1}{2}h,u_n+\dfrac{1}{2}hK_2\right),\\
K_4=f(t_n+h,u_n+hK_3).
\end{cases}
\end{aligned}\tag{1.2.25}$$

在后一个解族中, 选定 $\alpha_2=\dfrac{1}{3}$, 则得到另一个 RK 公式

$$u_{n+1} = u_n + \frac{1}{8}h(K_1 + 3K_2 + 3K_3 + K_4),$$
$$\begin{cases} K_1 = f(t_n, u_n), \\ K_2 = f\left(t_n + \frac{1}{3}h, u_n + \frac{1}{3}hK_1\right), \\ K_3 = f\left(t_n + \frac{2}{3}h, u_n - \frac{1}{3}hK_1 + hK_2\right), \\ K_4 = f(t_n + h, u_n + hK_1 - hK_2 + hK_3). \end{cases} \tag{1.2.26}$$

当 $s = 2$ 或 $s = 3$ 时, 用类似于前述的, 但要简单得多的过程, 通过对系数的选择, 可以构造二级二阶及三级三阶 RK 方法. 对 $s = 2$ 的情形, 公式的系数满足方程组

$$W_1 + W_2 = 1, \quad \alpha_2 W_2 = \frac{1}{2}, \quad \beta_{21} = \alpha_2.$$

三个常用的二阶方法, 分别对应 $\alpha_2 = \frac{1}{2}, \frac{2}{3}, 1$, 计算公式分别为

$$u_{n+1} = u_n + hf\left(t_n + \frac{1}{2}h, u_n + \frac{1}{2}hf_n\right),$$
$$u_{n+1} = u_n + \frac{1}{4}h\left[f_n + 3f\left(t_n + \frac{2}{3}h, u_n + \frac{2}{3}hf_n\right)\right],$$
$$u_{n+1} = u_n + \frac{1}{2}h[f_n + f(t_n + h, u_n + hf_n)].$$

对 $s = 3$ 的情形, 公式系数应满足方程组

$$W_1 + W_2 + W_3 = 1, \quad \alpha_2 W_2 + \alpha_3 W_3 = \frac{1}{2}, \quad \alpha_2^2 W_2 + \alpha_3^2 W_3 = \frac{1}{3},$$
$$\alpha_2 \beta_{32} W_3 = \frac{1}{6}, \quad \alpha_2 = \beta_{21}, \quad \alpha_3 = \beta_{31} + \beta_{32}. \tag{1.2.27}$$

两个常用的三阶方法分别为

$$u_{n+1} = u_n + \frac{1}{9}h[2K_1 + 3K_2 + 4K_3],$$
$$\begin{cases} K_1 = f(t_n, u_n), \\ K_2 = f\left(t_n + \frac{1}{2}h, u_n + \frac{1}{2}hK_1\right), \\ K_3 = f\left(t_n + \frac{3}{4}h, u_n + \frac{3}{4}hK_2\right); \end{cases}$$

$$u_{n+1} = u_n + \frac{1}{6}h[K_1 + 4K_2 + K_3],$$
$$\begin{cases} K_1 = f(t_n, u_n), \\ K_2 = f\left(t_n + \frac{1}{2}h, u_n + \frac{1}{2}hK_1\right), \\ K_3 = f(t_n + h, u_n - hK_1 + 2hK_2). \end{cases}$$

从这些公式的讨论中知, 当 $s \leqslant 4$ 时, s 级 RK 方法的阶 $q(s)=s$. 但当 $s>4$ 时, 情况大不一样.J.C.Butcher 指出①, 当 $s=5,6,7$ 时, $q(s)=s-1$; 当 $s=8,9$ 时, $q(s)=s-2$; $q(10)\leqslant 8$. 可见, 四级以上公式, 计算函数值 f 的工作量增加较快, 而精度即阶数提高较慢. 因此, 在实际问题中比较常用的是四级四阶公式.

1.2.2　单步方法的相容性与收敛性

无论是 Euler 法, 还是各级 RK 法, 它们都是在已知 u_n 的条件下算出 u_{n+1}, 因此称为显式单步方法, 简称为单步方法. 这类方法的一般形式为

$$u_{n+1}=u_n+h\varphi(t_n,u_n,h), \tag{1.2.28}$$

其中 $\varphi(t,u,h)$ 称为方法 (1.2.28) 的增量函数, 它是依赖于 u 及 f 的非线性函数 (此处为简单计, 略写了 φ 对 f 的依赖关系). 例如, 对 Euler 法,$\varphi(t,u,h)=f(t,u)$; 对 Taylor 级数法,$\varphi(t,u,h)=\sum\limits_{j=1}^{k}\dfrac{1}{j!}h^{j-1}u^{(j)}(t)$; 对最常用的 4 阶 RK 方法,$\varphi(t,u,h)=\dfrac{1}{6}(K_1+2K_2+2K_3+K_4)$, 其中 K_i 的表达式见式 (1.2.25),$i=1,2,3,4$.

在前面的讨论中, 一再提到了每个具体方法的阶, 现对单步方法 (1.2.28) 给出阶的概念的一般定义.

定义 1.2.1　*单步方法 (1.2.28) 称为 q 阶的, 是指: 对于真解 $u(t)$, q 是使关系式*

$$u(t+h)-u(t)=h\varphi(t,u(t),h)+O(h^{q+1}) \tag{1.2.29}$$

成立的最大整数.

对于一般的增量函数 $\varphi(t,u,h)$, 要使方法 (1.2.28) 算出的数值解是可用的, 公式 (1.2.28) 应是微分方程 $\mathrm{d}u/\mathrm{d}t=f(t,u)$ 的一个合理近似. 换言之, 若 $u(t)$ 是真解, 则当 $h\to 0$ 时, 式

$$\frac{u(t+h)-u(t)}{h}=\varphi(t,u(t),h)$$

应以上述微分方程为极限. 为此, 应要求当 $h\to 0$ 时,$\varphi(t,u(t),h)\to f(t,u)$. 此时, 方法 (1.2.28) 称之为相容的. 以后假设 $\varphi(t,u,h)$ 是 h 的连续函数, 则相容性等价于 $\varphi(t,u,0)=f(t,u)$.

定义 1.2.2　*单步方法 (1.2.28) 称为相容的, 是指*

$$\varphi(t,u,0)=f(t,u). \tag{1.2.30}$$

①参见 Butcher J C. On the attainable order of Runge-Kutta methods, Math. Comp., Vol.19(1965), pp.408~417.

可以证明方法的阶与其相容性具有简单关系. 设方法 (1.2.28) 是 q 阶的, 从式 (1.2.29) 得到

$$\frac{u(t+h)-u(t)}{h}=\varphi(t,u(t),h)+O(h^q).$$

若 $\varphi(t,u,0)=f(t,u)$, 则由

$$\lim_{h\to0}\frac{u(t+h)-u(t)}{h}=\lim_{h\to0}\varphi(t,u(t),h)+\lim_{h\to0}O(h^q),$$

可得

$$\frac{\mathrm{d}u}{\mathrm{d}t}=f(t,u)+\lim_{h\to0}O(h^q).$$

可见, 对于真解 $u(t)$, 有 $\lim\limits_{h\to0}O(h^q)=0$. 这推出 $q>0$. 但 q 为整数, 所以 $q\geqslant1$, 即相容的单步方法至少是一阶的. 反之, 易知 q 阶 $(q\geqslant1)$ 的单步方法是相容的.

关于单步方法的收敛性, 我们有下面的定义.

定义 1.2.3　由增量函数 $\varphi(t,u,h)$ 确定的单步方法称为是收敛的, 是指对任意初值 u_0 及任意 $t\in[t_0,T]$, 都有

$$\lim_{h\to0}u_n=u(t),\quad t=t_n.$$

从上可知, 相容性指的是当 $h\to0$ 时, 计算公式自身以微分方程为极限, 而收敛性则指由方法 (1.2.28) 算出的数值解以微分方程的解为极限. 两个概念并不一样. 但是, 只要满足一定的条件, 它们却是等价的.

定理 1.2.1　设增量函数 $\varphi(t,u,h)$ 在 $t_0\leqslant t\leqslant T, 0\leqslant h\leqslant h_0, |u|<\infty$ 上连续, 且关于 u 满足 Lipschitz 条件, 则单步方法 (1.2.28) 收敛的充要条件为

$$\varphi(t,u,0)=f(t,u).$$

证明　记 $\varphi(t,u,0)=g(t,u)$, 据题设, 初值问题

$$z'=g(t,z),\quad z(t_0)=u_0 \tag{1.2.31}$$

有连续可微的唯一解 $z(t)$. 以下证明, 由方法 (1.2.28) 确定的数值解 u_n 收敛于 $z(t)(t=t_n)$, 并由此推出, $f(t,u)=g(t,u)$ 是方法 (1.2.28) 收敛的充要条件.

利用微分中值定理, 有

$$\begin{aligned}z(t_{n+1})&=z(t_n)+hz'(t_n+\tau h)\\&=z(t_n)+hg(t_n+\tau h,z(t_n+\tau h)),\quad 0<\tau<1.\end{aligned}$$

记 $e_n = u_n - z(t_n)$, 由式 (1.2.28) 减去上式, 则得

$$\begin{aligned}
e_{n+1} =& e_n + h[\varphi(t_n, u_n, h) - g(t_n + \tau h, z(t_n + \tau h))] \\
=& e_n + h[\varphi(t_n, u_n, h) - \varphi(t_n, z(t_n), h)] \\
&+ h[\varphi(t_n, z(t_n), h) - \varphi(t_n, z(t_n), 0)] \\
&+ h[g(t_n, z(t_n)) - g(t_n + \tau h, z(t_n + \tau h))]. \qquad (1.2.32)
\end{aligned}$$

增量函数 $\varphi(t,u,h)$ 在有界闭域 $t_0 \leqslant t \leqslant T, u = u(t), 0 \leqslant h \leqslant h_0$ 上连续, 因而一致连续, 故当 $h \to 0$ 时,

$$\alpha(h) = \max_{t_0 \leqslant t \leqslant T} |\varphi(t, z(t), h) - \varphi(t, z(t), 0)| \to 0.$$

类似地, 当 $h \to 0$ 时,

$$\beta(h) = \max_{\substack{t_0 \leqslant t \leqslant T \\ 0 \leqslant \tau \leqslant 1}} |g(t, z(t)) - g(t + \tau h, z(t + \tau h))| \to 0.$$

若以 L_1 表示 $\varphi(t,u,h)$ 关于 u 的 Lipschitz 常数, 从式 (1.2.32) 推出

$$|e_{n+1}| \leqslant (1 + hL_1)|e_n| + h[\alpha(h) + \beta(h)].$$

利用引理 1.1.1, 则有

$$|e_n| \leqslant e^{L_1(T-t_0)}|e_0| + \frac{e^{L_1(T-t_0)} - 1}{L_1}[\alpha(h) + \beta(h)], \quad n = 1, 2, \cdots$$

注意到 $e_0 = u_0 - z(t_0) = 0$, 当 $h \to 0$ 时, 则有 $e_n \to 0$($t_n = t$ 固定为一节点). 亦即, 由方法 (1.2.28) 确定的数值解 u_n 收敛于初值问题 (1.2.31) 的解 $z(t)$.

若 $f(t,u) = g(t,u)$, 即方法 (1.2.28) 是相容的, 则问题 (1.2.31) 化为

$$z' = f(t, z), \quad z(t_0) = u_0,$$

即 $z(t)$ 为原初值问题 (1.0.1) 的解, 这就证明了充分性.

现在证明必要性. 设式 (1.2.28) 的解收敛于式 (1.0.1) 的解, 但在某点 $(t^\star, u^\star)$ 处, $f(t^\star, u^\star) \neq g(t^\star, u^\star)$. 由初值问题解的存在唯一性定理知, 存在初值 u_0, 使初值问题 $u' = f(t,u)$, $u(t_0) = u_0$ 有解 $u(t)$, 且 $u(t^\star) = u^\star$. 据前述, 由 u_0 和 (1.2.28) 确定的 u_n 以 $z(t)$ $(t = t_n)$ 为极限, 同时 u_n 也以 $u(t)(t = t_n)$ 为极限. 若 $z(t^\star) \neq u(t^\star)$, 则导致矛盾. 若 $z(t^\star) = u(t^\star)$, 则有

$$u'(t^\star) = f(t^\star, u^\star) \neq g(t^\star, u^\star) = z'(t^\star),$$

使 $z(t) \neq u(t)$, 又导出矛盾. 所以, 对任意 t, u,

$$f(t,u) = g(t,u), \quad t_0 \leqslant t \leqslant T.$$

证毕. □

设用 R_n 表示方法 (1.2.28) 的局部截断误差

$$R_n = u(t_{n+1}) - u(t_n) - h\varphi(t_n, u(t_n), h),$$

其中 $u(t)$ 为 (1.0.1) 的真解. 当 $u(t)$ 充分光滑时, 从前面的构造过程可知, 对 q 阶 RK 方法 (1.2.28), 有

$$|R_n| \leqslant Ch^{q+1}, \quad 其中\, C\, 是与\, h\, 无关的常数. \tag{1.2.33}$$

定理 1.2.2 在定理 1.2.1 的条件下, 若单步方法 (1.2.28) 的局部截断误差 R_n 满足式 (1.2.33), 则其整体截断误差 $u(t_n) - u_n$ 满足估计式

$$|u(t_n) - u_n| \leqslant e^{L_1(T-t_0)}|\varepsilon_0| + h^q C(e^{L_1(T-t_0)} - 1)/L_1,$$

其中 L_1 为 $\varphi(t,u,h)$ 关于 u 的 Lipschitz 常数.

证明从略.

上面对一般单步方法作出的结论, 若应用于 RK 方法, 自然应当验证对应的增量函数满足定理的条件.

1.2.3 单步方法整体截断误差渐近展开及其应用

本段讨论单步方法具体应用中的某些问题.

首先指出, 作为最重要的单步方法, RK 方法是一类具有相当实用价值的方法. 它关于初值是稳定的 (见习题), 其解连续地依赖于初值. 它是一类便于应用的单步方法, 为计算 u_{n+1}, 只要有 u_n 即可, 因此每步的步长可以独立取定, 可以按照绝对稳定性 (参见 1.6 节)、精度等项要求随时更换. 常用的四阶 RK 方法精度较高, 为达到预定的精度, 与 Euler 法和梯形法相比, 步长可取得大一些, 求解区间上的总步数可以少一些. 但 RK 方法也有一些缺点, 例如, 常用四阶方法每算一步需四次计算 f 之值, 计算量较大 (对于较复杂的 f 而言). 各阶 RK 方法的绝对稳定区间 (参见 1.6 节) 不够大, 对于坏条件的初值问题 (参见 1.7 节) 不尽适用等.

由定理 1.2.2 提供的 RK 方法的截断误差估计, 虽然给出了方法的收敛速度估计, 但不切实用, 因为常数 C 的估计十分困难, 要做细致讨论, 又相当繁琐, 只好从略. 这里将介绍一种便于应用的, 近似估计整体截断误差的方法. 这种方法的基础是下述 Gragg 定理.

定理 1.2.3 设 $f(t,u)$ 具有 $p+2$ 阶连续偏导数, $u_{n,h}$ 是由 q 阶单步方法 (1.2.28) 求出的初值问题 (1.0.1) 的数值解, $q \leqslant p$, 则 $u_{n,h}$ 有渐近展开式

$$u_{n,h} = u(t_n) + h^q e_q(t_n) + h^{q+1} e_{q+1}(t_n) + \cdots + h^p e_p(t_n) + h^{p+1} E_{p+1}(t_n, h), \quad (1.2.34)$$

且 $e_k(t_0) = 0, k = q, q+1, \cdots$, 它对所有 $t_n \in [t_0, T]$ 及所有 $h(0 < h \leqslant h_0)$ 均成立, 其中有界函数 $e_i(t_n)$ 与 h 无关, 余项 $E_{p+1}(t_n, h)$ 对固定的 t_n 及所有 h 是有界的.

证明 设单步方法 (1.2.28) 是 q 阶的, 则其局部截断误差可表示为

$$\begin{aligned} R_n &= u(t_n + h) - u(t_n) - h\varphi(t_n, u(t_n), h) \\ &= d_{q+1}(t_n) h^{q+1} + \cdots + d_{p+1}(t_n) h^{p+1} + O(h^{p+2}). \end{aligned} \quad (1.2.35)$$

对任意给定的 $t_n \in [t_0, T]$,$u(t_n) = u_{n,h} + O(h^q)$, 现寻求一个函数 $e_q(t_n)$, 使之满足

$$\begin{aligned} &u_{n,h} = u(t_n) + e_q(t_n) h^q + O(h^{q+1}), \quad (1.2.36) \\ &e_q(t_0) = 0. \end{aligned}$$

为此, 令 $\hat{u}_{n,h} = u_{n,h} - e_q(t_n) h^q$, 易于验证, $\hat{u}_{n,h}$ 是单步方法

$$\hat{u}_{n+1,h} = \hat{u}_{n,h} + h\hat{\varphi}(t_n, \hat{u}_{n,h}, h) \quad (1.2.37)$$

之解, 此处

$$\hat{\varphi}(t_n, u(t_n), h) = \varphi(t_n, u(t_n) + e_q(t_n) h^q, h) - (e_q(t_n + h) - e_q(t_n)) h^{q-1}. \quad (1.2.38)$$

不妨设 $e_q(t)$ 是连续可微的. 由式 (1.2.38),(1.2.35) 及 (1.2.30) 可知, 单步方法 (1.2.37) 的局部截断误差可表示为

$$\begin{aligned} \hat{R}_n &= u(t_n + h) - u(t_n) - h\hat{\varphi}(t_n, u(t_n), h) \\ &= R_n - \frac{\partial \varphi}{\partial u}(t_n, u(t_n), 0) h^{q+1} - e'_q(t_n) h^{q+1} + O(h^{q+2}) \\ &= [d_{q+1}(t_n) - \frac{\partial f}{\partial u}(t_n, u(t_n)) e_q(t_n) - e'_q(t_n)] h^{q+1} + O(h^{q+2}). \end{aligned}$$

因此, 如果 $e_q(t)$ 取为初值问题

$$\begin{cases} e'_q(t) = d_{q+1}(t) - \dfrac{\partial f}{\partial u}(t, u(t)) e_q(t), \\ e_q(t_0) = 0 \end{cases} \quad (1.2.39)$$

的唯一连续可微之解, 则单步方法 (1.2.37) 的阶为 $q+1$. 由单步方法的收敛性定理知, 对于单步方法 (1.2.37) 有

$$\hat{u}_{n,h} - u(t_n) = u_{n,h} - u(t_n) - e_q(t_n) h^q = O(h^{q+1}).$$

从 (1.2.38),(1.2.39) 不难看出, 单步方法 (1.2.37) 的增量函数 $\hat{\varphi}$ 与 φ 具有相同的解析性质, 其局部截断误差有类似于 (1.2.35) 的表达式

$$\hat{R}_n = \hat{d}_{q+2}(t_n)h^{q+2} + \cdots + \hat{d}_{p+1}(t_n)h^{p+1} + O(h^{p+2}).$$

因而可重复上述论证过程, 通过构造另一个 $q+2$ 阶方法, 又可断言, 存在光滑函数 $e_{q+1}(t)$, 使

$$u_{n,h} = u(t_n) + e_q(t_n)h^q + e_{q+1}(t_n)h^{q+1} + O(h^{q+2}).$$

继续重复上述论证, 即可得到欲证结论. □

设 RK 方法是 q 阶的, 由式 (1.2.34) 知

$$u_{n,h} - u(t_n) = h^q e_q(t_n) + O(h^{q+1}).$$

现改用 $2h$ 为步长, 仍计算 $t = t_n$ 处的数值解, 所得结果记为 $u_{n,2h}$, 则对充分小的 h, 有

$$\begin{aligned} u_{n,h} - u(t_n) &\approx h^q e_q(t_n), \\ u_{n,2h} - u(t_n) &\approx (2h)^q e_q(t_n). \end{aligned} \tag{1.2.40}$$

从前式减去后式, 则有

$$u_{n,h} - u_{n,2h} \approx e_q(t_n)h^q(1-2^q),$$

或

$$e_q(t_n)\cdot h^q \approx \frac{u_{n,2h} - u_{n,h}}{2^q - 1}.$$

以之代入式 (1.2.40), 则得

$$u_{n,h} - u(t_n) \approx \frac{u_{n,2h} - u_{n,h}}{2^q - 1}. \tag{1.2.41}$$

对于四阶 RK 方法, $q = 4$, 则上述公式变为

$$u_{n,h} - u(t_n) \approx \frac{1}{15}(u_{n,2h} - u_{n,h}).$$

这就是四阶 RK 方法的整体截断误差的近似估计.

根据式 (1.2.41), 还可来选择步长. 最佳步长应满足

$$|u_{n,h} - u(t_n)| \leqslant \varepsilon, \quad |u_{n,2h} - u(t_n)| > \varepsilon, \tag{1.2.42}$$

其中, ε 为容许误差. 利用式 (1.2.41), 每步可实际算出 $u_{n,h} - u(t_n)$, 所以估计式 (1.2.42) 在计算过程中每步都可得到验证. 在 RK 方法的通用计算程序中, 常根据式 (1.2.41) 来对步长作自动选择.

附注 1.2.1　数值解 $u_{n,h}$ 的渐近展开式 (1.2.34) 另有更重要的应用, 就是可作为常微分方程数值解中外推技巧的基础, 参见文献 Lambert,1991.

1.3　线性多步方法

在前节所讨论的单步方法中, 为提高截断误差的阶, 每个时间步必须增加计算右端函数 $f(t,u)$ 的次数. 当 f 的结构比较复杂时, 计算量较大. 现在指出另一个提高截断误差阶的办法, 即构造这样的方法, 在计算公式中, 增量 $u_{n+1}-u_n$ 不仅依赖于 u_n, 且也直接依赖于 u_{n-1},u_{n-2} 等已算出的值, 但每进一步, 只计算一次 $f(t,u)$ 的值. 这样的方法称为多步方法. 本节及下面几节将讨论多步方法的有关问题. 记 $f_n=f(t_n,u_n)$, 若函数值 f_n,f_{n-1} 等以线性组合的形式出现于公式中, 则称方法为线性多步方法. 例如, Euler 法和梯形法是线性一步法. 我们将着重讨论线性多步方法.

1.3.1　线性多步方法的构造

本段介绍两种构造线性多步方法计算公式的方法 —— 数值积分法与待定系数法.

数值积分法　仍然考虑初值问题 (1.0.1). 易知

$$u(t_{n+k})-u(t_{n-j})=\int_{t_{n-j}}^{t_{n+k}}f(t,u(t))\mathrm{d}t. \tag{1.3.1}$$

我们用被积函数 $f(t,u(t))$ 的 q 次 Lagrange 插值多项式

$$P_q(t)=\sum_{i=0}^{q}f(t_{n-i},u(t_{n-i}))L_i(t)$$

来近似替代式 (1.3.1) 中的被积函数, 这里 $\{t_i\}$ 为等距的插值点列, $h=t_{i+1}-t_i$, 而

$$L_i(t)=\prod_{\substack{l=0\\l\neq i}}^{q}\frac{t-t_{n-l}}{t_{n-i}-t_{n-l}},\quad i=n,n-1,\cdots,n-q,$$

于是得到近似公式

$$\begin{aligned}u(t_{n+k})-u(t_{n-j})&\approx\sum_{i=0}^{q}f(t_{n-i},u(t_{n-i}))\int_{t_{n-j}}^{t_{n+k}}L_i(t)\mathrm{d}t\\&=h\sum_{i=0}^{q}\beta_{qi}f(t_{n-i},u(t_{n-i})),\end{aligned} \tag{1.3.2}$$

其中

$$\beta_{qi}=\frac{1}{h}\int_{t_{n-j}}^{t_{n+k}}L_i(t)\mathrm{d}t=\int_{-j}^{k}\prod_{\substack{l=0\\l\neq i}}^{q}\frac{s+l}{-i+l}\mathrm{d}s,\quad i=0,1,\cdots,q. \tag{1.3.3}$$

在式 (1.3.2) 中, 用 u_n 代替 $u(t_n)$, 仍用 f_n 表示 $f(t_n,u_n)$, 用等号代替 $\approx$, 则得到线性多步方法公式

$$u_{n+k}=u_{n-j}+h\sum_{i=0}^{q}\beta_{qi}f_{n-i}. \tag{1.3.4}$$

对 k,j 和 q 的不同选择, 得到不同类型的具体公式. 对 $k=1,j=0$ 和 $q=0,1,2,\cdots$, 我们得到 Adams 显式方法

$$\begin{aligned}&u_{n+1}=u_n+h(\beta_{q0}f_n+\beta_{q1}f_{n-1}+\cdots+\beta_{qq}f_{n-q}),\\&\beta_{qi}=\int_0^1\prod_{\substack{l=0\\l\neq i}}^{q}\frac{s+l}{-i+l}\mathrm{d}s,\quad i=0,1,\cdots,q.\end{aligned} \tag{1.3.5}$$

Adams 显式公式系数表

β_{qi}	$i=0$	1	2	3	4
β_{00}	1				
$2\beta_{1i}$	3	−1			
$12\beta_{2i}$	23	−16	5		
$24\beta_{3i}$	55	−59	37	−9	
$720\beta_{4i}$	1901	−2774	2616	−1274	251

在 Adams 显式方法中, 最常用的是 $q=3$ 的情形

$$u_{n+1}=u_n+\frac{h}{24}(55f_n-59f_{n-1}+37f_{n-2}-9f_{n-3}). \tag{1.3.6}$$

对 $k=0,j=1$ 和 $q=0,1,2,\cdots$, 得到 Adams 隐式方法 (用 $n+1$ 代替 n)

$$\begin{aligned}&u_{n+1}=u_n+h[\beta_{q0}f_{n+1}+\beta_{q1}f_n+\cdots+\beta_{qq}f_{n-q+1}],\\&\beta_{qi}=\int_{-1}^0\prod_{\substack{l=0\\l\neq i}}^{q}\frac{s+l}{-i+l}\mathrm{d}s,\quad i=0,1,\cdots,q.\end{aligned} \tag{1.3.7}$$

Adams 隐式公式系数表

β_{qi}	$i=0$	1	2	3	4
β_{00}	1				
$2\beta_{1i}$	1	1			
$12\beta_{2i}$	5	8	−1		
$24\beta_{3i}$	9	19	−5	1	
$720\beta_{4i}$	251	646	−264	106	−19

这里注意, 公式 (1.3.7) 不是 u_{n+1} 的一个明显表达式, 而是以 u_{n+1} 为未知量的非线性方程. 在 Adams 隐式方法中, $q=3$ 的情形最常用:

$$u_{n+1}=u_n+\frac{h}{24}(9f_{n+1}+19f_n-5f_{n-1}+f_{n-2}). \tag{1.3.8}$$

对 $k=1, j=1$, 得到 Nyström 公式

$$u_{n+1}=u_{n-1}+h(\beta_{q0}f_n+\beta_{q1}f_{n-1}+\cdots+\beta_{qq}f_{n-q}), \tag{1.3.9}$$

$$\beta_{qi}=\int_{-1}^{1}\prod_{\substack{l=0\\ l\neq i}}^{q}\frac{s+l}{-i+l}\mathrm{d}s,\quad i=0,1,\cdots,q.$$

这是显式公式. 特别地, 当 $q=0$ 时, $\beta_{00}=\int_{-1}^{1}\mathrm{d}s=2$, 则得到中点公式

$$u_{n+1}=u_{n-1}+2hf_n.$$

当取 $k=0, j=2$ 时, 得到 Milne 公式. 用 $n+1$ 代替 n, 它可写为

$$u_{n+1}=u_{n-1}+h(\beta_{q0}f_{n+1}+\beta_{q1}f_n+\cdots+\beta_{qq}f_{n-q+1}), \tag{1.3.10}$$

$$\beta_{qi}=\int_{-2}^{0}\prod_{\substack{l=0\\ l\neq i}}^{q}\frac{s+l}{-i+l}\mathrm{d}s,\quad i=0,1,\cdots,q.$$

这是隐式公式.

为给出这些公式的局部截断误差, 我们注意 q 次 Lagrange 插值多项式的余项表达式

$$f(t,u(t))-P_q(t)=\frac{1}{(q+1)!}\prod_{i=0}^{q}(t-t_{n-i})f^{(q+1)}(\xi,u(\xi)),$$

其中, $\min(t,t_{n-q})<\xi<\max(t,t_n)$. 于是线性多步方法 (1.3.4) 的局部截断误差为

$$\begin{aligned}R_n&=\frac{1}{(q+1)!}\int_{t_{n-j}}^{t_{n+k}}\prod_{i=0}^{q}(t-t_{n-i})f^{(q+1)}(\xi,u(\xi))\mathrm{d}t\\&=\frac{h^{q+2}}{(q+1)!}\int_{-j}^{k}\prod_{i=0}^{q}(s+i)f^{(q+1)}(\xi(s),u(\xi(s)))\mathrm{d}s.\end{aligned} \tag{1.3.11}$$

对于 Adams 显式与隐式方法, 由于 $\prod_{i=0}^{q}(s+i)$ 在区间 $[0,1]$ 与 $[-1,0]$ 上不变号, 根据积分中值定理, 式 (1.3.11) 分别简化为

$$R_{n,E}=\frac{h^{q+2}}{(q+1)!}f^{(q+1)}(\eta,u(\eta))\int_0^1\prod_{i=0}^{q}(s+i)\mathrm{d}s, \tag{1.3.12}$$

$$R_{n,I}=\frac{h^{q+2}}{(q+1)!}f^{(q+1)}(\eta,u(\eta))\int_{-1}^0\prod_{i=0}^{q}(s+i)\mathrm{d}s, \tag{1.3.13}$$

其中 η 为某中间点. 特别地, 当 $q=3$ 时,

$$R_{n,E}=\frac{251}{720}h^5f^{(4)}(\eta,u(\eta)),$$
$$R_{n,I}=-\frac{19}{720}h^5f^{(4)}(\eta,u(\eta)).$$

由此可知, 在 $f(t,u(t))$ 具有 $q+1$ 阶连续偏导数的条件下, $q+1$ 步 Adams 显式方法与 q 步 Adams 隐式方法的局部截断误差与 h^{q+2} 同阶, 即它们是 $q+1$ 阶方法.

待定系数法 线性 k 步方法的一般形式为

$$\sum_{j=0}^{k}\alpha_j u_{n+j}=h\sum_{j=0}^{k}\beta_j f_{n+j}, \tag{1.3.14}$$

这里,α_j 和 β_j 为实常数, 且 $\alpha_k\neq 0, |\alpha_0|+|\beta_0|>0$, 为讨论方便, 改以 u_{n+k} 为未知量, $u_{n+k-1},\cdots,u_{n+1},u_n$ 为已知量. 我们用待定系数法来构造这种公式.

定义算子

$$L[u(t);h]\equiv\sum_{j=0}^{k}[\alpha_j u(t+jh)-h\beta_j u'(t+jh)]. \tag{1.3.15}$$

将上式右端中的 $u(t+jh)$ 及其导数在点 t 处展开为 Taylor 级数, 则有

$$L[u(t);h]=C_0u(t)+C_1hu'(t)+\cdots+C_qh^qu^{(q)}(t)+\cdots, \tag{1.3.16}$$

其中 $C_0,C_1,\cdots,C_q$ 为常数, 它们与 α_j,β_j 之间满足关系式

$$\left\{\begin{aligned}&C_0=\sum_{j=0}^{k}\alpha_j,\\&C_1=\sum_{j=1}^{k}j\alpha_j-\sum_{j=0}^{k}\beta_j,\\&\cdots\cdots\\&C_q=\frac{1}{q!}\sum_{j=1}^{k}j^q\alpha_j-\frac{1}{(q-1)!}\sum_{j=1}^{k}j^{q-1}\beta_j,\\&\qquad q=2,3,\cdots.\end{aligned}\right. \tag{1.3.17}$$

由此看出, 若 $u(t)$ 有 $q+2$ 阶连续导数, 则当 k 适当大时, 就可选出 α_j,β_j , 使 $C_0=C_1=\cdots=C_q=0$, 而一般 $C_{q+1}\neq 0$. 对于如此选出的系数, 有

$$L[u(t);h]=C_{q+1}h^{q+1}u^{(q+1)}(t)+O(h^{q+2}).$$

从而, 当 $u(t)$ 为 $u'=f(t,u)$ 的解时, 由式 (1.3.15) 及上式推出

$$\begin{aligned}&\sum_{j=0}^{k}[\alpha_j u(t+jh)-h\beta_j f(t+jh,u(t+jh))]\\&=C_{q+1}h^{q+1}u^{(q+1)}(t)+O(h^{q+2}).\end{aligned} \tag{1.3.18}$$

就上式, 舍去右端项, 并用 u_n 代替 $u(t_n), t=t_n$, 即得到公式 (1.3.14). 而 $C_{q+1}h^{q+1}\cdot u^{(q+1)}(t)+O(h^{q+2})$ 称为公式 (1.3.14) 的局部截断误差, C_{q+1} 为误差常数, $C_{q+1}h^{q+1}\cdot u^{(q+1)}(t)$ 为误差主项. 此时, 公式 (1.3.14) 称为线性 k 步 q 阶方法.

由于 $\alpha_k\neq 0$, 不妨取 $\alpha_k=1$. 此外, 如在式 (1.3.14) 中 $\beta_k=0$, 则称为显式方法；否则称为隐式方法.

利用待定系数法, 可以构造许多新的计算公式, 特别可以选择 α_j,β_j, 使 (1.3.14) 具有某种特定的性质. 现举例说明待定系数法的应用.

设要构造二步三阶方法. 此时,$k=2, q=3$. 又知 $\alpha_2=1$, 取 α_0 为自由参数, 其余的 $\alpha_1,\beta_0,\beta_1,\beta_2$ 根据式 (1.3.17) 和 $C_0=C_1=C_2=C_3=0$ 确定. 于是有

$$\begin{cases}\alpha_0+\alpha_1+1=0,\\ \alpha_1+2-(\beta_0+\beta_1+\beta_2)=0,\\ \dfrac{1}{2}(\alpha_1+4)-(\beta_1+2\beta_2)=0,\\ \dfrac{1}{6}(\alpha_1+8)-\dfrac{1}{2}(\beta_1+4\beta_2)=0.\end{cases}$$

解此方程组, 则得

$$\alpha_1=-1-\alpha_0, \beta_0=-\frac{1}{12}(1+5\alpha_0), \beta_1=\frac{2}{3}(1-\alpha_0), \beta_2=\frac{1}{12}(5+\alpha_0).$$

从而, 一般二步三阶方法可以写为

$$\begin{aligned}&u_{n+2}-(1+\alpha_0)u_{n+1}+\alpha_0u_n\\ =&\frac{h}{12}[(5+\alpha_0)f_{n+2}+8(1-\alpha_0)f_{n+1}-(1+5\alpha_0)f_n].\end{aligned}\tag{1.3.19}$$

现对上式作进一步讨论, 是否可选择 α_0, 使方法的阶有所提高. 易知

$$\begin{aligned}C_4&=\frac{1}{24}(\alpha_1+16)-\frac{1}{6}(\beta_1+8\beta_2)=-\frac{1}{24}(1+\alpha_0),\\ C_5&=-\frac{1}{360}(17+13\alpha_0).\end{aligned}$$

故当 $\alpha_0\neq -1$ 时,$C_4\neq 0$, 方法 (1.3.19) 是三阶的；当 $\alpha_0=-1$ 时, $C_4=0, C_5\neq 0$, 方法 (1.3.19) 是四阶的方法

$$u_{n+2}=u_n+\frac{h}{3}(f_{n+2}+4f_{n+1}+f_n),$$

这是 Milne 方法. 它的误差常数 $C_5=-1/90$. 此外, 当 $\alpha_0=-5$ 时方法为显式的, 否则为隐式的.

1.3.2 线性多步方法的应用

本段讨论线性多步方法具体应用中的某些问题, 例如, 附加初始值的确定, 数值解截断误差的近似估计以及隐式方法的求解等.

从公式 (1.3.14) 知, 若利用 k 步方法进行第 k 步及以后各步的计算, 必须事先提供附加的初值 $u_1, \cdots, u_{k-1}$. 提供这些附加初值的常用方法, 是各阶 RK 方法. 附加初值的精度阶不应低于多步方法的阶. 另外, 还可以利用一些解析方法, 来计算这些附加初值. 例如,Taylor 级数法及 Picard 逐次逼近法等.

关于数值解截断误差的近似估计与隐式方法的求解问题, 我们通过引进预测 – 校正格式一并解决.

首先, 将 Adams 显式与隐式方法作一对比, 以说明预测 – 校正格式的必要性. 由 1.3.1 节, 这些方法的阶及误差常数列表如下:

步　数	阶 q		误差常数 C_{q+1}	
	显式	隐式	显式	隐式
1	1	2	$\frac{1}{2}$	$-\frac{1}{12}$
2	2	3	$\frac{5}{12}$	$-\frac{1}{24}$
3	3	4	$\frac{3}{8}$	$-\frac{19}{720}$
4	4	5	$\frac{251}{720}$	$-\frac{3}{160}$

由此看出, 同阶的隐式方法与显式方法相比, 步数少 1, 误差常数的绝对值小 5~13 倍, 绝对稳定区间又大过 10 倍以上 (参见 1.6 节). 隐式方法优于显式的这些地方带有普遍性. 从构造公式的过程知, 这是由于隐式方法是在插值区间上用内插的办法逼近被积函数, 而显式方法则是用外插的办法来逼近被积函数. 每个隐式方法关于待定的 u_{n+k} 一般是非线性的, 虽能利用一些迭代法 (例如简单送代法, 或 Newton 迭代法) 来求其近似解, 但若 u_{n+k} 的初始近似 $u_{n+k}^{(0)}$ 选得不好, 则其计算量会比利用一次显式公式大得多. 我们既要利用隐式方法的稳定性及精确性, 又要利用显式方法的简易性, 把两者结合起来, 做到取长补短. 办法之一就是先按同阶的显式方法确定较好的迭代初值, 然后再按隐式方法迭代一两次达到精度要求. 这就是所谓的预测 – 校正格式 (或算法).

为避免繁琐的讨论, 下面仅以 Adams 公式 (1.3.6),(1.3.8) 为例说明以上过程. 先用公式 (1.3.6) 计算初始近似 $u_{n+4}^{(0)}$, 这个步骤称为预测 (predictor), 以 P 表示之. 接着计算一次 f 之值,$f_{n+4}^{(0)} = f(t_{n+4}, u_{n+4}^{(0)})$, 这个步骤以 E 记之. 然后, 用简单迭代法, 按隐式公式 (1.3.8) 计算 $u_{n+4}^{(1)}$ 之值, 这个步骤称为校正 (corrector), 以 C 记之.

最后的步骤是用 $u_{n+4}^{(1)}$ 计算 $f_{n+4}^{(1)}=f(t_{n+4},u_{n+4}^{(1)})$, 为下一个时间步做准备. 以上几个步骤可归纳为如下格式:

$$
\begin{aligned}
&\mathrm{P}\quad u_{n+4}^{(0)}=u_{n+3}^{(1)}+\frac{h}{24}[55f_{n+3}^{(1)}-59f_{n+2}^{(1)}+37f_{n+1}^{(1)}-9f_{n}^{(1)}],\\
&\mathrm{E}\quad f_{n+4}^{(0)}=f(t_{n+4},u_{n+4}^{(0)}),\\
&\mathrm{C}\quad u_{n+4}^{(1)}=u_{n+3}^{(1)}+\frac{h}{24}[9f_{n+4}^{(0)}+19f_{n+3}^{(1)}-5f_{n+2}^{(1)}+f_{n+1}^{(1)}],\\
&\mathrm{E}\quad f_{n+4}^{(1)}=f(t_{n+4},u_{n+4}^{(1)}).
\end{aligned}
\tag{1.3.20}
$$

这个公式称为 Adams 四阶预测 – 校正格式 (PECE 模式).

由于在公式 (1.3.8) 中只进行一次迭代, 精度可能较差. 现设法补加修正项, 以提高精度, 弥补因无迭代带来的误差. 为此, 先来近似估计数值解的截断误差.

对公式 (1.3.8), 其误差主项为

$$-\frac{19}{720}h^5u^{(5)}(t_n)=u(t_{n+4})-u_{n+4}^{(1)}+O(h^6).$$

对公式 (1.3.6), 则有

$$\frac{251}{720}h^5u^{(5)}(t_n)=u(t_{n+4})-u_{n+4}^{(0)}+O(h^6).$$

由此推出

$$-\frac{19}{720}h^5u^{(5)}(t_n)=-\frac{19}{270}(u_{n+4}^{(1)}-u_{n+4}^{(0)})+O(h^6). \tag{1.3.21}$$

这就是校正公式局部截断误差主项的估计式. 类似地, 预测公式误差主项估计式为

$$\frac{251}{720}h^5u^{(5)}(t_n)=\frac{251}{270}(u_{n+4}^{(1)}-u_{n+4}^{(0)})+O(h^6).$$

因为 $u_{n+4}^{(1)}$ 之值在求预测值 $u_{n+4}^{(0)}$ 时尚未算出, 只好以 $u_{n+3}^{(1)}$ 代之, 于是

$$\frac{251}{720}h^5u^{(5)}(t_n)=\frac{251}{270}(u_{n+3}^{(1)}-u_{n+3}^{(0)})+O(h^6). \tag{1.3.22}$$

利用这两个估计式, 舍去 $O(h^6)$ 项, 就可在计算过程中近似估计截断误差.

利用式 (1.3.21) 及 (1.3.22), 又可算出 $u_{n+4}^{(0)}$ 及 $u_{n+4}^{(1)}$ 的修正值

$$
\begin{aligned}
\bar{u}_{n+4}^{(0)}&=u_{n+4}^{(0)}+\frac{251}{270}(u_{n+3}^{(1)}-u_{n+3}^{(0)}),\\
\bar{u}_{n+4}^{(1)}&=u_{n+4}^{(0)}-\frac{19}{270}(u_{n+4}^{(1)}-u_{n+4}^{(0)}).
\end{aligned}
$$

可以预计, 它们是更好的近似值.

以上两式均称为修正算式, 以 M 表之. 由此又可以构成 PMECME 模式

$$\begin{aligned}
&\mathrm{P} \quad u_{n+4}^{(0)} = \bar{u}_{n+3}^{(1)} + \frac{h}{24}[55\bar{f}_{n+3}^{(1)} - 59\bar{f}_{n+2}^{(1)} + 37\bar{f}_{n+1}^{(1)} - 9\bar{f}_{n}^{(1)}],\\
&\mathrm{M} \quad \bar{u}_{n+4}^{(0)} = u_{n+4}^{(0)} + \frac{251}{270}(u_{n+3}^{(1)} - u_{n+3}^{(0)}),\\
&\mathrm{E} \quad \bar{f}_{n+4}^{(0)} = f(t_{n+4}, \bar{u}_{n+4}^{(0)}),\\
&\mathrm{C} \quad u_{n+4}^{(1)} = \bar{u}_{n+3}^{(1)} + \frac{h}{24}[9\bar{f}_{n+4}^{(0)} + 19\bar{f}_{n+3}^{(1)} - 5\bar{f}_{n+2}^{(1)} + \bar{f}_{n+1}^{(1)}],\\
&\mathrm{M} \quad \bar{u}_{n+4}^{(1)} = u_{n+4}^{(1)} - \frac{19}{270}(u_{n+4}^{(1)} - u_{n+4}^{(0)}),\\
&\mathrm{E} \quad \bar{f}_{n+4}^{(1)} = f(t_{n+4}, \bar{u}_{n+4}^{(1)}).
\end{aligned} \tag{1.3.23}$$

对截断误差的近似估计, 也为步长的选取提供了条件. 将 $\dfrac{19}{270}|u_{n+4}^{(1)} - u_{n+4}^{(0)}|$ 作为误差控制量, 即可用来确定合适的步长.

关于预测 – 校正格式的详细讨论, 参见文献 Lambert, 1991.

与 RK 方法相比, 线性多步方法每步计算右端函数 f 的次数确实显著减少. 若用显式公式, 每步只计算一次 f 之值; 若用形如 (1.3.23) 的预测 – 校正格式, 每步只计算二次 f 之值, 比四阶 RK 方法少一半. 因此, 线性多步方法适用于求解步数较多的情形. 另外, 由于多步方法计算公式中涉及到好几个已算出的值, 改变步长就比较麻烦.

根据上述及 1.2 节的讨论, 对一般形如 (1.0.1) 的初值问题, 其数值求解过程大致为, 在选定步长 h 后, 先利用四阶 RK 方法 (1.2.25) 计算出若干个附加初值并估计误差, 然后用式 (1.3.23) 继续以后各步的计算, 并随时估计局部截断误差.

1.4　线性差分方程的基本知识

上节对线性多步方法讨论了计算公式的导出与实际应用中的某些问题, 尚未对重要的理论问题 —— 相容性、收敛性以及稳定性进行分析. 为进行这方面的讨论, 需要了解线性差分方程的主要性质.

1.4.1　一般性质

以整变量 n 的函数 u_n 为未知函数的关系式

$$a_k(n)u_{n+k} + a_{k-1}(n)u_{n+k-1} + \cdots + a_0(n)u_n = b_n, \quad n = 0, 1, 2, \cdots \tag{1.4.1}$$

称为 k 阶线性差分方程, 其中 $a_j(n)\,(j = 0, 1, \cdots, k)$ 和 b_n 为 n 的已知函数, 并且 $a_k(n) \cdot a_0(n) \neq 0$. 当 $b_n \equiv 0$ 时, 即 (1.4.1) 取形式

$$a_k(n)u_{n+k} + a_{k-1}(n)u_{n+k-1} + \cdots + a_0(n)u_n = 0, \tag{1.4.2}$$

称之为齐次线性差分方程. 若整变量 n 的函数 u_n 满足方程 (1.4.1) 或者 (1.4.2), 即使它们成为恒等式, 则称 u_n 为相应方程的解. 易见, 若初值 $u_0, u_1, \cdots, u_{k-1}$ 已知, 则由方程 (1.4.1) 或 (1.4.2) 可逐次算出 $u_n\,(n=k,k+1,\cdots)$.

线性差分方程与线性常微分方程有许多相似的性质. 例如:

(1) 叠加原理. 若 $u_n^{(1)}, \cdots, u_n^{(l)}$ 是齐次差分方程 (1.4.2) 的解, 则它们的线性组合 $u_n = \sum\limits_{j=1}^{l} C_j u_n^{(j)}$ 也是方程 (1.4.2) 的解, 其中 $C_j\,(j=1,2,\cdots,l)$ 为任意常数.

(2) 设 $u_n^{(1)}, \cdots, u_n^{(k)}$ 是 k 阶齐次方程 (1.4.2) 的解, 并且行列式

$$\begin{vmatrix} u_0^{(1)} & u_0^{(2)} & \cdots & u_0^{(k)} \\ u_1^{(1)} & u_1^{(2)} & \cdots & u_1^{(k)} \\ \vdots & \vdots & & \vdots \\ u_{k-1}^{(1)} & u_{k-1}^{(2)} & \cdots & u_{k-1}^{(k)} \end{vmatrix} \neq 0, \tag{1.4.3}$$

则方程 (1.4.2) 的任意解 u_n 可表示为

$$u_n = \sum_{j=0}^{k} C_j u_n^{(j)}, \tag{1.4.4}$$

其中常数 C_j 由初值 $u_0, \cdots, u_{k-1}$ 唯一确定. 当 (1.4.4) 中的 $C_j\,(j=1,\cdots,k)$ 为任意常数时, 称之为方程 (1.4.2) 的通解.

若解组 $u_n^{(1)}, \cdots, u_n^{(k)}$ 满足条件 (1.4.3), 则称它们是线性无关的. 此时, 又称之为方程 (1.4.2) 的基本解组.

(3) 非齐次方程 (1.4.1) 的通解可以表成它的一个特解与齐次方程 (1.4.2) 的通解之和.

1.4.2　常系数齐次差分方程的基本解组

对于变系数方程 (1.4.2), 其基本解组一般很难求出. 但当 $a_j(n) = a_j$ 与 n 无关时, 即 (1.4.2) 为常系数方程时, 基本解组可用代数方法求出.

考虑常系数方程

$$a_k u_{n+k} + a_{k-1} u_{n+k-1} + \cdots + a_0 u_n = 0, \tag{1.4.5}$$

求其形如 $u_n = \xi^n$ 的解. 将这个表达式代入方程 (1.4.5), 则有 $\sum\limits_{j=0}^{k} a_j \xi^j = 0$, 即 ξ 为代数方程

$$F(\lambda) \equiv \sum_{j=0}^{k} a_j \lambda^j = 0 \tag{1.4.6}$$

的根. 反之, 若 ξ 为 (1.4.6) 的根, 则 $u_n=\xi^n$ 必为方程 (1.4.5) 的解. (1.4.6) 称为式 (1.4.5) 的特征方程.

设方程 (1.4.6) 有 k 个互异根 $\xi_1,\cdots,\xi_k$, 则 $\xi_1^n,\cdots,\xi_k^n$ 为方程 (1.4.6) 的基本解组, 因为

$$\begin{vmatrix} 1 & 1 & \cdots & 1 \\ \xi_1 & \xi_2 & \cdots & \xi_k \\ \vdots & \vdots & & \vdots \\ \xi_1^{k-1} & \xi_2^{k-1} & \cdots & \xi_k^{k-1} \end{vmatrix} \neq 0.$$

若某 ξ_{j0} 为复根 $\xi_{j0}=\rho(\cos\theta+i\sin\theta)$, 则其共轭数 $\overline{\xi}_{j0}$ 亦然. 对应 $\xi_{j0},\overline{\xi}_{j0}$, 此时可取两个线性无关的实值解 $\rho^n\cos n\theta$ 和 $\rho^n\sin n\theta$. 设方程 (1.4.6) 有 s 重根 $\xi_1=\cdots=\xi_s\ (s\geqslant 2)$, 它们对应着同一个特解 ξ_1^n, 因此从解组 $\xi_1^n,\cdots,\xi_k^n$ 中至多得到 $k-s+1$ 个线性无关解. 为构成基本解组, 需要寻求新解.

现设法寻求形如 $u_n=\varphi(n)\xi^n$ 的解, 其中 $\varphi(n)$ 为待定函数. 以之代入方程 (1.4.5), 并约去因子 ξ^n 后, 则有

$$a_k\varphi(n+k)\xi^k+\cdots+a_0\varphi(n)=0. \tag{1.4.7}$$

由函数值通过各阶差分的线性组合表示的公式, 可得

$$\begin{aligned}
&\varphi(n+k)=\sum_{j=0}^{k}\begin{pmatrix} k \\ j \end{pmatrix}\Delta^j\varphi(n),\\
&\varphi(n+k-1)=\sum_{j=0}^{k-1}\begin{pmatrix} k-1 \\ j \end{pmatrix}\Delta^j\varphi(n),\\
&\cdots\cdots\\
&\varphi(n+1)=\varphi(n)+\Delta\varphi(n),\\
&\varphi(n)=\varphi(n).
\end{aligned}$$

以 $a_k\xi^k$ 乘上列各式中的第一个, 以 $a_{k-1}\xi^{k-1}$ 乘第二个,$\cdots\cdots$, 以 a_0 乘最后一个, 然后把所得各个等式相加. 显然, 相加后所得等式左端就是方程 (1.4.7) 之左端, 而右端在合并同类项后, $\Delta^j\varphi(n)$ 的系数是

$$\begin{aligned}
&\begin{pmatrix} k \\ j \end{pmatrix}a_k\xi^k+\begin{pmatrix} k-1 \\ j \end{pmatrix}a_{k-1}\xi^{k-1}+\cdots+a_j\xi^j\\
=&\xi^jF^{(j)}(\xi)/j!,\qquad j=0,1,\cdots,k.
\end{aligned}$$

因此, 我们得到等价于 (1.4.7) 的方程

$$F(\xi)\varphi(n)+\xi F'(\xi)\Delta\varphi(n)+\cdots+\frac{\xi^s}{s!}F^{(s)}(\xi)\Delta^s\varphi(n)$$
$$+\cdots+\frac{\xi^k}{k!}F^{(k)}(\xi)\Delta^k\varphi(n)=0. \tag{1.4.8}$$

设 $\xi=\xi_1$ 是 s 重根, 于是

$$F(\xi_1)=F'(\xi_1)=\cdots=F^{(s-1)}(\xi_1)=0,$$

但 $F^{(s)}(\xi_1)\neq 0$. 故当 $\xi=\xi_1$ 时, 式 (1.4.8) 变为

$$\frac{\xi_1^s}{s!}F^{(s)}(\xi_1)\Delta^s\varphi(n)+\cdots+\frac{\xi_1^k}{k!}F^{(k)}(\xi_1)\Delta^k\varphi(n)=0. \tag{1.4.9}$$

显然, 当选择 $\varphi(n)$ 为任何次数低于 s 的多项式时, 式 (1.4.9) 将被满足. 于是, 我们得到了不同于 ξ_1^n 的新解.

设特征方程 (1.4.6) 的互异根为 $\xi_1,\cdots,\xi_l\ (l\leqslant k)$, ξ_j 的重数为 $s_j, \sum\limits_{j=1}^{l}s_j=k$, 则 $\varphi_j(n)\xi_j^n$ 为方程 (1.4.5) 的解, 其中 $\varphi_j(n)$ 为次数小于 s_j 的多项式. 特别地, 可以选择 $\varphi_j(n)=n^{m-1}, m=1,2,\cdots,s_j, j=1,\cdots,l$. 于是构成方程 (1.4.5) 的一个基本解组

$$\xi_j^n, n\xi_j^n,\cdots,n^{s_j-1}\xi_j^n,\quad j=1,\cdots,l.$$

这个解组线性无关性的证明, 由于比较繁琐, 此处从略.

例 1.4.1　*试求差分方程初值问题*

$$\begin{cases} u_{n+4}-4u_{n+3}+5u_{n+2}-4u_{n+1}+4u_n=4,\\ u_0=5, u_1=0, u_2=-4, u_3=-12\end{cases}$$

的解.

解　由于方程的右端项为常数, 当 1 不是特征方程的根时, 可试求它的一个常数解. 令 $u_n=C=\text{const.}$, 以之代入方程, 得到 $C=2$.

对应的特征方程为 $F(\lambda)\equiv(\lambda^2+1)(\lambda-2)^2=0$, 它的根是 2 (二重根), $\pm i$, 这里 $i=\sqrt{-1}$. 故通解为

$$u_n=C_1\cos\frac{n\pi}{2}+C_2\sin\frac{n\pi}{2}+C_3 2^n+C_4 n2^n+2.$$

由初始条件, 可以定出常数 $C_1=2, C_2=-2, C_3=1, C_4=-1$. 所以, 这个问题的解为

$$u_n=2\Big(\cos\frac{n\pi}{2}-\sin\frac{n\pi}{2}\Big)+(1-n)2^n+2.$$

1.4.3　常系数差分方程解的渐近性质

在多步方法的理论分析中, 将用到解 u_n 当 $n \to \infty$ 时的渐近性质. 特别地, 我们希望给出保证关系式

$$\lim_{n\to\infty} \frac{u_n}{n} = 0, \text{ 对所有初值 } u_0, u_1, \cdots, u_{k-1} \tag{1.4.10}$$

成立的条件.

定义 1.4.1　若特征方程 (1.4.6) 的根 ξ 按模不大于 1, $|\xi| \leqslant 1$, 且若 $|\xi| = 1$, ξ 为单重的, 则称常系数方程 (1.4.5) 满足根条件.

定理 1.4.1　方程 (1.4.5) 满足根条件, 当且仅当关系式 (1.4.10) 成立.

充分性证明. 设式 (1.4.10) 成立, ξ 是方程 (1.4.6) 的根, $u_n = \xi^n$ 是方程 (1.4.5) 的解. 对 $|\xi| > 1$, 序列 $u_n/n = \xi^n/n$ 发散, 故从式 (1.4.10) 知 $|\xi| \leqslant 1$. 若 ξ 为方程 (1.4.6) 的重根, 且 $|\xi| = 1$, 则序列 $u_n = n\xi^n$ 是方程 (1.4.5) 的解. 因为 $u_n/n = \xi^n$ 不收敛于 0(当 $n \to \infty$), 故 ξ 必为单根.

为证明必要性, 我们需要下列数值代数理论中的定理.

定理 1.4.2　(a) 对每个矩阵 A 和每个 $\varepsilon > 0$, 存在向量范数 $||\boldsymbol{v}||$, 使得

$$||A|| = \max_{\boldsymbol{v}\neq\boldsymbol{0}} ||A\boldsymbol{v}||/||\boldsymbol{v}|| \leqslant \rho(A) + \varepsilon,$$

这里,$\boldsymbol{v}$ 为向量,$\rho(A)$ 为 A 的谱半径.

(b) 若对应每个按模等于谱半径的特征值 ξ, $|\xi| = \rho(A)$, 仅有线性初等因子, 则存在向量范数 $||\boldsymbol{v}||$, 使得

$$||A|| = \rho(A).$$

这个定理的证明, 请见文献 Stoer,1996.

定理 1.4.1 必要性证明. 引进记号

$$\boldsymbol{U}_n = [u_n, u_{n+1}, \cdots, u_{n+k-1}]^{\mathrm{T}},$$

$$A = \begin{bmatrix} 0 & 1 & 0 & \cdots & 0 & 0 \\ 0 & 0 & 1 & \cdots & 0 & 0 \\ \vdots & \vdots & \vdots & & \vdots & \vdots \\ 0 & 0 & 0 & \cdots & 0 & 1 \\ -\dfrac{a_0}{a_k} & -\dfrac{a_1}{a_k} & -\dfrac{a_2}{a_k} & \cdots & -\dfrac{a_{k-2}}{a_k} & -\dfrac{a_{k-1}}{a_k} \end{bmatrix},$$

则方程 (1.4.5) 可写成等价形式

$$\boldsymbol{U}_{n+1} = A\boldsymbol{U}_n.$$

A 是 Frobenius 矩阵, 它的特征方程就是 (1.4.6). 因此, 若根条件满足, 按定理 1.4.2, 则能选择向量范数 $\|\cdot\|$, 以使对应的矩阵范数 $\|A\| \leqslant 1$. 故对所有初始向量 $\boldsymbol{U}_0$, 有

$$\|\boldsymbol{U}_n\| = \|A^n \boldsymbol{U}_0\| \leqslant \|\boldsymbol{U}_0\|, \quad 对\ n = 1, 2, \cdots. \tag{1.4.11}$$

因为有限维空间向量的各种范数是等价的, 存在常数 $M > 0$, 使 $\dfrac{1}{M}\|\boldsymbol{v}\| \leqslant \|\boldsymbol{v}\|_\infty \leqslant M\|\boldsymbol{v}\|$, 这里 $\|\boldsymbol{v}\|_\infty$ 表示向量 $\boldsymbol{v}$ 的最大范数. 特别地, 从 (1.4.11) 得到

$$\|\boldsymbol{U}_n\|_\infty \leqslant M^2 \|\boldsymbol{U}_0\|_\infty, \quad n = 1, 2, \cdots.$$

亦即 $\lim\limits_{n\to\infty} \|\boldsymbol{U}_n\|_\infty / n = 0$, 故得到式 (1.4.10). 定理 1.4.1 证毕. □

1.5　一般多步方法的收敛性

在 1.2 节中讨论的单步方法, 以及 1.3 节给出的线性 k 步方法都是下列 k 步方法的特例

$$\begin{aligned} &u_{n+k} + \alpha_{k-1} u_{n+k-1} + \cdots + \alpha_0 u_n \\ &= h\varphi(t_n, u_{n+k}, \cdots, u_n, h, f), \qquad k \geqslant 1. \end{aligned} \tag{1.5.1}$$

本节讨论这类方法的一些理论问题, 着重讨论方法的收敛性.

1.5.1　多步方法的收敛性

首先引进多步方法局部截断误差的概念. 仿照单步方法的情形. 若 $u(t)$ 为初值问题 (1.0.1) 的真解, 则方法 (1.5.1) 的局部截断误差定义为

$$\begin{aligned} R(t, u, h) = &u(t + kh) + \sum_{i=0}^{k-1} \alpha_i u(t + ih) \\ &- h\varphi(t, u(t + kh), \cdots, u(t), h, f). \end{aligned} \tag{1.5.2}$$

为使计算公式是原微分方程的一个合理近似, (1.5.1) 应满足相容性条件.

定义 1.5.1　多步方法 (1.5.1) 称为相容的, 是指: 对每个满足本章开头所述基本假设的 f, 存在函数 $\tau(h)$, 且 $\lim\limits_{h\to 0} \tau(h) = 0$, 以使

$$|R(t, u, h)| \leqslant \tau(h) h \tag{1.5.3}$$

对所有 $t_0 \leqslant t \leqslant T, |u| < \infty$ 成立. 称方法是 q 阶的, 若 q 是使关系式 $\tau(h) = O(h^q)$ 成立的最大整数, 其中 f 本身及其直到 q 阶的偏导数连续有界.

以下, 我们假设

$$\varphi(t, u_k, u_{k-1}, \cdots, u_0, h, 0) \equiv 0 \tag{1.5.4}$$

对所有 $t_0 \leqslant t \leqslant T$, 所有 h 和 $u_i(i=0,1,\cdots k)$ 成立. 对于各阶 RK 方法及线性多步方法, 式 (1.5.4) 总是满足的. 对于 $f(t,u) \equiv 0$ 和 $u(t_0) = u_0$, 相容的方法给出

$$\begin{aligned}&R(t,u,h) = u_0(1+\alpha_{k-1}+\cdots+\alpha_0) - h\varphi(t,u_0,\cdots,u_0,h,0),\\&|R(t,u,h)| \leqslant \tau(h)h, \quad \lim_{h\to 0}\tau(h) = 0.\end{aligned}$$

由此及式 (1.5.4), 则

$$\lim_{h\to 0}\frac{u_0}{h}\left(1+\sum_{j=0}^{k-1}\alpha_j\right) = 0.$$

因 u_0 为任意的, 故得相容性的一个必要条件

$$1+\sum_{j=0}^{k-1}\alpha_j = 0. \tag{1.5.5}$$

在利用式 (1.5.1) 逐步进行计算之前, 必须用其他方法, 例如单步方法, 给出 $k-1$ 个附加初值 $u_1, \cdots, u_{k-1}$. 若用

$$e_n = u_n - u(t_n)$$

表示方法的整体截断误差, 对给出的初值, 我们要求

$$|e_i| \leqslant \eta(h),\ \ i = 0,1,\cdots,k-1,\ \ \lim_{h\to 0}\eta(h) = 0. \tag{1.5.6}$$

定义 1.5.2　多步方法 (1.5.1) 称为收敛的, 是指: 关系式

$$\lim_{h\to 0} u_n = u(t), \quad t = t_n, \quad h = \frac{t-t_0}{n}$$

对所有 $t_0 \leqslant t \leqslant T$, 所有满足基本假设的 f 和所有满足 (1.5.6) 的初值 $u_i(i=0,1,\cdots,k-1)$ 成立.

现在利用 1.4 节的结果来研究多步方法的收敛性. 在以下的叙述中, 常提到方法 (1.5.1) 满足根条件, 其意义是由式 (1.5.1) 左端所构成的常系数线性差分方程 $u_{n+k} + \sum\limits_{j=0}^{k-1}\alpha_j u_{n+j} = 0$ 满足根条件. 我们指出, 根条件是方法收敛性的必要条件.

定理 1.5.1　若多步方法 (1.5.1) 是收敛的, 且函数 φ 满足条件 (1.5.4), 则根条件成立.

证明　考虑初值问题 $u'=0, u(t_0)=0$, 它的真解 $u(t)\equiv 0$. 由于方法 (1.5.1) 是收敛的, 则由其求出的数值解 u_n, 对所有 $t_0\leqslant t\leqslant T$ 和所有满足 (1.5.6) 的初值 $u_i\,(i=0,1,\cdots,k-1)$, 有

$$\lim_{h\to 0} u_n = 0,\quad t=t_n,\quad h=\frac{t-t_0}{n}.$$

设 $t\neq t_0, t_0<t\leqslant T$ 是已给定的. 由于函数 $\varphi(t,u_k,\cdots,u_0,h,0)\equiv 0$, 则上述 u_n 由差分方程

$$u_{n+k}+\sum_{j=0}^{k-1}\alpha_j u_{n+j}=0$$

确定. 选取初值 $u_i=A_i h$, 其中 A_i 为任意常数,$i=0,1,\cdots,k-1$, 则它们满足条件 (1.5.6). 若对任意 $A_i\,(i=0,1,\cdots,k-1)$, 函数 A_{n+k} 是由方程

$$A_{n+k}+\sum_{j=0}^{k-1}\alpha_j A_{n+j}=0$$

算出的, 则 $u_n=A_n h$.

由方法的收敛性, 则有

$$\lim_{h\to 0} u_n=(t-t_0)\lim_{n\to\infty}\frac{A_n}{n}=0,\quad t=t_n, h=\frac{t-t_0}{n}.$$

亦即, 条件 (1.4.10) 成立, 因为 $A_i\,(i=0,1,\cdots,k-1)$ 是任意的, 据定理 1.4.1 知, 根条件成立. 证毕. □

我们进一步假设, φ 满足"Lipschitz 条件", 亦即, 对每个满足前述基本假设的 f, 存在常数 h_0 和 M(可依赖于 f), 以使

$$|\varphi(t,u_k,\cdots,u_0,h,f)-\varphi(t,v_k,\cdots,v_0,h,f)|\leqslant M\sum_{j=0}^{k}|u_j-v_j| \tag{1.5.7}$$

对所有 $t_0\leqslant t\leqslant T, h\leqslant h_0, |u_j|$ 及 $|v_j|<\infty\,(j=0,1,\cdots,k)$ 成立.

现在给出本节的基本定理, 它指出, 对相容的方法 (1.5.1), 根条件又是收敛性的充分条件.

定理 1.5.2　设多步方法 (1.5.1) 是相容的,φ 满足 (1.5.4) 及 (1.5.7), 则当且仅当根条件成立时, 方法是收敛的.

证明　显然, 只需要证明充分性. 若以 $u(t)$ 记初值问题 (1.0.1) 的真解, 则易知

$$\begin{aligned}&u(t_{n+k})+\sum_{j=0}^{k-1}\alpha_j u(t_{n+j})\\ &=h\varphi(t_n,u(t_{n+k}),\cdots,u(t_n),h,f)+R(t_n,u(t_n),h).\end{aligned}$$

由上式与式 (1.5.1), 方法的整体截断误差 e_n 满足

$$e_{n+k}+\sum_{j=0}^{k-1}\alpha_j e_{n+j}=C_{n+k},\qquad n=0,1,2,\cdots, \tag{1.5.8}$$

其中

$$\begin{aligned}C_{n+k}=&h[\varphi(t_n,u_{n+k},\cdots,u_n,h,f)\\&-\varphi(t_n,u(t_{n+k}),\cdots,u(t_n),h,f)]-R(t_n,u(t_n),h),\end{aligned}$$

而初值误差 $e_n\ (n=0,1,\cdots,k-1)$ 满足条件 (1.5.6). 按相容性定义, 存在函数 $\tau(h)$, $\lim\limits_{h\to0}\tau(h)=0$, 以使 $|R(t_n,u(t_n),h)|\leqslant h\tau(h)$, 又由条件 (1.5.7), 则对 C_{n+k} 可作出如下估计

$$|C_{n+k}|\leqslant hM\sum_{j=0}^{k}|e_{n+j}|+h\tau(h). \tag{1.5.9}$$

引进记号

$$\boldsymbol{E}_n=[e_n,e_{n+1},\cdots,e_{n+k-1}]^{\mathrm{T}},\qquad \boldsymbol{B}=[0,0,\cdots,0,1]^{\mathrm{T}},$$

$$A=\begin{bmatrix}0&1&0&\cdots&0&0\\0&0&1&\cdots&0&0\\\vdots&\vdots&\vdots&&\vdots&\vdots\\0&0&0&\cdots&0&1\\-\alpha_0&-\alpha_1&-\alpha_2&\cdots&-\alpha_{k-2}&-\alpha_{k-1}\end{bmatrix},$$

则式 (1.5.8) 可写成等价形式

$$\begin{aligned}&\boldsymbol{E}_{n+1}=A\boldsymbol{E}_n+C_{n+k}\boldsymbol{B},\\&\boldsymbol{E}_0=[e_0,\cdots,e_{k-1}]^{\mathrm{T}}.\end{aligned}\tag{1.5.10}$$

因为根条件成立, 按定理 1.4.2, 在 k 维空间内存在向量范数 $||\cdot||$, 使对应的 $||A||\leqslant1$. 由于有限维空间内向量范数的等价性, 存在常数 M_1, 使

$$\frac{1}{M_1}||\boldsymbol{E}_n||\leqslant\sum_{j=0}^{k-1}|e_{n+j}|\leqslant M_1||\boldsymbol{E}_n||.$$

因为

$$\sum_{j=0}^{k-1}|e_{n+j}|\leqslant M_1||\boldsymbol{E}_n||,\qquad \sum_{j=1}^{k}|e_{n+j}|\leqslant M_1||\boldsymbol{E}_{n+1}||,$$

从式 (1.5.9) 得到

$$|C_{n+k}| \leqslant hMM_1(||\boldsymbol{E}_n|| + ||\boldsymbol{E}_{n+1}||) + h \cdot \tau(h).$$

将上式代入式 (1.5.10), 并注意到 $||\boldsymbol{B}|| \leqslant M_1$, 则有

$$\begin{aligned} &(1 - hMM_1^2)||\boldsymbol{E}_{n+1}|| \leqslant (1 + hMM_1^2)||\boldsymbol{E}_n|| + M_1h\tau(h), \\ &\qquad\qquad n = 0, 1, 2, \cdots, \\ &||\boldsymbol{E}_0|| \leqslant M_1k \cdot \eta(h). \end{aligned} \tag{1.5.11}$$

对 $h \leqslant 1/2MM_1^2$, 有 $1 - hMM_1^2 \geqslant 1/2$ 和

$$\frac{1 + hMM_1^2}{1 - hMM_1^2} \leqslant 1 + 4hMM_1^2.$$

因此, 对 $h \leqslant 1/2MM_1^2$, 从式 (1.5.11) 得到

$$\begin{aligned} &||\boldsymbol{E}_{n+1}|| \leqslant (1 + 4hMM_1^2)||\boldsymbol{E}_n|| + 2M_1h\tau(h), \\ &\qquad n = 0, 1, 2, \cdots, \\ &||\boldsymbol{E}_0|| \leqslant M_1k \cdot \eta(h). \end{aligned}$$

由引理 1.1.1, 从上式则得

$$\begin{aligned} ||\boldsymbol{E}_n|| \leqslant &\exp(4nhMM_1^2)M_1k\eta(h) \\ &+ \tau(h)[\exp(4nhMM_1^2) - 1]/2MM_1. \end{aligned}$$

对于 $t \neq t_0, h = (t - t_0)/n, h \leqslant 1/2/MM_1^2$, 则有

$$\begin{aligned} ||\boldsymbol{E}_n|| \leqslant &\exp(4MM_1^2(T - t_0))M_1k\eta(h) \\ &+ \tau(h)[\exp(4MM_1^2(T - t_0)) - 1]/2MM_1. \end{aligned}$$

故存在与 h 无关的常数 N_1 和 N_2, 使

$$|e_n| \leqslant N_1\eta(h) + N_2\tau(h). \tag{1.5.12}$$

注意到 $\lim\limits_{h\to 0} \eta(h) = \lim\limits_{h\to 0} \tau(h) = 0$, 方法的收敛性得证. □

从式 (1.5.12) 可直接得到以下推论.

推论 1.5.1　在定理 1.5.2 条件下, 若进一步假设多步方法是 q 阶的, $\tau(h) = O(h^q)$, 并且 $\eta(h) = O(h^q)$, 即计算初值的方法至少是 q 阶的, 则

$$u_n - u(t_n) = O(h^q), \qquad t = t_n.$$

换言之, 方法 (1.5.1) 的整体截断误差与 h^q 同阶.

1.5.2　线性多步方法情形的进一步结果

在 (1.5.1) 为线性多步方法的情形, 即

$$\varphi(t_n, u_{n+k}, \cdots, u_n, h, f) \equiv \sum_{j=0}^{k} \beta_j f_{n+j}, \tag{1.5.13}$$

可以得到一些进一步的结果.

首先, 我们指出线性 k 步方法的相容性与其阶数的关系. 按 1.3.1 节的记号,

$$C_0 = 1 + \sum_{j=0}^{k-1} \alpha_j, \quad C_1 = k + \sum_{j=1}^{k-1} j\alpha_j - \sum_{j=0}^{k} \beta_j,$$

而 $L[u(t);h]$ 表示线性多步方法的局部截断误差. 于是定义 1.5.1 中的函数 $\tau(h)$ 满足

$$\tau(h) \geqslant \frac{1}{h} L[u(t);h] = \frac{C_0}{h} u(t) + C_1 u'(t) + O(h).$$

若方法相容, 则从上式可得

$$C_0 = C_1 = 0. \tag{1.5.14}$$

亦即, 相容的线性多步方法至少是 1 阶的. 反之, 易知,$q\,(q \geqslant 1)$ 阶方法是相容的. 若引进多项式

$$\rho(\lambda) = \lambda^k + \sum_{j=0}^{k-1} \alpha_j \lambda^j, \quad \sigma(\lambda) = \sum_{j=0}^{k} \beta_j \lambda^j,$$

则式 (1.5.14) 可写为

$$\rho(1) = 0, \quad \rho'(1) = \sigma(1),$$

并称之为相容性条件.

下列定理指出, 相容性是收敛性的必要条件.

定理 1.5.3　收敛的线性多步方法是相容的.

证明　考虑初值问题 $u' = 0, u(0) = 1$, 它的真解 $u(t) \equiv 1$. 此时, 线性 k 步方法公式化为

$$u_{n+k} + \sum_{j=0}^{k-1} \alpha_j u_{n+j} = 0. \tag{1.5.15}$$

取初值 $u_i = 1, i = 0, 1, \cdots, k-1, h = t/n$, 由方法的收敛性, 得到

$$\lim_{h \to 0} u_n = \lim_{n \to \infty} u_n = u(t) = 1, \qquad t = t_n.$$

于式 (1.5.15) 两端取 $n \to \infty$ 时的极限, 即得

$$\rho(1) = C_0 = 1 + \sum_{j=1}^{k-1} \alpha_j = 0.$$

为证明 $C_1 = 0$, 考虑初值问题 $u' = 1, u(0) = 0$, 其真解 $u(t) = t$. 由于此时根条件成立, $\rho(1) = 0, \rho'(1) \neq 0$, 故常数 $p = \sigma(1)/\rho'(1)$ 是确定的. 取初值 $u_j = jhp, j = 0, 1, \cdots, k-1, u_n\,(n \geqslant k)$ 由线性 k 步公式

$$u_{n+k} + \sum_{j=0}^{k-1} \alpha_j u_{n+j} = h \sum_{j=0}^{k} \beta_j \tag{1.5.16}$$

计算. 通过直接代入, 并注意 $C_0 = 0$, 易知, 对所有的 $n, u_n = nhp$. 因 $h = t/n$, 由方法的收敛性, 则有

$$t = u(t) = \lim_{h \to 0} u_n = \lim_{n \to \infty} nhp = tp.$$

亦即 $p = 1$. 故有 $C_1 = \rho'(1) - \sigma(1) = 0$. 证毕. □

联合定理 1.5.1,1.5.2 和 1.5.3, 则得到如下重要结论.

定理 1.5.4 对所有满足本章开头所述基本假设的 f, 当且仅当根条件和相容性条件成立时, 线性 k 步方法是收敛的.

为了较方便地确定线性多步方法的阶, 给出如下定理.

定理 1.5.5 线性 k 步方法是 q 阶的, 当且仅当函数

$$\psi(\lambda) = [\rho(\lambda)/\ln\lambda] - \sigma(\lambda)$$

有 q 重零点 $\lambda = 1$.

证明 在式 (1.3.16) 内, 取 $u(t) = e^t$, 则对于一个 q 阶方法, 有

$$L[e^t; h] = C_{q+1} h^{q+1} e^t (1 + O(h)).$$

另一方面,

$$L[e^t; h] = e^t [\rho(e^h) - h\sigma(e^h)].$$

因此

$$\psi(e^h) = \frac{1}{h}[\rho(e^h) - h\sigma(e^h)] = C_{q+1} h^q (1 + O(h)),$$

亦即, $h = 0$ 为 $\psi(e^h)$ 的 q 重零点. 由于变换 $\lambda = e^h$ 把 $h = 0$ 的邻域一一对应地映射到 $\lambda = 1$ 的邻域, 根据复变函数理论, 则知 $\psi(\lambda)$ 在 $\lambda = 1$ 处有 q 重零点.

反之, 设 $\psi(\lambda)$ 以 $\lambda=1$ 为 q 重零点, 随之,$\psi(e^h)$ 以 $h=0$ 为 q 重零点. 因此, 存在某非零常数 C_{q+1}, 使

$$\rho(e^h)-h\sigma(e^h)=C_{q+1}h^{q+1}(1+O(h)). \tag{1.5.17}$$

进而, $L[e^t;h]=O(h^{q+1})$. 因为方法的阶数仅依赖于系数 $\alpha_j(j=0,1,\cdots,k-1),\beta_j(j=0,1,\cdots,k)$, 故方法为 q 阶的. 证毕. □

为应用上述定理, 令 $h=\ln(1+z)$, 即 $h=z+O(z^2)$, 因此 (由式 (1.5.17))

$$\rho(1+z)-\ln(1+z)\sigma(1+z)=C_{q+1}z^{q+1}+O(z^{q+2}).$$

用此式来计算阶 q 及误差常数是方便的.

例 1.5.1　设已给显式方法

$$u_{n+2}-u_{n+1}=h\Big(\frac{3}{2}f_{n+1}-\frac{1}{2}f_n\Big),$$

试求它的阶 q 及误差常数 C_{q+1}.

解　由 $\rho(\lambda)=\lambda^2-\lambda,\sigma(\lambda)=\dfrac{3}{2}\lambda-\dfrac{1}{2}$, 则

$$\begin{aligned}&\rho(1+z)-\ln(1+z)\sigma(1+z)\\&=z^2+z-\Big(z-\frac{1}{2}z^2+\frac{1}{3}z^3\Big)\Big(\frac{3}{2}z+1\Big)+O(z^4)\\&=\frac{5}{12}z^3+O(z^4).\end{aligned}$$

故上述二步方法是二阶的, 误差常数为 5/12.

附注 1.5.1　G.Dahlquist 研究了线性多步方法的阶与根条件的关系, 指出, 当方法满足根条件时, 其阶

$$q\leqslant\begin{cases}k+1, & \text{当}\,k\,\text{为奇数},\\ k+2, & \text{当}\,k\,\text{为偶数}.\end{cases}$$

因此, 在构造线性多步方法时, 要兼顾根条件与精度阶两方面. 关于这方面的详细讨论, 参见文献亨利西, 1985.

附注 1.5.2　在 1.1 节的讨论中, 曾经研究了 Euler 法的解连续地依赖于初值的问题, 即关于初值的稳定性的问题. 现把这个概念推广于一般多步方法 (1.5.1): 多步方法 (1.5.1) 称为是关于初值稳定的, 若对任意满足基本假设的 f, 存在正常数 C 及 h_0, 使得当 $0<h\leqslant h_0$ 时, (1.5.1) 的任意两个解 u_n 及 v_n, 满足不等式

$$\max_{t_0\leqslant t_n\leqslant T}|u_n-v_n|\leqslant C\max_{0\leqslant j<k}|u_j-v_j|,$$

其中 u_j(或 v_j, $j=0,1,\cdots,k-1$) 为 u_n(或 v_n) 的初值. 这种稳定性的意义十分清楚, 它确切地刻画了当 h 充分小时, 多步方法的解连续地依赖于初值. 由于在这种稳定性的讨论中, 要求 h 充分小, 故在常微分方程数值解的文献中, 称之为零稳定性. 对于线性多步方法, 可以证明 (李荣华等, 1996), 根条件是其关于初值稳定的充要条件. 因此, 根条件又称为稳定性条件.

1.6　数值稳定性

前面各节, 在对一个数值方法进行理论分析时, 引进了相容性、收敛性等有关概念. 此时, 我们作出过共同的假设, 即 $h\to 0$. 这些概念在数值分析中虽然很重要, 但还没有充分考虑到实际计算过程的主要特征: 步长 h 由于计算工具等条件的限制, 不可能任意取小, 更不要说趋于零. 另一方面, 由于每计算一步, 总会产生舍入误差, 而且这些误差还要步步传播下去, 步数增多就有可能使误差积累影响到数值解的精度, 甚至于淹没了所求的近似解. 因此, 从实际计算的角度来看, 反而要求步长 h 尽可能大些. 对有限的步长 h, 考察一个方法对舍入误差的敏感性, 这就是数值稳定性问题. 这不但与计算公式有关, 而且与微分方程本身的性质有关.

1.6.1　线性多步方法的绝对稳定性

首先考察一个数值例子. 设已给初值问题 $u'=-10(u-1)^2$, $u(0)=2$, 易知它的真解 $u=1/(1+10t)+1$. 取步长 $h=0.1$, 用 Milne 方法

$$u_{n+2}=u_n+\frac{1}{3}h(f_{n+2}+4f_{n+1}+f_n). \tag{1.6.1}$$

计算上述初值问题的数值解, 附加初值 $u_1=1.5$ 取为真解 $u(0.1)$ 之值. 计算结果如下表.

t_n	真解 $u(t_n)$	数值解 u_n
0.2	1.333333	1.302776
0.3	1.250000	1.270115
0.4	1.200000	1.165775
⋮	⋮	⋮
3.8	1.025641	0.867153
3.9	1.025000	0.953325
4.0	1.024390	0.850962
⋮	⋮	⋮
4.8	1.020408	0.040686
4.9	1.020000	−5.990968
5.0	1.019608	−394.086

从这个数值表看到, 当用有限步长 $h=0.1$ 进行 40 余步的计算之后, 所得数值解与真解之值偏离相当大, 已无法作为近似解提供实用. 但我们知道, Milne 方法 (1.6.1) 是收敛的二步四阶方法, 在所有二步方法中精度阶最高, 应该给出较好的数值计算结果. 为什么会出现这种反常的不稳定现象? 一个方法具有什么性质才能避免上述不稳定现象? 这正是本节要讨论的课题.

首先假设, 所考虑的线性多步方法是收敛的, 即满足相容性条件与根条件.

对于一般的线性 k 步方法

$$\sum_{j=0}^{k}\alpha_j u_{n+j}=h\sum_{j=0}^{k}\beta_j f_{n+j}, \tag{1.6.2}$$

这里 $a_k=1$, 如同 1.5 节, 用 $R(t,u,h)$ 表示其局部截断误差. 初值问题 (1.0.1) 的真解 $u(t)$ 满足关系式

$$\sum_{j=0}^{k}\alpha_j u(t_{n+j})=h\sum_{j=0}^{k}\beta_j f(t_{n+j},u(t_{n+j}))+R(t_n,u(t_n),h). \tag{1.6.3}$$

由于计算过程中舍入误差的存在, 实际计算时只能得到式 (1.6.2) 的近似解 $\widetilde{u}_n$, 它满足

$$\sum_{j=0}^{k}\alpha_j \widetilde{u}_{n+j}=h\sum_{j=0}^{k}\beta_j f(t_{n+j},\widetilde{u}_{n+j})+\eta_{n+k}, \tag{1.6.4}$$

其中符号 η_n 表示求第 n 步数值解时的局部舍入误差. 从式 (1.6.3) 减去式 (1.6.4), 并令 $e_n=u(t_n)-\widetilde{u}_n$, 则

$$\sum_{j=0}^{k}\alpha_j e_{n+j}=h\sum_{j=0}^{k}\beta_j[f(t_{n+j},u(t_{n+j}))-f(t_{n+j},\widetilde{u}_{n+j})]+\phi_{n+k}, \tag{1.6.5}$$

其中 $\phi_{n+k}=R(t_n,u(t_n),h)-\eta_{n+k}$. 为对 e_n 的性质进行分析, 我们作两个简化问题的假设: 一是 $\phi_n=\phi=\text{const.}$; 二是 $\partial f/\partial u=\mu=\text{const.}$, 即此时所考虑的是模型方程 $u'=\mu u$ 的求解问题. 据此, 式 (1.6.5) 简化为

$$\sum_{j=0}^{k}(\alpha_j-h\mu\beta_j)e_{n+j}=\phi. \tag{1.6.6}$$

记 $\overline{h}=\mu h$, 用 $\xi_j=\xi_j(\overline{h})$ 表示多项式

$$\pi(\lambda;\overline{h})\equiv\rho(\lambda)-\overline{h}\sigma(\lambda) \tag{1.6.7}$$

的零点, 由 1.4 节的讨论, 则方程 (1.6.6) 的任意解 e_n 可表示为

$$e_n = \sum_{j=1}^{k} C_j W_n^{(j)} - \frac{\phi}{\overline{h}} \sum_{j=0}^{k} \beta_j, \tag{1.6.8}$$

其中 $\{W_n^{(j)}\}$ 为对应 (1.6.6) 的齐次差分方程的基本解组, 它的具体形式可取为 $n^{l-1}\ \xi_i^n(\overline{h}), l=1,\cdots,s_i$, 其中 s_i 为 ξ_i 的重数.

我们感兴趣的不是对 e_n 大小的估计, 而是判定当 n 增大时,e_n 是随着增大还是减小或是振荡的问题. 若 e_n 是在减少, 那就是说每步计算所产生的舍入误差对以后计算结果的影响在减弱, 即可受到控制. 据此, 引进绝对稳定性的概念.

定义 1.6.1 若对于给定的 $\overline{h}=\mu h$, 多项式 $\pi(\lambda;\overline{h})$ 的所有根 ξ_j 都满足 $|\xi_j|<1, j=1,\cdots,k$, 则称方法 (1.6.2) 关于 $\overline{h}$ 是绝对稳定的; 若对实轴上的某区间 (或复平面上某区域) 内的任意 $\overline{h}$, 方法都是绝对稳定的, 则称此区间 (或区域) 为绝对稳定区间 (或区域).

由于方法的绝对稳定性质取决于多项式 $\pi(\lambda;\overline{h})$ 的根的性质, 所以把 $\pi(\lambda;\overline{h})$ 称为 (1.6.2) 的稳定多项式.

从这个定义及式 (1.6.8) 知, 当取步长 h, 使 $\overline{h}$ 属于绝对稳定区间时, 误差函数 e_n 随着 n 的增大而减少. 所以, 从误差分析的观点看, 绝对稳定的方法比较理想, 绝对稳定区域越大, 方法的适用性越广.

作为例子, 考察 Adams 方法的绝对稳定区域.

例 1.6.1 Euler 法

$$u_{n+1} = u_n + hf_n.$$

对模型方程, 上式简化为 $u_{n+1}=u_n+h\mu u_n$. 稳定多项式取形式 $\pi(\lambda;\overline{h})=\lambda-(1+\overline{h})$. 绝对稳定区域为 $|1+\overline{h}|<1$. 当 μ 为复常数时, 上式表示复平面上以实轴点 -1 为中心的单位圆域内部; 当 μ 为实常数时, 绝对稳定区间为实轴上的线段 $-2<\overline{h}<0$.

例 1.6.2 向后 Euler 法

$$u_{n+1} = u_n + hf_{n+1}.$$

它是最简单的隐式单步法, 与 Euler 法一样, 这个方法是一阶收敛的. 相应的稳定多项式为

$$\pi(\lambda;\overline{h}) = (1-\overline{h})\lambda - 1, \quad \xi_1 = \frac{1}{1-\overline{h}},$$

而

$$|\xi_1| = \frac{1}{|1-\overline{h}|} = \frac{1}{\sqrt{1-2\mathrm{Re}\overline{h}+h^2|\mu|^2}}.$$

因此, 方法的绝对稳定区域为复平面上以 $+1$ 为中心的单位圆域外部. 特别地, 当 $\mathrm{Re}\,\mu<0$ 时, 方法绝对稳定. 若 μ 为实常数, 绝对稳定区间为 $(-\infty,0)$ 及 $(2,\infty)$.

例 1.6.3　梯形法

$$u_{n+1}=u_n+\frac{1}{2}(f_n+f_{n+1}).$$

其稳定多项式为 $\pi(\lambda;\overline{h})=\left(1-\frac{1}{2}\overline{h}\right)\lambda-\left(1+\frac{1}{2}\overline{h}\right)$. 当 $\mathrm{Re}\mu<0$ 时, 总有 $|\xi_1|<1$, 故方法的绝对稳定区域为左半复平面 $\mathrm{Re}\mu<0$, 而绝对稳定区间为 $(-\infty,0)$.

一个方法的绝对稳定区域若为整个左半复平面, 则称此方法为 A- 稳定的. 向后 Euler 法及梯形法就是 A- 稳定的.

对于 k 步 Adams 显式及隐式方法的绝对稳定区间, 可类似进行讨论. 若把它们分别记为 $(a_E,0)$ 及 $(a_I,0)$, 则其中 a_E 及 a_I 之值可列表如下.

k	1	2	3	4
a_E	-2	-1	$-6/11$	$-3/10$
a_I	$-\infty$	-6	-3	$-90/49$

由表中看出, 隐式方法较同阶的显式方法绝对稳定区间大得多.

上面的例子告诉我们, 绝对稳定区间一般都位于负实轴部分 (只有向后 Euler 法例外). 当 μ 取正常数时, 这些方法都不是绝对稳定的. 此时, 模型方程 $u'=\mu u$ 本身是不稳定的, 它的解 $u=ce^{\mu t}$ (c 为常数) 随着 t 的增大而急剧增大.

例 1.6.4　研究 Milne 方法 (1.6.1) 的绝对稳定性. 它的稳定多项式为

$$\pi(\lambda;\overline{h})=(1-\frac{1}{3}\overline{h})\lambda^2-\frac{4}{3}\overline{h}\lambda-(1+\frac{1}{3}\overline{h}).$$

我们用待定系数法求上述多项式的两个根 ξ_1,ξ_2, 将它们表为 $\overline{h}$ 的幂级数形式

$$\begin{aligned}\xi_1&=1+\overline{h}+\frac{1}{2}\overline{h}^2+\frac{1}{6}\overline{h}^3+\frac{1}{24}\overline{h}^4+\frac{1}{72}\overline{h}^5+O(\overline{h}^6)\\&=e^{\overline{h}}+\frac{1}{180}\overline{h}^5+O(\overline{h}^6),\quad h\to 0\text{ 时},\\\xi_2&=-\left[1-\frac{1}{3}\overline{h}+\frac{1}{18}\overline{h}^2+\frac{5}{54}\overline{h}^3+O(\overline{h}^4)\right]\\&=-e^{-\overline{h}/3}+O(\overline{h}^3),\quad h\to 0\text{ 时}.\end{aligned}$$

无论 μ 为正或负常数, ξ_1 与 ξ_2 中总有一个按模大于 1(当 h 充分小时), 因而 Milne 方法对通常的 $\overline{h}$ 不是绝对稳定的. 这也正是本段开头所举数值例子中出现反常现象的原因.

附注 1.6.1　若在对误差方程 (1.6.5) 进行分析时, 放弃 ϕ_n 为常数的假设, 而保留 $\partial f/\partial u=\mu$, 则误差函数

$$e_n = \sum_{j=1}^{k} C_j W_n^{(j)} + \sum_{m=0}^{n-k} g_{n,m}\phi_m,$$

其中 $g_{n,m}$ 为 $W_n^{(j)}$ 的线性组合. 由此, 可同样定义绝对稳定性, 并进行上述讨论. 关于这些内容, 可参见文献李荣华等, 1996.

附注 1.6.2 若同时放弃两个简化假设, 直接根据式 (1.6.5) 对误差函数进行分析, 这就是所谓非线性稳定性分析. 而前述讨论, 则称为线性稳定性分析.

附注 1.6.3 研究方法的绝对稳定区域还有另外的重要意义, 即当 μ 之值变化时, 也可利用线性稳定性分析的结果. 设 h 固定, 当 $\overline{h} = h\mu$ 随 μ 变化, 且属于方法的绝对稳定区域时, 则可认为方法对此 $\overline{h}$ 是绝对稳定的.

1.6.2 绝对稳定区间的确定

确定绝对稳定区间的问题, 本质上是个数值代数的课题, 这里不加证明地介绍两个方法.

第一个方法, 由代数方程根与系数的关系定理知:

(1) 实系数 2 次多项式 $\lambda^2+p\lambda+q$ 的两个根按模小于 1 的充要条件为 $1+p+q>0, 1-p+q>0, 1-q>0$;

(2) 实系数 3 次多项式 $\lambda^3+p\lambda^2+q\lambda+r$ 的三个根按模小于 1 的充要条件为

$$\begin{aligned}
&1+r>0, \quad 1-r>0,\\
&1+p+q+r>0, \quad 1-p+q-r>0,\\
&1+q+pr-r^2>0.
\end{aligned}$$

这些结论的证明, 可参见蒋尔雄等编的《线性代数》(人民教育出版社,1979).

例 1.6.5 确定二步方法

$$u_{n+2} = u_n + \frac{1}{2}(f_{n+1} + 3f_n)$$

的绝对稳定区间.

这个方法的稳定多项式为 $\pi(\lambda;\overline{h}) = \lambda^2 - \frac{1}{2}\overline{h}\lambda - (1+\frac{3}{2}\overline{h})$. 由条件 (1) 知, 两根 $|\xi_1|<1, |\xi_2|<1$ 的充要条件为 $-\frac{4}{3}<\overline{h}<0$, 这就是方法的绝对稳定区间.

第二个方法, 是利用 Routh–Hurwitz 准则, 它给出了代数方程的根具有负实部的充要条件. 引进变换

$$\lambda = \frac{1+z}{1-z} \quad 或 \quad z = \frac{\lambda-1}{\lambda+1}. \tag{1.6.9}$$

这个变换将单位圆周 $|\lambda|=1$ 变为虚轴 $\mathrm{Re}z=0$, 把单位圆周内部 $|\lambda|<1$ 变为左半平面 $\mathrm{Re}z<0$, 且 $\lambda=1$ 变为 $z=0$, 如图 1.6.1 所示. 在此变换下, 代数方程

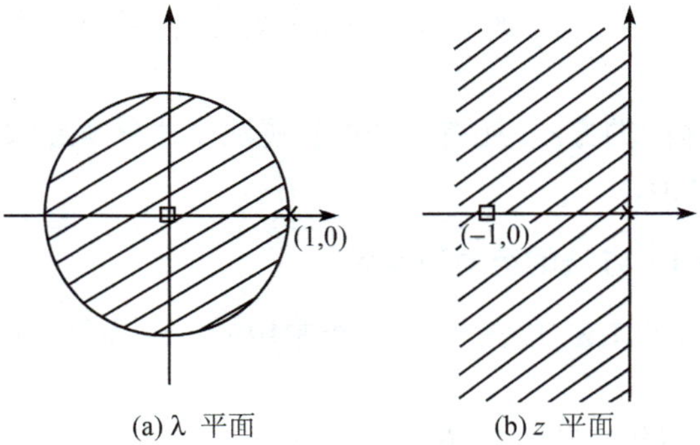

图 1.6.1

$\rho(\lambda)-\overline{h}\sigma(\lambda)=0$ 变为

$$\rho\left(\frac{1+z}{1-z}\right)-\overline{h}\sigma\left(\frac{1+z}{1-z}\right)=0.$$

上式两端同乘以 $(1-z)^k$, 则得到方程

$$a_0z^k+a_1z^{k-1}+\cdots+a_k=0, \tag{1.6.10}$$

其中 $a_j\,(j=0,1,\cdots,k)$ 是确定的常数, 不失一般性, 可设 $a_0>0$. 方程 (1.6.10) 的根具有负实部 $\mathrm{Re}z<0$, 换言之, 稳定多项式 (1.6.7) 的根按模小于 1 的充要条件为, k 阶行列式

$$\begin{vmatrix} a_1 & a_3 & a_5 & \cdots & a_{2k-1} \\ a_0 & a_2 & a_4 & \cdots & a_{2k-2} \\ 0 & a_1 & a_3 & \cdots & a_{2k-3} \\ 0 & a_0 & a_2 & \cdots & a_{2k-4} \\ \vdots & \vdots & \vdots & & \vdots \\ 0 & 0 & 0 & \cdots & a_k \end{vmatrix}$$

的各阶主子式大于零. 这里, 当 $j>k$ 时, $a_j=0$. 可以证明, 由这个条件推出 $a_j>0\,(j=1,\cdots,k)$, 这样, 方程 (1.6.10) 中各系数为正是绝对稳定的必要条件, 但不是充分条件. 按上述准则, 对 $k=2,3,4$, 方法绝对稳定的充要条件是

$$k=2,\ \ a_j>0\ (j=0,1,2);$$

$$k=3,\ \ a_j>0\ (j=0,1,2,3),\ \ a_1a_2-a_0a_3>0;$$

$$k=4,\ \ a_j>0\ (j=0,1,\cdots,4),\ \ a_1a_2a_3-a_0a_3^2-a_1^2a_4>0.$$

仍用例 1.6.5 来说明上述准则的应用. 其稳定多项式方程在变换 (1.6.9) 之下, 化为

$$-\overline{h}z^2+(4+3\overline{h})z-2\overline{h}=0.$$

因此, 当且仅当 $\overline{h} \in \left(-\dfrac{4}{3}, 0\right)$ 时,Routh–Hurwitz 准则满足. 这就给出了方法的绝对稳定区间.

确定绝对稳定区间的方法, 还有所谓根轨迹法及边界轨迹法, 不再一一讨论, 可参见文献 Lamber,1991.

1.6.3 Runge-Kutta 方法的绝对稳定性

我们不考虑一般的 RK 方法, 仅以几个常用的方法为例, 来讨论其绝对稳定性问题.

如 1.2 节所述, 三级三阶 RK 方法公式为

$$u_{n+1} = u_n + h\sum_{j=1}^{3} W_j K_j,$$

$$\begin{cases} K_1 = f(t_n, u_n), \\ K_2 = f(t_n + \alpha_2 h, u_n + h\alpha_2 K_1), \\ K_3 = f(t_n + \alpha_3 h, u_n + h(\alpha_3 - \beta_{32})K_1 + h\beta_{32}K_2). \end{cases}$$

当 $f(t,u) = \mu u$ 时, 则有

$$K_1 = \mu u_n, \qquad K_2 = \mu(1 + \alpha_2 h\mu)u_n,$$
$$K_3 = \mu(1 + \alpha_3\mu h + \alpha_2\beta_{32}h^2\mu^2)u_n.$$

故得 (仍记 $\overline{h} = h\mu$)

$$u_{n+1} = u_n + \overline{h}[(W_1 + W_2 + W_3) + (W_2\alpha_2 + W_3\alpha_3)\overline{h} + W_3\alpha_2\beta_{32}\overline{h}^2]u_n.$$

这个一阶差分方程的特征根为

$$\xi_1(\overline{h}) = 1 + \sum_{j=1}^{3} W_j\overline{h} + (W_2\alpha_2 + W_3\alpha_3)\overline{h}^2 + W_3\alpha_2\beta_{32}\overline{h}^3.$$

利用公式系数满足的关系式 (1.2.27), 则

$$\xi_1(\overline{h}) = 1 + \overline{h} + \frac{1}{2}\overline{h}^2 + \frac{1}{6}\overline{h}^3.$$

当 μ 为实常数, $\overline{h} \in (-2.51, 0)$ 时, $|\xi_1(\overline{h})| < 1$. 可见, 所有三级三阶 RK 方法具有相同的绝对稳定区间.

类似地可推出, 对四级四阶 RK 方法, 相应的特征根为

$$\xi_1(\overline{h}) = 1 + \overline{h} + \frac{1}{2}\overline{h}^2 + \frac{1}{6}\overline{h}^3 + \frac{1}{24}\overline{h}^4.$$

当 μ 为实常数,$\overline{h}\in(-2.78,0)$ 时,$|\xi_1(\overline{h})|<1$. 这就求出了所有四阶方法的绝对稳定区间.

还可算出, 二级二阶 RK 方法的绝对稳定区间为 $(-2,0)$.

由此看到, 对 RK 方法, 当阶增高时, 绝对稳定区间也随之有所增大. 就常用的四阶 RK 方法而言, 它的绝对稳定性能明显优于同阶的 Adams 显式方法, 而与 Adams 隐式方法相近. 这是 RK 方法常为人们所采用的主要原因之一.

通过本节的讨论可看到, 从绝对稳定性的要求来看, 对于 $\mathrm{Re}\mu>0$ 的方程, 没有什么可靠的算法, 因为误差函数随着计算步数 n 在增长. 若从另一个角度来讨论问题, 由于方法的收敛性, 此时数值解必然随着真解的增长而增长, 但只要误差函数的增长速度低于数值解的增长速度, 而不影响数值解的精度, 所得的计算结果也具有实用价值. 从这个角度研究数值方法的稳定性能, 就是所谓方法的相对稳定性问题. 关于这方面的详细讨论, 请参见文献 Lambert, 1991.

1.7　一阶方程组与刚性问题

1.7.1　一阶方程组

前面几节关于单个方程数值解法的讨论, 可以平移于一阶方程组的情况. 只要将单个方程情形中的函数换成函数向量, 数值方法的表达形式十分类似. 现以两个方程的情形为例说明之.

考虑一阶方程组的初值问题

$$\begin{cases}\dfrac{\mathrm{d}u_1}{\mathrm{d}t}=f_1(t,u_1,u_2),\ \ \dfrac{\mathrm{d}u_2}{\mathrm{d}t}=f_2(t,u_1,u_2),\\ u_1(t_0)=u_{10},\ \ u_2(t_0)=u_{20}.\end{cases}\tag{1.7.1}$$

若用第一个下标表示未知函数的序号, 第二个下标表示步数, 则解此方程组的 Euler 法公式为

$$\begin{cases}u_{1,n+1}=u_{1n}+hf_1(t_n,u_{1n},u_{2n}),\\ u_{2,n+1}=u_{2n}+hf_2(t_n,u_{1n},u_{2n}).\end{cases}\tag{1.7.2}$$

记 $f_{in}=f_i(t_n,u_{1n},u_{2n}),i=1,2$, 并引进向量记号

$$\boldsymbol{u}=\begin{bmatrix}u_1\\ u_2\end{bmatrix},\boldsymbol{f}=\begin{bmatrix}f_1\\ f_2\end{bmatrix},\boldsymbol{u}_n=\begin{bmatrix}u_{1n}\\ u_{2n}\end{bmatrix},\boldsymbol{f}_n=\begin{bmatrix}f_{1n}\\ f_{2n}\end{bmatrix},$$

则问题 (1.7.1) 与公式 (1.7.2) 可分别写为

$$\begin{aligned}&\frac{\mathrm{d}\boldsymbol{u}}{\mathrm{d}t}=\boldsymbol{f}(t,\boldsymbol{u}),\ \boldsymbol{u}(t_0)=\boldsymbol{u}_0;\\ &\boldsymbol{u}_{n+1}=\boldsymbol{u}_n+h\boldsymbol{f}_n.\end{aligned}$$

此时, 常用四阶 RK 方法取形式

$$\boldsymbol{u}_{n+1}=\boldsymbol{u}_n+\frac{h}{6}(\boldsymbol{K}_1+2\boldsymbol{K}_2+2\boldsymbol{K}_3+\boldsymbol{K}_4),$$

$$\begin{cases}\boldsymbol{K}_1=\boldsymbol{f}(t_n,\boldsymbol{u}_n),\\ \boldsymbol{K}_2=\boldsymbol{f}(t_n+\frac{1}{2}h,\boldsymbol{u}_n+\frac{1}{2}h\boldsymbol{K}_1),\\ \boldsymbol{K}_3=\boldsymbol{f}(t_n+\frac{1}{2}h,\boldsymbol{u}_n+\frac{1}{2}h\boldsymbol{K}_2),\\ \boldsymbol{K}_4=\boldsymbol{f}(t_n+h,\boldsymbol{u}_n+h\boldsymbol{K}_3).\end{cases}$$

至于线性多步方法的计算公式, 可类似地写出.

对单个方程所建立的, 关于数值方法的理论分析结果, 也适用于方程组的情形. 此时, 仅需将函数的绝对值换成函数向量范数, 例如,Lipschitz 条件取形式

$$||\boldsymbol{f}(t,\boldsymbol{u})-\boldsymbol{f}(t,\boldsymbol{v})||\leqslant L||\boldsymbol{u}-\boldsymbol{v}||.$$

为判断计算过程中误差的传播情况, 也必须研究方法的绝对稳定性问题. 此时, 模型方程组取为

$$\frac{\mathrm{d}\boldsymbol{u}}{\mathrm{d}t}=J\boldsymbol{u}+\boldsymbol{g}, \tag{1.7.3}$$

其中 J 为常数矩阵, $\boldsymbol{g}(t)$ 为已知函数向量. 对于线性多步方法, 其绝对稳定区域取决于多项式方程

$$\rho(\lambda)-\overline{h}\sigma(\lambda)=0$$

的根的性质, 其中 $\rho(\lambda)$ 和 $\sigma(\lambda)$ 如 1.5 节所示, $\overline{h}=h\lambda$, λ 为矩阵J 的特征值, 它可能是复数. 几个常用方法在复平面上的绝对稳定区域, 如图 1.7.1, 图 1.7.2 及图 1.7.3 所示, 每个方法在所示区域的内部是稳定的. 在 Adams 方法中, k 表示步数; 在 RK 方法中, q 为级数或阶数.

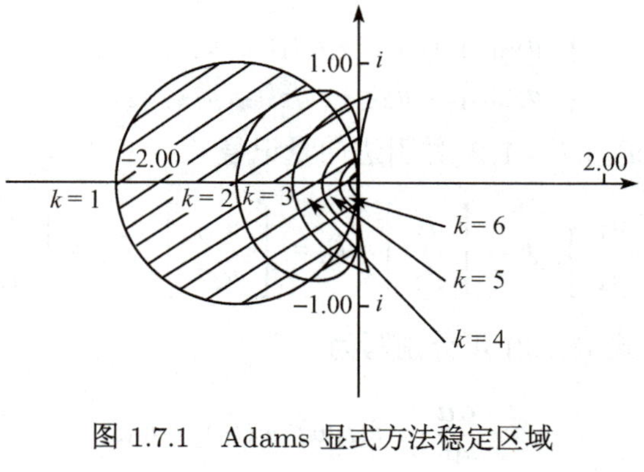

图 1.7.1　Adams 显式方法稳定区域

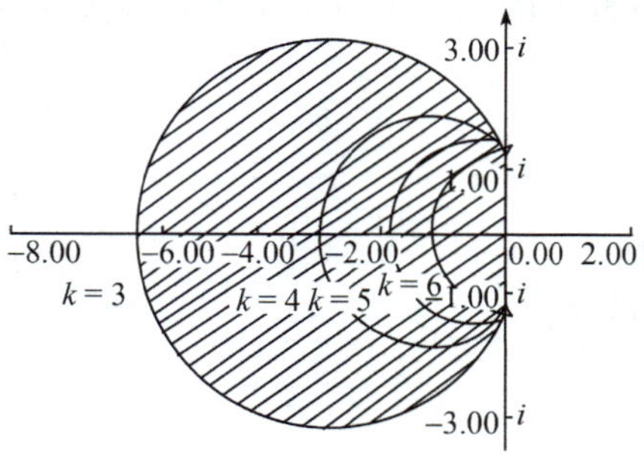

图 1.7.2　Adams 隐式方法稳定区域

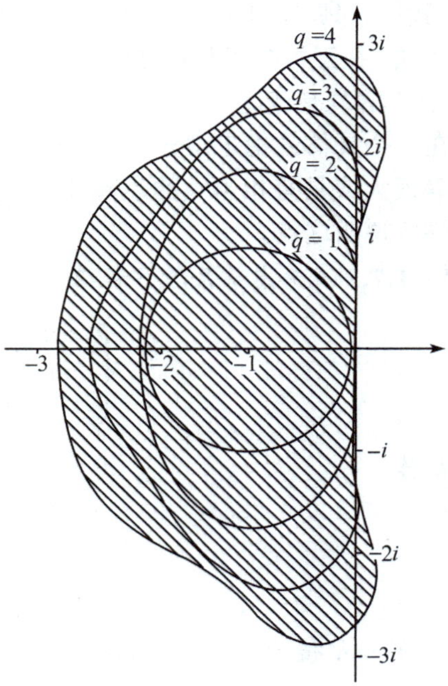

图 1.7.3　RK 方法稳定区域

关于一阶方程组数值方法的详细讨论, 请参见文献亨利西, 1985；吉尔, 1978.

1.7.2　刚性问题

本段讨论一类具有特殊性质的常微分方程的问题 —— 刚性 (stiff) 问题.

首先考虑线性方程组 (1.7.3), 其中 $\boldsymbol{u}$ 为 m 维未知函数向量, J 为 m 阶常数矩阵. 为简单计, 设矩阵 J 有互异特征值 $\lambda_k = \alpha_k + i\beta_k, k = 1, 2, \cdots, m$, $\boldsymbol{C}_k$ 为对应的特征向量, 则方程组 (1.7.3) 的通解为

$$\boldsymbol{u}(t) = \sum_{k=1}^{m} Q_k e^{\lambda_k t}\boldsymbol{C}_k + \boldsymbol{\Psi}(t), \tag{1.7.4}$$

其中 Q_k 为常数,$\boldsymbol{\Psi}$ 为 (1.7.3) 的特解 (向量). 当我们限于考虑稳定的微分方程组时, 必须有 $\mathrm{Re}\lambda_k = \alpha_k < 0, k = 1, 2, \cdots, m$, 则

$$\sum_{k=1}^{m} Q_k e^{\lambda_k t}\mathbf{C}_k \to 0,\ \text{当}\, t \to \infty.$$

因此, 称它为暂态解, 而解 (1.7.4) 中余下的项 $\boldsymbol{\Psi}(t)$ 称为稳态解. 暂态解中对应 λ_k 的解分量可写为

$$e^{\lambda_k t} = e^{\alpha_k t}(\cos\beta_k t + i\sin\beta_k t),$$

于是，我们看到，实部 α_k 确定这个分量的衰减特性，而虚部 $\text{Im}\lambda_k = \beta_k$ 确定分量的振动特性. 在工程技术与物理学中，称 $-1/\alpha_k$ 为这个分量的时间常数，并用来表征分量 $e^{\lambda_k t}$ 的衰减速度.

在一个具体的稳定微分方程组中，不同的解分量可以有不同的速度衰减. 当速度相差很大或具有相当大的衰减速度时，方程组的数值求解会遇到相当大的困难. 我们举例说明这点.

例 1.7.1 考虑常系数方程组

$$\begin{cases} \dfrac{\mathrm{d}\boldsymbol{u}}{\mathrm{d}t} = J\boldsymbol{u}, \\ \boldsymbol{u}(0) = [2, 1, 2\,]^{\mathrm{T}}, \end{cases} \tag{1.7.5}$$

其中矩阵

$$J = \begin{bmatrix} -0.1 & -49.9 & 0 \\ 0 & -50 & 0 \\ 0 & 70 & -30000 \end{bmatrix}.$$

矩阵 J 的特征值为 $\lambda_1 = -30000, \lambda_2 = -50, \lambda_3 = -0.1$. 初值问题 (1.7.5) 的解为

$$\begin{cases} u_1(t) = e^{-0.1t} + e^{-50t}, \\ u_2(t) = e^{-50t}, \\ u_3(t) = e^{-50t} + e^{-30000t}. \end{cases} \tag{1.7.6}$$

若用通常的方法，例如四阶 RK 方法，来求解方程组 (1.7.5)，为保证算法的绝对稳定性，应选择步长 h，使 $|h\lambda_j| < 2.78, j = 1, 2, 3$. 由于 $|\lambda_1| = 30000$，步长应满足 $h < 10^{-4}$. 为了使数值求解过程达到解的稳定状态，亦即使解分量 $e^{-0.1t}$ 之值稳定在常数零附近，数值求解的区间长度应由 $\lambda_3 = -0.1$ 决定. 例如，当 $e^{-0.1t} < e^{-4}$ 时，我们认为解达到稳态，则必须有 $t > 40$，即数值求解区间应为 $[0, 40]$，这样所需求解步数不少于 4×10^5. 又从式 (1.7.6) 看出，包含 λ_1, λ_2 的项随 t 的增加迅速消失 (达到稳态)，例如当 $t > 0.08$ 时，解分量 $e^{-50t} < e^{-4}$. 因此，当 $t > 0.08$ 时，实际上只有包含 λ_3 的项未达到稳态. 这样，人们就遇到了严重困难，根据 λ_1 来选择步长，而按 λ_3 来确定求解区间，由于 $|\lambda_1|$ 远大于 $|\lambda_3|$，使求解步数十分巨大.

一般地说，对于方程组 (1.7.3)，设 λ_l 与 λ_j 是满足下列条件的矩阵 J 的特征值

$$|\text{Re}\lambda_l| \geqslant |\text{Re}\lambda_k| \geqslant |\text{Re}\lambda_j|, \quad k = 1, 2, \cdots, m.$$

若我们的目的是求出稳态解 $\boldsymbol{\Psi}(t)$，从解的表达式 (1.7.4) 可知，必须至少计算到具有最大时间常数 $-1/\text{Re}\lambda_j$ 的暂态解分量 $e^{\lambda_j t}$ 可以忽略的程度，这样，$|\text{Re}\lambda_j|$ 越小，求解区间越长. 另一方面，J 的具有很大 (按绝对值) 负实部的特征值 λ_l，又强制使

用很小 (相对于求解区间) 的步长 h, 以使 $\bar{h}=\lambda_l h$ 落入数值方法的绝对稳定区域内. 对具有有限绝对稳定区域的方法, h 应取为与 $|\mathrm{Re}\lambda_l|^{-1}$ 同阶的量. 这样, 求解步数就是与比值 $\max\limits_{1\leqslant k\leqslant m}|\mathrm{Re}\lambda_k|/\min\limits_{1\leqslant k\leqslant m}|\mathrm{Re}\lambda_k|$ 同阶的量. 因此, 在这种情形下, 计算量如此之大, 以致在计算机上也难以实现, 并使舍入误差大量积累.

由于上述困难首先是在考虑由不同刚度 (stiffness) 的跳跃所控制的物体的方程中遇到, 故称具有这种现象的方程组为刚性方程组, 也称为坏条件方程组. 下面给出这类方程组的确切描述.

定义 1.7.1　线性方程组 $\dfrac{\mathrm{d}\boldsymbol{u}}{\mathrm{d}t}=J\boldsymbol{u}+\boldsymbol{g}$ 称为刚性的 (stiff), 若

(1) $\mathrm{Re}\lambda_k<0$, $k=1,\cdots,m$;　(2) $\max_k|\mathrm{Re}\lambda_k|>>\min_k|\mathrm{Re}\lambda_k|$,

其中 λ_k 为矩阵 J 的特征值. 比值 $\max\limits_k|\mathrm{Re}\lambda_k|/\min\limits_k|\mathrm{Re}\lambda_k|$ 称为刚性比.

对于非线性方程组的情形, 需要做一些局部化处理.

考虑由 m 个方程构成的一阶方程组

$$\frac{\mathrm{d}\boldsymbol{u}}{\mathrm{d}t}=\boldsymbol{f}(t,\boldsymbol{u}),\qquad t_0\leqslant t\leqslant T,\tag{1.7.7}$$

这里 $\boldsymbol{f}(t,\boldsymbol{u})=[f_1(t,\boldsymbol{u}),\cdots,f_m(t,\boldsymbol{u})]^{\mathrm{T}}$, $\boldsymbol{u}=[u_1,\cdots,u_m]^{\mathrm{T}}$ 都是 m 维函数向量. 设 $\widetilde{\boldsymbol{u}}(t)$ 表示 (1.7.7) 的真解, 它满足初始条件 $\widetilde{\boldsymbol{u}}(t_0)=\boldsymbol{u}_0$. 为确定方程组 (1.7.7) 是否是刚性的, 必须了解在特解 $\widetilde{\boldsymbol{u}}(t)$ 的邻域内, 方程组 (1.7.7) 解的某些特性. 在这样的邻域内, 方程组 (1.7.7) 可由线性化的变分方程组

$$\frac{\mathrm{d}\boldsymbol{u}}{\mathrm{d}t}-J(t)\{\boldsymbol{u}-\widetilde{\boldsymbol{u}}(t)\}-\boldsymbol{f}(t,\widetilde{\boldsymbol{u}}(t))=\boldsymbol{0}\tag{1.7.8}$$

逼近, 这里 $J(t)$ 表示在 $(t,\widetilde{\boldsymbol{u}})$ 处取值的 $\boldsymbol{f}(t,\boldsymbol{u})$ 的 Jacobi 矩阵

$$J(t)=\begin{bmatrix}\dfrac{\partial f_1}{\partial u_1} & \dfrac{\partial f_1}{\partial u_2} & \cdots & \dfrac{\partial f_1}{\partial u_m}\\ \dfrac{\partial f_2}{\partial u_1} & \dfrac{\partial f_2}{\partial u_2} & \cdots & \dfrac{\partial f_2}{\partial u_m}\\ \vdots & \vdots & & \vdots\\ \dfrac{\partial f_m}{\partial u_1} & \dfrac{\partial f_m}{\partial u_2} & \cdots & \dfrac{\partial f_m}{\partial u_m}\end{bmatrix},$$

如在 t 的变化区间内, $J(t)$ 的变化充分小, 线性化后的方程组 (1.7.8) 的基本解组可近似取为指数函数组 $e^{\lambda_i t}$, 这里 $\lambda_i=\lambda_i(t)$ 是 Jacobi 矩阵 $J(t)$ 的局部特征值, $i=1,2,\cdots,m$. 若设它们是互异的, 在真解 $\widetilde{\boldsymbol{u}}(t)$ 的邻域内, 方程组 (1.7.7) 的解 $\boldsymbol{u}$ 近似地写为

$$\boldsymbol{u}(t)=\widetilde{\boldsymbol{u}}+\sum_{j=1}^{m}c_j e^{\lambda_j t}\boldsymbol{\xi}_j,\tag{1.7.9}$$

这里 c_j 为常数, 应由初始条件确定, $\boldsymbol{\xi}_j$ 为 $J(t)$ 的特征向量组, $j=1,\cdots,m$. 基本解组 $e^{\lambda_i t}$ 刻画在 $\widetilde{\boldsymbol{u}}(t)$ 附近, 微分方程组对小的变化或扰动的局部反应. 若微分方程组是局部稳定的, 以使

$$\mathrm{Re}\lambda_j<0,\ \ i=1,2,\cdots,m$$

和暂态解随 t 的增加而衰减, 其速率与方程组的局部"时间常数" $1/\mathrm{Re}(-\lambda_i)$ 成比例. 方程组 (1.7.7) 的"时间常数"的局部值之变化范围提供了刚性的一种度量. 类似于线性情形, 可引进如下定义.

定义 1.7.2　*微分方程组 (1.7.7) 在区间 $I\subset[t_0,T]$ 内称为刚性的, 若对 $\tilde{t}\in I$, 有*

(1) $\mathrm{Re}(\lambda_i)<0, i=1,2,\cdots,m$,

(2) $\max\limits_i\mathrm{Re}(-\lambda_i)>>\min\limits_i\mathrm{Re}(-\lambda_i)$.

这里, λ_i 是 Jacobi 矩阵 $J(t)$ 于 $t=\tilde{t}$ 处的局部特征值. 比值

$$\max_i\mathrm{Re}(-\lambda_i)/\min_i\mathrm{Re}(-\lambda_i)$$

称为局部刚性比.

应当指出, 若出现在 Jacobi 矩阵 $J(t)$ 中的偏导数在区间 I 上是连续和有界的, 则方程组 (1.7.7) 的 Lipschitz 常数 L 可取为 $||J(t)||$. 因为 $||J(t)||\geqslant\max\limits_i|\lambda_i|$, 因此刚性方程组有时称为"具有大 Lipschitz 常数的系统".

从上面的分析我们看到, 数值求解刚性方程组的困难在于解中同时存在快变和慢变的部分. 这种类型的方程在控制系统、电子网络、生物学、物理及化学动力学等领域内经常遇到, 其中刚性比可以高达 10^6. 在控制系统中, 控制部件一般反应灵敏, 是快变部分, 具有很小的时间常数, 而受控制物体一般惯性大, 是慢变部分, 具有大时间常数. 对于航空工具, 一般是通过控制部件对姿态的控制来控制质心的运动. 姿态运动是快变的, 而质心运动是慢变的. 在多成分的化学反应中, 有些反应速度快, 有些反应速度慢, 常有好几个数量级的差别. 对于复杂的电子网络, 由于不同的寄生电容的影响, 时间常数也会有大幅度的差别. 在传热、扩散、分馏等过程中, 把分布参数化成集中参数, 得到的常微分方程组经常是刚性的. 因此, 刚性方程组在实践中的普遍性和重要性已得到广泛的承认, 其数值解的研究已成为常微分方程数值分析的一项重点内容.

由于通常的数值方法, 其绝对稳定区域是有限的, 不适用于求解刚性方程组. 为有效地求解这类方程组, 必须研究具有无穷绝对稳定区域的方法. 例如, 在 1.6 节研究过的梯形法及向后 Euler 法, 它们都是 A– 稳定的, 适用于刚性方程组的求解.

目前, 刚性方程组的数值解法及其理论分析已有很大发展. 人们构造了一系列适于求解刚性方程组的单步方法与多步方法, 例如隐式 RK 方法及 Gear 方法等,

并引进新的稳定性概念, 提出了新的稳定性判别准则. 由于这些内容的讨论超出了本课程的范围, 这里不予介绍, 请读者参见袁兆鼎等著的《刚性常微分方程初值问题的数值解法》(科学出版社,1987) 以及李寿佛著的《刚性微分方程算法理论》(湖南科学技术出版社,1997).

本章小结与补充讨论

本章介绍了常微分方程初值问题数值解法的基本内容, 着重介绍单步方法与线性多步方法的导出, 方法的收敛性稳定性分析与实际应用, 并比较了常用方法的优劣之处. 通过以上内容的学习, 我们希望读者主要掌握以下几点.

(1) 构造初值问题数值解法的基本方法: 用差商代替导数的方法, 数值积分法及待定系数法.

(2) 单步方法的阶、相容性及收敛性的概念以及它们之间的关系, 整体截断误差的估计.

(3) 线性多步方法的阶、相容性、根条件及收敛性的概念, 以及它们之间的关系.

(4) 绝对稳定性概念及绝对稳定区域的确定.

(5) 一般非刚性方程初值问题的求解过程, 截断误差的近似估计.

在初值问题的数值解法中, 除了上述一些方法外, 还有一些行之有效的方法, 例如, 外推法, 它是一个通过对不同步长的数值解进行适当线性组合, 有效地提高精度阶的方法; 混合法, 它是一种利用非整数步点值 u_{n+r}, f_{n+r}(r 为非整数), 既可使方法满足根条件, 又可达到较高精度阶的方法. 还有一类二阶导数法, 即在计算公式中利用解的二阶导数值, 这类方法通常具有较高精度阶与较好的绝对稳定性能. 关于这些方法的讨论, 请参见文献 Lambert,1991 有关章节.

最后, 应该注意, 本章讨论中所引进的数值方法局部截断误差概念, 是一种习惯上的用法, 应用起来很方便, 与将在第二部分偏微分方程差分方法中引进的同一概念相比稍有不同, 本章所述多乘了因子步长 h.

习　　题

1. 对初值问题 $u'=\dfrac{1}{2}u, u(0)=1$, 用 Euler 法求其数值解, 步长 $h=0.1$, 求解区间为 $[0,1]$, 并绘出折线, 再与真解 $u=\exp\left(\dfrac{1}{2}t\right)$ 比较.

2. 试证明梯形法的收敛性, 并估计其整体截断误差.

3. 试证明梯形法关于初值的稳定性.

4. 试导出二级二阶 RK 公式系数所满足的方程组 (1.2.26) 及三级三阶公式系数所满足的方程组 (1.2.27).

5. 证明常用四阶 RK 公式 (1.2.25) 的收敛性, 并估计收敛阶.

6. 考虑由增量函数

$$\varphi(t,u,h)=f(t,u)+\frac{h}{2}g\left(t+\frac{1}{3}h,u+\frac{1}{3}hf(t,u)\right)$$

决定的单步方法, 其中 $g(t,u)=\frac{\partial}{\partial t}f(t,u)+f(t,u)\frac{\partial}{\partial u}f(t,u)$, 研究方法的阶与收敛性.

7. 对于初值问题 $u'=u,u(0)=1$, 在区间 $[0,1]$ 上, 用 Euler 法, 梯形法及 RK 方法 (1.2.25) 进行计算, 取步长 $h=0.1,0.2,0.5$. 试比较,(1) 用同样的步长, 三种方法中哪一个精度最好; (2) 对同一种方法以不同步长进行计算, 哪一个结果最好.

8. 证明定理 1.2.2.

9. 用待定系数法求三步四阶方法类, 确定三步四阶显式方法.

10. 求具有最高阶的三步方法的系数.

11. 满足条件 $\beta_j=0\ (j=0,1,\cdots,k-1)$ 的 k 阶 k 步方法称为 Gear 方法. 试对 $k=1,2,3,4$, 求 Gear 方法的表达式.

12. 设已给预估公式

$$u_{n+4}=u_n+\frac{4}{3}(2f_{n+3}-f_{n+2}+2f_{n+1}),$$

和校正公式

$$u_{n+4}=\frac{9}{8}u_{n+3}-\frac{1}{8}u_{n+1}+\frac{3}{8}h(f_{n+4}+2f_{n+3}-f_{n+2}),$$

它们的阶 $q=4$, 误差常数前者为 14/45, 后者为 −1/40. 试构造这对公式的 PMECME 模式.

13. 设已给初值问题

$$u'=u-\frac{2t}{u},\quad u(0)=1,$$

在 $[0,1]$ 上, 用 Adams 四阶预估 – 校正算法的 PECE 模式求其数值解, 步长取为 $h=0.1$. 利用计算结果估计数值解的局部误差主项. (真解 $u(t)=\sqrt{1+2t}$.)

14. 试证明 1.4.1 节线性差分方程的性质 (2).

15. Fibonacci 数 $\phi_n(n=0,1,2,\cdots)$ 是整数序列, 其中每一个是它前面两个的和, 而 $\phi_0=0,\phi_1=1$. 试构造前 10 个 Fibonacci 数, 并且计算比 $\phi_{n+1}/\phi_n, n=1,2,\cdots,9$. 试求第 n 个 Fibonacci 数的表示式, 并证明 $\lim\limits_{n\to\infty}\phi_{n+1}/\phi_n=(1+\sqrt{5})/2$.

16. 求差分方程 $u_{n+2}-2\mu u_{n+1}+\mu u_n=1$ 的通解, $0<\mu<1$. 试证明, 当 $n\to\infty$ 时,$u_n\to 1/(1-\mu)$.

17. 试证明二步方法

$$u_{n+2}+(\mu-1)u_{n+1}-\mu u_n=\frac{h}{4}[(\mu+3)f_{n+2}+(3\mu+1)f_n]$$

是相容的, 且当 $\mu\neq-1$ 时是二阶的, 当 $\mu=-1$ 时是三阶的. 试问这个二步方法能否达到三阶收敛?

18. 对线性多步方法的两个生成多项式 $\rho(\lambda)$ 与 $\sigma(\lambda)$, 递推地定义如下多项式序列 $\{\rho_j(\lambda)\}$ 及 $\{\sigma_j(\lambda)\}$: $\rho_1(\lambda)=\rho(\lambda),\sigma_1(\lambda)=\sigma(\lambda)$,

$$\rho_{j+1}=\lambda\rho_j'(\lambda),\quad \sigma_{j+1}=\lambda\sigma_j'(\lambda),\quad j=1,2\cdots.$$

试证明这个线性多步方法是 q 阶的, 当且仅当 $\rho(1)=0$,

$$\rho_{j+1}(1)=j\sigma_j(1),\quad j=1,2,\cdots,q,\quad \rho_{q+2}(1)\neq(q+1)\sigma_{q+1}(1).$$

19. 已给显式方法

$$u_{n+2}+\alpha_1u_{n+1}+\alpha_0u_n=h[\beta_1f_{n+1}+\beta_0f_n].$$

(a) 取 α_1 为参数, 确定 α_0,β_0 与 β_1, 以使方法至少是 2 阶的.

(b) 当 α_1 取何值时, 方法满足根条件?

(c) 当 $\alpha_1=0$ 和 $\alpha_1=-1$ 时, 得到哪个特殊方法?

(d) 能否选择 α_1, 使所得方法是三阶的, 且满足根条件?

20. 在二步三阶方法中, 以 β_0 为参数, 试问当 β_0 在什么范围内变化时, 此方法满足根条件? 并求相应的绝对稳定区间.

21. 研究具有最高阶的三步方法的绝对稳定性.

22. 已给二步方法

$$\begin{aligned}&u_{n+2}-(1+\alpha)u_{n+1}+\alpha u_n\\&\quad=\frac{h}{12}[(5+\alpha)f_{n+2}+8(1-\alpha)f_{n+1}-(1+5\alpha)f_n],\end{aligned}$$

这里 $-1\leqslant\alpha<1$. 试求方法的绝对稳定区间.

23. 试证明, 实系数二次方程 $\lambda^2-b\lambda-c=0$ 的根按模不大于 1 的充要条件为 $|b|\leqslant 1-c\leqslant 2$.

24. 求方程组 $u'=-2000u+999.75v+1000.25, v'=u-v$ 的刚性比. 用常用四阶 RK 方法求解时, 最大步长能取多少?

第二部分 偏微分方程的差分方法

从第 2 章开始的以后部分, 我们讨论偏微分方程定解问题的数值方法. 由于偏微分方程是表述自然与工程技术领域中各种现象最重要的数学工具之一, 应用十分广泛, 因此偏微分方程数值求解的讨论就构成了微分方程数值分析的主要内容. 在第二部分里, 我们讨论偏微分方程的差分方法. 这种方法是求解偏微分方程定解问题的主要数值方法之一. 虽然用差分法求解偏微分方程已有很长的历史, 直到 1928 年, Courant, Friedrichs 与 Lewy 才首先对这种方法作了理论上的论述. 此后, 电子计算机的诞生与发展为差分方法提供了强有力的工具, 促使这一学科迅速发展起来. 目前, 对于线性偏微分方程定解问题, 差分方法已经形成了成熟的算法格式与软件, 并能对其进行较完善的理论分析. 对于非线性问题, 有效的算法及其理论分析正在迅速发展之中.

由于篇幅所限, 我们只能讨论三类典型方程定解问题的差分方法. 其内容主要是围绕以下几个方面的问题. 首先是差分格式的构造, 即三类典型方程及其定解条件的差分逼近问题; 其次是差分格式的理论分析, 即讨论格式的相容性 (局部截断误差)、稳定性及收敛性问题; 第三是差分格式的求解问题, 即讨论具有特殊结构系数矩阵的大型线性方程组的求解方法.

本部分内容共分 4 章, 分别讨论二阶线性椭圆型方程、二阶线性抛物型方程、一阶及二阶线性双曲型方程定解问题的差分方法, 以及差分格式导出的线性代数方程组的一些解法.

我们对差分方法的讨论将只涉及最重要和最基本的内容. 这主要表现在, 所讨论的三类方程都是线性方程, 而且只考虑适定的定解问题 (在很多情形下, 是以常系数方程为讨论对象), 求解区域一般比较规则, 解函数具有充分光滑性质等.

作为一种实用上、理论上都有重要价值的方法, 差分方法是众多的数值分析工作者与应用科学工作者研究的对象, 是与有限元方法并列的最重要的偏微分方程数值方法, 具有广阔的发展前景, 其应用领域必将进一步拓广.

第 2 章　椭圆型方程

本章讨论二阶线性椭圆型方程边值问题, 具体讲来, 我们讨论的主要对象是:

(1) 一维情形 —— 常微分方程两点边值问题, 如

$$\begin{cases} -\dfrac{\mathrm{d}}{\mathrm{d}x}\left(p\dfrac{\mathrm{d}u}{\mathrm{d}x}\right)+r\dfrac{\mathrm{d}u}{\mathrm{d}x}+qu=f,\ a<x<b, \\ u(a)=\alpha,\quad u(b)=\beta, \end{cases}$$

或者边界条件换为其他类型;

(2) 二维情形 —— 二阶椭圆型方程边值问题, 如

$$\begin{cases} -\left[\dfrac{\partial}{\partial x}\left(p\dfrac{\partial u}{\partial x}\right)+\dfrac{\partial}{\partial y}\left(p\dfrac{\partial u}{\partial y}\right)\right]+qu=f,\quad (x,y)\in\Omega, \\ u(x,y)=\varphi(x,y),\quad (x,y)\in\Gamma, \end{cases}$$

或者边界条件换为其他类型, 其中, Γ 为二维区域 Ω 的边界.

假设上述边值问题都有唯一解, 且连续依赖于边界条件和右端项, 亦即边值问题是适定的. 由此引起的对方程系数及右端项的要求, 都认为得到满足.

本章内容可分为两部分. 第一部分, 讨论如何导出求解边值问题的差分格式. 为了说明差分方法的基本概念与基本问题, 从一维情形开始讨论, 2.1 节介绍二阶线性常微分方程两点边值问题的差分格式与建立格式的两种方法; 2.2 节和 2.3 节对二阶线性椭圆型方程边值问题给出建立差分格式的两种方法, 由于二维求解区域几何形状的复杂性与混合边界条件带来的困难, 也讨论了边界条件的处理问题. 本章第二部分讨论差分方法中的一些理论问题, 差分格式解的存在唯一性及其收敛性分析. 2.4 节介绍椭圆型差分方程的极值原理及其应用, 首先对差分格式解建立最大范数先验估计, 然后用这种先验估计证明差分格式的收敛性; 2.5 节对椭圆型方程差分格式之解建立另一种适用范围较广的先验估计 —— 能量估计, 并用于收敛性证明.

2.1　两点边值问题的差分格式

本节考虑二阶线性常微分方程两点边值问题

$$Lu\equiv-\frac{\mathrm{d}}{\mathrm{d}x}\left(p\frac{\mathrm{d}u}{\mathrm{d}x}\right)+r\frac{\mathrm{d}u}{\mathrm{d}x}+qu=f,\quad a<x<b; \tag{2.1.1}$$

$$u(a)=\alpha,\quad u(b)=\beta. \tag{2.1.2}$$

其中 $p(x)\in C^1[a,b]$; $r(x),q(x),f(x)\in C[a,b]$; $p(x)\geqslant p_{\min}>0$, $q(x)\geqslant 0$. α 和 β 为给定常数. 上述系数条件保证, 问题 (2.1.1), (2.1.2) 是适定的.

用差分方法求解问题 (2.1.1), (2.1.2) 的第一步, 是将求解区间 $[a,b]$ 进行剖分. 为简单起见, 将区间 $[a,b]$ 分成 N 等份, 分点为

$$x_i=a+ih\ (i=0,1,\cdots,N),\quad h=(b-a)/N.$$

x_i 称为网点 (或结点、节点), h 称为步长. 差分方法的第二步是将微分方程 (2.1.1) 在网点 x_i 处离散化. 下面介绍两种离散化的办法, 同时讨论一些基本概念.

2.1.1　用差商代替导数的方法

设 x_i 为内网点 $(i=1,2,\cdots,N-1)$, 我们用 $[\ ]_i$ 表示方括号内的函数在 x_i 处取值. 注意到对充分光滑的函数 u , 由 Taylor 展式有

$$\frac{[u]_{i+1}-[u]_{i-1}}{2h}=\left[\frac{\mathrm{d}u}{\mathrm{d}x}\right]_i+O(h^2). \tag{2.1.3}$$

类似

$$\begin{aligned}[p]_{i-\frac12}\frac{[u]_i-[u]_{i-1}}{h}&=\left[p\frac{\mathrm{d}u}{\mathrm{d}x}\right]_{i-\frac12}+\frac{h^2}{24}\left[p\frac{\mathrm{d}^3u}{\mathrm{d}x^3}\right]_{i-\frac12}+O(h^3)\\&=\left[p\frac{\mathrm{d}u}{\mathrm{d}x}\right]_{i-\frac12}+\frac{h^2}{24}\left[p\frac{\mathrm{d}^3u}{\mathrm{d}x^3}\right]_i+O(h^3);\end{aligned}$$

同样有

$$[p]_{i+\frac12}\frac{[u]_{i+1}-[u]_i}{h}=\left[p\frac{\mathrm{d}u}{\mathrm{d}x}\right]_{i+\frac12}+\frac{h^2}{24}\left[p\frac{\mathrm{d}^3u}{\mathrm{d}x^3}\right]_i+O(h^3).$$

上两式相减, 并除以 h , 则得

$$\begin{aligned}&\frac1h\left([p]_{i+\frac12}\frac{[u]_{i+1}-[u]_i}{h}-[p]_{i-\frac12}\frac{[u]_i-[u]_{i-1}}{h}\right)\\&=\frac1h\left(\left[p\frac{\mathrm{d}u}{\mathrm{d}x}\right]_{i+\frac12}-\left[p\frac{\mathrm{d}u}{\mathrm{d}x}\right]_{i-\frac12}\right)+O(h^2)\\&=\left[\frac{\mathrm{d}}{\mathrm{d}x}\Big(p\frac{\mathrm{d}u}{\mathrm{d}x}\Big)\right]_i+O(h^2).\end{aligned} \tag{2.1.4}$$

为简化符号, 对已知函数简记 $p_{i-\frac12}=[p]_{i-\frac12}$, $r_i=[r]_i$, $q_i=[q]_i$, $f_i=[f]_i$, 由式 (2.1.3) 与 (2.1.4) , 以及边值问题的解 $u(x)$ 在网点 x_i 满足 $[Lu]_i=f_i$, 故

$$\begin{aligned}[Lu]_i=&-\frac1h\left[p_{i+\frac12}\frac{[u]_{i+1}-[u]_i}{h}-p_{i-\frac12}\frac{[u]_i-[u]_{i-1}}{h}\right]\\&+r_i\frac{[u]_{i+1}-[u]_{i-1}}{2h}+q_i[u]_i+R_i(u)=f_i.\end{aligned} \tag{2.1.5}$$

其中与 u 的导数有关的量

$$R_i(u)=O(h^2). \tag{2.1.6}$$

若舍去 $R_i(u)$, 则得到如下以 $u_i(i=0,1,\cdots,N)$ 为未知量的方程组, 称为逼近边值问题 (2.1.1), (2.1.2) 的差分方程边值问题

$$\begin{aligned} L_h u_i \equiv & -\frac{1}{h^2}\left[p_{i+\frac{1}{2}}u_{i+1}-\left(p_{i+\frac{1}{2}}+p_{i-\frac{1}{2}}\right)u_i+p_{i-\frac{1}{2}}u_{i-1}\right] \\ & +r_i\frac{u_{i+1}-u_{i-1}}{2h}+q_iu_i=f_i, \quad 1\leqslant i\leqslant N-1; \end{aligned} \tag{2.1.7}$$

$$u_0=\alpha, \quad u_N=\beta. \tag{2.1.8}$$

其中 L_h 称为差分算子, $R_i(u)$ 称为差分方程 (2.1.7) 的局部截断误差. 利用差分算子 L_h, 可将式 (2.1.5) 写为

$$L_h[u]_i+R_i(u)=f_i\ .$$

因为在网点 x_i 处, 方程 (2.1.1) 成立, 故

$$\left[Lu\right]_i=f_i.$$

将此式与上式比较, 则有

$$R_i(u)=\left[Lu\right]_i-L_h[u]_i. \tag{2.1.9}$$

可见, $R_i(u)$ 是用差分算子 L_h 近似代替微分算子 L 所引起的截断误差. 由式 (2.1.6) 知, 它与 h^2 同阶.

差分方程边值问题 (2.1.7), (2.1.8) 通常称为逼近微分方程边值问题 (2.1.1), (2.1.2) 的差分格式. 这个格式又可改写为

$$\begin{cases} -a_iu_{i-1}+b_iu_i-c_iu_{i+1}=g_i, \quad 1\leqslant i\leqslant N-1; \\ u_0=\alpha, \quad u_N=\beta. \end{cases} \tag{2.1.10}$$

其中

$$\begin{cases} a_i=2p_{i-\frac{1}{2}}/h+r_i, \quad c_i=2p_{i+\frac{1}{2}}/h-r_i, \\ b_i=2(p_{i+\frac{1}{2}}+p_{i-\frac{1}{2}})/h+2hq_i, \\ g_i=2hf_i. \end{cases}$$

这是以 u_i 为未知量的线性代数方程组. 由于 $p(x)\geqslant p_{\min}>0$, $q(x)\geqslant 0$, 当 $h>0$ 充分小时, 必有 $a_i,\ c_i>0$, $b_i>0$ 且 $b_i\geqslant a_i+c_i$. 另外, 当 $i=1$ 或者 $i=N-1$ 时, 有 $b_1>c_1,\ b_{N-1}>a_{N-1}$. 若记方程组 (2.1.10) 的未知向量 $\boldsymbol{u}_h=[u_1,u_2,\cdots,u_{N-1}]^{\mathrm{T}}$,

右端向量 $\boldsymbol{g} = [g_1 + a_1\alpha, g_2, \cdots, g_{N-2}, g_{N-1} + c_{N-1}\beta\,]^{\mathrm{T}}$, 系数矩阵 H 为

$$H = \begin{bmatrix} b_1 & -c_1 & & & \\ -a_2 & b_2 & -c_2 & & \\ & \ddots & \ddots & \ddots & \\ & & -a_{N-2} & b_{N-2} & -c_{N-2} \\ & & & -a_{N-1} & b_{N-1} \end{bmatrix},$$

则有

$$H\boldsymbol{u}_h = \boldsymbol{g}.$$

易知, H 为不可约对角占优阵, 故 H 为非奇异的, 上述线性方程组有唯一解.

当 $r(x) = 0$ 时, 因 $a_{i+1} = c_i$, 矩阵 H 为对称的. 由特征值估计中的圆盘定理 (即 Gerschgorin 定理) 知, H 的特征值 $\lambda_i(H)$ 为非负的, $\lambda_i(H) \geqslant 0$. 又因行列式 $\det H \neq 0$, 故 $\lambda_i(H) > 0$, H 为正定矩阵.

由于矩阵 H 为三对角阵, 故可用追赶法求解式 (2.1.10).

方程 (2.1.1) 带有第一类边界条件的处理是简易的. 如果我们考虑第二或者第三类边界条件

$$-p(a)u'(a) + \alpha_0 u(a) = \alpha_1, \tag{2.1.11}$$

$$p(b)u'(b) + \beta_0 u(b) = \beta_1. \tag{2.1.12}$$

其中常数 α_0, $\beta_0 \geqslant 0$. 容易想到用数值微分公式

$$u'(a) = \frac{[u]_1 - [u]_0}{h} + O(h), \quad u'(b) = \frac{[u]_N - [u]_{N-1}}{h} + O(h)$$

分别代替 (2.1.11) 和 (2.1.12) 中的导数, 从而列出两个边界点上的方程. 需要指出的是: 这两个方程的局部截断误差只有 $O(h)$, 比内点列出的方程低一阶. 另外, 当方程 (2.1.1) 中的系数 $r(x) = 0$ 时, 按照网点 $x_0, x_1, \cdots, x_{N-1}, x_N$ 的次序列出 $N+1$ 个差分方程, 所得到的 $N+1$ 阶系数矩阵 H 是不对称的, 这给求解带来不便. 下文中给出另一种建立差分方程的方法将解决这个问题.

对于差分格式 (2.1.7), (2.1.8), 人们自然关心, 当网格加密时 (或者说当 $h \to 0$ 时) 这个格式之解 u_i 是否收敛到微分方程的解 $u(x_i)$? 为此, 需要引进一些概念.

显然, 为使差分格式之解 $\boldsymbol{u}_h$ 收敛到边值问题 (2.1.1), (2.1.2) 之解 $\boldsymbol{u}= [u(x_1), \cdots, u(x_{N-1})]^{\mathrm{T}}$, 差分算子 L_h 必须逼近微分算子 L, 亦即

$$\max_{1\leqslant i\leqslant N-1} |R_i(u)| \to 0, \quad \text{当 } h \to 0 \text{ 时}, \tag{2.1.13}$$

其中 $R_i(u)$ 由式 (2.1.9) 确定. 此时, 差分算子 L_h 称为微分算子 L 的相容逼近. 而式 (2.1.13) 称为相容性条件. 由式 (2.1.6) 知, 式 (2.1.5) 确定的差分算子 L_h 是 L 的相容逼近. 进而, 若

$$\max_{1\leqslant i\leqslant N-1}|R_i(u)| = O(h^p),\quad \text{当 } h\to 0 \text{ 时},$$

其中 p 为非负实数, 则称差分算子 L_h 的逼近阶为 p. 显然, p 越大, 逼近的精度越好.

当 $h\to 0$ 时, 若有 $\max\limits_{1\leqslant i\leqslant N-1}|u_i - u(x_i)|\to 0$, 则称差分格式之解 $\boldsymbol{u}_h$ 收敛到边值问题的解 $\boldsymbol{u}$. 进而, 若 $h\to 0$ 时 $\max\limits_{1\leqslant i\leqslant N-1}|u_i-u(x_i)| = O(h^p)$, 则称收敛是 p 阶的.

由式 (2.1.9) , 局部截断误差又可表示为

$$R_i(u) = L_h u_i - L_h u(x_i) = L_h(u_i - u(x_i)),$$

记 $e_i = u_i - u(x_i)$, 则误差函数 e_i 满足下列差分格式

$$\begin{cases} L_h e_i = R_i(u), \quad i = 1,\cdots,N-1; \\ e_0 = 0, \quad e_N = 0. \end{cases}$$

于是, 差分格式 (2.1.7), (2.1.8) 之解 u_h 的收敛性及敛速估计就归结为利用局部截断误差 $R_i(u)$ 估计误差函数 e_i 的问题.

利用在 2.4 节介绍的方法, 可以证明, 差分格式 (2.1.7), (2.1.8) 是二阶收敛的.

从以上讨论可知, 用差分方法求解边值问题的基本问题为:

(1) 对求解区域进行网格剖分;

(2) 建立内点和边界点差分格式 (差分方程边值问题);

(3) 差分格式之解的存在唯一性与求解方法;

(4) 差分格式之解的收敛性与误差估计.

2.1.2　积分插值法

下面介绍第二种离散化的方法. 代替式 (2.1.1), 考虑

$$Lu \equiv -\frac{\mathrm{d}}{\mathrm{d}x}\left(p\frac{\mathrm{d}u}{\mathrm{d}x}\right) + qu = f,\quad a<x<b. \tag{2.1.14}$$

在 $(a,\ b)$ 的任意子区间 $[x',\ x'']$ 上, 对方程 (2.1.14) 积分, 则得到

$$\left[p\frac{\mathrm{d}u}{\mathrm{d}x}\right]_{x'} - \left[p\frac{\mathrm{d}u}{\mathrm{d}x}\right]_{x''} + \int_{x'}^{x''} qu\,\mathrm{d}x = \int_{x'}^{x''} f\,\mathrm{d}x,\quad \forall [x',x'']\subset(a,b). \tag{2.1.15}$$

把式 (2.1.14) 写为积分形式 (2.1.15) 后, 方程的最高阶导数由二阶降为一阶, 从而减弱了对 u, p 的光滑性要求, 而且离散时也只需逼近一阶导数.

如同上一段, 我们剖分区间 $[a, b]$ 为 N 等份, 分点 $x_i = a + ih\ (0 \leqslant i \leqslant N)$. 当我们在内网点 $x_i\ (1 \leqslant i \leqslant N-1)$ 建立差分方程时, 一种常用的方法是将式 (2.1.15) 中取 $x' = x_{i-\frac{1}{2}}$, $x'' = x_{i+\frac{1}{2}}$, 则有

$$\left[p\frac{\mathrm{d}u}{\mathrm{d}x}\right]_{i-\frac{1}{2}} - \left[p\frac{\mathrm{d}u}{\mathrm{d}x}\right]_{i+\frac{1}{2}} + \int_{x_{i-\frac{1}{2}}}^{x_{i+\frac{1}{2}}} qu\,\mathrm{d}x = \int_{x_{i-\frac{1}{2}}}^{x_{i+\frac{1}{2}}} f\,\mathrm{d}x. \tag{2.1.16}$$

由于

$$\left[p\frac{\mathrm{d}u}{\mathrm{d}x}\right]_{i-\frac{1}{2}} = p_{i-\frac{1}{2}}\left(\frac{[u]_i - [u]_{i-1}}{h}\right) - \frac{h^2}{24}\left[p\frac{\mathrm{d}^3u}{\mathrm{d}x^3}\right]_i + O(h^3),$$

$$\left[p\frac{\mathrm{d}u}{\mathrm{d}x}\right]_{i+\frac{1}{2}} = p_{i+\frac{1}{2}}\left(\frac{[u]_{i+1} - [u]_i}{h}\right) - \frac{h^2}{24}\left[p\frac{\mathrm{d}^3u}{\mathrm{d}x^3}\right]_i + O(h^3),$$

利用数值积分中的中矩形公式

$$\int_{x_{i-\frac{1}{2}}}^{x_{i+\frac{1}{2}}} qu\,\mathrm{d}x = q_i[u]_ih + O(h^3),$$

$$\int_{x_{i-\frac{1}{2}}}^{x_{i+\frac{1}{2}}} f\,\mathrm{d}x = f_ih + O(h^3),$$

以之代入式 (2.1.16), 并略去误差项 $O(h^3)$, 用 u_i 记 $[u]_i$ 之近似值, 则得

$$-\left[p_{i+\frac{1}{2}}\frac{u_{i+1} - u_i}{h} - p_{i-\frac{1}{2}}\frac{u_i - u_{i-1}}{h}\right] + hq_iu_i = hf_i, \quad 1 \leqslant i \leqslant N-1. \tag{2.1.17}$$

这实际上是前段中所得格式 (2.1.7) 当 $r(x) = 0$ 时的特殊情形. 如果用不同方式选取式 (2.1.15) 中的积分区间 $[x', x'']$ 以及应用不同的数值积分公式, 就可得到不同的格式.

需要指出的是, 略去的误差项 $O(h^3)$ 比上文中的 $R_i(u)$ 多了一个积分区间长度的因子 h, 故它不是局部截断误差.

2.1.3 边界条件的处理

由于第一类边界条件 (2.1.2) 的处理是简易的, 本段考虑用积分插值法处理第二、三类边界条件 (2.1.11) 和 (2.1.12) 的情形. 在方程 (2.1.14) 的积分形式 (2.1.15) 中取 $x' = x_0 = a$, $x'' = x_{\frac{1}{2}}$, 则有

$$\left[p\frac{\mathrm{d}u}{\mathrm{d}x}\right]_{x_0} - \left[p\frac{\mathrm{d}u}{\mathrm{d}x}\right]_{x_{\frac{1}{2}}} + \int_{x_0}^{x_{\frac{1}{2}}} qu\,\mathrm{d}x = \int_{x_0}^{x_{\frac{1}{2}}} f\,\mathrm{d}x. \tag{2.1.18}$$

根据边界条件 (2.1.11)

$$\left[p\frac{\mathrm{d}u}{\mathrm{d}x}\right]_{x_0}=\alpha_0[u]_0-\alpha_1;$$

如同上一段所分析, 有

$$\left[p\frac{\mathrm{d}u}{\mathrm{d}x}\right]_{x_{\frac{1}{2}}}=p_{\frac{1}{2}}\frac{[u]_1-[u]_0}{h}+O(h^2);$$

$$\int_{x_0}^{x_{\frac{1}{2}}}qu\,\mathrm{d}x=\frac{h}{2}q_0[u]_0+O(h^2);\quad \int_{x_0}^{x_{\frac{1}{2}}}f\,\mathrm{d}x=\frac{h}{2}f_0+O(h^2).$$

将以上各式代入式 (2.1.18), 并舍去误差项 $O(h^2)$, 则得到逼近边界条件 (2.1.11) 的差分方程

$$-p_{\frac{1}{2}}\frac{u_1-u_0}{h}+\left(\alpha_0+\frac{h}{2}q_0\right)u_0=\alpha_1+\frac{h}{2}f_0. \tag{2.1.19}$$

在方程 (2.1.14) 的积分形式 (2.1.15) 中取 $x'=x_{N-\frac{1}{2}}$, $x''=x_N$, 类似地可以得到逼近边界条件 (2.1.12) 的差分方程

$$p_{N-\frac{1}{2}}\frac{u_N-u_{N-1}}{h}+\left(\beta_0+\frac{h}{2}q_N\right)u_N=\beta_1+\frac{h}{2}f_N. \tag{2.1.20}$$

将式 (2.1.19), (2.1.17), (2.1.20) 构成的 $N+1$ 个线性方程的未知量按照 u_0, $u_1,\cdots,u_N$ 的次序排列, 所得到的方程组系数矩阵是对称的. 这充分显示了用积分插值法处理边界条件的优越性.

需要指出的是, 在本节构造差分格式时我们都使用了等距剖分, 这仅仅是为了简便, 也使得局部截断误差有较高的精度. 下文中将会介绍不等距差分格式的构造.

2.2　二阶椭圆型方程边值问题的差分格式

本节考察二阶线性椭圆型方程

$$-\left[\frac{\partial}{\partial x}\left(p\frac{\partial u}{\partial x}\right)+\frac{\partial}{\partial y}\left(p\frac{\partial u}{\partial y}\right)\right]+qu=f,\quad (x,y)\in\Omega, \tag{2.2.1}$$

其中 Ω 是平面上的有界区域, 其边界 Γ 为分段光滑曲线, 方程系数 $p(x,y)$, $q(x,y)$ 与右端项 $f(x,y)$ 是 x,y 的光滑函数, 且 $p(x,y)\geqslant p_{\min}>0$, $q(x,y)\geqslant 0$. 对于方程 (2.2.1), 在边界 Γ 上有三种形式的边界条件.

(1) 第一类边界条件

$$u(x,y)=\alpha(x,y),\qquad \forall (x,y)\in\Gamma. \tag{2.2.2}$$

问题 (2.2.1), (2.2.2) 称为第一边值问题, 也称为 Dirichlet 问题.

(2) 第二类边界条件

$$\frac{\partial u}{\partial \boldsymbol{n}}(x,y)=\beta(x,y),\quad \forall(x,y)\in\Gamma. \tag{2.2.3}$$

此时, (2.2.1), (2.2.3) 称为第二边值问题, 也称为 Neumann 问题, 其中, $\boldsymbol{n}$ 表示边界的外法向.

(3) 第三类边界条件

$$\frac{\partial u}{\partial \boldsymbol{n}}(x,y)+\delta(x,y)\,u(x,y)=\gamma(x,y),\quad \forall(x,y)\in\Gamma. \tag{2.2.4}$$

这里 $\delta(x,y)\geqslant 0$. (2.2.1),(2.2.4) 称为第三边值问题.

如果方程在边界 Γ 上不同部分满足不同类型的边界条件, 则称为混合边值问题. 我们假定在 (2.2.2)~(2.2.4) 中出现的函数 $\alpha(x,y)$, $\beta(x,y)$, $\gamma(x,y)$ 与 $\delta(x,y)$ 为定义在 Γ 上的光滑函数.

本节讨论逼近方程 (2.2.1) 及相应边界条件的差分格式. 原则上, 对一维情形所介绍的方法 (参见 2.1 节) 都可以推广到二维边值问题, 但有新的困难出现. 例如, 在二维情形, 求解区域 Ω 的几何形状较复杂, 如何合理进行网格剖分及处理好边界条件, 就是一个重要而困难的问题.

2.2.1　区域的矩形网格剖分

为便于叙述, 不妨设区域 Ω 在坐标系第一象限. 取沿 x 轴与 y 轴方向的步长分别为 h_1 和 h_2, 记 $h=\max(h_1, h_2)$. 作两族与坐标轴平行的等距直线

$$x=ih_1,\quad y=jh_2\quad (i,\,j=0,1,2,\cdots).$$

称它们为网线. 两族网线的交点 (ih_1,jh_2) 称为网点 (或结点, 节点), 记为 $(x_i,\,y_j)$ 或 $(i,\,j)$. 两个网点 $(x_i,\,y_j)$ 与 $(x_l,\,y_m)$ 若有

$$|i-l|+|j-m|=1,$$

则称它们在矩形剖分情形下是相邻的.

以 $\Omega_h=\{\,(x_i,\,y_j)\in\Omega\}$ 表示所有属于 Ω 内部的网点集合, 并称这样的网点为内点. Γ_h 表示网线 $x=x_i$ 或 $y=y_j$ 与 Γ 的交点集合, 并称这样的交点为边界点. 令 $\overline{\Omega}_h=\Omega_h\cup\Gamma_h$, 则 $\overline{\Omega}_h$ 就是连续区域 $\overline{\Omega}=\Omega\cup\Gamma$ 上的矩形网格区域. 若内点 $(i,\,j)$ 的四个邻点均属于网线的交点, 则称 $(i,\,j)$ 为正则内点, 否则称为非正则内点. 如图 2.2.1 所示, 标以 "$\bullet$" 号者为边界点, 标以 "$*$" 号者为非正则内点, 标以 "$\circ$" 号者为正则内点.

上述通过等距剖分得到的矩形网格称为均匀网格, 也可引入不等距剖分引入非均匀矩形网格. 设 $\{h_i\}$ 和 $\{k_j\}$ 是两组正的实数, $x_0 = y_0 = 0$, $x_i = x_{i-1} + h_i$, $y_j = y_{j-1} + k_j$. 作两族与坐标轴平行的直线 (不一定等距)

$$x = x_i, \quad y = y_j \quad (i, j = 0, 1, 2, \cdots).$$

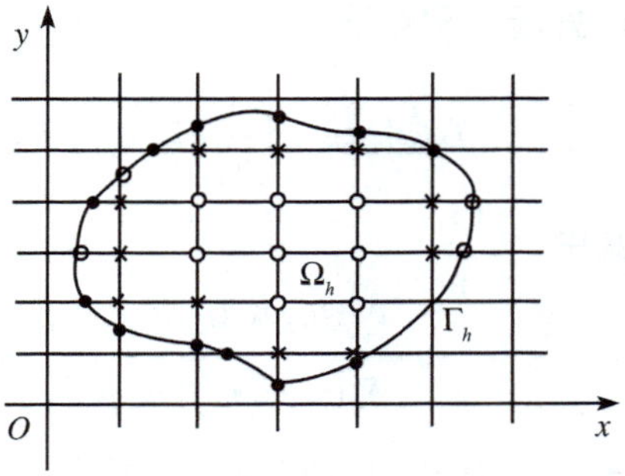

图 2.2.1

称它们为网线. 两族网线的交点 (x_i, y_j) 称为网点 (或结点, 节点), 简记为 (i, j). 于是, 我们得到非均匀的矩形网格. 其他的有关概念和均匀矩形网格相同.

2.2.2　矩形区域上的差分格式

为了说明对椭圆型方程边值问题建立差分格式的过程, 首先考虑矩形区域 $\Omega = \{0 < x < a,\ 0 < y < b\}$ 上, 二阶线性椭圆型方程

$$Lu \equiv -\left[\frac{\partial}{\partial x}\left(p\frac{\partial u}{\partial x}\right) + \frac{\partial}{\partial y}\left(p\frac{\partial u}{\partial y}\right)\right] + qu = f, \quad (x, y) \in \Omega. \tag{2.2.5}$$

第一边值问题. 设对矩形域 $\bar{\Omega}$ 已进行了均匀矩形网格剖分：$h_1 = a/M$, $h_2 = b/N$. 易知, 网域 $\overline{\Omega}_h$ 包含 $(M-1)\times(N-1)$ 个内点.

设 $(i, j) \in \Omega_h$, 采用类似于 2.1.1 节中的过程. 如果方程 (2.2.5) 的解 $u(x, y)$ 充分光滑 (例如, 有四阶连续导数), 则沿 x 和 y 方向分别用中心差商代替导数

$$\left[\frac{\partial}{\partial x}\left(p\frac{\partial u}{\partial x}\right)\right]_{ij} = \frac{1}{h_1}\left(p_{i+\frac{1}{2},j}\frac{[u]_{i+1,j} - [u]_{i,j}}{h_1} - p_{i-\frac{1}{2},j}\frac{[u]_{i,j} - [u]_{i-1,j}}{h_1}\right) + O(h_1^2),$$

$$\left[\frac{\partial}{\partial y}\left(p\frac{\partial u}{\partial y}\right)\right]_{ij} = \frac{1}{h_2}\left(p_{i,j+\frac{1}{2}}\frac{[u]_{i,j+1} - [u]_{i,j}}{h_2} - p_{i,j-\frac{1}{2}}\frac{[u]_{i,j} - [u]_{i,j-1}}{h_2}\right) + O(h_2^2),$$

这里, 用 $[u]_{ij}$ 表示 $u(x_i, y_j)$. 为方便, 上两式分别简记为

$$\left[\frac{\partial}{\partial x}\left(p\frac{\partial u}{\partial x}\right)\right]_{ij} = \frac{1}{h_1^2}\delta_x(p_{ij}\delta_x[u]_{ij}) + O(h_1^2),$$

$$\left[\frac{\partial}{\partial y}\left(p\frac{\partial u}{\partial y}\right)\right]_{ij} = \frac{1}{h_2^2}\delta_y(p_{ij}\delta_y[u]_{ij}) + O(h_2^2).$$

于是, 方程 (2.2.5) 在 (i, j) 点被表示为

$$\begin{aligned}[Lu]_{ij} &= L_h[u]_{ij} + O(h_1^2 + h_2^2)\\ &= -\frac{1}{h_1^2}\delta_x(p_{ij}\delta_x[u]_{ij}) - \frac{1}{h_2^2}\delta_y(p_{ij}\delta_y[u]_{ij}) + q_{ij}[u]_{ij} + O(h_1^2 + h_2^2)\\ &= f_{ij}.\end{aligned}$$

略去局部截断误差 $R_{ij}(u)=O(h_1^2+h_2^2)$, 就得到逼近方程 (2.2.5) 的差分格式

$$L_h u_{ij}\equiv -\left[\frac{1}{h_1^2}\delta_x(p_{ij}\delta_x u_{ij})+\frac{1}{h_2^2}\delta_y(p_{ij}\delta_y u_{ij})\right]+q_{ij}u_{ij}=f_{ij}. \tag{2.2.6}$$

其中

$$\delta_x(p_{ij}\delta_x u_{ij})=p_{i+\frac12,j}(u_{i+1,j}-u_{ij})-p_{i-\frac12,j}(u_{ij}-u_{i-1,j}),$$
$$\delta_y(p_{ij}\delta_y u_{ij})=p_{i,j+\frac12}(u_{i,j+1}-u_{ij})-p_{i,j-\frac12}(u_{ij}-u_{i,j-1}).$$

式 (2.2.6) 也可以写为以下形式

$$-(\alpha_1 u_{i+1,j}+\alpha_2 u_{i,j+1}+\alpha_3 u_{i-1,j}+\alpha_4 u_{i,j-1})+\alpha_0 u_{ij}=f_{ij}, \tag{2.2.7}$$

其中

$$\alpha_0=\sum_{k=1}^{4}\alpha_k+q_{ij},$$
$$\alpha_1=\frac{1}{h_1^2}p_{i+\frac12,j},\quad \alpha_2=\frac{1}{h_2^2}p_{i,j+\frac12},$$
$$\alpha_3=\frac{1}{h_1^2}p_{i-\frac12,j},\quad \alpha_4=\frac{1}{h_2^2}p_{i,j-\frac12}.$$

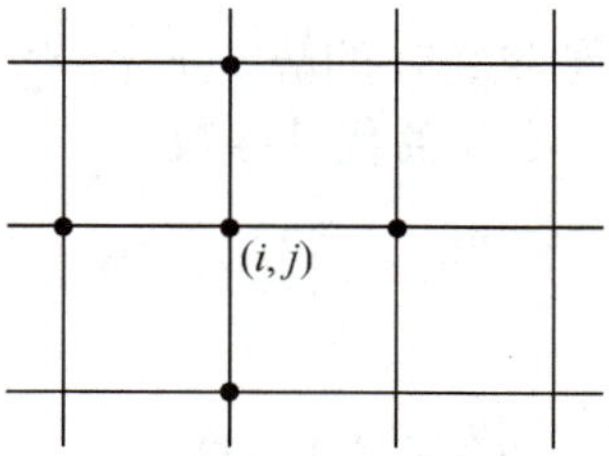

图 2.2.2

由于方程 (2.1.5) 是椭圆型, 我们总假定函数 $p(x, y)\geqslant p_{\min}>0$ 及 $q(x, y)\geqslant 0$, 所以, 这些系数都是正数. 因为差分方程 (2.2.6) 或 (2.2.7) 中只出现网格函数 u 在 (i, j) 点及其上、下、左、右四个邻点上的值 (图 2.2.2), 故称之为五点差分格式. 这是一个经常使用的差分格式.

当 $p(x, y)=1$, $q(x, y)=0$ 时, 方程 (2.2.5) 就是熟知的 Poisson 方程

$$-\Delta u\equiv -\left(\frac{\partial^2 u}{\partial x^2}+\frac{\partial^2 u}{\partial y^2}\right)=f(x, y). \tag{2.2.8}$$

如果我们能够用正方形网格剖分矩形区域 $\overline{\Omega}$, 即 $h_1=h_2=h$, 则求解 Poisson 方程的差分格式 (2.2.6) 简化为

$$-\Delta_h u_{ij}\equiv \frac{1}{h^2}(-u_{i,j+1}-u_{i-1,j}+4u_{ij}-u_{i+1,j}-u_{i,j-1})=f_{ij}. \tag{2.2.9}$$

对 Laplace 方程 $-\Delta u=0$, 格式 (2.2.9) 写成

$$u_{ij}=\frac{u_{i,j+1}+u_{i-1,j}+u_{i+1,j}+u_{i,j-1}}{4},$$

它可以理解为调和函数平均值定理的离散模拟. 又若 $\overline{\Omega}$ 为正方形域, $a=b$, 则 $M=N=a/h$. 按如下自然次序排列网点 (i,j) : $j=1,\ 1\leqslant i\leqslant N-1$; $j=2,\ 1\leqslant i\leqslant N-1;\cdots$; $j=N-1,\ 1\leqslant i\leqslant N-1$. 定义向量

$$\boldsymbol{u}_h=[u_{11},u_{21},\cdots,u_{N-1,1};\ \cdots;\ u_{1,N-1},u_{2,N-1},\cdots,u_{N-1,N-1}]^{\mathrm{T}},$$

利用边界条件 (2.2.2), 则可以将式 (2.2.9) 写成形式

$$\frac{1}{h^2}H\boldsymbol{u}_h=\boldsymbol{g},\tag{2.2.10}$$

其中

$$H=\begin{bmatrix} B & -I & & & \\ -I & B & -I & & \\ & \ddots & \ddots & \ddots & \\ & & -I & B & -I \\ & & & -I & B \end{bmatrix}$$

为 $(N-1)^2$ 阶矩阵, I 为 $N-1$ 阶单位矩阵, 而 B 为 $N-1$ 阶矩阵

$$B=\begin{bmatrix} 4 & -1 & & & \\ -1 & 4 & -1 & & \\ & \ddots & \ddots & \ddots & \\ & & -1 & 4 & -1 \\ & & & -1 & 4 \end{bmatrix}.$$

向量 $\boldsymbol{g}$ 的元素依赖于边值 $\alpha(x,y)$ 及右端项 $f(x,y)$, 它们都是已知的. 容易得知, H 是对称正定矩阵. 当 Ω 不是正方形时, 也可以将差分方程组的系数矩阵写成块三对角的形式, 只是矩阵 H 的阶为 $(M-1)\times(N-1)$, 而矩阵 B 的阶取决于网格点的排序方式, 可以是 $M-1$ 阶, 也可以是 $N-1$ 阶. 请读者作为练习完整写出分块矩阵 H 和右端向量 $\boldsymbol{g}$.

如果我们将直角坐标系旋转 $\pi/4$, 这时, Laplace 算子的形式不变, 但 (i,j) 点的上、下、左、右四个邻点则变为 $(i-1,j+1),(i+1,j-1),(i-1,j-1)$ 及 $(i+1,j+1)$, 点 (i,j) 与它们的距离为 $\sqrt{2}h$ (图 2.2.3). 用这些点构造 Poisson 方程的差分格式, 就得到另一种不常用的五点格式

$$-\bar{\Delta}_h u_{ij}\equiv-\left[\frac{u_{i+1,j+1}+u_{i+1,j-1}+u_{i-1,j+1}+u_{i-1,j-1}-4u_{ij}}{2h^2}\right]=f_{ij}.\tag{2.2.11}$$

与前面的五点格式相比, 它的差分方程组系数矩阵带宽比较大.

将上述两种五点格式组合, 可以得到求解 Poisson 方程的九点差分格式

$$-\left[\frac{2}{3}\Delta_h+\frac{1}{3}\bar{\Delta}_h\right]u_{ij}=f_{ij}+\frac{h^2}{12}\Delta_h f_{ij}\tag{2.2.12}$$

(图 2.2.4), 它的局部截断误差比五点格式小得多, 达到 $O(h^4)$. 它的推导十分繁杂, 此处从略.

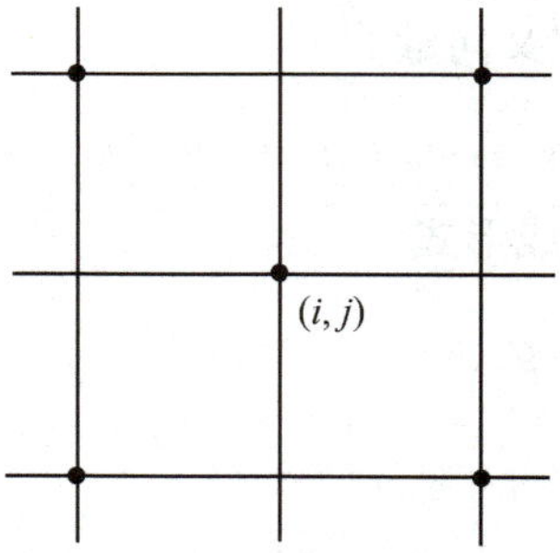

图 2.2.3

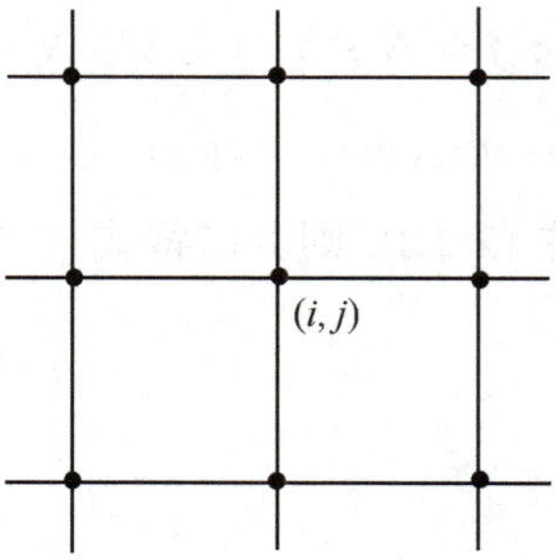

图 2.2.4

2.2.3　矩形区域上边界条件的处理

为使差分格式的解满足边界条件, 需要区分不同情况处理. 对于直接给出未知函数值的第一类边界条件, 只需用式 (2.2.2)

$$u_{ij} = \alpha_{ij}, \quad \forall (i.j) \in \Gamma_h,$$

直接代入在内点列出的差分方程. 但是, 对于第二或者第三类边界条件, 就需要在这些边界点上单独列出差分方程. 然而, 如果我们直接用内网点与边界网点单侧逼近边界条件 (2.2.3), (2.2.4) 中的法向导数, 会造成差分方程组系数矩阵的不对称. 实际应用时, 可以采用以下的处理过程. 为简便, 我们考虑步长为 h 的正方形网格. 先将网格平行扩充到网格 $\overline{\Omega}_h$ 之外, 即在矩形 Ω 外四周一个步长处, 各增设一排虚网点, 例如, 在 $(0, j)$ $(j=0,1,\cdots,N)$ 的左侧增设 $(-1, j)$ $(j=0,1,\cdots,N)$, 然后用中心差商逼近 (2.2.3) 或者 (2.2.4) 中的法向导数

$$\frac{u_{-1,j} - u_{1,j}}{2h} = \beta_{0j}, \quad j = 0, 1, \cdots, N,$$

$$\frac{u_{-1,j} - u_{1,j}}{2h} + \delta_{0j} u_{0j} = \gamma_{0j}, \quad j = 0, 1, \cdots, N.$$

之后, 在边界网点 $(0, j)$ 上按照内点所用的格式列出差分方程, 将它与上式联立, 消去虚网点 $(-1, j)$ 上的未知量 $u_{-1,j}$. 以 Laplace 方程为例, 在 $(0, j)$ 点, 有

$$-(u_{-1,j} + u_{1,j} + u_{0,j+1} + u_{0,j-1} - 4u_{0j}) = 0,$$

将它与边界上的条件联立, 例如, 在第三类边界条件 (2.2.4) 时, 消去未知量 $u_{-1,j}$ 后得到

$$(4 + 2h\delta_{0j})u_{0j} - 2u_{1,j} - u_{0,j+1} - u_{0,j-1} = 2h\gamma_{0j}, \quad j = 1, 2, \cdots, N-1.$$

对于角点 (0, 0), 除了用到左侧的虚网点 $(-1, 0)$, 还需要下侧的虚网点 (0, −1) 列出另一个边界方程, 三个方程联立才能消去未知量 $u_{-1,0}$ 和 $u_{0,-1}$. 另外的三个角点 $(0,\ N)$, $(N,\ 0)$ 和 $(N,\ N)$ 也如此.

按照某种网点排序的方式依次列出各网点上的差分方程, 然后对边界网点方程两边乘以 1/2, 角点方程两边乘以 1/4, 就可以使差分方程组的系数矩阵对称.

虽然这种增加虚网格点的方法在理论上不够严密 (因为偏微分方程只在内点成立, 故按照内点所用的格式列出的差分方程在边界网点上不一定成立), 但应用上很方便, 而且它和积分插值法 (见 2.3 节) 列出的边界点方程是一致的.

值得注意的是, Poisson 方程第二类边值问题的解可以相差一个任意常数, 所以, 系数矩阵是奇异的. 为保证解的唯一性, 需要指定某一网点处的未知函数值.

*2.2.4　非矩形区域上的差分格式与边界条件的处理

当区域 Ω 是矩形或者是若干矩形的并集, 我们可以用前面讨论过的方法建立差分方程和处理边界条件. 如果 Ω 是一般的二维区域, 边界 Γ 是分段光滑曲线, 这时, 用差分法求解边值问题比矩形区域的情形复杂得多. 首先, 边界网格点不一定在网线的交点上, 在建立差分方程时 (即使用正方形均匀网格), 非正则内点与其相邻的边界网点距离不一定等于 h, 从而无法应用正则内点的差分格式; 其次, 边界的法线方向不一定是水平方向或者垂直方向, 变化很大, 建立第二类或者第三类边界条件的差分方程时很难逼近法向导数.

为解决这些困难, 最简单的办法是: 先在区域 Ω 上布矩形均匀网格, 然后将不是网点的边界点删除, 或者将它移到网线交点, 用改变后的边界点与内网点构成网格剖分 $\overline{\Omega}_h$. 显然, 这个剖分是原来区域的一个逼近, 网格步长 h_1, h_2 越小, 逼近越好. 这时, 所有内点都是正则内点, 建立差分格式没有困难; 至于边界条件的处理, 可以采用以下办法.

先考虑第一类边界条件. 如果边界网点 $(x_i,\ y_j) \in \Gamma_h$ 不在 Γ 上, 由此产生边界条件的转移问题. 有以下两种方法.

(1) 直接转移.

$$u_{ij} = \alpha(\bar{x}_i,\ \bar{y}_j), \qquad \forall (x_i,\ y_j) \in \Gamma_h,$$

其中 $(\bar{x}_i,\ \bar{y}_j) \in \Gamma$ 是位于网线上, 又最靠近 $(x_i,\ y_j)$ 的边界点.

(2) 线性插值.

仍然用 (1) 中的记号. 设 $(\bar{x}_i,\ \bar{y}_j)$ 与 $(x_i,\ y_j)$ 在同一条水平网线上 (即 $\bar{y}_j = y_j$), 而且 $\bar{x}_i - x_i = \delta > 0$, 那么,

$$u_{ij} = \frac{h_1}{h_1+\delta}\alpha(\bar{x}_i,\ \bar{y}_j) + \frac{\delta}{h_1+\delta}u_{i-1,j}.$$

对于第二或者第三类边界条件, 主要考虑如何逼近法向导数. 区分两种情形.

(1) 边界网格点 (x_i, y_j) 位于 Γ 上.

如果外法线方向与坐标轴平行, 容易用单侧差商逼近法向导数, 也可以用 2.2.3 节处理矩形区域问题的方法列出边界网点上的差分方程.

如果外法线方向与坐标轴不平行, 其方向余弦是 $(\cos\alpha, \cos\beta)$, 则有

$$\left[\frac{\partial u}{\partial n}\right]_{ij}=\left[\frac{\partial u}{\partial x}\right]_{ij}\cos\alpha+\left[\frac{\partial u}{\partial y}\right]_{ij}\cos\beta.$$

容易用单侧差商逼近 x 方向和 y 方向的导数, 然后列出边界网点上的差分方程.

(2) 边界网格点 (x_i, y_j) 不在 Γ 上.

这种情形处理起来比较复杂, 此处从略. 作为近似处理, 可以采用第一类边界条件中采用的直接转移法, 将 $(\bar{x}_i, \bar{y}_j)\in\Gamma$ 上的边界条件用于 (x_i, y_j). 然后再用 (1) 的办法列出差分方程.

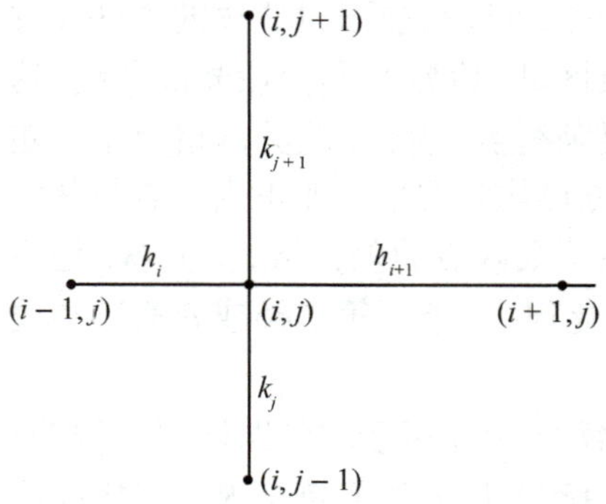

图 2.2.5

以上的讨论, 都是将不在网线交点上的边界点删除或移动. 以下讨论的方法则保留了不在网线交点上的边界点. 这时, 需要用到不均匀矩形网格的差分格式.

如图 2.2.5 所示, 设 (i, j) 为非正则内网格点, 它与邻点 $(i+1, j)$, $(i, j+1)$, $(i-1, j)$ 及 $(i, j-1)$ 的距离分别是 h_{i+1}, k_{j+1}, h_i 以及 k_j. 我们列出方程 (2.2.5) 的五点差分格式. 由 Taylor 展式, 易得

$$\left[\frac{\partial}{\partial x}\left(p\frac{\partial u}{\partial x}\right)\right]_{ij}\doteq\left(p_{i+\frac{1}{2},j}\frac{[u]_{i+1,j}-[u]_{ij}}{h_{i+1}}-p_{i-\frac{1}{2},j}\frac{[u]_{ij}-[u]_{i-1,j}}{h_i}\right)\Big/\frac{h_i+h_{i+1}}{2},$$

$$\left[\frac{\partial}{\partial y}\left(p\frac{\partial u}{\partial y}\right)\right]_{ij}\doteq\left(p_{i,j+\frac{1}{2}}\frac{[u]_{i,j+1}-[u]_{ij}}{k_{j+1}}-p_{i,j-\frac{1}{2}}\frac{[u]_{ij}-[u]_{i,j-1}}{k_j}\right)\Big/\frac{k_j+k_{j+1}}{2}.$$

易知它们的局部截断误差分别是 $O(h_{i+1}+h_i)$, $O(k_{j+1}+k_j)$. 于是, 在非正则内点 (i, j) 处得到五点差分格式

$$-(\beta_1u_{i+1,j}+\beta_2u_{i,j+1}+\beta_3u_{i-1,j}+\beta_4u_{i,j-1})+\beta_0u_{ij}=f_{ij},\tag{2.2.13}$$

这里

$$\beta_1=\frac{2}{h_{i+1}(h_{i+1}+h_i)}p_{i+\frac{1}{2},j},\qquad\beta_2=\frac{2}{k_{j+1}(k_{i+1}+k_i)}p_{i,j+\frac{1}{2}},$$

$$\beta_3=\frac{2}{h_i(h_{i+1}+h_i)}p_{i-\frac{1}{2},j},\qquad\beta_4=\frac{2}{k_j(k_{i+1}+k_i)}p_{i,j-\frac{1}{2}},$$

$$\beta_0 = \sum_{k=1}^{4} \beta_k + q_{ij}.$$

当然, 这个格式也可以用于非均匀网格的正则内点. 和均匀网格的格式 (2.2.7) 相比, 它的局部截断误差要低一阶. 此外, 也破坏了差分方程组系数矩阵的对称性.

为了保持系数矩阵的对称, 在正则内点采用均匀网格的差分格式 (2.2.7); 在非正则内点 (i, j), 对格式 (2.2.13) 作某些修改. 例如, 若 $(i+1, j), (i, j+1)$ 是内点, 而 $(i-1, j), (i, j-1)$ 为边界点, 可以用以下格式代替式 (2.2.13):

$$-(\bar\beta_1 u_{i+1,j} + \bar\beta_2 u_{i,j+1} + \bar\beta_3 u_{i-1,j} + \bar\beta_4 u_{i,j-1}) + \bar\beta_0 u_{ij} = f_{ij}, \tag{2.2.14}$$

这里

$$\bar\beta_1 = \frac{1}{h_{i+1}^2} p_{i+\frac{1}{2},j}, \quad \bar\beta_2 = \frac{1}{k_{j+1}^2} p_{i,j+\frac{1}{2}}, \quad \bar\beta_3 = \frac{1}{h_i h_{i+1}} p_{i-\frac{1}{2},j},$$

$$\bar\beta_4 = \frac{1}{k_j k_{i+1}} p_{i,j-\frac{1}{2}}, \qquad \bar\beta_0 = \sum_{k=1}^{4} \bar\beta_k + q_{ij}.$$

此时, 在 (i, j) 点局部截断误差只有 $O(1)$. 尽管如此, 可以证明, 当 $h \to 0$ 时差分格式之解的收敛速度仍与 $O(h^2)$ 同阶.

2.3　用积分插值法构造差分格式

上一节构造差分格式的方法最基本的步骤, 是网格剖分后用差商代替导数. 本节介绍的积分插值法构造差分格式, 与上述方法相比有很多的优点. 近年来出现了一种求解偏微分方程的有限体积法, 就是在此基础上发展而成的.

2.3.1　偏微分方程的积分形式

仍然考虑变系数椭圆型方程

$$-\frac{\partial}{\partial x}\left(p\frac{\partial u}{\partial x}\right) - \frac{\partial}{\partial y}\left(p\frac{\partial u}{\partial y}\right) + qu = f, \qquad \forall (x,y) \in \Omega. \tag{2.3.1}$$

其中系数 $p(x,y) \geqslant p_{\min} > 0,\ q(x,y) \geqslant 0,\ f(x,y)$ 都充分光滑.

任取边界 ∂D 充分光滑的区域 $D \subset \Omega$. 将方程 (2.3.1) 在区域 D 上积分, 并且用 Green 公式, 得到: $\forall D \subset \Omega$,

$$-\int_{\partial D} \left(p\frac{\partial u}{\partial x}\cos(n,x) + p\frac{\partial u}{\partial y}\cos(n,y)\right) \mathrm{d}s + \iint_D qu\,\mathrm{d}x\mathrm{d}y = \iint_D f\,\mathrm{d}x\mathrm{d}y \tag{2.3.2}$$

或者

$$-\int\limits_{\partial D} p\frac{\partial u}{\partial \boldsymbol{n}}\mathrm{d}s+\iint\limits_{D} qu\mathrm{d}x\mathrm{d}y=\iint\limits_{D} f\mathrm{d}x\mathrm{d}y,\quad \forall D\subset\Omega, \tag{2.3.3}$$

其中 $\boldsymbol{n}$ 表示 ∂D 的外法向. 由 D 的任意性, 易知微分方程 (2.3.1) 与积分方程 (2.3.2) 或 (2.3.3) 是等价的. 于是, 在本节中总通过 (2.3.2) 或 (2.3.3) 构造 (2.3.1) 的差分格式.

2.3.2　用积分插值法构造内点的差分格式

首先讨论在矩形网格域上构造差分格式. 和 2.2 节中介绍的一样, 在区域 Ω 上布矩形网格. 为使讨论更具有一般性, 不妨设网格是不均匀的.

设 (i,j) 为内网格点, 和四个邻点 $Q_3(i-1,j)$, $Q_1(i+1,j)$, $Q_4(i,j-1)$, $Q_2(i,j+1)$ 相距的步长分别是 h_i, h_{i+1}, k_j, k_{j+1}, 我们取

$$D=\left\{(x,y)|x_i-\frac{h_i}{2}<x<x_i+\frac{h_{i+1}}{2},\ \ y_j-\frac{k_j}{2}<y<y_j+\frac{k_{j+1}}{2}\right\}.$$

如图 2.3.1 所示, 其中 A 表示内网格点, 斜线所画部分就是 D. 如果求解区域 Ω 是凸的, 或者矩形网格的步长足够小, D 就全部包含在 Ω 中, 因此, (2.3.3) 成立. 下面通过数值方法, 将 (2.3.3) 用未知函数 $u(x,y)$ 在网格点上的值近似地表示出来.

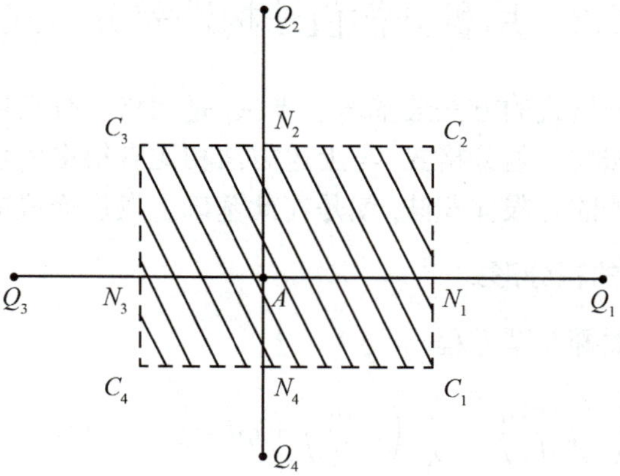

图 2.3.1

对 (2.3.3) 中的第一项, 将 ∂D 上的积分分成在 C_1C_2, C_2C_3, C_3C_4, C_4C_1 四段进行. 第一段的积分

$$-\int\limits_{C_1C_2} p\frac{\partial u}{\partial \boldsymbol{n}}\mathrm{d}s=-\int\limits_{C_1C_2} p\frac{\partial u}{\partial x}\mathrm{d}y,$$

这是因为在 C_1C_2 上 ∂D 的外法向 $\boldsymbol{n}$ 就是 x 方向, 弧长的微分 $\mathrm{d}s=\mathrm{d}y$. 于是, 对该定积分用矩形公式近似计算, 并且用差商代替导数, 就得到

$$-\int_{C_1C_2} p\frac{\partial u}{\partial x}\mathrm{d}y \approx -|C_1C_2|p(N_1)\frac{\partial u}{\partial x}(N_1)$$

$$\approx -p_{i+\frac{1}{2},j}\frac{k_j+k_{j+1}}{2}\frac{[u]_{i+1,j}-[u]_{ij}}{h_{i+1}},$$

其中 $|C_1C_2|$ 表示 C_1C_2 的长度. 第二段的积分

$$-\int_{C_2C_3} p\frac{\partial u}{\partial \boldsymbol{n}}\mathrm{d}s = -\int_{C_3C_2} p\frac{\partial u}{\partial y}\mathrm{d}x,$$

这是因为在 C_2C_3 上 ∂D 的外法向 $\boldsymbol{n}$ 就是 y 方向, 弧长的微分 $\mathrm{d}s=-\mathrm{d}x$, 将积分改为从 C_3 到 C_2 后, $\mathrm{d}s=\mathrm{d}x$. 对该定积分用矩形公式近似计算, 并且用差商代替导数, 就得到

$$-\int_{C_3C_2} p\frac{\partial u}{\partial y}\mathrm{d}x \approx -|C_3C_2|p(N_2)\frac{\partial u}{\partial y}(N_2)$$

$$\approx -p_{i,j+\frac{1}{2}}\frac{h_i+h_{i+1}}{2}\frac{[u]_{i,j+1}-[u]_{ij}}{k_{i+1}}.$$

类似可以算出另外两个积分

$$-\int_{C_3C_4} p\frac{\partial u}{\partial \boldsymbol{n}}\mathrm{d}s \approx p_{i-\frac{1}{2},j}\frac{k_j+k_{j+1}}{2}\frac{[u]_{ij}-[u]_{i-1,j}}{h_i},$$

$$-\int_{C_4C_1} p\frac{\partial u}{\partial \boldsymbol{n}}\mathrm{d}s \approx p_{i,j-\frac{1}{2}}\frac{h_i+h_{i+1}}{2}\frac{[u]_{ij}-[u]_{i,j-1}}{k_j}.$$

至于 (2.3.3) 的第二项

$$\iint_D qu\mathrm{d}x\mathrm{d}y \approx \frac{(h_i+h_{i+1})(k_j+k_{j+1})}{4}q_{ij}[u]_{ij},$$

(2.3.3) 的右端则是

$$\iint_D f\mathrm{d}x\mathrm{d}y \approx \frac{(h_i+h_{i+1})(k_j+k_{j+1})}{4}f_{ij}.$$

综合上面的结果代入 (2.3.3), 得到差分格式

$$-(\alpha_1u_{i+1,j}+\alpha_2u_{i,j+1}+\alpha_3u_{i-1,j}+\alpha_4u_{i,j-1})+\alpha_0u_{ij}=\varphi_{ij}, \tag{2.3.4}$$

其中

$$\alpha_1=\frac{k_j+k_{j+1}}{2h_{i+1}}p_{i+\frac{1}{2},j},\quad \alpha_2=\frac{h_i+h_{i+1}}{2k_{j+1}}p_{i,j+\frac{1}{2}},$$
$$\alpha_3=\frac{k_j+k_{j+1}}{2h_i}p_{i-\frac{1}{2},j},\quad \alpha_4=\frac{h_i+h_{i+1}}{2k_i}p_{i,j-\frac{1}{2}},$$
$$\alpha_0=\sum_{i=1}^{4}\alpha_i+\frac{(h_i+h_{i+1})(k_j+k_{j+1})}{4}q_{ij},$$
$$\varphi_{ij}=\frac{(h_i+h_{i+1})(k_j+k_{j+1})}{4}f_{ij}.$$

这也是五点格式, 它与上一节导出的差分格式 (2.2.13) 实际上是相同的.

我们在区域 Ω 上按照上面的方式取积分区域 $D\subset\Omega$(图 2.3.2(a)) 并不是唯一的选择. 例如, 可以取网线围成的矩形作为积分区域 D, 如图 2.3.2(b); 或者布非矩形网格 (如三角形网格, 然后在内结点周围的网线上作中垂线, 将这些中垂线围成的多边形作为积分区域 D, 如图 2.3.3); 或者作数值积分时不用矩形公式; 或者假定未知函数在 D 的边界上有某种间断 ……, 就会得到各种不同的差分格式.

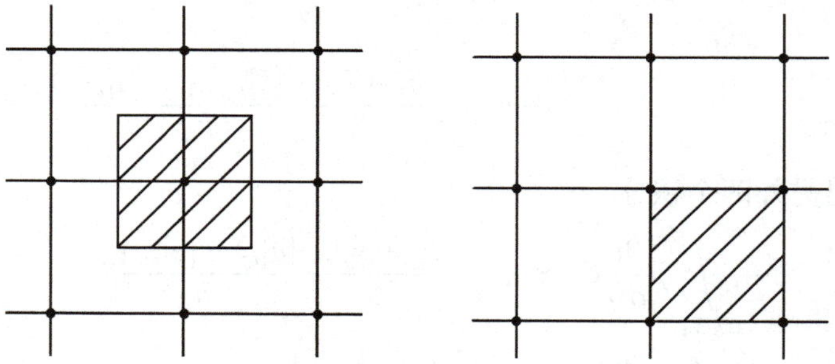

(a)　　(b)

图 2.3.2

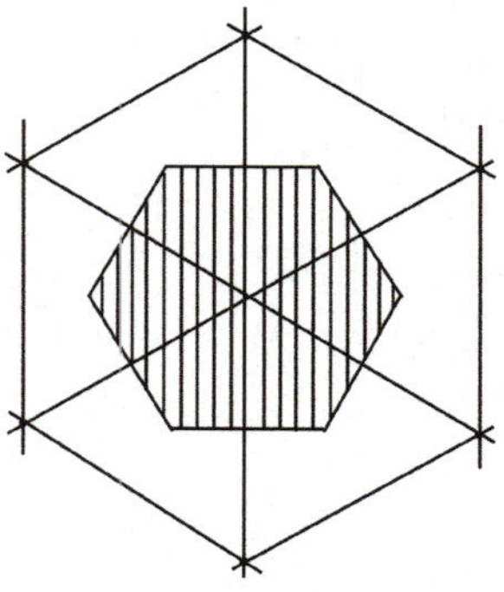

图 2.3.3

如果未知函数 u 表示某个物理量, 支配它的微分方程表示某种守恒定律, 那么, 使用积分插值法构造差分格式, 可以使 (离散的) 差分方程组仍然保持该物理量的 (离散) 守恒定律, 这是很大的优点. 近年来出现的有限体积法就是上述思想的发展, 它在求解描述物理守恒律方程上有广泛的应用, 限于篇幅, 我们在此不再细述, 读者可以见参考文献李荣华，2005；Knabner et al, 2003.

2.3.3　用积分插值法构造边界点的差分格式

积分插值法的一个很大优越性是容易在边

界点上建立差分格式, 这主要是指边值问题含有第二或第三类边界条件的情形. 我们考虑以下第三边值问题

$$\begin{cases} -\dfrac{\partial}{\partial x}\left(p\dfrac{\partial u}{\partial x}\right)-\dfrac{\partial}{\partial y}\left(p\dfrac{\partial u}{\partial y}\right)+qu=f, \quad \forall(x,y)\in\Omega, & (2.3.5)\\ p(x,y)\dfrac{\partial u}{\partial \boldsymbol{n}}+\sigma(x,y)u=\gamma(x,y), \quad \forall(x,y)\in\Gamma. & (2.3.6)\end{cases}$$

式 (2.3.6) 中的系数 $p(x,y)\geqslant p_{\min}>0$ 就是方程 (2.3.5) 的系数 $p(x,y)$; $\sigma(x,y)\geqslant 0$. 为了叙述和应用的方便, 我们仍然在 Ω 上布不等距矩形网格; 为简便, 假定网格区域 $\overline{\Omega}_h$ 的边界网点集 Γ_h 在网线的交点上.

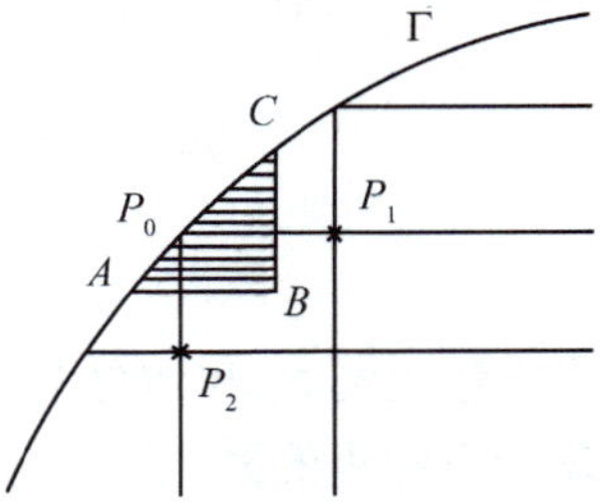

图 2.3.4

设 $P_0(i,j)$ 是边界网点, 如图 2.3.4 所示, $P_1(i+1,j)$ 和 $P_2(i,j-1)$ 是与之相邻的内点. 过点 $\left(i+\dfrac{1}{2},j\right)$ 与 $\left(i,j-\dfrac{1}{2}\right)$ 分别作与坐标轴平行的直线, 它们与边界 Γ 一起截出一个曲边三角形 ABC, 我们取三角形 ABC 为积分区域 D, 于是, 式 (2.3.3) 化为

$$-\int_{ABCA} p\frac{\partial u}{\partial \boldsymbol{n}}\mathrm{d}s+\iint_D qu\mathrm{d}x\mathrm{d}y=\iint_D f\mathrm{d}x\mathrm{d}y, \tag{2.3.7}$$

和内点一情形一样

$$-\int_{BC} p\frac{\partial u}{\partial \boldsymbol{n}}\mathrm{d}s\approx -p_{i+\frac{1}{2},j}\frac{[u]_{i+1,j}-[u]_{ij}}{h_{i+1}}|BC|,$$

$$-\int_{AB} p\frac{\partial u}{\partial \boldsymbol{n}}\mathrm{d}s\approx p_{i,j-\frac{1}{2}}\frac{[u]_{ij}-[u]_{i,j-1}}{k_j}|AB|.$$

其中 $|BC|$, $|AB|$ 分别表示 BC, AB 的长度. 但是, 在 CA 上的积分可以应用边界条件 (2.3.6) 而消去法向导数

$$-\int_{CA} p\frac{\partial u}{\partial \boldsymbol{n}}\mathrm{d}s=-\int_{CA}(\gamma-\sigma u)\mathrm{d}s\approx -(\gamma_{ij}-\sigma_{ij}[u]_{ij})|CA|.$$

其中 $|CA|$ 表示 CA 的长度. 这就避免了在边界上逼近法向导数. 与上一节相比, 这样处理既方便又减少误差, 特别在边界 Γ 不平行于坐标轴时更显其优越性. 至于

(2.3.7) 中的二重积分项, 则有

$$\iint_D qu\mathrm{d}x\mathrm{d}y \approx q_{ij}u_{ij}|D|,$$

$$\iint_D f\mathrm{d}x\mathrm{d}y \approx f_{ij}|D|.$$

其中 $|D|$ 表示 D 的面积. 综合以上结果, 得到边界点上的差分方程

$$\begin{aligned}-p_{i+\frac{1}{2},j}\frac{u_{i+1,j}-u_{ij}}{h_{i+1}}|BC|+p_{i,j-\frac{1}{2}}\frac{u_{ij}-u_{i,j-1}}{k_j}|AB|\\ -(\gamma_{ij}-\sigma_{ij}u_{ij})|CA|+q_{ij}u_{ij}|D|=f_{ij}|D|.\end{aligned} \tag{2.3.8}$$

当方程 (2.3.5) 和边界条件 (2.3.6) 中系数满足非负性假定时, 用积分插值法构造的差分方程组的系数矩阵对角线元素为正, 非对角元素为非正; 而且是对角占优的矩阵. 如果区域 Ω 的边界 Γ 用折线近似, 该折线的顶点都是网线的交点, 那么, 系数矩阵还是对称的. 这些性质给方程组的求解带来很大方便. 此外, 数值解满足离散的极值原理 (见下文).

2.4　极值原理与差分格式的收敛性

本节利用极值原理研究差分格式之解对微分方程问题之解的收敛性以及收敛速度的估计.

2.4.1　线性椭圆型差分方程的一般形式

为简单计, 本节限于讨论逼近二阶椭圆型方程第一边值问题的差分格式. 沿用 2.2 节的记号, 以 Ω_h 表示网格内点集合, Γ_h 表示边界点集合, $\overline{\Omega}_h=\Omega_h\bigcup\Gamma_h$. 把全部网点统一编号. 此时, 二维问题的未知量也只用一个下标. 前面三节所建立的差分格式在第 i 号网点处可写为形式

$$L_hv_i\equiv a_{ii}v_i-\sum_{j\in U(i)}a_{ij}v_j=\varphi_i,\quad i\in\Omega_h, \tag{2.4.1}$$

其中, 系数 a_{ij} 及右端 φ_i 为已知的函数; $U(i)$ 称为点 i 的邻域, 它是 $\overline{\Omega}_h$ 的一个子集, 不包含点 i, 只包含在点 i 列出的差分格式内出现的有关网点.

假设系数 a_{ii}, a_{ij} 满足条件

$$a_{ii}>0,\quad a_{ij}>0,\ \ 当\ i\in\Omega_h,\ \ j\in U(i), \tag{2.4.2}$$

$$d_{ii} = a_{ii} - \sum_{j \in U(i)} a_{ij} \geqslant 0. \tag{2.4.3}$$

满足上述两个条件的差分方程常称之为椭圆型差分方程. 利用上述记号, 方程 (2.4.1) 又可写为

$$L_h v_i \equiv d_{ii} v_i + \sum_{j \in U(i)} a_{ij}(v_i - v_j) = \varphi_i, \quad i \in \Omega_h. \tag{2.4.4}$$

例 2.4.1 在 2.1 节中, 对二阶常微分方程两点边值问题建立的差分格式 (2.1.7), (2.1.8), 前已指出, 它是满足条件 (2.4.2),(2.4.3) 的.

例 2.4.2 对于 2.2 节建立的 Poisson 方程的常用五点差分格式 (2.2.9), 若设网格内点 $(x_l,\ y_m)$ 的编号为 i, 其邻点 $(x_l - h_1,\ y_m)$, $(x_l,\ y_m - h_2)$, $(x_l + h_1,\ y_m)$ 及 $(x_l,\ y_m + h_2)$ 编号为 j_1, j_2, j_3 和 j_4, 则 $U(i) = \{j_1, j_2, j_3, j_4\}$. 若 i 为正则内点, 则

$$a_{ii} = \frac{2}{h_1^2} + \frac{2}{h_2^2},$$

$$a_{ij_1} = a_{ij_3} = \frac{1}{h_1^2}, \qquad a_{ij_2} = a_{ij_4} = \frac{1}{h_2^2}.$$

显然, 这些系数满足条件 (2.4.2),(2.4.3). 实际上, $d_{ii} = 0$. 若 i 为非正则内点, 且按 2.2.4 节的办法处理之, 无论是不等距方程 (2.2.13), 还是 (2.2.14), 它们的系数也满足 (2.4.2),(2.4.3).

假设网域 $\overline{\Omega}_h$ 是连通的, 亦即对任意两个网点 k 和 $l \in \Omega_h$, 必有一串网点 $p_i \in \Omega_h,\ \ i = 1, \cdots, m$, 使

$$p_1 \in U(k), \quad p_2 \in U(p_1), \cdots, \quad p_m \in U(p_{m-1}), \quad l \in U(p_m),$$

并且

$$a_{kp_1} \neq 0, \quad a_{p_i p_{i+1}} \neq 0 \quad (i = 1, \cdots, m-1), \quad a_{p_m l} \neq 0. \tag{2.4.5}$$

显然, 点 l 也可取为边界点. 从网域的连通性可知, 一般而言, 每一个边界点至少属于一个内点的邻域.

2.4.2 极值原理及差分格式之解的先验估计

考虑差分方程 (2.4.1), 并设网域 $\overline{\Omega}_h$ 是连通的, 条件 (2.4.2), (2.4.3) 成立. 我们建立具有重要意义的极值原理. 为简洁, 在表达该原理时, 括号内的内容表示另一种情形. 为便于理解, 初次阅读时可以跳过括号内的内容.

定理 2.4.1(极值原理) 设定义在网域 $\overline{\Omega}_h$ 上网函数 $v_i \neq$const., 若当 $i \in \Omega_h$ 时, 都有 $L_h v_i \leqslant 0$(或 $L_h v_i \geqslant 0$), 那么, v_i 不能在内点处取正最大值 (或负最小值).

证明　设 $L_h v_i \leqslant 0$, 对所有 $i \in \Omega_h$, 反设 v_i 在内点 $i_0 \in \Omega_h$ 处取正最大值, 亦即

$$v_{i_0} = \max_{\overline{\Omega}_h} v_i = M_0 > 0,$$

则可以证明, 存在内点 $i_1 \in \Omega_h$ 使 $L_h v_{i_1} > 0$. 这导致与定理条件 $L_h v_i \leqslant 0$ 的矛盾, 定理得证. 事实上, 因为当 $j \in U(i_0)$ 时, $v_{i_0} \geqslant v_j$, 则

$$\begin{aligned} L_h v_{i_0} &= d_{i_0 i_0} v_{i_0} + \sum_{j \in U(i_0)} a_{i_0 j}(v_{i_0} - v_j) \\ &\geqslant d_{i_0 i_0} v_{i_0} \geqslant 0, \end{aligned}$$

这是由于 $d_{i_0 i_0} \geqslant 0$, $v_{i_0} > 0$.

显然, 此时仅需考虑 $L_h v_{i_0} = 0$ 的情形. 从式 (2.4.4) 知, 这仅当 $d_{i_0 i_0} = 0$, $v_j = v_{i_0}$ $(j \in U(i_0))$ 时成立.

设点 $p_1 \in U(i_0)$, 则 $v_{p_1} = v_{i_0} = M_0$. 因在 $\overline{\Omega}_h$ 上 $v_i \not\equiv$const., 且网域 $\overline{\Omega}_h$ 是连通的, 则存在一串点 $p_1, p_2, \cdots, p_m, l$, 它们满足式 (2.4.5), 并且

$$v_{p_m} = v_{i_0} = M_0, \quad v_l < M_0, \quad l \in U(p_m).$$

于是

$$\begin{aligned} L_h v_{p_m} &\geqslant d_{p_m p_m} \cdot v_{p_m} + a_{p_m l}(v_{p_m} - v_l) \\ &\geqslant a_{p_m l}(v_{i_0} - v_l) > 0, \end{aligned}$$

亦即可取 $i_1 = p_m$, 定理成立. 若用 $-v_i$ 代替 v_i 进行上述讨论, 则得到定理括号内的论断. □

推论 2.4.1　*若 $i \in \Gamma_h$, 网函数 $v_i \geqslant 0$(或 $v_i \leqslant 0$), 又当 $i \in \Omega_h$ 时, $L_h v_i \geqslant 0$(或 $L_h v_i \leqslant 0$), 则当 $i \in \overline{\Omega}_h$ 时, $v_i \geqslant 0$ (或 $v_i \leqslant 0$).*

证明　设在 Ω_h 上, $L_h v_i \geqslant 0$; 在 Γ_h 上, $v_i \geqslant 0$. 若存在内点 $i_0 \in \Omega_h$, 使 $v_{i_0} < 0$, 此时, v_i 在 Ω_h 内取负最小值, 又 $v_i \not\equiv$const.(当 $i \in \overline{\Omega}_h$). 这与极值原理矛盾, 故在 Ω_h 上, $v_i \geqslant 0$. 括号内论断的证明与此类似. □

推论 2.4.2　*差分格式*

$$\begin{cases} L_h v_i = \varphi_i, & \text{当 } i \in \Omega_h, \\ v_i = \alpha_i, & \text{当 } i \in \Gamma_h \end{cases} \tag{2.4.6}$$

有唯一解.

证明 显然, 只需证明齐次格式

$$\begin{cases} L_h v_i = 0, & \text{当 } i \in \Omega_h, \\ v_i = 0, & \text{当 } i \in \Gamma_h \end{cases} \tag{2.4.7}$$

仅有平凡解 $v_i \equiv 0,\ \ i \in \overline{\Omega}_h$.

首先, $v_i \equiv 0$ 是格式 (2.4.7) 之解. 设格式 (2.4.7) 另有一解 $\overline{v}_i$, 由推论 2.4.1 知, 应同时有不等式 $\overline{v}_i \geqslant 0$ 与 $\overline{v}_i \leqslant 0$. 故必有 $\overline{v}_i \equiv 0$. 推论得证. □

定理 2.4.2(比较定理) *设 v_i 是格式 (2.4.6) 之解, 而 V_i 是问题*

$$\begin{cases} L_h V_i = \overline{\varphi}_i, & \text{当 } i \in \Omega_h, \\ V_i = \overline{\alpha}_i, & \text{当 } i \in \Gamma_h \end{cases} \tag{2.4.8}$$

之解. 如果

$$|\varphi_i| \leqslant \overline{\varphi}_i, \quad \text{当 } i \in \Omega_h; \quad |\alpha_i| \leqslant \overline{\alpha}_i, \quad \text{当 } i \in \Gamma_h, \tag{2.4.9}$$

那么

$$|v_i| \leqslant V_i, \quad \text{当 } i \in \overline{\Omega}_h.$$

证明 由推论 2.4.1 知, 在 $\overline{\Omega}_h$ 上, $V_i \geqslant 0$. 由于 $u_i = V_i + v_i$ 与 $w_i = V_i - v_i$ 分别满足格式

$$\begin{cases} L_h u_i = \overline{\varphi}_i + \varphi_i \geqslant 0, & \text{当 } i \in \Omega_h, \\ u_i = \overline{\alpha}_i + \alpha_i \geqslant 0, & \text{当 } i \in \Gamma_h, \end{cases}$$

$$\begin{cases} L_h w_i = \overline{\varphi}_i - \varphi_i \geqslant 0, & \text{当 } i \in \Omega_h, \\ w_i = \overline{\alpha}_i - \alpha_i \geqslant 0, & \text{当 } i \in \Gamma_h, \end{cases}$$

故又有 $u_i \geqslant 0,\ \ w_i \geqslant 0$, 当 $i \in \overline{\Omega}_h$. 由此即知

$$|v_i| \leqslant V_i, \quad \text{当 } i \in \overline{\Omega}_h.$$

证毕. □

满足 (2.4.8), (2.4.9) 的函数 V_i 称为格式 (2.4.6) 之解的优函数. 显然, 如能求出优函数, 则可以得到 v_i 的最大模估计.

推论 2.4.3 *对格式*

$$\begin{cases} L_h v_i = 0, & i \in \Omega_h, \\ v_i = \alpha_i, & i \in \Gamma_h \end{cases} \tag{2.4.10}$$

之解, 有下列估计

$$\max_{\overline{\Omega}_h} |v_i| \leqslant \max_{\Gamma_h} |\alpha_i|. \tag{2.4.11}$$

证明　设 V_i 是格式

$$\begin{cases} L_h V_i = 0, & \text{当 } i \in \Omega_h, \\ V_i = \max\limits_{\Gamma_h} |\alpha_i|, & \text{当 } i \in \Gamma_h \end{cases}$$

之解, 则 V_i 是问题 (2.4.10) 之解的优函数. 函数 V_i 在 $\overline{\Omega}_h$ 上某点取最大值. 若 $V_i \neq$const., 这个点不能是内点, 故 $\max\limits_{\overline{\Omega}_h} |V_i| = \max\limits_{\Gamma_h} |V_i| = \max\limits_{\Gamma_h} |\alpha_i|$. 若 $V_i \equiv$const., 则 $V_i = \max\limits_{\Gamma_h} |\alpha_i|$. 因此, 总有不等式 (2.4.11) 成立. □

现在, 我们对非齐次差分方程 (2.4.6) 之解作出估计.

显然, 差分格式 (2.4.6) 之解可以写成

$$v_i = u_i + w_i,$$

其中 u_i 是差分方程右端为 0 的格式

$$\begin{cases} L_h u_i = 0, & \text{当 } i \in \Omega_h, \\ u_i = \alpha_i, & \text{当 } i \in \Gamma_h \end{cases}$$

之解, 它可以由推论 2.4.3 给出估计; 而 w_i 是边界条件为 0 的格式

$$\begin{cases} L_h w_i = \varphi_i, & \text{当 } i \in \Omega_h, \\ w_i = 0, & \text{当 } i \in \Gamma_h \end{cases} \tag{2.4.12}$$

之解.

对问题 (2.4.12), 我们有下面的定理.

定理 2.4.3　若 $i \in \Omega_h$ 时, $d_{ii} > 0$, 则对问题 (2.4.12) 之解有估计式

$$\max_{\Omega_h} |w_i| \leqslant \max_{\Omega_h} |\varphi_i / d_{ii}|. \tag{2.4.13}$$

证明　设 V_i 为格式

$$\begin{cases} L_h V_i = |\varphi_i|, & \text{当 } i \in \Omega_h, \\ V_i = 0, & \text{当 } i \in \Gamma_h \end{cases}$$

之解, 且 $V_i \geqslant 0$, 当 $i \in \Omega_h$. 它是问题 (2.4.12) 之解的优函数. 设 V_i 在点 $i_0 \in \overline{\Omega}_h$ 处取最大值, 则从方程

$$d_{i_0 i_0} V_{i_0} + \sum_{j \in U(i_0)} a_{i_0 j}(V_{i_0} - V_j) = |\varphi_{i_0}|$$

推出

$$d_{i_0 i_0} V_{i_0} \leqslant |\varphi_{i_0}|,$$

进而

$$\max_{\Omega_h} |w_i| \leqslant \max_{\Omega_h} |V_i| = V_{i_0} \leqslant |\varphi_{i_0}|/d_{i_0 i_0} \leqslant \max_{\Omega_h} |\varphi_i/d_{ii}|.$$

□

如果定理中 $d_{ii} > 0$ 的条件不对 $i \in \Omega_h$ 成立, 则需要另作讨论, 以得出对 w_i 的估计.

我们之所以讨论差分格式解的先验估计, 是因为可以从它们得出微分方程的解与差分格式解之间的关系. 因为微分方程的解 $[u]_i$ 满足

$$\begin{cases} L_h[u]_i + R_i(u) = \varphi_i, & i \in \Omega_h, \\ [u]_i = \alpha_i, & i \in \Gamma_h, \end{cases}$$

而差分格式的解 u_i 满足

$$\begin{cases} L_h u_i = \varphi_i, & i \in \Omega_h, \\ u_i = \alpha_i, & i \in \Gamma_h, \end{cases}$$

用 $e_i = u_i - [u]_i$ 表示差分格式解的误差, 那么上两式相减, 得到

$$\begin{cases} L_h e_i = R_i(u), & i \in \Omega_h, \\ e_i = 0, & i \in \Gamma_h. \end{cases} \tag{2.4.14}$$

误差所满足的方程与差分格式都是同一个差分算子 L_h, 只是方程右端项不同. 因此, 可以用对差分格式解 u_i 的先验估计来估计误差 e_i.

以上的讨论是一般性的结果, 对椭圆型差分方程都成立. 我们可以用上述有关的结果对椭圆型偏微分方程的差分格式进行分析.

2.4.3　五点格式的稳定性与收敛性

本段对 2.2 节建立的 Poisson 方程第一边值问题的五点差分格式之解, 作出先验估计, 并讨论其稳定性与收敛性. 为简便, 我们只讨论 Ω 为矩形的情形. 这时, Ω_h 的网点都是正则内点.

考虑网域 Ω_h 上的差分格式

$$\begin{cases} L_h u_i = \varphi_i, & i \in \Omega_h, \\ u_i = \alpha_i, & i \in \Gamma_h, \end{cases} \tag{2.4.15}$$

其中, $L_h u_i = \varphi_i$ 就是五点差分格式 (2.2.9). 容易验证, 它是椭圆型差分格式.

将差分格式的解分解为 $u_i = w_i + v_i$, 其中

$$\begin{cases} L_h w_i = 0, & i \in \Omega_h, \\ w_i = \alpha_i, & i \in \Gamma_h. \end{cases} \tag{2.4.16}$$

由推论 2.4.3 知,

$$\max_{\overline{\Omega}_h} |w_i| \leqslant \max_{\Gamma_h} |\alpha_i|. \tag{2.4.17}$$

而

$$\begin{cases} L_h v_i = \varphi_i, & i \in \Omega_h, \\ v_i = 0, & i \in \Gamma_h. \end{cases} \tag{2.4.18}$$

的解设法用优函数 V_i 估计. 不妨假设, 坐标原点位于区域 Ω 内部, ρ 是以原点为中心, 包含整个 $\overline{\Omega}$ 的最小圆域的半径. 优函数取形式

$$V_i = K(\rho^2 - x_i^2 - y_i^2), \tag{2.4.19}$$

其中 (x_i, y_i) 为点 i 的坐标, K 为待定的正常数. 显然, 当 $(x_i, y_i) \in \overline{\Omega}$ 时, $V_i \geqslant 0$.

根据五点格式

$$L_h V_i = \frac{1}{h^2}[-V(x_i, y_i - h) - V(x_i - h, y_i) + 4V(x_i, y_i)$$
$$-V(x_i + h, y_i) - V(x_i, y_i + h)]$$

可以计算出 $L_h V_i = 4K$. 我们作问题

$$\begin{cases} L_h V_i = 4K, & i \in \Omega_h, \\ V_i \geqslant 0, & i \in \Gamma_h. \end{cases} \tag{2.4.20}$$

如果选取待定常数 $K = \dfrac{1}{4} \max\limits_{\Omega_h} |\varphi_i|$, 则 (2.4.20) 就成为 (2.4.18) 的优问题, V_i 是 v_i 的优函数, 由比较定理 2.4.2 知

$$\max_{\overline{\Omega}_h} |v_i| \leqslant \max_{\overline{\Omega}_h} |V_i| \leqslant K\rho^2.$$

根据 $u_i = w_i + v_i$ 和上述讨论, 有如下论断.

定理 2.4.4　*差分边值问题 (2.4.15) 之解有下列估计式*

$$\max_{\overline{\Omega}_h} |u_i| \leqslant \max_{\Gamma_h} |\alpha_i| + \frac{\rho^2}{4} \max_{\Omega_h} |\varphi_i|. \tag{2.4.21}$$

需要注意的是, 这个结果仅对 Poisson 方程在矩形区域上的五点格式成立. 其他情况需另作讨论.

这个定理表明, 差分边值问题 (2.4.15) 关于边值 α_i 及右端 φ_i 是稳定的, 亦即边值或右端的微小变化所引起的解的变化也是微小的.

根据上述定理, 可得五点差分格式的收敛性与敛速估计.

以 $u=u(x,y)$ 表示 Poisson 方程第一边值问题

$$\begin{cases} -\left(\dfrac{\partial^2 u}{\partial x^2}+\dfrac{\partial^2 u}{\partial y^2}\right)=f(x,y), & (x,y)\in\Omega, \\ u(x,y)=\alpha(x,y), & (x,y)\in\Gamma \end{cases}$$

之解, $[u]_i$ 表示 $u(x,y)$ 在网点 i 处的值. 令 $e_i=u_i-[u]_i$, 则 e_i 满足差分格式

$$\begin{cases} L_h e_i = R_i(u), & i\in\Omega_h, \\ e_i=0, & i\in\Gamma_h, \end{cases} \tag{2.4.22}$$

其中 $R_i(u)$ 表示正则内点处的局部截断误差. 从 2.2 节的讨论知, $R_i(u)=O(h^2)$.

对格式 (2.4.22), 应用定理 2.4.4, 则有

$$\max_{\Omega_h}|e_i|\leqslant\frac{\rho^2}{4}\max_{\Omega_h}|R_i(u)|=O(h^2).$$

这样, 我们证明了以下定理.

定理 2.4.5　*设 Poisson 方程第一边值问题之解 $u\in C^4(\overline{\Omega})$, 其中 Ω 为矩形区域, 则五点差分格式之解一致收敛于 u, 且有敛速估计*

$$\max_{\Omega_h}|\,[u]_i-u_i|=O(h^2).$$

关于 2.1, 2.2 及 2.3 节中其他格式收敛性的证明, 有的可类似进行, 有的尚需补充某些条件, 有的由于优函数选择的困难, 需要采用下节介绍的能量估计方法.

*2.5　能量估计与差分格式的收敛性

本节介绍对差分格式之解作出先验估计的能量估计方法, 或称能量不等式方法.

为了本节与今后的需要, 先介绍若干预备知识.

2.5.1　记号, 若干差分公式与不等式

为了变换各种差分表达式, 需要引进一些记号与差分公式.

设给定区间 $[0,l]$, 对其作均匀剖分, $h=l/N$. 记 $x_i=ih$, $\overline{I}_h=\{x_i,\ 0\leqslant i\leqslant N\}$, $I_h=\{x_i,\ 1\leqslant i\leqslant N-1\}$. 为简单计, 用 u, v 等表示定义在 $\overline{I}_h$ 上的网函数, 它们在网点 x_i 处的值记为 u_i, v_i 等. 用 $(u_i)_x$ 及 $(u_i)_{\overline{x}}$ 分别表示 u 在 x_i 处的向前及向后差商:

$$(u_i)_x=(u_{i+1}-u_i)/h, \quad (u_i)_{\overline{x}}=(u_i-u_{i-1})/h.$$

(1) 内积与范数的定义

$$(u,v)=\sum_{i=1}^{N-1}u_iv_ih, \quad \|u\|_0=(u,u)^{1/2},$$

$$(u,v]=\sum_{i=1}^{N}u_iv_ih, \quad \|u]|=(u,u]^{1/2},$$

$$[u,v)=\sum_{i=0}^{N-1}u_iv_ih, \quad |[u\|=[u,u)^{1/2},$$

$$\|u\|_1^2=\|u\|_0^2+\|u_{\overline{x}}]|^2, \quad \|u\|_C=\max_{\overline{I}_h}|u_i|.$$

(2) 乘积差商公式

$$(u_iv_i)_x=(u_i)_xv_i+u_{i+1}(v_i)_x=(u_i)_xv_{i+1}+u_i(v_i)_x\ ,$$

$$(u_iv_i)_{\overline{x}}=(u_i)_{\overline{x}}v_i+u_{i-1}(v_i)_{\overline{x}}=(u_i)_{\overline{x}}v_{i-1}+u_i(v_i)_{\overline{x}}\ .$$

它们可以根据定义直接证明.

(3) 分部求和公式

$$(u,v_x)=u_Nv_N-u_0v_1-(u_{\overline{x}},v], \tag{2.5.1}$$

$$(u,v_{\overline{x}})=u_Nv_{N-1}-u_0v_0-[u_x,v), \tag{2.5.2}$$

只对其中第一个进行证明

$$\begin{aligned}\sum_{i=1}^{N-1}u_i(v_i)_xh &= \sum_{i=1}^{N-1}(u_iv_i)_xh-\sum_{i=1}^{N-1}(u_i)_xv_{i+1}h\\ &=u_Nv_N-u_1v_1-\sum_{i=2}^{N}(u_i)_{\overline{x}}v_i\cdot h\\ &=u_Nv_N-u_1v_1-\sum_{i=1}^{N}(u_i)_{\overline{x}}v_i\cdot h+(u_1)_{\overline{x}}v_1\cdot h,\end{aligned}$$

又知 $(u_1)_{\overline{x}}v_1 \cdot h = u_1v_1 - u_0v_1$, 以之代入上式即得.

(4) 差分 Green 公式.

于 (2.5.1) 中, 令 $u = z,\quad v = ay_{\overline{x}}$, 其中 $z,\ a,\ y$ 均为网函数, 则得到第一差分 Green 公式

$$(z, (ay_{\overline{x}})_x) = -(ay_{\overline{x}}, z_{\overline{x}}] + (azy_{\overline{x}})_N - a_1(zy_x)_0. \tag{2.5.3}$$

若 $z_0 = z_N = 0$, 则从 (2.5.3) 得

$$(z, \Lambda y) = -(ay_{\overline{x}}, z_{\overline{x}}), \tag{2.5.4}$$

其中 $\Lambda y = (ay_{\overline{x}})_x$.

若于 (2.5.1) 中, 令 $u = y,\quad v = az_{\overline{x}}$, 则有

$$(y, (az_{\overline{x}})_x) = -(ay_{\overline{x}}, z_{\overline{x}}] + (ayz_{\overline{x}})_N - a_1(yz_x)_0.$$

由 (2.5.3) 减去上式, 则得第二差分 Green 公式

$$\begin{aligned}&(z, (ay_{\overline{x}})_x) - (y, (az_{\overline{x}})_x)\\ &= a_N(zy_{\overline{x}} - z_{\overline{x}}y)_N - a_1(y_xz - z_xy)_0.\end{aligned} \tag{2.5.5}$$

如 $y_0 = y_N = z_0 = z_N = 0$, 从上式得

$$(\Lambda y, z) = (y, \Lambda z). \tag{2.5.6}$$

满足这个关系式的差分算子 Λ 称为自共轭的差分算子.

(5) Schwarz 不等式

$$|\,[u, v]\,| \leqslant \|u\| \cdot \|v\|,$$

其中, $[u, v]$ 表示 u, v 的某种内积, $\|u\| = [u, u]^{1/2}$ 表示对应此内积的范数.

(6) ε- 不等式

设 a 和 b 为实数, 则对任意 $\varepsilon > 0$, 有

$$|ab| \leqslant \varepsilon a^2 + \frac{1}{4\varepsilon}b^2.$$

由此, 特别地有

$$|(u, v)| \leqslant \|u\|_0 \cdot \|v\|_0 \leqslant \varepsilon\|u\|_0^2 + \frac{1}{4\varepsilon}\|v\|_0^2. \tag{2.5.7}$$

2.5.2 差分算子的特征值与特征函数

1. 最简二阶常差分算子的情形

考虑最简二阶常差分算子的特征值问题

$$\begin{cases} -u_{x\bar{x}} = \lambda u \quad (0 < x < l), \\ u_0 = u_N = 0, \end{cases} \tag{2.5.8}$$

即求出特征值 λ, 使问题有非零的特征函数 u.

把 (2.5.8) 改写为

$$-u_{i-1} + 2(1 - h^2\lambda/2)u_i - u_{i+1} = 0, \quad i = 1, 2, \cdots, N-1.$$

求其形如下式的解；$u(x) = \sin\alpha x$, α 是待定量, $x \in I_h$. 以之代入上式, 注意 $u_i = u(x_i) = u(ih)$, 得到

$$2\sin\alpha x \cdot \cos\alpha h = 2(1 - h^2\lambda/2)\sin\alpha x, \quad x \in I_h.$$

因 $\sin\alpha x \not\equiv 0$(非零解), 故

$$1 - h^2\lambda/2 = \cos\alpha h.$$

由此得到特征值

$$\lambda = \frac{2}{h^2}(1 - \cos\alpha h) = \frac{4}{h^2}\sin^2\frac{\alpha h}{2}.$$

选择 α 使 $u = \sin\alpha x$ 满足边界条件 $u(0) = u(l) = 0$, 则得到

$$\alpha = \alpha_k = k\pi/l, \quad k = 1, \cdots, N-1.$$

于是得到问题 (2.5.8) 的特征值与特征函数

$$\begin{cases} \lambda_k = \dfrac{4}{h^2}\sin^2\dfrac{k\pi h}{2l}, \\ u_k(x) = \sin\dfrac{k\pi x}{l}, \quad k = 1, 2, \cdots, N-1. \end{cases}$$

附注 2.5.1 如果将问题 (2.5.8) 看成求矩阵的特征值问题, 就容易发现, $N-1$ 阶矩阵

$$\frac{1}{h^2}\begin{bmatrix} 2 & -1 & & & \\ -1 & 2 & -1 & & \\ & \ddots & \ddots & \ddots & \\ & & -1 & 2 & -1 \\ & & & -1 & 2 \end{bmatrix}$$

的特征值就是上述特征值, 对应特征值 λ_k 的特征向量 $\boldsymbol{u}_k$ 的分量就是上述特征函数 $u_k(x)$ 在网点上的值

$$\boldsymbol{u}_k=\left[\sin\frac{k\pi h}{l},\ \sin\frac{2k\pi h}{l},\ \cdots,\ \sin\frac{(N-1)k\pi h}{l}\right]^{\mathrm{T}}.$$

对于下述 Laplace 差分算子的情形也有类似的结论. 这个结论在以后要多次用到.

我们指出特征函数的几点性质.

(1) 正交性质. 对应于不同特征值 $\lambda_k\neq\lambda_m$ 的特征函数 u_k, u_m, 在内积 $(\cdot,\cdot)$ 意义下是正交的, 亦即

$$(u_k,u_m)=0,\qquad \text{当 } k\neq m. \tag{2.5.9}$$

事实上, 由 (2.5.6) 知

$$0=((u_k)_{\overline{x}x},u_m)-(u_k,(u_m)_{\overline{x}x})=(\lambda_m-\lambda_k)(u_k,u_m),$$

因 $\lambda_m\neq\lambda_k$, 故 $(u_k,u_m)=0$.

(2) 特征函数的范数为 $\|u_k\|_0=\sqrt{l/2}$, $k=1,2,\cdots,N-1$.

事实上, 由

$$\begin{aligned}\|u_k\|_0^2&=\sum_{i=1}^{N-1}(u_k)_i^2h=\sum_{i=1}^{N-1}h\sin^2\frac{k\pi x_i}{l}\\&=\sum_{i=1}^{N-1}\frac{h}{2}\left(1-\cos\frac{2k\pi x_i}{l}\right)\\&=\frac{h(N-1)}{2}-\frac{1}{2}\sum_{i=1}^{N-1}h\cos\frac{2k\pi x_i}{l},\end{aligned} \tag{2.5.10}$$

记 $\beta=2k\pi/l$, 注意到

$$\begin{aligned}\left[\sin\beta\left(x+\frac{h}{2}\right)\right]_{\overline{x}}&=\frac{1}{h}\left(\sin\beta\left(x+\frac{h}{2}\right)-\sin\beta\left(x-\frac{h}{2}\right)\right)\\&=\frac{2}{h}\cos\beta x\cdot\sin(\beta h/2),\end{aligned}$$

则推出

$$\cos\beta x=\frac{h}{2\sin(\beta h/2)}\left[\sin\beta\left(x+\frac{h}{2}\right)\right]_{\overline{x}}.$$

于是

$$\sum_{i=1}^{N-1}h\cos\frac{2k\pi x_i}{l}$$

$$
\begin{aligned}
&= \frac{h}{2\sin(k\pi h/l)} \sum_{i=1}^{N-1} h \left[\sin \frac{2k\pi}{l}\left(x_i + \frac{h}{2}\right)\right]_{\overline{x}} \\
&= \frac{h}{2\sin(k\pi h/l)} \left[\sin \frac{2k\pi}{l}\left(l - \frac{h}{2}\right) - \sin \frac{k\pi h}{l}\right] \\
&= -h.
\end{aligned}
$$

以之代入式 (2.5.10), 注意到 $l = Nh$, 即得欲证.

这样, 单位化后的特征函数

$$\mu_k(x) = \sqrt{\frac{2}{l}} u_k(x), \quad k = 1, 2, \cdots, N-1$$

在内积 $(\cdot, \cdot)$ 意义下, 构成规范正交组

$$(\mu_k, \mu_m) = \begin{cases} 1, & k = m, \\ 0, & k \neq m. \end{cases}$$

(3) 在 $\overline{I}_h$ 上定义的网函数 $f(x)$, 若 $f_0 = f_N = 0$, 可按特征函数组 $\{\mu_k\}$ 展开

$$f(x) = \sum_{i=1}^{N-1} C_k \mu_k(x),$$

其中 $C_k = (f, \mu_k)$, 并且 $\|f\|_0^2 = \sum\limits_{i=1}^{N-1} C_k^2$.

2. Laplace *差分算子的情形*

设求解区域 $\overline{\Omega}: 0 \leqslant x \leqslant l_1,\ 0 \leqslant y \leqslant l_2$, 对其进行矩形剖分, 得到网域 $\overline{\Omega}_h = \overline{I}_{h_1} \times \overline{I}_{h_2}$, 其中, $\overline{I}_{h_1} = \{x_i = ih_1,\ 0 \leqslant i \leqslant N_1, h_1 = l_1/N_1\}$, $\overline{I}_{h_2} = \{y_j = jh_2,\ 0 \leqslant j \leqslant N_2, h_2 = l_2/N_2\}$.

考虑 Laplace 差分算子的特征值问题

$$\begin{cases} -\Delta_h v = \lambda v\ , & (x, y) \in \Omega_h, \\ v = 0\ , & (x, y) \in \Gamma_h. \end{cases} \tag{2.5.11}$$

其中 $\Delta_h v = v_{\overline{x}x} + v_{\overline{y}y}$, 称 Δ_h 为 Laplace 差分算子. 用分离变量法求问题 (2.5.11) 的解. 设

$$v(x, y) = \mu(x)\eta(y),$$

并代入 (2.5.11), 则得

$$\mu(x)\eta_{\overline{y}y}(y) + \eta(y)\mu_{\overline{x}x}(x) + \lambda\mu(x)\eta(y) = 0.$$

因为我们求的是非平凡解, 故可用 $\mu(x)\eta(y)$ 除上式两端, 得到

$$\eta_{\bar{y}y}/\eta+\mu_{\bar{x}x}/\mu+\lambda=0,$$

或者

$$\eta_{\bar{y}y}/\eta=-\mu_{\bar{x}x}/\mu-\lambda\equiv-\lambda^{(2)},$$

并且 $\lambda^{(2)}$ 与 x, y 无关. 因而得到 $\eta(y)$ 的特征值问题

$$\begin{cases}-\eta_{\bar{y}y}=\lambda^{(2)}\eta, & y\in I_{h_2},\\ \eta_0=\eta_{N_2}=0.\end{cases}$$

这个一维问题的解为

$$\lambda_{k_2}^{(2)}=\frac{4}{h_2^2}\sin^2\frac{k_2\pi h_2}{2l_2},$$

$$\eta_{k_2}(y)=\sqrt{\frac{2}{l_2}}\sin\frac{k_2\pi y}{l_2},\quad k_2=1,2,\cdots,N_2-1.$$

对 $\mu(x)$ 可得到类似的问题

$$\begin{cases}\mu_{\bar{x}x}+\lambda^{(1)}\mu(x)=0, & x\in I_{h_1},\\ \mu_0=\mu_{N_1}=0,\end{cases}$$

其中 $\lambda^{(1)}=\lambda-\lambda^{(2)}$. 上述问题的解为

$$\lambda_{k_1}^{(1)}=\frac{4}{h_1^2}\sin^2\frac{k_1\pi h_1}{2l_1},$$

$$\mu_{k_1}(x)=\sqrt{\frac{2}{l_1}}\sin\frac{k_1\pi x}{l_1},\quad k_1=1,2,\cdots,N_1-1.$$

故问题 (2.5.11) 的特征函数

$$v_{k_1k_2}(x,y)=\frac{2}{\sqrt{l_1l_2}}\sin\frac{k_1\pi x}{l_1}\sin\frac{k_2\pi y}{l_2}.\tag{2.5.12}$$

由于 $\lambda^{(1)}=\lambda-\lambda^{(2)}$, $\lambda=\lambda_{k_1k_2}=\lambda_{k_1}^{(1)}+\lambda_{k_2}^{(2)}$, 故问题 (2.5.11) 的特征值

$$\lambda_{k_1k_2}=4\left(\frac{1}{h_1^2}\sin^2\frac{k_1\pi h_1}{2l_1}+\frac{1}{h_2^2}\sin^2\frac{k_2\pi h_2}{2l_2}\right).\tag{2.5.13}$$

$$k_1=1,\cdots,N_1-1\ ;\quad k_2=1,\cdots,N_2-1.$$

若二元网函数 u,v 的内积定义为

$$(u,v)=\sum_{i=1}^{N_1-1}\sum_{j=1}^{N_2-1}h_1h_2u_{ij}v_{ij},$$

则特征函数 $\{v_{k_1k_2}\}$ 在内积 $(\cdot,\cdot)$ 意义下是正交的：

$$\begin{aligned}&(v_{k_1k_2},v_{m_1m_2})\\=&\sum_{i=1}^{N_1-1}\sum_{j=1}^{N_2-1}h_1h_2[\mu_{k_1}(x_i)\eta_{k_2}(y_j)\cdot\mu_{m_1}(x_i)\eta_{m_2}(y_j)]\\=&\sum_{i=1}^{N_1-1}h_1\mu_{k_1}(x_i)\mu_{m_1}(x_i)\sum_{j=1}^{N_2-1}h_2\eta_{k_2}(y_j)\eta_{m_2}(y_j)\\=&\delta_{k_1m_1}\cdot\delta_{k_2m_2}=\begin{cases}1, & \text{当 } k_1=m_1,\ k_2=m_2,\\0, & \text{其他情况.}\end{cases}\end{aligned}$$

这里利用了 $\{\mu_{k_1}(x)\}$，$\{\eta_{k_2}(y)\}$ 的正交性质. 由此可知, 定义在 $\overline{\Omega}_h$ 上且在 Γ_h 上取零值的网函数可按 $\{v_{k_1k_2}\}$ 展开.

2.5.3 两点边值问题差分格式之解的先验估计与收敛性

本段对常微分方程两点边值问题的差分格式之解进行能量估计, 首先给出两个引理.

引理 2.5.1 *在 $\overline{I}_h=\{x_i=ih,\ 0\leqslant i\leqslant N,x_0=0,x_N=l\}$ 上定义的网函数 u, 如满足 $u_0=u_N=0$, 则*

$$\|u\|_C\leqslant\frac{\sqrt{l}}{2}\|u_{\bar{x}}]|. \tag{2.5.14}$$

证明 u_i 可表为

$$u_i=\sum_{j=1}^{i}(u_j)_{\bar{x}}h,\qquad u_i=-\sum_{j=i+1}^{N}(u_j)_{\bar{x}}h.$$

由 Schwarz 不等式知

$$u_i^2\leqslant x_i\sum_{j=1}^{i}(u_j)_{\bar{x}}^2h,\qquad u_i^2\leqslant(l-x_i)\sum_{j=i+1}^{N}(u_j)_{\bar{x}}^2h.$$

以 $l-x_i$, x_i 分别乘上两式, 相加, 并除以 l, 则得

$$u_i^2\leqslant\frac{x_i(l-x_i)}{l}\|u_{\bar{x}}]|^2\leqslant\frac{l}{4}\|u_{\bar{x}}]|^2.$$

两端关于 i 取最大值, 即得证. □

引理 2.5.2 在 $\overline{I}_h$ 上定义的网函数 u, 如满足 $u_0 = u_N = 0$, 则有不等式

$$\frac{h^2}{4}\|u_{\overline{x}}]|^2 \leqslant \|u\|_0^2 \leqslant \frac{l^2}{8}\|u_{\overline{x}}]|^2. \tag{2.5.15}$$

证明 将 u 按问题 (2.5.8) 的特征函数 $\{\mu_k\}$ 展开

$$u = \sum_{k=1}^{N-1} C_k\mu_k, \qquad C_k = (u, \mu_k),$$

$$\|u\|_0^2 = \sum_{i=1}^{N-1} C_k^2.$$

由第一差分 Green 公式, 有

$$(-\Lambda u, u) = \|u_{\overline{x}}]|^2, \qquad \text{这里 } \Lambda u = u_{\overline{x}x}. \tag{2.5.16}$$

因 $-\Lambda\mu_k = \lambda_k\mu_k$, 则

$$-\Lambda u = \sum_{i=1}^{N-1} C_k\lambda_k\mu_k.$$

以之代入 (2.5.16), 并注意到 $\{\mu_k\}$ 是规范正交组, 则有

$$\|u_{\overline{x}}]|^2 = -(\Lambda u, u) = \sum_{k=1}^{N-1} \lambda_k C_k^2.$$

由此推知

$$\lambda_1\|u\|_0^2 \leqslant \|u_{\overline{x}}]|^2 \leqslant \lambda_{N-1}\|u\|_0^2, \tag{2.5.17}$$

其中 $\lambda_1 = \dfrac{4}{h^2}\sin^2\dfrac{\pi h}{2l}$, $\lambda_{N-1} = \dfrac{4}{h^2}\cos^2\dfrac{\pi h}{2l}$.

今估计 λ_1 的下界. 记 $\alpha = \pi h/2l$, 则

$$\lambda_1 = \frac{\pi^2}{l^2}\left(\frac{\sin\alpha}{\alpha}\right)^2.$$

因 $h \leqslant 0.5l$, 故 α 在 $(0, \pi/4]$ 上变化. 但知函数 $\sin\alpha/\alpha$ 当 $\alpha = \pi/4$ 时取最小值 $2\sqrt{2}/\pi$, 于是 $\lambda_1 \geqslant 8/l^2$. 又知 $\lambda_{N-1} \leqslant 4/h^2$, 故从 (2.5.17) 推知不等式 (2.5.15) 成立. □

考虑两点边值问题的差分格式 (参见 2.1 节)

$$\begin{cases} L_h u_i \equiv -(p_{i-\frac{1}{2}}(u_i)_{\overline{x}})_x + q_i u_i = f_i, \quad i = 1, 2, \cdots, N-1, \\ u_0 = u_N = 0. \end{cases} \tag{2.5.18}$$

以 $u_i h$ 乘 (2.5.18) 中的方程, 且对 $i=1,2,\cdots,N-1$ 求和, 得到

$$-((\tilde{p}(u)_{\overline{x}})_x, u) + (qu, u) = (f, u), \tag{2.5.19}$$

其中 $\tilde{p}$ 表示在 x_i 处取值 $p_{i-\frac{1}{2}} = p(x_i - \frac{1}{2}h)$ 的网函数. 利用第一差分 Green 公式, 并注意 $u_0 = u_N = 0$, 则 (2.5.19) 化为

$$(\tilde{p}u_{\overline{x}}, u_{\overline{x}}] + (qu, u) = (f, u).$$

注意到 $\tilde{p} \geqslant p_{\min} = C_0 > 0,\quad q \geqslant 0$, 因此

$$C_0 \|u_{\overline{x}}]|^2 \leqslant (\tilde{p}u_{\overline{x}}, u_{\overline{x}}] + (qu, u) = (f, u). \tag{2.5.20}$$

但知 $|(f,u)| \leqslant \|f\|_0 \cdot \|u\|_0$, 由引理 2.5.2 又得

$$\|u\|_0 \leqslant \|u_{\overline{x}}]|\ l/\sqrt{8},$$

于是从 (2.5.20) 推出

$$\|u_{\overline{x}}]| \leqslant \frac{l}{\sqrt{8}C_0}\|f\|_0.$$

利用引理 2.5.1, 得到问题 (2.5.18) 之解的先验估计式

$$\|u\|_C \leqslant M_1 \|f\|_0, \qquad M_1 = \frac{l\sqrt{l}}{4\sqrt{2}C_0}. \tag{2.5.21}$$

另外, 注意到前面对 $\|u\|_0$ 及 $\|u_{\overline{x}}]|$ 的估计, 易知

$$\|u\|_1^2 = \|u\|_0^2 + \|u_{\overline{x}}]|^2 \leqslant \left(\frac{l^2}{8}+1\right)\|u_{\overline{x}}]|^2$$

$$\leqslant \left(1+\frac{l^2}{8}\right)\frac{l^2}{8C_0^2}\|f\|_0^2.$$

于是得到 (2.5.18) 之解的另一种形式的估计

$$\|u\|_1 \leqslant M_2\|f\|_0,\quad M_2 = \sqrt{1+l^2/8}\cdot l/\sqrt{8}C_0. \tag{2.5.22}$$

利用估计式 (2.5.21), 可以得到格式 (2.5.18) 之解的敛速估计. 令 $e_i = u_i - [u]_i$, 其中 $[u]_i$ 为微分方程 (2.1.14) 满足边界条件 $u(0)=0,\ u(l)=0$ 之解 $u(x)$ 在 $x=x_i$ 之值, 则误差函数 e_i 满足

$$\begin{cases} -(p_{i-\frac{1}{2}}(e_i)_{\overline{x}})_x + q_i e_i = R_i(u), \quad i=1,2,\cdots,N-1, \\ e_0 = e_N = 0, \end{cases} \tag{2.5.23}$$

其中 $R_i(u)$ 为格式 (2.5.18) 的局部截断误差, $R_i(u) = O(h^2)$. 问题 (2.5.23) 与 (2.5.18) 是同类型的格式, 故从式 (2.5.21) 得到

$$\|e\|_C \leqslant \|R\|_0 \cdot M_1 \leqslant M_3 h^2,$$

其中 M_3 为与 h 无关的常数. 由此知, 格式 (2.5.18) 之解以与 h^2 同阶的速度一致收敛于微分方程边值问题之解.

2.5.4　二阶椭圆型方程边值问题差分格式之解的先验估计及收敛性

本段考虑矩形域 $\overline{\Omega}$: $0 \leqslant x \leqslant l_1, 0 \leqslant y \leqslant l_2$ 上, 二阶线性椭圆型方程第一边值问题

$$\begin{cases} -[(pu_x)_x + (pu_y)_y] + qu = f, (x, y) \in \Omega; \\ u(x, y) = 0, \quad (x, y) \in \Gamma. \end{cases} \tag{2.5.24}$$

其中 $p(x, y) \geqslant C_1 > 0$, $q(x, y) \geqslant 0$, 当 $(x, y) \in \Omega$ 时. 根据 2.2 节的讨论, 在网域 $\overline{\Omega} = \overline{I}_{h_1} \times \overline{I}_{h_2}$ 上, 可建立这个问题的差分格式

$$\begin{cases} L_h u_{ij} = -\left[(\tilde{p}_{ij}(u_{ij})_{\overline{x}})_x + (\overline{p}_{ij}(u_{ij})_{\overline{y}})_y\right] + q_{ij}u_{ij} = f_{ij}, \ (i, j) \in \Omega_h, & (2.5.25) \\ u_{ij} = 0, \ (i, j) \in \Gamma_h, & (2.5.26) \end{cases}$$

其中 $\tilde{p}_{ij} = p_{i-\frac{1}{2},j}$, $\overline{p}_{ij} = p_{i,j-\frac{1}{2}}$.

为对差分格式 (2.5.25), (2.5.26) 之解进行先验估计, 引入一些记号与引理. 设 u, v 为定义在 $\overline{\Omega}_h$ 上的网函数, 内积 (u, v) 的意义已如前述, 而网函数的范数定义为

$$\begin{aligned} &\|u\|_0 = (u, u)^{1/2}, \\ &\|u_{\overline{x}}]|^2 = \sum_{i=1}^{N_1} h_1 \sum_{j=1}^{N_2-1} h_2 (u_{ij})_{\overline{x}}^2, \\ &\|u_{\overline{y}}]|^2 = \sum_{i=1}^{N_1-1} h_1 \sum_{j=1}^{N_2} h_2 (u_{ij})_{\overline{y}}^2, \\ &\|u\|_1^2 = \|u_{\overline{x}}]|^2 + \|u_{\overline{y}}]|^2 + \|u\|_0^2. \end{aligned}$$

引理 2.5.3　对于给定在 $\overline{\Omega}_h$ 上且在 Γ_h 上等于零的网函数 u, 有不等式

$$\|u_{\overline{x}}]|^2 + \|u_{\overline{y}}]|^2 \geqslant (8/l_1^2 + 8/l_2^2)\|u\|_0^2. \tag{2.5.27}$$

证明　对于网函数 u_{ij}, 当固定 j 时, 根据 (2.5.15) 成立关系式

$$\sum_{i=1}^{N_1} h_1 (u_{ij})_{\overline{x}}^2 \geqslant \frac{8}{l_1^2} \sum_{i=1}^{N_1-1} h_1 u_{ij}^2.$$

将这个不等式乘上 h_2, 然后按 $j \in I_{h_2}$ 求和, 得到

$$\|u_{\overline{x}}]|^2 \geqslant \frac{8}{l_1^2}\|u\|_0^2.$$

类似地求得

$$\|u_{\overline{y}}]|^2 \geqslant \frac{8}{l_2^2}\|u\|_0^2.$$

将上两个关系式相加, 即得不等式 (2.5.27). □

定理 2.5.1 格式 (2.5.25), (2.5.26) 之解 u 唯一存在, 并且如下先验估计式成立

$$\|u\|_1 \leqslant \frac{1}{C_1}\left(1+\frac{l_1^2\ l_2^2}{8(l_1^2+l_2^2)}\right)\|f\|_0.$$

证明 设 v 是给定在 $\overline{\Omega}_h$ 上的网函数, 且在 Γ_h 上等于零, 则由分部求和公式知

$$-((\tilde{p}v_{\overline{x}})_x+(\overline{p}v_{\overline{y}})_y, v) = (\tilde{p}v_{\overline{x}}, v_{\overline{x}}] + (\overline{p}v_{\overline{y}}, v_{\overline{y}}] \geqslant C_1\left(\|v_{\overline{x}}]|^2+\|v_{\overline{y}}]|^2\right).$$

注意到 $q \geqslant 0$, 则从上式得到

$$(L_h v, v) \geqslant C_1\left(\|v_{\overline{x}}]|^2+\|v_{\overline{y}}]|^2\right).$$

由此及引理 2.5.3 推得

$$\|v\|_1^2 \leqslant \frac{1}{C_1}\left[1+\frac{l_1^2\ l_2^2}{8(l_1^2+l_2^2)}\right](L_h v, v). \tag{2.5.28}$$

从这里推得, 若对 $(i,j)\in\Omega_h$, 有 $L_h v_{ij}=0$, 则对 $(i,j)\in\Omega_h$ 有 $v_{ij}\equiv 0$. 这样, 齐次格式 (2.5.25), (2.5.26) 仅有零解 $v_{ij}\equiv 0$. 故相应的非齐次格式之解唯一存在.

为得到格式之解的先验估计, 在 (2.5.28) 中令 $v=u$, 且考虑到 $L_h u_{ij}=f_{ij}$, 则有

$$\|u\|_1^2 \leqslant \frac{1}{C_1}\left[1+\frac{l_1^2\ l_2^2}{8(l_1^2+l_2^2)}\right](f, u).$$

又 $|(f,u)| \leqslant \|f\|_0\cdot\|u\|_0$, $\|u\|_0 \leqslant \|u\|_1$, 故从上式推得所要的先验估计. □

为得出格式的收敛性, 只需注意格式的局部截断误差 $R_{ij}(u)$ 与 $O(h^2)$ 同阶; 误差函数满足同样的格式, 只是把右端项换为 $R_{ij}(u)$, 然后引用定理 2.5.1. 且进一步推知, 误差函数是按范数 $\|\cdot\|_1$, 以与 h^2 同阶的速度收敛的.

在考虑对格式之解给出按最大范数 $\|\cdot\|_C$ 的先验估计时, 我们只讨论简单的 Poisson 方程的情形. 此时对应的差分格式写为

$$\begin{cases} L_h u_{ij} \equiv -[(u_{ij})_{\overline{x}x}+(u_{ij})_{\overline{y}y}] = f_{ij}, & (i,j)\in\Omega_h, \\ u_{ij}=0, & (i,j)\in\Gamma_h. \end{cases} \tag{2.5.29}$$

先给出如下引理.

引理 2.5.4　对定义在 $\overline{\Omega}_h$ 上, 且在 Γ_h 上等于零的网函数 v, 有如下不等式成立

$$\|v\|_C \leqslant M_4 \cdot \|L_h v\|_0, \tag{2.5.30}$$

其中 $M_4 = \dfrac{9}{16}\dfrac{\max(l_1^2, l_2^2)}{\sqrt{l_1 l_2}}$.

证明　将网函数 $v(x,y)$ $((x,y)\in\overline{\Omega}_h)$ 按特征函数组 (2.5.12) 展开

$$v(x,y) = \sum_{k_1,k_2} C_{k_1k_2} v_{k_1k_2}(x,y).$$

于是

$$L_h v(x,y) = \sum_{k_1,k_2} C_{k_1k_2}\lambda_{k_1k_2} v_{k_1k_2}(x,y).$$

因而

$$\|L_h v\|_0^2 = \sum_{k_1,k_2} C_{k_1k_2}^2 \lambda_{k_1k_2}^2.$$

今估计网函数 $|v(x,y)|$:

$$|v(x,y)| \leqslant \Big(\sum_{k_1,k_2} |C_{k_1k_2}|\Big) \max_{k_1,k_2} |v_{k_1k_2}(x,y)|.$$

由 (2.5.12) 知

$$|v_{k_1k_2}(x,y)| \leqslant 2/\sqrt{l_1 l_2},$$

从上式得到

$$\begin{aligned}
|v(x,y)|^2 &\leqslant \frac{4}{l_1l_2}\Big(\sum_{k_1,k_2}|C_{k_1k_2}|\Big)^2 \\
&\leqslant \frac{4}{l_1l_2}\Big(\sum_{k_1,k_2}\lambda_{k_1k_2}^2 C_{k_1k_2}^2\Big)\Big(\sum_{k_1,k_2}\lambda_{k_1k_2}^{-2}\Big) \\
&= \frac{4}{l_1l_2}\|L_h v\|_0^2 \cdot \sum_{k_1,k_2}\lambda_{k_1k_2}^{-2}.
\end{aligned}$$

进而有

$$\|v\|_0^2 \leqslant \frac{4}{l_1l_2}\|L_h v\|_0^2 \cdot \sum_{k_1,k_2}\lambda_{k_1k_2}^{-2}. \tag{2.5.31}$$

为完成证明, 还需估计 $\sum\limits_{k_1,k_2}\lambda_{k_1k_2}^{-2}$. 由特征值 $\lambda_{k_1k_2}$ 的表达式, 并注意到当 $0\leqslant\alpha\leqslant\pi/2$ 时, $\sin\alpha\geqslant 2\alpha/\pi$, 就有

$$\lambda_{k_1k_2} \geqslant 4\left(\frac{k_1^2}{l_1^2}+\frac{k_2^2}{l_2^2}\right) \geqslant \frac{4}{l_0^2}(k_1^2+k_2^2),$$

其中 $l_0 = \max(l_1, l_2)$. 于是

$$\sum_{k_1=1}^{N_1-1}\sum_{k_2=1}^{N_2-1}\lambda_{k_1k_2}^{-2} \leqslant \frac{l_0^4}{16}\sum_{k_1=1}^{N_1-1}\sum_{k_2=1}^{N_2-1}(k_1^2+k_2^2)^{-2}$$

$$\leqslant \frac{l_0^4}{16}\sum_{k_1=1}^{\infty}\sum_{k_2=1}^{\infty}(k_1^2+k_2^2)^{-2}.$$

但知 $k_1^2 + k_2^2 \geqslant 2k_1k_2$, 又从无穷级数的结果

$$\sum_{k_1=1}^{\infty}\sum_{k_2=1}^{\infty}\frac{1}{k_1^2k_2^2} \leqslant \frac{81}{16},$$

知级数 $\sum\limits_{k_1=1}^{\infty}\sum\limits_{k_2=1}^{\infty}(k_1^2+k_2^2)^{-2}$ 收敛, 且其和不大于 $\sum\limits_{k_1=1}^{\infty}\sum\limits_{k_2=1}^{\infty}(4k_1^2k_2^2)^{-1} \leqslant 81/64$. 这样, 得到估计式

$$\sum_{k_1,k_2}\lambda_{k_1k_2}^{-2} \leqslant \frac{81\,l_0^4}{1024}.$$

将这个估计代入式 (2.5.31), 即得证. □

定理 2.5.2　*差分格式* (2.5.29) *之解* u *满足下列估计式*

$$\|u\|_C \leqslant M_4\|f\|_0,$$

其中 $M_4 = \dfrac{9}{16}\dfrac{\max(l_1^2, l_2^2)}{\sqrt{l_1l_2}}$.

证明　在 (2.5.30) 中取 $v = u$, 并注意到 (2.5.29), 立即推出所要结果. □

由此定理, 也立即推出格式 (2.5.29) 按最大范数 $\|\cdot\|_C$ 的收敛性与敛速估计.

能量估计方法是差分方法理论分析中的重要工具, 它不仅可用来研究椭圆型差分格式的收敛性, 而且可用来研究抛物型与双曲型方程差分格式的稳定性及收敛性.

本章小结与补充讨论

在本章内, 我们着重讨论了两个模型问题：二阶线性常微分方程两点边值问题、二阶线性椭圆型方程第一边值问题差分格式的建立及其性质, 差分格式之解的先验估计及对微分方程问题之解的收敛性.

在建立差分格式时, 主要介绍了用差商代替导数的方法与积分插值法. 在对求解区域进行网格剖分时, 限于讨论矩形剖分的情形. 这些都是行之有效的传统方法. 除此而外, 人们也采用变分方法来建立差分格式, 对求解区域进行三角形剖分, 以得到三角形网域. 关于这些内容的讨论, 请见文献李荣华，2005.

对椭圆型方程第二或第三边值问题的情形, 如果求解区域的边界是由曲线构成, 边界条件的处理采用传统的用差商代替导数的方法, 效果是不好的. 这时, 积分插值法的优点则很明显.

本章介绍了利用极值原理及能量估计两种方法, 来讨论差分格式之解的先验估计及收敛性. 这些方法对模型问题是有效的. 但对变系数方程的问题, 极值原理的应用会遇到很大的困难. 能量估计方法可较方便地应用于变系数问题. 但对非齐次边界条件的情形, 处理上尚较繁琐. 尽管如此, 能量估计方法仍是一个有发展前途的方法, 它可处理相当广泛的一类问题. 关于这方面的详细讨论, 请见文献萨马尔斯基等, 1984, 这是一本比较全面地论述椭圆型方程差分方法理论的著作.

习　题

1. 用积分插值法推导逼近微分方程 (2.1.1) 的差分方程.

2. 试证差分格式 (2.2.7) 的局部截断误差的阶为 $O(h^2)$.

3. 试证用积分插值法对方程 (2.2.1) 建立的差分格式 (2.3.4) 与格式 (2.2.13) 相同.

4. 设在单位正方形 $\overline{\Omega}$: $0 \leqslant x \leqslant 1,\ \ 0 \leqslant y \leqslant 1$ 上, 已给边值问题

$$\begin{cases} -\left(\dfrac{\partial^2 u}{\partial x^2} + 3\dfrac{\partial^2 u}{\partial y^2}\right) = 16, \qquad (x,y) \in \Omega, \\ u\Big|_{x=1} = 0, \qquad \dfrac{\partial u}{\partial y}\Big|_{y=1} = -u, \\ \dfrac{\partial u}{\partial x}\Big|_{x=0} = \dfrac{\partial u}{\partial y}\Big|_{y=0} = 0. \end{cases}$$

在 $\overline{\Omega}$ 上布置以 $h = 1/4$ 为步长的正方形网格. 试写出用五点差分格式求解上述问题的差分方程组, 并用对称矩阵与向量表示.

5. 在四分之一单位圆域 $\Omega = \{x > 0,\ y > 0,\ x^2 + y^2 < 1\}$ 内, 求解 Laplace 方程 $\Delta u = 0$, 网格步长取 $h = 1/4$, 在直线上的边界条件为

$$\begin{aligned} & u(0,y) = 0, \qquad 0 < y < 1, \\ & \frac{\partial u}{\partial y} = 0, \qquad \text{当 } y = 0,\ \ 0 < x < 1, \end{aligned}$$

而在圆周上为 $u = 16x^2 - 20x^3 + 5x,\ 0 < x < 1$(这个问题的准确解 $u = x^5 - 10x^3y^2 + 5xy^4$).

6. 试研究差分格式 (2.1.7), (2.1.8) 之解的收敛性 (设 (2.1.1) 中的 $q(x) \geqslant q_{\min} > 0$).

7. 设对正方形域上的 Poisson 方程第一边值问题, 已在正方形网域上建立了第二种五点格式 (见 2.2 节). 试研究格式的收敛性.

8. 设 $u,\ v$ 为确定在 $\overline{\Omega}_h = \overline{I}_{h_1} \times \overline{I}_{h_2}$ 上的网函数, 且在 Γ_h 上取零值, $-\Lambda_h$ 表示 Laplace 差分算子, $\Lambda_h u = -u_{x\bar{x}} - u_{y\bar{y}}$, λ 为 Λ_h 的特征值. 试证:

(a) 算子 Λ_h 是对称的, $(\Lambda_h u, v) = (u, \Lambda_h v)$;

(b) 算子 Λ_h 是正定的, $(\Lambda_h u, u) \geqslant \delta \|u\|_0^2$, 其中

$$\delta = \lambda_{\min} \geqslant \frac{8}{l_1^2} + \frac{8}{l_2^2} = \delta_0;$$

(c) 有估计式成立

$$\delta\|u\|_0^2 \leqslant (\Lambda_h u, u) \leqslant \Delta\|u\|_0^2,$$

其中 $\Delta = \lambda_{\max} < \dfrac{4}{h_1^2} + \dfrac{4}{h_2^2} = \Delta_0$, 进而推出

$$\delta_0\|u\|_0^2 \leqslant (\Lambda_h u, u) \leqslant \Delta_0\|u\|_0^2.$$

9. 记号 u, Λ_h, δ_0, Δ_0 的意义同上题, 差分算子 L_h 定义为 $L_h = -(\bar{p}u_{\bar{x}})_x - (\overline{p}u_{\overline{y}})_y$, 其中 $0 < C_1 \leqslant \tilde{p},\ \ \overline{p} \leqslant C_2$. 试证 L_h 为对称与正定的, 且成立估计式

$$C_1(\Lambda_h u, u) \leqslant (L_h u, u) \leqslant C_2(\Lambda_h u, u),$$

$$C_1\delta_0\|u\|_0^2 \leqslant (L_h u, u) \leqslant C_2\Delta_0\|u\|_0^2.$$

第 3 章　离散方程的数值解法

如第 2 章所述, 无论是线性常微分方程两点边值问题, 还是线性椭圆型方程的边值问题, 其差分格式的求解都归结为一个线性代数方程组问题. 原则上, 数值代数中所介绍的一些方法, 都可用于此处. 但差分格式的系数矩阵具有某些自己的特点, 为了更有效地求解这类线性代数方程组, 可以针对这些特点建立各种新的算法.

首先, 方程组的系数矩阵是稀疏的. 虽然离散的网格点很多, 但对每一个网格点所建立的差分方程只联系很少的几个相邻网格点. 最多只有这些网格点上的系数非零, 其余都是零. 所以, 系数矩阵的元素绝大多数是零.

其次, 系数矩阵一般是主对角占优, 甚至是对称正定的 (视微分方程问题而定).

上述两点对于代数方程组的数值求解极其有利. 然而, 随着科学计算的发展, 求解偏微分方程的数值精确度要求越来越高. 对求解区域作网格剖分时, 其步长 h 越来越细, 网格点数越来越多, 系数矩阵越来越大. 其后果, 不仅仅是增加了计算量, 更严重的困难是系数矩阵的条件数急剧增加, 使得用直接法求解代数方程组时误差大大增加, 用迭代法时收敛速度极其缓慢. 我们用一个简单的例子说明系数矩阵的条件数和网格步长 h 的关系.

考虑最简单的两点边值问题

$$\begin{cases} -\dfrac{\mathrm{d}^2u}{\mathrm{d}x^2} = f, \quad 0 < x < 1, \\ u(0) = u(1) = 0. \end{cases}$$

用中心差分离散方程后, 所得的 $N-1$ 阶系数矩阵为对称正定的:

$$A = \frac{1}{h^2}\begin{bmatrix} 2 & -1 & & & \\ -1 & 2 & -1 & & \\ & \ddots & \ddots & \ddots & \\ & & -1 & 2 & -1 \\ & & & -1 & 2 \end{bmatrix}.$$

本书在 2.5.2 节中计算过 A 的特征值为

$$\lambda_k = \frac{4}{h^2}\sin^2\frac{k\pi h}{2}, \qquad k = 1, \cdots, N-1.$$

易知最小和最大的特征值分别为

$$\lambda_1 = \frac{4}{h^2}\sin^2\frac{\pi h}{2},\quad \lambda_{N-1} = \frac{4}{h^2}\sin^2\frac{(N-1)\pi h}{2}.$$

当 $h \to 0$ 时,

$$\mathrm{cond}(A) = \frac{|\lambda_{N-1}|}{|\lambda_1|} \to \frac{4}{\pi^2}h^{-2},$$

所以, 矩阵 A 的 (谱) 条件数 $\mathrm{cond}(A) = O(h^{-2})$. 故 h 充分小时, 系数矩阵 A 的条件数充分大, 即 A 是病态的.

本章针对差分格式导出的线性代数方程组首先介绍交替方向迭代法, 它对矩形区域上的差分格式可以大大降低计算量. 之后介绍预处理共轭梯度法, 通过降低系数矩阵的条件数大大加快迭代收敛速度. 最后介绍的多重网格法可以使求解过程的计算量降到最低数量级.

3.1 交替方向迭代法

本节首先介绍紧密联系差分格式特点的交替方向迭代法, 其基本思想曾受到抛物型方程交替方向隐格式构造方法的启发 (参见第 4 章).

3.1.1 模型问题

考虑单位正方形 $\Omega: 0 < x,\ y < 1$ 上的 Poisson 方程的齐次边值问题

$$\begin{cases} -\left(\dfrac{\partial^2 u}{\partial x^2} + \dfrac{\partial^2 u}{\partial y^2}\right) = f(x,y), & (x,y) \in \Omega, \\ u = 0, \quad (x,y) \in \Gamma, \end{cases} \tag{3.1.1}$$

其中 Γ 为 Ω 的边界. 对求解区域进行正方形网格剖分 (步长为 h), 对 (3.1.1) 建立五点差分格式

$$\begin{cases} -\left(\delta_x^2 u_{ij} + \delta_y^2 u_{ij}\right)/h^2 = f_{ij}, \\ u_{0j} = u_{Mj} = u_{i0} = u_{iM} = 0, \\ (i,j = 1,2,\cdots,M-1,\ h = 1/M). \end{cases} \tag{3.1.2}$$

为简化记号, 用 $\boldsymbol{u}_h$ 及 $\boldsymbol{f}$ 分别表示以 u_{ij} 及 f_{ij} 为分量的 $(M-1)^2$ 维向量, 则式 (3.1.2) 可写为

$$H\boldsymbol{u}_h = \boldsymbol{f},$$

式中 $H\boldsymbol{u}_h$ 的分量为

$$(H\boldsymbol{u}_h)_{ij} = -\frac{1}{h^2}\left(\delta_x^2 u_{ij} + \delta_y^2 u_{ij}\right), \qquad i,j = 1,2,\cdots,M-1.$$

按下式引进向量 $L_1\boldsymbol{u}_h$ 与 $L_2\boldsymbol{u}_h$ 的分量

$$(L_1\boldsymbol{u}_h)_{ij} = \frac{-1}{h^2}\delta_x^2 u_{ij}, \quad (L_2\boldsymbol{u}_h)_{ij} = \frac{-1}{h^2}\delta_y^2 u_{ij}, \tag{3.1.3}$$

$$i, j = 1, 2, \cdots, M-1.$$

因为边界条件为零, 故在 $(H\boldsymbol{u}_h)_{ij}$, $(L_1\boldsymbol{u}_h)_{ij}$ 及 $(L_2\boldsymbol{u}_h)_{ij}$ 的表达式中, 均约定 $u_{0j} = u_{Mj} = u_{i0} = u_{iM} = 0$. 由此, 格式 (3.1.2) 可写成

$$L_1\boldsymbol{u}_h + L_2\boldsymbol{u}_h = \boldsymbol{f}, \tag{3.1.4}$$

显然, H, L_1 及 $L_2(H = L_1 + L_2)$ 均为 $(M-1)^2$ 阶矩阵. 若按 2.2 节所述办法按自然顺序排列网点顺序, 则有

$$H = \frac{1}{h^2}\begin{bmatrix} 4I-C & -I & & & \\ -I & 4I-C & -I & & \\ & \ddots & \ddots & \ddots & \\ & & -I & 4I-C & -I \\ & & & -I & 4I-C \end{bmatrix},$$

其中 I 为 $M-1$ 阶单位阵,

$$C = \begin{bmatrix} 0 & 1 & & & \\ 1 & 0 & 1 & & \\ & \ddots & \ddots & \ddots & \\ & & 1 & 0 & 1 \\ & & & 1 & 0 \end{bmatrix},$$

而

$$L_1 = \frac{1}{h^2}\begin{bmatrix} 2I-C & & & \\ & 2I-C & & \\ & & \ddots & \\ & & & 2I-C \end{bmatrix},$$

$$L_2 = \frac{1}{h^2}\begin{bmatrix} 2I & -I & & & \\ -I & 2I & -I & & \\ & \ddots & \ddots & \ddots & \\ & & -I & 2I & -I \\ & & & -I & 2I \end{bmatrix}.$$

显然, H 是实对称矩阵, 非对角元素不大于零, 每行至多有 5 个非零元素. 由 2.4 节的讨论知, H 是非奇异的. L_1 及 L_2 均为对角占优的对称阵, 每行至多有 3 个非零元素, 它们也是非奇异的.

由 2.5 节的讨论, 容易验证, L_1 及 L_2 都具有 $(M-1)^2$ 个特征向量组 $\boldsymbol{v}^{(l,m)}$, 其分量

$$v_{ij}^{(l,m)} = \sin l\pi x_i \cdot \sin m\pi y_j, \quad x_i = ih,\ y_j = jh,$$

$$l, m = 1, 2, \cdots, M-1; \qquad i, j = 1, 2, \cdots, M-1.$$

且其相应的特征值分别为 $\dfrac{4}{h^2}\sin^2\dfrac{l\pi h}{2}$ 与 $\dfrac{4}{h^2}\sin^2\dfrac{m\pi h}{2}$ (它们都分别是 $M-1$ 重). 亦即

$$L_1\boldsymbol{v}^{(l,m)} = \frac{4}{h^2}\sin^2\frac{l\pi h}{2}\cdot\boldsymbol{v}^{(l,m)},$$

$$L_2\boldsymbol{v}^{(l,m)} = \frac{4}{h^2}\sin^2\frac{m\pi h}{2}\cdot\boldsymbol{v}^{(l,m)}.$$

这个特征向量组 $\{\boldsymbol{v}^{(l,m)}\}$ 是完全的, 且在下述意义下是正交的:

$$\left(\boldsymbol{v}^{(l,m)}, \boldsymbol{v}^{(n,k)}\right) = \sum_{i,j=1}^{M-1} v_{ij}^{(l,m)} v_{ij}^{(n,k)} \begin{cases} >0, & \text{当} l=n, m=k, \\ =0, & \text{其他情形}. \end{cases}$$

另外,L_1 和 L_2 是乘积可交换的: $L_1L_2 = L_2L_1$. 由 L_1 及 L_2 的特征值为正数, 立即推出,L_1 及 L_2 是正定的.

上述模型问题的差分格式系数矩阵 H 虽然是块三对角的, 但和两点边值问题导出的三对角线矩阵相比, 解方程组的计算量大大增加. 本节介绍的一类交替方向迭代法, 可以有很高的收敛速度.

下面构造具体的交替方向迭代格式.

3.1.2　Peaceman-Rachford 迭代格式

D.W.Peaceman 与 H.H.Rachford Jr. 在 1955 年首先提出如下迭代格式. 由于 $\boldsymbol{u}_h = \boldsymbol{u}_h - \tau(L_1\boldsymbol{u}_h + L_2\boldsymbol{u}_h - \boldsymbol{f})$, 任取初值 $\boldsymbol{u}_h^{(0)}$, 在每次迭代中解出 $\boldsymbol{u}_h^{(k+1/2)}$ 和 $\boldsymbol{u}_h^{(k+1)}$

$$\begin{cases} \boldsymbol{u}_h^{(k+1/2)} = \boldsymbol{u}_h^{(k)} - \tau_k(L_1\boldsymbol{u}_h^{(k+1/2)} + L_2\boldsymbol{u}_h^{(k)} - \boldsymbol{f}), \\ \boldsymbol{u}_h^{(k+1)} = \boldsymbol{u}_h^{(k+1/2)} - \tau_k(L_1\boldsymbol{u}_h^{(k+1/2)} + L_2\boldsymbol{u}_h^{(k+1)} - \boldsymbol{f}), \\ \quad k = 0, 1, 2, \cdots, \text{表示迭代次数}. \end{cases} \tag{3.1.5}$$

其中 τ_k 为迭代参数, 下面讨论它的取法. 将式 (3.1.5) 改写为便于计算的形式

$$\begin{cases} (I + \tau_k L_1)\boldsymbol{u}_h^{(k+1/2)} = (I - \tau_k L_2)\boldsymbol{u}_h^{(k)} + \tau_k\boldsymbol{f}, \\ (I + \tau_k L_2)\boldsymbol{u}_h^{(k+1)} = (I - \tau_k L_1)\boldsymbol{u}_h^{(k+1/2)} + \tau_k\boldsymbol{f}. \end{cases} \tag{3.1.6}$$

由此可知, 为从 $\boldsymbol{u}_h^{(k)}$ 求出 $\boldsymbol{u}_h^{(k+1)}$, 只需交替求解两个具有较简单系数矩阵的方程组 (3.1.6). 实际上, 写出 (3.1.6) 的分量形式

$$\begin{cases} (I-\tau_k/h^2\cdot\delta_x^2)u_{ij}^{(k+1/2)} = (I+\tau_k/h^2\cdot\delta_y^2)u_{ij}^{(k)} + \tau_k f_{ij}, & (3.1.7) \\ (I-\tau_k/h^2\cdot\delta_y^2)u_{ij}^{(k+1)} = (I+\tau_k/h^2\cdot\delta_x^2)u_{ij}^{(k+1/2)} + \tau_k f_{ij}, & (3.1.8) \end{cases}$$

$$i,j=1,2,\cdots,M-1.$$

上式中的 I 表示单位算子. 对固定的 $j=1,2,\cdots,M-1$, 先解沿 x 方向的 $M-1$ 个三对角线方程组 (3.1.7), 再对固定的 $i=1,2,\cdots,M-1$, 解沿 y 方向的 $M-1$ 个三对角线方程组 (3.1.8). 因此, 这类方法称为交替方向迭代法.

我们研究 PR 迭代格式的收敛性. 设 $\boldsymbol{u}_h^*$ 为方程组 (3.1.4) 的真解, 用 $\boldsymbol{e}^{(k)} = \boldsymbol{u}_h^* - \boldsymbol{u}_h^{(k)}$ 表示第 k 次迭代的误差向量, 易知它满足

$$\begin{cases} (I+\tau_k L_1)\boldsymbol{e}^{(k+1/2)} = (I-\tau_k L_2)\boldsymbol{e}^{(k)}, \\ (I+\tau_k L_2)\boldsymbol{e}^{(k+1)} = (I-\tau_k L_1)\boldsymbol{e}^{(k+1/2)}. \end{cases} \tag{3.1.9}$$

从中消去 $\boldsymbol{e}^{(k+1/2)}$, 则

$$\boldsymbol{e}^{(k+1)} = (I+\tau_k L_2)^{-1}(I-\tau_k L_1)(I+\tau_k L_1)^{-1}(I-\tau_k L_2)\boldsymbol{e}^{(k)}. \tag{3.1.10}$$

记迭代矩阵为

$$T_k = (I+\tau_k L_2)^{-1}(I-\tau_k L_1)(I+\tau_k L_1)^{-1}(I-\tau_k L_2).$$

从式 (3.1.10) 推出

$$\boldsymbol{e}^{(k+1)} = T_k\boldsymbol{e}^{(k)} = T_kT_{k-1}\boldsymbol{e}^{(k-1)} = \cdots = T_kT_{k-1}\cdots T_0\boldsymbol{e}^{(0)},$$

或者

$$\boldsymbol{e}^{(k+1)} = \prod_{i=0}^{k} T_j\boldsymbol{e}^{(0)}. \tag{3.1.11}$$

注意, 上述矩阵乘积表达式中的次序是固定的.

由 L_1 及 L_2 的特征值, 可以算出 T_k 的特征值

$$\lambda_{lm}^{(k)} = \frac{\left(1-\tau_k\dfrac{4}{h^2}\sin^2\dfrac{l\pi h}{2}\right)\left(1-\tau_k\dfrac{4}{h^2}\sin^2\dfrac{m\pi h}{2}\right)}{\left(1+\tau_k\dfrac{4}{h^2}\sin^2\dfrac{l\pi h}{2}\right)\left(1+\tau_k\dfrac{4}{h^2}\sin^2\dfrac{m\pi h}{2}\right)}.$$

将 $\boldsymbol{e}^{(0)}$ 按 L_1(或L_2) 的特征向量组 $\{\boldsymbol{v}^{(l,m)}\}$ 展开

$$\boldsymbol{e}^{(0)} = \sum_{l,m=1}^{M-1} a_{lm}\boldsymbol{v}^{(l,m)},$$

则由 $T_j\boldsymbol{v}^{(l,m)} = \lambda_{lm}^{(j)}\boldsymbol{v}^{(l,m)}$, 从式 (3.1.11) 推出

$$\boldsymbol{e}^{(k+1)} = \sum_{l,m=1}^{M-1} a_{lm}\Big(\prod_{j=0}^{k}\lambda_{lm}^{(j)}\Big)\boldsymbol{v}^{(l,m)}.$$

注意到 $\{\boldsymbol{v}^{(l,m)}\}$ 的正交性, 按向量的欧氏范数, 从上式推出

$$\|\boldsymbol{e}^{(k+1)}\|_0^2 = \sum_{l,m=1}^{M-1} a_{lm}^2\Big(\prod_{j=0}^{k}\lambda_{lm}^{(j)}\Big)^2\|\boldsymbol{v}^{(l,m)}\|_0^2$$

$$\leqslant \max_{l,m}\Big(\prod_{j=0}^{k}\lambda_{lm}^{(j)}\Big)^2\|\boldsymbol{e}^{(0)}\|_0^2.$$

由此可知, 对任意初始向量 $\boldsymbol{u}_h^{(0)}$, $\boldsymbol{e}^{(k)} \to 0$ (当 $k \to \infty$) 的充分条件是 $|\lambda_{lm}^{(j)}| \leqslant q$ $=$const. < 1, $j = 1, 2, \cdots$. 根据上述 $\lambda_{lm}^{(j)}$ 的表达式可知, 为使上述条件成立, 必须且只须 $\tau_j \geqslant \delta =$const. > 0. 亦即,$\tau_j \geqslant \delta > 0$ 时, PR 迭代格式 (3.1.5) 收敛.

*3.1.3　PR 迭代格式中迭代参数的选择

本段讨论 PR 迭代格式的收敛速度以及迭代格式中迭代参数的选择问题.

记 $\mu_j = 4\tau_j/h^2$, 则可写

$$\lambda_{lm}^{(j)} = \frac{\left(1-\mu_j\sin^2\dfrac{l\pi h}{2}\right)\left(1-\mu_j\sin^2\dfrac{m\pi h}{2}\right)}{\left(1+\mu_j\sin^2\dfrac{l\pi h}{2}\right)\left(1+\mu_j\sin^2\dfrac{m\pi h}{2}\right)}.$$

先考虑只选择一个参数 $\mu_j = \mu$ 的情形. 此时, 最佳迭代参数的选择等价于求 μ 使函数

$$\varPhi(\mu) = \max_{1\leqslant l,m\leqslant M-1}\left|\frac{1-\mu\sin^2\dfrac{l\pi h}{2}}{1+\mu\sin^2\dfrac{l\pi h}{2}}\right|\cdot\left|\frac{1-\mu\sin^2\dfrac{m\pi h}{2}}{1+\mu\sin^2\dfrac{m\pi h}{2}}\right|$$

取极小值. 若令 $a = \sin^2\dfrac{\pi h}{2}$, $b = \cos^2\dfrac{\pi h}{2}$, 则有

$$a \leqslant \sin^2\frac{l\pi h}{2}, \quad \sin^2\frac{m\pi h}{2} \leqslant b.$$

因而, 上述求极小值问题可用下述极小值问题代替, 即求参数 μ, 使

$$\varphi(\mu)=\max_{a\leqslant x\leqslant b}\left|\frac{1-\mu x}{1+\mu x}\right|=\min. \tag{3.1.12}$$

这是个简单的最佳有理逼近问题. 注意到, 当 $x>0$ 时, 函数 $(1-\mu x)/(1+\mu x)$ 是 x 的单调下降函数. 因此, 对任何 $0<x_1<x_2$ 有

$$\varphi(\mu)=\max_{x_1\leqslant x\leqslant x_2}\left|\frac{1-\mu x}{1+\mu x}\right|=\max\left\{\left|\frac{1-\mu x_1}{1+\mu x_1}\right|,\ \left|\frac{1-\mu x_2}{1+\mu x_2}\right|\right\}.$$

可以证明 (参见习题), 当取 μ, 使得

$$\frac{1-\mu x_1}{1+\mu x_1}=-\frac{1-\mu x_2}{1+\mu x_2}$$

时, 式 (3.1.12) 成立. 此时, 相应的参数

$$\mu=(x_1x_2)^{-1/2}, \tag{3.1.13}$$

$$\min_{\mu>0}\max_{x_1\leqslant x\leqslant x_2}\left|\frac{1-\mu x}{1+\mu x}\right|=\frac{1-(x_1/x_2)^{1/2}}{1+(x_1/x_2)^{1/2}}. \tag{3.1.14}$$

取 $x_1=a=\sin^2\dfrac{\pi h}{2}$, $x_2=b=\cos^2\dfrac{\pi h}{2}$, 并注意 τ 与 μ 的关系, 最佳迭代参数

$$\tau_{opt}=\frac{h^2}{2}(\sin\pi h)^{-1}. \tag{3.1.15}$$

当取此最佳参数值时, 由式 (3.1.14), 相应迭代矩阵的谱半径

$$\rho=\left(\frac{1-\tan\dfrac{\pi h}{2}}{1+\tan\dfrac{\pi h}{2}}\right)^2.$$

根据数值代数中关于迭代格式收敛速度的定义, 单参数的 PR 迭代格式的收敛速度

$$\begin{aligned}R=&-\ln\rho=-2\ln\left(1-\tan\frac{\pi h}{2}\right)+2\ln\left(1+\tan\frac{\pi h}{2}\right)\\ &\geqslant 4\tan\frac{\pi h}{2}\geqslant 2\pi h=\frac{2\pi}{M}.\end{aligned}$$

这与最佳超松弛法的收敛速度同阶.

现在考虑 p 个迭代参数的情形. 此时, 求最佳参数的问题等价于: 求 $\mu_1,\mu_2,\cdots,\mu_p$, 使

$$N(p,\mu_j)=\max_{a\leqslant x\leqslant b}\prod_{j=1}^{p}\left|\frac{1-\mu_j x}{1+\mu_j x}\right|=\min.$$

这又是个最佳有理逼近问题, 不易求出精确解. 下面介绍一种近似确定 $\mu_j(j=1,2,\cdots,p)$ 的办法, 同时给出相应的收敛速度估计.

定理 3.1.1　若取 $\mu_j = a^{-1}(a/b)^{(2j-1)/2p}$, $j = 1, 2, \cdots, p$, 则有

$$N(p, \mu_j) \leqslant \frac{1-z}{1+z}, \quad \text{此处 } z = \left(\frac{a}{b}\right)^{\frac{1}{2p}},$$

并且

$$\frac{4}{p}z \leqslant -\frac{2}{p}\ln N(p, \mu_j).$$

证明　首先,$N(p, \mu_j)$ 中每个因子小于 1. 其次, 记 $\widehat{x} = 1/x$, $1/b \leqslant \widehat{x} \leqslant 1/a$, 则

$$\frac{1-\mu x}{1+\mu x} = \frac{\widehat{x}-\mu}{\widehat{x}+\mu}$$

是 $\widehat{x}$ 的单调上升函数. 显然, 可写 $\mu_j = z^{2j-1}/a$, 且有

$$\frac{1}{b} < \mu_p < \cdots < \mu_1 < \frac{1}{a}.$$

在区间 $1/b \leqslant \widehat{x} \leqslant \mu_p$ 上, 我们有

$$\left|\frac{\widehat{x}-\mu_p}{\widehat{x}+\mu_p}\right| \leqslant \frac{\mu_p - 1/b}{\mu_p + 1/b} = \frac{1/bz - 1/b}{1/bz + 1/b} = \frac{1-z}{1+z},$$

因为 $\mu_p = 1/bz$. 在区间 $\mu_1 \leqslant \widehat{x} \leqslant 1/a$ 上, 则有

$$\left|\frac{\widehat{x}-\mu_1}{\widehat{x}+\mu_1}\right| \leqslant \frac{1/a - \mu_1}{1/a + \mu_1} = \frac{1/a - z/a}{1/a + z/a} = \frac{1-z}{1+z},$$

因为 $\mu_1 = z/a$. 在区间 $\mu_{j+1} \leqslant \widehat{x} \leqslant \mu_j$ 上, 负值函数

$$\left(\frac{\widehat{x}-\mu_{j+1}}{\widehat{x}+\mu_{j+1}}\right)\left(\frac{\widehat{x}-\mu_j}{\widehat{x}+\mu_j}\right)$$

在 $\widehat{x} = (\mu_j\mu_{j+1})^{1/2}$ 取极小值, 它的绝对值为

$$\left(\frac{\mu_j^{1/2} - \mu_{j+1}^{1/2}}{\mu_j^{1/2} + \mu_{j+1}^{1/2}}\right)^2 = \left(\frac{1-z}{1+z}\right)^2,$$

因为 $\dfrac{\mu_{j+1}}{\mu_j} = z^2$. 故在此区间内

$$\left|\left(\frac{\widehat{x}-\mu_{j+1}}{\widehat{x}+\mu_{j+1}}\right)\left(\frac{\widehat{x}-\mu_j}{\widehat{x}+\mu_j}\right)\right| \leqslant \left(\frac{1-z}{1+z}\right)^2.$$

综合以上所证, 则有

$$N(p, \mu_j) \leqslant \frac{1-z}{1+z}.$$

又知

$$-\ln\frac{1-z}{1+z}=-\ln(1-z)+\ln(1+z)=2\left(z+\frac{1}{3}z^3+\cdots\right)\geqslant 2z,$$

因此

$$\frac{4}{p}z\leqslant -\frac{2}{p}\ln N(p,\mu_j).$$

证毕. □

以下具体估计有 p 个迭代参数的 PR 迭代格式的收敛速度. 由 $a=\sin^2\dfrac{\pi h}{2}$, $b=\cos^2\dfrac{\pi h}{2}$ 知

$$\frac{4}{p}z=\frac{4}{p}\left(\tan\frac{\pi h}{2}\right)^{1/p}>\frac{4}{p}\left(\frac{\pi h}{2}\right)^{1/p}=\frac{4}{p}\left(\frac{\pi}{2M}\right)^{1/p}.$$

由迭代格式收敛速度的定义, 平均敛速

$$R=-\frac{2}{p}\ln N(p,\mu_j)>\frac{4}{p}\left(\frac{\pi}{2M}\right)^{1/p}.$$

因为 $1/R$ 表示使初始误差减少为原来的 $1/e$ 所需要的最少迭代次数, 可知, 具有 p 个迭代参数的 PR 迭代格式的收敛速度显著高于单个参数格式的情形.

3.1.4　其他交替方向迭代格式

本段继续讨论交替方向迭代格式的构造. 仍从 PR 迭代格式 (3.1.5) 谈起.

将 (3.1.5) 中两式相加, 则有

$$(I+\tau_kL_2)\boldsymbol{u}_h^{(k+1)}=(I-\tau_kL_2)\boldsymbol{u}_h^{(k)}-2\tau_kL_1\boldsymbol{u}_h^{(k+1/2)}+2\tau_k\boldsymbol{f}. \tag{3.1.16}$$

又把 (3.1.5) 中两式相减, 得到

$$2\boldsymbol{u}_h^{(k+1/2)}=(I+\tau_kL_2)\boldsymbol{u}_h^{(k+1)}+(I-\tau_kL_2)\boldsymbol{u}_h^{(k)}.$$

将这个 $\boldsymbol{u}_h^{(k+1/2)}$ 的表示式代入式 (3.1.16) 内, 并利用 $L_1L_2=L_2L_1$, 则有

$$(I+\tau_kL_1)(I+\tau_kL_2)\boldsymbol{u}_h^{(k+1)}=(I-\tau_kL_1)(I-\tau_kL_2)\boldsymbol{u}_h^{(k)}+2\tau_k\boldsymbol{f}.$$

注意到 $L_1+L_2=H$, 则上式可写为

$$\begin{aligned}&(I+\tau_kL_1)(I+\tau_kL_2)\boldsymbol{u}_h^{(k+1)}\\&=(I+\tau_kL_1)(I+\tau_kL_2)\boldsymbol{u}_h^{(k)}-2\tau_k(H\boldsymbol{u}_h^{(k)}-\boldsymbol{f}).\end{aligned} \tag{3.1.17}$$

因此, 式 (3.1.5) 与 (3.1.17) 是等价的, 式 (3.1.5) 可视为从式 (3.1.17) 适当引进过渡值 $\boldsymbol{u}_h^{(k+1/2)}$ 而导出的. 当然, 引进 $\boldsymbol{u}_h^{(k+1/2)}$ 的方式并不唯一. 例如, J.Douglas 以另一种方式引进过渡值

$$\begin{cases} (I+\tau_k L_1)\boldsymbol{u}_h^{(k+1/2)} = (I+\tau_k L_1 - 2\tau_k H)\boldsymbol{u}_h^{(k)} + 2\tau_k \boldsymbol{f}_k, \\ (I+\tau_k L_2)\boldsymbol{u}_h^{(k+1)} = \boldsymbol{u}_h^{(k+1/2)} + \tau_k L_2 \boldsymbol{u}_h^{(k)}. \end{cases} \tag{3.1.18}$$

显然, Douglas 迭代格式的敛速与参数选择等均与 PR 迭代格式相同. 换言之, 它们在理论上是等价的, 但实际计算有不少差异. 例如, PR 格式中仅同时出现两个向量 $\boldsymbol{u}_h^{(k)}$, $\boldsymbol{u}_h^{(k+1/2)}$ 或 $\boldsymbol{u}_h^{(k+1/2)}$, $\boldsymbol{u}_h^{(k+1)}$, 而 Douglas 格式同时出现三个向量, 存储量较大. 不过, PR 格式只适用于二维情形 (对于高于二维的情形, 迭代格式可能发散), 而 Douglas 格式对于三维情形也适用.

对于三维 Poisson 方程在单位立方体 $\Omega: 0 < x,\ y,\ z < 1$ 上的第一边值问题

$$\begin{cases} -\left(\dfrac{\partial^2 u}{\partial x^2} + \dfrac{\partial^2 u}{\partial y^2} + \dfrac{\partial^2 u}{\partial z^2}\right) = f(x,y,z), & (x,y,z) \in \Omega, \\ u = 0, & (x,y,z) \in \Gamma, \end{cases}$$

其中 Γ 为 Ω 的边界, 建立差分格式

$$\begin{cases} -\dfrac{1}{h^2}(\delta_x^2 u_{ijm} + \delta_y^2 u_{ijm} + \delta_z^2 u_{ijm}) = f_{ijm}, \\ \qquad\qquad i,j,m = 1,2,\cdots,M-1, \\ u_{ijm} = 0, \quad (i,j,m) \in \Gamma_h. \end{cases}$$

按以下方式引进向量 $L_1\boldsymbol{u}_h$, $L_2\boldsymbol{u}_h$ 及 $L_3\boldsymbol{u}_h$ 的分量

$$(L_1\boldsymbol{u}_h)_{ijm} = -\delta_x^2 u_{ijm}/h^2, \quad (L_2\boldsymbol{u}_h)_{ijm} = -\delta_y^2 u_{ijm}/h^2,$$

$$(L_3\boldsymbol{u}_h)_{ijm} = -\delta_z^2 u_{ijm}/h^2, \quad i,j,m = 1,2,\cdots,M-1.$$

如果记 $H = L_1 + L_2 + L_3$, 三维情形的 Douglas 迭代格式取形式

$$\begin{cases} (I+\tau_k L_1)\boldsymbol{u}_h^{(k+1/3)} = (I+\tau_k L_1 - 2\tau_k H)\boldsymbol{u}_h^{(k)} + 2\tau_k \boldsymbol{f}, \\ (I+\tau_k L_2)\boldsymbol{u}_h^{(k+2/3)} = \boldsymbol{u}_h^{(k+1/3)} + \tau_k L_2 \boldsymbol{u}_h^{(k)}, \\ (I+\tau_k L_3)\boldsymbol{u}_h^{(k+1)} = \boldsymbol{u}_h^{(k+2/3)} + \tau_k L_3 \boldsymbol{u}_h^{(k)}, \\ \quad k = 0,1,2,\cdots. \end{cases} \tag{3.1.19}$$

消去过渡值 $\boldsymbol{u}_h^{(k+1/3)}$, $\boldsymbol{u}_h^{(k+2/3)}$ 后, 得到

$$(I+\tau_k L_1)(I+\tau_k L_2)(I+\tau_k L_3)\boldsymbol{u}_h^{(k+1)}$$

$$= (I + \tau_k L_1)(I + \tau_k L_2)(I + \tau_k L_3)\boldsymbol{u}_h^{(k)} - 2\tau_k(H\boldsymbol{u}_h^{(k)} - \boldsymbol{f}). \tag{3.1.20}$$

从式 (3.1.20) 出发, 可类似讨论 Douglas 迭代格式的收敛性与迭代参数的选择问题.

上面介绍的几种迭代格式, 也称之为算子分裂格式, 其基本思想都是把多维问题分解为若干个容易求解的一维问题或较简问题来处理.

应当指出, 在上述各个交替方向迭代格式的讨论中有一个限制, 即 L_1, L_2 (及 L_3) 乘积可交换的条件. 这是一个实质性的限制, 往往在求解区域是矩形 (或者长方体) 的并集时才成立. 这个限制影响了这类方法的应用.

3.2 预处理共轭梯度法

共轭梯度法 (CG 法) 是一种求解线性方程组的迭代格式, 不必选择迭代参数而收敛速度不低于最佳逐次超松弛法 (SOR 法), 但它只适用于系数矩阵对称正定的情形. 近年来, 它又广泛应用于求解差分方程组, 而且对系数矩阵进行了预处理, 即减少其条件数, 收敛速度大为提高, 形成了预处理共轭梯度法 (PCG 法), 成为求解椭圆型差分方程组很有前途的方法. 本节讨论预处理共轭梯度法及其实现.

3.2.1 共轭梯度法的主要步骤与性质

通常的共轭梯度法已在数值代数课程中讨论过, 为叙述方便, 这里列出共轭梯度法的主要计算公式及性质.

设 A 表示 N 阶对称正定阵, 考虑线性方程组

$$A\boldsymbol{u} = \boldsymbol{f}, \tag{3.2.1}$$

其中 $\boldsymbol{u}$ 为未知向量, $\boldsymbol{f}$ 为已知向量. 以 $\boldsymbol{p}^{(k)}$ 表示第 k 步的搜索方向, $\boldsymbol{u}^{(k)}$ 表示第 k 步近似解向量, 残向量 $\boldsymbol{r}^{(k)} = \boldsymbol{f} - A\boldsymbol{u}^{(k)}$, 则用共轭梯度法求解 (3.2.1) 的步骤如下.

(1) 取初始近似值 $\boldsymbol{u}^{(0)}$, 计算 $\boldsymbol{p}^{(0)} = \boldsymbol{r}^{(0)} = \boldsymbol{f} - A\boldsymbol{u}^{(0)}$.

(2) 对 $k = 0, 1, 2, \cdots$, 依次计算

$$\begin{cases} \alpha_k = \boldsymbol{r}^{(k)\mathrm{T}}\boldsymbol{r}^{(k)} / \boldsymbol{p}^{(k)\mathrm{T}}A\boldsymbol{p}^{(k)}, \\ \boldsymbol{u}^{(k+1)} = \boldsymbol{u}^{(k)} + \alpha_k\boldsymbol{p}^{(k)}, \\ \boldsymbol{r}^{(k+1)} = \boldsymbol{r}^{(k)} - \alpha_k\boldsymbol{p}^{(k)}, \\ \beta_k = \boldsymbol{r}^{(k+1)\mathrm{T}}\boldsymbol{r}^{(k+1)} / \boldsymbol{r}^{(k)\mathrm{T}}\boldsymbol{r}^{(k)}, \\ \boldsymbol{p}^{(k+1)} = \boldsymbol{r}^{(k+1)} + \beta_k\boldsymbol{p}^{(k)}. \end{cases} \tag{3.2.2}$$

若计算是精确的, 上述步骤至多进行 N 步, 就可得到式 (3.2.1) 的真解. 因此, 它和消去法一样是精确法, 但具有迭代形式. 如果 A 为稀疏矩阵, 只需存储其非零元素.

由式 (3.2.2) 确定的两组向量 $\boldsymbol{r}^{(k)}$ 及 $\boldsymbol{p}^{(k)}$ 具有下列性质

$$\begin{cases} \boldsymbol{r}^{(k)\mathrm{T}}\boldsymbol{r}^{(m)}=0, \quad k\neq m, \\ \boldsymbol{p}^{(k)\mathrm{T}}A\boldsymbol{p}^{(m)}=0, \quad k\neq m, \\ \boldsymbol{p}^{(k)\mathrm{T}}\boldsymbol{r}^{(m)}=0, \quad k<m, \\ \boldsymbol{p}^{(k)\mathrm{T}}\boldsymbol{r}^{(m)}=\boldsymbol{r}^{(k)\mathrm{T}}\boldsymbol{r}^{(k)}, \quad m\leqslant k, \\ \boldsymbol{r}^{(k)\mathrm{T}}A\boldsymbol{p}^{(k)}=\boldsymbol{p}^{(k)\mathrm{T}}A\boldsymbol{p}^{(k)}, \\ \boldsymbol{r}^{(k)\mathrm{T}}A\boldsymbol{p}^{(m)}=0, \quad k\neq m,m+1. \end{cases} \tag{3.2.3}$$

设 A 的特征值为 $0<\lambda_1\leqslant\lambda_2\leqslant\cdots\leqslant\lambda_N$, 则 A 的谱条件数 $\mathrm{cond}(A)=\lambda_N/\lambda_1$. 第 k 次迭代 $\boldsymbol{u}^{(k)}$ 的误差估计为

$$\begin{aligned} \|\boldsymbol{u}^{(k)}-\boldsymbol{u}\|_A &\leqslant 2\left[\frac{\sqrt{\lambda_N}-\sqrt{\lambda_1}}{\sqrt{\lambda_N}+\sqrt{\lambda_1}}\right]^k\|\boldsymbol{u}-\boldsymbol{u}^{(0)}\|_A \\ &=2\left[\frac{\sqrt{\mathrm{cond}(A)}-1}{\sqrt{\mathrm{cond}(A)}+1}\right]^k\|\boldsymbol{u}-\boldsymbol{u}^{(0)}\|_A, \end{aligned}$$

此处 $\|\boldsymbol{u}\|_A=\sqrt{\boldsymbol{u}^{\mathrm{T}}A\boldsymbol{u}}$. 为使 k 次迭代误差与初始误差的比缩减成 $\varepsilon(>0)$, 应取 k, 使

$$k\geqslant\frac{1}{2}\sqrt{\mathrm{cond}(A)}\log\frac{2}{\varepsilon}.$$

将共轭梯度法用于 Poisson 方程的五点差分格式, 则有

$$\mathrm{cond}(A)\sim\frac{4}{\pi^2h^2},\quad \sqrt{\mathrm{cond}(A)}\sim\frac{2}{\pi h},$$

此处 h 为网格步长, 于是

$$k\geqslant\frac{1}{\pi h}\log\frac{2}{\varepsilon}.$$

可见, 共轭梯度法的敛速与最佳逐次超松弛法同阶, 但不必选择最佳松弛参数.

3.2.2　预处理共轭梯度法的步骤及预优矩阵的构造

我们首先讨论 PCG 法的基本思想及步骤.

设 $M=LL^{\mathrm{T}}$ 为 A 的一个近似分解

$$M=LL^{\mathrm{T}}\approx A, \tag{3.2.4}$$

其中 L 为非奇异阵. 这样, 可用方程组

$$(L^{-1}AL^{-\mathrm{T}})(L^{\mathrm{T}}\boldsymbol{u})=L^{-1}\boldsymbol{f} \tag{3.2.5}$$

替代式 (3.2.1). 令 $B=L^{-1}AL^{-\mathrm{T}},\boldsymbol{v}=L^{\mathrm{T}}\boldsymbol{u},\boldsymbol{g}=L^{-1}\boldsymbol{f}$, 则式 (3.2.5) 又可写为

$$B\boldsymbol{v}=\boldsymbol{g}. \tag{3.2.6}$$

因为

$$B\approx L^{-1}(LL^{\mathrm{T}})L^{-\mathrm{T}}=L^{-1}L=I \quad (\text{单位阵}),$$

即当 LL^{T} 确很近似于 A 的完全分解时, B 近似于 I,B 的谱条件数近似于谱条件数的最小值 1. 注意, 因 A 为对称正定, 故 B 亦然.

将上述 CG 法计算公式应用于方程组 (3.2.6), 得到, 对任一初始迭代向量 $\boldsymbol{v}^{(0)}$, 有 $\tilde{\boldsymbol{r}}^{(0)}=\boldsymbol{g}-B\boldsymbol{v}^{(0)},\tilde{\boldsymbol{p}}^{(0)}=\tilde{\boldsymbol{r}}^{(0)}$, 对 $k=0,1,2,\cdots$, 依次计算

$$\begin{cases}\alpha_k=\tilde{\boldsymbol{r}}^{(k)\mathrm{T}}\tilde{\boldsymbol{r}}^{(k)}/\tilde{\boldsymbol{p}}^{(k)\mathrm{T}}B\tilde{\boldsymbol{p}}^{(k)},\\ \boldsymbol{v}^{(k+1)}=\boldsymbol{v}^{(k)}+\alpha_k\tilde{\boldsymbol{p}}^{(k)},\\ \tilde{\boldsymbol{r}}^{(k+1)}=\tilde{\boldsymbol{r}}^{(k)}-\alpha_kB\tilde{\boldsymbol{p}}^{(k)},\\ \beta_k=\tilde{\boldsymbol{r}}^{(k+1)\mathrm{T}}\tilde{\boldsymbol{r}}^{(k+1)}/\tilde{\boldsymbol{r}}^{(k)\mathrm{T}}\tilde{\boldsymbol{r}}^{(k)},\\ \tilde{\boldsymbol{p}}^{(k+1)}=\tilde{\boldsymbol{r}}^{(k+1)}+\beta_k\tilde{\boldsymbol{p}}^{(k)}.\end{cases} \tag{3.2.7}$$

现将式 (3.2.7) 改写为以原变量 $\boldsymbol{u}$ 表示的形式. 因 $\boldsymbol{u}^{(k)}=L^{-\mathrm{T}}\boldsymbol{v}^{(k)},\boldsymbol{p}^{(k)}=L^{-\mathrm{T}}\tilde{\boldsymbol{p}}^{(k)}$ 和 $\boldsymbol{r}^{(k)}=L\tilde{\boldsymbol{r}}^{(k)}$, 又 $M=LL^{\mathrm{T}}$, 则有

$$\begin{cases}\alpha_k=\boldsymbol{r}^{(k)\mathrm{T}}M^{-1}\boldsymbol{r}^{(k)}/\boldsymbol{p}^{(k)\mathrm{T}}A\boldsymbol{p}^{(k)},\\ \boldsymbol{u}^{(k+1)}=\boldsymbol{u}^{(k)}+\alpha_k\boldsymbol{p}^{(k)},\\ \boldsymbol{r}^{(k+1)}=\boldsymbol{r}^{(k)}-\alpha_kA\boldsymbol{p}^{(k)},\\ \beta_k=\boldsymbol{r}^{(k+1)\mathrm{T}}M^{-1}\boldsymbol{r}^{(k+1)}/\boldsymbol{r}^{(k)\mathrm{T}}M^{-1}\boldsymbol{r}^{(k)},\\ \boldsymbol{p}^{(k+1)}=M^{-1}\boldsymbol{r}^{(k+1)}+\beta_k\boldsymbol{p}^{(k)}.\end{cases} \tag{3.2.8}$$

从上式看到, 对式 (3.2.1) 的预处理影响了确定搜索方向 $\boldsymbol{p}^{(k+1)}$ 的方程及 α_k,β_k 的表示式. 由 CG 法的误差估计式知, 算法 (3.2.8) 的收敛速度取决于 $B=L^{-1}AL^{-\mathrm{T}}$ 的条件数, 故我们称矩阵 $M=LL^{\mathrm{T}}$ 为预优矩阵. 另外, 从式 (3.2.8) 的执行中看到, 迭代的每一步都要解一个形如 $M\boldsymbol{z}=\boldsymbol{r}$ 的方程组. 因此一个较好的预优阵 M 应具备如下特征:

(1) 矩阵 M 对称正定;

(2) M 应该与 A 的稀疏性相近;

(3) 由 $M^{-1}A=L^{-\mathrm{T}}BL^{\mathrm{T}},M^{-1}A$ 的特征值分布应“集中”, 以使其条件数较小;

(4) 方程组 $M\boldsymbol{z}=\boldsymbol{r}$ 易于求解, 即 M 应具有特殊形状, 如块对角, 或三角矩阵之乘积等.

下面讨论如何选取近似分解 $M=LL^{\mathrm{T}}$ 的问题.

第一种方法, 利用对称超松弛 (SSOR) 法.

设矩阵 A 分裂为 $A=D-C_L-C_L^{\mathrm{T}}, D=\mathrm{diag}\,(a_{11},\cdots,a_{nn})$, C_L 为严格下三角阵. 记 $C=D^{-1}C_L$, 则两步过程 SSOR 法的计算格式如下

$$\begin{cases} \boldsymbol{u}^{(k+1/2)}=\boldsymbol{u}^{(k)}+\omega(C\boldsymbol{u}^{(k+1/2)}+C^{\mathrm{T}}\boldsymbol{u}^{(k)}-\boldsymbol{u}^{(k)}+\boldsymbol{g}), \\ \boldsymbol{u}^{(k+1)}=\boldsymbol{u}^{(k+1/2)}+\omega(C\boldsymbol{u}^{(k+1/2)}+C^{\mathrm{T}}\boldsymbol{u}^{(k+1)}-\boldsymbol{u}^{(k+1/2)}+\boldsymbol{g}), \end{cases} \tag{3.2.9}$$

此处 $\boldsymbol{g}=D^{-1}\boldsymbol{f}$. 这个方法当 A 为对称正定阵且 $0<\omega<2$ 时收敛, ω 称为松弛因子或迭代参数. SSOR 法与 SOR 法相比, 其优点是: 当 SOR 法不收敛时, 依然可构造收敛的 SSOR 法; SOR 法对 ω 的选择敏感, ω 稍不合适就大大降低收敛速度, 而 SSOR 法不具有这种敏感性.

以下分析如何应用 SSOR 法选取预优矩阵 M. 改写式 (3.2.9) 的第一步为

$$\begin{aligned} &\boldsymbol{u}^{(k+1/2)}-\boldsymbol{u}^{(k)}-\omega C(\boldsymbol{u}^{(k+1/2)}-\boldsymbol{u}^{(k)}) \\ =&\omega(C\boldsymbol{u}^{(k)}+C^{\mathrm{T}}\boldsymbol{u}^{(k)}-\boldsymbol{u}^{(k)}+\boldsymbol{g}) \\ =&\omega D^{-1}\boldsymbol{r}^{(k)}, \end{aligned}$$

因而有

$$\boldsymbol{u}^{(k+1/2)}=\boldsymbol{u}^{(k)}+(I-\omega C)^{-1}\omega D^{-1}\boldsymbol{r}^{(k)}. \tag{3.2.10}$$

式 (3.2.9) 中第二步重写为

$$(I-\omega C^{\mathrm{T}})\boldsymbol{u}^{(k+1)}=[(1-\omega)I+\omega C]\,\boldsymbol{u}^{(k+1/2)}+\omega\boldsymbol{g}.$$

将式 (3.2.10) 代入上式, 我们有

$$\begin{aligned} (I-\omega C^{\mathrm{T}})\boldsymbol{u}^{(k+1)}=&[(1-\omega)I+\omega C]\,\boldsymbol{u}^{(k)} \\ &+[(1-\omega)I+\omega C]\,(I-\omega C)^{-1}\omega D^{-1}\boldsymbol{r}^{(k)}+\omega\boldsymbol{g}, \end{aligned}$$

或者

$$\begin{aligned} &(I-\omega C^{\mathrm{T}})\left(\boldsymbol{u}^{(k+1)}-\boldsymbol{u}^{(k)}\right) \\ =&\ (-\omega I+\omega C+\omega C^{\mathrm{T}})\boldsymbol{u}^{(k)}+\omega\boldsymbol{g} \\ &\ +[(1-\omega)I+\omega C]\,(I-\omega C)^{-1}\omega D^{-1}\boldsymbol{r}^{(k)} \\ =&\ \omega D^{-1}\boldsymbol{r}^{(k)}+[(1-\omega)I+\omega C]\,(I-\omega C)^{-1}\omega D^{-1}\boldsymbol{r}^{(k)} \\ =&\ (I-\omega C)^{-1}(2-\omega)\omega D^{-1}\boldsymbol{r}^{(k)}, \end{aligned}$$

于是有

$$\frac{D}{\omega(2-\omega)}\,(I-\omega C)\,(I-\omega C^{\mathrm{T}})\left(\boldsymbol{u}^{(k+1)}-\boldsymbol{u}^{(k)}\right)=\boldsymbol{r}^{(k)}. \tag{3.2.11}$$

如将 (3.2.11) 同恒等式 $A(\boldsymbol{u}-\boldsymbol{u}^{(k)})=\boldsymbol{r}^{(k)}$ 比较, 我们看到, 式 (3.2.11) 中左端的矩阵可作为矩阵 A 的近似, 又具有 LL^{T} 形式. 自然, 取式 (3.2.11) 中的矩阵为预优矩阵, 即取

$$\begin{aligned} M &= \frac{D}{\omega(2-\omega)}(I-\omega C)\left(I-\omega C^{\mathrm{T}}\right) \\ &= \frac{1}{\omega(2-\omega)}(D-\omega C_L)\,D^{-1}\left(D-\omega C_L^{\mathrm{T}}\right), \end{aligned} \tag{3.2.12}$$

也就是

$$L=\frac{(D-\omega C_L)D^{-1/2}}{\sqrt{\omega(2-\omega)}},\quad L^{\mathrm{T}}=\frac{D^{-1/2}(D-\omega C_L)}{\sqrt{\omega(2-\omega)}}.$$

可以证明, 此时 $B=L^{-1}AL^{-\mathrm{T}}$ 的条件数等于 A 的条件数的平方根.

我们将这个预优矩阵应用于 (3.2.8) 计算公式, 则有, 对 $k=0,1,2,\cdots$, 依次计算

$$\left\{\begin{aligned} &\alpha_k=\boldsymbol{r}^{(k)\mathrm{T}}\boldsymbol{z}^{(k)}/\boldsymbol{p}^{(k)\mathrm{T}}A\boldsymbol{p}^{(k)},\\ &\boldsymbol{u}^{(k+1)}=\boldsymbol{u}^{(k)}+\alpha_k\boldsymbol{p}^{(k)},\\ &\boldsymbol{r}^{(k+1)}=\boldsymbol{r}^{(k)}-\alpha_k A\boldsymbol{p}^{(k)},\\ &\beta_k=\boldsymbol{r}^{(k+1)\mathrm{T}}\boldsymbol{z}^{(k+1)}/\boldsymbol{r}^{(k)\mathrm{T}}\boldsymbol{z}^{(k)},\\ &\boldsymbol{p}^{(k+1)}=\boldsymbol{z}^{(k+1)}+\beta_k\boldsymbol{p}^{(k)}. \end{aligned}\right. \tag{3.2.13}$$

这里 $\boldsymbol{z}^{(k+1)}$ 由方程组 $M\boldsymbol{z}^{(k+1)}=\boldsymbol{r}^{(k+1)}$ 计算, 或者由其分裂形式

$$\left\{\begin{aligned} &(I-\omega C)D^{-1/2}\tilde{\boldsymbol{z}}^{(k+1)}=\omega(2-\omega)\boldsymbol{r}^{(k+1)},\\ &D^{-1/2}\left(I-\omega C^T\right)\boldsymbol{z}^{(k+1)}=\tilde{\boldsymbol{z}}^{(k+1)} \end{aligned}\right. \tag{3.2.14}$$

计算之. 对于正方形域内 Laplace 差分方程, 上式的具体计算过程如下: 对所有内点

$$\left\{\begin{aligned} &\tilde{\boldsymbol{z}}_{i,j}^{(k+1)}=\frac{\omega}{4}\left(\tilde{\boldsymbol{z}}_{i,j-1}^{(k+1)}+\tilde{\boldsymbol{z}}_{i-1,j}^{(k+1)}\right)+\omega(2-\omega)\boldsymbol{r}_{i,j}^{(k+1)},\\ &\boldsymbol{z}_{i,j}^{(k+1)}=\frac{\omega}{4}\left(\boldsymbol{z}_{i,j+1}^{(k+1)}+\boldsymbol{z}_{i+1,j}^{(k+1)}\right)+\tilde{\boldsymbol{z}}_{i,j}^{(k+1)}, \end{aligned}\right. \tag{3.2.15}$$

在边界点处, $\tilde{\boldsymbol{z}}_{i,j}^{(k)}$ 和 $\boldsymbol{z}_{i,j}^{(k)}$ 均等于 0.

为避免多次计算 $A\boldsymbol{p}^{(k)}$, 可引进向量 $\boldsymbol{q}^{(k)}=A\boldsymbol{p}^{(k)}$, 并利用 $\boldsymbol{q}^{(k+1)}=A\boldsymbol{z}^{(k+1)}+\beta_k\boldsymbol{q}^{(k)}$ 进行递推计算. 迭代的初始向量取法: $\boldsymbol{u}^{(0)}$ 任取, $\boldsymbol{p}^{(0)}=\boldsymbol{z}^{(0)}=M^{-1}\boldsymbol{r}^{(0)}$, $\boldsymbol{q}^{(0)}=A\boldsymbol{p}^{(0)}$.

我们只是对原方程做了较少的变形, 所得的预处理共轭梯度法 (PCG 法) 就显著快于 CG 法及 SOR 法.

例 3.2.1 下面的数值表给出了用最佳 SOR 法, CG 法及 PCG 法 (3.2.13) 求解 Poisson 方程的结果. 对 $0\leqslant x,y\leqslant 1$ 上的 Poisson 方程, 设其精确解为 $u=$

$\cos x \cdot \sin y$. 采用均匀差分网格, 网格步长为 h. 对每种迭代, 初始网函数取法: 在网格边点上取精确解之值, 在网格内点处取值 0. 每种迭代当解的变化按欧氏范数小于 10^{-7} 时停止. 对于 SOR 和 PCG(3.2.13), 松弛因子 $\omega = 2/(1+\pi h)$. 从下列数值表中看到, 前两个方法所需迭代次数大约与 h^{-1} 成正比, 而 PCG 法所需迭代次数大约与 $h^{-1/2}$ 成正比. 但由于 CG 法, PCG 法的每个迭代步所需计算量分别为 SOR 法的 2 倍与 $3 \sim 4$ 倍, 只是在 $h = 0.025$ 时,PCG 法所需计算量确比 SOR 法少, 在 $h = 0.05$ 时, 确比 CG 法少. h 越小, 节省的计算量越多.

h	SOR	CG	PCG
0.100	33	26	12
0.050	60	52	16
0.025	115	103	22

第二种方法. 利用近似 Cholesky 分解.

这是由 J.Meijerink 和 H.A.Van der Vorst 在 1977 年提出的不完全因子分解法.

设 D 和 L 分别表示对角矩阵与对角元素为 1 的下三角阵, 并令 $M = LDL^{\mathrm{T}}$. 我们要求, 仅在 A 的下三角部分内非零元素的位置上, L 才有非零元素, 而 L 和 D 的元素按仅使 LDL^{T} 与 A 对应位置上的非零元素相等来计算.

现举例说明这个求 L 和 D 过程. 考虑单位正方形域上的椭圆型方程第一边值问题. 在以 h 为步长的均匀网格域上, 建立五点差分格式. 按自下而上自左至右的办法排列网点次序, 由于 A 对称, 则 $A\boldsymbol{u}$ 的第 n 个分量可写成形式

$$
\begin{aligned}
(A\boldsymbol{u})_n = {} & a_{nn}u_n + a_{n,n+1}u_{n+1} + a_{n,n+J}u_{n+J} \\
& + a_{n-1,n}u_{n-1} + a_{n-J,n}u_{n-J},
\end{aligned}
\tag{3.2.16}
$$

$$
n = 1, 2, \cdots, N, \quad N = (J-1)^2, \quad h = 1/J,
$$

这里, $a_{jn} = 0$, 当 $j \leqslant 0$; $a_{nj} = 0$, 当 $j > N$. 由式 (3.2.16) 可知, 矩阵 A 每行至多有 5 个非零元素.

简记矩阵 D 的对角元为 $d_1, d_2, \cdots, d_N$, 因 L 为单位下三角阵, 故

$$
(L\boldsymbol{u})_n = u_n + l_{n-1,n}u_{n-1} + l_{n-J,n}u_{n-J}, \tag{3.2.17}
$$

这里 $l_{jn} = 0$, 当 $j \leqslant 0$. 由此知, 矩阵 L 每行至多有 3 个非零元素位于平行主对角线的 3 个斜行上.

从式 (3.2.17) 得到

$$
\left(L^{\mathrm{T}}\boldsymbol{u}\right)_n = u_n + l_{n,n+1}u_{n+1} + l_{n,n+J}u_{n+J}, \tag{3.2.18}
$$

进而

$$(DL^{\mathrm{T}}\boldsymbol{u})_n = d_n\left(u_n + l_{n,n+1}u_{n+1} + l_{n,n+J}u_{n+J}\right).$$

又从式 (3.2.17)

$$\big(L(DL^{\mathrm{T}}\boldsymbol{u})\big)_n = (DL^{\mathrm{T}}\boldsymbol{u})_n + l_{n-1,n}(DL^{\mathrm{T}}\boldsymbol{u})_{n-1} + l_{n-J,n}(DL^{\mathrm{T}}\boldsymbol{u})_{n-J},$$

或者

$$\begin{aligned}(LDL^{\mathrm{T}}\boldsymbol{u})_n = &\left(d_n + d_{n-1}l_{n-1,n}^2 + d_{n-J}l_{n-J,n}^2\right)u_n \\ &+ d_n\left(l_{n,n+1}u_{n+1} + l_{n,n+J}u_{n+J}\right) \\ &+ d_{n-1}l_{n-1,n}\left(u_{n-1} + l_{n-1,n+J-1}u_{n+J-1}\right) \\ &+ d_{n-J}l_{n-J,n}\left(u_{n-J} + l_{n-J,n-J+1}u_{n-J+1}\right).\end{aligned} \tag{3.2.19}$$

矩阵 LDL^{T} 每行至多有 7 个非零元素位于平行主对角线的 7 条斜线上.

令式 (3.2.16) 与 (3.2.19) 内 u_n, u_{n+1} 及 u_{n+J} 的对应系数相等 (由对称性可推出 u_{n-1}, u_{n-J} 的相应系数也相等), 则得

$$d_n = a_{nn} - d_{n-1}l_{n-1,n}^2 - d_{n-J}l_{n-J,n}^2, \quad n = 1, 2, \cdots, N, \tag{3.2.20}$$

$$l_{n,n+1} = a_{n,n+1}/d_n, \quad n = 1, 2, \cdots, N-1, \tag{3.2.21}$$

$$l_{n,n+J} = a_{n,n+J}/d_n, \quad n = 1, 2, \cdots, N-J. \tag{3.2.22}$$

此处, 当 $j \leqslant 0$ 时, $d_j = l_{jn} = 0$; 当 $j > N$ 时, $a_{nj} = l_{nj} = 0$. J.Meijerink 和 Van der Vorst 证明, 如果原来的差分方程组满足 2.4 节所表述的椭圆型差分方程组应满足的条件, 则式 (3.2.20)~(3.2.22) 唯一确定 D 和 L. 在应用共轭梯度法前, 上述分解仅需进行一次. 他们对相当广泛的一类问题, 计算了 $M^{-1}A$ 的条件数, 与 A 的条件数相比, 确有明显改善.

数值试验表明, 这种不完全因子分解 PCG 法在加速收敛方面取得显著成效.

3.3　多重网格法

本节讨论求解线性椭圆型差分方程组最有效的方法之一 —— 多重网格法 (MG 法). 这里, 我们仅就简单模型问题讨论 MG 法的基本思想及计算步骤, 并就二重网格迭代的情形讨论收敛性问题.

3.3.1　一维模型问题与古典迭代的光滑效应

考虑简单的一维模型问题

$$\begin{cases} -u''(x) = f(x), \ x \in \Omega = (0, \pi), \\ u(0) = u(\pi) = 0. \end{cases} \tag{3.3.1}$$

用差分方法求解上述边值问题. 取步长 $h=\pi/N$, N 为偶数, 对 Ω 进行均匀剖分, 得到一维网格区域 $\Omega_h=\{x_j=jh|j=1,2,\cdots,N-1\}\subset\Omega$. 在 Ω_h 上对式 (3.3.1) 建立三点中心差分格式

$$\begin{cases}(L_h\boldsymbol{u}_h)_i\equiv-\dfrac{u_{j-1}-2u_j+u_{j+1}}{h^2}=f_j,\\ \qquad\qquad j=1,2,\cdots,N-1,\\ u_0=u_N=0.\end{cases}\tag{3.3.2}$$

若记 $\boldsymbol{u}_h=[u_1,\cdots,u_{N-1}]^{\mathrm{T}}$, 其中 u_i 为 $u(x)$ 在节点 $x=x_i$ 处的近似值, $\boldsymbol{f}_h=[f_1,\cdots,f_{N-1}]^{\mathrm{T}}$, 则 (3.3.2) 可写为矩阵形式

$$L_h\boldsymbol{u}_h=\boldsymbol{f}_h,\tag{3.3.3}$$

$$L_h=\frac{1}{h^2}\begin{bmatrix}2&-1&&&\\-1&2&-1&&\\&\ddots&\ddots&\ddots&\\&&-1&2&-1\\&&&-1&2\end{bmatrix}.$$

由 2.5 节可知, $N-1$ 阶矩阵 L_h 的特征值 $\lambda_h^{(k)}$ 及相应的特征向量 $\boldsymbol{z}_h^{(k)}$ 分别为

$$\begin{aligned}\lambda_h^{(k)}&=\frac{4}{h^2}\sin^2\frac{kh}{2}=\frac{2}{h^2}(1-\cos kh),\\ \boldsymbol{z}_h^{(k)}&=[\sin kh,\sin 2kh,\cdots,\sin(N-1)kh]^{\mathrm{T}},\end{aligned}\tag{3.3.4}$$

并且 $\{\boldsymbol{z}_h^{(k)}\}$ 构成完全正交向量组, $\|\boldsymbol{z}_h^{(k)}\|_0=\sqrt{\dfrac{N}{2}}$. 对固定的 k, 考虑向量 $\boldsymbol{z}_h^{(k)}$ 的第 j 个分量 $\sin jkh=\sin(jk\pi/N)$. 我们看到, 网函数 $\boldsymbol{z}_h^{(k)}$ 描述了一个在 Ω_h 上带有“频率”k 和“波长”$2\pi/k$ 的波.

为求解方程组 (3.3.3), 采用 Jacobi 松弛迭代格式

$$\boldsymbol{u}_h^{(i+1)}=J(\omega)\boldsymbol{u}_h^{(i)}+\frac{\omega}{2}h^2\boldsymbol{f}_h\ ,\tag{3.3.5}$$

其中, ω 为松弛因子, $J(\omega)=(1-\omega)I+\omega J$,

$$J=I-\frac{h^2}{2}L_h=\frac{1}{2}\begin{bmatrix}0&1&&&\\1&0&1&&\\&\ddots&\ddots&\ddots&\\&&1&0&1\\&&&1&0\end{bmatrix}.$$

利用式 (3.3.4), 易算出 $J(\omega)$ 的特征值为

$$\begin{aligned}\mu_h^{(k)}(\omega) &= 1-\omega+\omega\left(1-\frac{h^2}{2}\lambda_h^{(k)}\right)\\ &= 1-2\omega\sin^2\frac{kh}{2}, \quad k=1,2,\cdots,N-1,\end{aligned} \tag{3.3.6}$$

而 $J(\omega)$ 的特征向量仍为 $\boldsymbol{z}_h^{(k)}$.

设本迭代步及下一个迭代步的迭代误差分别为 $\boldsymbol{e}$ 及 $\overline{\boldsymbol{e}}$. 将 $\boldsymbol{e}$ 按正交向量组 $\{\boldsymbol{z}_h^{(k)}\}$ 展开

$$\boldsymbol{e}=\sum_{k=1}^{N-1}\rho_k\boldsymbol{z}_h^{(k)},$$

则有

$$\overline{\boldsymbol{e}}=J(\omega)\boldsymbol{e}=\sum_{k=1}^{N-1}\rho_k\mu_h^{(k)}(\omega)\boldsymbol{z}_h^{(k)}. \tag{3.3.7}$$

因对所有 $0<\omega\leqslant 1$, 有 $|\mu_h^{(k)}(\omega)|<1$. 此时, 误差的高低频分量衰减. 当适当选择 ω 时, 可使高频分量 $(N/2\leqslant k\leqslant N-1)$ 衰减更快. 特别地, 当取 $\omega=2/3$ 时, $\max\limits_{N/2\leqslant k\leqslant N-1}\left|\mu_h^{(k)}(\omega)\right|$ 取最小值, 且对 $N/2\leqslant k\leqslant N-1$, $\left|\mu_h^{(k)}(\omega)\right|\leqslant 1/3$. 高频分量的衰减因子 $1/3$ 不依赖于 h, 而低频分量的共同衰减因子 $\max\limits_{k}\left|\mu_h^{(k)}(\omega)\right|=\mu_h^{(1)}(\omega)=1-2\omega\sin^2(h/2)=1-O(h^2)$, 当 $h\to 0$ 时, 收敛于 1, 使 Jacobi 松弛迭代的收敛性随网格变细而恶化. 可见, 相应于高频分量, 迭代是快速收敛的, 而整个迭代的缓慢收敛性仅仅是由于低频分量引起的. 这也是各种迭代法的收敛速度随网格变细而变慢的原因. 多重网格迭代的构造正是基于这个观察.

如把初始迭代误差 $\boldsymbol{u}_h^{(0)}-\boldsymbol{u}_h$ 表示为 $\sum\alpha_k\boldsymbol{z}_h^{(k)}$, ν 步 Jacobi 松弛迭代产生的误差 $\boldsymbol{u}_h^{(\nu)}-\boldsymbol{u}_h$ 则表示为 $\sum\alpha_k\left[\mu_h^{(k)}(2/3)\right]^\nu\boldsymbol{z}_h^{(k)}$, 记 $\beta_k=\left[\mu_h^{(k)}(2/3)\right]^\nu$, 则显然

$$\max_{N/2\leqslant k\leqslant N-1}|\beta_k|\ll\max_{1\leqslant k<N/2}|\beta_k|.$$

这一事实说明, 随着高频分量的快速衰减, 低频分量使误差 $\boldsymbol{u}_h^{(\nu)}-\boldsymbol{u}_h$ 比 $\boldsymbol{u}_h^{(0)}-\boldsymbol{u}_h$ 更光滑. 因此, 格式 (3.3.5) 称为“光滑迭代”.

3.3.2 二重网格法

从上段讨论可知, 对于 $\omega=2/3$ 的 Jacobi 松弛迭代, 其光滑 (低频) 误差因网格变细而影响其收敛速度. 这就启示人们应构造另一种迭代, 使其可有效地减小光滑误差. 这可利用 $H=2h$ 的粗网格来构造.

设 $\boldsymbol{u}_h^{(i)}$ 是 (3.3.3) 之解 $\boldsymbol{u}_h$ 的近似值, 从 $\boldsymbol{u}_h^{(i)}$ 出发, 经若干步 Jacobi 迭代, 则得到新的近似值 $\overline{\boldsymbol{u}}_h^{(i)}$, 记误差 $\boldsymbol{e}_h^{(i)} = \overline{\boldsymbol{u}}_h^{(i)} - \boldsymbol{u}_h$, 残量 $\boldsymbol{r}_h^{(i)} = \boldsymbol{f}_h - L_h\overline{\boldsymbol{u}}_h^{(i)}$, 于是 $L_h\boldsymbol{e}_h^{(i)} = L_h\overline{\boldsymbol{u}}_h^{(i)} - L_h\boldsymbol{u}_h = L_h\overline{\boldsymbol{u}}_h^{(i)} - \boldsymbol{f}_h$, 即 $\boldsymbol{e}_h^{(i)}$ 满足方程

$$L_h\boldsymbol{e}_h^{(i)} = -\boldsymbol{r}_h^{(i)}. \tag{3.3.8}$$

这是和式 (3.3.3) 相同的差分方程. 然而上面分析已说明, 经过 i 次迭代后, $\boldsymbol{e}_h^{(i)}$ 是一个比较光滑的网格函数, $\boldsymbol{e}_h^{(i)}$ 比 $\boldsymbol{u}_h$ 更易逼近, 可在粗网格域 Ω_{2h} 上求解式 (3.3.8), 即求解方程

$$L_{2h}\boldsymbol{e}_{2h}^{(i)} = -\boldsymbol{r}_{2h}^{(i)}. \tag{3.3.9}$$

但此时, 必须合理选取定义在粗网格上的 $\boldsymbol{r}_{2h}^{(i)}$, 需要引进由 Ω_h 上网函数到 Ω_{2h} 上网函数的限制映射 I_h^{2h}:

$$\boldsymbol{r}_{2h}^{(i)} = I_h^{2h}\boldsymbol{r}_h^{(i)}. \tag{3.3.10}$$

限制映射通常有如下两种取法.

(1) 取 I_h^{2h} 为 $\left(\dfrac{N}{2}-1\right)\times(N-1)$ 矩阵

$$I_h^{2h} = \frac{1}{4}\begin{bmatrix} 1 & 2 & 1 & & & & \\ & & 1 & 2 & 1 & & \\ & & & \ddots & \ddots & \ddots & \\ & & & & 1 & 2 & 1 \end{bmatrix}.$$

此时, 在 Ω_{2h} 上的粗网格函数 $\boldsymbol{r}_{2h}^{(i)}$ 被表为 Ω_h 上的细网格函数 $\boldsymbol{r}_h^{(i)}$ 的加权平均

$$r_{2h,j}^{(i)} = \frac{1}{4}\left[r_{h,2j-1}^{(i)} + 2r_{h,2j}^{(i)} + r_{h,2j+1}^{(i)}\right],\quad j = 1,\cdots,N/2-1,$$

这里 $r_{2h,j}^{(i)}$ 表示 $\boldsymbol{r}_{2h}^{(i)}$ 的第 j 个分量.

(2) 最平凡的限制映射, 即取 I_h^{2h} 为矩阵

$$I_h^{2h} = \begin{bmatrix} 0 & 1 & 0 & & & & \\ & & 0 & 1 & 0 & & \\ & & & \ddots & \ddots & \ddots & \\ & & & & 0 & 1 & 0 \end{bmatrix}.$$

此时, $\boldsymbol{r}_{2h}^{(i)} = I_h^{2h}\boldsymbol{r}_h^{(i)}$ 恰为 Ω_h 上函数 $\boldsymbol{r}_h^{(i)}$ 对 Ω_{2h} 的限制 $r_{2h,j}^{(i)} = r_{h,2j}^{(i)}$, $j = 1,\cdots,N/2-1$.

在确定了 $\boldsymbol{r}_{2h}^{(i)}$ 后, 可求出式 (3.3.9) 的精确解 $\boldsymbol{e}_{2h}^{(i)}$. 我们希望 $\boldsymbol{e}_{2h}^{(i)}$ 可作为 $\boldsymbol{e}_{h}^{(i)}$ 的一个逼近. 但 $\boldsymbol{e}_{2h}^{(i)}$ 仅在粗网格域 Ω_{2h} 上有定义, 因此需要利用延拓映射 I_{2h}^{h}:

$$\overline{\boldsymbol{e}}_{h}^{(i)} = I_{2h}^{h}\boldsymbol{e}_{2h}^{(i)} . \tag{3.3.11}$$

对此粗网格函数进行插值, 其中延拓 I_{2h}^{h} 描述了一个由粗到细的插值. 最简单的插值是分段线性插值, 即

$$\overline{e}_{h,j}^{(i)} = \begin{cases} e_{2h,j/2}^{(i)}, & \text{如} j \text{为偶数}, \\ \dfrac{1}{2}(e_{2h,(j-1)/2}^{(i)} + e_{2h,(j+1)/2}^{(i)}), & \text{如} j \text{为奇数}, \end{cases}$$

$$j = 1, 2, \cdots, N-1.$$

因取 $e_{2h,0}^{(i)} = e_{2h,N/2}^{(i)} = 0$, 故 I_{2h}^{h} 可用 $(N-1)\times(N/2-1)$ 矩阵表示

$$I_{2h}^{h} = \frac{1}{2}\begin{bmatrix} 1 & & & \\ 2 & & & \\ 1 & 1 & & \\ & 2 & \ddots & \\ & 1 & \ddots & \\ & & \ddots & 1 \\ & & & 2 \\ & & & 1 \end{bmatrix}.$$

如果精确求出 $\boldsymbol{e}_{h}^{(i)}$, 那么 $\boldsymbol{u}_h = \overline{\boldsymbol{u}}_{h}^{(i)} - \boldsymbol{e}_{h}^{(i)}$ 就是精确解, 上述过程求出的 $\overline{\boldsymbol{e}}_{h}^{(i)}$ 逼近 $\boldsymbol{e}_{h}^{(i)}$, 因此可利用 $\boldsymbol{u}^{(i+1)} = \overline{\boldsymbol{u}}_{h}^{(i)} - \overline{\boldsymbol{e}}_{h}^{(i)}$ 来改进 $\overline{\boldsymbol{u}}_{h}^{(i)}$. 从 $\overline{\boldsymbol{u}}_{h}^{(i)}$ 到 $\boldsymbol{u}^{(i+1)}$ 的过程称为粗网格校正. 将以上分散的限制、求解、延拓过程合在一起, 我们得到粗网格校正的紧凑表示式

$$\boldsymbol{u}_{h}^{(i+1)} = \overline{\boldsymbol{u}}_{h}^{(i)} - I_{2h}^{h}L_{2h}^{-1}I_{h}^{2h}(L_h\overline{\boldsymbol{u}}_{h}^{(i)} - \boldsymbol{f}_h). \tag{3.3.12}$$

光滑迭代和粗网格校正的组合产生了快速收敛, 这样的组合称为二重网格迭代, 因为它包含网格域 Ω_h 与 Ω_{2h}. 现在把二重网格迭代的基本步定义为映射 TGM

$$\boldsymbol{u}_{h}^{(i)} \to \boldsymbol{u}_{h}^{(i+1)} = TGM(\boldsymbol{u}_{h}^{(i)}),$$

从 $\boldsymbol{u}_{h}^{(i)}$ 到 $\boldsymbol{u}_{h}^{(i+1)}$ 按以下步骤确定.

(1) 光滑化. 用某种迭代法, 例如 Jacobi 松弛法 (3.3.5), 对 $\boldsymbol{u}_h$ 的近似值 $\boldsymbol{u}_{h}^{(i)}$ 作 ν 次迭代, 得到光滑后的近似值 $\overline{\boldsymbol{u}}_{h}^{(i)} = \varphi_{h}^{\nu}(\boldsymbol{u}_{h}^{(i)}, \boldsymbol{f}_h)$, 迭代次数 ν 和步长 h 无关.

(2) 粗网格校正.

$$
\begin{aligned}
&\boldsymbol{r}_h^{(i)} = \boldsymbol{f}_h - L_h \overline{\boldsymbol{u}}_h^{(i)} && \text{(计算残量)},\\
&\boldsymbol{r}_{2h}^{(i)} = I_h^{2h} \boldsymbol{r}_h^{(i)} && \text{(限制残量)},\\
&L_{2h} \boldsymbol{e}_{2h}^{(i)} = -\boldsymbol{r}_{2h}^{(i)} && \text{(粗网格方程求解)},\\
&\overline{\boldsymbol{e}}_h^{(i)} = I_{2h}^h \boldsymbol{e}_{2h}^{(i)} && \text{(延拓粗网格方程之解)},\\
&\boldsymbol{u}_h^{(i+1)} = TGM(\boldsymbol{u}_h^{(i)}) = \overline{\boldsymbol{u}}_h^{(i)} - \overline{\boldsymbol{e}}_h^{(i)} && \text{(校正}\overline{\boldsymbol{u}}_h^{(i)}\text{)}.
\end{aligned}
$$

得到二重网格迭代步的解 $\boldsymbol{u}_h^{(i+1)}$.

现在我们分析, 在以上简单模型情形, 当经二重网格迭代一个迭代步 $\boldsymbol{v}_h = \boldsymbol{u}_h^{(i)} \to \overline{\boldsymbol{v}}_h = \boldsymbol{u}_h^{(i+1)} = TGM(\boldsymbol{v}_h)$ 后, 误差

$$\boldsymbol{e}_h = \boldsymbol{v}_h - \boldsymbol{u}_h \to \overline{\boldsymbol{e}}_h = \overline{\boldsymbol{v}}_h - \boldsymbol{u}_h$$

有什么变化. 据 (3.3.7) 式, 经 ν 次光滑迭代后, 误差 $\boldsymbol{d}_h = \overline{\boldsymbol{u}}_h^{(i)} - \boldsymbol{u}_h$ 满足

$$\boldsymbol{d}_h = J(\omega_0)^\nu \boldsymbol{e}_h,\ \boldsymbol{r}_h = -L_h \boldsymbol{d}_h = -L_h J(\omega_0)^\nu \boldsymbol{e}_h,$$

其中 ω_0 为选定的松弛因子. 进而, 由二重网格迭代基本步骤

$$
\begin{aligned}
&L_{2h} \boldsymbol{e}_{2h} = -\boldsymbol{r}_{2h} = -I_h^{2h} \boldsymbol{r}_h = I_h^{2h} L_h \boldsymbol{d}_h,\\
&\overline{\boldsymbol{e}}_h = \overline{\boldsymbol{v}}_h - \boldsymbol{u}_h = \boldsymbol{d}_h - I_{2h}^h \boldsymbol{e}_{2h},
\end{aligned}
$$

得到

$$\overline{\boldsymbol{e}}_h = (I - I_{2h}^h L_{2h}^{-1} I_h^{2h} L_h) \boldsymbol{d}_h = C_h \cdot J(\omega_0)^\nu \boldsymbol{e}_h, \tag{3.3.13}$$

其中 C_h 是 $n-1$ 阶矩阵

$$C_h = I - I_{2h}^h L_{2h}^{-1} I_h^{2h} L_h.$$

为了研究包含在 $\boldsymbol{e}_h$ 中频率的传播, 利用 L_h 的特征向量 $\boldsymbol{z}_h^{(k)}$, 将映射 $C_h \boldsymbol{z}_h^{(k)}$ 写成显式形式. 引进简短记号 $c_k = \cos^2(kh/2)$, $s_k = \sin^2(kh/2)$ 和 $k' = N - k$, 由简单计算知

$$I_h^{2h} \boldsymbol{z}_h^{(k)} = \begin{cases} c_k \boldsymbol{z}_{2h}^{(k)}, & \text{对} k = 1, 2, \cdots, N/2 - 1, \\ -s_k \boldsymbol{z}_{2h}^{(k')}, & \text{对} k = N/2, \cdots, N-1. \end{cases} \tag{3.3.14}$$

这里, 向量 $\boldsymbol{z}_{2h}^{(k)} (1 \leqslant k \leqslant N/2)$ 恰是 L_{2h} 对应特征值

$$\lambda_{2h}^{(k)} = \frac{1}{h^2} \sin^2 kh$$

的特征向量, 于是

$$L_{2h}^{-1} \boldsymbol{z}_{2h}^{(k)} = \frac{1}{\lambda_{2h}^{(k)}} \boldsymbol{z}_{2h}^{(k)}, \quad k = 1, 2, \cdots, N/2 - 1.$$

又经简单的计算知

$$I_{2h}^{h}\boldsymbol{z}_{2h}^{(k)} = c_k\boldsymbol{z}_h^{(k)} - s_k\boldsymbol{z}_h^{(k')}, \tag{3.3.15}$$

综合以上所得, 对 $k=1,2,\cdots,N/2-1$ 得到

$$\begin{aligned}
I_{2h}^{h}L_{2h}^{-1}I_h^{2h}L_h\boldsymbol{z}_h^{(k)} &= \lambda_h^{(k)}I_{2h}^{h}L_{2h}^{-1}I_h^{2h}\boldsymbol{z}_h^{(k)}\\
&= \lambda_h^{(k)}c_kI_{2h}^{h}L_{2h}^{-1}\boldsymbol{z}_{2h}^{(k)}\\
&= \frac{\lambda_h^{(k)}}{\lambda_{2h}^{(k)}}c_kI_{2h}^{h}\boldsymbol{z}_{2h}^{(k)}\\
&= \frac{\lambda_h^{(k)}}{\lambda_{2h}^{(k)}}c_k(c_k\boldsymbol{z}_h^{(k)} - s_k\boldsymbol{z}_h^{(k')}).
\end{aligned}$$

注意到

$$\frac{\lambda_h^{(k)}}{\lambda_{2h}^{(k)}} = \frac{4s_k}{\sin^2(kh)}, \qquad c_ks_k = \frac{1}{4}\sin^2(kh),$$

我们得到, 对 $k=1,2,\cdots,N/2-1$, 有

$$C_h\boldsymbol{z}_h^{(k)} = (I - I_{2h}^{h}L_{2h}^{-1}I_h^{2h}L_h)\boldsymbol{z}_h^{(k)} = s_k\boldsymbol{z}_h^{(k)} + s_k\boldsymbol{z}_h^{(k')}. \tag{3.3.16}$$

类似地, 高频向量 $\boldsymbol{z}_h^{(k')}$ 的映射由下式给出

$$C_h\boldsymbol{z}_h^{(k')} = c_k\boldsymbol{z}_h^{(k)} + c_k\boldsymbol{z}_h^{(k')}, \quad k'=1,\cdots,N/2. \tag{3.3.17}$$

现在可以证明如下定理.

定理 3.3.1　*设向量 $\boldsymbol{v}_h$ 经二重网格迭代一个迭代步变换为向量 $\overline{\boldsymbol{v}}_h = TGM(\boldsymbol{v}_h)$, 则适当选取松弛因子 ω 时, $\boldsymbol{v}_h$ 的误差 $\boldsymbol{e}_h = \boldsymbol{v}_h - \boldsymbol{u}_h$ 与 $\overline{\boldsymbol{v}}_h$ 的误差 $\overline{\boldsymbol{e}}_h = \overline{\boldsymbol{v}}_h - \boldsymbol{u}_h$ 间满足不等式*

$$\|\overline{\boldsymbol{e}}_h\|_0 \leqslant \delta\|\boldsymbol{e}_h\|_0. \tag{3.3.18}$$

其中常数 δ 满足 $0<\delta<1$, 且与 h 无关.

由本定理得出, 二重网格迭代生成序列 $\boldsymbol{u}_h^{(j+1)} = TGM(\boldsymbol{u}_h^{(j)})$, $j=1,2,\cdots$, 它的误差 $\boldsymbol{e}_h^{(j)}=\boldsymbol{u}_h^{(j)} - \boldsymbol{u}_h$ 收敛于零, 收敛速率是线性的且与 h 无关:

$$\|\boldsymbol{e}_h^{(j+1)}\|_0 \leqslant \delta\|\boldsymbol{e}_h^{(j)}\|_0.$$

这是一个十分令人兴奋的结果, 因为至今所讨论过的迭代法的收敛速率均依赖于 h, 并随 h 趋于零而恶化.

证明　为简便, 我们取 $\omega=\omega_0=2/3$, 将误差 $\boldsymbol{e}_h = \boldsymbol{v}_h - \boldsymbol{u}_h$ 按 $\{\boldsymbol{z}_h^{(k)}\}$ 展开,

$$\boldsymbol{e}_h = \sum_{k=1}^{N-1}\rho_k\boldsymbol{z}_h^{(k)}.$$

由 3.3.1 节的讨论知, $\boldsymbol{z}_h^{(k)}$ 亦是矩阵 $J(\omega_0)$ 的对应特征值 $\mu_h^{(k)}(\omega_0)=1-2\omega_0 s_k$ 的特征向量. 由于松弛因子 ω_0 的选择, 对 $k=1,\cdots,N/2,\ k'=N-k$ 使得

$$|\mu_h^{(k)}(\omega_0)|<1,\quad |\mu_h^{(k')}(\omega_0)|\leqslant 1/3.$$

又从式 (3.3.6),(3.3.16) 及 (3.3.17) 推出, 对 $k=1,\cdots,N/2$ 有

$$\begin{aligned}C_hJ(\omega_0)^\nu \boldsymbol{z}_h^{(k)} &= \left(\mu_h^{(k)}(\omega_0)\right)^\nu (s_k\boldsymbol{z}_h^{(k)}+s_k\boldsymbol{z}_h^{(k')})\\ &\equiv \alpha_k(\boldsymbol{z}_h^{(k)}+\boldsymbol{z}_h^{(k')}),\\ C_hJ(\omega_0)^\nu \boldsymbol{z}_h^{(k')} &= \left(\mu_h^{(k')}(\omega_0)\right)^\nu (c_k\boldsymbol{z}_h^{(k)}+c_k\boldsymbol{z}_h^{(k')})\\ &\equiv \beta_k(\boldsymbol{z}_h^{(k)}+\boldsymbol{z}_h^{(k')}).\end{aligned}$$

这里, 常数 α_k 与 β_k 由下式估计

$$|\alpha_k|\leqslant s_k\leqslant \frac{1}{2},\quad |\beta_k|\leqslant 1/3^\nu, \text{对} k=1,\cdots,N/2.$$

于是, 对误差 $\overline{\boldsymbol{e}}_h$, 得到估计式

$$\begin{aligned}\overline{\boldsymbol{e}}_h &= C_hJ(\omega_0)^\nu \boldsymbol{e}_h\\ &= \sum_{k=1}^{N/2}\delta_k(\rho_k\alpha_k+\rho_{k'}\beta_k)(\boldsymbol{z}_h^{(k)}+\boldsymbol{z}_h^{(k')}),\end{aligned}$$

此处

$$\delta_k=\begin{cases}1, & \text{对} k<N/2,\\ \dfrac{1}{2}, & \text{对} k=N/2.\end{cases}$$

最后, 由向量组 $\{\boldsymbol{z}_h^{(k)}\}$ 的正交性及 $\|\boldsymbol{z}_h^{(k)}\|_0^2=N/2$ 推出

$$\begin{aligned}\|\overline{\boldsymbol{e}}_h\|_0^2 &= N\Big[\sum_{k=1}^{N/2}\delta_k(\rho_k^2\alpha_k^2+\rho_{k'}^2\beta_k^2+2\rho_k\rho_{k'}\alpha_k\beta_k)\Big]\\ &\leqslant N\Big[\sum_{k=1}^{N/2}\delta_k(\rho_k^2\alpha_k^2+\rho_{k'}^2\beta_k^2+(\rho_k^2+\rho_{k'}^2)|\alpha_k\beta_k|)\Big]\\ &\leqslant N(1/4+1/2\cdot 3^\nu)\sum_{k=1}^{N/2}\delta_k(\rho_k^2+\rho_{k'}^2)\\ &= (1/2+1/3^\nu)\|\boldsymbol{e}_h\|_0^2.\end{aligned}$$

即得估计式 (3.3.18). 证毕. □

可对上述二重网格迭代步骤进行适当修改. 一个最常见的修改是, 先进行 ν_1 步光滑迭代, 在粗网格校正之后, 再进行 ν_2 步光滑迭代. 这种算法的主要步骤是:

1°. 前光滑. $\overline{\boldsymbol{u}}_h^{(i)}=\varphi_h^{\nu_1}(\boldsymbol{u}_h^{(i)},\boldsymbol{f}_h)$,

2°. 粗网格校正. $\boldsymbol{v}_h^{(i)}=\overline{\boldsymbol{u}}_h^{(i)}-\overline{\boldsymbol{e}}_h^{(i)}$,

3°. 后光滑. $\boldsymbol{u}_h^{(i+1)}=\varphi_h^{\nu_2}(\boldsymbol{v}_h^{(i)},\boldsymbol{f}_h)$.

需要说明的是, 光滑迭代还可以选用 Gauss-Seidel 迭代、超松弛迭代、Richardson 迭代, 不限于本书所述的 Jacobi 松弛迭代.

3.3.3　多重网格法

前面我们证明, 二重网格方法是一种收敛很快的迭代法. 但在粗网格校正步, 在计算校正量 $\overline{\boldsymbol{e}}_h^{(i)} = I_{2h}^h \boldsymbol{e}_{2h}^{(i)}$ 时, 为得到 $\boldsymbol{e}_{2h}^{(i)}$ 需要精确求解方程 (3.3.9), 这对多维边值问题是不经济的. 既然 $\overline{\boldsymbol{e}}_h^{(i)}$ 仅仅是 $\boldsymbol{e}_h^{(i)} = -L_h^{-1}\boldsymbol{r}_h^{(i)}$ 的一个近似, 那么并不需要精确地计算 $\overline{\boldsymbol{e}}_h^{(i)}$ 及 $\boldsymbol{e}_{2h}^{(i)}$, 只要给出 (3.3.9) 的一个近似解 $\overline{\boldsymbol{e}}_{2h}^{(i)}$ 就足够了. 注意到粗网格方法 (3.3.9) 与原问题 (3.3.3) 具有相同的形式, 因此也可用二重网格迭代作为求解 (3.3.9) 的一种方法. 这种组合产生了一种包括 $\Omega_h, \Omega_{2h}, \Omega_{4h}$ 的三重网格算法. 在网格区域 Ω_{2h}, Ω_{4h} 上用 s 步的二重网格迭代, 对 s 个不同的右端项 $\boldsymbol{r}_{4h}^{(i)}$, 求出新的辅助方程

$$L_{4h}\boldsymbol{e}_{4h}^{(i)} = -\boldsymbol{r}_{4h}^{(i)} \tag{3.3.19}$$

之解来代替 (3.3.9) 的精确解.

类似地, 方程 (3.3.19) 的精确解又可以用在网格区域 Ω_{4h}, Ω_{8h} 上的二重网格迭代之结果来逼近, 于是得到四重网格算法. 重复此过程直到包括所有的网格区域 $\Omega_{2^j h}$ $(j = 0, 1, \cdots, l, 2^l h \leqslant \dfrac{\pi}{2})$. 在最粗网格上, 方程组包含方程个数最少, 容易精确求解或用其他迭代法求之. 这样所得的 $l+1$ 层迭代称为多重网格迭代.

对于光滑步骤的迭代步数 s, $s=1$ 或 $s=2$ 是合适的值. 特别地, $s=1$ 时, 称为多重网格 V- 循环. 为了在网域 Ω_h 上求解 $L_h\boldsymbol{u}_h = \boldsymbol{f}_h$, 多重网格 V- 循环按以下指定次序访问所有的粗细网域

$$\Omega_h \to \Omega_{2h} \to \cdots \to \Omega_{2^l h} \to \Omega_{2^{l-1} h} \to \cdots \to \Omega_h.$$

它首先从最细网格下落到粗网格, 然后又重新上升到最细网格, 形成一个“V”字状, 故称为 V- 循环.

在一个 V- 循环中, 细网格方程 $L_h\boldsymbol{u}_h = \boldsymbol{f}_h$ 的近似解 $\boldsymbol{u}_h^{(i)}$ 用同一方程的新近似解 $\boldsymbol{u}_h^{(i+1)} = MV_h(\boldsymbol{u}_h^{(i)}, \boldsymbol{f}_h)$ 替代, 这里函数 $MV_h(\boldsymbol{u}_h^{(i)}, \boldsymbol{f}_h)$ 按下列步骤确定: 设在 Ω_h 上, 已给定向量 $\boldsymbol{u}_h^{(i)}, \boldsymbol{f}_h$.

1°. 前光滑. 取松弛因子 $\omega_0 = 2/3$, 利用 ν 步 Jacobi 松弛迭代 (3.3.5), 变换近似解 $\boldsymbol{u}_h^{(i)}$ 为另一个近似解 $\overline{\boldsymbol{u}}_h^{(i)}$.

2°. 粗网格修正.

(1) 计算残量: $\boldsymbol{r}_h^{(i)} = \boldsymbol{f}_h - L_h\overline{\boldsymbol{u}}_h^{(i)}$.

(2) 限制残量: $\boldsymbol{r}_{2h}^{(i)} = I_h^{2h}\boldsymbol{r}_h^{(i)}$.

(3) 在 Ω_{2h} 上近似求解方程 $L_{2h}\boldsymbol{e}_{2h}^{(i)}=-\boldsymbol{r}_{2h}^{(i)}$, 以求出校正量 $\boldsymbol{e}_{2h}^{(i)}$ 的近似值. 计算时, 可以取零网格函数作为迭代的初始值, 进行 l 重网格迭代. l 重网格迭代利用网格 Ω_{2h}, Ω_{4h}, $\cdots$, $\Omega_{2^l h}$ 以及相应的算子 $L_{2h}, L_{4h}, \cdots, L_{2^l h}$, 在最粗的网格域上精确求解 $L_{2^l h}\boldsymbol{e}_{2^l h}^{(i)}=-\boldsymbol{r}_{2^l h}^{(i)}$.

(4) 插值: $\overline{\boldsymbol{e}}_h^{(i)}=I_{2h}^h\boldsymbol{e}_{2h}^{(i)}$.

(5) 修正 Ω_h 上网函数值 $\hat{\boldsymbol{u}}_h^{(i)}=\overline{\boldsymbol{u}}_h^{(i)}-\overline{\boldsymbol{e}}_h^{(i)}$.

3° 后光滑. 取 $\omega_0=2/3$, 用 ν 步 Jacobi 松弛迭代把近似解 $\hat{\boldsymbol{u}}_h^{(i)}$ 变换为同一方程的另一个近似解 $\boldsymbol{u}_h^{(i+1)}=MV_h(\boldsymbol{u}_h^{(i)},\boldsymbol{f}_h)$.

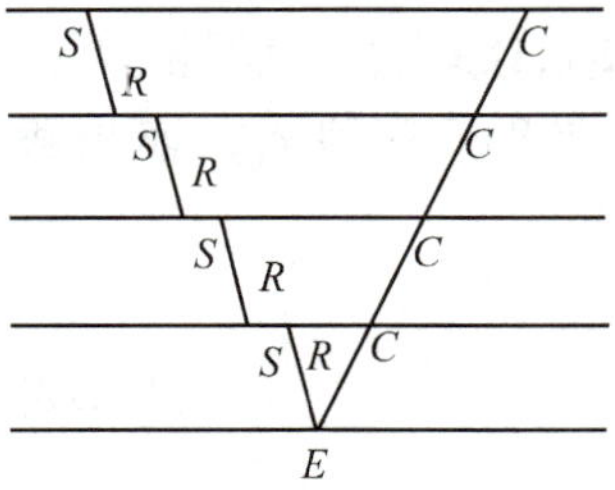

图 3.3.1

S. 光滑步; R.残量限制; E. 在最粗网格上精确求解; C. 校正

例如 $l=4$ 的一次迭代五重网格 V- 循环, 其运算次序如图 3.3.1 所示. “五线谱”表示 5 层网格, 表示循环的形状似字母 V, 故称为 V 循环.

关于多重网格算法的其他变形以及算法的收敛性问题, 这里不拟讨论. 最后我们指出, 对于包含 N 个未知数的线性方程组 $L_h\boldsymbol{u}_h=\boldsymbol{f}_h$, 理论上已经证明, 为了使多重网格法得到的近似解 $\boldsymbol{v}_h$ 与差分格式的近似解 $\boldsymbol{u}_h$ 之间的误差达到 $\|\boldsymbol{v}_h-\boldsymbol{u}_h\|_0=O(h^2)$(即与差分格式的误差同阶), 其运算量的数量级仅为 $O(N)$, 这是理论上能达到的最小的运算数量级.

本章小结与补充讨论

关于椭圆型差分方程的求解, 仍是人们相当关注的研究课题. 研究的重点在于, 充分利用这类差分方程的特性, 构造新的适合于求解大型线性 (或非线性) 方程组的快速解法.

交替方向迭代法的出现源于求解抛物型方程的交替方向隐格式 (见第 4 章). 它的最大优点是容易实现, 几乎不需要在计算机程序上耗费很多精力, 只是它仅适用于矩形区域或它们的并集.

预处理共轭梯度法和传统的共轭梯度法的主要差别是, 前者在每一步迭代过程中需要求解额外的方程组. 只要适当地选取预优矩阵, 它可以使原方程组的条件数大大降低, 加速迭代过程的收敛性, 其程序实现也不复杂. 因此, 是一种经常使用的迭代法. 除了本书介绍的两种选取预处理矩阵的方法, 还有其他方法可以选取 (Axelsson,1994).

多重网格法在 20 世纪 60 年代就被提出, 但直到 70 年代中期才被发现是一种行之有效的方法. 理论上和实践上都已证明, 多重网格法是用于求解由离散化微分方程产生的代数方程组的最有效的方法. 虽然在计算机程序实现上要投入比较多的工作量, 它已经被广泛地应用于各类科学与工程问题的数值计算, 甚至已编成用高级语言写的实用程序 (普利斯等, 2005). 由于多重网格法非常灵活, 除了本书介绍的内容, 还有很多形式的多重网格法 (Bramble, 1993; 哈克布思, 1988).

习　题

1. 试证, 若对 PR 迭代格式只取一个参数, 则最佳参数 $\mu = 1/\sqrt{ab}$, 其中 a 和 b 的意义见 3.1.3 节.

2. 设对 Poisson 方程边值问题

$$
\begin{cases}
-\left(\dfrac{\partial^2 u}{\partial x^2} + \dfrac{\partial^2 u}{\partial x^2}\right) = 2\pi^2 \sin(\pi x)\sin(\pi y), \qquad (x,y) \in \Omega, \\
u\Big|_{\Gamma} = 0,
\end{cases}
$$

其中 $\overline{\Omega}: -1 \leqslant x, y \leqslant 1$, 建立五点差分格式. 试用预处理共轭梯度法求解相应的差分方程组. 用 $(J-1)^2$ 表示未知量个数, 而 J 分别取 10, 20 及 50.

第4章　抛物型方程

许多科学计算与工程技术问题要求解抛物型方程, 其中最简单的是一维线性方程

$$\frac{\partial u}{\partial t} - \frac{\partial}{\partial x}\left(a(x,t)\frac{\partial u}{\partial x}\right) + d(x,t)u = f(x,t). \tag{4.0.1}$$

上式中 $(x,t) \in G, G$ 为$x-t$ 平面上某区域. 在 G 内, 函数 a 严格为正, $d \geqslant 0$. 通常考虑下列三种形式定解问题.

(a) 初值问题. 此时, G 为带状区域 $(-\infty < x < \infty) \times (0 < t \leqslant T)$. 若给出初始条件

$$u|_{t=0} = \varphi(x), \quad -\infty < x < \infty, \tag{4.0.2}$$

则式 (4.0.1), (4.0.2) 构成初值问题 (或称 Cauchy 问题).

(b) 半无界域的初边值问题. 此时, G 为带状区域 $(x > 0) \times (0 < t \leqslant T)$. 若给出初始条件

$$u|_{t=0} = \varphi(x), \quad 0 \leqslant x < \infty, \tag{4.0.3}$$

及边界条件 (仅以第一类边界条件为例)

$$u|_{x=0} = \alpha(t), \quad 0 \leqslant t \leqslant T, \tag{4.0.4}$$

则方程 (4.0.1) 及条件 (4.0.3), (4.0.4) 构成半无界域的初边值问题.

(c) 有界域的初边值问题. 此时, G 为矩形区域 $(0 < x < l) \times (0 < t \leqslant T)$. 若给出初始条件

$$u|_{t=0} = \varphi(x), \quad 0 \leqslant x \leqslant l, \tag{4.0.5}$$

及边界条件

$$u|_{x=0} = \alpha(t), \; u|_{x=l} = \beta(t), \quad 0 \leqslant t \leqslant T, \tag{4.0.6}$$

则方程 (4.0.1) 及定解条件 (4.0.5), (4.0.6) 构成有界域上的初边值问题.

本章的主要内容是讨论线性抛物型方程 (4.0.1) 的差分格式及其理论分析问题. 4.1 节介绍一维常系数与变系数热传导方程初边值问题的常用差分格式的构造. 4.2 节引进与时间相关的差分格式的稳定性与收敛性概念, 并给出格式关于初值与关于右端稳定的关系, 以及稳定性与收敛性关系定理. 4.3 节与 4.4 节讨论分析格式稳定性的两种常用方法 —— 矩阵方法与分离变量法. 特别是后者, 是常系

数格式稳定性分析的主要方法. 4.5 节介绍古典差分格式的单侧逼近性质及其对改善格式的稳定性、减少计算量方面的应用. 4.6 节考虑多个空间自变量的热传导方程问题, 讨论适用于这类问题的交替方向隐格式及相关的局部一维格式、预测 – 校正格式, 这些格式在减少计算量方面有显著效果, 并具有良好的稳定性能.

在本章的讨论中, 若不特别说明, 总是假设方程 (4.0.1) 的系数及定解条件中的已知函数, 在所确定的区域上是充分光滑的, 以保证所讨论的问题存在唯一充分光滑的解.

4.1 一维抛物型方程初边值问题的差分格式

在平面区域 $G: 0 \leqslant x \leqslant 1,\ 0 \leqslant t \leqslant T$ 上, 考虑一维抛物型方程初边值问题

$$Lu \equiv \frac{\partial u}{\partial t} - \frac{\partial}{\partial x}\left(a(x,t)\frac{\partial u}{\partial x}\right) + d(x,t)u = f(x,t), \quad 0 < x < 1,\ \ 0 < t \leqslant T, \tag{4.1.1}$$

$$\begin{aligned} &u(x,0) = \varphi(x), \quad 0 \leqslant x \leqslant 1 \\ &u(0,t) = u(1,t) = 0, \quad 0 \leqslant t \leqslant T. \end{aligned} \tag{4.1.2}$$

其中式 (4.1.1) 的系数满足本章开头所述条件. 另外, 还需满足连接性条件 $\varphi(0) = \varphi(1) = 0$.

如图 4.1.1 所示, 用平行直线族 $x = jh(j = 0, 1, \cdots, N), t = k\tau(k = 0, 1, \cdots, N_\tau)$, 对 $x-t$ 平面上半部分作矩形网格剖分, 网点 (x_j, t_k) 简记为 (j, k), 其中 τ 和 h 为正常数, 分别称为时间步长与空间步长, 且 $h = 1/N, \tau = T/N_\tau$, N 和 N_τ 为正整数. 所有属于 G 的网点的集合, 记为 G_h.

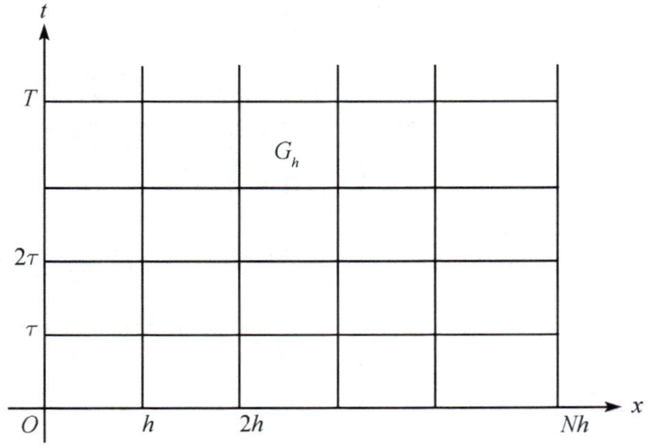

图 4.1.1

4.1.1　常系数热传导方程的古典格式

本段对最简单的常系数热传导方程

$$Lu \equiv \frac{\partial u}{\partial t} - a\frac{\partial^2 u}{\partial x^2} = f,\ \ a\text{为正常数} \tag{4.1.3}$$

构造几种常用差分格式 (古典格式).

1. **最简显格式**

大家知道, 在网点 (j,k) 处, 导数与差商之间有下述关系

$$\frac{[u]_j^{k+1}-[u]_j^k}{\tau} = \left[\frac{\partial u}{\partial t}\right]_j^k + O(\tau),\quad \frac{1}{h^2}\delta_x^2[u]_j^k = \left[\frac{\partial^2 u}{\partial x^2}\right]_j^k + O(h^2),$$

式中 $\delta_x^2[u]_j^k = [u]_{j+1}^k - 2[u]_j^k + [u]_{j-1}^k$, $[\ \ ]_j^k$ 表示括号内函数在网点 (j,k) 处的值. 记

$$L_h^{(0)}[u]_j^k \equiv \frac{[u]_j^{k+1}-[u]_j^k}{\tau} - \frac{a}{h^2}\delta_x^2[u]_j^k,$$

由此得到 Lu 在网点 (j,k) 处的关系式

$$[Lu]_j^k = L_h^{(0)}[u]_j^k + R_j^k(u), \tag{4.1.4}$$

其中局部截断误差 $R_j^k = O(\tau + h^2)$. 当 u 满足方程 (4.1.3), 即 $Lu = f$ 时, 从式 (4.1.4) 知, 式 (4.1.3) 在网点 (j,k) 处可用下列方程近似替代

$$\begin{aligned} &L_h^{(0)}u_j^k \equiv \frac{u_j^{k+1}-u_j^k}{\tau} - \frac{a}{h^2}\delta_x^2 u_j^k = f_j^k,\\ &j=1,2,\cdots,N-1,\ k=0,1,2,\cdots,N_\tau-1, \end{aligned} \tag{4.1.5}$$

式中 $f_j^k = f(x_j,t_k), u_j^k$ 视为 $u(x_j,t_k)$ 的近似值.

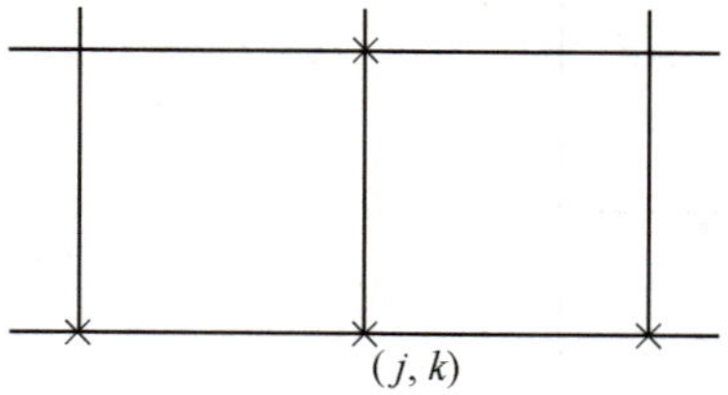

图 4.1.2

差分方程 (4.1.5) 称为方程 (4.1.3) 的最简显格式, 它所用到的网点如图 4.1.2 表示. 将 (4.1.5) 写成便于计算的形式

$$u_j^{k+1} = u_j^k + ra\delta_x^2 u_j^k + \tau f_j^k, \tag{4.1.6}$$

其中 $r = \tau/h^2$ 称为网比. 利用式 (4.1.6) 及初始与边界条件 (4.1.2) 在网点上的值

$$\begin{cases} u_j^0 = \varphi_j(\equiv \varphi(x_j)),\\ u_0^k = u_N^k = 0, \end{cases} \tag{4.1.7}$$

就可依次计算出 $k=1,2,\cdots,N_\tau$ 各时间层上的值 u_j^k, 不需要求解方程组.

为以后讨论方便, 把最简显格式写成向量形式. 记

$$\boldsymbol{u}_h^k=[u_1^k,u_2^k,\cdots,u_{N-1}^k]^{\mathrm{T}},\quad \boldsymbol{f}_h^k=[f_1^k,\cdots,f_{N-1}^k]^{\mathrm{T}},$$

$$C=\begin{bmatrix}0&1&&&\\1&0&1&&\\&\ddots&\ddots&\ddots&\\&&1&0&1\\&&&1&0\end{bmatrix},\quad N-1\text{ 阶矩阵}.$$

利用式 (4.1.7) 内的齐次边界条件, 则式 (4.1.6) 可写为

$$\boldsymbol{u}_h^{k+1}=[(1-2ra)I+raC]\boldsymbol{u}_h^k+\tau\boldsymbol{f}_h^k. \tag{4.1.8}$$

2. 最简隐格式

若在待求的第 $k+1$ 时间层上, 有不止一个的网点值出现在差分格式内, 则称这样的格式为隐格式.

若改用 $\dfrac{[u]_j^k-[u]_j^{k-1}}{\tau}+O(\tau)$ 代替 $\left[\dfrac{\partial u}{\partial t}\right]_j^k$, 并仍用 $k+1$ 表示待求时间层的标号, 则得到逼近 (4.1.3) 的差分方程

$$\begin{aligned}&L_h^{(1)}u_j^k\equiv\frac{u_j^{k+1}-u_j^k}{\tau}-a\delta_x^2u_j^{k+1}/h^2=f_j^{k+1},\\&j=1,2,\cdots,N-1,\quad k=0,1,\cdots,\left[\frac{T}{\tau}\right]-1.\end{aligned}\tag{4.1.9}$$

它的局部截断误差 $R_j^{k+1}(u)=O(\tau+h^2)$. 上式中的 $\left[\dfrac{T}{\tau}\right]$ 表示 $\dfrac{T}{\tau}$ 的整数部分. 式 (4.1.9) 称为方程 (4.1.3) 的最简隐格式, 它所用到的网点如图 4.1.3 所示. 差分格式 (4.1.9), (4.1.7) 构成一个封闭的方程组. 与显格式不同, 当从已知层 (k 层) 去计算 $k+1$ 层的未知值 u_j^{k+1} 时, 却需求解一个 $N-1$ 阶方程组.

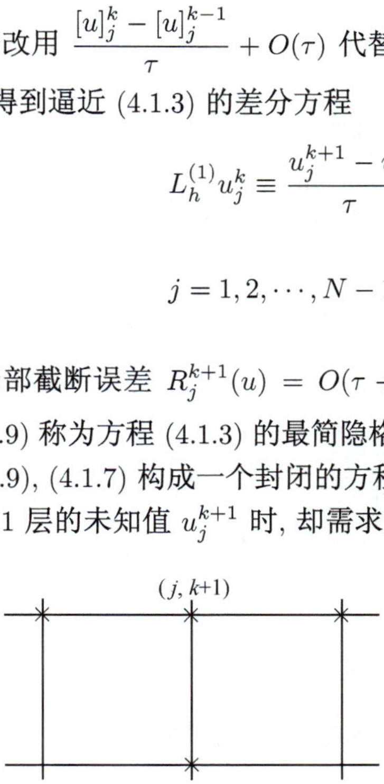

图 4.1.3

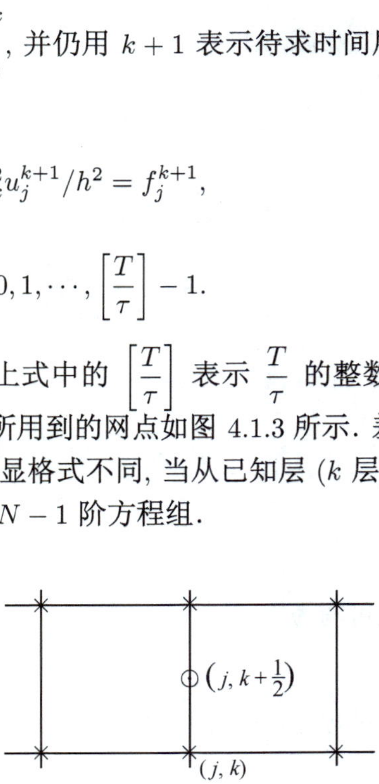

图 4.1.4

利用式 (4.1.7) 中的齐次边界条件, 可将式 (4.1.9) 写成向量形式 (为记号简单计, 此处及以后将 $\boldsymbol{u}_h^k$ 记为 $\boldsymbol{u}^k$, $\boldsymbol{f}_h^k$ 记为 $\boldsymbol{f}^k$) 如下

$$[(1+2ra)I-raC]\boldsymbol{u}^{k+1}=\boldsymbol{u}^k+\tau\boldsymbol{f}^{k+1}. \tag{4.1.10}$$

这个方程组的系数矩阵是三对角的, 且具有强对角优势, 可用追赶法求解.

3. Crank-Nicolson 格式

如图 4.1.4 所示, 用图内标以“*”号点的值构成差商, 以代替标以“⊙”号点 $(j,k+1/2)$ 上的导数值

$$\frac{[u]_j^{k+1}-[u]_j^k}{\tau}=\left[\frac{\partial u}{\partial t}\right]_j^{k+1/2}+O(\tau^2)=\left[\frac{\partial u}{\partial t}\right]_j^k+\frac{\tau}{2}\left[\frac{\partial^2 u}{\partial t^2}\right]_j^k+O(\tau^2),$$

$$\begin{aligned}\frac{1}{2h^2}\delta_x^2([u]_j^{k+1}+[u]_j^k)&=\left[\frac{\partial^2 u}{\partial x^2}\right]_j^{k+1/2}+O(\tau^2+h^2)\\&=\left[\frac{\partial^2 u}{\partial x^2}\right]_j^k+\frac{\tau}{2}\left[\frac{\partial}{\partial t}\left(\frac{\partial^2 u}{\partial x^2}\right)\right]_j^k+O(\tau^2+h^2).\end{aligned}$$

以上两式相减, 则有

$$\begin{aligned}&\frac{[u]_j^{k+1}-[u]_j^k}{\tau}-\frac{a}{2h^2}\delta_x^2([u]_j^{k+1}+[u]_j^k)\\&=\left[\frac{\partial u}{\partial t}-a\frac{\partial^2 u}{\partial x^2}\right]_j^k+\frac{\tau}{2}\left[\frac{\partial}{\partial t}\left(\frac{\partial u}{\partial t}-a\frac{\partial^2 u}{\partial x^2}\right)\right]_j^k+O(\tau^2+h^2)\\&=[Lu]_j^k+\frac{\tau}{2}\left[\frac{\partial}{\partial t}f\right]_j^k+O(\tau^2+h^2).\end{aligned}$$

若记

$$\begin{aligned}L_h^{(\frac{1}{2})}[u]_j^k&=\frac{[u]_j^{k+1}-[u]_j^k}{\tau}-\frac{a}{2h^2}\delta_x^2([u]_j^{k+1}+[u]_j^k),\\\varphi_j^k&=\frac{\tau}{2}\cdot\frac{f_j^{k+1}-f_j^k}{\tau}=\frac{1}{2}(f_j^{k+1}-f_j^k),\end{aligned}$$

则上式可写为

$$L_h^{(\frac{1}{2})}[u]_j^k-[Lu]_j^k=\varphi_j^k+O(\tau^2+h^2).$$

舍去误差项 $O(\tau^2+h^2)$, 得到 Crank-Nicolson 格式 (简称为 CN 格式)

$$L_h^{(\frac{1}{2})}u_j^k\equiv\frac{u_j^{k+1}-u_j^k}{\tau}-\frac{a}{2h^2}\delta_x^2(u_j^{k+1}+u_j^k)=\varphi_j^k+f_j^k,$$

或者写为

$$L_h^{(\frac{1}{2})}u_j^k = \frac{1}{2}(f_j^{k+1} + f_j^k), \tag{4.1.11}$$

$$j = 1, 2, \cdots, N-1,\ k = 0, 1, \cdots, [T/\tau] - 1.$$

它也是一个隐格式. 从前述讨论知, 差分方程 (4.1.11) 逼近微分方程 (4.1.3) 的局部截断误差 $R_j^{k+\frac{1}{2}}(u) = O(\tau^2 + h^2)$.

仍记 $r = \tau/h^2$, 则式 (4.1.11) 可写为

$$u_j^{k+1} - \frac{r}{2}a\delta_x^2 u_j^{k+1} = u_j^k + \frac{r}{2}a\delta_x^2 u_j^k + \frac{\tau}{2}(f_j^{k+1} + f_j^k).$$

或者利用式 (4.1.7), 将其写为向量形式

$$\left[(1+ar)I - \frac{r}{2}aC\right]\boldsymbol{u}^{k+1} = \left[(1-ra)I + \frac{r}{2}aC\right]\boldsymbol{u}^k + \frac{\tau}{2}(\boldsymbol{f}^{k+1} + \boldsymbol{f}^k). \tag{4.1.12}$$

4. **双层加权格式**

利用 Taylor 展开, 易知

$$\left[\frac{\partial u}{\partial t}\right]_j^k = \frac{[u]_j^{k+1} - [u]_j^k}{\tau} - \frac{\tau}{2}\left[\frac{\partial^2 u}{\partial t^2}\right]_j^k + O(\tau^2),$$

$$\left[\frac{\partial u}{\partial t}\right]_j^{k+1} = \frac{[u]_j^{k+1} - [u]_j^k}{\tau} + \frac{\tau}{2}\left[\frac{\partial^2 u}{\partial t^2}\right]_j^k + O(\tau^2).$$

故最简显格式和最简隐格式的局部截断误差分别为

$$R_j^k(u) = -\frac{\tau}{2}\left[\frac{\partial^2 u}{\partial t^2}\right]_j^k + O(\tau^2 + h^2),$$

$$R_j^{k+1}(u) = \frac{\tau}{2}\left[\frac{\partial^2 u}{\partial t^2}\right]_j^k + O(\tau^2 + h^2).$$

即

$$L_h^{(0)}[u]_j^k + R_j^k(u) = f_j^k,$$

$$L_h^{(1)}[u]_j^k + R_j^{k+1}(u) = f_j^{k+1}.$$

取参数 $\theta: 0 \leqslant \theta \leqslant 1$, 对上两式分别乘以 $1-\theta$ 和 θ, 然后相加, 记为

$$L_h^{(\theta)}[u]_j^k + R_j^{k+\theta}(u) = (1-\theta)f_j^k + \theta f_j^{k+1},$$

易知局部截断误差

$$R_j^{k+\theta}(u) = \left(\theta - \frac{1}{2}\right)\tau\left[\frac{\partial^2 u}{\partial t^2}\right]_j^k + O(\tau^2 + h^2). \tag{4.1.13}$$

将它略去, 得 (4.1.3) 的加权格式

$$\frac{u_j^{k+1}-u_j^k}{\tau}-\frac{a}{h^2}\delta_x^2(\theta u_j^{k+1}+(1-\theta)u_j^k)=\theta f_j^{k+1}+(1-\theta)f_j^k,$$
$$j=1,\cdots,N-1,\quad k=0,1,\cdots,[T/\tau]-1.$$

此式又可写为

$$\begin{aligned}&(1+2\theta ra)u_j^{k+1}-\theta ra(u_{j+1}^{k+1}+u_{j-1}^{k+1})\\=&[1-2(1-\theta)ra]u_j^k+(1-\theta)ra(u_{j+1}^k+u_{j-1}^k)+\tau(\theta f_j^{k+1}+(1-\theta)f_j^k),\end{aligned}\tag{4.1.14}$$

或写成向量形式

$$\begin{aligned}&[(1+2\theta ra)I-\theta raC]\boldsymbol{u}^{k+1}\\=&[(1-2(1-\theta)ra)I+(1-\theta)raC]\boldsymbol{u}^k+\tau(\theta\boldsymbol{f}^{k+1}+(1-\theta)\boldsymbol{f}^k).\end{aligned}\tag{4.1.15}$$

由于格式中仅出现 $k+1$ 层和 k 层的网函数值, 故称式 (4.1.14) 为双层加权格式. 当 $\theta=0$ 时, 它化为最简显格式; 当 $\theta=1$ 时, 得到最简隐格式; 当 $\theta=\frac{1}{2}$ 时, 则得 CN 格式. 其局部截断误差阶, 当 $\theta\neq\frac{1}{2}$ 时为 $O(\tau+h^2)$, 当 $\theta=\frac{1}{2}$ 时为 $O(\tau^2+h^2)$.

5. Richardson 格式

以上所构造的, 都是双层格式. 以下介绍一个简单的三层格式. 若于式 (4.1.3) 中, 用中心差商逼近时间导数, 亦即

$$\frac{[u]_j^{k+1}-[u]_j^{k-1}}{2\tau}=\left[\frac{\partial u}{\partial t}\right]_j^k+O(\tau^2),$$

则得到所谓 Richardson 格式

$$\frac{u_j^{k+1}-u_j^{k-1}}{2\tau}-\frac{a}{h^2}\delta_x^2u_j^k=f_j^k,\tag{4.1.16}$$
$$j=1,2,\cdots,N-1,\quad k=1,2,\cdots,[T/\tau]-1.$$

格式所用到的网点如图 4.1.5 所示. 它与前面所介绍的几种格式不同, 在求 $k+1$ 层的值时, 用到了前两层上的值. 它是一种三层显格式, 其局部截断误差为 $O(\tau^2+h^2)$.

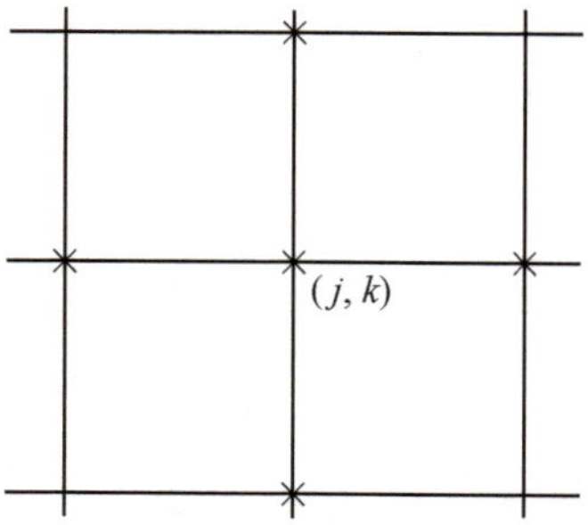

图 4.1.5

将式 (4.1.16) 改写为

$$u_j^{k+1}=2ra\delta_x^2u_j^k+u_j^{k-1}+2\tau f_j^k,$$

或写成向量形式

$$\boldsymbol{u}^{k+1}=2ra(C-2I)\boldsymbol{u}^k+\boldsymbol{u}^{k-1}+2\tau\boldsymbol{f}^k.\tag{4.1.17}$$

为利用此格式进行逐层计算, 需事先提供第一层上的值.

4.1.2 变系数方程的差分格式

考虑初边值问题 (4.1.1), (4.1.2). 和上一小节相同, 我们仍然在区域 G 上作矩形网格剖分. 在网点 (j,k) 处, 有

$$\left[\frac{\partial u}{\partial t}\right]_j^k-\left[\frac{\partial}{\partial x}\left(a(x,t)\frac{\partial u}{\partial x}\right)\right]_j^k+\Big[d(x,t)u\Big]_j^k=\Big[f(x,t)\Big]_j^k,$$

式中 $[\ ]_j^k$ 表示方括号内函数在网点 (x_j,t_k) 处的值. 为简便, 对已知函数 a,d,f, 用 a_j^k, d_j^k, f_j^k 表示. 容易看出, 上式中的第二项只涉及对 x 求导数, 因此, 它的离散与第 2 章 ?? 节中讨论两点边值问题时对 (??) 的离散是类似的

$$\left[\frac{\partial}{\partial x}\left(a\frac{\partial u}{\partial x}\right)\right]_j^k=\frac{1}{h^2}\left[a_{j+\frac12}^k([u]_{j+1}^k-[u]_j^k)-a_{j-\frac12}^k([u]_j^k-[u]_{j-1}^k)\right]+O(h^2),$$

因此, 我们得到离散 (4.1.1) 的最简显格式

$$\frac{u_j^{k+1}-u_j^k}{\tau}-\frac{1}{h^2}\left[a_{j+\frac12}^k(u_{j+1}^k-u_j^k)-a_{j-\frac12}^k(u_j^k-u_{j-1}^k)\right]+d_j^ku_j^k=f_j^k. \tag{4.1.18}$$

它的局部截断误差 $R_j^k(u)=O(\tau+h^2)$. 类似可以导出最简隐格式, CN 格式和双层加权格式.

同样可以用积分插值法构造方程 (4.1.1) 的差分格式. 最常用的方法是, 将 t 视为参数, 在 $[x_{j-\frac12},x_{j+\frac12}]$ 上对方程 (4.1.1) 关于 x 积分, 并用中矩形积分公式

$$\int_{x_{j-\frac12}}^{x_{j+\frac12}}\frac{\partial u}{\partial t}\mathrm{d}x=\left[\frac{\partial u}{\partial t}\right]_j h+O(h^3),$$

$$\int_{x_{j-\frac12}}^{x_{j+\frac12}}\frac{\partial}{\partial x}\left(a\frac{\partial u}{\partial x}\right)\mathrm{d}x=\left(a_{j+\frac12}\left[\frac{\partial u}{\partial x}\right]_{j+\frac12}-a_{j-\frac12}\left[\frac{\partial u}{\partial x}\right]_{j-\frac12}\right),$$

$$\int_{x_{j-\frac12}}^{x_{j+\frac12}}du\mathrm{d}x=d_j[u]_jh+O(h^3),$$

$$\int_{x_{j-\frac12}}^{x_{j+\frac12}}f\mathrm{d}x=f_jh+O(h^3).$$

这就完成了对变量 x 的第一步离散. 然后, 再用一阶中心差商代替导数, 对 $\dfrac{\partial u}{\partial x}$ 离散. 以上过程与建立椭圆型方程差分格式几乎是相同的, 剩下的步骤就是对变量 t 离散, 它又和上面讨论的过程类似, 不再赘述.

用积分插值法处理第二、第三类边界条件, 既可以避免在边界点离散一阶导数, 在隐格式时, 差分方程组的系数矩阵又能保持对称性. 此外, 在非均匀网格上构造格式, 上述过程几乎不需要修改.

本节构造的五种格式中, 似乎最简显格式和 Richardson 格式好于其他三种隐格式, 因为他们不需要求解差分方程组; 而且 Richardson 格式的局部截断误差达到 $O(\tau^2+h^2)$, 更是好于另外四种格式. 这种看法是否正确? 我们将在下一节讨论.

4.2　差分格式的稳定性与收敛性

本节讨论差分格式的一些基本问题, 给出格式稳定性、相容性和收敛性的概念, 以及它们之间的关系. 表面上看, 它们是理论上的问题, 但在实际计算中却离不开这些基本内容.

4.2.1　差分格式的稳定性

如在 4.1 节所见, 抛物型方程的差分格式在实际应用时, 时间方向上都取逐层计算的形式. 由于舍入等原因, 当某一层上的解有误差时, 必然逐层传播, 影响以后各层的解. 研究这个误差传播的规律是稳定性讨论的任务.

下面来考察几个例子, 先讨论 Richardson 格式的情形. 设对形如式 (4.1.3), (4.1.2) 的模型问题进行计算, 用 e_j^k 表示计算 u_j^k 所产生的误差, 如右端 f_j^k 无误差存在, 则各层之间的误差满足齐次方程

$$e_j^{k+1}=2ra\delta_x^2e_j^k+e_j^{k-1}.$$

如果取 $ra=\dfrac{1}{2}$, 上式简化为形式

$$e_j^{k+1}=e_{j+1}^k-2e_j^k+e_{j-1}^k+e_j^{k-1}. \tag{4.2.1}$$

设边界条件无误差, 仅在初始层 (k=0) 上, 有误差 $e_{j_0}^0=\varepsilon$, 这层其他点处无误差, 且在计算过程中不再产生新的误差. 利用式 (4.2.1), 算出误差 ε 的传播如图 4.2.1 所示. 从图上看出, 误差在计算过程中迅速增加, 因此, 这种差分格式是不能使用的.

若对上述模型问题, 选取 $ra=\dfrac{1}{2}$ 时的最简显格式 (4.1.6), 则误差方程可简化为

$$e_j^{k+1}=\frac{1}{2}\left(e_{j+1}^k+e_{j-1}^k\right).$$

此时误差将逐渐衰减, 计算结果如图 4.2.2 所示. 显然, 这样误差变化状况是容许的. 若使用最简显格式时, 选取 $ra=1$, 误差满足方程

$$e_j^{k+1}=e_{j+1}^k+e_{j-1}^k-e_j^k.$$

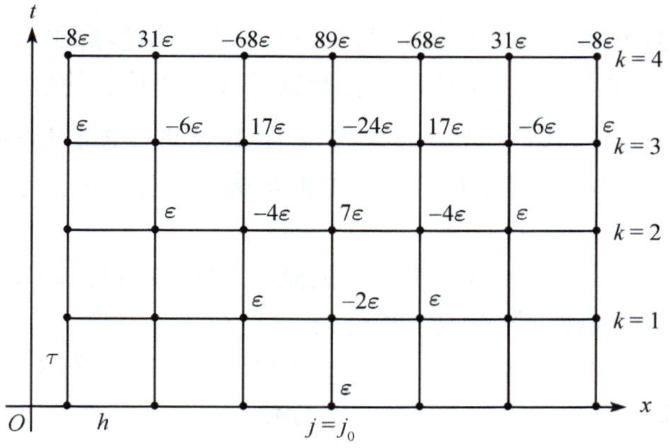

图 4.2.1

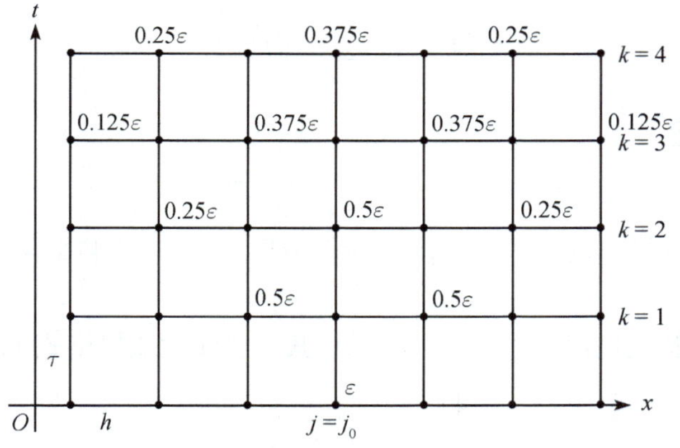

图 4.2.2

此时误差呈增长趋势, 如图 4.2.3 所示. 这种情形也是不能使用的.

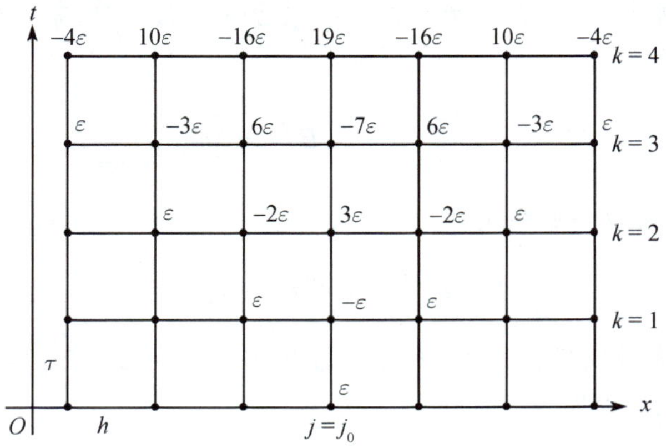

图 4.2.3

在 $ra = \frac{1}{2}$ 时的 Richardson 格式以及 $ra = 1$ 时最简显格式在计算过程中出现的反常情况, 亦即, 随着层数 k 的增加, 初始误差被迅速扩大的现象, 称之为差分格式不稳定, 而 $ra = \frac{1}{2}$ 时最简显格式计算过程中, 误差可以控制甚至衰减的现象, 称格式是稳定的. 上述例子表明, 稳定性能不但与格式本身有关, 且与网比 r 大小有关.

以下引进一些记号, 并精确刻画稳定性概念. 我们将以问题 (4.1.1), (4.1.2) 或其特例的差分格式为模型, 进行叙述和讨论.

如同 4.1 节, 记 $\boldsymbol{u}_h^k = \left[u_1^k, \cdots, u_{N-1}^k\right]^{\mathrm{T}}$, 并简记为 $\boldsymbol{u}^k$, 它又称为确定在网域第 k 层上的网函数, 按以下两种方式确定 $\boldsymbol{u}^k$ 的范数:

(1) Euclid 范数 (或离散 L_2 范数)

$$\|\boldsymbol{u}^k\|_0 = \left(h\sum_{j=1}^{N-1}\left(u_j^k\right)^2\right)^{1/2},$$

(2) 最大范数

$$\|\boldsymbol{u}^k\|_C = \max_{1\leqslant j\leqslant N-1}|u_j^k|.$$

本节将限于讨论双层格式的情形. 对于三层格式, 后文将采用化为双层格式的办法进行讨论.

显然, 对于初边值问题 (4.1.1), (4.1.2), 其一般线性双层格式 (连同它的边值条件) 可写为

$$\sum_{m=1}^{N-1} a_{jm}^{(k)} u_m^{k+1} = \sum_{m=1}^{N-1} b_{jm}^{(k)} u_m^k + \tau f_j^k, \tag{4.2.2}$$
$$j = 1, 2, \cdots, N-1.$$

当微分方程的系数与 t 有关时, 差分格式的系数 $a_{jm}^{(k)}$ 及 $b_{jm}^{(k)}$ 与 k 有关, 且一般地, 与 τ, h 有关, 记矩阵

$$A^{(k)} = \left[a_{jm}^{(k)}\right]_{j,m=1}^{N-1}, \quad B^{(k)} = \left[b_{jm}^{(k)}\right]_{j,m=1}^{N-1},$$

则式 (4.2.2) 可以写成向量形式

$$A^{(k)}\boldsymbol{u}^{k+1} = B^{(k)}\boldsymbol{u}^k + \tau\boldsymbol{f}^k. \tag{4.2.3}$$

当微分方程系数仅与 x 有关, 而与 t 无关, 即 $a_{jm}^{(k)} \equiv a_{jm}, b_{jm}^{(k)} \equiv b_{jm}$ 时, $A^{(k)} = A, B^{(k)} = B$, 则式 (4.2.3) 化为

$$A\boldsymbol{u}^{k+1} = B\boldsymbol{u}^k + \tau\boldsymbol{f}^k. \tag{4.2.4}$$

由 4.1 节, 例如, 对 (4.1.3), (4.1.2) 的最简隐格式来说, $A=(1+2ra)I-raC$, $B=I$, 其中矩阵 C 的表示式参见 4.1 节.

设步长 τ 和 h 之间有如下关系

$$h=g(\tau),$$

其中 $g(\tau)$ 为 τ 的连续函数, 且 $g(0)=0$. 例如, 在 4.1 节中, $h=\sqrt{\tau/r}$.

现在引进稳定性的定义.

定义 4.2.1 差分格式 (4.2.3) 称为按范数 $\|\cdot\|$ 关于初值稳定, 若存在正常数 τ_0, 使得对任何 $\tau, 0<\tau<\tau_0, h=g(\tau)$, 相应于 (4.2.3) 的齐次方程

$$A^{(k)}\boldsymbol{v}^{k+1}=B^{(k)}\boldsymbol{v}^k \tag{4.2.5}$$

的任意解 $\boldsymbol{v}^k$, 均满足不等式

$$\|\boldsymbol{v}^k\|\leqslant M\|\boldsymbol{v}^{k_0}\|, \quad 对任何k, 0\leqslant k_0<k\leqslant\frac{T}{\tau}, \tag{4.2.6}$$

其中 M 为与 τ 无关的正常数.

稳定性是格式本身的内在性质. 设 $\boldsymbol{u}^k$ 为差分格式 (4.2.3) 的精确解, $\widetilde{\boldsymbol{u}}^k$ 表示第 k_0 层存在误差 $\boldsymbol{\varepsilon}^{k_0}$ 时, 由式 (4.2.3) 得到的解. 令 $\boldsymbol{\varepsilon}^k=\tilde{\boldsymbol{u}}^k-\boldsymbol{u}^k$, 显然有

$$A^{(k)}\boldsymbol{\varepsilon}^{k+1}=B^{(k)}\boldsymbol{\varepsilon}^k, \quad k\geqslant k_0,$$

即 $\boldsymbol{\varepsilon}^k$ 是差分格式 (4.2.5) 的解. 从而, 当格式 (4.2.3) 关于初值稳定时, $\boldsymbol{\varepsilon}^k$ 满足估计式 (4.2.6). 这表明, 差分格式关于初值稳定的实际含义是, 若格式之解在某层存在误差, 则由它引起的以后各层上的误差不超过原始误差的常数倍. 因此, 只要初始误差充分小, 以后各层的误差就可足够小.

在讨论差分格式关于初值稳定时, 只需考虑对应的齐次差分格式.

我们举两个例子来说明差分格式关于初值稳定的判断.

例 4.2.1 考虑齐次形式的最简显格式 (4.1.6)

$$\begin{cases}u_j^{k+1}=(1-2ra)u_j^k+ra\left(u_{j+1}^k+u_{j-1}^k\right),\\ u_j^0=\varphi_j, \qquad j=1,2,\cdots,N-1,\\ u_0^k=u_N^k=0.\end{cases}$$

先设网比 $ra\leqslant\dfrac{1}{2}$, 此时, 由于差分方程右端各项系数非负, 则有

$$\begin{aligned}|u_j^{k+1}|&\leqslant(1-2ra)|u_j^k|+ra\left(|u_{j-1}^k|+|u_{j+1}^k|\right)\\&\leqslant(1-2ra)\|\boldsymbol{u}^k\|_C+2ra\|\boldsymbol{u}^k\|_C\\&=\|\boldsymbol{u}^k\|_C \quad (1\leqslant j\leqslant N-1),\end{aligned}$$

故有 $\|\boldsymbol{u}^{k+1}\|_C \leqslant \|\boldsymbol{u}^k\|_C$, 即此时最简显格式按最大范数关于初值稳定.

再考虑 $ra > \dfrac{1}{2}$ 的情形. 设初值取如下特殊形式

$$\varphi_j = \begin{cases} \varepsilon > 0, & \text{当} j = j_0, \\ 0, & \text{当} j \neq j_0. \end{cases}$$

此时, 可算出 $u^1_{j_0-1} = u^1_{j_0+1} = ra\varepsilon > 0$, 而 $u^1_{j_0} = (1-2ra)\varepsilon < 0$, 即 u^1_j 随 j 交替地变号. 现设 u^k_j 随 j 交替地变号, 以下证明 u^{k+1}_j 亦然. 事实上, 若 $u^k_j > 0$, u^k_{j-1} 与 $u^k_{j+1} \leqslant 0$, 则

$$u^{k+1}_j = (1-2ra)u^k_j + ra\left(u^k_{j-1} + u^k_{j+1}\right) < 0.$$

同理, 若 $u^k_j < 0$, u^k_{j-1} 与 $u^k_{j+1} \geqslant 0$, 则 $u^{k+1}_j > 0$. 亦即, u^{k+1}_j 的确随 j 交替地变号. 于是, 对于任意 j 和 k, 有

$$|u^{k+1}_j| = (2ra-1)|u^k_j| + ra\left(|u^k_{j-1}| + |u^k_{j+1}|\right).$$

记 $S_k = \sum\limits_{j=0}^{N} |u^k_j|$, 则有

$$\begin{aligned} S_{k+1} &= (2ra-1)S_k + ra(S_k + S_k) = (4ra-1)S_k \\ &= (4ra-1)^2 S_{k-1} = \cdots = (4ra-1)^{k+1}\varepsilon. \end{aligned}$$

由于 $4ra - 1 > 1$, 故当 $k \to \infty$ 时, $S_k \to \infty$. 但知 S_k 为 $N-1$ 项之和, 必存在 j_1, $0 < j_1 < N$, 使得

$$|u^k_{j_1}| \geqslant (4ra-1)^k \varepsilon / N.$$

故上述格式之解受初值误差的影响随 k 的增加按指数增加, 亦即, 当 $ra > \dfrac{1}{2}$ 时, 最简显格式按最大范数关于初值是不稳定的.

例 4.2.2　考虑最简隐格式 (4.1.9)

$$-ra\left(u^{k+1}_{j+1} + u^{k+1}_{j-1}\right) + (1+2ra)u^{k+1}_j = u^k_j,$$

初边值条件同前. 将上式改写为

$$(1+2ra)u^{k+1}_j = ra\left(u^{k+1}_{j+1} + u^{k+1}_{j-1}\right) + u^k_j.$$

由此推出

$$(1+2ra)\|\boldsymbol{u}^{k+1}\|_C \leqslant \|\boldsymbol{u}^k\|_C + 2ra\|\boldsymbol{u}^{k+1}\|_C,$$

亦即, $\|\boldsymbol{u}^{k+1}\|_C \leqslant \|\boldsymbol{u}^k\|_C$. 此时我们说, 最简隐格式对任何 $r > 0$, 按最大范数关于初值是稳定的.

在实际计算中, 由于舍入等原因, 差分格式的右端 $\boldsymbol{f}^k$ 也会产生误差. 因此, 还需考虑另一种稳定性的问题.

定义 4.2.2 *差分格式 (4.2.3) 称为按范数 $\|\cdot\|$ 关于右端稳定, 若存在正常数 τ_0, 使得对任何 τ, $0<\tau<\tau_0$, $h=g(\tau)$, 相应于差分格式 (4.2.3) 满足零初始条件 $\boldsymbol{u}^0=\boldsymbol{0}$ 的解 $\boldsymbol{u}^k$, 有估计式*

$$\|\boldsymbol{u}^k\| \leqslant M\tau\sum_{m=1}^{k-1}\|\boldsymbol{f}^m\|, \quad \text{对任何}k,\ 0<k\leqslant\frac{T}{\tau}, \tag{4.2.7}$$

其中 M 为与 τ 无关的正常数.

像关于初值稳定的情形一样, 关于右端稳定的含义是, 当格式的右端项存在误差时, 由它引起的解的误差, 可由右端误差予以控制. 例如, 在前 $k-1$ 个时间层上, $\boldsymbol{f}^m$ 被 $\widetilde{\boldsymbol{f}}^m$ 取代, 但 $\|\boldsymbol{f}^m-\widetilde{\boldsymbol{f}}^m\|\leqslant\delta(1\leqslant m\leqslant k-1)$, 故从差分格式得到的解 $\widetilde{\boldsymbol{u}}^k$ 满足

$$\|\boldsymbol{u}^k-\widetilde{\boldsymbol{u}}^k\|\leqslant M\tau\sum_{m=1}^{k-1}\|\boldsymbol{f}^m-\widetilde{\boldsymbol{f}}^m\|\leqslant M\tau(k-1)\delta<MT\delta.$$

上式表明, 只要 $\delta>0$ 充分小, 由右端误差造成的差分格式解的误差是可以充分小的.

在一定条件下. 关于右端稳定可由关于初值稳定推出. 为此, 应首先证明, 非齐次差分方程的解可由齐次差分方程之解叠加得到.

引理 4.2.1(叠加原理) *设 $\boldsymbol{u}^k$ 为非齐次差分格式 (4.2.3) 满足零初始条件 $\boldsymbol{u}^0=\boldsymbol{0}$ 的解, 则 $\boldsymbol{u}^k$ 可分解为*

$$\boldsymbol{u}^k=\sum_{m=0}^{k-1}\boldsymbol{v}^{(m),k}, \tag{4.2.8}$$

其中 $\boldsymbol{v}^{(m),k}$ 定义如下

$$\begin{cases} A^{(k)}\boldsymbol{v}^{(m),k+1}=B^{(k)}\boldsymbol{v}^{(m),k}, & \text{当}m<k,\\ A^{(k)}\boldsymbol{v}^{(m),k+1}=\tau\boldsymbol{f}^k, & \text{当}m=k,\\ \boldsymbol{v}^{(m),k}=\boldsymbol{0}, & \text{当}m>k. \end{cases} \tag{4.2.9}$$

证明 将式 (4.2.8) 代入式 (4.2.3) 左端, 则有

$$\begin{aligned} &A^{(k)}\sum_{m=0}^{k}\boldsymbol{v}^{(m),k+1}-B^{(k)}\sum_{m=0}^{k-1}\boldsymbol{v}^{(m),k}\\ &=A^{(k)}\boldsymbol{v}^{(k),k+1}+\sum_{m=0}^{k-1}\left(A^{(k)}\boldsymbol{v}^{(m),k+1}-B^{(k)}\boldsymbol{v}^{(m),k}\right), \end{aligned}$$

注意 $\boldsymbol{v}^{(m),k}$ 满足式 (4.2.9), 上式第一项等于 $\tau\boldsymbol{f}^k$, 而第二项 (和式) 为 $\boldsymbol{0}$, 即由式 (4.2.8) 表示的 $\boldsymbol{u}^k$ 满足式 (4.2.3). 证毕. □

定理 4.2.1　设矩阵 $A^{(k)}$ 的逆当 $0 < \tau < \tau_0$, $h = g(\tau)$ 关于 k 一致有界, 且差分格式 (4.2.3) 关于初值稳定, 则格式关于右端稳定.

证明　由 $A^{(k)}$ 的逆阵关于 k 一致有界, 存在与 τ, k 无关的正常数 M_1, 使得

$$\|\left(A^{(k)}\right)^{-1}\| \leqslant M_1.$$

又据式 (4.2.3) 关于初值稳定, 存在正常数 M_2(与 τ 无关), 使 (4.2.9) 的解 $\boldsymbol{v}^{(m),k}$ 满足不等式

$$\begin{aligned}\|\boldsymbol{v}^{(m),k}\| &\leqslant M_2\|\boldsymbol{v}^{(m),m+1}\| = M_2\|\tau\left(A^{(m)}\right)^{-1}\boldsymbol{f}^m\| \\ &\leqslant \tau M_1 M_2\|\boldsymbol{f}^m\|, \quad m = 0, 1, 2, \cdots, \ m < k < T/\tau.\end{aligned}$$

利用式 (4.2.8), 得到

$$\|\boldsymbol{u}^k\| \leqslant \sum_{m=0}^{k-1}\|\boldsymbol{v}^{(m),k}\| \leqslant M_1 M_2 \tau \sum_{m=0}^{k-1}\|\boldsymbol{f}^m\|.$$

证毕. □

根据这个定理, 在以下稳定性讨论中, 很多情形下可以只研究格式关于初值的稳定性, 以后简称为格式的稳定性.

4.2.2　差分格式的相容性与收敛性

沿用 4.1 节的记号, 我们将求解式 (4.1.1), (4.1.2) 的差分格式写为形式

$$L_h u_j^k = f_j^k, \quad j = 1, 2, \cdots, N-1, \tag{4.2.10}$$

这里 L_h 表示差分算子, 而 f_j^k 可能不等于 $[f]_j^k$, 只是表示右端项的某个近似. 用 R_j^k 表示上述差分算子的局部截断误差:

$$R_j^k = [Lu]_j^k - L_h[u]_j^k. \tag{4.2.11}$$

首先引进差分格式相容性的概念. 记 $r_j^k = [f]_j^k - f_j^k$, 它表示右端项的局部截断误差. 我们有下面的定义.

定义 4.2.3　若当 τ, $h \to 0$, $k\tau = t(0 < t \leqslant T)$ 时, 对于充分光滑的函数 u 有 $\|\boldsymbol{R}^k\| \to 0$, 则称 L_h 是微分算子 L 的相容逼近. 另外, 若当 τ, $h \to 0$, $k\tau = t$ 时, 又有 $\|\boldsymbol{r}^k\| \to 0$, 则称差分方程 (4.2.10) 是微分方程 (4.1.1) 的相容逼近, 或简称格式 (4.2.10) 是相容的.

若对局部截断误差有估计式

$$\|\boldsymbol{R}^k\| = O(\tau^\alpha + h^\beta),$$

则称 L_h 对 L 的逼近是 (α,β) 阶的. 当 α,β 为正数时, 显然, L_h 对 L 的逼近是相容的.

从 4.1 节的讨论知, 对方程 (4.1.1) 所构造的几种格式都是相容的.

其次, 来叙述差分格式收敛性的概念.

定义 4.2.4　设 $\boldsymbol{u}$ 为微分方程问题的准确解. 若对任意 $t(0<t\leqslant T)$, 当步长 $\tau,\ h\to 0,\ k\tau=t$ 时, 相应的差分格式 (4.2.10) 之解 u_j^k 满足关系式.

$$\|\boldsymbol{u}^k-[\boldsymbol{u}]^k\|\to 0,$$

则称此格式是收敛的, 其中 $[\boldsymbol{u}]^k=\left[[u]_1^k,\cdots,[u]_{N-1}^k\right]^{\mathrm{T}}$.

我们来研究差分格式稳定性、相容性与收敛性的关系, 为此先证明如下引理.

引理 4.2.2　设矩阵 $A^{(k)}$ 的逆当 $0<\tau<\tau_0,\ h=g(\tau)$ 时关于 k 一致有界, 且差分格式关于初值稳定, 则有 $M>0$ 使 (4.2.3) 的解满足估计式

$$\|\boldsymbol{u}^k\|\leqslant M\Big(\|\boldsymbol{u}^0\|+\tau\sum_{m=0}^{k-1}\|\boldsymbol{f}^m\|\Big), \tag{4.2.12}$$

对任何 $0<k\leqslant T/\tau,\ \ 0<\tau<\tau_0$.

证明　设 $\boldsymbol{v}^k$ 为差分格式 (4.2.3) 满足零初始条件之解

$$\begin{cases} A^{(k)}\boldsymbol{v}^{k+1}=B^{(k)}\boldsymbol{v}^k+\tau\boldsymbol{f}^k,\\ \boldsymbol{v}^0=\boldsymbol{0}. \end{cases} \tag{4.2.13}$$

而 $\boldsymbol{w}^k$ 为相应的齐次差分格式满足非齐次初始条件之解

$$\begin{cases} A^{(k)}\boldsymbol{w}^{k+1}=B^{(k)}\boldsymbol{w}^k,\\ \boldsymbol{w}^0=\boldsymbol{u}^0. \end{cases} \tag{4.2.14}$$

显然, $\boldsymbol{u}^k=\boldsymbol{v}^k+\boldsymbol{w}^k$. 由于格式 (4.2.3) 关于初值稳定, 故有 $M>0$ 使式 (4.2.14) 之解满足估计式

$$\|\boldsymbol{w}^k\|\leqslant M\|\boldsymbol{w}^0\|. \tag{4.2.15}$$

而且利用定理 4.2.1, 格式也关于右端稳定, 式 (4.2.13) 之解满足估计式

$$\|\boldsymbol{v}^k\|\leqslant M\tau\sum_{m=0}^{k-1}\|\boldsymbol{f}^m\|.$$

由此及式 (4.2.15), 推出式 (4.2.12). 证毕. □

下面的重要定理指明, 从格式的相容性与稳定性推出它的收敛性.

定理 4.2.2　设矩阵 $A^{(k)}$ 的逆当 $0<\tau<\tau_0$, $h=g(\tau)$ 时关于 k $(0\leqslant k\leqslant T/\tau)$ 一致有界, 格式 (4.2.10) 是稳定和相容的, 则它是收敛的. 此外, 又若

$$\|\boldsymbol{R}^k\|=O(\tau^\alpha+h^\beta),\quad \|\boldsymbol{r}^k\|=O(\tau^\alpha+h^\beta),\quad \alpha>0,\beta>0,$$

则有

$$\|[\boldsymbol{u}]^k-\boldsymbol{u}^k\|=O(\tau^\alpha+h^\beta).$$

证明　令 $e_j^k=[u]_j^k-u_j^k$, 则立即有 $e_0^k=e_N^k=0$. 另一方面, 注意到 $r_j^k=[f]_j^k-f_j^k$, 我们有

$$\begin{aligned}-R_j^k&=L_h[u]_j^k-[Lu]_j^k=L_h[u]_j^k-f_j^k-r_j^k\\&=L_h[u]_j^k-L_hu_j^k-r_j^k=L_h\left([u]_j^k-u_j^k\right)-r_j^k\\&=L_he_j^k-r_j^k.\end{aligned}$$

因此, 误差函数 $\boldsymbol{e}_j^k$ 为差分格式

$$\begin{cases}L_he_j^k=-R_j^k+\boldsymbol{r}_j^k,\quad j=1,2,\cdots,N-1.\\e_j^0=0,\\e_0^k=e_N^k=0\end{cases}\tag{4.2.16}$$

之解, 这里初值 $u_j^0=[u]_j^0$ 是精确的, 故 $e_j^0=0$. 对式 (4.2.16) 应用不等式 (4.2.12), 则有

$$\|\boldsymbol{e}^k\|\leqslant M\tau\sum_{m=0}^{k-1}(\|\boldsymbol{R}^m\|+\|\boldsymbol{r}^m\|).$$

由于 $\tau k\leqslant T$, 且 $\|\boldsymbol{R}^m\|$ 和 $\|\boldsymbol{r}^m\|$ 为无穷小量, 定理第一部分得证. 同理, 定理第二部分显然成立. □

为了揭示差分格式相容性、收敛性、稳定性之间的内在关系, 当代数学家 P. D. Lax 首先提出了一个定理. 该定理有不同的表述, 最常见的一种表述是: 对适定的线性偏微分方程初边值问题而言, 一个相容的双层差分格式收敛的充分必要条件是格式稳定. 该定理通常称之为 **Lax 等价性定理**.

显然, 一个格式的相容性是易于验证的. 为得到格式的收敛性, 根据上述定理, 重要的是判断格式的稳定性. 所以, 无论从理论上还是从实际计算上看, 格式的稳定性理论都应该成为我们研究的重点.

4.3　稳定性研究中的矩阵方法

本节讨论判断差分格式稳定性的一些准则, 并对一些常用格式进行稳定性分析. 下文中只讨论关于初值的稳定性.

4.3.1　矩阵方法的一般讨论

仍然考虑初边值问题 (4.1.1), (4.1.2) 的差分格式, 如同 4.2 节, 它可一般地写为

$$A^{(k)}\boldsymbol{u}^{k+1}=B^{(k)}\boldsymbol{u}^{k}+\tau\boldsymbol{f}^{k}. \tag{4.3.1}$$

记号的意义可参见 4.2 节, 设 $N-1$ 阶矩阵 $A^{(k)}$ 的逆存在, 则相应于 (4.3.1) 的齐次格式可写为

$$\boldsymbol{v}^{k+1}=\left(A^{(k)}\right)^{-1}B^{(k)}\boldsymbol{v}^{k}. \tag{4.3.2}$$

记 $H^{(k)}=\left(A^{(k)}\right)^{-1}B^{(k)}$, 并称之为过渡矩阵, 则有

$$\boldsymbol{v}^{k+1}=H^{(k)}\boldsymbol{v}^{k}. \tag{4.3.3}$$

当系数与 k 无关时, $A^{(k)}=A,\ \ B^{(k)}=B,\ \ H=A^{-1}B$, 则得到

$$\boldsymbol{v}^{k+1}=H\boldsymbol{v}^{k}. \tag{4.3.4}$$

通过对 $H^{(k)}$ 或 H 进行直接估计来给出稳定性条件, 这就是矩阵方法. 我们先考虑系数与 k 无关的情形.

引理 4.3.1　*差分格式 (4.3.4) 稳定的充要条件是, 存在常数 τ_0, M, 使当 $0<\tau<\tau_0$, $h=g(\tau)$ 时, 有*

$$\|H^{k}\|\leqslant M,\quad 对任何k,0<k\leqslant T/\tau. \tag{4.3.5}$$

证明　对任何 $k>0$, 从式 (4.3.4) 可得

$$\boldsymbol{v}^{k}=H^{k-k_0}\boldsymbol{v}^{k_0},\quad k>k_0\geqslant 0.$$

又按定义 4.2.1, 格式 (4.3.4) 稳定的充要条件为存在常数 M, 使得

$$\|H^{k-k_0}\boldsymbol{v}^{k_0}\|\leqslant M\|\boldsymbol{v}^{k_0}\|.$$

注意到 k_0 及 $\boldsymbol{v}^{k_0}$ 的任意性, 即推出式 (4.3.5). 证毕. □

设 $\lambda_j(j=1,2,\cdots,N-1)$ 为矩阵 H 的特征值, $\rho(H)=\max\limits_{j}|\lambda_j|$ 表示 H 的谱半径. 我们有下面的定理.

定理 4.3.1　*差分格式 (4.3.4) 稳定的必要条件是, 当 $0<\tau<\tau_0,h=g(\tau)$ 时, 存在与 τ 无关的常数 M_1, 使得*

$$\rho(H)\leqslant 1+M_1\tau. \tag{4.3.6}$$

证明　因为矩阵的谱半径不超过它的任一种范数, 从式 (4.3.5) 推出, 如果格式 (4.3.4) 稳定, 则有

$$\rho(H^k) = \rho^k(H) \leqslant M, \quad 0 < k \leqslant T/\tau. \tag{4.3.7}$$

下面证明, 式 (4.3.7) 和 (4.3.6) 是等价的. 事实上, 若式 (4.3.6) 成立, 则有

$$\rho^k(H) \leqslant (1 + M_1\tau)^k \leqslant (1 + M_1\tau)^{\mathrm{T}/\tau} \leqslant e^{M_1 \mathrm{T}},$$

取常数 $M = e^{M_1 \mathrm{T}}$, 即得式 (4.3.7). 反之, 若式 (4.3.7) 成立, 特别地取 k, $(T-\tau)/\tau \leqslant k < T/\tau$, 则有

$$\begin{aligned}\rho(H) \leqslant M^{\tau/(T-\tau)} &= \exp\left\{\frac{\tau}{T-\tau}\ln M\right\} \\ &= 1 + \tau\left(\frac{\ln M}{T-\tau}\right) + \frac{\tau^2}{2!}\left(\frac{\ln M}{T-\tau}\right)^2 + \cdots \\ &\leqslant 1 + M_1\tau,\end{aligned}$$

其中

$$M_1 = \frac{\ln M}{T-\tau_0}\exp\left(\frac{\tau_0}{T-\tau_0}\ln M\right).$$

证毕. □

差分格式稳定的必要条件 (4.3.6) 十分重要, 在很多情形下, 它也是稳定的充分条件.

定理 4.3.2　若 $H = A^{-1}B$ 为正规矩阵, 即满足关系式 $HH^* = H^*H$, 其中 H^* 为 H 的转置共轭阵, 则 (4.3.6) 为差分格式 (4.3.4) 按 Euclid 范数稳定的充要条件.

证明　熟知, 当 H 为正规矩阵时, H^k 亦然. 由数值代数中的讨论知, 正规矩阵的 Euclid 范数等于它的谱半径, 故有

$$\|H^k\|_0 = \rho(H^k) = \rho^k(H).$$

当式 (4.3.7) 成立时, 式 (4.3.5) 亦然, 差分格式 (4.3.4) 稳定. 注意到式 (4.3.7) 与 (4.3.6) 等价, 故式 (4.3.6) 是稳定的充要条件. 证毕. □

由此即知, 当 H 为实对称矩阵时, $\rho(H) = \|H\|_0$, (4.3.6) 为格式稳定的充要条件.

另外, 还可推出下列事实.

定理 4.3.3　若对于矩阵 H, 存在非奇异矩阵 P, 使 $P^{-1}HP = \tilde{H}$ 为对称阵, 当

$$\|P\|_0, \quad \|P^{-1}\|_0 \leqslant M \tag{4.3.8}$$

时, 其中 M 为正常数, 则 (4.3.6) 为格式稳定的充要条件.

证明 从 $\tilde{H}=P^{-1}HP$, 立即得 $H^k=P\tilde{H}^kP^{-1}$. 进而有

$$\|H^k\|_0\leqslant\|P\|_0\cdot\|P^{-1}\|_0\cdot\|\tilde{H}^k\|_0.$$

但知

$$\begin{aligned}\|\tilde{H}^k\|_0&=\rho(\tilde{H}^k)=\rho^k(\tilde{H})=\rho^k(H)\\&\leqslant(1+M_1\tau)^k\leqslant M_2,\end{aligned}$$

由此及式 (4.3.8) 推出, $\|H^k\|_0$ 是有界的, 故格式稳定. 证毕. □

当差分格式的系数依赖于 k 时, 常常需对式 (4.3.3) 直接进行估计, 这种方法可叙述为下面的定理.

定理 4.3.4 *若对 τ, 当 $0<\tau<\tau_0$, $h=g(\tau)$ 时存在常数 M_1, 使得*

$$\|H^{(k)}\|=\|A^{(k)-1}B^{(k)}\|\leqslant1+M_1\tau, \tag{4.3.9}$$

$$0<k\leqslant T/\tau,$$

则差分格式 (4.3.3) 是稳定的.

显然, 从条件 (4.3.9), 对式 (4.3.3) 的解有如下估计

$$\|\boldsymbol{v}^{k+1}\|\leqslant(1+M_1\tau)\|\boldsymbol{v}^k\|.$$

条件 (4.3.9) 的检验通常是困难的, 只能对具体格式具体分析.

4.3.2 常系数热传导方程古典格式的稳定性

本段讨论简单的常系数热传导方程 (4.1.3) 的几个古典格式的稳定性. 为应用定理 4.3.2 给出的判断方法, 首先计算 $N-1$ 阶实矩阵

$$D=\begin{bmatrix}\alpha&\beta&&&\\\gamma&\alpha&\beta&&\\&\ddots&\ddots&\ddots&\\&&\gamma&\alpha&\beta\\&&&\gamma&\alpha\end{bmatrix}$$

的特征值与特征向量, 其中 β 与 γ 同号.

设 λ 为矩阵 D 的特征值, $\boldsymbol{v}=[v_1,\cdots,v_{N-1}]^{\mathrm{T}}$ 为相应的特征向量, 则有 $D\boldsymbol{v}=\lambda\boldsymbol{v}$. 若定义 $v_0=v_N=0$, 则上式可视为差分方程

$$\gamma v_{j-1}+(\alpha-\lambda)v_j+\beta v_{j+1}=0, \tag{4.3.10}$$

$$j=1,2,\cdots,N-1$$

的边值问题. 我们来求它的非零解. 设 μ_1, μ_2 为二次方程

$$\beta\mu^2 + (\alpha - \lambda)\mu + \gamma = 0 \tag{4.3.11}$$

的两个根 (后面将说明, $\mu_1 \neq \mu_2$), 则方程 (4.3.10) 的通解可写为

$$v_j = C_1\mu_1^j + C_2\mu_2^j.$$

利用条件 $v_0 = v_N = 0$, 从上式推出

$$C_1 + C_2 = 0, \quad C_1\mu_1^N + C_2\mu_2^N = 0.$$

进而

$$\left(\frac{\mu_1}{\mu_2}\right)^N = 1,$$

或者

$$\frac{\mu_1}{\mu_2} = \exp(2is\pi/N),\ s = 1, 2, \cdots, N-1,\ i = \sqrt{-1}, \tag{4.3.12}$$

由方程 (4.3.11), $\mu_1\mu_2 = \gamma/\beta$. 由此及式 (4.3.12) 消去 μ_2, 得到

$$\mu_1 = \left(\frac{\gamma}{\beta}\right)^{1/2} \exp(is\pi/N).$$

类似地, 有

$$\mu_2 = \left(\frac{\gamma}{\beta}\right)^{1/2} \exp(-is\pi/N).$$

又由式 (4.3.11), $\mu_1 + \mu_2 = (\lambda - \alpha)/\beta$, 给出

$$\lambda = \alpha + \beta\left(\frac{\gamma}{\beta}\right)^{1/2}\left(e^{is\pi/N} + e^{-is\pi/N}\right).$$

因此, 矩阵 D 的 $N-1$ 个特征值为

$$\lambda_s = \alpha + 2\beta\left(\frac{\gamma}{\beta}\right)^{1/2} \cos\frac{s\pi}{N}, \tag{4.3.13}$$

相应于 λ_s 的特征向量为 $\boldsymbol{v}^{(s)}$, 其第 j 个分量为

$$\begin{aligned} v_j^{(s)} &= C_1\mu_1^j(s) + C_2\mu_2^j(s) \\ &= C_1\left(\frac{\gamma}{\beta}\right)^{\frac{1}{2}j}(\exp(ijs\pi/N) - \exp(-ijs\pi/N)) \\ &= 2iC_1\left(\frac{\gamma}{\beta}\right)^{\frac{1}{2}j} \sin\frac{js\pi}{N}. \end{aligned}$$

不计常数因子, 特征向量 $\boldsymbol{v}^{(s)}$ 可取为

$$\boldsymbol{v}^{(s)}=\left[\left(\frac{\gamma}{\beta}\right)^{\frac{1}{2}}\sin\frac{s\pi}{N},\left(\frac{\gamma}{\beta}\right)\sin\frac{2s\pi}{N},\cdots,\left(\frac{\gamma}{\beta}\right)^{\frac{N-1}{2}}\sin\frac{(N-1)s\pi}{N},\right]^{\mathrm{T}},\qquad(4.3.14)$$
$$s=1,2,\cdots,N-1.$$

另外, 式 (4.3.11) 不能有重根. 因为, 若 $\mu_1=\mu_2$, 则式 (4.3.10) 的通解可写为

$$v_j=(C_1+C_2j)\mu_1^j.$$

由 $v_0=v_N=0$, 即可推出 $C_1=C_2=0,\ v_j=0,\ j=1,2,\cdots,N-1$. 这是不可能的.

现在来分析古典格式按 Euclid 范数的稳定性质.

(1) 最简显格式.

由式 (4.1.8), 此格式的过渡矩阵为 $H=(1-2ra)I+raC$, 其中 C 为 $N-1$ 阶矩阵

$$C=\begin{bmatrix}0&1&&&\\1&0&1&&\\&\ddots&\ddots&\ddots&\\&&&1&0\end{bmatrix},$$

H 为对称阵, 可利用定理 4.3.2 的结论来做出判断. 根据式 (4.3.13), 可求出 H 的特征值

$$\lambda_s(H)=1-2ra+2ra\cos\frac{s\pi}{N}=1-4ra\sin^2\frac{s\pi h}{2},$$
$$s=1,2,\cdots,N-1,\quad h=\frac{1}{N}.$$

为使 λ_s 满足条件 (4.3.6), 当且仅当 $ra\leqslant 1/2$. 这就是格式 (4.1.5) 按 Euclid 范数稳定的充要条件.

(2) 最简隐格式.

此时, $A=(1+2ra)I-raC,\quad B=I,\quad H=A^{-1}$ 为对称阵. 由式 (4.3.13), 可算出 A 的特征值

$$\lambda_s(A)=1+2ra-2ra\cos\frac{s\pi}{N}=1+4ra\sin^2\frac{s\pi h}{2},$$

且 $\lambda_s(A)>1,\quad s=1,2,\cdots,N-1$. 因此, H 的特征值 $\lambda_s(H)=1/\lambda_s(A)$ 按模小于 1. 故对任何 $ra>0$, 格式 (4.1.9) 稳定, 以后常称为无条件稳定.

(3) 双层加权格式.

由式 (4.1.15), 双层加权格式对应的过渡矩阵

$$H = [(1+2\theta ra)I - \theta raC]^{-1}[(1-2(1-\theta)ra)I + (1-\theta)raC],$$

易知, H 为对称阵, 且可算出其特征值

$$\lambda_s(H) = \frac{1-4(1-\theta)ra\sin^2\left(\dfrac{s\pi h}{2}\right)}{1+4\theta ra\sin^2\left(\dfrac{s\pi h}{2}\right)}, \quad s=1,2,\cdots,N-1.$$

现在研究 $\lambda(H)$ 在什么条件下, 按模不大于 1, 亦即

$$-1 \leqslant \frac{1-4(1-\theta)ra\sin^2\left(\dfrac{s\pi h}{2}\right)}{1+4\theta ra\sin^2\left(\dfrac{s\pi h}{2}\right)} \leqslant 1.$$

右侧的不等式

$$1-4(1-\theta)ra\sin^2\left(\frac{s\pi h}{2}\right) \leqslant 1+4\theta ra\sin^2\left(\frac{s\pi h}{2}\right)$$

无论 $\theta(0\leqslant\theta\leqslant 1)$ 及网比 r 取何值都成立. 而左侧的不等式为

$$-1-4\theta ra\sin^2\left(\frac{s\pi h}{2}\right) \leqslant 1-4(1-\theta)ra\sin^2\left(\frac{s\pi h}{2}\right),$$

或整理之, 得

$$2ra(2\theta-1)\sin^2\left(\frac{s\pi h}{2}\right) \geqslant -1.$$

若 $2\theta-1\geqslant 0$, 则上述不等式对一切 $r>0$ 均成立, 亦即 $\dfrac{1}{2}\leqslant\theta\leqslant 1$ 时, 不论 $r>0$ 取何值, 格式稳定. 若 $2\theta-1\leqslant 0$, 则上述不等式可改写为

$$2ra(1-2\theta)\sin^2\left(\frac{s\pi h}{2}\right) \leqslant 1.$$

为使此式成立, 必须 $2ra(1-2\theta)\leqslant 1$. 所以当 $0\leqslant\theta<\dfrac{1}{2}$ 时, 双层加权格式稳定的条件为

$$ra \leqslant \frac{1}{2(1-2\theta)}.$$

以上对常系数热传导方程问题 (4.1.3), (4.1.2) 的几种差分格式按 Euclid 范数的稳定性进行了分析. 所得结果综述如下：最简显格式计算简单易行, 但是条件稳定的. 为保证稳定性对网比的限制导致对步长的严格限制；最简隐格式及 CN 格式, 都是所谓无条件稳定的, 对网比没有限制. 采用这些格式时, 可把步长取得大一些, 以减少计算工作量, 不过这两种格式在每个时间步, 都需求解一个高阶线性代数方程组. 对双层加权格式, 当 $0\leqslant\theta<\dfrac{1}{2}$ 时, 为条件稳定的; 而当 $\dfrac{1}{2}\leqslant\theta\leqslant 1$ 时, 为无条件稳定.

4.4　稳定性研究中的分离变量法

上节讨论的分析稳定性的矩阵方法, 虽具有一定的通用性 (例如, 允许系数与空间变量有关), 然而, 除了一些模型问题外, 实际应用时会遇到一些困难, 因为这个方法需要计算高阶矩阵的特征值. 本节介绍一种简单实用的方法 —— 分离变量法, 又称为 von Neumann 方法, 它是熟知的求解偏微分方程问题的分离变量法在离散情形下的模拟. 不过, 这种方法只适用于常系数差分格式.

4.4.1　分离变量法的一般讨论

设所考虑的微分方程的系数是常数, 相应差分格式的系数与 x,t 无关. 由 4.2 节的讨论, 在研究稳定性时, 可限于考虑以下的齐次差分格式

$$\begin{aligned}&\sum_{m\in\Omega_1} a_m u_{j+m}^{k+1} = \sum_{m\in\Omega_0} b_m u_{j+m}^{k},\\ &j=1,2,\cdots,N-1.\ \ h=1/N,\end{aligned}\tag{4.4.1}$$

式中 a_m 与 b_m 都与 j,k 无关, Ω_0 与 Ω_1 分别表示在第 $k,k+1$ 层上 m 可取值的集合. 例如, 对最简显格式 (4.1.5), $\Omega_0=\{-1,0,1\},\Omega_1=\{0\},a_0=1,b_{-1}=b_1=ra,b_0=1-2ra$.

对于给定的网函数 u_h^k, 固定 k, 用它在网点 (j,k) 上的值 u_j^k 定义一个在区间 $[0,1]$ 上的函数 $u^k(x)$. 例如, $u^k(x)$ 可定义为阶梯函数, 它在区间 $x_j-\dfrac{h}{2}<x\leqslant x_j+\dfrac{h}{2}$ 上取值 u_j^k. 我们限于讨论第一边界条件的情形, 在稳定性研究中, 总可假设边界条件是齐次的, 故 $u^k(0)=u^k(1)=0$. 因此, 可把 $u^k(x)$ 以 1 为周期开拓到整个数轴上. 将 $u^k(x)$ 展成复数形式的 Fourier 级数

$$u^k(x)=\sum_{m=-\infty}^{\infty} v^k(m)e^{i2m\pi x},\quad i=\sqrt{-1},\tag{4.4.2}$$

根据 Parseval 等式, 我们有

$$\begin{cases}\|u^k\|_0^2=\displaystyle\sum_{m=-\infty}^{\infty}|v^k(m)|^2,\\ v^k(m)=\displaystyle\int_0^1 u^k(x)e^{-i2m\pi x}\mathrm{d}x,\end{cases}\tag{4.4.3}$$

此处

$$\|u^k\|_0^2=\int_0^1 |u^k(x)|^2\mathrm{d}x.\tag{4.4.4}$$

亦即 $\|\cdot\|_0$ 为 L_2 范数. 易见, 按上述定义函数 $u^k(x)$ 的办法, 由式 (4.4.4) 确定的范数与 4.2 节所定义的 Euclid 范数是相同的.

对于开拓后的连续变量的函数 $u^k(x)$, 格式 (4.4.1) 可以写为

$$\sum_{j\in\Omega_1} a_j u^{k+1}(x+jh) = \sum_{j\in\Omega_0} b_j u^k(x+jh). \tag{4.4.5}$$

将式 (4.4.2) 代入上式, 则有

$$\sum_{m=-\infty}^{\infty} e^{i2m\pi x}\Big[\sum_{j\in\Omega_1} a_j e^{i2\pi mjh}\Big]v^{k+1}(m)$$
$$= \sum_{m=-\infty}^{\infty} e^{i2m\pi x}\Big[\sum_{j\in\Omega_0} b_j e^{i2\pi mjh}\Big]v^{k}(m).$$

注意到

$$\int_0^1 e^{i2n\pi x}\cdot e^{-i2m\pi x}\mathrm{d}x = \begin{cases} 0, & 当 n\neq m, \\ 1, & 当 n=m, \end{cases}$$

则由上式推出

$$\Big[\sum_{j\in\Omega_1} a_j e^{i2\pi mjh}\Big]v^{k+1}(m) = \Big[\sum_{j\in\Omega_0} b_j e^{i2\pi mjh}\Big]v^{k}(m), \tag{4.4.6}$$
$$m=0,\pm1,\pm2,\cdots.$$

记 $\sigma=2m\pi$, 并记

$$G(\sigma,\tau) = \Big(\sum_{j\in\Omega_1} a_j e^{i\sigma jh}\Big)^{-1}\Big(\sum_{j\in\Omega_0} b_j e^{i\sigma jh}\Big),$$

则式 (4.4.6) 化为

$$v^{k+1}(m) = G(\sigma,\tau)v^k(m), \quad m=0,\pm1,\pm2,\cdots. \tag{4.4.7}$$

此处, $h=g(\tau)$, 并称 $G(\sigma,\tau)$ 为格式 (4.4.5) 的传播因子. 反复利用式 (4.4.7), 则有

$$v^{k}(m) = G^k(\sigma,\tau)v^0(m), \quad m=0,\pm1,\pm2,\cdots. \tag{4.4.8}$$

定理 4.4.1　差分格式 (4.4.1) 按 L_2 范数 $\|\cdot\|_0$ 稳定的充分必要条件是, 存在 $\tau_0>0$ 和 $M>0$, 使得 $0<\tau<\tau_0$ 时

$$|G^k(\sigma,\tau)|\leqslant M, \qquad \forall\sigma\in\mathbf{R}, 1\leqslant k\leqslant T/\tau \tag{4.4.9}$$

成立; 或者, 存在 $M_1>0$, 使得 $0<\tau<\tau_0$ 时

$$|G(\sigma,\tau)|\leqslant 1+M_1\tau, \qquad \forall\sigma\in\mathbf{R}. \tag{4.4.10}$$

证明　只需证明定理的前半部分. 仿照上节定理 4.3.1 的证明, 容易得知式 (4.4.9) 和后半部分的式 (4.4.10) 是等价的.

先证充分性. 若式 (4.4.9) 成立, 由 Parseval 等式,

$$\begin{aligned}\|u^k\|_0^2 &= \sum_{m=-\infty}^{+\infty} |v^k(m)|^2 = \sum_{m=-\infty}^{+\infty} |G^k(\sigma,\tau)v^0(m)|^2 \\ &\leqslant M^2 \sum_{m=-\infty}^{+\infty} |v^0(m)|^2 = M^2\|u^0\|_0^2,\end{aligned}$$

即

$$\|u^k\|_0 \leqslant M\|u^0\|_0, \quad \forall 0<\tau<\tau_0,\ 1\leqslant k\leqslant T/\tau,$$

故格式稳定. 再证必要性. 反设式 (4.4.9) 不成立, 对任何自然数 n, 都有某个 $\tau_n < \tau_0, k_n \leqslant T/\tau_n, \sigma_n \in \mathbf{R}$, 使得

$$|G^{k_n}(\sigma_n,\tau_n)| > n, \quad n=1,2,\cdots.$$

由于 $G(\sigma,\tau)$ 对 σ 的连续性, 故对每一个 n, 有 $\delta_n>0$, 当 $|\sigma-\sigma_n|\leqslant\delta_n$ 时

$$|G^{k_n}(\sigma,\tau_n)| > \frac{n}{2},$$

对此 δ_n 作函数 $u^0(x)$, 其 Fourier 系数为

$$v^0(m) = \begin{cases} 1, & |\sigma-\sigma_n|\leqslant\delta_n, \\ 0, & |\sigma-\sigma_n|>\delta \end{cases}$$

(注意 $\sigma=2m\pi$), 那么

$$\begin{aligned}\|u^{k_n}(x)\|_0^2 &= \sum_{m=-\infty}^{+\infty} |v^{k_n}(m)|^2 = \sum_{m=-\infty}^{+\infty} |G^{k_n}(\sigma,\tau_n)|^2|v^0(m)|^2 \\ &> \left(\frac{n}{2}\right)^2 \|u^0\|_0^2,\end{aligned}$$

或者

$$\|u^{k_n}\|_0 > \frac{n}{2}\|u^0\|_0, \quad n=1,2,\cdots.$$

于是, 对任何 n, 都有初值 u^0, 使得由格式 (4.4.1) 解得的 u^{k_n} 其范数 $\|u^{k_n}\|_0$ 与 $\|u^0\|_0$ 相比, 不一致有界, 从而格式不稳定. 证毕. □

这里应注意, 条件 (4.4.10) 比 (4.4.9) 容易验证. 因此, 为判别常系数差分格式的稳定性, 只要算出传播因子 $G(\sigma,\tau)$, 然后求出使式 (4.4.10) 成立时, 步长 τ 和

$h=g(\tau)$ 所应满足的条件. 条件 (4.4.10) 称为 von Neumann 条件. 由此推出, 在单个方程的情形, von Neumann 条件为常系数双层格式按 L_2 范数稳定的充要条件.

对于具体的差分格式, $G(\sigma,\tau)$ 是易于计算的. 实际上, 只要取 $u^k(x)=v^k(m)e^{i\sigma x}$, 将其代入式 (4.4.5), 消去公因子, 即可得到式 (4.4.6), 从而求出传播因子. 现举例说明 von Neumann 条件的应用.

例 4.4.1　最简显格式 (4.1.6).

这个格式可写为

$$u^{k+1}(x)=(1-2ra)u^k(x)+ra(u^k(x-h)+u^k(x+h)),$$

其中 $r=\tau/h^2$. 令 $u^k(x)=v^k(m)e^{i\sigma x}$, 并代入上式, 则有

$$v^{k+1}(m)=[(1-2ra)+ra(e^{-e\sigma h}+e^{i\sigma h})]v^k(m).$$

传播因子

$$G(\sigma,\tau)=1-2ra(1-\cos\sigma h)=1-4ra\sin^2\left(\frac{\sigma h}{2}\right).$$

因此, 当且仅当 $ra\leqslant\dfrac{1}{2}$ 时, von Neumann 条件满足, 最简显格式稳定. 这与用矩阵方法得到的结论相同, 但算法较简便.

例 4.4.2　双层加权格式 (4.1.14):

$$\begin{aligned}&(1+2\theta ra)u^{k+1}(x)-\theta ra\left(u^{k+1}(x+h)+u^{k+1}(x-h)\right)\\=&[1-2(1-\theta)ra]u^k(x)+(1-\theta)ra(u^k(x+h)+u^k(x-h)).\end{aligned}$$

令 $u^k(x)=v^k(m)e^{i\sigma x}$, 代进上式, 则有

$$\begin{aligned}&[(1+2\theta ra)-\theta ra(e^{i\sigma h}+e^{-i\sigma h})]v^{k+1}(m)\\=&[1-2(1-\theta)ra+(1-\theta)ra(e^{i\sigma h}+e^{-i\sigma h})]v^k(m),\end{aligned}$$

故格式的传播因子

$$G(\sigma,\tau)=\frac{1-4(1-\theta)ra\sin^2\left(\dfrac{\sigma h}{2}\right)}{1+4\theta ra\sin^2\left(\dfrac{\sigma h}{2}\right)}.$$

由此可知, 当 $\dfrac{1}{2}\leqslant\theta\leqslant 1$ 时, 格式对任何 $r>0$ 稳定 (无条件稳定); 当 $0\leqslant\theta<\dfrac{1}{2}$, 且 $ra\leqslant\dfrac{1}{2(1-2\theta)}$ 时, 格式稳定. 这与用矩阵方法得到的结论相同, 但计算过程明显简单.

必须指出, 分离变量法也适用于研究纯初值问题差分格式的稳定性. 此时, 根据网函数值 u_j^k 定义的 $u^k(x)$, 应是在整个实轴上平方可积的函数, 因而

$$u^k(x) = \int_{-\infty}^{\infty} v^k(y) e^{i2\pi yx} \mathrm{d}y,$$

其中 $v^k(y)$ 为 $u^k(x)$ 的 Fourier 变换. 此时 Parseval 等式为

$$\int_{-\infty}^{\infty} |u^k(x)|^2 \mathrm{d}x = \int_{-\infty}^{\infty} |v^k(x)|^2 \mathrm{d}y.$$

对纯初值问题, 差分格式仍取 (4.4.5) 的形式, 不过, $-\infty < x < \infty, h > 0$ 为步长. 以 $e^{-i2\pi yx}$ 乘式 (4.4.5) 两端, 并从 $-\infty$ 到 ∞ 关于 x 积分, 则有

$$\sum_{j\in\Omega_1} a_j \int_{-\infty}^{\infty} u^{k+1}(x+jh) e^{-i2\pi yx} \mathrm{d}x = \sum_{j\in\Omega_0} \int_{-\infty}^{\infty} u^k(x+jh) e^{-i2\pi yx} \mathrm{d}x.$$

因为

$$v^k(y) = \int_{-\infty}^{\infty} u^k(x) e^{-i2\pi yx} \mathrm{d}x,$$

上式可写为

$$\sum_{j\in\Omega_1} a_j v^{k+1}(y) e^{-i2\pi yjh} = \sum_{j\in\Omega_0} b_j v^k(y) e^{-i2\pi yjh}.$$

记 $\sigma = 2\pi y$, 又 $h = g(\tau)$, 则有

$$v^{k+1}(y) = G(\sigma, \tau) v^k(y),$$

其中传播因子

$$G(\sigma,\tau) = \Big(\sum_{j\in\Omega_1} a_j e^{i\sigma jh}\Big)^{-1} \Big(\sum_{j\in\Omega_0} b_j e^{i\sigma jh}\Big).$$

这与初边值问题情形的传播因子的表达式一致. 故知式 (4.4.10) 为纯初值问题差分格式 (4.4.5) 稳定的充要条件.

4.4.2　对多个空间变量情形的应用

在多个空间变量的情形, 用分离变量法分析差分格式的稳定性更能显示它的优越性.

作为例子, 考虑两个空间变量的热传导方程问题

$$\begin{cases} \dfrac{\partial u}{\partial t} = \dfrac{\partial^2 u}{\partial x^2} + \dfrac{\partial^2 u}{\partial y^2}, & 0 < x, y < 1, 0 < t \leqslant T, \\ u(x,y,0) = \varphi(x,y), & 0 \leqslant x, y \leqslant 1, \\ u(0,y,t) = u(1,y,t) = u(x,0,t) = u(x,1,t) = 0, \\ \qquad\qquad 0 \leqslant t \leqslant T, \quad 0 \leqslant x, y \leqslant 1. \end{cases} \tag{4.4.11}$$

两个空间方向的步长均取为 h, $h=1/N$, 则逼近方程 (4.4.11) 的差分格式可写为

$$\sum_{\beta\in\Omega_1} a_{\beta_1,\beta_2} u_{s+\beta_1,j+\beta_2}^{k+1} = \sum_{\beta\in\Omega_0} b_{\beta_1,\beta_2} u_{s+\beta_1,j+\beta_2}^{k}, \tag{4.4.12}$$

$$s,j=1,2,\cdots,N-1.$$

式中 $\boldsymbol{\beta}=[\beta_1,\beta_2]$ 为 2 维向量, Ω_1 与 Ω_0 为 2 维向量集合. 相应的初边值条件为

$$\begin{cases} u_{sj}^0=\varphi_{sj}, \\ u_{0j}^k=u_{Nj}^k=u_{s0}^k=u_{sN}^k=0, \end{cases} \quad s,j=0,1,\cdots,N.$$

例如, 方程 (4.4.11) 的最简显格式取形式

$$\frac{u_{sj}^{k+1}-u_{sj}^k}{\tau}=\frac{1}{h^2}(\delta_x^2+\delta_y^2)u_{sj}^k, \tag{4.4.13}$$

$$s,j=1,2,\cdots,N-1.$$

它可改写为便于计算的形式

$$u_{sj}^{k+1}=(1-4r)u_{sj}^k+r(u_{s+1,j}^k+u_{s-1,j}^k+u_{s,j+1}^k+u_{s,j-1}^k), \tag{4.4.14}$$

式中 $r=\tau/h^2$. 对于这个格式, Ω_1 只包含一个向量 $[0,0]$, Ω_0 由向量 $[-1,0]$, $[1,0]$, $[0,-1]$ 及 $[0,1]$, $[0,0]$ 组成.

像一维情形一样, 利用网函数 u_h^k 在网点上之值 u_{ij}^k 定义二维区域 $0\leqslant x,y\leqslant 1$ 上的函数 $u^k(x,y)$, 且使之在网点 (s,j,k) 上的值等于 u_{ij}^k. 这样, 格式 (4.4.12) 可写成

$$\sum_{\beta\in\Omega_1} a_{\beta_1\beta_2} u^{k+1}(x+\beta_1 h, y+\beta_2 h)=\sum_{\beta\in\Omega_0} b_{\beta_1\beta_2} u^k(x+\beta_1 h, y+\beta_2 h). \tag{4.4.15}$$

将 $u^k(x,y)$ 周期地开拓到整个二维空间, 于是它可以展成两个变量的 Fourier 级数

$$u^k(x,y)=\sum_{m_1,m_2} v^k(m_1,m_2)e^{i2\pi(m_1x+m_2y)}. \tag{4.4.16}$$

此时, 同样有 Parseval 等式成立:

$$\|u^k\|_0^2=\int_0^1\int_0^1 (u^k(x,y))^2\mathrm{d}x\mathrm{d}y=\sum_{m_1,m_2}|v^k(m_1,m_2)|^2. \tag{4.4.17}$$

将式 (4.4.16) 代入式 (4.4.15), 则可推出

$$v^{k+1}(m_1,m_2)=G(\sigma,\tau)v^k(m_1,m_2),$$

式中 $\boldsymbol{\sigma}=[\sigma_1,\sigma_2]^{\mathrm{T}},\sigma_1=2m_1\pi,\ \sigma_2=2m_2\pi$, 传播因子

$$G(\boldsymbol{\sigma},\tau)=\left[\sum_{\beta\in\Omega_1}a_{\beta_1\beta_2}e^{ih(\beta_1\sigma_1+\beta_2\sigma_2)}\right]^{-1}\cdot\sum_{\beta\in\Omega_0}b_{\beta_1\beta_2}e^{ih(\beta_1\sigma_1+\beta_2\sigma_2)}. \tag{4.4.18}$$

由此推知, von Neumann 条件 (4.4.10) 是差分格式 (4.4.12) 稳定的充要条件, 只是此时 $\boldsymbol{\sigma}$ 为任意二维向量.

现在研究格式 (4.4.14) 的稳定条件. 将

$$u^k(x,y)=v^k(m_1,m_2)e^{i(\sigma_1x+\sigma_2y)}$$

代入式 (4.4.14), 则可算出

$$v^{k+1}(m_1,m_2)=G(\sigma,\tau)v^k(m_1,m_2),$$

其中 $G(\sigma,\tau)=1-4r\left(\sin^2\left(\frac{\sigma_1h}{2}\right)+\sin^2\left(\frac{\sigma_2h}{2}\right)\right)$. 由此可知, von Neumann 条件 (4.4.10) 满足, 当且仅当 $r\leqslant\frac{1}{4}$. 换言之, 网比 $r=\tau/h^2\leqslant\frac{1}{4}$ 是最简显格式稳定的充要条件, 比一个空间变量时 $r\leqslant\frac{1}{2}$ 严格.

又如, 逼近方程 (4.4.11) 的最简隐格式为

$$\frac{u_{ij}^{k+1}-u_{ij}^k}{\tau}=\frac{1}{h^2}(\delta_x^2+\delta_y^2)u_{ij}^{k+1},$$

$$s,j=1,2,\cdots,N-1.$$

用前述方法, 可求出格式的传播因子为

$$G(\sigma,\tau)=\left(1+4r\sin^2\left(\frac{\sigma_1h}{2}\right)+4r\sin^2\left(\frac{\sigma_2h}{2}\right)\right)^{-1}.$$

故对任何 $r>0$, 均有 $|G(\sigma,\tau)|\leqslant1$, 最简隐格式稳定.

对于 n 个空间变量的情形, 只要在讨论中把二维向量换成 n 维向量, 相应的结论依然成立. 例如在 n 维情形, von Neumann 条件 (4.4.10) 仍是单个方程差分格式稳定的充要条件. 对于 n 维情形的最简显格式, 传播因子

$$G(\boldsymbol{\sigma},\tau)=1-4r\left(\sin^2\left(\frac{\sigma_1h}{2}\right)+\cdots+\sin^2\left(\frac{\sigma_nh}{2}\right)\right),$$

其中 $\boldsymbol{\sigma}=[\sigma_1,\cdots,\sigma_n]^{\mathrm{T}}$. 当且仅当 $r\leqslant\frac{1}{2n}$ 时, 最简显格式稳定.

若用矩阵方法来分析上述格式的稳定性, 即使对二维情形, 也需估计一个 $(N-1)^2$ 阶矩阵的谱半径, 这通常是比较困难的.

4.4.3　对三层格式的应用

对多于二层的差分格式, 用引进新未知网函数的办法, 将其化为双层差分格式组. 例如, 引入新的未知函数 v^k 后, 记未知向量函数 $\boldsymbol{w}^k=[u^k,v^k]^{\mathrm{T}}$, 对一个空间变量的情形, 差分方程组写为

$$\sum_{j\in\Omega_1}A_j\boldsymbol{w}^{k+1}(x+jh)=\sum_{j\in\Omega_0}B_j\boldsymbol{w}^k(x+jh),$$

二个空间变量的情形, 可写为

$$\begin{aligned}&\sum_{\boldsymbol{\beta}\in\Omega_1}A_{\beta_1\beta_2}\boldsymbol{w}^{k+1}(x+\beta_1h,y+\beta_2h)\\=&\sum_{\boldsymbol{\beta}\in\Omega_0}B_{\beta_1\beta_2}\boldsymbol{w}^k(x+\beta_1h,y+\beta_2h),\end{aligned}$$

这里, A_j,B_j 以及 $A_{\beta_1\beta_2},B_{\beta_1\beta_2}$ 为矩阵, $\boldsymbol{w}^k$ 为向量. 在前一种情形 Ω_0 和 Ω_1 为某些整数的集合; 在后一种情形 Ω_0 和 Ω_1 为某些向量的集合. 对于单个未知函数的三层格式, 这些矩阵都是二阶的, 向量是二维的. 对 $\boldsymbol{w}^k=[u^k,v^k]^{\mathrm{T}}$, 它的范数确定为

$$\|\boldsymbol{w}^k\|_0=\{\|u^k\|_0^2+\|v^k\|_0^2\}^{\frac{1}{2}}.$$

仿照对单个差分格式处理的办法, 可导出所谓的传播矩阵, 仍记为 $G(\sigma,\tau)$. 例如, 对一个空间变量的情形

$$G(\sigma,\tau)=\Big[\sum_{j\in\Omega_1}A_je^{i\sigma jh}\Big]^{-1}\Big[\sum_{j\in\Omega_0}B_je^{i\sigma jh}\Big].$$

而差分格式稳定的充要条件为：存在与 τ,h 无关的常数 M, 对于 $0<\tau<\tau_0$, $0<k\tau\leqslant T$, 和一切实数 $\sigma,\sigma=2m\pi$,

$$\|G^k(\sigma,\tau)\|_0\leqslant M. \tag{4.4.19}$$

亦即, 矩阵族 $\{G^k(\sigma,\tau)\}$ 的范数是一致有界的. 然而, 上述充要条件很难验证. 与单个未知函数不同, 此时, 已不能得到形如式 (4.4.10) 那样的充要条件. 但易知 (4.4.19) 成立的必要条件为 $G(\sigma,\tau)$ 的谱半径满足

$$\rho(G(\sigma,\tau))\leqslant 1+M_1\tau,\quad 对于0<\tau<\tau_0, 一切实数\sigma, \tag{4.4.20}$$

其中 M_1 为与 τ 无关的常数. 条件 (4.4.20) 也称为 von Neumann 条件. 它是双层格式组稳定的必要条件. 与定理 4.3.2 的分析类似, 易知当 $G(\sigma,\tau)$ 为正规矩阵时, 条件 (4.4.20) 就成为稳定的充要条件.

例 4.4.3 分析 Richardson 格式

$$u^{k+1}(x)=2ra(u^k(x+h)-2u^k(x)+u^k(x-h))+u^{k-1}(x).$$

显然, 它等价于双层格式组

$$\begin{cases} u^{k+1}(x)=2ra(u^k(x+h)-2u^k(x)+u^k(x-h))+v^k(x), \\ v^{k+1}(x)=u^k(x). \end{cases} \tag{4.4.21}$$

记 $\boldsymbol{w}^k(x)=[u^k(x),v^k(x)]^{\mathrm{T}}$, 则式 (4.4.21) 可写为

$$\boldsymbol{w}^{k+1}(x)=\begin{bmatrix} 2ra & 0 \\ 0 & 0 \end{bmatrix}(\boldsymbol{w}^k(x+h)+\boldsymbol{w}^k(x-h))+\begin{bmatrix} -4ra & 1 \\ 1 & 0 \end{bmatrix}\boldsymbol{w}^k(x). \tag{4.4.22}$$

令 $\boldsymbol{w}^k(x)=\boldsymbol{q}^k(m)e^{i\sigma x}$, 这里 $\boldsymbol{q}^k(m)$ 为 2 维向量 $[q_1^k(m),q_2^k(m)]^{\mathrm{T}}$, 以之代入式 (4.4.22), 从 $\boldsymbol{q}^{k+1}(m)=G(\sigma,\tau)\boldsymbol{q}^k(m)$ 则可求出格式的传播矩阵

$$G(\sigma,\tau)=\begin{bmatrix} -8ra\sin^2\left(\dfrac{\sigma h}{2}\right) & 1 \\ 1 & 0 \end{bmatrix}.$$

这个矩阵的特征值为

$$\lambda(\sigma,\tau)=-4ra\sin^2\left(\frac{\sigma h}{2}\right)\pm\sqrt{1+16r^2a^2\sin^4\left(\frac{\sigma h}{2}\right)}.$$

易证, 对任何一个 σ, 可以取 h 适当小, 有

$$\max|\lambda(\sigma,\tau)|=ra+\sqrt{1+r^2a^2}>1+ra.$$

传播矩阵的谱半径不满足 von Neumann 条件 (4.4.20), 故 Richardson 格式不稳定.

为了利用 von Neumann 条件讨论稳定性, 下面给出两个差分格式组稳定的充分条件.

定理 4.4.2 设传播矩阵 $G(\sigma,\tau)$ 有完全的特征向量组, 且存在常数 δ, 使 $|\Delta|\geqslant\delta>0$. 这里 Δ 是以 $G(\sigma,\tau)$ 的规范特征向量为列的行列式, 则 von Neumann 条件 (4.4.20) 是矩阵族 $\{G^k(\sigma,\tau)\}$ 一致有界的充分条件.

证明 仅就二阶矩阵的情形进行讨论.

在定理的条件下, 存在非奇异矩阵 P, 使 $P^{-1}GP=\Lambda$ 为对角阵, 或者, 若 λ_1,λ_2 为 $G(\sigma,\tau)$ 的特征值, 则

$$G=P\Lambda P^{-1},\quad \Lambda=\begin{bmatrix} \lambda_1 & 0 \\ 0 & \lambda_2 \end{bmatrix}.$$

进而

$$G^k = P\Lambda^k P^{-1}. \tag{4.4.23}$$

如果 P 和 P^{-1} 有界, 其界与 $\sigma, \tau(0<\tau<\tau_0)$ 无关, 从式 (4.4.23) 可知, von Neumann 条件 (4.4.20) 是矩阵族 $\{G^k(\sigma,\tau)\}$ 一致有界的充分条件.

用 G 的归范特征向量构成 P 的列向量. 由于矩阵 P 的范数不超过 $2\max\limits_{i,j}|p_{ij}|$, 其中 p_{ij} 为 P 的元素, 则知 $\|P\|_0 \leqslant 2$. 进而, $\Delta = \det P$ 即 Δ 是以规范特征向量为列的行列式, 但知 P^{-1} 的元素

$$(P^{-1})_{ij} = \frac{p_{ji}\text{的代数余子式}}{\Delta}.$$

因 P 为二阶矩阵, p_{ji} 的代数余子式仅与 P 中的一个元素有符号之差, 又知 P 的列向量之范数为 1, 故 p_{ji} 的代数余子式按模不大于 1. 于是得到估计

$$|(P^{-1})_{ij}| \leqslant \frac{1}{|\Delta|},$$

$$\|P^{-1}\|_0 \leqslant \frac{2}{|\Delta|} \leqslant \frac{2}{\delta}.$$

这就证明了 P 和 P^{-1} 的有界性. 定理证毕. □

这个充分条件, 将在下章双曲型方程差分格式稳定性的研究中有重要应用.

定理 4.4.3　若二阶矩阵 $G(\sigma,\tau)$ 的元素有界, 其界与 $\sigma, \tau(0<\tau<\tau_0)$ 无关, $G(\sigma,\tau)$ 按模较小的特征值 λ_2 满足条件

$$|\lambda_2| \leqslant \delta < 1, \quad \text{对} 0<\tau<\tau_0, \text{一切实数}\sigma,$$

则 von Neumann 条件 (4.4.20)(此时, 它取形式 $|\lambda_1| \leqslant 1+M_1\tau$) 是矩阵族 $\{G^k(\sigma,\tau)\}$ 一致有界的充分条件.

证明　由矩阵代数中 Schur 定理, 对于矩阵 G, 存在酉矩阵 U, 使得

$$B = U^*GU \tag{4.4.24}$$

为上三角阵, 亦即

$$B = \begin{bmatrix} \lambda_1 & b(\sigma,\tau) \\ 0 & \lambda_2 \end{bmatrix}.$$

由此, $G = UBU^*$. 进而 $G^k = UB^kU^*$. 对酉矩阵 U 而言, $\|U\|_0 = \|U^*\|_0 = 1$, 故只须证明, 矩阵族 $\{B^k(\sigma,\tau)\}$ 对 $0<\tau<\tau_0$, $k\tau \leqslant T$ 和一切实数 σ 是一致有界的. 由 B 的表达式, 易知

$$B^k = \begin{bmatrix} \lambda_1^k & b^{(k)} \\ 0 & \lambda_2^k \end{bmatrix},$$

其中, $b^{(k)}=b\sum\limits_{j=1}^{k-1}\lambda_1^{k-1-j}\lambda_2^j$. 当 von Neumann 条件成立时, 存在常数 C_1, 使 $|\lambda_1|^k\leqslant C_1$, 进而

$$|b^{(k)}|\leqslant|b|C_1\sum_{j=0}^{\infty}|\lambda_2|^j.$$

从式 (4.4.24) 易知, 元素 $b(\sigma,\tau)$ 是按模有界的. 又

$$\sum_{j=0}^{\infty}|\lambda_2|^j\leqslant\sum_{j=1}^{\infty}\delta^j,$$

此式右端是公比小于 1 的几何级数, 它是收敛的, 故存在常数 C_2, 使

$$|b^{(k)}|\leqslant C_2.$$

显然, $|\lambda_1|^k$ 与 $|\lambda_2|^k$ 是一致有界的. 故知矩阵族

$$\{B^k(\sigma,\tau)\},\ 0<\tau<\tau_0,\quad k\tau\leqslant T, \text{一切实数}\sigma$$

是一致有界的. 证毕. □

例 4.4.4　*方程 (4.1.3) 的 Dufort-Frankel 格式*

$$\frac{u_j^{k+1}-u_j^{k-1}}{2\tau}=a\frac{u_{j+1}^k-u_j^{k+1}-u_j^{k-1}+u_{j-1}^k}{h^2}, \tag{4.4.25}$$

$$j=1,2,\cdots,N-1,\quad k=1,2,\cdots,[T/\tau]-1.$$

这个三层格式是用 $u_j^{k+1}+u_j^{k-1}$ 来代替 Richardson 格式中的 $2u_j^k$ 得到的, 以克服不稳定性.

对式 (4.4.25) 右端分子添加恒为 0 的项 $-2u_j^k+2u_j^k$, 利用 Taylor 展式易知, 对光滑函数 u, 有

$$\begin{aligned}&\frac{[u]_j^{k+1}-[u]_j^{k-1}}{2\tau}-a\frac{[u]_{j+1}^k-[u]_j^{k+1}-[u]_j^{k-1}+[u]_{j-1}^k}{h^2}\\&=\left[\frac{\partial u}{\partial t}\right]_j^k-a\left[\frac{\partial^2 u}{\partial x^2}\right]_j^k+\frac{a\tau^2}{h^2}\left[\frac{\partial^2 u}{\partial t^2}\right]_j^k+O\left(\tau^2+h^2+\frac{\tau^4}{h^2}\right).\end{aligned}$$

为使式 (4.4.25) 为式 (4.1.3) 的相容差分逼近, 由上式知, 必须限定步长 τ 和 h. 当 $\tau\to 0$ 和 $h\to 0$ 时, 应有 $\tau/h\to 0$. 取网比 $r=\tau/h^2$=const., 即 $\tau=O(h^2)$, 则上述要求自动成立, 且截断误差阶为 $O(h^2)$. 若取 $r=\tau/h$=const, 则格式 (4.4.25) 与双曲型方程

$$\frac{\partial u}{\partial t}-a\frac{\partial^2 u}{\partial x^2}+ar^2\frac{\partial^2 u}{\partial t^2}=0$$

相容, 不再是式 (4.1.3) 的相容逼近.

现在用分离变量法分析式 (4.4.25) 的稳定性. 显然, 式 (4.4.25) 等价于

$$\begin{cases} (1+2ra)u_j^{k+1} = 2ra(u_{j+1}^k + u_{j-1}^k) + (1-2ra)v_j^k, \\ v_j^{k+1} = u_j^k. \end{cases} \tag{4.4.26}$$

记 $\boldsymbol{w}_j^k = [u_j^k, v_j^k]^{\mathrm{T}}$, 则式 (4.4.26) 化为

$$\begin{bmatrix} 1+2ra & 0 \\ 0 & 0 \end{bmatrix} \boldsymbol{w}_j^{k+1} = \begin{bmatrix} 2ra & 0 \\ 0 & 0 \end{bmatrix} (\boldsymbol{w}_{j+1}^k + \boldsymbol{w}_{j-1}^k) + \begin{bmatrix} 0 & 1-2ra \\ 1 & 0 \end{bmatrix} \boldsymbol{w}_j^k,$$

由此可求出格式的传播矩阵

$$G(\sigma,\tau) = \frac{1}{1+2ra} \begin{bmatrix} 4ra\cos\sigma h & 1-2ra \\ 1+2ra & 0 \end{bmatrix}.$$

矩阵 $G(\sigma,\tau)$ 的特征方程为

$$\lambda^2 - \frac{4ra\cos\sigma h}{1+2ra}\lambda - \frac{1-2ra}{1+2ra} = 0. \tag{4.4.27}$$

在第 1 章的习题中, 曾证明如下事实: 实系数二次方程 $\lambda^2 - b\lambda - c = 0$ 的根按模不大于 1 的充要条件是 $|b| \leqslant 1 - c \leqslant 2$. 显然, 式 (4.4.27) 的系数满足这个条件, 因而对任何 $r = \tau/h^2 > 0$ 有

$$|\lambda_2| \leqslant |\lambda_1| \leqslant 1.$$

即 von Neumann 条件对任何 $r > 0$ 都成立. 又由 $|\lambda_1|\cdot|\lambda_2| = \left|\frac{1-2ra}{1+2ra}\right| < 1$, 可推出 $|\lambda_2| \leqslant \sqrt{\left|\frac{1-2ra}{1+2ra}\right|} < 1$. 于是由定理 4.4.3 知, Dufort-Frankel 格式对任何 $r > 0$ 是稳定的. 这是一个无条件稳定的显格式, 故受到人们的重视.

除了定理 4.4.2 与 4.4.3 外, 人们已经给出了一系列常系数差分格式稳定性的判别准则. 在文献 Richtmyer et al, 1967 中, 对这些准则及有关问题进行了详尽的讨论.

前面讨论的研究差分格式稳定性的方法, 用于变系数方程都有一定困难, 矩阵方法需要估计一个元素与 x, t 有关的高阶矩阵的谱半径, 分离变量法对变系数情形的应用尚处于研讨阶段. 能量估计方法是研究格式稳定性与收敛性的一般方法, 它是微分方程理论研究中能量方法的离散模拟. 但是, 这种方法不能像矩阵方法或分离变量法那样建立统一的判别准则, 而要对各类具体的差分格式直接建立它的能量估计. 限于篇幅, 本书从略.

4.5 差分格式的单侧逼近性质及其应用

本节讨论差分格式应用中的一个有趣问题, 只需利用熟知的古典格式, 可以导出稳定性好、计算量少的格式. 如前所知, 由差分方法求出的数值解的误差估计, 是一个困难的问题. 通常得到的估计式, 或者要用到未知解析解及其高阶导数的界, 或者比真正的误差扩大很多倍, 一般不切实用. 但是, 如果知道一种差分格式的解从小于精确解的一侧逼近之, 另一种差分格式的解从大于精确解的一侧逼近之, 则可以得到数值解误差的实际可行的估计. 此外, 交替利用这两种差分格式也往往能得到精确解的更精确的近似值. 这就促使人们研究差分格式的单侧逼近性质.

考虑简单热传导方程初边值问题

$$\begin{cases} \dfrac{\partial u}{\partial t} = \dfrac{\partial^2 u}{\partial x^2}, \quad 0 < x < 1, 0 < t \leqslant T, \\ u(x,0) = \varphi(x), \qquad 0 \leqslant x \leqslant 1, \\ u(0,t) = u(1,t) = 0, \ 0 \leqslant t \leqslant T. \end{cases} \tag{4.5.1}$$

由 4.1 节, 对上述方程可以建立双层加权格式

$$\frac{u_j^{k+1} - u_j^k}{\tau} = \frac{1}{h^2}[\theta \delta_x^2 u_j^{k+1} + (1-\theta)\delta_x^2 u_j^k], \tag{4.5.2}$$

$$j = 1, \cdots, N-1, \ k = 0, 1, \cdots, [T/\tau] - 1.$$

记 $r = \tau/h^2$, 由 4.3 和 4.4 节的讨论知, 当 $\dfrac{1}{2} \leqslant \theta \leqslant 1$ 时, 格式 (4.5.2) 无条件稳定; 当 $0 \leqslant \theta < \dfrac{1}{2}$, 格式 (4.5.2) 稳定, 当且仅当

$$r \leqslant \frac{1}{2(1-2\theta)} \quad \text{或} \quad \frac{1}{2} - \frac{1}{4r} \leqslant \theta. \tag{4.5.3}$$

再来分析差分格式 (4.5.2) 之解的误差. 在 4.1 节中导出过双层加权格式的局部截断误差 (4.1.13), 如果限定网比 $r = \dfrac{\tau}{h^2}$ 为有界量, 即 $\tau = O(h^2)$. 并且完整地写出离散 $\dfrac{\partial^2 u}{\partial x^2}$ 时局部截断误差项 $O(h^2)$ 前的系数. 又利用偏微分方程, 将 $\dfrac{\partial^4 u}{\partial x^4}$ 写成 $\dfrac{\partial^2 u}{\partial t^2}$, 那么, 可以得到式 (4.1.13) 的另一种表达式

$$R_j^{k+\theta}(u) = \tau\left[\frac{1}{12r} + \left(\theta - \frac{1}{2}\right)\right]\left[\frac{\partial^2 \widetilde{u}}{\partial t^2}\right]_j^k + O(\tau^2), \tag{4.5.4}$$

其中 $\left[\dfrac{\partial^2\widetilde{u}}{\partial t^2}\right]_j^k$ 表示 $\dfrac{\partial^2 u}{\partial t^2}$ 在矩形 $x_{j-1}<x<x_{j+1}, t_{k-1}<t<t_{k+1}$ 内某一点的值. 用 ε_j^k 表示 (4.5.1) 的精确解与其数值解之差: $\varepsilon_j^k=[u]_j^k-u_j^k$, 它满足关系式

$$\frac{\varepsilon_j^{k+1}-\varepsilon_j^k}{\tau}-\frac{1}{h^2}[\theta\delta_x^2\varepsilon_j^{k+1}+(1-\theta)\delta_x^2\varepsilon_j^k]=-R_j^{k+\theta}(u). \tag{4.5.5}$$

而

$$\varepsilon_j^0=0,\qquad \varepsilon_0^k=\varepsilon_N^k=0.$$

由此知, 当 $\theta=\dfrac{1}{2}-\dfrac{1}{12r}$ 时, 局部截断误差阶最高, 它等于 $O(\tau^2)=O(h^4)$. 此时, 称之为高精度格式.

若 $\theta\neq\dfrac{1}{2}-\dfrac{1}{12r}$, 则当 τ 充分小时, 由式 (4.5.4) 知, 截断误差的符号将由 $\dfrac{\partial^2 u}{\partial t^2}$ 的符号决定. 为确定起见, 不妨设

$$\frac{\partial^2 u}{\partial t^2}>0,\quad \text{当 } 0\leqslant t\leqslant T \text{ 时}, \tag{4.5.6}$$

将式 (4.5.5) 改写为

$$\begin{aligned}L_h\varepsilon_j^{k+1}&\equiv\theta r(\varepsilon_{j+1}^{k+1}+\varepsilon_{j-1}^{k-1})-(1+2r\theta)\varepsilon_j^{k+1}\\&=[2r(1-\theta)-1]\varepsilon_j^k-r(1-\theta)(\varepsilon_{j+1}^k+\varepsilon_{j-1}^k)\\&\quad+\tau^2\left[\frac{1}{12r}+\left(\theta-\frac{1}{2}\right)\right]\left(\frac{\partial^2\tilde{u}}{\partial t^2}\right)_j^k+O(\tau^3).\end{aligned} \tag{4.5.7}$$

现用归纳法来讨论 ε_j^k 的符号变化.

设 $k=0, \varepsilon_j^0=0$. 此时, 式 (4.5.7) 简化为

$$L_h\varepsilon_j^1=\tau^2\left[\frac{1}{12r}+\left(\theta-\frac{1}{2}\right)\right]\left(\frac{\partial^2\tilde{u}}{\partial t^2}\right)_j^1+O(\tau^3).$$

当 $\dfrac{1}{12r}+\left(\theta-\dfrac{1}{2}\right)>0$, 亦即 $\theta>\dfrac{1}{2}-\dfrac{1}{12r}$ 时, 稳定性条件 (4.5.3) 自动成立, 并且 $L_h\varepsilon_j^1>0$. 利用 2.4 节的极值原理, 立即推出 $\varepsilon_j^1\leqslant 0$. 而当 $\dfrac{1}{2}-\dfrac{1}{4r}\leqslant\theta<\dfrac{1}{2}-\dfrac{1}{12r}$ 时, $L_h\varepsilon_j^1\leqslant 0$, 又由极值原理知 $\varepsilon_j^1\geqslant 0$.

在 $k>0$ 的情形. 为使式 (4.5.7) 中右端 ε_j^k 的系数 $[2r(1-\theta)-1]\leqslant 0$, 则应有

$$r\leqslant\frac{1}{2(1-\theta)},\quad \text{或}\quad 1-\frac{1}{2r}\leqslant\theta.$$

此时, 稳定性条件 (4.5.3) 自动成立. 当 $\theta>\dfrac{1}{2}-\dfrac{1}{12r}$, 且又 $1-\dfrac{1}{2r}\leqslant 0$ 时, 由归纳法假设 $\varepsilon_j^k\leqslant 0$, 则可推出 $L_h\varepsilon_j^{k+1}>0$, 对固定的 k, 引用极值原理, 则知,

$$\varepsilon_j^{k+1}\leqslant 0; \tag{4.5.8}$$

若 $1-\frac{1}{2r}\leqslant\theta<\frac{1}{2}-\frac{1}{12r}$, 则当 $\varepsilon_j^k\geqslant 0$ 时, 推出 $L_h\varepsilon_j^{k+1}<0$ 进而有

$$\varepsilon_j^{k+1}\geqslant 0. \tag{4.5.9}$$

总之, 当问题 (4.5.1) 的精确解满足条件 (4.5.6), 且 $1-\frac{1}{2r}\leqslant\theta$ 时, 差分格式 (4.5.2) 之解具有单侧逼近性质: 当 $\theta>\frac{1}{2}-\frac{1}{12r}$ 时, 由式 (4.5.8), 数值解不小于精确解; 当 $\theta<\frac{1}{2}-\frac{1}{12r}$ 时, 由式 (4.5.9), 数值解不大于精确解. 特别地, 可以推出

(1) 当 $\theta=0$ 时, 即最简显格式, 在 $\frac{1}{6}<r\leqslant\frac{1}{2}$ 的情形, 其解不大于精确解;

(2) 当 $\theta=1$ 时, 即最简隐格式, 对任何 r, 其解不小于精确解;

(3) 当 $\theta=\frac{1}{2}$ 时, 即 CN 格式, 对 $r\leqslant 1$, 其解不小于精确解.

类似地可讨论, $\frac{\partial^2 u}{\partial t^2}<0$ 的情形.

由于两个最简格式之解分别从两侧逼近精确解, 因此可以期望, 交替使用它们会提高数值解的精度. 下面介绍几种基于单侧逼近性质对古典格式的改进格式.

第一种格式　当 j 为偶数时, 用显格式, 当 j 为奇数时, 用隐格式, 其计算公式为

$$\left\{\begin{array}{l}u_{2m}^{k+1}=(1-2r)u_{2m}^k+r(u_{2m-1}^k+u_{2m+1}^k),\\ u_{2m-1}^{k+1}=\dfrac{1}{1+2r}[u_{2m-1}^k+r(u_{2m}^{k+1}+u_{2m-2}^{k+1})],\\ m=1,2,\cdots,[(N+1)/2],\ k=0,1,\cdots,[T/\tau]-1.\end{array}\right. \tag{4.5.10}$$

这实际上是显格式. 它的稳定性条件为 $r\leqslant 1$. 事实上, 用分离变量法, 当 $j=2m$ 时, 设 $u_j^k=v_1^k e^{j\sigma 2mh}$, $i=\sqrt{-1}$, σ 为实数; 当 $j=2m-1$ 时, 设 $u_j^k=v_2^k e^{j\sigma(2m-1)h}$, 以之代入式 (4.5.10), 并化简可得

$$\begin{aligned}&v_1^{k+1}=(1-2r)v_1^k+2r\cos\sigma h\cdot v_2^k,\\ &v_2^{k+1}=\frac{1}{1+2r}[2r(1-2r)\cos\sigma h\cdot v_1^k+(1+4r^2\cos^2\sigma h)v_2^k].\end{aligned}$$

将其写成向量形式

$$\begin{bmatrix}v_1^{k+1}\\ v_2^{k+1}\end{bmatrix}=G(\sigma,\tau)\cdot\begin{bmatrix}v_1^k\\ v_2^k\end{bmatrix},$$

其中 $G(\sigma,\tau)$ 为传播矩阵

$$G(\sigma,\tau)=\begin{bmatrix}1-2r & 2r\cos\sigma h\\ \dfrac{2r(1-2r)}{1+2r}\cos\sigma h & \dfrac{1+4r^2\cos\sigma h}{1+2r}\end{bmatrix}.$$

它的特征方程为

$$\lambda^2 - \lambda \cdot \frac{2-4r^2\sin^2\sigma h}{1+2r} + \frac{1-2r}{1+2r} = 0.$$

这个二次方程的根按模不大于 1, 即 $|\lambda_1| \leqslant 1$, $|\lambda_2| \leqslant 1$ 的充要条件为

$$\left|\frac{2-4r^2\sin^2\sigma h}{1+2r}\right| \leqslant 1 + \frac{1-2r}{1+2r} = \frac{2}{1+2r} \leqslant 2.$$

为此, 必须有 $r \leqslant 1$. 若设 $|\lambda_2| \leqslant |\lambda_1|$, 在 $r \leqslant 1$ 的条件下, 由

$$|\lambda_1| \cdot |\lambda_2| = \left|\frac{1-2r}{1+2r}\right|$$

可推出 $|\lambda_1| \leqslant 1$, $|\lambda_2| \leqslant \sqrt{\left|\frac{1-2r}{1+2r}\right|} < 1$. 根据定理 4.4.3, 可知格式 (4.5.10) 为稳定的.

第二种格式　跳点格式 (hopscotch scheme). 将网点 (j, k) 按照 $j + k =$ 奇数或偶数分为两组. 跳点法就是在上述奇偶分组的基础上进行的. 当从第 k 层进至第 $k+1$ 层时, 先在偶 (号) 点, 用显格式

$$\frac{1}{\tau}(u_j^{k+1} - u_j^k) = \frac{1}{h^2}\delta_x^2 u_j^k, \tag{4.5.11}$$

$$k+1+j = 2n, \quad n \text{ 为整数}.$$

然后, 在奇 (号) 点用隐格式

$$\frac{1}{\tau}(u_j^{k+1} - u_j^k) = \frac{1}{h^2}\delta_x^2 u_j^{k+1}, \tag{4.5.12}$$

$$k+1+j = 2n+1, \quad n \text{ 为整数}.$$

这时, 奇点值 u_j^{k+1} 的左右邻点值 u_{j-1}^{k+1}, u_{j+1}^{k+1} 都是偶点值, 已由式 (4.5.11) 求出. 因此, 这是奇偶显隐交替的方法, 其中隐格式只是形式上的, 实质上还是显式的.

这个格式可以稍加变形以节省计算量. 事实上, 每当用隐格式 (4.5.12) 求出奇点值 u_j^{k+1} 时, 由于 $k+2+j$ 必为偶数, 故由式 (4.5.11) 可得

$$\frac{1}{\tau}(u_j^{k+2} - u_j^{k+1}) = \frac{1}{h^2}\delta_x^2 u_j^{k+1}, \quad k+2+j = 2n.$$

将此式与式 (4.5.12) 相减, 则有

$$u_j^{k+2} = 2u_j^{k+1} - u_j^k, \quad k+2+j = 2n. \tag{4.5.13}$$

故奇点值 u_j^{k+1} 算出后无须保留, 直接用式 (4.5.13) 代替式 (4.5.11), 以产生下一层的偶点值 u_j^{k+2}, 后者要保存.

计算步骤可概述如下：用式 (4.5.11) 计算第一层上的偶点值, 用式 (4.5.12) 计算第一层上的奇点值; 以下各层, 轮流用式 (4.5.13), (4.5.12) 来计算偶点值及奇点值.

最后注意一个事实, 用式 (4.5.12) 从式 (4.5.13) 中消去 u_j^{k+1}, 则得到

$$\frac{1}{\tau}(u_j^{k+2}-u_j^k)=\frac{1}{h^2}(u_{j-1}^{k+1}-u_j^{k+2}-u_j^k+u_{j+1}^{k+1}),$$
$$k+2+j=2n.$$

这实际上是 Dufort-Frankel 格式, 但它只在偶点网格上进行. 因此, 跳点格式是无条件稳定的.

附注 4.5.1 跳点格式是近年来提出的求解抛物型方程初边值问题的一种有效算法. 它可以推广到更一般的方程与多维的情形, 网点的分组也可以采取其他方式.

第三种格式 隐显格式. 在 $k=2m-1$, 即奇数层时用显格式, 在 $k=2m$, 即偶数层用隐格式, 计算公式为

$$\begin{cases} u_j^{2m+1}=(1-2r)u_j^{2m}+r(u_{j-1}^{2m}+u_{j+1}^{2m}), \\ (1+2r)u_j^{2m+2}-r(u_{j-1}^{2m+2}+u_{j+1}^{2m+2})=u_j^{2m+1}, \\ j=1,2,\cdots,N-1,\ m=0,1,\cdots,[T/2\tau]-1. \end{cases} \tag{4.5.14}$$

这个格式的隐式计算只有一半, 另一半为显式计算, 总计算量较隐格式为少. 格式 (4.5.14) 为无条件稳定的. 事实上, 令 $u_j^{2m+1}=v^{2m+1}e^{i\sigma jh}$, $u_j^{2m+2}=v^{2m+2}e^{i\sigma jh}$, 分别代入式 (4.5.14) 的第一、二式, 则有

$$v^{2m+1}=\left(1-4r\sin^2\frac{\sigma h}{2}\right)v^{2m},$$

$$v^{2m+2}=\left(1+4r\sin^2\frac{\sigma h}{2}\right)^{-1}v^{2m+1}.$$

进而

$$v^{2m+2}=\frac{1-4r\sin^2\dfrac{\sigma h}{2}}{1+4r\sin^2\dfrac{\sigma h}{2}}v^{2m}.$$

我们将 $k=2m-1$ 作为过渡层, $k=2m$ 作为结果层, 故作为双步格式, 式 (4.5.14) 是无条件稳定的. 另外, 它实际上是在偶数层上的双步 CN 格式, 因为从式 (4.5.14) 的第一式与第二式中消去 u_j^{2m+1}, 则得到

$$(1+2r)u_j^{2m+2}-r(u_{j-1}^{2m+2}+u_{j+1}^{2m+2})$$

$$= (1-2r)u_j^{2m+2} + r(u_{j-1}^{2m} + u_{j+1}^{2m}).$$

由此推得, 式 (4.5.14) 的截断误差阶为 $O(\tau^2 + h^2)$.

隐显格式还有另一种形式

$$\begin{cases} (1+2r)u_j^{2m+1} - r(u_{j-1}^{2m+1} + u_{j+1}^{2m+1}) = u_j^{2m}, \\ u_j^{2m} = (1-2r)u_j^{2m+1} + r(u_{j-1}^{2m+1} + u_{j+1}^{2m+1}). \end{cases}$$

这个格式在奇数层用隐格式, 在偶数层用显格式. 它也是无条件稳定的.

从以上讨论可知, 这几种改进格式, 不但改善了显格式的稳定性, 甚至可能提高了数值解的精度, 所用总计算量又比隐格式显著减少.

4.6　交替方向隐格式及相关的格式

在构造差分格式的方法以及格式的稳定性收敛性的研究中, 当空间变量的个数增加时, 并不增加实质性的困难. 然而, 不同空间维数的差分格式之间实际求解差别甚大. 多个空间变量情形的隐格式, 其计算量较显格式有实质性的增加, 因为对隐格式来说, 每个时间层需解一个多维椭圆型差分方程组.

考虑二维 (两个空间变量) 模型问题

$$\begin{cases} Lu \equiv \dfrac{\partial u}{\partial t} - \left(\dfrac{\partial^2 u}{\partial x^2} + \dfrac{\partial^2 u}{\partial y^2}\right) = 0,\ 0 < x, y < 1,\ 0 < t \leqslant T, \\ u(x,y,0) = \varphi(x,y),\ 0 \leqslant x, y \leqslant 1, \\ u(0,y,t) = u(1,y,t) = u(x,0,t) = u(x,1,t) = 0,\ 0 \leqslant t \leqslant T. \end{cases} \tag{4.6.1}$$

在 4.4 节已经指出, 求解这个问题的最简显格式稳定的充要条件为 $r = \tau/h^2 \leqslant \dfrac{1}{4}$, 而最简隐格式仍为无条件稳定. 由于稳定性条件的限制, 当采用显格式时, 时间步长 τ 取得更小 (与一维情形相比), 计算量显著增加. 在多维情形, 上述情形更为突出. 当采用隐格式时, 其对应的系数矩阵不再是三对角的, 在二维情形是块三对角的, 在 n 维情形是块 $2n-1$ 对角的, 而系数矩阵的阶为 $(N-1)^n, N = 1/h$. 此时, 追赶法不便应用, 即使采用各种最佳迭代格式, 其计算量也大大高于显格式. 因此, 在多维情形, 应该研究新的、计算量较小的无条件稳定格式. 本节介绍的交替方向隐格式 (以下简写为 ADI 格式) 及其他相关的格式, 就是一种既是无条件稳定又可用追赶法求解的格式.

4.6.1　PR 格式

就模型问题 (4.6.1) 而言, 在构造最简显格式时, 是将二阶导数 $\dfrac{\partial^2 u}{\partial x^2}$ 和 $\dfrac{\partial^2 u}{\partial y^2}$ 均用在第 k 层上的二阶中心差商来替代, 而构造最简隐格式时, 则是将它们在第 $k+1$

层上这样做. 1955 年, D.W.Peacemen 和 H.H.Rachford 提出, 引进一个过渡层 (第 $k+1/2$ 层), 先对 $\dfrac{\partial^2 u}{\partial x^2}$ 在过渡层上, 对 $\dfrac{\partial^2 u}{\partial y^2}$ 在已知的第 k 层上用二阶中心差商替代之; 然后再将 $\dfrac{\partial^2 u}{\partial y^2}$ 在第 $k+1$ 层, 对 $\dfrac{\partial^2 u}{\partial x^2}$ 仍在过渡层上用二阶中心差商替代之, 每次都使格式取隐式形式, 则得到如下格式

$$\begin{cases} \dfrac{u_{ij}^{k+1/2}-u_{ij}^{k}}{\tau/2}=\dfrac{1}{h^2}[\delta_x^2 u_{ij}^{k+1/2}+\delta_y^2 u_{ij}^{k}], \\ \dfrac{u_{ij}^{k+1}-u_{ij}^{k+1/2}}{\tau/2}=\dfrac{1}{h^2}[\delta_x^2 u_{ij}^{k+1/2}+\delta_y^2 u_{ij}^{k+1}], \end{cases} \tag{4.6.2}$$
$$i,j=1,\cdots,N-1,\quad k=0,1,\cdots,[T/\tau]-1.$$

这就是著名的 PR 格式. 若记 $r=\tau/h^2$, 以 I 表示恒等算子, 上式又可改写为

$$\begin{cases} \left(I-\dfrac{1}{2}r\delta_x^2\right)u_{ij}^{k+1/2}=\left(I+\dfrac{1}{2}r\delta_y^2\right)u_{ij}^{k}, \\ \left(I-\dfrac{1}{2}r\delta_y^2\right)u_{ij}^{k+1}=\left(I+\dfrac{1}{2}r\delta_x^2\right)u_{ij}^{k+1/2}. \end{cases} \tag{4.6.3}$$

PR 格式具有所谓的一维隐式形式, 每个时间层只需求解具有三对角系数矩阵的方程组, 计算量很小.

现在估计 PR 格式 (4.6.2) 的截断误差阶. 为此, 先消去过渡层 $u_{ij}^{k+1/2}$. 将 (4.6.2) 中两式相加, 则得到

$$\frac{u_{ij}^{k+1}-u_{ij}^{k}}{\dfrac{\tau}{2}}=\frac{2}{h^2}\delta_x^2 u_{ij}^{k+1/2}+\frac{1}{h^2}\delta_y^2(u_{ij}^{k+1}+u_{ij}^{k}), \tag{4.6.4}$$

而两式相减, 则有

$$u_{ij}^{k+\frac{1}{2}}=\frac{1}{2}(u_{ij}^{k+1}+u_{ij}^{k})-\frac{\tau}{4h^2}\delta_y^2(u_{ij}^{k+1}-u_{ij}^{k}).$$

将上式代入式 (4.6.4) 并整理之, 得到

$$L_h u_{ij}^{k}\equiv\left(I+\frac{1}{4}\frac{\tau^2}{h^4}\delta_x^2\delta_y^2\right)\frac{u_{ij}^{k+1}-u_{ij}^{k}}{\tau}-\frac{1}{h^2}(\delta_x^2+\delta_y^2)\frac{u_{ij}^{k+1}+u_{ij}^{k}}{2}=0. \tag{4.6.5}$$

设 u 为式 (4.6.1) 的准确解, 并记 $[u]_{ij}^{k}=u(x_i,y_j,t_k)$. 当 u 为充分光滑的函数时, 易

知

$$L_h[u]_{ij}^k \equiv \left(I+\frac{1}{4}\frac{\tau^2}{h^4}\delta_x^2\delta_y^2\right)\frac{[u]_{ij}^{k+1}-[u]_{ij}^k}{\tau}-\frac{1}{h^2}(\delta_x^2+\delta_y^2)\frac{[u]_{ij}^{k+1}+[u]_{ij}^k}{2}$$
$$=\left[\frac{\partial u}{\partial t}-\frac{\partial^2 u}{\partial x^2}-\frac{\partial^2 u}{\partial y^2}\right]_{ij}^k+O(\tau^2+h^2),$$

所以

$$L_h[u]_{ij}^k-[Lu]_{ij}^k=O(\tau^2+h^2). \tag{4.6.6}$$

亦即, 格式 (4.6.5)(或与之等价的格式 (4.6.2)) 的截断误差阶为 $O(\tau^2+h^2)$, 这与二维情形的 Crank-Nicolson 格式相同. 实际上, 从式 (4.6.5) 知, 它是 CN 格式加上修正项 $\frac{1}{4}\frac{\tau}{h^4}\delta_x^2\delta_y^2(u_{ij}^{k+1}-u_{ij}^k)$.

再来考察 PR 格式的稳定性. 为此, 从式 (4.6.3) 消去过渡 $u_{ij}^{k+1/2}$, 则有

$$\left(I-\frac{r}{2}\delta_x^2\right)\left(I-\frac{r}{2}\delta_y^2\right)u_{ij}^{k+1}=\left(I+\frac{r}{2}\delta_x^2\right)\left(I+\frac{r}{2}\delta_y^2\right)u_{ij}^k. \tag{4.6.7}$$

利用分离变量法, 可得到上式的传播因子为

$$G(\sigma,\tau)=\frac{\left(1-2r\sin^2\frac{\sigma_1 h}{2}\right)\left(1-2r\sin^2\frac{\sigma_2 h}{2}\right)}{\left(1+2r\sin^2\frac{\sigma_1 h}{2}\right)\left(1+2r\sin^2\frac{\sigma_2 h}{2}\right)}.$$

显然, 对任何 $r>0$, 均有 $|G(\sigma,\tau)|\leqslant 1$, PR 格式 (4.6.5) 无条件稳定. 不过, 在三维情形, PR 格式不再无条件稳定 (见本章习题).

4.6.2 Douglas 格式

1964 年, J.Douglas 提出了求解模型问题 (4.6.1) 的另一种 ADI 格式

$$\begin{cases}\dfrac{u_{ij}^{k+1/2}-u_{ij}^k}{\tau}=\dfrac{1}{h^2}\left[\delta_x^2\Big(\dfrac{u_{ij}^{k+1/2}+u_{ij}^k}{2}\Big)+\delta_y^2u_{ij}^k\right], & (4.6.8)\\[2ex] \dfrac{u_{ij}^{k+1}-u_{ij}^k}{\tau}=\dfrac{1}{h^2}\left[\delta_x^2\Big(\dfrac{u_{ij}^{k+1/2}+u_{ij}^k}{2}\Big)+\delta_y^2\Big(\dfrac{u_{ij}^{k+1}+u_{ij}^k}{2}\Big)\right]. & (4.6.9)\end{cases}$$

它与 PR 格式一样, 具有一维隐格式形式, 每个时间层只需求解具有三对角系数矩阵的方程组.

现在考察 Douglas 格式 (4.6.8), (4.6.9) 与 PR 格式的关系. 易知, 式 (4.6.8) 可写为

$$\left(I-\frac{r}{2}\delta_x^2\right)\frac{u_{ij}^{k+1/2}-u_{ij}^k}{\tau}=\frac{1}{h^2}(\delta_x^2+\delta_y^2)u_{ij}^k, \tag{4.6.10}$$

从式 (4.6.9) 减去式 (4.6.8), 则有

$$\frac{u_{ij}^{k+1}-u_{ij}^{k+1/2}}{\frac{\tau}{2}}=\frac{1}{h^2}\delta_y^2(u_{ij}^{k+1}-u_{ij}^k). \tag{4.6.11}$$

上式又可改写为

$$u_{ij}^{k+1/2}-u_{ij}^k=\left(I-\frac{r}{2}\delta_y^2\right)(u_{ij}^{k+1}-u_{ij}^k),$$

以之代入式 (4.6.10), 则得到消去 $u_{ij}^{k+\frac{1}{2}}$ 的 Donglas 格式

$$\left(I-\frac{r}{2}\delta_x^2\right)\left(I-\frac{r}{2}\delta_y^2\right)\frac{u_{ij}^{k+1}-u_{ij}^k}{\tau}=\frac{1}{h^2}(\delta_x^2+\delta_y^2)u_{ij}^k. \tag{4.6.12}$$

但 PR 格式 (4.6.7) 又可化成式 (4.6.12), 故知格式 (4.6.2) 与 (4.6.12) 等价. 这样, 在 2 个空间变量的情形, D 格式 (Douglas 格式的简称) 与 PR 格式都等价于式 (4.6.12), 二者具有相同的稳定性质与截断误差阶.

然而, 在式 (4.6.9) 中同时出现 u_{ij}^k, u_{ij}^{k+1} 及过渡值 $u_{ij}^{k+1/2}$, 在计算时 D 格式的存储量较 PR 格式大. 对于 2 维问题, 显然 PR 格式比 D 格式好. 但 PR 格式不能推广到三维情形, 而 D 格式对三维情形仍旧适用.

设所考虑的三维模型方程取形式

$$\frac{\partial u}{\partial t}-\left(\frac{\partial^2 u}{\partial x^2}+\frac{\partial^2 u}{\partial y^2}+\frac{\partial^2 u}{\partial z^2}\right)=0, \tag{4.6.13}$$

其初始与边界条件可仿二维情形写出, 从略. 相应的 D 格式为

$$\begin{cases}\dfrac{u^{k+1/3}-u^k}{\tau}=\dfrac{1}{h^2}\left[\delta_x^2\left(\dfrac{u^{k+1/3}+u^k}{2}\right)+(\delta_y^2+\delta_z^2)u^k\right],\\[2ex] \dfrac{u^{k+2/3}-u^k}{\tau}=\dfrac{1}{h^2}\left[\delta_x^2\left(\dfrac{u^{k+1/3}+u^k}{2}\right)+\delta_y^2\left(\dfrac{u^{k+2/3}+u^k}{2}\right)+\delta_z^2u^k\right],\\[2ex] \dfrac{u^{k+1}-u^k}{\tau}=\dfrac{1}{h^2}\left[\delta_x^2\left(\dfrac{u^{k+1/3}+u^k}{2}\right)+\delta_y^2\left(\dfrac{u^{k+2/3}+u^k}{2}\right)\right.\\ \qquad\qquad\left.+\delta_z^2\left(\dfrac{u^{k+1}+u^k}{2}\right)\right].\end{cases} \tag{4.6.14}$$

这里, 为简化记号, 省略空间变量下标, 以 u^k 表示 u_{ijm}^k. 对 (4.6.14) 进行适当整理, 可化为如下形式

$$\begin{cases} \left(I-\dfrac{r}{2}\delta_x^2\right)\dfrac{u^{k+1/3}-u^k}{\tau}=\dfrac{1}{h^2}(\delta_x^2+\delta_y^2+\delta_z^2)u^k, \\ \dfrac{u^{k+2/3}-u^{k+1/3}}{\dfrac{\tau}{2}}=\dfrac{1}{h^2}\delta_y^2(u^{k+2/3}-u^k). \\ \dfrac{u^{k+1}-u^{k+2/3}}{\dfrac{\tau}{2}}=\dfrac{1}{h^2}\delta_z^2(u^{k+1}-u^k). \end{cases} \tag{4.6.15}$$

这是用于实际计算的形式.

为便于理论分析, 设法消去式 (4.6.15) 中的过渡值. 将式 (4.6.15) 内第二式写为

$$\left(I-\frac{r}{2}\delta_y^2\right)u^{k+2/3}=u^{k+1/3}-\frac{r}{2}\delta_y^2u^k,$$

或者

$$\left(I-\frac{r}{2}\delta_y^2\right)u^{k+2/3}=u^{k+1/3}-u^k+\left(I-\frac{r}{2}\delta_y^2\right)u^k,$$

再改写之, 得到

$$\left(I-\frac{r}{2}\delta_y^2\right)\frac{u^{k+2/3}-u^k}{\tau}=\frac{u^{k+1/3}-u^k}{\tau}. \tag{4.6.16}$$

对式 (4.6.15) 内第三式, 用类似办法, 可改写为

$$\left(I-\frac{r}{2}\delta_z^2\right)\frac{u^{k+1}-u^k}{\tau}=\frac{u^{k+2/3}-u^k}{\tau}. \tag{4.6.17}$$

将式 (4.6.17) 代入式 (4.6.16), 则有

$$\left(I-\frac{r}{2}\delta_y^2\right)\left(I-\frac{r}{2}\delta_z^2\right)\frac{u^{k+1}-u^k}{\tau}=\frac{u^{k+1/3}-u^k}{\tau}.$$

把上式代入式 (4.6.15) 内第一式, 得到 (4.6.14) 的等价形式

$$\left(I-\frac{r}{2}\delta_x^2\right)\left(I-\frac{r}{2}\delta_y^2\right)\left(I-\frac{r}{2}\delta_z^2\right)\frac{u^{k+1}-u^k}{\tau}=\frac{1}{h^2}(\delta_x^2+\delta_y^2+\delta_z^2)u^k. \tag{4.6.18}$$

由此易知, D 格式 (4.6.15)(或 (4.6.18)) 的截断误差阶为 $O(\tau^2+h^2)$, 并且是无条件稳定的.

在有关文献中, 还提出另外一些 ADI 格式, 它们的计算特征都是类似的, 不打算一一列举, 这里仅指出一个与 PR 格式几乎同时出现的格式 ——DR 格式, 它对

二维或三维情形都适用. 三维情形的形式为

$$
\begin{aligned}
(I-r\delta_x^2)u^{k+1/3} &= [I+r(\delta_y^2+\delta_z^2)]u^k,\\
(I-r\delta_y^2)u^{k+2/3} &= u^{k+1/3}-r\delta_y^2u^k,\\
(I-r\delta_z^2)u^{k+1} &= u^{k+2/3}-r\delta_z^2u^k.
\end{aligned}
\tag{4.6.19}
$$

消去过渡层值以后, 得到

$$
\begin{aligned}
&(I-r\delta_x^2)(I-r\delta_y^2)(I-r\delta_z^2)u^{k+1}\\
=&[(I-r\delta_x^2)(I-r\delta_y^2)(I-r\delta_z^2)+r(\delta_x^2+\delta_y^2+\delta_z^2)]u^k.
\end{aligned}
\tag{4.6.20}
$$

DR 格式也是无条件稳定的, 但截断误差阶为 $O(\tau+h^2)$. D 格式正是为了提高截断误差阶而设计的.

*4.6.3 非齐次边界条件情形下过渡层边值的取法

当微分方程问题取齐次边界条件时, 显然, 过渡层边值也取为零. 当边界条件为非齐次时, 例如, 在空间区域的边界上有

$$u(x,y,t)=g(x,y,t)\quad (\text{或}\ u(x,y,z,t)=g(x,y,z,t)),$$

其中 g 为已知函数, 过渡层边值如何取法? 一个简单取法为, 例如, 对 PR 格式 (4.6.2), 过渡层边值取为

$$u^{k+1/2}=g^{k+1/2},\quad \text{当}\ x=0\ \text{或}\ 1\ \text{时},$$

这里, 省略了空间变量的下标. 但一般讲来, 这会导致精度的降低①. 一个不降低截断误差阶的取法是, 例如, 对 PR 格式 (4.6.2), 在 4.6.1 节的讨论, 曾有过渡值的表示式

$$u^{k+1/2}=\frac{1}{2}(u^{k+1}+u^k)-\frac{r}{4}\delta_y^2(u^{k+1}-u^k).$$

因为在空间区域边界上, $u^k=g^k$, 于是过渡层边值为: 当 $x=0$ 或 1 时,

$$
\begin{aligned}
u^{k+1/2} &= \frac{1}{2}(g^{k+1}+g^k)-\frac{r}{4}\delta_y^2(g^{k+1}-g^k)\\
&= \frac{1}{2}\left(I-\frac{1}{2}r\delta_y^2\right)g^{k+1}+\frac{1}{2}\left(I+\frac{1}{2}r\delta_y^2\right)g^k.
\end{aligned}
\tag{4.6.21}
$$

---

①参见 Fsirwether G, Mitchell A A. *A new Computational procedure for ADI methodes.* SIAM J.Numer.Anal., 4(1967), pp 163~170.

对其他 ADI 格式, 可进行类似讨论. 下面仅列出 D 格式及 PR 格式过渡层边值的取法. 二维情形, 当 $x=0$ 或 1 时,

D 格式 $\quad u^{k+1/2}=g^k+\left(I-\frac{r}{2}\delta_y^2\right)(g^{k+1}-g^k);$

DR 格式 $\quad u^{k+1/2}=g^{k+1}+r\delta_y^2(g^k-g^{k+1}).$

它们都是由格式内过渡值的表达式直接得到的. 三维情形, 对 D 格式, 当 $x=0$ 或 1 时,

$$u^{k+1/3}=g^k+\left(I-\frac{r}{2}\delta_y^2\right)\left(I-\frac{r}{2}\delta_z^2\right)(g^{k+1}-g^k);$$

当 $y=0$ 或 1 时,

$$u^{k+2/3}=g^k+\left(I-\frac{r}{2}\delta_z^2\right)(g^{k+1}-g^k);$$

对 DR 格式, 当 $x=0$ 或 1 时,

$$u^{k+1/3}=g^k+\left(I-r\delta_y^2\right)\left(I-r\delta_z^2\right)(g^{k+1}-g^k);$$

当 $y=0$ 或 1 时,

$$u^{k+2/3}=g^k+\left(I-r\delta_z^2\right)(g^{k+1}-g^k).$$

这些式子分别从式 (4.6.15) 与 (4.6.19) 消去过渡值过程中得到.

4.6.4 局部一维格式与预测 – 校正格式

局部一维格式 (以下简写为 LOD 格式) 的基本思想是: 设已给抛物型方程

$$\frac{\partial u}{\partial t}=\sum_{s=1}^{q}\frac{\partial^2 u}{\partial x_s^2},$$

其中 $q=2$ 或 3, 把时间区间 $[t_k,t_k+\tau]$ 分成 q 个子区间. 在每个子区间上, 用同一种差分格式来近似替代“一维”方程

$$\frac{1}{q}\cdot\frac{\partial u}{\partial t}=\frac{\partial^2 u}{\partial x_s^2},\quad s=1,\cdots,q.$$

这 q 个格式的总体就形成 $[t_k,t_k+\tau]$ 上的 LOD 格式.

例如, 对二维模型方程 $\frac{\partial u}{\partial t}=\frac{\partial^2 u}{\partial x^2}+\frac{\partial^2 u}{\partial y^2}$ 的显式 LOD 格式为

$$\begin{cases}\dfrac{1}{2}\cdot\dfrac{u^{k+1/2}-u^k}{\dfrac{\tau}{2}}=\dfrac{1}{h^2}\delta_x^2u^k,\\[2ex] \dfrac{1}{2}\cdot\dfrac{u^{k+1}-u^{k+1/2}}{\dfrac{\tau}{2}}=\dfrac{1}{h^2}\delta_y^2u^{k+1/2}.\end{cases}\tag{4.6.22}$$

它是对方程 $\frac{1}{2}\cdot\frac{\partial u}{\partial t}=\frac{\partial^2 u}{\partial x^2}$，$\frac{1}{2}\cdot\frac{\partial u}{\partial t}=\frac{\partial^2 u}{\partial y^2}$ 分别在 $[t_k,t_k+\tau/2],[t_k+\tau/2,t_k+\tau]$ 上用最简显格式替代而得到的. 若对这两个“一维”方程分别用 CN 格式来替代, 则得到 LOD 格式

$$\begin{cases}\dfrac{u^{k+1/2}-u^k}{\tau}=\dfrac{1}{h^2}\delta_x^2\left(\dfrac{u^{k+1/2}+u^k}{2}\right),\\ \dfrac{u^{k+1}-u^{k+1/2}}{\tau}=\dfrac{1}{h^2}\delta_y^2\left(\dfrac{u^{k+1}+u^{k+1/2}}{2}\right).\end{cases}\tag{4.6.23}$$

为对上述格式进行理论分析, 消去过渡层值 $u^{k+1/2}$. 对格式 (4.6.22), 我们有

$$\begin{cases}u^{k+1/2}=(I+r\delta_x^2)u^k,\\ u^{k+1}=(I+r\delta_y^2)u^{k+1/2},\end{cases}$$

于是

$$u^{k+1}=(I+r\delta_y^2)(I+r\delta_x^2)u^k.\tag{4.6.24}$$

由于所考虑的求解空间区域为正方形, 差分算子 δ_x^2 与 δ_y^2 的乘积可交换

$$\delta_x^2\delta_y^2u=\delta_y^2\delta_x^2u,\tag{4.6.25}$$

故式 (4.6.24) 也可写为

$$u^{k+1}=(I+r\delta_x^2)(I+r\delta_y^2)u^k.\tag{4.6.26}$$

对模型问题 (4.6.1) 而言, 式 (4.6.26) 与 (4.6.22) 等价, 由此知, 格式 (4.6.22) 的局部截断误差阶为 $O(\tau+h^2)$.

对格式 (4.6.23), 其第一、二式分别写为

$$\begin{cases}\left(I-\dfrac{r}{2}\delta_x^2\right)u^{k+1/2}=\left(I+\dfrac{r}{2}\delta_x^2\right)u^k,\\ \left(I-\dfrac{r}{2}\delta_y^2\right)u^{k+1}=\left(I+\dfrac{r}{2}\delta_y^2\right)u^{k+1/2}.\end{cases}\tag{4.6.27}$$

将前式代入后式, 并注意利用式 (4.6.25), 则有

$$\left(I-\frac{r}{2}\delta_x^2\right)\left(I-\frac{r}{2}\delta_y^2\right)u^{k+1}=\left(I+\frac{r}{2}\delta_x^2\right)\left(I+\frac{r}{2}\delta_y^2\right)u^k.$$

这就是式 (4.6.7). 可见, 格式 (4.6.23) 与 PR 格式等价. 相应地, 截断误差阶与稳定性质亦与 PR 格式相同.

这两个格式同以前所讨论的格式的差别是, 每个单个算式都不逼近原微分方程, 只有总体考察时, 格式才是相容的.

对三维情形, 可类似地建立 LOD 格式.

我们讨论另一类与 ADI 格式相关的格式 —— 预测 - 校正格式 (简称 PC 格式).

就 Douglas 格式而言, 可把式 (4.6.10) 视为预测算式, 而式 (4.6.11) 视为校正算式, 它起着校正稳定性的作用. 基于这种思想, 人们提出一些 PC 格式. 例如, 二维情形, 有

$$\begin{cases}\dfrac{u^{k+1/4}-u^k}{\dfrac{\tau}{2}}=\dfrac{1}{h^2}\delta_x^2u^{k+1/4},\\ \dfrac{u^{k+1/2}-u^{k+1/4}}{\dfrac{\tau}{2}}=\dfrac{1}{h^2}\delta_y^2u^{k+1/2},\\ \dfrac{u^{k+1}-u^k}{\tau}=\dfrac{1}{h^2}(\delta_x^2+\delta_y^2)u^{k+1/2},\end{cases}\tag{4.6.28}$$

前两式为预测算式, 末式按原方程对预测算式进行校正. 从式 (4.6.28) 中消去过渡层值后, 可知它和式 (4.6.12) 等价, 因而和 D 格式等价, 截断误差阶、稳定性以及计算特征都与 D 格式相同.

在三维情形, 可以给出两个 PC 格式.

$$\begin{cases}\dfrac{u^{k+1/6}-u^k}{\dfrac{\tau}{2}}=\dfrac{1}{h^2}\delta_x^2u^{k+1/6},\\ \dfrac{u^{k+1/3}-u^{k+1/6}}{\dfrac{\tau}{2}}=\dfrac{1}{h^2}\delta_y^2u^{k+1/3},\\ \dfrac{u^{k+1/2}-u^{k+1/3}}{\dfrac{\tau}{2}}=\dfrac{1}{h^2}\delta_z^2u^{k+1/2},\\ \dfrac{u^{k+1}-u^k}{\tau}=\dfrac{1}{h^2}(\delta_x^2+\delta_y^2+\delta_z^2)u^{k+1/2};\end{cases}$$

$$\begin{cases}\dfrac{u^{k+1/6}-u^k}{\dfrac{\tau}{2}}=\dfrac{1}{h^2}[\delta_x^2u^{k+1/6}+(\delta_y^2+\delta_z^2)u^k],\\ \dfrac{u^{k+1/3}-u^{k+1/6}}{\dfrac{\tau}{2}}=\dfrac{1}{h^2}\delta_y^2(u^{k+1/3}-u^k),\\ \dfrac{u^{k+1/2}-u^{k+1/3}}{\dfrac{\tau}{2}}=\dfrac{1}{h^2}\delta_z^2(u^{k+1/2}-u^k),\\ \dfrac{u^{k+1}-u^k}{\tau}=\dfrac{1}{h^2}[\delta_x^2u^{k+1/6}+\delta_y^2u^{k+1/3}+\delta_z^2u^{k+1/2}].\end{cases}$$

前三式为预测算式 (三维 LOD 格式), 第四式为显式校正算式. 在消去过渡层值后, 这两个格式化为同一等价形式

$$\begin{aligned}\frac{u^{k+1}-u^k}{\tau} &= (\delta_x^2+\delta_y^2+\delta_z^2)\left(\frac{u^{k+1}+u^k}{2}\right)\\&\quad -\left(\frac{\tau}{2h^2}\right)^2(\delta_x^2\delta_y^2+\delta_y^2\delta_z^2+\delta_z^2\delta_x^2)\left(\frac{u^{k+1}-u^k}{\tau}\right)\\&\quad +\left(\frac{\tau}{2h^2}\right)^3\delta_x^2\delta_y^2\delta_z^2\left(\frac{u^{k+1}-u^k}{\tau}\right).\end{aligned}$$

这里利用了二阶中心差分算子乘积的可交换性. 由此即可得到, 格式是无条件稳定的, 其截断误差阶为 $O(\tau^2+h^2)$.

最后指出, 二阶中心差分算子乘积的可交换性仅在空间变量的变化区域为矩形或长方体 (或他们的并集) 时成立. 这是对 ADI 格式及其他相关格式进行理论分析时应该注意的.

本章小结与补充讨论

本章着重讨论了常系数线性抛物型方程初边值问题差分格式的理论与应用问题.

首先, 我们对一维模型问题讨论了几个古典差分格式的构造. 然后, 着重对差分格式进行理论分析. 显然, 理论分析的中心课题是判断格式关于初值的稳定性质. 本章介绍了两种分析稳定性的方法, 一是矩阵方法, 它具有一定的通用性, 允许微分方程系数与空间变量有关, 也不限于第一类边界条件, 但在判断中, 涉及对高阶矩阵之范数或其特征值的估计, 实用上往往比较困难; 二是分离变量法, 应用上非常方便, 是本章以及下章内判断差分格式稳定性的主要方法, 但它只适用于常系数格式, 边界条件上也有所限制. 应用上述方法, 我们对常用格式进行了分析, 判明了它们的稳定性质.

在 4.5 及 4.6 节内, 主要涉及差分格式的应用问题, 在保持格式良好的稳定性质的条件下, 用尽可能少的计算量去求得精度较好的数值解. 4.5 节的主要内容是对常用古典格式的改进, 而 4.6 节是构造一类新的格式 ——ADI 格式. 这种格式的构造思想, 直接促进了交替方向迭代格式 (?? 节) 的产生. 由于这类格式的有效性, 在求解的空间区域是由若干个矩形或长方体构成的情形, 甚至较一般的区域的情形, 人们亦常用.ADI 格式又可推广到变系数线性方程的情形. 例如, 对方程

$$\frac{\partial u}{\partial t}=\frac{\partial}{\partial x}\left(a(x,y,t)\frac{\partial u}{\partial x}\right)+\frac{\partial}{\partial y}\left(b(x,y,t)\frac{\partial u}{\partial y}\right),$$
$$0<x\ ,\ y<1,\ 0<t\leqslant 1,$$

可以建立 PR 格式

$$\begin{cases}\left[I-\dfrac{r}{2}\delta_x(a^*\delta_x)\right]u_{ij}^{k+1/2}=\left[I+\dfrac{r}{2}\delta_y(b^*\delta_y)\right]u_{ij}^{k},\\ \left[I-\dfrac{r}{2}\delta_y(b^*\delta_y)\right]u_{ij}^{k+1}=\left[I+\dfrac{r}{2}\delta_x(a^*\delta_x)\right]u_{ij}^{k+1/2},\end{cases}$$

这里, $r=\tau/h^2$, $a^*=a\left(x_j,y_j,\left(k+\dfrac{1}{2}\right)\tau\right)$, $b^*=b\left(x_j,y_j,\left(k+\dfrac{1}{2}\right)\tau\right)$. 其他 ADI 格式的推广是类似的. 这些格式的稳定性分析, 要借助于能量估计方法.

还应当指出, 为了减少计算工作量, 除了采用前述办法外, 还可采用不等距时间步长的格式, 亦即, 在保证格式稳定及不降低截断误差阶的条件下, 逐步增大格式所用的时间步长, 以减少时间层数. 考虑到稳定性条件的限制, 一般是对无条件稳定格式采用不等距时间步长.

习　题

1. 设已给初边值问题

$$\begin{cases}\dfrac{\partial u}{\partial t}=\dfrac{\partial^2 u}{\partial x^2}, \quad 0<x<1,\ 0<t\leqslant 0.1,\\ u(x,0)=\sin\pi x, \quad 0\leqslant x\leqslant 1,\\ u(0,t)=u(1,t)=0, \quad 0\leqslant t\leqslant 0.1.\end{cases}$$

试用最简显格式求上述问题的数值解. 取 $h=0.1$, $r=0.1$.

2. 试构造初边值问题

$$\begin{cases}\dfrac{\partial u}{\partial t}=\dfrac{\partial}{\partial x}\left(x\dfrac{\partial u}{\partial x}\right),\ 0.5<x<1,\ 0<t\leqslant T,\\ u(x,0)=\varphi(x),\ 0.5\leqslant x\leqslant 1,\\ u(0.5,t)=0,\ \dfrac{\partial u}{\partial x}(1,t)=-0.5u(1,t),\ 0\leqslant t\leqslant T\end{cases}$$

的显格式, 并给出其按最大范数稳定的充分条件.

3. 试构造初边值问题

$$\begin{cases}\dfrac{\partial u}{\partial t}=\dfrac{\partial^2 u}{\partial x^2}+\dfrac{1}{1+x}\dfrac{\partial u}{\partial x},\ 0<x<1,\ 0<t\leqslant T,\\ u(x,0)=\varphi(x),\ 0\leqslant x\leqslant 1,\\ \dfrac{\partial u}{\partial x}(0,t)=0,\ u(1,t)=0,\ 0\leqslant t\leqslant T\end{cases}$$

的显格式, 并给出其按最大范数稳定的充分条件.

4. 热传导方程 $\dfrac{\partial u}{\partial t}=\dfrac{\partial^2 u}{\partial x^2}$ 的下列两个差分格式, 称为高精度格式:

(a) $\dfrac{u_j^{k+1}-u_j^k}{\tau}=\dfrac{1}{2h^2}\left[\left(1-\dfrac{1}{6r}\right)\delta_x^2u_j^{k+1}+\left(1+\dfrac{1}{6r}\right)\delta_x^2u_j^k\right]$,

(b) $\dfrac{u_j^{k+1}-u_j^k}{\tau}=\dfrac{1}{h^2}\delta_x^2u_j^k+\dfrac{r}{2h^2}\left(1-\dfrac{1}{6r}\right)\delta_x^4u_j^k.$

证明它们的截断误差阶均为 $O(\tau^2+h^4)$, 其中 $r=\tau/h^2$.

5. 试研究对流扩散方程初边值问题

$$\begin{cases}\dfrac{\partial u}{\partial t}-\dfrac{\partial^2 u}{\partial x^2}+b\dfrac{\partial u}{\partial x}=f,\ 0<x<1,\ 0<t\leqslant T,\\ u(x,0)=\varphi(x),\ 0\leqslant x\leqslant 1,\\ u(0,t)=u(1,t)=0,\ 0\leqslant t\leqslant T\end{cases}$$

的如下两个差分格式:

(1) $u_j^{k+1}=(1-2r)u_j^k+r(1-L)u_{j+1}^k+r(1+L)u_{j-1}^k+\tau f_j^k$;

(2) $u_j^{k+1}=[1-2r(1+L)]u_j^k+ru_{j+1}^k+r(1+2L)u_{j-1}^k+\tau f_j^k$.

分析格式的相容性和稳定性, 这里 b 为正常数, $L=\dfrac{1}{2}hb$, 格式的初边值条件取 (4.1.7).

6. 试研究问题 (4.1.3), (4.1.2) 的双层加权格式按最大范数的稳定性.

7. 对问题 (4.1.3), (4.1.2) 建立半显式格式

$$\frac{u_j^{k+1}-u_j^k}{\tau}=\frac{a}{h^2}(u_{j-1}^{k+1}-u_j^{k+1}-u_j^k+u_{j+1}^k),$$

定解条件取为 (4.1.7). 试研究格式的截断误差阶及稳定性.

8. 对问题 (4.1.3), (4.1.2) 建立 Saul'ev 格式

$$u_j^{k+1}-u_j^k=ra(u_{j+1}^k-u_j^k-u_j^{k+1}+u_{j-1}^{k+1}),$$
$$u_j^{k+2}-u_j^{k+1}=ra(u_{j+1}^{k+2}-u_j^{k+2}-u_j^{k+1}+u_{j-1}^{k+1}),$$

定解条件取为 (4.1.7), 其中 $r=\tau/h^2$. 试研究格式的稳定性, 并说明格式实际上是显式的.

9. 设对问题 (4.1.3), (4.1.2) 建立差分格式

$$\frac{3}{2}\left(\frac{u_j^{k+1}-u_j^k}{\tau}\right)-\frac{1}{2}\left(\frac{u_j^k-u_j^{k-1}}{\tau}\right)=\frac{a}{h^2}\delta_x^2u_j^{k+1},$$

定解条件取为 (4.1.7), 试研究格式的收敛性与收敛速度.

10. 考虑初边值问题

$$\begin{cases}\dfrac{\partial u}{\partial t}=\dfrac{\partial^2 u}{\partial x^2}+\dfrac{\partial^2 u}{\partial y^2},\ 0<x,y<1,\ 0<t\leqslant T,\\ u(x,y,0)=\varphi(x,y),\\ u(0,y,t)=u(1,y,t)=u(x,0,t)=u(x,1,t)=0.\end{cases}$$

试构造这个问题的隐显格式, 并研究其稳定性.

11. 同上题, 试构造这个问题的 Dufort-Frankel 格式, 并研究其稳定性.

12. 若在求解上题中的初边值问题时, 采用如下差分格式

$$\frac{u_{ij}^{k+1}-u_{ij}^k}{\tau}=\frac{1}{h^2}[\delta_x^2u_{ij}^{k+1}+\delta_y^2u_{ij}^k],$$

试讨论格式的稳定性.

13. 试证明三维问题的 PR 格式

$$\begin{cases} \dfrac{u^{k+1/3}-u^k}{\dfrac{\tau}{3}} = \dfrac{1}{h^2}[\delta_x^2 u^{k+1/3} + (\delta_y^2+\delta_z^2)u^k], \\ \dfrac{u^{k+2/3}-u^{k+1/3}}{\dfrac{\tau}{3}} = \dfrac{1}{h^2}[(\delta_x^2+\delta_z^2)u^{k+1/3} + \delta_y^2 u^{k+2/3}], \\ \dfrac{u^{k+1}-u^{k+2/3}}{\dfrac{\tau}{3}} = \dfrac{1}{h^2}[(\delta_x^2+\delta_y^2)u^{k+2/3} + \delta_z^2 u^{k+1}] \end{cases}$$

(其中, u^k 为 u_{ijm}^k 的简写) 不再是无条件稳定的.

14. 设给定二维热传导问题

$$\begin{cases} \dfrac{\partial u}{\partial t} = \dfrac{\partial^2 u}{\partial x^2} + \dfrac{\partial^2 u}{\partial y^2}, \quad (x,y)\in\Omega,\ 0<t\leqslant T, \\ u(x,y,0) = \varphi(x,y), \quad (x,y)\in\overline{\Omega}, \\ u(x,y,t) = g(x,y), \quad (x,y)\in\Gamma,\ 0\leqslant t\leqslant T, \end{cases}$$

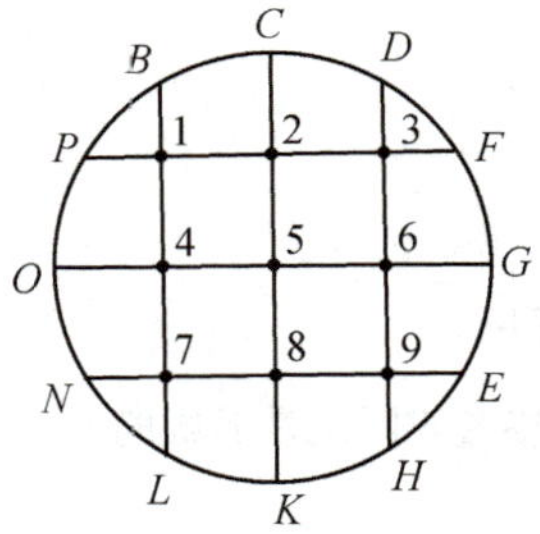

第14题图

其中, Ω 为单位圆域. 对 $\overline{\Omega}$ 已作如左图所示的网格剖分. 若用 PR 格式求解上述问题, 试写出式 (4.6.2) 内第一、二式所对应的线性方程组.

15. 试分析二维热传导问题的下列 ADI 格式的稳定性与截断误差阶:

(a) $$\left(I-\frac{r}{2}\delta_x^2\right)u_{ij}^{k+1/2} = \left(I+\frac{r}{2}\delta_x^2\right)\left(I+\frac{r}{2}\delta_y^2\right)u_{ij}^k,$$
$$\left(I-\frac{r}{2}\delta_y^2\right)u_{ij}^{k+1} = u_{ij}^{k+1/2};$$

(b) $$\left(I-\frac{1}{2}\left(r-\frac{1}{6}\right)\delta_x^2\right)u_{ij}^{k+1/2} = \left(I+\frac{1}{2}\left(r+\frac{1}{6}\right)\delta_y^2\right)u_{ij}^k,$$
$$\left(I-\frac{1}{2}\left(r-\frac{1}{6}\right)\delta_y^2\right)u_{ij}^{k+1} = \left(I+\frac{1}{2}\left(r+\frac{1}{6}\right)\delta_x^2\right)u_{ij}^{k+1/2}.$$

第 5 章　双曲型方程

与椭圆型方程、抛物型方程不同, 双曲型方程有实的特征线或特征曲面, 它的解有依赖区域, 定解条件对解又有影响区域和决定区域, 而且解的光滑性不高. 因此, 对这类方程的数值求解会遇到很多新的问题.

本章讨论线性双曲型方程定解问题的差分方法. 具体讲来, 讨论的主要对象为

(a) 一阶线性双曲型方程

$$\frac{\partial u}{\partial t}+a\left(x\right)\frac{\partial u}{\partial x}=0;$$

(b) 一阶常系数线性双曲型方程组

$$\frac{\partial \boldsymbol{u}}{\partial t}+A\frac{\partial \boldsymbol{u}}{\partial x}=0,$$

这里, A 为 p 阶常数方阵, $\boldsymbol{u}$ 为未知向量函数;

(c) 二阶线性双曲型方程 (波动方程)

$$\frac{\partial^2 u}{\partial t^2}-\frac{\partial}{\partial x}\left(a\left(x\right)\frac{\partial u}{\partial x}\right)=0,\quad a(x)\text{ 为正值函数};$$

(d) 两个或三个空间变量的波动方程

$$\begin{aligned}&\frac{\partial^2 u}{\partial t^2}-\left(\frac{\partial^2 u}{\partial x^2}+\frac{\partial^2 u}{\partial y^2}\right)=0,\\&\frac{\partial^2 u}{\partial t^2}-\left(\frac{\partial^2 u}{\partial x^2}+\frac{\partial^2 u}{\partial y^2}+\frac{\partial^2 u}{\partial z^2}\right)=0.\end{aligned}$$

这些方程的定解条件, 可仅有初始条件, 也可以有初始条件与边界条件, 将在后面分别叙述.

在讨论中, 首先对以上各个方程构造常用的差分格式, 然后分析各个格式的稳定性与收敛性. 一阶方程虽然形式简单, 但其性质具有一定的典型意义. 在 5.1 节中, 将以这个方程为模型, 讨论双曲型方程差分格式某些特有性质; 在 5.2 节内, 把对单个一阶常系数方程构造的格式及其稳定性分析推广到一阶常系数方程组的情形; 在 5.3 节中, 讨论一维波动方程; 在 5.3.3 节中, 对两个或三个空间变量的波动方程建立交替方向隐格式, 并讨论它们的稳定性能与有效的计算特性.

在以后的讨论中, 总认为所考虑的定解问题之解唯一存在, 且是足够光滑的.

5.1　一阶线性双曲型方程的差分格式

本节研究一阶线性双曲型方程

$$\frac{\partial u}{\partial t}+a(x)\frac{\partial u}{\partial x}=0,\quad 0<t\leqslant T,\ x\in I \tag{5.1.1}$$

定解问题的数值求解问题, 这里, I 为区间 $[0,+\infty)$ 或者 $(-\infty,+\infty)$. 因为一阶线性偏微分方程总有实的特征线, 所以, 它们都被归入双曲型方程. 先从常系数方程的初值问题开始讨论.

5.1.1　一阶常系数方程初值问题

同前述两类方程 (即椭圆型与抛物型方程) 相比, 双曲型方程差分格式的性质与定解问题的解析解的性质有更密切的关系. 为说明这一点, 我们先来研究常系数方程初值问题

$$\begin{cases}\dfrac{\partial u}{\partial t}+a\dfrac{\partial u}{\partial x}=0,\quad -\infty<x<+\infty,0<t<T, & (5.1.2)\\[2ex] u(x,0)=\varphi(x),\quad -\infty<x<+\infty & (5.1.3)\end{cases}$$

解的某些特性, 其中 $a\neq 0$ 为常数.

方程 (5.1.2) 可以有一个物理解释: 在一条无限长的河道中, 若河水以常速度 a 流动, 某种物质在河道的浓度分布为 u. 如果不考虑该物质的扩散过程, 那么, 时刻 t 时在 x 点的浓度分布 $u(x,t)$ 由方程 (5.1.2) 决定. 因此, 它又称为对流方程 (或平流方程).

$u(x,t)$ 沿 x-t 平面上的直线 $x-at=C$(其中 C 为常数) 的变化率为 0, 即 u 对 t 的全导数

$$\frac{\mathrm{d}u}{\mathrm{d}t}=\frac{\partial u}{\partial t}+\frac{\partial u}{\partial x}\cdot\frac{\mathrm{d}x}{\mathrm{d}t}=\frac{\partial u}{\partial t}+a\frac{\partial u}{\partial x}=0,$$

故沿 x-t 平面上任一条斜率为 $1/a$ 的直线 $x-at=C, u(x,t)$ 为常数. 称平行直线族 x–$at=C$ 为方程 (5.1.2) 的特征线. 利用特征线, 可以求出初值问题 (5.1.2), (5.1.3) 之解. 事实上, 求上述问题之解, 无非就是求 u 在 x-t 上半平面上任一点 (x_0,t_0) 处的值. 如图 5.1.1 所示, 过点 (x_0,t_0) 作特征线 $x-at=C$, 假定 $a>0$, 则 $C=x_0-at_0$. 这条特征线与初始线 $t=0$ 的交点为 $(x_0-at_0,0)$. 但 $u(x,t)$ 沿特征线之值为常数, 故 $u(x_0,t_0)=u(x_0-at_0,0)=\varphi(x_0-at_0)$. 根据点 (x_0,t_0) 的任意性, 得知

$$u(x,t)=\varphi(x-at) \tag{5.1.4}$$

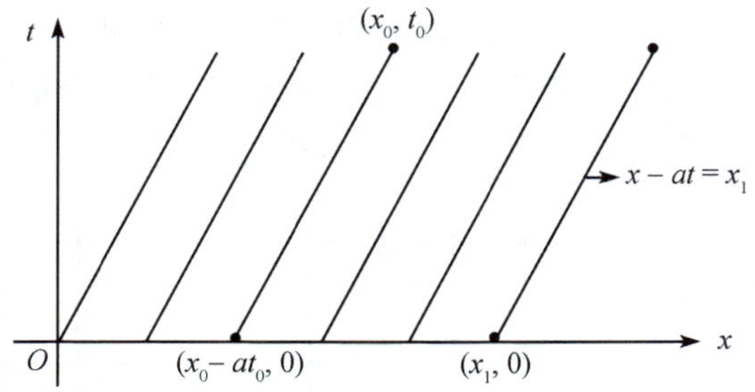

图 5.1.1

为初值问题 (5.1.2), (5.1.3) 之解. 在 $a<0$ 的情形特征线向左倾斜, 结论相同.

由于 $u(x,t)$ 在点 (x_0,t_0) 处的值依赖于初值函数 $\varphi(x)$ 在点 $x=x_0-at_0$ 的值, 故初始线 $t=0$ 上的点 x_0-at_0 称为解 $u(x,t)$ 在点 (x_0,t_0) 的依赖区域. 又由于直线 $x-at=x_1$ 上各点的 u 值都依赖于 $\varphi(x)$ 在点 x_1 处的值, 故直线 $x-at=x_1$ 称为点 $(x_1,0)$ 的影响区域.

现用差分方法求解上述问题. 如同第 4 章, 设已对 x-t 平面进行矩形网格剖分, x 方向的步长为 h, t 方向的步长为 τ, 网点 (x_j,t_k) 简记为 (j,k).

1. 偏心格式与中心差分格式

对方程 (5.1.2), 利用差商代替导数的方法, 容易建立以下三种简单的差分格式

$$\frac{u_j^{k+1}-u_j^k}{\tau}+a\frac{u_j^k-u_{j-1}^k}{h}=0\ , \tag{5.1.5}$$

$$\frac{u_j^{k+1}-u_j^k}{\tau}+a\frac{u_{j+1}^k-u_j^k}{h}=0\ , \tag{5.1.6}$$

$$\frac{u_j^{k+1}-u_j^k}{\tau}+a\frac{u_{j+1}^k-u_{j-1}^k}{2h}=0\ , \tag{5.1.7}$$

$$j=0,\pm1,\pm2,\cdots,k=0,1,2,\cdots.$$

利用 Taylor 展式, 当 $u(x,t)$ 充分光滑时, 可以得到, 前两个格式的局部截断误差阶为 $O(\tau+h)$, 分别称为左、右偏心格式, 第三个格式的截断误差阶为 $O(\tau+h^2)$, 它称为中心差分格式. 显然, 这三个格式和相应的微分方程是相容的, 亦即当 $\tau,h\to0$ 时, 差分方程 (5.1.5) $\sim$ (5.1.7) 分别逼近原微分方程.

先来考察初值问题上述差分格式的收敛性. 与微分方程情形相仿, 双曲型方程的差分格式也有依赖区域. 我们容易从差分格式的依赖区域和微分方程的依赖区域的关系, 得出收敛性的一个必要条件.

现同时考察上述三个格式. 为确定起见, 设常数 $a>0$. 如图 5.1.2 所示, 此时微分方程的经过 P 点的特征线为 PD, 要用一个格式计算 P 点处的解值, 必须用到初始线上某些网点处的值 (初值). 如图 5.1.2 所示, 这三个格式都各自用到线段 BC 上的网点值. 线段 BC 就是差分格式的依赖区域.

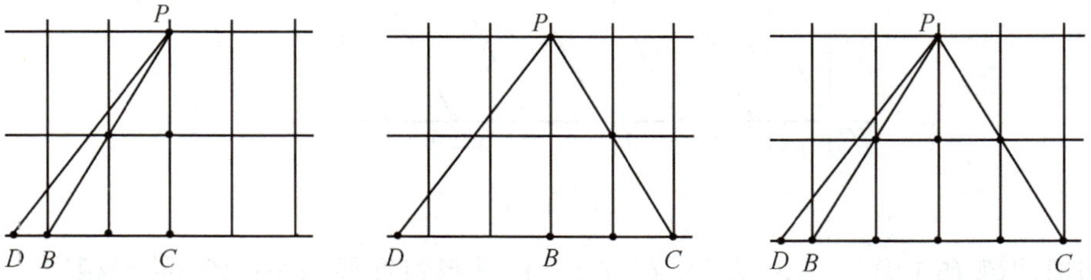

(a) 左偏心格式　(b) 右偏心格式　(c) 中心差分格式

图 5.1.2

当 $a>0$ 时, 微分方程 (5.1.2) 的依赖区域就是图中的点 D. 如果线段 BC 不包含点 D, 即差分格式的依赖区域不包含微分方程的依赖区域, 则从差分格式算出的点 P 处的数值解, 就和微分方程的解在点 D 的值无关, 因此格式不可能收敛. 可见, 差分格式收敛的一个必要条件是它的依赖区域包含微分方程的依赖区域. 换言之, 要使差分格式收敛, 除相容性条件外, 还必须满足所谓 Courant 条件 (也称为 CFL 条件), 亦即, 点 D 位于线段 BC 内部. 这对于格式 (5.1.5), 相当于 $a\tau/h\leqslant 1$; 对于格式 (5.1.6), 因 $a>0$, 是不可能的; 对于格式 (5.1.7), 也相当于 $a\tau/h\leqslant 1$.

当 $a<0$ 时, 可类似地讨论, 而 Courant 条件相当于: 对于格式 (5.1.6), $|a|\tau/h\leqslant 1$; 对格式 (5.1.7), $|a|\tau/h\leqslant 1$; 对格式 (5.1.5), Courant 条件不可能成立.

附带指出, 差分格式也有它的影响区域. 图 5.1.3 分别画出 $a>0$ 时, 以上三个格式的影响区域, 即点 A 的影响区域是相应各图中直线 AB, AC 之间画斜线的区域.

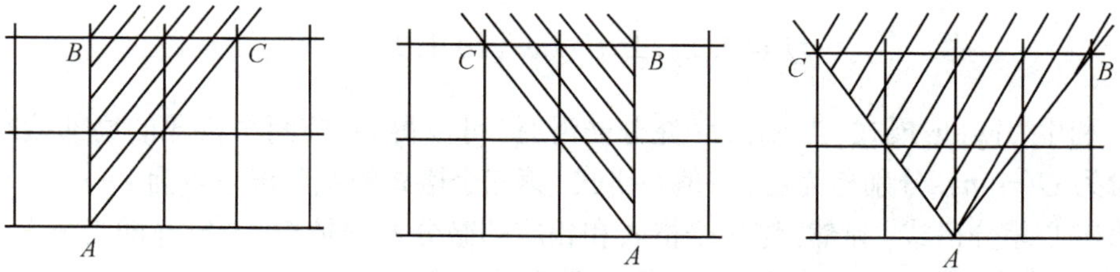

(a) 左偏心格式　(b) 右偏心格式　(c) 中心差分格式

图 5.1.3

下面证明, 当 $a>0$ 时, 在条件 $a\tau/h\leqslant 1$ 下, 左偏心格式收敛.

设以 $[u]_j^k$ 表示初值问题 (5.1.2), (5.1.3) 的准确解 $u(x,t)$ 在网点 (j,k) 处的值, 记 $e_j^k=[u]_j^k-u_j^k$, 则误差函数满足方程

$$\frac{e_j^{k+1}-e_j^k}{\tau}+a\frac{e_j^k-e_{j-1}^k}{h}=O(\tau+h)$$

及初始条件 $e_j^0=0$. 令 $\tau/h=r$ 保持常数值, 则上述方程化为

$$e_j^{k+1}=e_j^k-ar(e_j^k-e_{j-1}^k)+O(\tau^2).$$

当 $0<ar\leqslant 1$ 时, 因 $a>0$, 则有

$$\begin{aligned}|e_j^{k+1}|&\leqslant(1-ar)|e_j^k|+ar|e_{j-1}^k|+O(\tau^2)\\&\leqslant\sup_j\ |e_j^k|+O(\tau^2),\end{aligned}$$

或者

$$\sup_j\ |e_j^{k+1}|\leqslant\sup_j\ |e_j^k|+O(\tau^2).$$

由此, 递推地可得

$$\sup_j\ |e_j^k|\leqslant\sup_j\ |e_j^0|+k\cdot O(\tau^2).$$

又因 $e_j^0=0,k\tau=t_k$(固定时间层), 则有

$$\sup_j|e_j^k|=O(\tau).$$

于是, 当 $\tau\to 0$(随之$h\to 0$) 时, $k\tau=t_k=t$, $\sup\limits_j|e_j^k|\to 0$. 这说明, 左偏心格式 (5.1.5) 当 $a>0$ 及 Courant 条件成立时按最大范数收敛.

可类似地讨论, 当 $a<0$ 及 Courant 条件成立时, 右偏心格式 (5.1.6) 收敛.

再来考察上述三个格式按 Euclid 范数的稳定性. 仍记 $r=\tau/h$ 为正常数, 则这些格式可分别改写为

$$\begin{aligned}u_j^{k+1}&=rau_{j-1}^k+(1-ra)u_j^k,\\u_j^{k+1}&=(1+ra)u_j^k-rau_{j+1}^k,\\u_j^{k+1}&=u_j^k+\frac{r}{2}a(u_{j-1}^k-u_{j+1}^k).\end{aligned}$$

用分离变量法, 令 $u_j^k=v^ke^{ij\sigma h}$, $i=\sqrt{-1}$, σ 为实数, 分别代入上述三个格式, 则得到它们的传播因子为:

左偏心格式, $G_1(\sigma,\tau)=rae^{-i\sigma h}+(1-ra)$,

右偏心格式, $G_2(\sigma,\tau)=(1+ra)-rae^{i\sigma h}$,

中心差分格式, $G_3(\sigma,\tau)=1-ira\sin\sigma h$.

易知, 因 $|G_3(\sigma,\tau)|=(1+r^2a^2\sin^2\sigma h)^{1/2}$, 对任何 $r>0$, 都不满足 von Neumann 条件, 故中心差分格式不稳定. 从 $|G_1(\sigma,\tau)|\leqslant 1$ 的充要条件为 $r^2a^2\leqslant ra$ 或

$$\left(\frac{a\tau}{h}\right)^2\leqslant\frac{a\tau}{h}$$

推出, 左偏心格式稳定的充要条件为 $a>0$, 且

$$\frac{a\tau}{h}\leqslant 1.$$

同理, 右偏心格式稳定的充要条件为 $a<0$, 且

$$|\frac{a\tau}{h}|\leqslant 1.$$

由此可知, 当 $a>0$(或 <0) 时, 左 (或右) 偏心格式才有实用价值. 虽然, 当 $|ar|\leqslant 1$ 时, 差分格式的依赖区域包含着微分方程的依赖区域, 但中心差分格式是不稳定的, 无实用价值.

我们对上述结论给出一个物理解释. 仍然用本小节初对方程 (5.1.2) 的解释, 当 $a>0$ 时, 河水从左往右流动, 左侧为“上游”, 右侧为“下游”. 物质的的浓度分布是“上游决定下游”, 因此, 在讨论 x_j 处的浓度时, 需要知道 x_{j-1} 处的浓度而不是 x_{j+1} 处的浓度, 而左偏心格式正好符合这一原则. 同理, 当 $a<0$ 时河水从右往左流动, 右偏心格式符合这一原则. 故通常称这两个格式为迎风格式.

另外, 对偏心格式而言, 其稳定性条件与 Courant 条件一致.

2. Lax-Friedrichs 格式

对方程 (5.1.2), 可利用它的特征线来构造具有实用价值的格式. 1954 年, Lax 和 Friedrichs 提出了以下格式 (简称 LF 格式).

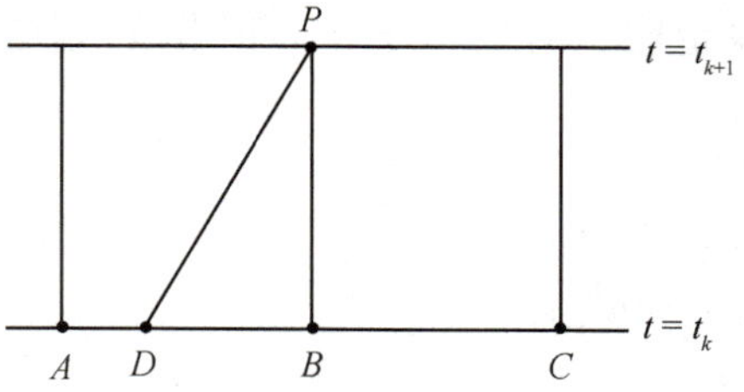

图 5.1.4

设系数 $a>0$. 如图 5.1.4 所示, 设 $t=t_k$ 上网点 $A(j-1,k),B(j,k),C(j+1,k)$ 处的解值已经算出. 从点 $P(j,k+1)$ 作特征线, 它与线段 AB 交于点 D. 由本段开头的讨论知 $u(P)=u(D)$, 但点 D 不是网点, $u(D)$ 未知. 但可利用上述已知值, 通过插值方法求 $u(D)$. 例如, 以点 A,C 为节点, 作线性插值, 则有

$$u(D)=\frac{h-a\tau}{2h}u(C)+\frac{h+a\tau}{2h}u(A).$$

这样, 我们得到 LF 格式

$$u_j^{k+1}=\frac{1}{2}\left[(1-ar)u_{j+1}^k+(1+ar)u_{j-1}^k\right],\tag{5.1.8}$$

$$k=0,1,\cdots,\quad j=0,\pm1,\pm2,\cdots.$$

当 $a<0$ 时, 点 D 在线段 BC 上, 可同样得到式 (5.1.8).

从图 5.1.4 看出, 在 $|a\tau/h|\leqslant 1$ 时, 差分格式依赖区域包含微分方程依赖区域. 利用分离变量法分析其稳定性, 可得到 LF 格式的传播因子

$$G_L(\sigma,\tau)=\cos\sigma h-iar\sin\sigma h.$$

于是

$$|G_L(\sigma,\tau)|^2=1-(1-a^2r^2)\sin^2\sigma h.$$

故当 $|ar|\leqslant 1$ 时, $|G_L(\sigma,\tau)|\leqslant 1$, LF 格式稳定. Courant 条件与稳定性条件一致.

LF 格式也可写为

$$u_j^{k+1}=\frac{1}{2}(u_{j+1}^k+u_{j-1}^k)-\frac{ar}{2}(u_{j+1}^k-u_{j-1}^k).$$

它可看成把不稳定的中心差分格式 (5.1.7) 内的 u_j^k 换成 $\frac{1}{2}(u_{j+1}^k+u_{j-1}^k)$ 而得到的. 这个格式的截断误差阶为 $O(\tau+h^2+h^2/\tau)$.

3. 正型格式

无论是偏心格式, 还是 LF 格式, 都是双层显格式, 是下列一般常系数显格式的特例

$$u_j^{k+1}=\sum_{m=-N}^{N}C_m u_{j+m}^k.\tag{5.1.9}$$

如果系数 $C_m\geqslant 0, m=0,\pm1,\cdots,\pm N$, 则称 (5.1.9) 为正型格式. 例如, 当 $a\geqslant 0$ 时的左偏心格式, $a\leqslant 0$ 时的右偏心格式, 以及 $|ar|\leqslant 1$ 时的 LF 格式, 都是正型格式.

易知, 对于正型格式, 如果 $\sum\limits_{m=-N}^{N}C_m=1$, 则按最大范数稳定.

正型格式有一个优点, 就是它能保持解的单调性. 换言之, 如果解在第 k 层是单调不增的, 例如

$$u_j^k-u_{j+1}^k\geqslant 0,\quad j=0,\pm1,\pm2,\cdots,$$

由正型格式 (5.1.9), 可写出

$$u_j^{k+1}=\sum_{m=-N}^{N}C_m u_{j+m}^k,\quad u_{j+1}^{k+1}=\sum_{m=-N}^{N}C_m u_{j+1+m}^k.$$

上两式相减, 注意到, $C_m \geqslant 0$, 则有

$$u_j^{k+1} - u_{j+1}^{k+1} = \sum_{m=-N}^{N} C_m(u_{j+m}^k - u_{j+1+m}^k) \geqslant 0,$$

即解在第 $k+1$ 层上也单调不增.

可以证明, 对形如 (5.1.9) 的差分格式, 如果能保持解的单调性, 则它必是正型格式. 事实上, 如果有某个系数 $C_m < 0(-N \leqslant m \leqslant N)$, 选取单调不减的初值 u_j^0 如下

$$u_j^0 = \begin{cases} 1, & 当 j > m, \\ 0, & 当 j \leqslant m, \end{cases}$$

于是

$$\begin{aligned} u_1^1 - u_0^1 &= \sum_{l=-N}^{N} C_l u_{l+1}^0 - \sum_{l=-N}^{N} C_l u_l^0 \\ &= \sum_{l \neq m} C_l(u_{l+1}^0 - u_l^0) + C_m(u_{m+1}^0 - u_m^0) \\ &= C_m(u_{m+1}^0 - u_m^0) = C_m < 0, \end{aligned}$$

即 u_j^1 已不再单调不减.

还可以证明：相容的正型格式 (5.1.9) 其局部截断误差必是一阶的. 此处从略.

4. Lax-Wendroff 格式

1960 年, Lax 和 Wendroff 提出一个具有二阶精度的格式 (简称 LW 格式). 由 Taylor 展开, 得到

$$[u]_j^{k+1} = [u]_j^k + \tau\left[\frac{\partial u}{\partial t}\right]_j^k + \frac{\tau^2}{2}\left[\frac{\partial^2 u}{\partial t^2}\right]_j^k + O(\tau^3), \tag{5.1.10}$$

注意到方程 (5.1.2), 又有

$$\frac{\partial u}{\partial t} = -a\frac{\partial u}{\partial x},$$

$$\frac{\partial^2 u}{\partial t^2} = \frac{\partial}{\partial t}\left(-a\frac{\partial u}{\partial x}\right) = a^2\frac{\partial^2 u}{\partial x^2}.$$

以之代入式 (5.1.10), 则得

$$[u]_j^{k+1} = [u]_j^k - a\tau\left[\frac{\partial u}{\partial x}\right]_j^k + \frac{a^2\tau^2}{2}\left[\frac{\partial^2 u}{\partial x^2}\right]_j^k + O(\tau^3). \tag{5.1.11}$$

再由

$$\left[\frac{\partial u}{\partial x}\right]_j^k = \frac{1}{2h}\left([u]_{j+1}^k - [u]_{j-1}^k\right) + O(h^2),$$

$$\left[\frac{\partial^2 u}{\partial x^2}\right]_j^k = \frac{1}{h^2}\delta_x^2[u]_j^k + O(h^2),$$

从式 (5.1.11) 可得

$$[u]_j^{k+1} = [u]_j^k - \frac{ar}{2}\left([u]_{j+1}^k - [u]_{j-1}^k\right) + \frac{a^2r^2}{2}\delta_x^2[u]_j^k + O(\tau^3), \quad r = \tau/h.$$

于是得到一个二阶格式

$$u_j^{k+1} = u_j^k - \frac{ar}{2}\left(u_{j+1}^k - u_{j-1}^k\right) + \frac{a^2r^2}{2}\delta_x^2 u_j^k. \tag{5.1.12}$$

这就是 Lax-Wendroff 格式, 它的截断误差阶为 $O(\tau^2+h^2)$.

为讨论 LW 格式的稳定性, 将其改写为

$$u_j^{k+1} = \frac{1}{2}(a^2r^2 - ar)u_{j+1}^k + (1-a^2r^2)u_j^k + \frac{1}{2}(a^2r^2+ar)u_{j-1}^k. \tag{5.1.13}$$

它显然不是正型格式. 易知, 格式的传播因子

$$G_{LW}(\sigma,\tau) = 1 + a^2r^2(\cos\sigma h - 1) - iar\sin\sigma h,$$

而

$$|G_{LW}(\sigma,\tau)|^2 = 1 - 4a^2r^2(1-a^2r^2)\sin^4(\sigma h/2),$$

故当 $|ar| \leqslant 1$ 时, $|G_{LW}(\sigma,\tau)| \leqslant 1$, 格式稳定.

这个格式也可以利用式 (5.1.2) 的特征线来构造. 如图 5.1.4 所示, 改用网点 A, B 及 C 为节点, 作二次插值, 即得

$$\begin{aligned} u(P) = u(D) = u(B) &- \frac{a\tau}{h}(u(B) - u(A)) \\ &- \frac{1}{2}\cdot\frac{a\tau}{h}\left(1 - \frac{a\tau}{h}\right)(u(A) - 2u(B) + u(C)), \end{aligned}$$

或者

$$u_j^{k+1} = u_j^k - ar(u_j^k - u_{j-1}^k) - \frac{1}{2}ar(1-ar)\delta_x^2 u_j^k.$$

对上式进行简单整理, 即得到式 (5.1.12).

5.1.2 一阶常系数方程初边值问题

我们考虑一阶常系数方程初边值问题, 这里应该注意的是, 边值条件的给法与其他两类方程不同. 例如, 如果常数 $a>0$, 方程 (5.1.2) 的特征线向右倾斜 (如图 5.1.5(a) 所示), 只能在 x 的变化区域的左边界上给出边界条件: $u(0,t)=\psi(t)$. 当 $a<0$ 时, 特征线向左倾斜 (如图 5.1.5(b) 所示), 只能在区域的右边界上给出边界条件, 即使 x 的变化区域为 $0\leqslant x\leqslant d$, 也只能给出 $u(d,t)=\psi(t)$, 否则将导致定解问题的不适定.

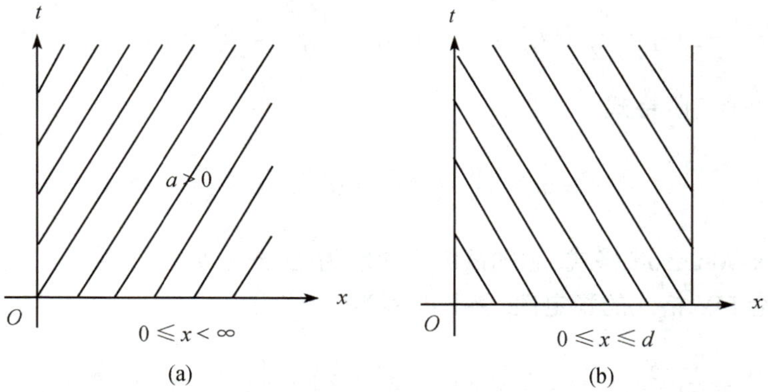

图 5.1.5

为确定起见, 设常数 $a>0$, 考虑模型问题

$$\begin{cases} \dfrac{\partial u}{\partial t}+a\dfrac{\partial u}{\partial x}=0, \quad 0<t\leqslant T, 0<x<\infty, & (5.1.14)\\ u(x,0)=\varphi(x), \quad 0\leqslant x<\infty, & (5.1.15)\\ u(0,t)=\psi(t), \quad 0\leqslant t\leqslant T. & (5.1.16)\end{cases}$$

前段所建立的几个显格式, 显然都适用于这个问题, 现在转向隐格式的讨论.

1. 隐式偏心格式

如图 5.1.6 所示, 利用网点 $(j,k+1),(j-1,k+1)$ 及 (j,k), 建立“迎风”隐格式

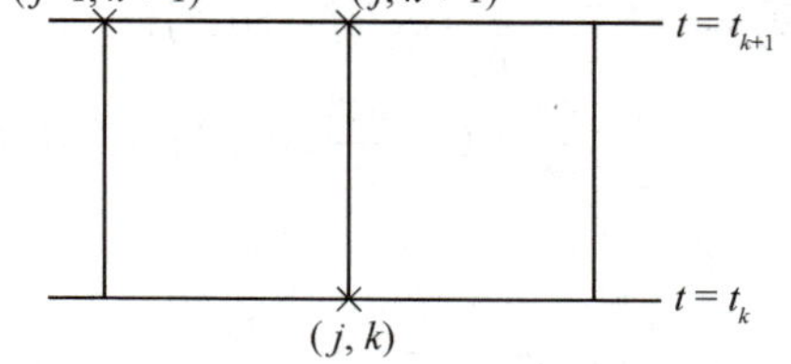

图 5.1.6

$$\frac{u_j^{k+1}-u_j^k}{\tau}+a\frac{u_j^{k+1}-u_{j-1}^{k+1}}{h}=0,\quad k=0,1,2,\cdots,\ j=1,2,\cdots. \tag{5.1.17}$$

它的截断误差阶为 $O(\tau+h)$. 令 $r=\tau/h$, 格式可改写为

$$u_j^{k+1}=\frac{ar}{1+ar}u_{j-1}^{k+1}+\frac{1}{1+ar}u_j^k \tag{5.1.18}$$

由此, 连同初始与边界条件

$$u_j^0=\varphi_j,u_0^k=\psi^k,j=1,2,\cdots;k=0,1,2,\cdots$$

($\varphi_0=\psi^0$, 连接性条件), 可在 $0<x,t<\infty$ 内所有网点上显式地计算解函数之近似值. 容易证明, 这是无条件稳定的格式.

2. Wendroff 格式

我们再构造一个具有较高精度的格式 —— Wendroff 格式. 如图 5.1.7 所示, 在点 $P\left(j-\frac{1}{2},k+\frac{1}{2}\right)$ 处, 对 $\left[\frac{\partial u}{\partial t}\right]_P$ 与 $\left[\frac{\partial u}{\partial x}\right]_P$ 分别用

$$\frac{1}{2}\left(\left[\frac{\partial u}{\partial t}\right]_G+\left[\frac{\partial u}{\partial t}\right]_E\right)\quad 与\quad \frac{1}{2}\left(\left[\frac{\partial u}{\partial x}\right]_H+\left[\frac{\partial u}{\partial x}\right]_F\right)$$

来近似, 然后用中心差商来逼近这些导数值, 则给出差分格式

$$\frac{1}{2}\left(\frac{u_D-u_A}{\tau}+\frac{u_C-u_B}{\tau}\right)+\frac{a}{2}\left(\frac{u_B-u_A}{h}+\frac{u_C-u_D}{h}\right)=0$$

或者

$$\frac{1}{2}\left(\frac{u_j^{k+1}-u_j^k}{\tau}+\frac{u_{j-1}^{k+1}-u_{j-1}^k}{\tau}\right)+\frac{a}{2}\left(\frac{u_j^k-u_{j-1}^k}{h}+\frac{u_j^{k+1}-u_{j-1}^{k+1}}{h}\right)=0,\quad k=0,1,2,\cdots,j=1,2,\cdots, \tag{5.1.19}$$

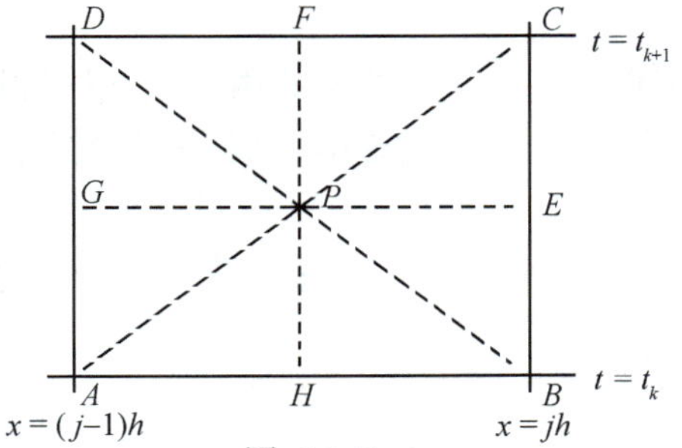

图 5.1.7

这里点 $B=(j,k)$. 这就是 Wendroff 格式 (简写为 W 格式). 易知, 它的截断误差阶为 $O(\tau^2+h^2)$.

令 $r=\tau/h$, W 格式可改写为

$$u_j^{k+1}=u_{j-1}^k+\frac{1-ra}{1+ra}(u_j^k-u_{j-1}^{k+1}).$$

这实际上是显格式, 连同初始与边界条件, 可以显式计算区域 $0<x,t<\infty$ 内所有网点处的解值, 不需要求解方程组.

为便于将 W 格式推广到一阶微分方程组的情形, 可把 (5.1.19) 改写为形式

$$u_{j-1}^{k+1}+\frac{1}{2}(1+ra)(u_j^{k+1}-u_{j-1}^{k+1})=u_{j-1}^k+\frac{1}{2}(1-ra)(u_j^k-u_{j-1}^k).\tag{5.1.20}$$

隐式迎风格式和 W 格式都是下述带权格式的特例

$$\frac{u_j^{k+1}-u_j^k}{\tau}+\frac{a}{h}[\theta(u_j^{k+1}-u_{j-1}^{k+1})+(1-\theta)(u_j^k-u_{j-1}^k)]=0,\tag{5.1.21}$$

其中 θ 为参数. 当 $\theta=1$ 时, 式 (5.1.21) 即化为式 (5.1.17). 当 $\theta=\dfrac{1}{2}-\dfrac{1}{2ra}$ 时, $r=\tau/h$, 式 (5.1.21) 即为 W 格式. 易知这是一个无条件稳定的格式.

易知, 当 $\theta=\dfrac{1}{2}-\dfrac{1}{2ra}$ 时, 格式 (5.1.21)(W 格式) 的局部截断误差阶为 $O(\tau^2+h^2)$, 而在其他情形, 截断误差阶为 $O(\tau+h)$.

5.1.3　一阶变系数方程的差分格式

对变系数方程 (5.1.1), 前面对常系数方程讨论的格式都可以类似地导出.

对初值问题 (5.1.1) 和 (5.1.3) 而言, 必须用显格式计算. 我们这里不讨论 $a(x)$ 变号的情形, 为确定, 假定 $0<c_0\leqslant a(x)\leqslant c_1$. 方程 (5.1.1) 的特征线不再是直线, 它由

$$\frac{\mathrm{d}x}{\mathrm{d}t}=a(x),\quad -\infty<x<+\infty$$

确定. 同样, 沿特征曲线 $u(x,t)$ 是常数, 故由特征线同样可以给出解 $u(x,t)$ 在 (x_0,t_0) 的依赖区域和初值点 $(x_1,0)$ 的影响区域. 变系数方程的 LF 格式是

$$u_j^{k+1}=\frac{1}{2}[(1-a_jr)u_{j+1}^k+(1+a_jr)u_{j-1}^k],$$

易知 CFL 条件是

$$c_1r\leqslant 1.$$

这时, 它仍然是一个正型格式.

对于变系数方程

$$\frac{\partial u}{\partial t}+a(x)\frac{\partial u}{\partial x}=0,\quad 0<t\leqslant T,0<x<\infty, \tag{5.1.22}$$

及条件 (5.1.15), (5.1.16) 构成的初边值问题, 我们给出如下常用格式

$$\frac{1}{2}\left(\frac{u_j^{k+1}-u_j^k}{\tau}+\frac{u_{j-1}^{k+1}-u_{j-1}^k}{\tau}\right)+\frac{a_{j-1/2}}{2}\left(\frac{u_j^{k+1}-u_{j-1}^{k+1}}{h}\right.$$
$$\left.+\frac{u_j^k-u_{j-1}^k}{h}\right)=0,\quad k=0,1,2,\cdots,[T/\tau]-1;\quad j=1,2,\cdots. \tag{5.1.23}$$

这实际上是 W 格式对变系数情形的应用. 它的局部截断误差为 $O(\tau^2+h^2)$. 用能量方法可以证明它是无条件稳定的.

除了 Lax-Wendroff 格式以外, 本节讨论的所有格式都可以推广到非齐次方程

$$\frac{\partial u}{\partial t}+a(x)\frac{\partial u}{\partial x}=f(x,t)$$

的情形.

5.2　一阶常系数线性双曲型方程组的差分格式

本节讨论包含 p 个未知函数 $u_1(x,t),u_2(x,t),\cdots,u_p(x,t)$ 的一阶常系数线性双曲型方程组

$$\frac{\partial \boldsymbol{u}}{\partial t}+A\frac{\partial \boldsymbol{u}}{\partial x}=\boldsymbol{0} \tag{5.2.1}$$

的差分格式, 这里 $\boldsymbol{u}$ 表示 p 维未知函数向量, A 为 p 阶常数方阵. 当 A 的特征值为实数且具有 p 个线性无关的特征向量时, 称方程组 (5.2.1) 为双曲型的. 易知, 此时, 存在非奇异矩阵 S, 使

$$SAS^{-1}=\Lambda,\quad 其中\Lambda=\mathrm{diag}(\lambda_1,\cdots,\lambda_p),$$

$\lambda_j(j=1,2,\cdots,p)$ 为矩阵 A 的特征值. 令 $\boldsymbol{v}=S\boldsymbol{u}$, 并代入式 (5.2.1), 则有

$$\frac{\partial \boldsymbol{v}}{\partial t}+\Lambda\frac{\partial \boldsymbol{v}}{\partial x}=\boldsymbol{0}. \tag{5.2.2}$$

这实际上是 p 个分离的方程, 可以各自分别求解.

对方程组 (5.2.1), 可以给出初始条件

$$\boldsymbol{u}(x,0)=\boldsymbol{\varphi}(x),\qquad -\infty<x<+\infty, \tag{5.2.3}$$

其中 $\boldsymbol{\varphi}(x)$ 为已知向量, 以构成初值问题 (5.2.1), (5.2.3), 也可以给出初始与边界条件, 以构成初边值问题. 关于相应边界条件的给法, 不是任意的, 与矩阵 A 的特征值的符号直接相关. 设 $x=0$ 与 $x=1$ 为空间变量 x 的变化区域的边界, $0\leqslant x\leqslant 1$, 为使初边值问题是适定的, 若 A 有 m 个正特征值, $p-m$ 个负特征值, 则应在 $x=0$ 处给出 m 个边界条件, 在 $x=1$ 处给出 $p-m$ 个边界条件. 如果某个 $\lambda_{j_0}=0$, 则第 j_0 个边界条件不必给出.

前节对方程 (5.1.2)(或 (5.1.14)) 所建立的差分格式原则上都可以平移到方程组 (5.2.1) 上来. 这里兹举两个例说明之.

(1) Lax-Wendroff **格式**

$$\boldsymbol{u}_j^{k+1}=\boldsymbol{u}_j^k-\frac{1}{2}rA(\boldsymbol{u}_{j+1}^k-\boldsymbol{u}_{j-1}^k)+\frac{1}{2}r^2A^2\delta_x^2\boldsymbol{u}_j^k, \tag{5.2.4}$$

其中 $r=\tau/h$. 它可以用类似于 5.1.1 节中的办法构造出来. 由 Taylor 展开式

$$[\boldsymbol{u}]_j^{k+1}=[\boldsymbol{u}]_j^k+\tau\left[\frac{\partial \boldsymbol{u}}{\partial t}\right]_j^k+\frac{\tau^2}{2}\left[\frac{\partial^2\boldsymbol{u}}{\partial t^2}\right]_j^k+O(\tau^3).$$

因 A 为常数矩阵, 则

$$\frac{\partial \boldsymbol{u}}{\partial t}=-A\frac{\partial \boldsymbol{u}}{\partial x},\quad \frac{\partial^2\boldsymbol{u}}{\partial t^2}=A^2\frac{\partial^2\boldsymbol{u}}{\partial x^2}.$$

于是

$$[\boldsymbol{u}]_j^{k+1}=[\boldsymbol{u}]_j^k-\tau A\left[\frac{\partial \boldsymbol{u}}{\partial x}\right]_j^k+\frac{\tau^2}{2}A^2\left[\frac{\partial^2\boldsymbol{u}}{\partial x^2}\right]_j^k+O(\tau^3).$$

将上式中关于 x 的导数分别用中心差商替代, 则有

$$\begin{aligned}[\boldsymbol{u}]_j^{k+1}=&[\boldsymbol{u}]_j^k-\frac{r}{2h}A([\boldsymbol{u}]_{j+1}^k-[\boldsymbol{u}]_{j-1}^k)\\&+\frac{1}{2}\left(\frac{\tau}{h}\right)^2A^2\delta_x^2[\boldsymbol{u}]_j^k+O(\tau^3+\tau h^2).\end{aligned}$$

舍去局部截断误差 $O(\tau^2+h^2)$ 后, 即得到方程组 (5.2.1) 的 LW 格式 (5.2.4).

下面分析 LW 格式的稳定性. 以非奇异矩阵 S 左乘式 (5.2.4), 则有

$$\begin{aligned}S\boldsymbol{u}_j^{k+1}=&S\boldsymbol{u}_j^k-\frac{r}{2}SAS^{-1}(S\boldsymbol{u}_{j+1}^k-S\boldsymbol{u}_{j-1}^k)\\&+\frac{r^2}{2}(SAS^{-1})^2(S\boldsymbol{u}_{j+1}^k-2S\boldsymbol{u}_j^k+S\boldsymbol{u}_{j-1}^k).\end{aligned}\tag{5.2.5}$$

注意到 $\boldsymbol{v}=S\boldsymbol{u}$, $SAS^{-1}=\Lambda$, (5.2.5) 就是 (5.2.2) 的 LW 格式

$$\boldsymbol{v}_j^{k+1}=\boldsymbol{v}_j^k-\frac{r}{2}\Lambda(\boldsymbol{v}_{j+1}^k-\boldsymbol{v}_{j-1}^k)+\frac{r^2}{2}\Lambda^2\delta_x^2\boldsymbol{v}_j^k. \tag{5.2.6}$$

此式中第 m 个式子恰为 (5.2.2) 内第 m 个方程的 LW 格式. 由 5.1.1 节的讨论知, 在条件

$$r|\lambda_m| \leqslant 1, \quad m = 1, 2, \cdots, p$$

下, 格式 (5.2.6) 稳定. 由于 $\boldsymbol{u} = S^{-1}\boldsymbol{v}$, 故在上述条件下, 格式 (5.2.4) 稳定.

(2) Wendroff 格式

$$\begin{aligned} &\boldsymbol{u}_{j-1}^{k+1} + \frac{1}{2}(I + rA)(\boldsymbol{u}_j^{k+1} - \boldsymbol{u}_{j-1}^{k+1}) \\ =& \boldsymbol{u}_{j-1}^{k} + \frac{1}{2}(I - rA)(\boldsymbol{u}_j^{k} - \boldsymbol{u}_{j-1}^{k}), \end{aligned} \tag{5.2.7}$$

其中 I 为单位阵, $r = \tau/h$. 根据单个方程的 W 格式的无条件稳定性, 以及对方程组情形 LW 格式进行稳定性分析的办法, 立即可知, 格式 (5.2.7) 是无条件稳定性的. 当然, W 格式适用于初边值问题.

对于方程组 (5.2.1), 我们构造一个新格式.

(3) 跳蛙格式 (leap-frog 格式)

这种格式是分别用中心差商来替代 (5.2.1) 中的导数而得到的

$$\boldsymbol{u}_j^{k+1} - \boldsymbol{u}_j^{k-1} = -\frac{\tau}{h}A(\boldsymbol{u}_{j+1}^{k} - \boldsymbol{u}_{j-1}^{k}). \tag{5.2.8}$$

这是个三层格式, 其截断误差为 $O(\tau^2 + h^2)$. 在已知 $\boldsymbol{u}_j^0$ 及 $\boldsymbol{u}_j^1$ 以后, 即可逐层计算其他网点处的值.

设 $v^{(m)}$ 表示列向量 $\boldsymbol{v}$ 的第 m 个分量, 则式 (5.2.2) 内第 m 个方程

$$\frac{\partial v^{(m)}}{\partial t} + \lambda_m \frac{\partial v^{(m)}}{\partial x} = 0, \quad m = 1, 2, \cdots, p$$

的跳蛙格式为

$$v_j^{(m),k+1} - v_j^{(m),k-1} = -\frac{\tau}{h}\lambda_m(v_{j+1}^{(m)k} - v_{j-1}^{(m)k}), \quad m = 1, 2, \cdots, p. \tag{5.2.9}$$

若考虑初值问题, 化为双层格式后可用分离变量法进行稳定性分析. 此时, 格式 (5.2.9) 的传播矩阵为

$$G_{LF}^{(m)}(\sigma, \tau) = \begin{bmatrix} -ir\lambda_m \sin\sigma h & 1 \\ 1 & 0 \end{bmatrix}.$$

而其特征值

$$\mu_{1,2}^{(m)} = -ir\lambda_m \sin\sigma h \pm \sqrt{1 - r^2\lambda_m^2 \sin\sigma h}, \quad m = 1, 2, \cdots, p.$$

当 $r|\lambda_m| \leqslant 1$ 时, $\mu_1^{(m)} = \overline{\mu_2}^{(m)}$ ($\mu_1^{(m)}$ 和 $\mu_2^{(m)}$ 互为共轭), 且其模为 1. 故 von Neumann 条件成立.

设 $r|\lambda_m| < 1$, $\mu_1^{(m)} \neq \mu_2^{(m)}$, 传播矩阵 $G_{LF}^{(m)}(\sigma,\tau)$ 有两个线性无关特征向量, 将其规范化后, 得到

$$\boldsymbol{e}_1^{(m)} = \frac{1}{\sqrt{2}}[\mu_1^{(m)}, 1]^{\mathrm{T}}, \quad \boldsymbol{e}_2^{(m)} = \frac{1}{\sqrt{2}}[\mu_2^{(m)}, 1]^{\mathrm{T}}.$$

以这两个规范特征向量为列的行列式之模

$$\frac{1}{2}\left|\det\begin{bmatrix} \mu_1^{(m)} & \mu_2^{(m)} \\ 1 & 1 \end{bmatrix}\right| = \sqrt{1 - r^2\lambda_m^2 \sin^2\sigma h} \geqslant \delta > 0.$$

故由 4.4 节所介绍的稳定性判别定理知, 当 $r|\lambda_m| < 1 (m = 1, 2, \cdots, p)$ 时的跳蛙格式 (5.2.9) 稳定. 由方程组 (5.2.1) 与 (5.2.2) 的关系, 进而推知, 格式 (5.2.8) 稳定.

当 $r|\lambda_m| = 1$ 时, $G_{LF}^{(m)}(\sigma,\tau)$ 在 $\sigma\tau = n\pi + \dfrac{\pi}{2}$ 时有重特征值 $\mu_{1,2}^{(m)} = -ir\lambda^m$ 或 $ir\lambda^m$. 可以证明 (留作习题), 格式 (5.2.9) 是不稳定的, 随之, 格式 (5.2.8) 亦然.

5.3 二阶线性双曲型方程的差分格式

本节以波动方程为基本模型, 讨论二阶线性双曲型方程定解问题差分格式的构造并进行理论分析.

5.3.1 一维常系数波动方程

考虑一个空间变量的波动方程

$$\frac{\partial^2 u}{\partial t^2} - a^2\frac{\partial^2 u}{\partial x^2} = 0, \quad a\text{为正常数}. \tag{5.3.1}$$

由数理方程中的讨论知, 与式 (5.3.1) 相应的特征方程为

$$\mathrm{d}x^2 - a^2\mathrm{d}t^2 = 0, \text{ 或者写为 } 1 - a^2\left(\frac{\mathrm{d}t}{\mathrm{d}x}\right)^2 = 0.$$

由此可确定两个特征方向

$$\mathrm{d}t/\mathrm{d}x = \pm 1/a,$$

而特征 (线) 为两族直线

$$x - at = C_1(\text{常数}), \quad x + at = C_2(\text{常数}).$$

在研究波动方程的各种定解问题时, 像一阶常系数双曲型方程的情形一样, 特征起着重要作用. 例如, 利用特征, 可以导出波动方程 (5.3.1) 满足初始条件

$$u(x,0)=\varphi(x),\quad \frac{\partial}{\partial t}u(x,0)=\psi(x),\quad -\infty<x<\infty \tag{5.3.2}$$

的解

$$u(x,t)=\frac{1}{2}\left(\varphi(x+at)+\varphi(x-at)\right)+\frac{1}{2a}\int_{x-at}^{x+at}\psi(\xi)\mathrm{d}\xi. \tag{5.3.3}$$

这就是熟知的 d'Alembert 公式.

由式 (5.3.3) 看出, 初值问题 (5.3.1), (5.3.2) 之解 u 在点 (x_0,t_0) $(t_0>0)$ 的值仅依赖于初值函数 $\varphi(x)$, $\psi(x)$ 在区间 $[x_0-at,x_0+at]$ 上的值, 而与此区间外的初值无关, 故称 $[x_0-at,x_0+at]$ 为点 (x_0,t_0) 的依赖区域 (图 5.3.1). 显然, 为得到点 (x_0,t_0) 的依赖区域, 只需过 (x_0,t_0) 作两条特征线, 它们在 x 轴上截出的闭区间即是依赖区域.

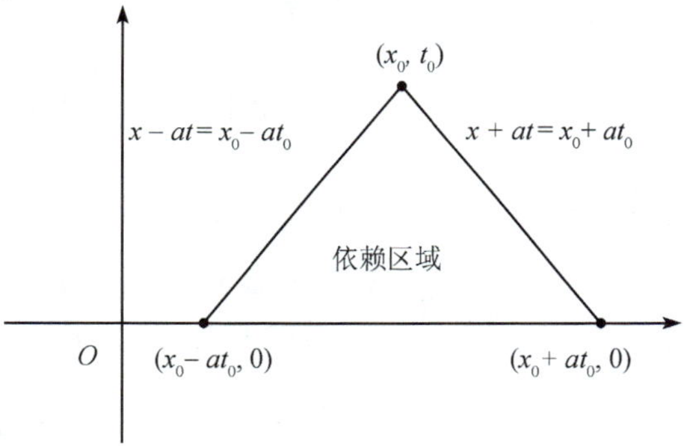

图 5.3.1

现对方程 (5.3.1) 建立显式差分格式. 时间步长取为 τ, 空间步长取为 h, 对 x-t 平面作矩形网格剖分. 用二阶中心差商分别代替式 (5.3.1) 中的二阶导数, 则在网点 (j,k) 处, 得到逼近 (5.3.1) 的差分方程

$$\frac{1}{\tau^2}\delta_t^2u_j^k=\frac{a^2}{h^2}\delta_x^2u_j^k,\quad j=0,\pm1,\pm2,\cdots,k=1,2,\cdots. \tag{5.3.4}$$

它的截断误差阶为 $O(\tau^2+h^2)$. 如果考虑初值问题 (5.3.1), (5.3.2), 差分方程 (5.3.4) 的初始条件取形式

$$\begin{cases} u_j^0=\varphi_j, \\ u_j^1=\dfrac{r^2}{2}a^2[\varphi_{j-1}+\varphi_{j+1}]+(1-r^2a^2)\varphi_j+\tau\psi_j, \end{cases} \tag{5.3.5}$$

其中 $r=\tau/h$ 为网比. 上式中后一式是这样导出的: 先用中心差商代替 $\dfrac{\partial}{\partial t}u(x,0)$,

$$\frac{1}{2\tau}\left(u_j^1-u_j^{-1}\right)=\psi_j;$$

又设方程 (5.3.1) 当 $t=0$ 时成立, 在式 (5.3.4) 中令 $k=0$, 则有

$$\frac{1}{\tau^2}\delta_t^2u_j^0=\frac{a^2}{h^2}\delta_x^2u_j^0\ ;$$

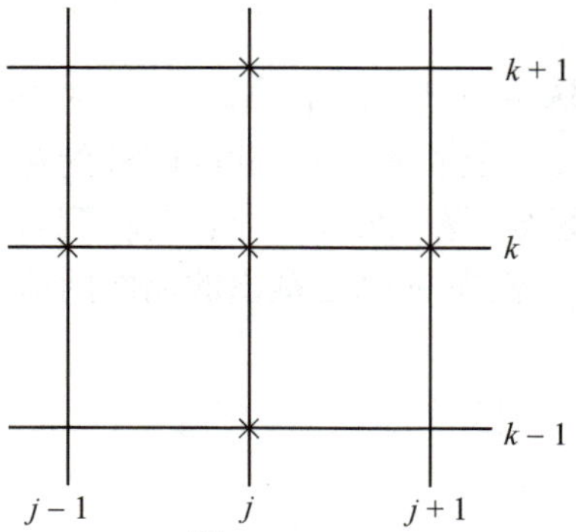

图 5.3.2

从上两式中消去 u_j^{-1}, 即得到所要的结果. 此时, 初始条件的截断误差亦为 $O(\tau^2+h^2)$. 显格式 (5.3.4), (5.3.5) 所用到的网点如图 5.3.2 所示.

为计算方便, 格式 (5.3.4) 可改写为形式

$$u_j^{k+1}=a^2r^2\left(u_{j-1}^k+u_{j+1}^k\right)+2(1-a^2r^2)u_j^k-u_j^{k-1}.$$

这是三层格式, 利用式 (5.3.5) 就可逐层进行计算.

上述格式也可以去求解初边值问题

$$\begin{cases}\dfrac{\partial^2u}{\partial t^2}-a^2\dfrac{\partial^2u}{\partial x^2}=0, \quad 0<x<1, 0<t\leqslant T,\\ u(x,0)=\varphi(x), \dfrac{\partial}{\partial t}u(x,0)=\psi(x), \quad 0\leqslant x\leqslant 1,\\ u(0,t)=a(t), u(1,t)=\beta(t), \quad 0\leqslant t\leqslant T.\end{cases}\tag{5.3.6}$$

此时, 取 $h=1/N$, N 为正整数. 初始与边界条件的相应处理是显然的.

为应用分离变量法对上述格式进行稳定性分析, 首先把方程 (5.3.1) 化成一阶方程组, 相应地把三层格式 (5.3.4) 化成双层格式组. 令

$$v=\frac{\partial u}{\partial t},\quad w=a\frac{\partial u}{\partial x},$$

则双曲型方程 (5.3.1) 化为

$$\frac{\partial v}{\partial t}=a\frac{\partial w}{\partial x},\quad \frac{\partial w}{\partial t}=a\frac{\partial v}{\partial x},\tag{5.3.7}$$

对这个一阶双曲方程组建立显格式

$$\begin{cases}\dfrac{v_j^{k+1}-v_j^k}{\tau}=a\dfrac{w_{j+1/2}^k-w_{j-1/2}^k}{h},\\[2ex] \dfrac{w_{j-1/2}^{k+1}-w_{j-1/2}^k}{\tau}=a\dfrac{v_j^{k+1}-v_{j-1}^{k+1}}{h}.\end{cases}\tag{5.3.8}$$

此即 Courant-Friedrichs-Lewy 格式. 若令

$$v_j^k = \frac{u_j^k - u_j^{k-1}}{\tau}, \quad w_{j-1/2}^k = a\frac{u_j^k - u_{j-1}^k}{h}, \tag{5.3.9}$$

则可推知格式 (5.3.8) 等价于显格式 (5.3.4). 因此格式 (5.3.4) 的稳定性讨论可以通过格式 (5.3.8) 来进行.

顺便指出一点: 将三层格式 (5.3.4) 化为双层格式组 (5.3.8) 的方法与抛物型方程的类似过程不同. 因为这种处理过程保持了方程的双曲型性质.

易知, 格式 (5.3.8) 的传播矩阵为

$$G(\sigma,\tau) = \begin{bmatrix} 1 & iC \\ iC & 1-C^2 \end{bmatrix}, \quad \text{其中} C = 2ar\sin\sigma h/2, \tag{5.3.10}$$

而这个矩阵的特征方程为

$$\lambda^2 - (2-C^2)\lambda + 1 = 0,$$

它的根 $\lambda_{1,2}$ 按模不大于 $1(|\lambda_1|, |\lambda_2| \leqslant 1)$ 的充要条件为 $|2-C^2| \leqslant 2$. 换言之,

$$ar \leqslant 1. \tag{5.3.11}$$

亦即, 当式 (5.3.11) 成立时, von Neumann 必要条件满足.

当 $ar < 1$ 时, 矩阵 $G(\sigma,\tau)$ 的两个特征值 λ_1, λ_2 互异, $\lambda_1 = \overline{\lambda}_2, |\lambda_1| = |\lambda_2| = 1$. 相应地, 有两个线性无关的归范特征向量 $\boldsymbol{e}_1, \boldsymbol{e}_2$,

$$\boldsymbol{e}_1 = \frac{1}{\sqrt{2}C}[iC, \lambda_1 - 1]^{\mathrm{T}}, \quad \boldsymbol{e}_2 = \frac{1}{\sqrt{2}C}[iC, \lambda_2 - 1]^{\mathrm{T}},$$

而以 $\boldsymbol{e}_1, \boldsymbol{e}_2$ 为列向量的行列式之模等于

$$\sqrt{1 - a^2r^2\sin^2\frac{\sigma h}{2}} \geqslant \delta > 0,$$

故由 4.4 节的稳定性判别定理知, 格式 (5.3.8) 稳定.

当 $ar = 1$ 时, 传播矩阵 $G(\sigma,\tau)$ 于 $\sigma = N\pi$ 时取形式

$$G(N\pi,\tau) = \begin{bmatrix} 1 & 2i \\ 2i & -3 \end{bmatrix}.$$

它有重特征值 $\lambda_1 = \lambda_2 = -1$, 且对应的初等因子次数为 2 . 因此, 存在非奇异阵 S, 使

$$G(N\pi,\tau) = S\begin{bmatrix} -1 & 1 \\ 0 & -1 \end{bmatrix}S^{-1}.$$

进而

$$G^k(N\pi,\tau)=S\begin{bmatrix}(-1)^k & (-1)^k k\\ 0 & (-1)^k\end{bmatrix}S^{-1},\ k=1,2,\cdots.$$

故 $G^k(N\pi,\tau)$ 关于 k 无界, 矩阵族 $\{G^k(\sigma,\tau)\}$ 不是一致有界的, 差分格式 (5.3.8) 当 $ar=1$ 时是不稳定的.

综上所述, 差分格式 (5.3.8) 稳定的充要条件为 $ar<1$.

稳定性的必要条件 (5.3.11) 也称为 Courant 条件. 它的直观意义仍然是差分方程解的依赖区域包含微分方程解的依赖区域. 当这个条件不成立时, 差分格式是不稳定的, 也是不收敛的. 事实上, 如图 5.3.3 所示, 从式 (5.3.4) 易知, 差分方程之解 u_j^k 的依赖区域为初始线上的区间 $[P,Q]$, 其中 P 为点 $(x_{j-k},0)$, Q 为点 $(x_{j+k},0)$. 它由过点 (x_j,t_k) 的两条直线

$$t-t_k=\pm r(x-x_j)$$

与 x 轴的交点所界. 而过点 (x_j,t_k) 的两条特征线为

$$t-t_k=\pm\frac{1}{a}(x-x_j).$$

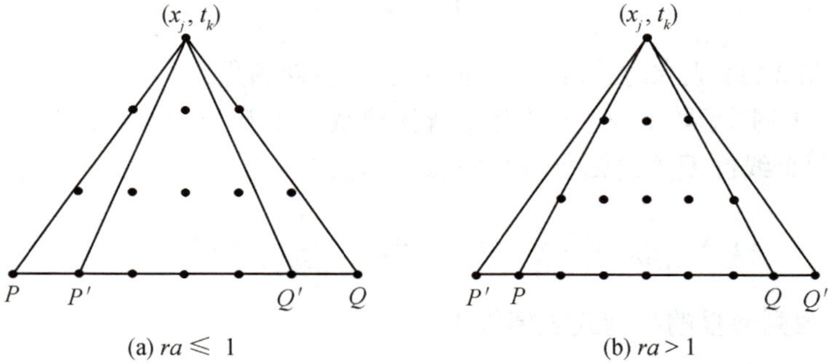

图 5.3.3

微分方程之解的依赖区域为初始线上的区间 $[P',Q']$, 其中 P' 为点 $(x_j-at_k,0)$, Q' 为点 $(x_j+at_k,0)$. 当 $ra\leqslant 1$, 亦即 $r\leqslant 1/a$ 时, $[P',Q']\subset[P,Q]$; 当 $ra>1$ 时, $[P,Q]\subset[P',Q']$. 令步长 $h\to 0,\tau\to 0$, 但网比 r 保持不变, 则依赖区域 $[P,Q]$ 与 $[P',Q']$ 不变. 显然, 当 $ra>1$ 时, 若改变区间 (P',P) 和 (Q',Q) 上初值, 保持 $[P,Q]$ 上的初值不变, 则准确解 $u(x_j,t_k)$ 可取不同的值, 而当 $h\to 0,\tau\to 0$(但r不变) 时, u_j^k 是一确定的数列, 与 (P',P), (Q,Q') 上的初值无关, 它不可能收敛到不同的 $u(x_j,t_k)$.

关于微分方程与差分方程之解依赖区域的关系的论断, 对于一般双曲型方程也是正确的, 这是对双曲型方程选择显式差分格式时应当遵循的一个原则.

为得到无条件稳定的差分格式, 现用第 $k-1,k,k+1$ 层上二阶中心差商的加权平均去逼近二阶导数 $\dfrac{\partial^2 u}{\partial x^2}$, 于是有

$$\frac{1}{\tau}\delta_t^2 u_j^k = \frac{a^2}{h^2}\left[\theta\delta_x^2 u_j^{k+1} + (1-2\theta)\delta_x^2 u_j^k + \theta\delta_x^2 u_j^{k-1}\right], \tag{5.3.12}$$

其中 $0 \leqslant \theta \leqslant 1$ 是参数. 当 $\theta = 0$ 时, 就得到显格式 (5.3.4). 一个常用的隐式情形是取 $\theta = 1/4$, 此时

$$\frac{1}{\tau}\delta_t^2 u_j^k = \frac{a^2}{4h^2}\delta_x^2\left(u_j^{k+1} + 2u_j^k + u_j^{k-1}\right).$$

现对一阶双曲方程组 (5.3.7) 建立格式

$$\begin{cases} \dfrac{v_j^{k+1} - v_j^k}{\tau} = \dfrac{a}{2h}\left(w_{j+1/2}^k - w_{j-1/2}^k + w_{j+1/2}^{k+1} - w_{j-1/2}^{k+1}\right), \\ \dfrac{w_{j-1/2}^{k+1} - w_{j-1/2}^k}{\tau} = \dfrac{a}{2h}\left(v_j^{k+1} - v_{j-1}^{k+1} + v_j^k - v_{j-1}^k\right). \end{cases} \tag{5.3.13}$$

若置

$$w_{j+1/2}^k = \frac{a}{2h}\left[\left(u_{j+1}^k - u_j^k\right) + \left(u_{j+1}^{k-1} - u_j^{k-1}\right)\right], \quad v_j^k = \frac{u_j^k - u_j^{k-1}}{\tau}, \tag{5.3.14}$$

则知, $\theta = \dfrac{1}{4}$ 时的格式 (5.3.12) 与双层格式组 (5.3.13) 等价.

可以算出格式 (5.3.13) 的传播矩阵为

$$G(\sigma,\tau) = \begin{bmatrix} \dfrac{1-C^2/4}{1+C^2/4} & \dfrac{iC}{1+C^2/4} \\ \dfrac{iC}{1+C^2/4} & \dfrac{1-C^2/4}{1+C^2/4} \end{bmatrix}, \quad \text{其中} C = 2ra\sin\frac{\sigma h}{2}.$$

由 $G^*G = I$ 知, $G(\sigma,\tau)$ 为酉矩阵, $\|G\|_0 = 1$, 故格式 (5.3.13) 对任意 $r > 0$ 是稳定的.

可以证明, 对于加权格式 (5.3.12), 当 $\theta \geqslant \dfrac{1}{4}$ 时, 它是无条件稳定的; 当 $0 \leqslant \theta < \dfrac{1}{4}$ 时, 格式稳定的充要条件是

$$ar = \frac{a\tau}{h} < \frac{1}{\sqrt{1-4\theta}}. \tag{5.3.15}$$

证明从略, 留作习题.

另外, 对于与波动方程 (5.3.1) 等价的方程组 (5.3.7), 参照 5.1 与 5.2 节, 可以直接建立许多其他格式, 并研究相应的稳定条件.

*5.3.2 一维变系数波动方程

本节考虑二阶变系数线性方程初边值问题

$$\begin{cases} \dfrac{\partial^2 u}{\partial t^2} = \dfrac{\partial}{\partial x}\left(a(x)\dfrac{\partial u}{\partial x}\right), \quad 0 < x < 1, \ 0 < t \leqslant T, \\ u(x,0) = \varphi(x), \quad \dfrac{\partial}{\partial x}u(x,0) = \psi(x), \quad 0 \leqslant x \leqslant 1, \\ u(0,t) = u(1,t) = 0, \quad 0 \leqslant t \leqslant T, \end{cases} \tag{5.3.16}$$

其中, $0 < C_0 \leqslant a(x) \leqslant C_1$. 对上述方程建立加权格式

$$\frac{1}{\tau^2}\delta_t^2 u_j^k = \left(\theta a_j u_{\bar{x},i}^{k+1} + (1-2\theta)a_j u_{\bar{x},j}^k + \theta a_j u_{\bar{x},j}^{k-1}\right)_x, \tag{5.3.17}$$

$$k = 1, 2, \cdots, [T/\tau] - 1; \quad j = 1, 2, \cdots, N-1; \quad 0 \leqslant \theta \leqslant 1.$$

现用能量估计方法来研究格式的稳定性质.

格式 (5.3.17) 左端的二阶差分可改写为

$$\left(u_j^{k+1} - u_j^k\right) - \left(u_j^k - u_j^{k-1}\right).$$

格式 (5.3.17) 两端同乘以 $h\left(u_j^{k+1} - u_j^k\right) + h\left(u_j^k - u_j^{k-1}\right) = h\left(u_j^{k+1} - u_j^{k-1}\right)$, 并关于 $j = 1, 2, \cdots, N-1$ 求和, 则有

$$\|u_{\bar{t}}^{k+1}\|_0^2 - \|u_{\bar{t}}^k\|_0^2 = I_1 + I_2, \tag{5.3.18}$$

其中

$$I_1 = \theta\left(\left(au_{\bar{x}}^{k+1}\right)_x + \left(au_{\bar{x}}^{k-1}\right)_x, u^{k+1} - u^{k-1}\right),$$

$$I_2 = (1-2\theta)\left(\left(au_{\bar{x}}^k\right)_x, u^{k+1} - u^{k-1}\right).$$

注意到零边值条件, 利用分部求和公式变换 I_1 和 I_2, 并整理之, 则有

$$I_1 = -\theta\left[\|\sqrt{a}u_{\bar{x}}^{k+1}]|^2 - \|\sqrt{a}u_{\bar{x}}^{k-1}]|^2\right], \tag{5.3.19}$$

$$\begin{aligned} I_2 = \frac{1-2\theta}{4}\{&-\|\sqrt{a}(u_{\bar{x}}^{k+1} + u_{\bar{x}}^k)]|^2 + \|\sqrt{a}(u_{\bar{x}}^{k+1} + u_{\bar{x}}^k)]|^2 \\ &+ \|\sqrt{a}\left(u_{\bar{x}}^k + u_{\bar{x}}^{k-1}\right)]|^2 - \|\sqrt{a}\left(u_{\bar{x}}^k - u_{\bar{x}}^{k-1}\right)]|^2\}. \end{aligned} \tag{5.3.20}$$

将以上两式代入式 (5.3.18), 则有

$$\begin{aligned} \|u_{\bar{t}}^{k+1}\|_0^2 - \|u_{\bar{t}}^k\|_0^2 = &-\theta\|\sqrt{a}u_{\bar{x}}^{k+1}]|^2 + \theta\|\sqrt{a}u_{\bar{x}}^{k-1}]|^2 \\ &+ \frac{1-2\theta}{4}\{-\|\sqrt{a}\left(u_{\bar{x}}^{k+1} + u_{\bar{x}}^k\right)]|^2 + \|\sqrt{a}\left(u_{\bar{x}}^{k+1} - u_{\bar{x}}^k\right)]|^2 \\ &+ \|\sqrt{a}\left(u_{\bar{x}}^k + u_{\bar{x}}^{k-1}\right)]|^2 - \|\sqrt{a}\left(u_{\bar{x}}^k - u_{\bar{x}}^{k-1}\right)]|^2\}, \end{aligned}$$

记

$$S_k = \|u_{\bar{t}}^k\|_0^2 + \theta \left(\|\sqrt{a} u_{\bar{x}}^k]|^2 + \|\sqrt{a} u_{\bar{x}}^{k-1}]|^2 \right) + \frac{1-2\theta}{4} \left(\|\sqrt{a} \left(u_{\bar{x}}^k + u_{\bar{x}}^{k-1} \right)]|^2 - \|\sqrt{a} \left(u_{\bar{x}}^k - u_{\bar{x}}^{k-1} \right)]|^2 \right), \tag{5.3.21}$$

则从上式得到

$$S_{k+1} = S_k.$$

进而

$$S_k = S_{k-1} = \cdots = S_1. \tag{5.3.22}$$

现在对 S_k 的表示式进行某些改变. 注意到

$$\left(u_j^k\right)^2 + \left(u_j^{k-1}\right)^2 = \left[\left(u_j^k - u_j^{k-1}\right)^2 + \left(u_j^k + u_j^{k-1}\right)^2 \right] / 2,$$

于是

$$\|\sqrt{a} u_{\bar{x}}^k]|^2 + \|\sqrt{a} u_{\bar{x}}^{k-1}]|^2 = \|\sqrt{a} \left(u_{\bar{x}}^k + u_{\bar{x}}^{k-1} \right)]|^2/2 + \|\sqrt{a} \left(u_{\bar{x}}^k - u_{\bar{x}}^{k-1} \right)]|^2/2.$$

故有

$$S_k = \|u_{\bar{t}}^k\|_0^2 + \frac{1}{4} \|\sqrt{a} \left(u_{\bar{x}}^k + u_{\bar{x}}^{k-1} \right)]|^2 + \frac{1}{4}(4\theta - 1) \|\sqrt{a} \left(u_{\bar{x}}^k - u_{\bar{x}}^{k-1} \right)]|^2. \tag{5.3.23}$$

设 $0 \leqslant \theta < 1/4$, 注意到

$$\|u_{\bar{x}}^k - u_{\bar{x}}^{k-1}]|^2 \leqslant \frac{4}{h^2} \|u^k - u^{k-1}\|_0^2 = 4r^2 \|u_{\bar{t}}^k\|_0^2,$$

则有

$$S_k \geqslant \left(1 - r^2(1-4\theta)C_1\right) \|u_{\bar{t}}^k\|_0^2 + \frac{C_0}{4} \|u_{\bar{x}}^k + u_{\bar{x}}^{k-1}]|^2. \tag{5.3.24}$$

现取网比 r, 使 $1 - r^2(1-4\theta)C_1 > 0$, 亦即

$$r < 1/\sqrt{(1-4\theta)C_1}. \tag{5.3.25}$$

此时, 又有

$$S_1 \leqslant \|u_{\bar{t}}^1\|_0^2 + \frac{C_1}{4} \|u_{\bar{x}}^1 + u_{\bar{x}}^0]|^2,$$

由此及式 (5.3.24), 存在常数 M_1, 使

$$\|u_{\bar{t}}^k\|_0^2 + \|u_{\bar{x}}^k + u_{\bar{x}}^{k-1}]|^2 \leqslant M_1 \left(\|u_{\bar{t}}^1\|_0^2 + \|u_{\bar{x}}^1 + u_{\bar{x}}^0]|^2 \right). \tag{5.3.26}$$

这就表明, 当 $0 \leqslant \theta \leqslant \dfrac{1}{4}$, 在条件 (5.3.25) 之下, 格式 (5.3.17) 按范数 $\|\cdot\|_*$ 稳定, 其中

$$\|u^k\|_*^2 = \|u_{\bar{t}}^k\|_0^2 + \|u_{\bar{x}}^k + u_{\bar{x}}^{k-1}]|^2.$$

当 $\dfrac{1}{4} \leqslant \theta \leqslant 1$ 时, 由式 (5.3.23) 易知

$$S_k \leqslant \|u_{\bar{t}}^k\|_0^2 + \frac{C_1}{4}\|u_{\bar{x}}^k + u_{\bar{x}}^{k-1}]|^2 + \frac{C_1}{4}(4\theta - 1)\|u_{\bar{x}}^k - u_{\bar{x}}^{k-1}]|^2,$$

以及

$$S_k \geqslant \|u_{\bar{t}}^k\|_0^2 + \frac{C_0}{4}\|u_{\bar{x}}^k + u_{\bar{x}}^{k-1}]|^2 + \frac{C_0}{4}(4\theta - 1)\|u_{\bar{x}}^k - u_{\bar{x}}^{k-1}]|^2.$$

故存在常数 M_2, 使

$$\begin{aligned}&\|u_{\bar{t}}^k\|_0^2 + \|u_{\bar{x}}^k + u_{\bar{x}}^{k-1}]|^2 + \|u_{\bar{x}}^k - u_{\bar{x}}^{k-1}]|^2 \\ \leqslant{}& M_2\left(\|u_{\bar{t}}^1\|_0^2 + \|u_{\bar{x}}^1 + u_{\bar{x}}^0]|^2 + \|u_{\bar{x}}^1 - u_{\bar{x}}^0]|^2\right).\end{aligned}$$

但知

$$\|u_{\bar{x}}^k + u_{\bar{x}}^{k-1}]|^2 + \|u_{\bar{x}}^k - u_{\bar{x}}^{k-1}]|^2 = 2\left(\|u_{\bar{x}}^k]|^2 + \|u_{\bar{x}}^{k-1}]|^2\right), \tag{5.3.27}$$

以之代入上式, 则有

$$\begin{aligned}&\|u_{\bar{t}}^k\|_0^2 + \|u_{\bar{x}}^k]|^2 + \|u_{\bar{x}}^{k-1}]|^2 \\ \leqslant{}& M_2\left(\|u_{\bar{t}}^1\|_0^2 + \|u_{\bar{x}}^1]|^2 + \|u_{\bar{x}}^0]|^2\right).\end{aligned} \tag{5.3.28}$$

亦即, 当 $\dfrac{1}{4} \leqslant \theta \leqslant 1$ 时, 差分格式 (5.3.17) 按范数 $\|\cdot\|_{**}$ 稳定, 其中

$$\|u^k\|_{**}^2 = \|u_{\bar{t}}^k\|_0^2 + \|u_{\bar{x}}^k]|^2 + \|u_{\bar{x}}^{k-1}]|^2.$$

可见, 加权格式 (5.3.17) 当 $0 \leqslant \theta < \dfrac{1}{4}$ 时是条件稳定的, 当 $\dfrac{1}{4} \leqslant \theta < 1$ 时, 是无条件稳定的.

5.3.3 二维波动方程

考虑二维波动方程

$$\frac{\partial^2 u}{\partial t^2} - \frac{\partial^2 u}{\partial x^2} - \frac{\partial^2 u}{\partial y^2} = 0, \quad -\infty < x, y < \infty, \quad 0 < t \leqslant T \tag{5.3.29}$$

的初值问题, 其中初始条件取形式

$$u(x, y, 0) = \varphi(x, y), \quad \frac{\partial u(x, y, 0)}{\partial t} = \psi(x, y),$$

$$-\infty < x, y < \infty,$$

对点 $P(x_0, y_0, t_0), 0 < t_0 \leqslant T$, 微分方程 (5.3.29) 之解在 x-y 平面内的依赖区域是圆域

$$(x - x_0)^2 + (y - y_0)^2 \leqslant t_0^2.$$

它是被方程 (5.3.29) 的特征锥从 x-y 平面切割下来的. 这个特征锥是顶角为 $\pi/4$, 顶点在点 P, 轴平行于 t 轴的圆锥.

对于方程 (5.3.29), 最简显格式取形式

$$\frac{1}{\tau^2}\delta_t^2 u_{ij}^k = \frac{1}{h^2}\left(\delta_x^2 + \delta_y^2\right) u_{ij}^k, \tag{5.3.30}$$

这里 x 方向和 y 方向的步长均取为 h. 记 $r = \tau/h$. 式 (5.3.30) 可改写为

$$u_{ij}^{k+1} = 2(1 - 2r^2)u_{ij}^k + r^2\left(u_{i+1,j}^k + u_{i-1,j}^k + u_{i,j+1}^k + u_{i,j-1}^k\right) - u_{ij}^{k-1}. \tag{5.3.31}$$

格式的初始条件由下式给出

$$\begin{cases} u_{ij}^0 = \varphi_{ij}, \\ u_{ij}^1 = (1 - 2r^2)\varphi_{ij} \\ \qquad + \dfrac{1}{2}r^2\left[\varphi_{i+1,j} + \varphi_{i-1,j} + \varphi_{i,j+1} + \varphi_{i,j-1}\right] + \tau\psi_{ij}. \end{cases}$$

从式 (5.3.31) 知, 差分格式之解在点 P 的值可用上述初值的某个组合表出. 故差分方程 (5.3.30) 的依赖区域是位于平面 $t = 0$ 和 $t = \tau$ 上的两个菱形. 此时, (格式收敛的必要条件) Courant 条件是, 差分方程的依赖区域 (菱形) 包含微分方程的依赖区域 (圆域). 不失一般性, 可设点 $P(x_0, y_0, t_0)$ 位于 t 轴上, 以使 $x_0 = y_0 = 0$. 如果 $t_0 = k_0\tau$, 微分方程的依赖区域是圆域: $x^2 + y^2 \leqslant k_0^2\tau^2$. 如图 5.3.4 所示, 此时 $OQ = k_0\tau$. 对差分方程的依赖区域 (菱形), 有 $OR = k_0 h$. 若 Courant 条件成立, 即菱形包含圆域, 应有

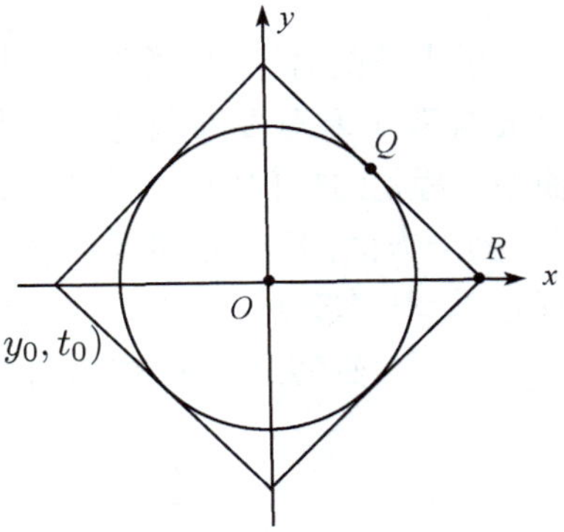

图 5.3.4

$$k_0\tau \leqslant k_0 h/\sqrt{2},$$

或者

$$r = \frac{\tau}{h} \leqslant \frac{1}{\sqrt{2}}. \tag{5.3.32}$$

若用分离变量法分析格式 (5.3.30) 的稳定性, 通过把它化为等价的双层格式组, 并利用 4.4 节的判别定理可知, 稳定的必要条件为 (5.3.32); 而稳定的充要条件是 $r=\tau/h<1/\sqrt{2}$. 读者可将它作为练习, 自行证明.

当考虑方程 (5.3.29) 的初边值问题, 且边值条件为齐次时, 可用能量估计方法去进行稳定性讨论. 可以证明, 按某种特定的范数 (能量范数), 格式稳定的充分条件为 $r=\tau/h<1/\sqrt{2}$.

顺便指出, 对 p 维波动方程 $(p\geqslant 2)$

$$\frac{\partial^2 u}{\partial t^2}-\sum_{m=1}^{p}\frac{\partial^2 u}{\partial x_m^2}=0 \tag{5.3.33}$$

而言, 这里空间变量为 $x_1,x_2,\cdots,x_p$, 显格式稳定的必要条件为

$$r=\tau/h<1/\sqrt{p}.$$

由此可知, 显格式不适用于多个空间变量的情形. 此外, 对于方程 (5.3.33) 的初边值问题, 通常的隐格式会有计算量剧增的困难, 因为求解隐格式, 必须求解大型线性方程组.

*5.4　交替方向隐格式

由上节的讨论知, 通常的显格式及隐格式均不适用于多个空间变量的情形. 本节根据第 4 章对多维抛物型方程问题构造交替方向隐格式的思想, 对多维二阶双曲型方程初边值问题建立类似的格式. 这些格式仍然是, 一方面具有良好的稳定性能, 另一方面, 每个时间步求解的线性方程组的系数矩阵是三对角的, 可用追赶法解之, 计算量较少.

考虑二维波动方程初边值问题

$$\begin{cases}\dfrac{\partial^2 u}{\partial t^2}=\dfrac{\partial^2 u}{\partial x^2}+\dfrac{\partial^2 u}{\partial y^2}, & 0<t\leqslant T, 0<x,y<1,\\ u(x,y,0)=\varphi(x,y), & 0\leqslant x,y\leqslant 1,\\ \dfrac{\partial}{\partial t}(x,y,0)=\psi(x,y), & 0\leqslant x,y\leqslant 1,\\ u(x,y,t)|_\Gamma=0, & \end{cases} \tag{5.4.1}$$

其中 $\overline{\Omega}: 0\leqslant x,y\leqslant 1, \Gamma$ 表示 $\overline{\Omega}$ 的边界.

首先给出两个交替方向隐格式.

(1) ADI 格式 (I)

$$\begin{cases}\dfrac{u^{k+1/2}-2u^k+u^{k-1}}{\tau^2}=\dfrac{1}{h^2}[\delta_x^2(\theta u^{k+1/2}+(1-2\theta)u^k+\theta u^{k-1})\\ \qquad\qquad+\delta_y^2(2\theta u^{k-1}+(1-2\theta)u^k)], & (5.4.2)\\ \dfrac{u^{k+1}-u^{k+1/2}}{\tau^2}=\dfrac{1}{h^2}\delta_y^2(\theta u^{k+1}-\theta u^{k-1}), & (5.4.3)\end{cases}$$

其中 $0\leqslant\theta\leqslant1, u^k$ 为 u_{ij}^k 的简写, 下同, 这是个三层格式, 其计算分两步进行. 如果第 $k-1$ 和 k 层上的解值已知, 则先由式 (5.4.2) 解出过渡值 $u^{k+1/2}$; 然后由式 (5.4.3) 得到第 $k+1$ 层上的解值.

方程 (5.4.1) 的初始与边界条件的处理同前.

由式 (5.4.3) 解出 $u^{k+1/2}$ 并代入式 (5.4.2) 内, 则得到

$$\begin{aligned}\frac{1}{\tau^2}\delta_t^2u^k=&\frac{1}{h^2}\delta_x^2(\theta u^{k+1}+(1-2\theta)u^k+\theta u^{k-1})+\frac{1}{h^2}\delta_y^2(\theta u^{k+1}\\&+(1-2\theta)u^k+\theta u^{k-1})-\frac{\tau^2\theta^2}{h^4}\delta_x^2\delta_y^2(u^{k+1}-u^{k-1}).\end{aligned}\tag{5.4.4}$$

如果略去上式中最后一项

$$\frac{\tau^2\theta^2}{h^4}\delta_x^2\delta_y^2(u^{k+1}-u^{k-1}),$$

所得格式就是二维情形的加权格式

$$\frac{1}{\tau^2}\delta_t^2u^k=\frac{1}{h^2}(\delta_x^2+\delta_y^2)(\theta u^{k+1}+(1-2\theta)u^k+\theta u^{k-1}).$$

利用格式 (5.4.2), (5.4.3) 同 (5.4.4) 的等价性, 用分离变量法可以证明, 当 $\theta\geqslant 1/4$ 时, 格式 (5.4.2), (5.4.3) 是无条件稳定的.

(2) ADI 格式 (Ⅱ)

$$\begin{cases}\dfrac{u^{k+1/2}-2u^k+u^{k-1}}{\tau^2}=\dfrac{1}{h^2}[\delta_x^2(\theta u^{k+1/2}+(1-2\theta)u^k\theta u^{k-1})+\delta_y^2u^k], & (5.4.5)\\ \dfrac{1}{\tau^2}\delta_t^2u^k=\dfrac{1}{h^2}[\theta\delta_x^2(u^{k+1/2}+u^{k-1})+(1-2\theta)\delta_x^2u^k\\ \qquad+\theta\delta_y^2(u^{k+1}+u^{k-1})+(1-2\theta)\delta_y^2u^k], & (5.4.6)\end{cases}$$

这里 $0\leqslant\theta\leqslant1$.

上述格式是二维情形加权格式的又一变形. 事实上, 由式 (5.4.5), 减去式 (5.4.6), 则得

$$u^{k+1/2}=u^{k+1}-\frac{\theta\tau^2}{h^2}\delta_y^2\delta_t^2u^k.$$

代入式 (5.4.6), 以消去过渡层值 $u^{k+1/2}$, 我们有

$$\frac{1}{\tau^2}\delta_t^2 u^k = \frac{1}{h^2}[\theta(\delta_x^2+\delta_y^2)u^{k+1} + (1-2\theta)(\delta_x^2+\delta_y^2)u^k \\ +\theta(\delta_x^2+\delta_y^2)u^{k-1}] - \frac{\tau^2\theta^2}{h^4}\delta_x^2\delta_y^2\delta_t^2 u^k. \tag{5.4.7}$$

略去上式最后项, 即得二维情形加权格式.

同样可以证明, 当 $\theta \geqslant 1/4$ 时, 格式 (5.4.5), (5.4.6) 是无条件稳定的.

令 $r=\tau/h$, 格式 (5.4.4) 与 (5.4.7) 可分别改写为

$$\begin{aligned}&(I-\theta r^2(\delta_x^2+\delta_y^2)+\theta^2 r^4\delta_x^2\delta_y^2)u^{k+1}\\ &\quad=(2I+(1-2\theta)r^2(\delta_x^2+\delta_y^2))u^k\\ &\qquad-(I-\theta r^2(\delta_x^2+\delta_y^2)-\theta^2 r^4\delta_x^2\delta_y^2)u^{k-1},\end{aligned} \tag{5.4.8}$$

$$\begin{aligned}&(I-\theta r^2(\delta_x^2+\delta_y^2)+\theta^2 r^4\delta_x^2\delta_y^2)u^{k+1}\\ &\quad=(2I+(1-2\theta)r^2(\delta_x^2+\delta_y^2)+2\theta^2 r^4\delta_x^2\delta_y^2)u^k\\ &\qquad-(I-\theta r^2(\delta_x^2+\delta_y^2)+\theta^2 r^4\delta_x^2\delta_y^2)u^{k-1}.\end{aligned} \tag{5.4.9}$$

显然, 这两个格式是如下隐格式的特例

$$\begin{aligned}&(I+a(\delta_x^2+\delta_y^2)+d\delta_x^2\delta_y^2)u^{k+1}\\ =&(2I-b(\delta_x^2+\delta_y^2)+e\delta_x^2\delta_y^2)u^k-(I+c(\delta_x^2+\delta_y^2)+f\delta_x^2\delta_y^2)u^{k-1},\end{aligned} \tag{5.4.10}$$

这里, 系数 a,b,c,d,e 和 f 应这样选择, 以使式 (5.4.10) 是方程 (5.4.1) 的相容差分逼近, 并能较为简单地计算数值解.

现在考虑格式 (5.4.10) 中系数的选择问题, 以便给出另外形式的交替方向隐格式. 显然, 当取 $d=a^2$ 时, 作用于 u^{k+1} 的差分算子可进行因式分解, 于是式 (5.4.10) 改写为

$$\begin{aligned}&(I+a\delta_x^2)(I+a\delta_y^2)u^{k+1}\\ =&(2I-b(\delta_x^2+\delta_y^2)-e\delta_x^2\delta_y^2)u^k-(I+c(\delta_x^2+\delta_y^2)+f\delta_x^2\delta_y^2)u^{k-1}.\end{aligned} \tag{5.4.11}$$

为给出格式 (5.4.11) 的局部截断误差, 根据方程 (5.4.1), 首先有

$$\frac{\partial^2 u}{\partial t^2}=\frac{\partial^2 u}{\partial x^2}+\frac{\partial^2 u}{\partial y^2},$$
$$\frac{\partial^4 u}{\partial t^4}=\frac{\partial^4 u}{\partial x^4}+2\frac{\partial^4 u}{\partial x^2\partial y^2}+\frac{\partial^4 u}{\partial y^4}$$

等, 再由 Taylor 展开, 截止到含 h^6 之项, 则近似地有

$$\begin{aligned}
\delta_t^2[u]^k &= r^2C_2+\frac{1}{12}r^4C_4+\frac{1}{6}r^4D_4+\frac{1}{720}r^6C_6+\frac{1}{240}r^6D_6,\\
(\delta_x^2+\delta_y^2)[u]^{k\pm1} &= C_2\pm rC_3+\frac{1}{2}\left(r^2+\frac{1}{6}\right)C_4+r^2D_4\\
&\quad\pm\frac{1}{6}r\left(r^2+\frac{1}{2}\right)C_5\pm\frac{1}{3}r^3D_5\\
&\quad+\left(\frac{1}{24}r^4+\frac{1}{24}r^3+\frac{1}{360}\right)C_6\\
&\quad+\frac{1}{8}r^2\left(r^2+\frac{1}{3}\right)D_6,\\
\delta_x^2\delta_y^2[u]^{k\pm1} &= D_4\pm rD_5+\frac{1}{2}\left(r^2+\frac{1}{180}\right)D_6,\\
(\delta_x^2+\delta_y^2)[u]^k &= C_2+\frac{1}{12}C_4+\frac{1}{360}C_6,\\
\delta_x^2\delta_y^2[u]^k &= D_4+\frac{1}{360}D_6.
\end{aligned}$$

其中, $[u]^k$ 是准确解值 $[u]_{ij}^k$ 的简写, 而

$$\begin{aligned}
C_2 &= h^2\left[\frac{\partial^2u}{\partial x^2}\right]_{ij}^k, & C_3 &= h^3\left[\frac{\partial}{\partial t}\left(\frac{\partial^2u}{\partial x^2}+\frac{\partial^2u}{\partial y^2}\right)\right]_{ij}^k,\\
C_4 &= h^4\left[\frac{\partial^4u}{\partial x^4}+\frac{\partial^4u}{\partial y^4}\right]_{ij}^k, & C_5 &= h^5\left[\frac{\partial}{\partial t}\left(\frac{\partial^4u}{\partial x^4}+\frac{\partial^4u}{\partial y^4}\right)\right]_{ij}^k,\\
C_6 &= h^6\left[\frac{\partial^6u}{\partial x^6}+\frac{\partial^6u}{\partial y^6}\right]_{ij}^k, & D_4 &= h^4\left[\frac{\partial^4u}{\partial x^2\partial y^2}\right]_{ij}^k,\\
D_5 &= h^5\left[\frac{\partial^5u}{\partial t\partial x^2\partial y^2}\right]_{ij}^k, & D_6 &= h^6\left[\frac{\partial^4}{\partial x^2\partial y^2}\left(\frac{\partial^2u}{\partial x^2}+\frac{\partial^2u}{\partial y^2}\right)\right]_{ij}^k.
\end{aligned}$$

在格式 (5.4.11) 中, Fairweather 和 Mitchell 取

$$\begin{aligned}
a=c&=\frac{1}{12}(1-r^2), & b&=-\frac{1}{6}(1+5r^2),\\
e&=-\frac{1}{72}(1+10r^2+r^4), & f&=\frac{1}{144}(1-r^2),
\end{aligned}$$

则此时格式的局部截断误差阶为 $O(h^4+\tau^4)$. A.A.Samarskii 取

$$\begin{aligned}
a=c&=\frac{1}{12}(1-6r^2), & b&=-\frac{1}{6},\\
e&=-\frac{1}{72}(1+36r^4), & f&=\frac{1}{144}(1-6r^2)^2,
\end{aligned}$$

则格式的局部截断误差阶为 $O(h^4+\tau^2)$. 类似地可推出, 格式 (5.4.9) (又称为 Less 格式) 的局部截断误差阶为 $O(h^2+\tau^2)$.

上述三个格式的系数满足 $b=-(2a+r^2), c=a$. 利用这些值连同 $f=a^2$, 格式 (5.4.11) 可改写为

$$(I+a\delta_x^2)(I+a\delta_y^2)\delta_t^2u^k=(r^2(\delta_x^2+\delta_y^2)-(e+2a^2)\delta_x^2\delta_y^2)u^k, \tag{5.4.12}$$

此时, Less 格式 (5.4.9) 改写为

$$(I-\theta r^2\delta_x^2)(I-\theta r^2\delta_y^2)\delta_t^2u^k=r^2(\delta_x^2+\delta_y^2)u^k, \tag{5.4.13}$$

Samarskii 格式改写为

$$\begin{aligned}&\left(I+\frac{1}{12}(1-6r^2)\delta_x^2\right)\left(I+\frac{1}{12}(1-6r^2)\delta_y^2\right)\delta_t^2u^k\\=&r^2\left((\delta_x^2+\delta_y^2)+\frac{1}{6}\delta_x^2\delta_y^2\right)u^k,\end{aligned} \tag{5.4.14}$$

而 FM 格式 (Fairweather-Mitchell 格式的简称) 变为

$$\begin{aligned}&\left(I+\frac{1}{12}(1-r^2)\delta_x^2\right)\left(I+\frac{1}{12}(1-r^2)\delta_y^2\right)\delta_t^2u^k\\=&r^2\left((\delta_x^2+\delta_y^2)+\frac{1}{6}\delta_x^2\delta_y^2\right)u^k.\end{aligned} \tag{5.4.15}$$

记 $\beta=-(e+2a^2)/r^2$, 则 (5.4.12) 化为

$$(I+a\delta_x^2)(I+a\delta_y^2)\delta_t^2u^k=r^2(\delta_x^2+\delta_y^2+\beta\delta_x^2\delta_y^2)u^k. \tag{5.4.16}$$

由此式, 可以引出多种交替方向隐格式. 例如, 一种简单的格式为

$$\begin{cases}(I+a\delta_x^2)u^{k+1/2}=r^2(\delta_x^2+\delta_y^2+\beta\delta_x^2\delta_y^2)u^k\\ \quad+(I+a\delta_x^2)(I+a\delta_y^2)(2u^k-u^{k-1}),\\(I+a\delta_y^2)u^{k+1}=u^{k+1/2},\end{cases} \tag{5.4.17}$$

这里, $u^{k+1/2}$ 为过渡层值. 另一个由 M.Less 给出的格式为

$$\begin{cases}(I+a\delta_x^2)(u^{k+1/2}-2u^k+u^{k-1})=r^2(\delta_x^2+\delta_y^2-\beta a^{-1}\delta_y^2)u^k,\\(I+a\delta_y^2)u^{k+1}=u^{k+1/2}+\left(2a+r^2\beta a^{-1}\right)\delta_y^2u^k-a\delta_y^2u^{k-1}.\end{cases} \tag{5.4.18}$$

这个格式又可简化为形式

$$\begin{cases}(I+a\delta_x^2)u^{k+1/2}=r^2(\delta_x^2+\delta_y^2-\beta a^{-1}\delta_y^2)u^k,\\(I+a\delta_y^2)\delta_t^2u^k=u^{k+1/2}+r^2\beta a^{-1}\delta_y^2u^k.\end{cases} \tag{5.4.19}$$

另外两个由式 (5.4.16) 引出的交替方向隐格式为

$$\begin{cases} (I+a\delta_x^2)u^{k+1/2}=r^2(\delta_x^2+\delta_y^2+\beta\delta_x^2\delta_y^2)u^k, \\ (I+a\delta_y^2)\delta_t^2u^k=u^{k+1/2}, \end{cases} \tag{5.4.20}$$

以及

$$\begin{cases} (I+a\delta_x^2)u^{k+1/2}=r^2a^{-1}(-I+(a-\beta)\delta_y^2)u^k, \\ (I+a\delta_y^2)\delta_t^2u^k=u^{k+1/2}+r^2a^{-1}(I+\beta\delta_y^2)u^k. \end{cases} \tag{5.4.21}$$

关于过渡层边值的取法 (在非齐次边界条件下), 可仿照 4.6 节讨论之. 这些格式的稳定性分析, 可用分离变量法或能量估计方法讨论之.

另外. 对于求解多维抛物型方程问题行之有效的局部一维格式 (LOD 格式), 也可以推广到多维双曲型方程问题上来, 这里不拟叙述.

本章小结与补充讨论

本章对最简单的一阶与二阶线性双曲型方程问题讨论差分格式的构造, 并进行相应的稳定性与收敛性分析. 首先, 我们看到, 在双曲型方程的情形, 处理问题的思路与面临的问题, 与抛物型方程情形是类似的, 但双曲型方程差分格式的构造及其解的性质, 与微分问题解的性质 (特别是其特征的性质) 有更为密切的联系, Courant 条件是这类显格式必须满足的条件. 其次, 对于二阶双曲型方程, 通常的差分逼近是三层格式. 这是最简单的多层格式. 多层格式的理论分析与实际应用带来了一些新问题, 例如, 需要提供两层或更多层初值, 它们都必须有足够的精度. 有关多层格式的详细讨论, 请参见文献 Richtmyer et al, 1967.

习　题

1. 对于初值问题

$$\frac{\partial u}{\partial t}+\frac{\partial u}{\partial x}=0,$$

$$u(x,0)=\begin{cases} 1, & x<0, \\ 1/2, & x=0, \\ 0, & x>0, \end{cases}$$

试分别用左偏心格式、LW 格式计算其数值解 u^k, $k=1,2,3,4$, 取 $\tau/h=1/2$.

2. 试对初边值问题 (5.1.14)~(5.1.16) 建立以下差分格式

(a) $\dfrac{u_j^{k+1}-u_j^k}{\tau}+a\dfrac{u_{j+1}^{k+1}-u_{j-1}^{k+1}}{2h}=0,$

(b) $\dfrac{u_j^{k+1}-u_j^k}{\tau}+\dfrac{a}{2}\left(\dfrac{u_{j+1}^{k+1}-u_{j-1}^{k+1}}{2h}+\dfrac{u_{j+1}^k-u_{j-1}^k}{2h}\right)=0,$

试分析它们的稳定性.

3. 试对变系数方程 (5.1.22) 的初边值问题建立左偏心格式及 LF 格式, 并研究它们的稳定性.

4. 试研究方程 (5.1.2) 初值问题的跳蛙格式当 $r|a|=1$ 时的稳定性, 这里 $r=\tau/h$.

5. 试研究波动方程 (5.3.1) 的加权格式 (5.3.12) 的稳定性.

6. 对方程组 (5.3.7), 试建立 LF 格式, 并研究格式的稳定性.

7. 试研究二维波动方程 (5.3.30) 的显格式 (5.3.31) 的稳定性条件.

8. 考虑带有阻尼的波动问题

$$\begin{cases} \dfrac{\partial^2 u}{\partial t^2}=a^2\dfrac{\partial^2 u}{\partial x^2}-2C\dfrac{\partial u}{\partial t}, \quad 0<x<1, 0<t\leqslant T, \\ u(x,0)=\varphi(x), \quad \dfrac{\partial}{\partial t}u(x,0)=\psi(x), \quad 0\leqslant x\leqslant 1, \\ u(0,t)=u(1,t)=0, \quad 0\leqslant t\leqslant T, \end{cases}$$

其中 $a>0, C>0$ 为常数. 试证, 对上述方程建立的差分格式

$$\delta_t^2 u_j^k = a^2 r^2 \delta_x^2 u_j^k - 2\tau C\left(u_j^{k+1}-u_j^k\right),$$

当 $ar<1$ 时是稳定的, 其中 $r=\tau/h$.

9. 对一阶常系数方程 $\dfrac{\partial u}{\partial t}+a\dfrac{\partial u}{\partial x}=0$, 试证差分格式

$$\alpha u_{j+1}^{k+1}+\beta u_{j-1}^{k+1}=u_j^k$$

当 $||\alpha|-|\beta||\geqslant 1$ 时是稳定的; 特别地, 对格式

$$\frac{\frac{1}{2}(u_{j+1}^{k+1}+u_{j-1}^{k+1})-u_j^k}{\tau}+a\frac{u_{j+1}^{k+1}-u_{j-1}^{k+1}}{2h}=0$$

当 $|ar|\geqslant 1$ 时是稳定的, $r=\tau/h$.

10. 对一阶双曲型方程组 (5.3.7), 建立差分格式

$$\begin{cases} \dfrac{v_j^{k+1}-v_j^k}{\tau}=\dfrac{a}{4h}(w_{j+1}^{k+1}-w_{j-1}^{k+1}+w_{j+1}^k-w_{j-1}^k), \\ \dfrac{w_j^{k+1}-w_j^k}{\tau}=\dfrac{a}{4h}(v_{j+1}^{k+1}-v_{j-1}^{k+1}+v_{j+1}^k-v_{j-1}^k). \end{cases}$$

试分析格式的稳定性.

第三部分 偏微分方程的有限元方法

从第 6 章开始, 我们讨论用有限元方法求解微分方程的边值问题. 从数学上看, 这种方法起源于变分法, 是古典的变分法与分片多项式插值相结合的产物. 这种结合使得有限元方法不仅保持了变分法的优点, 而且可以通过一种标准的过程在电子计算机上实现, 从而弥补了古典变分方法的不足.

"有限元方法"(finite element method) 这一术语首次出现于 R.W.Clough 1960 年 9 月发表的一篇讨论平面弹性力学问题的力学论文中. 然而, 这种方法的思想却早已有之. 故"谁首先"、"在何时"提出有限元方法的问题在数学家、物理学家和工程师之间就有三种不同的答案. 著名的应用数学家 R.Courant 在 1943 年应用最小位能原理和定义在三角形上的分片连续函数求解 St. Venant 扭转问题, 这也许是近代有限元方法的第一次出现 —— 尽管没有用有限元的名称. 20 世纪 50 年代, 从事航空工程、土木结构、水利建设的工程师们开始应用和发展一种用离散模型代替连续模型的方法求解各种结构力学问题, 并且逐渐波及各个连续场领域, 随后, 诞生了"有限元方法"这一名称.

到了 20 世纪 60 年代, 我国以冯康院士为首的计算数学家和国外的科学家几乎同时在不同实践的基础上各自创立和运用这种方法, 并且建立了有限元方法的数学理论. 由于越来越多的数学家加入了发展有限元方法的行列, 使这种方法逐渐摆脱了工程问题的局限性, 成为一种具有严密数学基础的求解微分方程定解问题的有效方法.

20 世纪 70 年代是有限元方法蓬勃发展的黄金时代. 方法的应用几乎波及各个科学计算的领域, 方法的各种变形和精细的误差分析源源不断地涌现. 今天, 随着科学与工程发展的需求, 以及高性能计算机的逐渐推广, 有限元方法一方面在发挥巨大的威力, 另一方面仍然在不断地发展, 只要翻阅一些新的书籍和文献, 就可以体会到它的锋芒不减当年.

有限元方法之所以能获得如此迅速的发展和应用, 是因为它具有独特的优越性. 由于差分法通常采用直交网格, 因此比较难适应区域形状的任意性, 不易编制通用的计算机软件. 而有限元方法可以用多种多样的网格对区域作剖分, 可以根据解的性质疏密有致地布置结点, 可以适应各种形状的区域. 另外, 它与近代电子计算机相结合, 可以编制通用的软件, 而且随着计算机技术的发展, 它的缺点 (需要输入较多的数据) 也已被克服. 因此, 在国内外, 各种大型的有限元分析程序系统正源源不断地产生出来.

由于篇幅所限, 本书只介绍所谓的“标准有限元方法”, 至于它的各种变形 (如混合有限元、杂交有限元等) 只能割爱. 此外, 主要讨论用这种方法求解线性椭圆型方程边值问题, 也略为涉及线性抛物型方程初边值问题, 而不涉及一般发展方程初边值问题和各种非线性问题. 有限元方法的文献和书籍浩如烟海, 我们所列出的参考书目都是一些优秀的代表作, 或国内容易读到的出版物. 读者不难从中选取对自己有用的作为参考.

这一部分的内容共三章. 第 6 章介绍边值问题的变分原理, 虽然它本身不是有限元方法, 但从这种方法发展的历史过程来看, 以及为了掌握有限元方法的数学理论, 它是必不可少的. 对于数学基础不足, 只希望知道有限元方法基本过程的读者而言, 浏览一下本章的内容也是有益的. 第 7 章通过两类边值问题论述有限元方法的基本过程和结构, 以及在计算机上的实现. 第 8 章则是讨论有限元的核心问题 —— 形状函数与有限元空间, 并且初步介绍有限元方法的收敛性与误差估计, 以及用有限元方法求解抛物型方程.

第 6 章　边值问题的变分原理与广义解

我们在前几章所讨论的数学物理问题都是包含微分方程、初始条件、边界条件的定解问题, 它们反映了自然现象和社会现象的内在规律. 但这些规律的数学描述最初并不一定是微分方程的定解问题, 往往在增加了若干条件后才归结为后者的. 它们对解的光滑性要求较高, 例如要求 Poisson 方程的解二次连续可微分. 如果运用变分原理, 解的光滑性要求只需一次连续可微分, 则更加符合事物的本来面目, 也带来更大的方便. 有限元方法正是基于这一原理.

本章首先介绍古典变分法的一些概念, 然后论述边值问题的古典变分原理. 为了适用于有限元方法, 我们在引入 Sobolev 空间之后, 通过变分原理引入边值问题的广义解. 最后, 介绍两种近似的求解变分问题的方法 ——Ritz 方法和 Galerkin 方法, 它们是有限元方法的前身.

6.1　古典变分法的一些概念

6.1.1　泛函的极值与 Euler 方程

变分法通常研究泛函的极值问题. 所谓泛函, 是指某一个因变量, 它的值依赖于一个或多个函数. 我们先给出对于变分法的发展有巨大影响的问题作为例子.

例 6.1.1(最速下降曲线问题)　确定一条曲线, 它联结不在同一垂直线上的两个已知点 A 和 B, 使它具有下列性质: 任何质点沿这条线由 A 滑到 B 时所需时间为最少.

显然, 最速下降曲线不会是联结 A, B 两点的直线段. 虽然它在 A, B 间的距离最短, 但是沿直线段 AB 运动时速度的增长是比较慢的. 如果我们取一条由 A 起下降得较为陡直的曲线, 这时虽然路径增加, 但在运动过程中质点的速度加大了, 因而所用的时间减少了.

我们把坐标原点放在 A 点, x 轴放在水平位置, y 轴垂直向下. 在重力加速度 g 的作用下, 根据质点运动的速度 $\mathrm{d}s/\mathrm{d}t=\sqrt{2gy}$, 可以求得从 $A(0,0)$ 沿曲线 $y=y(x)$ 运动到 $B(x_1,y_1)$ 时所用的时间

$$T[y(x)]=\frac{1}{\sqrt{2g}}\int_0^{x_1}\frac{\sqrt{1+y'^2}}{\sqrt{y}}\mathrm{d}x. \tag{6.1.1}$$

也就是说, 所用的时间与曲线的形状有关. 根据问题的物理意义, 曲线应当在下面

的集合中选取,

$$Y=\{y(x)\in C^1([0,x_1]);\ y(0)=0,\ y(x_1)=y_1\}. \tag{6.1.2}$$

于是, 我们遇到了在集合 Y 上求 $T[y(x)]$ 的极小值问题. 这里, $T[y(x)]$ 是一个泛函, 它的值依赖于函数 $y(x)$.

例 6.1.2(短程线问题)　求曲面 $\varphi(x,y,z)=0$ 上所给两点 $A(x_1,\ y_1,\ z_1)$ 与 $B(x_2,\ y_2,\ z_2)$ 间长度最短的曲线. 这条曲线称为曲面上的短程线.

假设可以取 x 为参数, 使曲面上的光滑曲线可以用 $y=y(x)$, $z=z(x)$ $(x\in[x_1,x_2])$ 表示, 那么, 联结 A, B 两点的曲线长度为

$$L[y(x),z(x)]=\int_{x_1}^{x_2}\sqrt{1+y'(x)^2+z'(x)^2}\mathrm{d}x. \tag{6.1.3}$$

显然, $L[y(x),z(x)]$ 是一个泛函, 它的值依赖于函数 $y(x)$, $z(x)$. 但这两个函数不能任意选取, 应当属于集合

$$\begin{aligned}M=\{&y(x),z(x)\in C^1([x_1,\ x_2]):y(x_i)=y_i,z(x_i)=z_i(i=1,2);\\ &\varphi[x,y(x),z(x)]=0,\ x\in[x_1,x_2]\}.\end{aligned} \tag{6.1.4}$$

我们需要在集合 M 上求泛函 $L[y(x),\ z(x)]$ 的极小.

以上两个例子, 都是研究某个泛函在某一集合上的极值问题. 我们在这里不讨论它们的解法, 有兴趣的读者可以参考变分法方面的大量著作.

一般地说, 变分法是专门研究泛函极值的. 其中最简单的情形可考虑一个取实值的泛函

$$J(u)=\int_{x_0}^{x_1}\pi(x,u,u')\mathrm{d}x, \tag{6.1.5}$$

上面积分号下的函数 $\pi=\pi(x,y,z)$ 假定其变元 x,y,z 在 $\mathbf{R}^3$ 的某个区域上是二次连续可微的. 再考虑一个函数集合 M, 其中每个函数 $u(x)$ 在 $[x_0,\ x_1]$ 上一次连续可微分, 并且在区间的端点上取给定的值

$$M=\{u(x)\in C^1([x_0,x_1]):\ u(x_0)=u_0,\ u(x_1)=u_1\}, \tag{6.1.6}$$

其中 u_0,u_1 是事先给定的. 那么, 变分法的一个典型例子就是: 求函数 $u\in M$, 使得

$$J(u)=\min_{v\in M}J(v). \tag{6.1.7}$$

通常称函数集合 M 为泛函 J 的容许函数类. 如果泛函 J 的形式不同于 (6.1.5), 集合 M 的形式不同于 (6.1.6), 就得到不同的变分问题. 但一般来说, 变分法主要研究形如 (6.1.7) 的变分问题.

附注 6.1.1　变分问题也可以求函数 $u \in M$, 使得

$$J(u) = \max_{v \in M} J(v).$$

但 $\max J(v) = \min\{-J(v)\}$, 故求极大值问题可以化为求极小值问题处理. 为确定起见, 我们在下文中只讨论求泛函的极小值问题.

变分法所讨论的问题一般都是很困难的. 我们往往不容易断定问题 (6.1.7) 是否有解, 有几个解, 更不要说把这些解求出来了. 通常只限于讨论某几类泛函在特定的容许函数类上的极值问题. 和数学分析中求普通函数极值的过程类似, 我们也往往先研究达到极值的函数满足什么必要条件, 然后再设法判别它们是否是极值点. 为下文应用, 先给出以下引理.

引理 6.1.1(变分法基本引理)　设函数 $f(x)$ 在区间 $[x_0,\ x_1]$ 上连续, 给出函数集合

$$C_0^1 = \{\eta(x) \in C^1([x_0, x_1]):\ \eta(x_0) = \eta(x_1) = 0\}. \tag{6.1.8}$$

如果

$$\int_{x_0}^{x_1} f(x)\eta(x)\mathrm{d}x = 0, \qquad \text{对一切 } \eta \in C_0^1, \tag{6.1.9}$$

则在 $[x_0,\ x_1]$ 上 $f(x) = 0$.

证明　用反证法. 不失一般性, 设有点 $\xi \in [x_0, x_1]$ 使得 $f(\xi) > 0$. 由于 $f(x)$ 连续, 故有 ξ 的邻域 (或半邻域)$V(\xi) \subset [x_0, x_1]$, 使得当 $x \in V(\xi)$ 时 $f(x) > 0$. 取区间 $[\xi_1, \xi_2] \subset V(\xi)$, 作函数

$$\eta(x) = \begin{cases} (x-\xi_1)^2(x-\xi_2)^2, & \text{当 } x \in [\xi_1, \xi_2], \\ 0, & \text{其他点}. \end{cases}$$

易知 $\eta \in C_0^1$. 但对这个 $\eta(x)$,

$$\int_{x_0}^{x_1} f(x)\eta(x)\mathrm{d}x = \int_{\xi_1}^{\xi_2} f(x)(x-\xi_1)^2(x-\xi_2)^2\mathrm{d}x > 0,$$

与已知条件矛盾. 引理证毕. □

与数学分析中函数有“局部极值”和“整体极值”一样, 泛函 $J(u)$ 也有类似的概念.

设函数集合 M 如式 (6.1.6) 所定义, 函数 $u \in M$. 所谓 u 的 ε- 邻域, 是 M 的一个子集, 它的每一个函数 v 满足

$$v \in M; \quad |v(x) - u(x)| < \varepsilon, \quad \forall x \in [x_0, x_1].$$

如果 $u \in M$, 而且对于 u 的某个 ε- 邻域中的一切函数 v, 都成立

$$J(u) \leqslant J(v),$$

则称 u 是泛函 J 在 M 上的一个局部极小点. 如果这种局部极小点只有有限个, 则可以从中挑选出泛函 J 在容许函数类 M 上的整体极小点, 即问题 (6.1.7) 的解.

现在讨论 u 是泛函 (6.1.5) 局部极小点的必要条件. 设 $u \in M$ 是一个局部极小点, 对 u 作小"扰动", 考虑一个新的函数

$$u_\alpha(x) = u(x) + \alpha\eta(x), \tag{6.1.10}$$

其中 $\eta(x) \in C_0^1$(见式 (6.1.8));α 为实数. 只要 $|\alpha|$ 充分小, 可以使 u_α 属于 u 的某个 ε- 邻域. 由 J 的定义,

$$J(u_\alpha) = \int_{x_0}^{x_1} \pi[x, u(x) + \alpha\eta(x), u'(x) + \alpha\eta'(x)]\mathrm{d}x.$$

如果暂时取定 $\eta(x)$, 而 u 是确定的局部极小点, 则可以把 $J(u_\alpha)$ 作为参数 α 的一个函数

$$\phi(\alpha) = J(u_\alpha),$$

那么,

$$\phi(0) = J(u) \leqslant J(u_\alpha) = \phi(\alpha).$$

根据对函数 π 的假设, 函数 $\phi(\alpha)$ 在 $\alpha = 0$ 的邻域内是连续可微的, 而且在 $\alpha = 0$ 处有局部小, 因此 $\phi'(0) = 0$; 或者在 $\alpha = 0$ 处 $\mathrm{d}\phi = 0$.

由 $\phi(\alpha)$ 的定义

$$\phi'(\alpha)|_{\alpha=0} = \int_{x_0}^{x_1} (\pi_u\eta + \pi_{u'}\eta')\mathrm{d}x = 0. \tag{6.1.11}$$

如果 $u(x) \in M$ 还是二次连续可微分的, 应用分部积分公式, 上式右端积分第二项

$$\int_{x_0}^{x_1} \pi_{u'}\eta'\mathrm{d}x = \pi_{u'}\eta\Big|_{x_0}^{x_1} - \int_{x_0}^{x_1} \eta\frac{\mathrm{d}}{\mathrm{d}x}\pi_{u'}\mathrm{d}x,$$

注意 $\eta(x_0) = \eta(x_1) = 0$, 上式右端第一项为零. 于是由式 (6.1.11) 得

$$\phi'(\alpha)\Big|_{\alpha=0} = \int_{x_0}^{x_1} \left(\pi_u - \frac{\mathrm{d}}{\mathrm{d}x}\pi_{u'}\right)\eta\mathrm{d}x = 0. \tag{6.1.12}$$

上式对任何 $\eta \in C_0^1$ 都是成立的. 根据变分法基本引理,

$$\pi_u - \frac{\mathrm{d}}{\mathrm{d}x}\pi_{u'} = 0. \tag{6.1.13}$$

这就是当 $u \in M$ 且 u 二次连续可微分为泛函 J 的一个局部极小点时所满足的必要条件, 通常称它为关于极值函数的 Euler 方程.

附注 6.1.2　方程 (6.1.13) 中 $\dfrac{\mathrm{d}}{\mathrm{d}x}\pi_{u'}$ 表示对 $\pi_{u'}$ 关于 x 求全导数

$$\frac{\mathrm{d}}{\mathrm{d}x}\pi_{u'}(x,u,u') = \pi_{u'x} + \pi_{u'u}u' + \pi_{u'u'}u''.$$

因此, 如果变分问题 (6.1.5)~(6.1.7) 的局部极小点 u 具有二阶导数 u''(注意, 集合 M 中的元素不一定如此), 那么 u 必定是两点边值问题

$$\begin{cases} \pi_u(x,u,u') - \dfrac{\mathrm{d}}{\mathrm{d}x}\pi_{u'}(x,u,u') = 0, \quad x_0 < x < x_1, \\ u(x_0) = u_0, \quad u(x_1) = u_1 \end{cases} \tag{6.1.14}$$

的解, 我们称边值问题 (6.1.14) 的解为变分问题 (6.1.5)~(6.1.7) 的驻点 (或临界点, 或平稳点). 它可能是泛函 J 的局部极值点, 也可能不是.

我们把函数 $\phi(\alpha) = J(u_\alpha)$ 在 $\alpha = 0$ 作 Taylor 展开 (假设 $\phi(\alpha)$ 充分光滑)

$$\phi(\alpha) = \phi(0) + \alpha\phi'(0) + \frac{\alpha^2}{2}\phi''(0) + \cdots, \tag{6.1.15}$$

由数学分析知识, 如果 $\phi'(0) = 0,\ \ \phi''(0) > 0$, 则 $\alpha = 0$ 就是 $\phi(\alpha)$ 的一个局部极小点, 即在 0 的邻域内 $\phi(\alpha) \geqslant \phi(0)$. 利用这个结论, 我们讨论使 $J(u)$ 取局部极小的一个充分条件.

我们把 $u_\alpha = u + \alpha\eta$ 中的 $\alpha\eta$ 记为 δu. 和 η 一样它也是 C_0^1 中的函数. 把它视为函数 u 的一个“增量”, 即从 u 变为 $u + \delta u$. 通常称 δu 为函数 u 的 (一阶) 变分. u 变为 $u + \delta u$ 时, 泛函 $J(u)$ 变为 $J(u + \delta u)$, 于是, 根据

$$J(u + \delta u) = \phi(\alpha), \qquad J(u) = \phi(0),$$

并且定义泛函 J 的 (一阶) 变分

$$\delta J(u, \delta u) = \alpha\phi'(0).$$

定义泛函 J 的二阶变分

$$\delta^2 J(u, \delta u) = \alpha^2\phi''(0).$$

那么, 由式 (6.1.15)

$$J(u + \delta u) = J(u) + \delta J(u, \delta u) + \frac{1}{2}\delta^2 J(u, \delta u) + \cdots. \tag{6.1.16}$$

由 $\phi'(0)$ 的表达式 (6.1.11) 或 (6.1.12), 可知

$$\delta J=\int_{x_0}^{x_1}\Big[\pi_u\delta u+\pi_{u'}(\delta u)'\Big]\mathrm{d}x, \tag{6.1.17}$$

或者 $u\in M$ 且二次连续可微分时

$$\delta J=\int_{x_0}^{x_1}\Big[\pi_u-\frac{\mathrm{d}}{\mathrm{d}x}\pi_{u'}\Big]\delta u\mathrm{d}x, \tag{6.1.18}$$

不难算出

$$\delta^2 J=\int_{x_0}^{x_1}\Big[\pi_{uu}(\delta u)^2+2\pi_{uu'}\delta u\frac{\mathrm{d}}{\mathrm{d}x}\delta u+\pi_{u'u'}\Big(\frac{\mathrm{d}}{\mathrm{d}x}\delta u\Big)^2\Big]\mathrm{d}x. \tag{6.1.19}$$

由此可知, δJ 关于 δu 是线性的, $\delta^2 J$ 关于 δu 及其导数 $\frac{\mathrm{d}}{\mathrm{d}x}\delta u$ 是二次的 (正如函数 $f(x)$ 的一阶微分 $\mathrm{d}f$ 关于 $\mathrm{d}x$ 是线性的, 二阶微分 d^2f 关于 $\mathrm{d}x$ 是二次的……).

于是, 利用数学分析中的结果, 当 $\phi''(0)>0$ 时, 函数 ϕ 在 0 点取局部极小的充分必要条件是 $\phi'(0)=0$, 可知, 如果

$$\delta J(u,\delta u)=0\quad \text{对一切 } \delta u\in C_0^1,$$
$$\delta^2 J(u,\delta u)>0\quad \text{对一切 } \delta u\in C_0^1 \text{ 且 } \delta u\neq 0,$$

那么, u 就是泛函 J 在集合 M 上的一个局部极小点. 因此得到以下的结果, 它在本章中起重要作用.

引理 6.1.2　*如果泛函 J 的二阶变分在 u 点正定, 即对所有 $\delta u\in C_0^1$,*

$$\delta^2 J(u,\delta u)\geqslant 0,\quad \text{且}\delta^2 J(u,\delta u)=0\Longleftrightarrow \delta u=0,$$

那么, $u\in M$ 是泛函 J 的局部极小点的充分必要条件是它的一阶变分为零

$$\delta J(u,\delta u)=0,\quad \forall\delta u\in C_0^1. \tag{6.1.20}$$

附注 6.1.3　*如果不限定集合 M 中的函数在区间 $[x_0,x_1]$ 端点取给定的值, 那么, 也不要求 δu 在 $[x_0,x_1]$ 端点取零值. 这时, 对式 (6.1.11) 右端作分部积分时就不能利用 $\eta(x_0)=\eta(x_1)=0$, 于是, 泛函 J 的一阶变分为*

$$\delta J=\int_{x_0}^{x_1}\Big(\pi_u-\frac{\mathrm{d}}{\mathrm{d}x}\pi_{u'}\Big)\delta u\mathrm{d}x+\pi_{u'}\delta u\Big|_{x_0}^{x_1}. \tag{6.1.21}$$

附注 6.1.4　*通常把 Euler 方程 (6.1.13) 左端的量记为*

$$[\pi]_u=\pi_u-\frac{\mathrm{d}}{\mathrm{d}x}\pi_{u'}\ , \tag{6.1.22}$$

称之为 π 关于 u 的变分导 (函) 数. 故一阶变分 (6.1.18) 可以记为

$$\delta J(u,\delta u)=\int_{x_0}^{x_1}[\pi]_u\delta u\mathrm{d}x.$$

例 6.1.3(弦的平衡位置)　设有一根长为 1 的弦, 两端固定在 $A(0,0)$ 和 $B(1,0)$. 有强度为 $f(x)$ 的垂直外荷载作用在弦上, 使弦产生垂直方向的位移 $u(x)$. 设弦的张力为 $k>0$ (常数), 那么, 这根弦由于变形而具有的应变能是

$$W_i=\frac{1}{2}\int_0^1 ku'(x)^2\mathrm{d}x.$$

而克服外力 f 所做的功为

$$W_e=-\int_0^1 f(x)u(x)\mathrm{d}x,$$

故整根弦所含有的总位能

$$J(u)=W_i+W_e=\frac{1}{2}\int_0^1[ku'(x)^2-2f(x)u(x)]\mathrm{d}x. \tag{6.1.23}$$

显然, 它是弦的位移 $u(x)$ 的一个泛函.

根据两端固定的假设, $u(x)$ 应当取自以下的容许函数类

$$M=\{v\in C^1([0,1]),v(0)=v(1)=0\}. \tag{6.1.24}$$

根据力学上的最小位能原理, 弹性体在适合边界条件的一切可能位移中, 以达到弹性体平衡时的位移使它的总位能为最小. 于是, 为了求出弦的平衡位置, 应求变分问题的解: 求 $u\in M$, 使得

$$J(u)=\min_{v\in M}J(v). \tag{6.1.25}$$

如果 $u\in C^2([0,1])$, 那么, 泛函 (6.1.23) 的 Euler 方程为

$$-k\frac{\mathrm{d}^2u}{\mathrm{d}x^2}=f(x)$$

(请读者验证). 但它只是使泛函 J 在 u 取极小的必要条件. 读者可以计算泛函 J 的二阶变分 $\delta^2J(u,\delta u)$, 并且证明它是正定的. 因此, 弦的平衡位置就是以下边值问题的解

$$\begin{cases}-k\dfrac{\mathrm{d}^2u}{\mathrm{d}x^2}=f(x),\quad 0<x<1; & (6.1.26)\\ u(0)=u(1)=0. & (6.1.27)\end{cases}$$

附注 6.1.5 变分问题 (6.1.23)~(6.1.25) 和微分方程边值问题 (6.1.26), (6.1.27) 都是求弦的平衡位置问题, 但前者应用最小位能原理导出; 后者实际上可以从力的平衡原理推得 (形变产生的应力与外力荷载平衡), 故在物理上是等价的. 但在数学上却不同, 变分问题只要求解函数 $u \in C^1([0,1])$, 以保证式 (6.1.23) 右端的积分有意义 (下文可见, 这个条件还可以进一步减弱); 而边值问题却要求解函数有二阶导数. 因此, 以变分形式提出的数学物理问题往往比微分方程表示的问题更符合客观事物.

6.1.2 自然边界条件

如果变分问题 (6.1.5)~(6.1.7) 中容许函数类 M 不再限制函数在区间 $[x_0, x_1]$ 端点的值, 即

$$M = \{u(x) \in C^1([x_0, x_1])\}. \tag{6.1.28}$$

从几何上看, 不再限制 $u(x)$ 的图形必须通过两个固定点 (x_0, u_0) 和 (x_1, u_1), 在端点 $x = x_0$ 和 $x = x_1$ 上完全是自由的. 那么, 当 u 是泛函 J 在 M 上的极小点时, u 必须满足什么条件?

考虑 u 的 ε- 邻域内的函数

$$u_\alpha(x) = u(x) + \alpha\eta(x),$$

这时, 对 $\eta(x)$ 在端点 $x = x_0$, $x = x_1$ 上也不施加限制, 即 $\eta(x) \in M$. 又记 $\phi(\alpha) = J(u_\alpha)$, 于是

$$\phi'(0) = \int_{x_0}^{x_1} (\pi_u\eta + \pi_{u'}\eta')\mathrm{d}x = 0.$$

如果 u 二次连续可微分, 分部积分后, 得

$$\int_{x_0}^{x_1} \left(\pi_u - \frac{\mathrm{d}}{\mathrm{d}x}\pi_{u'}\right)\eta\mathrm{d}x + \pi_{u'}\eta\Big|_{x_0}^{x_1} = 0. \tag{6.1.29}$$

与证明变分法基本引理类似, 由 $\eta(x)$ 的任意性 (包括 η 在 x_0, x_1 取值的任意性), 可知 $u(x)$ 满足 Euler 方程

$$\pi_u - \frac{\mathrm{d}}{\mathrm{d}x}\pi_{u'} = 0 \tag{6.1.30}$$

和边界条件

$$\pi_{u'}\big|_{x=x_0} = 0, \quad \pi_{u'}\big|_{x=x_1} = 0. \tag{6.1.31}$$

由此可知, 对容许函数类的边界状况不作限制时, 如果 $u \in M$ 是泛函 J 的极值点, 那么它必定满足形如式 (6.1.31) 的边界条件, 我们把它称为自然边界条件.

附注 6.1.6　由式 (6.1.21), 可知式 (6.1.29) 实际上就是表示泛函 J 在 u ($u \in M$) 处的一阶变分为零:

$$\delta J(u, \delta u) = 0.$$

故在目前的变分问题中, "一阶变分为零" 仍然是泛函取极值的必要条件.

例 6.1.4　和例 6.1.3 一样, 仍然考虑弦的平衡问题, 只是假定弦的一端固定在 $A(0,0)$, 而另一端是自由的. 那么, 仍有泛函

$$J(u) = \frac{1}{2}\int_0^1 [ku'(x)^2 - 2f(x)u(x)]\mathrm{d}x. \tag{6.1.32}$$

但容许函数类变为

$$M = \{v \in C^1([0,1]),\ v(0) = 0\}, \tag{6.1.33}$$

弦的平衡位置 $u(x)$ 仍然满足 $u \in M$ 且

$$J(u) = \min_{v \in M} J(v). \tag{6.1.34}$$

那么, 如果补充条件 $u \in C^2([0,1])$, 则它必定满足以下的方程和边界条件

$$\begin{cases} -ku''(x) = f(x), \quad 0 < x < 1, & (6.1.35) \\ u(0) = 0, & (6.1.36) \\ u'(1) = 0. & (6.1.37) \end{cases}$$

其中边界条件 (6.1.36) 是由于容许函数类 M 的要求而得到的, 称为本质边界条件; 而式 (6.1.37) 是由于 $u(x)$ 是平衡位置而自动满足的, 如上所述, 它是自然边界条件.

附注 6.1.7　利用引理 6.1.2, 可以证明边值问题 (6.1.35)~(6.1.37) 的解必定是变分问题 (6.1.32)~(6.1.34) 的解. 亦即当集合 M 补充条件 $u \in C^2([0,1])$ 时两个问题等价.

6.1.3　多个自变量的情形

迄今为止, 我们只讨论了单变量函数 $u(x)$ 的简单情形. 如果 $u = u(x, y)$, 考虑泛函

$$J(u) = \iint\limits_{\Omega} \pi(x, y, u, u_x, u_y)\mathrm{d}x\mathrm{d}y, \tag{6.1.38}$$

其中 Ω 是平面上的区域, 其边界 Γ 充分光滑, 函数 π 对五个变元 (x, y, u, p, q) 也充分光滑. 假设容许函数类

$$M = \{u(x, y) \in C^1(\overline{\Omega}):\ u|_{\Gamma} = g\}, \tag{6.1.39}$$

上式中 g 是定义在 Γ 上的已知函数. 又记函数集合

$$C_0^1 = \{u(x,y) \in C^1(\overline{\Omega}),\ u(x,y)|_\Gamma = 0\}. \tag{6.1.40}$$

设 u 是 J 在 M 上的一个局部极小点, 作 $u_\alpha(x,y) = u(x,y) + \alpha\eta(x,y)$, 其中 $\eta \in C_0^1$. 引入一元函数 $\phi(\alpha) = J(u_\alpha)$, 则 $\phi'(0) = 0$. 经过计算, 知

$$\phi'(0) = \iint\limits_\Omega (\pi_u\eta + \pi_p\eta_x + \pi_q\eta_y)\mathrm{d}x\mathrm{d}y = 0.$$

利用 Green 公式, 如果 $u \in C^2(\Omega)$, 上式后两项积分化为

$$\begin{aligned}&\iint\limits_\Omega \left[\frac{\partial}{\partial x}(\pi_p\eta) + \frac{\partial}{\partial y}(\pi_q\eta)\right]\mathrm{d}x\mathrm{d}y - \iint\limits_\Omega \eta\left[\frac{\partial}{\partial x}\pi_p + \frac{\partial}{\partial y}\pi_q\right]\mathrm{d}x\mathrm{d}y\\ =& \int\limits_\Gamma \eta[\pi_p\cos(n,x) + \pi_q\cos(n,y)]\mathrm{d}s - \iint\limits_\Omega \eta\left[\frac{\partial}{\partial x}\pi_p + \frac{\partial}{\partial y}\pi_q\right]\mathrm{d}x\mathrm{d}y.\end{aligned}$$

代入前一式

$$\iint\limits_\Omega \eta\left[\pi_u - \frac{\partial}{\partial x}\pi_p - \frac{\partial}{\partial y}\pi_q\right]\mathrm{d}x\mathrm{d}y + \int\limits_\Gamma \eta[\pi_p\cos(n,x) + \pi_q\cos(n,y)]\mathrm{d}s = 0. \tag{6.1.41}$$

由于 $\eta \in C_0^1$, 即 $\eta|_\Gamma = 0$, 故上式中的线积分为零. 由 η 的任意性, 以及二维情形的变分法基本引理 (读者可仿照引理 6.1.1 给出完整的叙述和证明), 得到 $u(x,y)$ 所满足的方程

$$\pi_u - \frac{\partial}{\partial x}\pi_p - \frac{\partial}{\partial y}\pi_q = 0, \tag{6.1.42}$$

它就是二维的 Euler 方程. 由于 $u \in M$, 所以

$$u(x,y)|_\Gamma = g(x,y). \tag{6.1.43}$$

也就是说, 如果泛函 J 在 M 上的局部极小点 $u(x,y) \in C^2(\overline{\Omega})$, 则 $u(x,y)$ 必是边值问题 (6.1.42), (6.1.43) 的解.

附注 6.1.8　我们称

$$[\pi]_u = \pi_u - \frac{\partial}{\partial x}\pi_p - \frac{\partial}{\partial y}\pi_q \tag{6.1.44}$$

为 π 关于 u 的变分导 (函) 数, 式中 $\dfrac{\partial}{\partial x}\pi_p$ 和 $\dfrac{\partial}{\partial y}\pi_q$ 都是关于 x 和 y 求全导数, 例如

$$\frac{\partial}{\partial x}\pi_p = \pi_{px} + \pi_{pu}u_x + \pi_{pp}u_{xx} + \pi_{pq}u_{yx}.$$

因此, 方程 (6.1.42) 是关于 u 的二阶偏微分方程.

附注 6.1.9　我们同样称 $\delta u=\alpha\eta$ 为函数 u 的 (一阶) 变分. 如果不限定 $\eta(x,y)$ 在 Γ 上的取值, 则泛函的 (一阶) 变分 $\delta J=\alpha\phi'(0)$ 为 (参看式 (6.1.41)):

$$\delta J(u,\delta u)=\iint\limits_{\Omega}[\pi]_u\delta u\mathrm{d}x\mathrm{d}y+\int\limits_{\Gamma}[\pi_p\cos(n,x)+\pi_q\cos(n,y)]\delta u\mathrm{d}s, \tag{6.1.45}$$

若限定 $\delta u|_\Gamma=0$(即 $\eta|_\Gamma=0$), 则上式的线积分项为 0. 总之, 泛函 J 在 $u\in M$ 达到局部极小的必要条件是一阶变分为零:

$$\delta J(u,\delta u)=0,\quad \forall\delta u\in C_0^1. \tag{6.1.46}$$

例 6.1.5(薄膜的平衡)　设薄膜固定在某一条光滑的边线上, 该边线在 x,y 平面上的投影是 Γ, Γ 围成单连通区域 Ω. 设有强度为 $f(x,y)$ 的垂直外荷载作用在薄膜上, 使膜产生垂直方向的位移 $u(x,y)$. 又设膜的张力为 T, 那么, 由于变形使膜具有的应变能是

$$W_i=\frac{1}{2}\iint\limits_{\Omega}T(u_x^2+u_y^2)\mathrm{d}x\mathrm{d}y,$$

而克服外力所做的功是

$$W_e=-\iint\limits_{\Omega}f(x,y)u(x,y)\mathrm{d}x\mathrm{d}y,$$

整个薄膜所含的总位能是

$$J(u)=\frac{1}{2}\iint\limits_{\Omega}[T(u_x^2+u_y^2)-2fu]\mathrm{d}x\mathrm{d}y. \tag{6.1.47}$$

设薄膜的边线方程为 $z=g(x,y)$ $((x,y)\in\Gamma)$, 那么, 薄膜可能的位移 $v(x,y)$ 应当取自以下的容许函数类

$$M=\{v\in C^1(\overline{\Omega}),\ u\big|_\Gamma=g\}. \tag{6.1.48}$$

再根据最小位能原理, 膜的平衡位置 $u(x,y)$ 应当是:$u\in M$, 且使得

$$J(u)=\min_{v\in M}J(v). \tag{6.1.49}$$

当 $u\in C^2(\Omega)$ 时容易算得上述变分问题的 Euler 方程是

$$-(u_{xx}+u_{yy})=\frac{1}{T}f(x,y)\quad (x,y)\in\Omega, \tag{6.1.50}$$

而且 $u(x,y)$ 满足边界条件

$$u(x,y)|_{(x,y)\in\Gamma}=g(x,y), \tag{6.1.51}$$

这是 Poisson 方程的第一边值问题.

如果薄膜的边界只有一部分 Γ_1 是固定的, 另一部分 Γ_2 是自由的 (不受外力), 那么, 容许函数类

$$M=\{u(x,y)\in C^1(\overline{\Omega}),\ \ u|_{\Gamma_1}=g(x,y)\}, \tag{6.1.52}$$

式中 Γ_1 是 Γ 的真子集. 这时泛函 J 的一阶变分 (6.1.45) 由于 $\delta u|_{\Gamma_1}=0$ 而成为

$$\delta J(u,\delta u)=\iint\limits_{\Omega}[\pi]_u\delta u\mathrm{d}x\mathrm{d}y+\int\limits_{\Gamma_2}[\pi_p\cos(n,x)+\pi_q\cos(n,y)]\delta u\mathrm{d}s. \tag{6.1.53}$$

利用与变分法基本引理证明类似的推理, 可知 $u(x,y)$ 满足 Euler 方程 $[\pi]_u=0$ 和边界条件 $\pi_p\cos(n,x)+\pi_q\cos(n,y)|_{\Gamma_2}=0$, 亦即

$$\begin{cases}-(u_{xx}+u_{yy})=\dfrac{1}{T}f(x,y),\quad (x,y)\in\Omega\ ;\\ u_x\cos(n,y)+u_y\cos(n,y)=0,\quad (x,y)\in\Gamma_2\ .\end{cases}$$

上面第二式就是 $\left.\dfrac{\partial u}{\partial n}\right|_{\Gamma_2}=0$. 但 $u\in M$ 应满足式 (6.1.52) 中的边界条件 $u(x,y)|_{\Gamma_1}=g(x,y)$, 所以, 如果 $u\in C^2(\overline{\Omega})$, 则 $u(x,y)$ 应当是以下边值问题的解

$$\begin{cases}-(u_{xx}+u_{yy})=\dfrac{1}{T}f(x,y),\qquad (x,y)\in\Omega; & (6.1.54)\\ u(x,y)=g(x,y),\qquad (x,y)\in\Gamma_1; & (6.1.55)\\ \dfrac{\partial u}{\partial \boldsymbol{n}}=0\ \ (x,y)\in\Gamma_2. & (6.1.56)\end{cases}$$

附注 6.1.10　式 (6.1.55) 是本质边界条件, 它是由于限制了薄膜在 Γ_1 上的位移而给出的, 在容许函数类 M 的定义 (6.1.52) 中明显地规定必须满足; 式 (6.1.56) 是自然边界条件, 它是因为薄膜在 Γ_2 上位移不受限制、也不受外力作用而得出的, 在 M 的定义 (6.1.52) 中不出现这类条件, 而是变分问题的解 $u(x,y)$ “自动” 满足的.

例 6.1.5 又一次说明了用变分形式求解数学物理问题的两个明显优点: 首先对未知函数的光滑性要求低, 例如本例中只要求在 $\overline{\Omega}$ 上一次连续可微就足够了, 而用微分方程则需要求未知函数有二阶连续导数; 其次, 自然边界条件是自动满足的, 不需要明确给出, 而微分方程的定解条件则缺一不可, 必须全部给出. 这两个优点对于后面所讨论的有限元方法都起重要作用.

*6.1.4　自然边界条件 (续)

在前两段, 我们只讨论了形如式 (6.1.5) 和 (6.1.38) 的泛函, 它们的局部极值点会自动满足形如式 (6.1.37) 和 (6.1.56) 类型的齐次自然边界条件. 现在我们讨论更一般形式的泛函极值问题, 从而它们的极值点会自动满足各种类型的自然边界条件.

考虑泛函

$$J(u)=\int_{x_0}^{x_1}\pi(x,u,u')\mathrm{d}x+\varphi[u(x_1)]-\varphi[u(x_0)], \tag{6.1.57}$$

其中单变量函数 φ 是一次连续可微分的. 与上面讨论的泛函不同, 这个泛函明显地依赖于函数 $u(x)$ 在区间 $[x_0,x_1]$ 端点上的值 $u(x_0)$ 和 $u(x_1)$. 取容许函数类

$$M=\{u(x)\in C^1([x_0,x_1])\}, \tag{6.1.58}$$

它对函数在 $[x_0,x_1]$ 端点上的值不限定.

如果 $u\in M$ 是泛函 J 在 M 上的一个局部极小, 用上面给出过的方法, 得到

$$\begin{aligned}\delta J&=\alpha\phi'(0)=\alpha\left[\frac{\mathrm{d}}{\mathrm{d}\alpha}J(u+\alpha\eta)\right]_{\alpha=0}\\&=\int_{x_0}^{x_1}[\pi]_u\alpha\eta\mathrm{d}x+\pi_{u'}\alpha\eta\Big|_{x_0}^{x_1}+\alpha\left\{\frac{\mathrm{d}}{\mathrm{d}\alpha}\psi[u(x_1)+\alpha\eta(x_1)]\right\}_{\alpha=0}\\&\quad-\alpha\left\{\frac{\mathrm{d}}{\mathrm{d}\alpha}\psi[u(x_0)+\alpha\eta(x_0)]\right\}_{\alpha=0}.\end{aligned}$$

由 $\delta u=\alpha\eta$, 上式即

$$\delta J(u,\delta u)=\int_{x_0}^{x_1}[\pi]_u\delta u\mathrm{d}x+\pi_{u'}\,\delta u\Big|_{x_0}^{x_1}+\psi'[u(x)]\,\delta u\Big|_{x_0}^{x_1}. \tag{6.1.59}$$

在极值点 u 处 $\delta J=0$, 仿照变分法基本引理的证明, 可知 $u\in M$ 满足 Euler 方程 $[\pi]_u=0$ 以及自然边界条件

$$\left[\pi_{u'}+\psi'[u]\right]\Big|_{x=x_0}=0,\quad \left[\pi_{u'}+\psi'[u]\right]\Big|_{x=x_1}=0. \tag{6.1.60}$$

这两个条件并不是容许函数类 (6.1.58) 所要求的, 而是泛函 J 的极值点 $u\in M$ 自动满足的.

例 6.1.6　设泛函

$$J(u)=\int_0^1\left[\frac{1}{2}(u'(x)^2+ku(x)^2)-f(x)u(x)\right]\mathrm{d}x-p(1)u(1)+p(0)u(0), \tag{6.1.61}$$

容许函数类

$$M=\{u(x)\in C^1([0,1])\}. \tag{6.1.62}$$

如果泛函 J 在 M 上的局部极小点 $u\in C^2([0,1])$, 那么, 它必定是以下边值问题的解:

$$\begin{cases}-u''(x)+ku=f(x), & x\in(0,1), & (6.1.63)\\ u'(0)=p(0), & u'(1)=p(1). & (6.1.64)\end{cases}$$

(在式 (6.1.57) 中取 $\psi=-p(x)u(x)$, 其中 $p(x)\in C^1([0,1])$ 即得泛函 (6.1.61) 的两个"区间端点项", 利用式 (6.1.60) 即可导出式 (6.1.64).) 边界条件 (6.1.64) 不同于式 (6.1.37), 它们不是齐次的.

在两个自变量的情形, 我们考虑泛函

$$J(u)=\iint\limits_{\Omega}\pi(x,y,u,u_x,u_y)\mathrm{d}x\mathrm{d}y+\int_{\Gamma}\phi\left(s,u,\frac{\mathrm{d}u}{\mathrm{d}s}\right)\mathrm{d}s, \tag{6.1.65}$$

其中区域 Ω 的边界 Γ 充分光滑, 函数 π 对它的五个变元 x,y,u,p,q; 函数 ϕ 对它的三个变元 s,u,r 都是充分光滑的. s 表示边界 Γ 的弧长. 不难算出 (请读者完成计算):

$$\begin{aligned}\delta J(u,\delta u)=&\iint\limits_{\Omega}[\pi]_u\delta u\mathrm{d}x\mathrm{d}y+\int_{\Gamma}[\phi]_u\delta u\mathrm{d}s\\&+\int_{\Gamma}(\pi_p\cos(n,x)+\pi_q\cos(n,y))\delta u\mathrm{d}s,\end{aligned} \tag{6.1.66}$$

其中 $[\phi]_u=\phi_u-\dfrac{\mathrm{d}}{\mathrm{d}s}\phi_r$. 因此, 泛函 (6.1.65) 的 Euler 方程与泛函 (6.1.38) 的 Euler 方程相同, 都是 $[\pi]_u=0$(见 (6.1.42)), 但边界条件为

$$\pi_p\cos(n,x)+\pi_q\cos(n,y)+[\phi]_u=0,\quad (x,y)\in\Gamma. \tag{6.1.67}$$

它也是自然边界条件.

例 6.1.7　考虑泛函

$$J(u)=\frac{1}{2}\iint\limits_{\Omega}(u_x^2+u_y^2)\mathrm{d}x\mathrm{d}y+\int_{\Gamma}\left(\frac{1}{2}\alpha u^2-\beta u\right)\mathrm{d}s \tag{6.1.68}$$

和容许函数类

$$M=\{u(x,y)\in C^1(\overline{\Omega})\}.$$

如果泛函 J 在 M 有一个局部极小点 $u(x,y)\in C^2(\overline{\Omega})$, 那么, 它必定是以下 Laplace 方程第三边值问题的解:

$$\begin{cases} u_{xx}+u_{yy}=0, & (x,y)\in\Omega, \qquad (6.1.69)\\ \dfrac{\partial u}{\partial \boldsymbol{n}}+\alpha u=\beta, & (x,y)\in\Gamma. \qquad (6.1.70)\end{cases}$$

需要指出的是, 集合 M 中对函数的边界值无任何限制. 边界条件 (6.1.70) 是自然边界条件.

以上, 我们极为简略地介绍了变分法中的一些概念. 从上面的讨论可知, 对相当广泛的一类变分问题来说, 如果加上解的更高的光滑性假设, 则变分问题的解就是边值问题的解. 因此, 我们可以将这个过程反过来, 把微分方程的定解问题化为某种形式的变分问题. 有限元方法就是基于这种原理.

需要指出的是：我们在上面的讨论中并未将容许函数类所要求的条件尽可能地减弱, 以使尽可能多的函数进入容许函数类, 我们在下文中逐步做到这一点.

6.2　边值问题的变分原理

在上节的讨论中我们已经看到了变分问题和微分方程定解问题的一些关系. 在这一节介绍的两个变分原理就是讨论二阶椭圆型线性偏微分方程边值问题与相应的变分问题的关系, 指出在什么条件下二者是可以转化的, 从而可以用变分方法求解边值问题.

在很长一段时间内, 人们总认为求微分方程的解是比较容易实现的, 因此, 把很多数学物理问题都归结为微分方程. 但实践表明, 绝大多数微分方程定解问题都没有解析形式可以表示的解, 从而只好借助于各种近似方法. 变分近似法先把数学物理问题“还原”为变分问题, 然后再求后者的近似解. 下一章介绍的有限元方法就是一种最有效的变分近似法.

6.2.1　边值问题与最小位能原理

设 Ω 为平面上的有界区域, 其边界 Γ 充分光滑. 考虑以下的二阶变系数椭圆型方程

$$-\left[\frac{\partial}{\partial x}\left(a(x,y)\frac{\partial u}{\partial x}\right)+\frac{\partial}{\partial y}\left(a(x,y)\frac{\partial u}{\partial y}\right)\right]+b(x,y)u=f(x,y), \qquad (6.2.1)$$

其中 $a(x,y)\geqslant a_0>0$, $b(x,y)\geqslant 0$, $f(x,y)$ 都是定义在 $\overline{\Omega}$ 上的充分光滑函数. 这个方程描述了许多稳恒的自然现象, 如弹性膜的平衡、定常态的热传导或分子扩散、静电或静磁场、不可压缩的无旋流等.

设 Ω 的边界 Γ 分为互不相交的两部分 Γ_1 和 Γ_2, 在其上分别给出两类边界条件:

$$\text{在}\Gamma_1\text{上}, \quad u(x,y)=\varphi(x,y); \tag{6.2.2}$$

$$\text{在}\Gamma_2\text{上}, \quad a(x,y)\frac{\partial u}{\partial \boldsymbol{n}}+k(x,y)u=\psi(x,y). \tag{6.2.3}$$

其中 φ,ψ,k 都是有关边界上的已知函数, 且 $k\geqslant 0$. $\boldsymbol{n}$ 是边界上的外法线方向. 也就是说, 在 Γ_1 上给出第一类边界条件, 在 Γ_2 上给出第三类边界条件 (当 $k=0$ 时是第二类边界条件).

为了把边值问题 (6.2.1)~(6.2.3) 化为相应的变分问题, 定义一个由"能量积分"表示的泛函 J:

$$J(u)=\frac{1}{2}\iint\limits_{\Omega}\left(au_x^2+au_y^2+bu^2-2fu\right)\mathrm{d}x\mathrm{d}y+\frac{1}{2}\int_{\Gamma_2}\left(ku^2-2\psi u\right)\mathrm{d}s. \tag{6.2.4}$$

由于这个泛函中函数 u 及其导数是一次或二次乘幂地出现, 故通常称它为函数 u 的二次泛函.

附注 6.2.1 *如果 $u(x,y)$ 表示一张弹性薄膜离开水平位置的垂直位移, 那么泛函 J 中的二重积分表示膜的应变能加上反抗外力所做的功; 在 Γ_2 上的线积分表示通过非固定边界 Γ_2 所发生的能量交换, 故泛函 J 表示了膜的总位能, 所以称之为能量积分.*

正如在上一节中已提到过的最小位能原理所指出的: 受外力作用的弹性体, 在满足已知边界约束的一切可能位移中, 处于平衡状态时的位移使总位能最小, 在目前的假设条件下, 我们定义容许函数类为

$$M=\left\{v(x,y)\in C^1\left(\overline{\Omega}\right), v\mid_{\Gamma_1}=\varphi(x,y)\right\}, \tag{6.2.5}$$

那么 M 中的每一个函数都是"可能位移". 因此, 如果 $u(x,y)$ 表示膜的真实位移, 它应当是以下变分问题的解: $u\in M$, 使得

$$J(u)=\min_{v\in M}J(v). \tag{6.2.6}$$

如果我们对 $u\in M$ 补充假设 $u\in C^2(\Omega)$, 则这个变分问题的解 $u(x,y)$ 必定是边值问题 (6.2.1)~(6.2.3) 的解, 读者可以根据 6.1.4 节的讨论来验证这一点.

下面证明: 边值问题 (6.2.1)~(6.2.3) 与变分问题 (6.2.4) ~(6.2.6) 在一定条件下是可互相转化的, 从而得知边值问题的解也是变分问题的解.

设 $u\in M$ 使泛函 J 达到极小, 对 u 给以变分 δu(即增量), 函数 u 变为 $u+\delta u$. 为使 $u+\delta u\in M$, 则应使 δu 在 Γ_1 上取零值. 定义

$$C_0^1=\left\{v(x,y)\in C^1(\overline{\Omega}), v\mid_{\Gamma_1}=0\right\}, \tag{6.2.7}$$

即 $\delta u \in C_0^1$, 泛函 $J(u)$ 相应地变为 $J(u+\delta u)$. 于是

$$J(u+\delta u) = J(u) + \delta J(u,\delta u) + \frac{1}{2}\delta^2 J(u,\delta u) + \cdots.$$

可以算出 (请读者仿照 6.1 节完成计算)

$$\begin{aligned}\delta J(u,\delta u) = & \iint\limits_{\Omega} \left[a\frac{\partial u}{\partial x}\frac{\partial}{\partial x}\delta u + a\frac{\partial u}{\partial y}\frac{\partial}{\partial y}\delta u + bu\delta u - f\delta u\right]\mathrm{d}x\mathrm{d}y \\ & + \int_{\Gamma_2}(ku-\psi)\delta u\mathrm{d}s, \end{aligned} \tag{6.2.8}$$

$$\begin{aligned}\delta^2 J(u,\delta u) = & \iint\limits_{\Omega} \left[a\left(\frac{\partial}{\partial x}\delta u\right)^2 + a\left(\frac{\partial}{\partial y}\delta u\right)^2 + b(\delta u)^2\right]\mathrm{d}x\mathrm{d}y \\ & + \int_{\Gamma_2} k(\delta u)^2\mathrm{d}s. \end{aligned} \tag{6.2.9}$$

如果 Γ_1 不是空集 (即 Γ 上确实有第一类边值条件 (6.2.2)), 或者 k 不恒为零 (即式 (6.2.3) 不退化为第二类边界条件), 那么二次泛函 $\delta^2 J(u,\delta u)$ 是正定的. 事实上, 由于假设 $a(x,y) \geqslant a_0 > 0$, $b(x,y) \geqslant 0$, $k(x,y) \geqslant 0$, 故

$$\delta^2 J(u,\delta u) \geqslant 0, \quad \forall \delta u \in C_0^1,$$

即 $\delta^2 J$ 至少是半正定的. 下面再证明充要条件

$$\delta u \in C_0^1\text{时}, \quad \delta^2 J(u,\delta u) = 0 \iff \delta u = 0.$$

先证必要性. 由于 (6.2.9) 右端的形式, 故 $\delta^2 J = 0$ 时必有

$$\frac{\partial}{\partial x}\delta u = 0, \quad \frac{\partial}{\partial y}\delta u = 0 \implies \text{在}\overline{\Omega}\text{上}\delta u\text{为常数}.$$

如果 Γ_1 非空, 则在 Γ_1 上 $\delta u = 0$, 从而在 $\overline{\Omega}$ 上 $\delta u = 0$; 如果连续函数 k 在 Γ_2 的某个邻域上取正值, 为使 $\delta^2 J = 0$, 必有 δu 在该邻域上为零, 故也有在 $\overline{\Omega}$ 上 $\delta u = 0$. 即必要性已被证明, 而充分性是显然的.

根据在 6.1.1 节中的引理 6.1.2, 当 $\delta^2 J(u,\delta u)$ 正定时, 函数 $u \in M$ 使泛函 J 达到极小的充分必要条件是它的一阶变分为零

$$\delta J(u,\delta u) = 0, \ \forall\, \delta u \in C_0^1. \tag{6.2.10}$$

对一阶变分 (6.2.8) 右端应用 Green 公式, 当 $u \in C^2(\Omega)$ 时得到一阶变分的另一种表达式

$$\begin{aligned}\delta J = & -\iint\limits_{\Omega} \left[\frac{\partial}{\partial x}\left(a\frac{\partial u}{\partial x}\right) + \frac{\partial}{\partial y}\left(a\frac{\partial u}{\partial y}\right) - bu + f\right]\delta u\mathrm{d}x\mathrm{d}y \\ & + \int_{\Gamma_2}\left(a\frac{\partial u}{\partial \boldsymbol{n}} + ku - \psi\right)\delta u\mathrm{d}s = 0, \quad \forall \delta u \in C_0^1. \end{aligned} \tag{6.2.11}$$

这又等价于

$$-\left[\frac{\partial}{\partial x}\left(a\frac{\partial u}{\partial x}\right)+\frac{\partial}{\partial y}\left(a\frac{\partial u}{\partial y}\right)\right]+bu=f,\quad (x,y)\in\Omega,$$

$$a\frac{\partial u}{\partial \boldsymbol{n}}+ku=\psi,\quad (x,y)\in\Gamma_2.$$

再由 $u\in M$ 知在 Γ_1 上 $u(x,y)=\varphi(x,y)$. 所以, 变分问题与边值问题之间的关系归纳为以下的定理.

定理 6.2.1 若 $u(x,y)\in C^2(\Omega)\cap C^1(\overline{\Omega})$ 是边值问题 (6.2.1)~(6.2.3) 的解, 则它必定使泛函 (6.2.4) 达到在 M 上的极小; 反之, 若 u 是泛函 (6.2.4) 在 M 上的极小, 且 $u\in C^2(\Omega)$, 则 u 是边值问题 (6.2.1)~(6.2.3) 的解.

附注 6.2.2 由于泛函 $J(u)$ 在物理学中经常表示物体的位能, 故也称定理 6.2.1 为最小位能原理.

6.2.2 虚功原理

我们仍然考虑边值问题 (6.2.1)~(6.2.3). 设 $u(x,y)\in C^2(\Omega)\cap C^1(\overline{\Omega})$ 是它的一个解. 任取一个函数 $v(x,y)\in C_0^1$, 其中

$$C_0^1=\left\{v(x,y)\in C^1(\overline{\Omega}),v|_{\Gamma_1}=0\right\},$$

将 $v(x,y)$ 乘以方程 (6.2.1) 两端, 然后在 Ω 上积分

$$-\iint\limits_{\Omega}\left[\frac{\partial}{\partial x}\left(a\frac{\partial u}{\partial x}\right)+\frac{\partial}{\partial y}\left(a\frac{\partial u}{\partial y}\right)-bu+f\right]v\mathrm{d}x\mathrm{d}y=0,\quad \forall v\in C_0^1.$$

对上式前两项利用 Green 公式, 由边界条件 (6.2.3) 以及 $v|_{\Gamma_1}=0$ 得

$$\begin{aligned}&-\iint\limits_{\Omega}\left[\frac{\partial}{\partial x}\left(a\frac{\partial u}{\partial x}\right)+\frac{\partial}{\partial y}\left(a\frac{\partial u}{\partial y}\right)\right]v\mathrm{d}x\mathrm{d}y\\&=\iint\limits_{\Omega}\left(a\frac{\partial u}{\partial x}\cdot\frac{\partial v}{\partial x}+a\frac{\partial u}{\partial y}\cdot\frac{\partial v}{\partial y}\right)\mathrm{d}x\mathrm{d}y-\int_{\Gamma_1\cup\Gamma_2}a\frac{\partial u}{\partial n}v\mathrm{d}s\\&=\iint\limits_{\Omega}\left(a\frac{\partial u}{\partial x}\cdot\frac{\partial v}{\partial x}+a\frac{\partial u}{\partial y}\cdot\frac{\partial v}{\partial y}\right)\mathrm{d}x\mathrm{d}y-\int_{\Gamma_2}(\psi-ku)v\mathrm{d}s.\end{aligned}$$

代入前一式, 得

$$\iint\limits_{\Omega}\left(a\frac{\partial u}{\partial x}\frac{\partial v}{\partial x}+a\frac{\partial u}{\partial y}\frac{\partial v}{\partial y}+buv-fv\right)\mathrm{d}x\mathrm{d}y+\int_{\Gamma_2}(kuv-\psi v)\mathrm{d}s=0,\qquad \forall v\in C_0^1. \tag{6.2.12}$$

也就是说, 边值问题的解 $u(x,y)$ 满足式 (6.2.12).

反之, 如果有 $u(x,y)\in M$ 对任何 $v\in C_0^1$ 都满足式 (6.2.12), 那么当 $u\in C^2(\Omega)$ 时, 它必是边值问题 (6.2.1)~(6.2.3) 的解. 事实上, 对式 (6.2.12) 再用 Green 公式, 可得

$$-\iint\limits_{\Omega}\left[\frac{\partial}{\partial x}\left(a\frac{\partial u}{\partial x}\right)+\frac{\partial}{\partial y}\left(a\frac{\partial u}{\partial y}\right)-bu+f\right]v\mathrm{d}x\mathrm{d}y$$

$$+\int_{\Gamma_2}\left(ku-\psi+a\frac{\partial u}{\partial \boldsymbol{n}}\right)v\mathrm{d}s=0,\qquad \forall v\in C_0^1.$$

利用更一般形式的变分法基本引理, 可知 $u(x,y)$ 满足方程 (6.2.1) 和边界条件 (6.2.3), 至于式 (6.2.2), 因 $u\in M$ 是显然满足的.

于是, 我们得到了以下的结果.

定理 6.2.2　若 $u(x,y)\in C^2(\Omega)\cap C^1(\overline{\Omega})$ 是边值问题 (6.2.1)~(6.2.3) 的解, 则它必然满足 (6.2.12); 反之, 若 $u\in M$ 满足式 (6.2.12) 且 $u\in C^2(\Omega)$, 则 u 就是边值问题 (6.2.12)~(6.2.13) 的解.

附注 6.2.3　将式 (6.2.12) 与 (6.2.8) 比较, 可知式 (6.2.12) 就是

$$\delta J(u,v)=0,\qquad \forall v\in C_0^1,\tag{6.2.13}$$

因此, 式 (6.2.12) 中的 v 就是上文中引入的 δu, 它表示弹性力学中的“虚位移”(即可能的位移). 式 (6.2.12) 的力学意义是: 在平衡状态 $u(x,y)$ 之下, 任给一个满足约束条件的虚位移 v, 则物体受外力所做的功等于物体受惯性力所做的功, 此即力学上的虚功原理. 所以, 式 (6.2.12) 及 (6.2.13) 通常称为虚功方程, 有时也称为变分方程, 定理 6.2.2 亦称为虚功原理.

6.2.3　边值问题与变分问题的关系

为表达的方便, 定义一个对变量 u,v 分别都是线性的双线性泛函

$$A(u,v)=\iint\limits_{\Omega}\left[a\frac{\partial u}{\partial x}\cdot\frac{\partial v}{\partial x}+a\frac{\partial u}{\partial y}\cdot\frac{\partial v}{\partial y}+buv\right]\mathrm{d}x\mathrm{d}y+\int_{\Gamma_2}kuv\mathrm{d}s\tag{6.2.14}$$

和一个线性泛函

$$F(v)=\iint\limits_{\Omega}fv\mathrm{d}x\mathrm{d}y+\int_{\Gamma_2}\psi v\mathrm{d}s,\tag{6.2.15}$$

上面两式中的已知函数 a, b, k, f, ψ 都满足上文中所作的假设. 于是, 泛函 (6.2.4) 可简单地记成

$$J(u)=\frac{1}{2}A(u,u)-F(u).\tag{6.2.16}$$

它的一阶变分 (6.2.8) 就是

$$\delta J(u,\delta u)=A(u,\delta u)-F(\delta u), \tag{6.2.17}$$

二阶变分 (6.2.9) 就是

$$\delta^2 J(u,\delta u)=A(\delta u,\delta u). \tag{6.2.18}$$

定理 6.2.1 和定理 6.2.2 讨论了以下三个问题的关系：

(1) 求函数 $u\in C^2(\Omega)\cap C^1(\overline{\Omega})$ 满足微分方程 (6.2.1), 边界条件 (6.2.2) 和 (6.2.3) 式;

(2) 求 $u\in M$ 使得

$$J(u)=\min_{v\in M} J(v),$$

其中 $J(v)=\dfrac{1}{2}A(v,v)-F(v)$;

(3) 求 $u\in M$ 使得

$$A(u,v)-F(v)=0,\quad \forall v\in C_0^1.$$

这三个问题中, (2) 是求泛函极值的变分问题; (1) 是变分问题 (2) 的 Euler 方程的边值问题; 而 (3) 处在 (1), (2) 之间, 它是变分问题 (2) 求极值点满足的必要条件时得到的 (即一阶变分为零), 故称 (3) 为问题 (2) 的变分方程; 对 (3) 应用 Green 公式和变分法基本引理就可以化为 (1), 故又称 (3) 为问题 (1) 的弱形式.

附注 6.2.4　定理 6.2.1 和定理 6.2.2 证明了: 如果对问题 (2) 和 (3) 额外增加 $u\in C^2(\Omega)$ 的条件, 上述三个问题等价, 这种等价性定理习惯上称为变分原理. 显然, 问题 (2) 和 (3) 对解 u 的要求比问题 (1) 对解 u 的要求低. 另外, 我们现在并不讨论每个问题解的存在性, 只是对可能存在的解作相互关系的讨论.

附注 6.2.5　如果把上面每个问题的未知函数理解为薄膜平衡时的位移, 则每个问题分别反映了不同的力学原理:

(1) 力的平衡原理;

(2) 最小位能原理;

(3) 虚功原理.

*6.2.4　内边界条件

我们在一开始就假定方程 (6.2.1) 中的系数 $a(x,y)$ 是光滑的 (至少是连续的). 如果 $a(x,y)$ 在 Ω 内有间断, 那么, 在应用 Green 公式于泛函 J 的一阶变分时就会出现新的情况.

仍然考虑泛函 J (见 (6.2.4)) 在容许函数类 M (见 (6.2.5)) 上的变分问题 (6.2.6), 只不过现在假设 $a(x,y)$ 在 Ω 内有一条逐段光滑的间断线 L, 它把 Ω 分为两个子区域 (如图 6.2.1 所示)

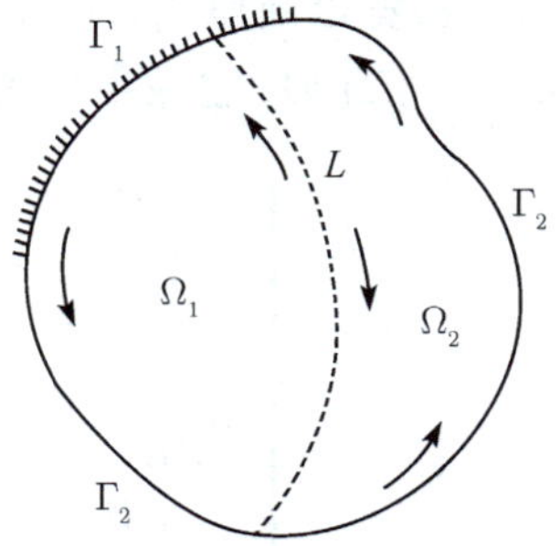

图 6.2.1

$$\Omega=\Omega_1\cup\Omega_2\cup L.$$

在 L 的两侧, (x,y) 趋于 L 时 $a(x,y)$ 的极限不同. 我们记

$$a(x,y)=\begin{cases}a_1(x,y), & (x,y)\in\Omega_1,\\ a_2(x,y), & (x,y)\in\Omega_2.\end{cases}$$

由式 (6.2.8), 对任何 $v\in C_0^1$

$$\delta J(u,v)=\iint\limits_{\Omega}\left[a\frac{\partial u}{\partial x}\frac{\partial v}{\partial x}+a\frac{\partial u}{\partial y}\frac{\partial v}{\partial y}+buv-fv\right]\mathrm{d}x\mathrm{d}y+\int_{\Gamma_2}(ku-\psi)v\mathrm{d}s,$$

在泛函 J 的极小点 $u\in M$ 一阶变分 $\delta J=0$.

虽然 $a(x,y)$ 在 L 上间断, 不能在区域 Ω 上应用 Green 公式, 但 $a(x,y)$ 在 Ω_1、Ω_2 上是充分光滑的, 仍然可以在 Ω_1、Ω_2 上应用它对上式中二重积分作变化, 将

$$\iint\limits_{\Omega_i}\left[a\frac{\partial u}{\partial x}\frac{\partial v}{\partial x}+a\frac{\partial u}{\partial y}\frac{\partial v}{\partial y}\right]\mathrm{d}x\mathrm{d}y\quad(i=1,2)$$

化为一个二重积分与一个线积分的和. 但沿 L 的两个线积分这时不能抵消

$$\begin{aligned}\delta J(u,v)=&-\iint\limits_{\Omega\setminus L}\left[\frac{\partial}{\partial x}\left(a\frac{\partial u}{\partial x}\right)+\frac{\partial}{\partial y}\left(a\frac{\partial u}{\partial y}\right)-bu+f\right]v\mathrm{d}x\mathrm{d}y\\&+\int\limits_{L}\left[a_1\left(\frac{\partial u}{\partial \boldsymbol{n}}\right)_1-a_2\left(\frac{\partial u}{\partial \boldsymbol{n}}\right)_2\right]v\mathrm{d}s\\&+\int_{\Gamma_2}\left(a\frac{\partial u}{\partial \boldsymbol{n}}+ku-\psi\right)v\mathrm{d}s=0,\quad \forall v\in C_0^1.\end{aligned}\tag{6.2.19}$$

上式中沿 L 的法线方向 $\boldsymbol{n}$ 我们不妨取为从 Ω_1 指向 Ω_2. $a_1\left(\dfrac{\partial u}{\partial \boldsymbol{n}}\right)_1$ 表示点 $(x,y)\in\Omega_1$ 趋于 L 时 $a\dfrac{\partial u}{\partial \boldsymbol{n}}$ 的极限, $a_2\left(\dfrac{\partial u}{\partial \boldsymbol{n}}\right)_2$ 类似理解. 如果 $a(x,y)$ 沿 L 不发生间断, 那么沿 L 的线积分被积函数为零而不出现.

根据以前讨论过的变分原理, 当 $u \in M$ 是变分问题 (6.2.4)~(6.2.6) 的解而且 $u \in C^2(\Omega)$ 时, 它应当也是以下问题的解

$$\begin{cases} -\left[\dfrac{\partial}{\partial x}\left(a\dfrac{\partial u}{\partial x}\right)+\dfrac{\partial}{\partial y}\left(a\dfrac{\partial u}{\partial y}\right)\right]+bu=f & (x,y)\in\Omega\backslash L; \quad (6.2.20)\\ u(x,y)=\varphi(x,y), & (x,y)\in\Gamma_1; \quad (6.2.21)\\ a\dfrac{\partial u}{\partial \boldsymbol{n}}+ku=\psi(x,y), & (x,y)\in\Gamma_2; \quad (6.2.22)\\ a_1\left(\dfrac{\partial u}{\partial \boldsymbol{n}}\right)_1=a_2\left(\dfrac{\partial u}{\partial \boldsymbol{n}}\right)_2, & (x,y)\in L. \quad (6.2.23) \end{cases}$$

与边值问题 (6.2.1)~(6.2.3) 相比, 它多出了一个间断线 L 上的内边界条件 (6.2.23).

容易证明, 如果 $u\in C^2(\Omega\backslash L)\cap C^1(\overline{\Omega}\backslash L)$ 是边值问题 (6.2.20)~(6.2.23) 的解, 则它必是变分问题 (6.2.4)~(6.2.6) 的解. 于是, 我们又得到了以下的定理.

定理 6.2.3　如果 $u(x,y)\in C^2(\Omega\backslash L)\cap C^1(\overline{\Omega}\backslash L)$ 是系数有间断的边值问题 (6.2.20)~(6.2.23) 的解, 则它必是变分问题 (6.2.4) ~(6.2.6) 的解; 如果 $u\in M$ 是变分问题 (6.2.4)~(6.2.6) 的解, 且 $u\in C^2(\Omega\backslash L)\cap C^1(\overline{\Omega}\backslash L)$, 则它也是边值问题 (6.2.20)~(6.2.23) 的解.

我们也可以类似地写出边值问题 (6.2.20)~(6.2.23) 与变分方程 (6.2.12) 的关系.

附注 6.2.6　从以上的讨论可知, 当系数 $a(x,y)$ 发生间断时 (这是实践中经常出现的, 它表示物理参数的间断), 边值问题中必须添加内边界条件, 但变分问题则不必作任何修改, 因此, 给问题的研究带来极大的方便. 内边界条件也是一种自然边界条件, 它是自动满足的.

6.3　Sobolev 空间与边值问题的广义解

在数学历史上, 相当长一段时间只研究微分方程的光滑解. 例如, 对二阶微分方程, 则研究有二阶 (连续) 导数的解, 这就是所谓的古典解. 但是, 微分方程并不是描述自然规律的唯一形式, 例如, 在上一节我们已经看到, 为了求一张受外力作用而变形的薄膜的平衡位置, 除了可以用求解微分方程的边值问题的手段, 还可以用变分法求一个泛函的极小, 或者解一个弱形式的变分方程. 对后两个问题, 我们只需要求未知函数 $u(x,y)\in C^1(\overline{\Omega})$, 并满足一定的边界条件. 但对于边值问题, 则要求解 $u(x,y)\in C^2(\Omega)\cap C^1(\overline{\Omega})$. 显然, 后两个问题由于对解 $u(x,y)$ 的光滑性要求较弱, 在实用上带来很大的方便. 因为在很多数学物理问题中, 方程 (6.2.1)(或泛函 (6.2.4)) 中的系数 $a(x,y)$, $b(x,y)$, $f(x,y)$ 并不"充分光滑", 如果仍然坚持要求 $u(x,y)\in C^2(\Omega)$, 则会导致边值问题"无解". 因此, 有必要推广边值问题古典解的

概念.

首先, 用变分法求泛函的极小或求解弱形式的变分方程已降低了对未知数的光滑性要求, 如果我们认为这两种方法求出的解就是边值问题的解 (不要求 $u(x,y)\in C^2(\Omega)$!), 那么, 就开始突破了古典解的概念.

其次, 如果我们把容许函数类 (6.2.5) 的范围放得更宽一些, 只要使得泛函 (6.2.4) 有定义就足够, 那么, 由于容许函数类的扩大, 必定使得光滑性要求降低, 从而解存在的可能性就更大, 我们也就求得光滑性比一次连续可微分更低的广义解. 例如, 可以只要求 M 中的函数 $u(x,y)$ 满足以下条件

$$u\in L_2(\Omega),\ u_x\in L_2(\Omega),\ u_y\in L_2(\Omega),\ u|_{\Gamma_1}=\varphi$$

(其中 $L_2(\Omega)$ 表示在 Ω 上所有平方可积函数的集合), 仍然可以研究变分问题 (6.2.6), 但这时已不再要求 $u\in C^1(\Omega)$ 了!

虽然如此, 上面的要求中还要求存在导数 u_x,u_y. 如果把导数的概念再推广, 不按经典微积分理论中的意义来理解, 那么这时所求得的变分问题的解 $u(x,y)$ 就更为广泛了.

我们在本节中首先推广古典导数的概念, 并引入边值问题广义解的概念. 然后讨论某一类 (二次) 泛函的极小点的存在性和唯一性, 也就是边值问题广义解的存在性, 唯一性. 从广义解的唯一性可以看出, 我们所作的推广是必要而又有节制的, 没有导致解存在而不唯一.

6.3.1　广义导数

我们先对一个自变量的函数进行讨论, 然后再推广到多个自变量的情形.

定义 6.3.1　对在区间 (a,b) 上平方可积的可测函数 $f(x)$ 和 $g(x)$, 定义它们的内积为

$$(f,g)=\int_a^b f(x)g(x)\mathrm{d}x, \tag{6.3.1}$$

对应于上述内积的范数为

$$\|f\|=(f,f)^{1/2}=\left[\int_a^b |f(x)|^2\mathrm{d}x\right]^{1/2}. \tag{6.3.2}$$

我们称在 (a,b) 上平方可积的全体可测函数为 $L_2(a,b)$. 如不产生混淆, 可简记为 L_2.

如果 $f_1\in L_2, f_2\in L_2$, 它们的差 f_1-f_2 在区间 (a,b) 上几乎处处为零, 则认为 $f_1=f_2$. 亦即在测度为零的集合上, 可任意定义 $f(x)\in L_2$. 因此, 每一个 $f(x)\in L_2$, 实际上代表一类函数.

在区间 (a,b) 上无穷次连续可微分函数的全体记为 $C^\infty(a,b)$, 它是一个线性空间.

对定义在 (a,b) 的函数 $f(x)$, 记集合

$$\text{supp } f=\{x|x\in(a,b)\text{且}f(x)\neq 0\}\text{的闭包}.$$

显然, supp f 是一个闭集, 称它为函数 $f(x)$ 的支集. 如果 supp $f\subset(a,b)$, 则称 $f(x)$ 在 (a,b) 内有支集. 又记

$$C_0^\infty(a,b)=\{f(x)\in C^\infty(a,b),\text{supp } f\subset(a,b)\}. \tag{6.3.3}$$

易证：当 $f\in C_0^\infty(a,b)$ 时, $f(x)$ 在区间端点 a,b 邻域内的函数值及各阶导数恒为零.

如果 $f(x)$ 在 (a,b) 内有连续的 (古典) 导数, 任意取 $v\in C_0^\infty(a,b)$, 那么

$$\int_a^b f'(x)v(x)\mathrm{d}x=-\int_a^b f(x)v'(x)\mathrm{d}x, \tag{6.3.4}$$

其中, 由于 $v(x)$ 在 a,b 邻域内恒为零而消失了分部积分时所出现的“端点项”. 上式中 $v\in C_0^\infty(a,b)$ 是任意的, 称之为检验函数.

对取定的函数 $f(x)$, 上式右端不出现它的导数, 而左端对 $f(x)$ 的求导“转嫁”到右端对 $v(x)$ 的求导. 由于 $v\in C_0^\infty(a,b)$, 这种求导永远可以进行, 因此, 我们可以用它推广导数的概念.

定义 6.3.2　设 $f\in L_2(a,b)$, 如果存在 $g\in L_2(a,b)$ 使得

$$\int_a^b g(x)v(x)\mathrm{d}x=-\int_a^b f(x)v'(x)\mathrm{d}x,\quad \forall v\in C_0^\infty(a,b), \tag{6.3.5}$$

则称 $g(x)$ 是 $f(x)$ 的广义导数, 仍然记为

$$g(x)=f'(x)=\frac{\mathrm{d}f}{\mathrm{d}x}.$$

附注 6.3.1　如果 $f(x)$ 的古典导数 $f'(x)\in L_2(a,b)$, 则 $f'(x)$ 必是上述意义的广义导数. 反之, 由广义导数的存在不能断定古典导数的存在. 例如, 设定义在区间 $(-1,1)$ 上的函数 $f(x)=|x|$, 则按古典意义 $f(x)$ 在 $(-1,1)$ 是不可导的. 但是 $f\in L_2(-1,1)$, 又存在函数

$$g(x)=\begin{cases}-1, & x\in(-1,0),\\ 0, & x=0,\\ 1, & x\in(0,1),\end{cases}$$

$g \in L_2(-1,1)$, 且有关系式

$$\int_{-1}^{1} g(x)v(x)\mathrm{d}x = -\int_{-1}^{0} v(x)\mathrm{d}x + \int_{0}^{1} v(x)\mathrm{d}x$$
$$= \int_{-1}^{0} xv'(x)\mathrm{d}x - \int_{0}^{1} xv'(x)\mathrm{d}x$$
$$= -\int_{-1}^{1} |x|v'(x)\mathrm{d}x, \quad \forall v \in C_0^{\infty}(-1,1).$$

因此, $g(x)$ 是 $f(x)=|x|$ 的广义导数.

附注 6.3.2　虽然广义导数大大推广了古典的导数概念, 但这种推广仍然有一定的限制, 它要求广义导数是平方可积的可测函数. 因此, 并非任何 $f \in L_2$ 都有属于 L_2 的广义导数. 例如, 取 $(1,-1)$ 上的阶梯函数

$$f(x) = \begin{cases} 0, & x \in (-1,0), \\ 1, & x \in [0,1). \end{cases}$$

显然 $f \in L_2(-1,1)$, 但它没有广义导数 $f'(x) \in L_2(-1,1)$. 事实上, 如果 f 有广义导数 $g \in L_2(-1,1)$, 则

$$\int_{-1}^{1} g(x)v(x)\mathrm{d}x = -\int_{-1}^{1} f(x)v'(x)\mathrm{d}x = -\int_{0}^{1} v'(x)\mathrm{d}x$$
$$= -v(x)\Big|_0^1 = v(0) \quad \forall v \in C_0^{\infty}(-1,1).$$

再由 Schwarz 不等式, 有

$$|v(0)| = \left|\int_{-1}^{1} g(x)v(x)\mathrm{d}x\right| \leqslant \|g\| \cdot \|v\|, \quad \forall v \in C_0^{\infty}(-1,1). \tag{6.3.6}$$

任取 $\varepsilon \in (0,1)$, 作函数

$$v_\varepsilon(x) = \begin{cases} \exp\left(-\dfrac{\varepsilon^2}{\varepsilon^2 - x^2}\right), & \text{当 } |x| < \varepsilon \text{ 时;} \\ 0, & \text{其他 } x. \end{cases} \tag{6.3.7}$$

容易验证 $v_\varepsilon(x) \in C_0^{\infty}(-1,1), v_\varepsilon(0) = e^{-1}$, 而且

$$\|v_\varepsilon\|^2 = \int_{-1}^{1} |v_\varepsilon|^2 \mathrm{d}x = \int_{-\varepsilon}^{\varepsilon} \exp\left(-\frac{2\varepsilon^2}{\varepsilon^2 - x^2}\right)\mathrm{d}x$$
$$= 2\varepsilon \int_{0}^{1} \exp\left(-\frac{2}{1-u^2}\right)\mathrm{d}x = C\varepsilon,$$

其中 C 为与 ε 无关的常数.

在式 (6.3.6) 中取 $v = v_\varepsilon$, 则由上面的计算得

$$e^{-1} \leqslant \|g\| \cdot \sqrt{C\varepsilon}.$$

令 $\varepsilon \to 0$ 导致矛盾. 因此, 不可能有 $g \in L_2(-1,1)$ 成为 f 的广义导数.(实际上 $f(x)$ 有分布意义下的导数 $\delta(x)$——Dirac 函数.)

定理 6.3.1 若 $f(x)$ 有广义导数, 则广义导数 $f'(x)$ 是唯一的.

附注 6.3.3 前已指出, 如果两个 $L_2(a,b)$ 的函数在 (a,b) 上几乎处处相等, 则认为它们是 $L_2(a,b)$ 中的同一个函数. 因此, 本定理中所谓广义导数的唯一性按此意义理解.

引理 6.3.1 设 $f(x) \in L_2(a,b)$, 如果

$$\int_a^b f(x)v(x)\mathrm{d}x = 0, \quad \forall v \in C_0^\infty(a,b),$$

则 $f(x) = 0$.

利用 $C_0^\infty(a,b)$ 在 $L_2(a,b)$ 的稠密性不难证明这个引理 (作为练习留给读者).

证明定理 6.3.1 设 $f(x)$ 有两个广义导数 g_1 和 g_1, 则 $\forall v \in C_0^\infty(a,b)$,

$$\int_a^b g_1(x)v(x)\mathrm{d}x = -\int_a^b f(x)v'(x)\mathrm{d}x = \int_a^b g_2(x)v(x)\mathrm{d}x,$$

所以

$$\int_a^b [g_1(x) - g_2(x)]\, v(x)\mathrm{d}x = 0, \quad \forall v \in C_0^\infty(a,b).$$

由引理 6.3.1, $g_1(x) - g_2(x)$ 几乎处处为零, 即 $g_1 = g_2$. □

仿照一阶广义导数的定义, 可以定义高阶广义导数.

定义 6.3.3 设 $f \in L_2(a,b)$, n 是自然数. 如果存在 $g \in L_2(a,b)$ 使得

$$\int_a^b g(x)v(x)\mathrm{d}x = (-1)^n \int_a^b f(x)\frac{\mathrm{d}^n v}{\mathrm{d}x^n}\mathrm{d}x, \quad \forall v \in C_0^\infty(a,b), \tag{6.3.8}$$

则称 $g(x)$ 是 $f(x)$ 的 n 阶广义导数, 记为 $f^{(n)}(x)$ 或 $\dfrac{\mathrm{d}^n f}{\mathrm{d}x^n}$.

附注 6.3.4 广义导数不是逐阶定义的, 高阶导数不必通过低阶导数而可由 (6.3.8) 直接定义, 在多元函数的情况下, 甚至可以有某一个高阶广义导数而无低阶广义导数.

附注 6.3.5 如果 $f(x)$ 的 n 阶古典导数 $f^{(n)}(x) \in L_2(a,b)$, 则它必是 $f(x)$ 的 n 阶广义导数, 而且还存在一切小于 n 阶的广义导数; 反之, 由 n 阶广义导数的存在不能断定 n 阶古典导数的存在.

现在考虑多元函数. 我们仅以二元函数为例叙述有关的概念, 更多自变量的情形是类似的.

设 Ω 是平面上的有界区域, 它的边界 Γ 充分光滑. 我们称在 Ω 上平方可积的全体函数为 $L_2(\Omega)$. 类似于一维时的情形, 定义内积为

$$(f,g)=\iint\limits_{\Omega} f(x,y)g(x,y)\mathrm{d}x\mathrm{d}y,\quad \forall f,g\in L_2(\Omega);$$

对应于上述内积的范数为

$$\|f\|=(f,f)^{1/2}=\Big[\iint\limits_{\Omega} f(x,y)^2\mathrm{d}x\mathrm{d}y\Big]^{1/2},\quad \forall f\in L_2(\Omega).$$

在 Ω 上无穷次连续可微的函数的全体记为 $C^{\infty}(\Omega)$. 同样, 定义在 Ω 上的函数 f 的支集为集合

$$\mathrm{supp}\ f=\{(x,y)\big|(x,y)\in\Omega,\ f(x,y)\neq 0\}\text{的闭包}.$$

又记

$$C_0^{\infty}(\Omega)=\{f(x,y)\in C^{\infty}(\Omega),\mathrm{supp}\ f\subset\Omega\},$$

易证：当 $f\in C_0^{\infty}(\Omega)$ 时, f 在边界 Γ 附近恒为零, 从而一切阶导数在 Γ 附近也恒为零.

如果 $f(x,y)$ 在 Ω 上有连续的古典偏导数 $f_x(x,y)$、$f_y(x,y)$, 任意取 $v(x,y)\in C_0^{\infty}(\Omega)$, 那么由 Green 公式以及 $v(x,y)$ 在边界 Γ 附近恒为零, 就有

$$\begin{aligned}\iint\limits_{\Omega} v\frac{\partial f}{\partial x}\mathrm{d}x\mathrm{d}y&=\iint\limits_{\Omega}\left[\frac{\partial}{\partial x}(fv)-f\frac{\partial v}{\partial x}\right]\mathrm{d}x\mathrm{d}y\\&=\int\limits_{\Gamma} fv\cos(n,x)\mathrm{d}s-\iint\limits_{\Omega} f\frac{\partial v}{\partial x}\mathrm{d}x\mathrm{d}y\\&=-\iint\limits_{\Omega} f\frac{\partial v}{\partial x}\mathrm{d}x\mathrm{d}y.\end{aligned}$$

类似地,

$$\iint\limits_{\Omega} v\frac{\partial f}{\partial y}\mathrm{d}x\mathrm{d}y=-\iint\limits_{\Omega} f\frac{\partial v}{\partial y}\mathrm{d}x\mathrm{d}y.$$

于是, 我们可以根据这两个关系式定义广义导数.

定义 6.3.4 设 $f(x,y) \in L_2(\Omega)$. 如果存在 $g_1, g_2 \in L_2(\Omega)$ 使得

$$\iint_{\Omega} g_1 v \mathrm{d}x\mathrm{d}y = -\iint_{\Omega} f \frac{\partial v}{\partial x} \mathrm{d}x\mathrm{d}y, \quad \forall v \in C_0^{\infty}(\Omega), \tag{6.3.9}$$

$$\iint_{\Omega} g_2 v \mathrm{d}x\mathrm{d}y = -\iint_{\Omega} f \frac{\partial v}{\partial y} \mathrm{d}x\mathrm{d}y, \quad \forall v \in C_0^{\infty}(\Omega), \tag{6.3.10}$$

则分别称 g_1, g_2 为 f 关于 x, y 的广义 (偏) 导数, 记为

$$g_1 = \frac{\partial f}{\partial x} = f_x, \qquad g_2 = \frac{\partial f}{\partial y} = f_y.$$

同样可以证明, $f \in L_2(\Omega)$ 如果有广义偏导数, 则它必是唯一的.

读者也不难写出高阶广义偏导数的定义.

6.3.2 Sobolev 空间和边值问题的广义解

我们仍然先考虑一元函数.

定义 6.3.5 设线性空间

$$H^1(a,b) = \{f(x) | f \in L_2(a,b),\ f'(x) \in L_2(a,b)\}, \tag{6.3.11}$$

其中 $f'(x)$ 为 f 的广义导数. 引进内积

$$(f,g)_1 = \int_a^b \big(fg + f'(x)g'(x)\big)\mathrm{d}x \quad \forall f, g \in H_1(a,b) \tag{6.3.12}$$

和相应的范数

$$\|f\|_1 = (f,f)_1^{1/2} = \left[\int_a^b \left[f(x)^2 + \big(f'(x)\big)^2\right]\mathrm{d}x\right]^{1/2}, \tag{6.3.13}$$

称具有式 (6.3.12), (6.3.13) 所定义的内积和范数的线性空间 $H^1(a,b)$ 为 Sobolev 空间.

容易验证由式 (6.3.12) 所定义的内积满足内积所要求的条件.

附注 6.3.6 通常的数学文献中, 把在 (a,b) 一次连续可微分的函数组成的空间 $C^1(a,b)$ 按范数 (6.3.13) 完备化而得的空间定义为 $H^1(a,b)$, 而按照式 (6.3.11)~(6.3.13) 定义而得的空间记为 $W^{1,2}(a,b)$. 但可以证明这两种定义是等价的, 即 $W^{1,2}(a,b)$ $=H^1(a,b)$. 因此, 本书就按目前方式定义 $H^1(a,b)$.

定理 6.3.2 Sobolev 空间 $H^1(a,b)$ 是完备的, 即 $H^1(a,b)$ 是 Hilbert 空间.

证明　设 $\{f_n\}_{n=1}^{\infty}$ 是 $H^1(a,b)$ 中的基本列. 即 $\forall\varepsilon>0$, 存在整数 $N>0$, 当 $m,n\geqslant N$ 时

$$\|f_n-f_m\|_1<\varepsilon.$$

但按式 (6.3.13), 有

$$\begin{aligned}\|f_n-f_m\|_1^2&=\int_a^b\left[(f_n-f_m)^2+\left(\frac{\mathrm{d}f_n}{\mathrm{d}x}-\frac{\mathrm{d}f_m}{\mathrm{d}x}\right)^2\right]\mathrm{d}x\\&=\|f_n-f_m\|^2+\|f_n'-f_m'\|^2,\end{aligned}$$

从而

$$\|f_n-f_m\|<\varepsilon,\quad \|f_n'-f_m'\|<\varepsilon.$$

即 $\{f_n\}$ 和 $\{f_n'\}$ 都是 $L_2(a,b)$ 中的基本列. 由于 $L_2(a,b)$ 的完备性, 故存在函数 $f,g\in L_2(a,b)$ 使得当 $n>N$ 时

$$\|f_n-f\|\leqslant\varepsilon,\quad \|f_n'-g\|\leqslant\varepsilon.$$

下面证明 g 为 f 的广义导数. 由于

$$\int_a^b f_n'(x)v(x)\mathrm{d}x=-\int_a^b f_n(x)v'(x)\mathrm{d}x,\quad \forall v\in C_0^\infty(a,b),$$

上式中令 $n\to\infty$, 利用 $L_2(a,b)$ 中内积的连续性, 得

$$\int_a^b g(x)v(x)\mathrm{d}x=-\int_a^b f(x)v'(x)\mathrm{d}x,\quad \forall v\in C_0^\infty(a,b),$$

所以 $g(x)=f'(x)$. 也就是, 存在 $f\in H^1(a,b)$ 使得

$$\|f_n-f\|_1\to 0\quad (n\to\infty),$$

故 $H^1(a,b)$ 是完备的. □

我们再定义 m 阶 Sobolev 空间.

定义 6.3.6　设线性空间

$$H^m(a,b)=\{f(x)|f,f',\cdots,f^{(m)}\in L_2(a,b)\},\tag{6.3.14}$$

其中整数 $m\geqslant 0$, 导数都是广义导数. 定义内积和相应的范数

$$(f,g)_m=\sum_{i=0}^m\int_a^b f^{(i)}(x)g^{(i)}(x)\mathrm{d}x,\tag{6.3.15}$$

$$\|f\|_m=(f,f)_m^{1/2}=\left[\sum_{i=0}^m\int_a^b|f^{(i)}(x)|^2\mathrm{d}x\right]^{1/2},\tag{6.3.16}$$

称 $H^m(a,b)$ 为 m 阶 Sobolev 空间.

由定义, $H^0(a,b)=L_2(a,b)$, 所以, $L_2(a,b)$ 中的内积 $(\cdot,\cdot)$ 和范数 $\|\cdot\|$ 有时也用 $(\cdot,\cdot)_0$ 和 $\|\cdot\|_0$ 表示.

对于二维以上的区域 Ω, 也可以引入 Sobolev 空间. 为简便, 以 $H^1(\Omega)$ 为例, $H^m(\Omega)$ 类似定义.

定义 6.3.7　设线性空间

$$H^1(\Omega)=\{f(x,y)|f,f_x,f_y\in L_2(\Omega)\}, \tag{6.3.17}$$

其中 f_x,f_y 为 f 的广义导数, 引进内积和相应的范数

$$(f,g)_1=\iint_\Omega[fg+f_xg_x+f_yg_y]\mathrm{d}x\mathrm{d}y, \tag{6.3.18}$$

$$\|f\|_1=\Big[\iint_\Omega(|f|^2+|f_x|^2+|f_y|^2)\mathrm{d}x\mathrm{d}y\Big]^{1/2}, \tag{6.3.19}$$

称 $H^1(\Omega)$ 为一阶 Sobolev 空间.

可以证明, $H^m(a,b)$ 和 $H^1(\Omega)$ 都是 Hilbert 空间. 证明过程与证明定理 6.3.2 是类似的.

有了广义导数和 Sobolev 空间之后, 就可以引入边值问题 (6.2.1)~(6.2.3) 的广义解, 因为可以用广义导数的概念来理解泛函 (6.2.4) 中的导数 u_x 和 u_y, 从而大大扩展了容许函数类 (6.2.5), 使对泛函极小点 $u(x,y)$ 的光滑性要求进一步降低.

为此, 先回顾 6.2.3 节中所定义的三个问题. 问题 (1) 是求古典解的边值问题; 问题 (2) 是求泛函极值的变分问题; 问题 (3) 是 (1) 的弱形式, 也是 (2) 的变分方程. 为了引入问题 (1) 的广义解, 我们将从问题 (2)、(3) 出发. 先引入一个与 (6.2.5) 不同的容许函数类

$$M=\{v(x,y)\mid v\in H^1(\Omega),\ v|_{\Gamma_1}=\varphi(x,y)\}, \tag{6.3.20}$$

它是 $H^1(\Omega)$ 中的一个子集合, 比 (6.2.5) 定义的容许函数类“扩大”了很多. 类似引入

$$M_0=\{v(x,y)\mid v\in H^1(\Omega),\ v|_{\Gamma_1}=0\}. \tag{6.3.21}$$

如同 6.2.3 节, 为表达的简便, 引入定义在 $H^1(\Omega)$ 上的双线性泛函

$$A(u,v)=\iint_\Omega\Big[au_xv_y+au_yv_y+buv\Big]\mathrm{d}x\mathrm{d}y+\int_{\Gamma_2}kuv\mathrm{d}s, \tag{6.3.22}$$

定义在 $H^1(\Omega)$ 上的线性泛函

$$F(v)=\iint_\Omega fv\mathrm{d}x\mathrm{d}y+\int_{\Gamma_2}\psi v\mathrm{d}s, \tag{6.3.23}$$

以及定义在 $H^1(\Omega)$ 上的二次泛函

$$J(u)=\frac{1}{2}A(u,u)-F(u). \tag{6.3.24}$$

之后, 定义边值问题 (1) 的广义解如下.

(2) Ritz 意义的广义解. 求 $u\in M$, 使得

$$J(u)=\min_{v\in M}J(v). \tag{6.3.25}$$

(3) Galerkin 意义的广义解. 求 $u\in M$, 使得

$$A(u,v)-F(v)=0,\quad \forall v\in M_0. \tag{6.3.26}$$

这样, 我们通过 (2), (3) 给出了边值问题 (1) 的两种广义解. 显然, 广义解对未知函数的光滑性要求大大降低了.

从上述过程可见, 为了定义边值问题的广义解, 首先将方程两边乘以一个检验函数 v 并在区域 Ω 上积分. 对 v 的边界条件, 作如下限定: 在未知函数 u 的第一类边界条件处, v 取零边界条件 (齐次边界条件); 在未知函数 u 的第二、第三类边界条件处, v 则不作任何限定.

其次, 对积分应用 Green 公式, 将 u 的二阶导数项化为一阶导数项, 并产生边界 Γ 上的积分. 对 Γ 上的积分, 应用 u 和 v 的边界条件后, 得到双线性泛函 $A(u,v)$ 和线性泛函 $F(v)$, 并由此得到二次泛函 $J(u)$.

应用 u 的第一类边界条件确定 Sobolev 空间中的容许函数类 M, 用 v 的第一类齐次边界条件确定检验函数类 M_0. 在不包含第一类边界条件时, M 和 M_0 都不必限定边界条件, 此时, $M=M_0=V$(其中 V 是某个 Sobolev 空间, 如 $H^1(\Omega)$).

有了上述的 $A(u,v),F(v),M$ 和 M_0, 就可以定义边值问题的广义解了.

*6.3.3 广义解的存在性和唯一性

我们先证明一个抽象的存在唯一性定理, 然后再讨论边值问题广义解的存在唯一性. 设 V 是一个 Hilbert 空间, $A:(u,v)\in V\times V\to A(u,v)\in\mathbf{R}$ 是一个双线性泛函, 即对任何 $u_1,u_2,v_1,v_2\in V$ 和实数 $\alpha_1,\alpha_2,\beta_1,\beta_2$, 都有

$$\begin{aligned}A(\alpha_1u_1+\alpha_2u_2,\ \beta_1v_1+\beta_2v_2)=&\alpha_1\beta_1A(u_1,v_1)\\&+\alpha_1\beta_2A(u_1,v_2)+\alpha_2\beta_1A(u_2,v_1)+\alpha_2\beta_2A(u_2,v_2).\end{aligned} \tag{6.3.27}$$

定理 6.3.3 (Lax-Milgram 定理) 设 V 是一个 Hilbert 空间, $A(u,v)$ 是定义在 $V\times V$ 上的双线性泛函, 而且满足:

(1) 对称性:

$$A(u,v) = A(v,u) \quad \forall u,v \in V; \tag{6.3.28}$$

(2) 有界性: 存在常数 $m > 0$, 使得

$$|A(u,v)| \leqslant m\|u\| \cdot \|v\| \quad \forall u,v \in V; \tag{6.3.29}$$

(3) 正定性: 存在常数 $\alpha > 0$, 使得

$$A(v,v) \geqslant \alpha\|v\|^2 \quad \forall v \in V, \tag{6.3.30}$$

其中 $\|\cdot\|$ 表示由 V 的内积 $(\cdot,\cdot)$ 所对应的范数. 又设 $F(v)$ 是 V 上的有界线性泛函, 那么, 变分方程

$$A(u,v) = F(v), \quad \forall v \in V \tag{6.3.31}$$

有唯一的解 $u \in V$, 而且有估计式

$$\|u\| \leqslant \frac{1}{\alpha}\|F\|_* , \tag{6.3.32}$$

其中 $\|\cdot\|_*$ 表示 V 的对偶空间 V^* 的范数.

证明　利用双线性泛函 $A(u,v)$ 的对称性和正定性, 定义空间 V 的新内积 (常称之为能量内积)

$$[u,v] = A(u,v). \tag{6.3.33}$$

容易证明新内积满足内积的要求:

(1) 对称性: $[u,v] = [v,u]$;

(2) 齐次性: $[\alpha u,v] = \alpha[u,v], \forall \alpha \in \mathbf{R}$;

(3) 可加性: $[u+w,v] = [u,v] + [w,v]$;

(4) 正定性: $[u,u] \geqslant 0$, 且 $[u,u] = 0 \Longleftrightarrow u = 0$.

与新内积对应的新范数 (常称之为能量泛数) 为

$$|||u||| = [u,u]^{1/2} = A(u,u)^{1/2}. \tag{6.3.34}$$

由于 $A(u,v)$ 的有界性、正定性,

$$\alpha\|v\|^2 \leqslant |||v|||^2 \leqslant m\|v\|^2, \quad \forall v \in V,$$

从而新范数 $|||\cdot|||$ 与原来的范数 $\|\cdot\|$ 等价. 因此, $F(v)$ 对于新范数仍然是有界线性泛函.

根据 Hilbert 空间中有界线性泛函的 Riesz 表示定理, 应存在唯一的 $u \in V$ 使得

$$F(v) = [u,v], \quad \forall v \in V,$$

即

$$F(v) = A(u, v), \quad \forall v \in V.$$

于是, $u \in V$ 就是所求的解.

利用 $A(u, v)$ 的正定性和 $F(v)$ 的有界性, 得

$$\alpha\|u\|^2 \leqslant A(u, u) = [u, u] = F(u) \leqslant \|F\|_* \cdot \|u\|,$$

所以估计式 (6.3.32) 成立. □

附注 6.3.7 通常称由式 (6.3.33), (6.3.34) 所定义的内积和范数为能量内积和能量范数. 应注意的是, 只有当 $A(u, v)$ 对称正定时才可如此定义.

附注 6.3.8 可以直接证明变分方程最多只有一个解. 如果它有解 $u_1, u_2 \in V$, 那么,

$$A(u_1, v) = F(v), \quad A(u_2, v) = F(v), \quad \forall v \in V.$$

上述两式相减后得

$$A(u_1 - u_2, v) = 0, \quad \forall v \in V.$$

特别取 $v = u_1 - u_2$, 则 $A(u_1 - u_2, u_1 - u_2) = 0$. 由 $A(u, v)$ 的正定性, 可知 $u_1 - u_2 = 0$, 即 $u_1 = u_2$.

对上述给出的 $A(u, v)$ 和 $F(v)$, 定义二次泛函

$$J(v) = \frac{1}{2}A(v, v) - F(v), \tag{6.3.35}$$

求 $J(v)$ 的极小值点, 即求 $u \in V$ 使得

$$J(u) = \min_{v \in V} J(v), \tag{6.3.36}$$

这是一个变分问题.

定理 6.3.4 设 V 是 Hilbert 空间, 双线性泛函 $A(u, v)$ 和线性泛函 $F(v)$ 满足定理 6.3.3 的一切条件.

那么, 变分问题 (6.3.36) 和变分方程 (6.3.31) 两个问题是等价的, 即任一个问题的解必是另一个问题的解.

证明 先证变分方程 (6.3.31) 的解 $u \in V$ 必是变分问题的解. 任取 $v \in V$, 由 $A(u, v)$ 的对称性得

$$\begin{aligned}
J(u+v) - J(u) &= \frac{1}{2}A(u+v, u+v) - F(u+v) - \left[\frac{1}{2}A(u, u) - F(u)\right] \\
&= A(u, v) - F(v) + \frac{1}{2}A(v, v) \\
&= \frac{1}{2}A(v, v).
\end{aligned}$$

由 $A(u,v)$ 的正定性, 得到

$$J(u+v) \geqslant J(u), \quad \forall v \in V,$$

其中等号只在 $v=0$ 时才成立, 即 $u \in V$ 是变分问题 (6.3.36) 的解.

反之, 如果 $u \in V$ 是变分问题 (6.3.36) 的解, $v \in V$ 和实数 λ 都是任意的, 那么,

$$\begin{aligned} J(u+\lambda v) &= \frac{1}{2}A(u,u) + \lambda A(u,v) + \frac{1}{2}\lambda^2 A(v,v) - F(u) - \lambda F(v) \\ &\geqslant J(u) = \frac{1}{2}A(u,u) - F(u), \end{aligned}$$

即

$$\frac{1}{2}\lambda^2 A(v,v) + \lambda[A(u,v) - F(v)] \geqslant 0, \quad \forall v \in V, \lambda \in \mathbf{R}.$$

把上式作为二次函数看待, 由于 λ 取任何实数它都成立, 故必有

$$A(u,v) = F(v), \quad \forall v \in V,$$

即 $u \in V$ 也是变分方程的解. □

附注 6.3.9 在力学中, $J(u)$ 对应系统的位能, 故称为能量泛函. 变分问题 (6.3.36) 对应最小位能原理, 变分方程 (6.3.31) 对应虚功原理. 故定理 6.3.4 表明, 在一定条件下这两个原理等价.

附注 6.3.10 如果 Lax-Milgram 定理 (定理 6.3.3) 中不再假设 $A(u,v)$ 对称, 那么, 变分方程 (6.3.31)

$$A(u,v) = F(v), \quad \forall v \in V$$

仍然存在唯一的解 $u \in V$. 证明从略, 读者可见文献 Ciarlet, 1978. 但这时定理 6.3.4 不再成立了, 即变分方程 (6.3.31) 不等价于变分问题 (6.3.36).

下面以 Poisson 方程为例讨论线性椭圆型方程边值问题广义解的存在唯一性. 首先引入一个 Sobolev 空间 $H^1(\Omega)$ 的子空间

$$H_0^1(\Omega) = \{v(x,y) | v \in H^1(\Omega), v|_\Gamma = 0\}, \tag{6.3.37}$$

其中函数 v 在 Γ 上“取值”为零的含义我们不作深入的解释.

可以证明, 按照 H^1 的内积 $(\cdot,\cdot)_1$ 和范数 $\|\cdot\|_1$, 空间 $H_0^1(\Omega)$ 也是一个 Hilbert 空间.

对 Poisson 方程的齐次边值问题

$$\begin{cases} -(u_{xx}+u_{yy}) = f(x,y), \quad (x,y) \in \Omega, & (6.3.38) \\ u|_\Gamma = 0, & (6.3.39) \end{cases}$$

其中 $f(x,y)\in L_2(\Omega)$, 引入 $H_0^1(\Omega)\times H_0^1(\Omega)$ 上的双线性泛函 (参阅式 (6.2.14) 的引入过程)

$$A(u,v)=\iint\limits_{\Omega}(u_xv_x+u_yv_y)\mathrm{d}x\mathrm{d}y \tag{6.3.40}$$

和线性泛函 (参阅式 (6.2.15) 的引入过程)

$$F(v)=\iint\limits_{\Omega}f(x,y)v(x,y)\mathrm{d}x\mathrm{d}y. \tag{6.3.41}$$

变分方程

$$A(u,v)=F(v),\qquad \forall v\in H_0^1(\Omega) \tag{6.3.42}$$

的解 $u\in H_0^1(\Omega)$ 为边值问题 (6.3.38), (6.3.39) 的 Galerkin 广义解. 我们利用 Lax-Milgram 定理证明它的存在唯一性. 首先, 由 Hilbert 空间 $L_2(\Omega)$ 中的 Schwarz 不等式

$$|F(v)|=|(f,v)|\leqslant\|f\|\cdot\|v\|,$$

但 $L_2(\Omega)$ 中的范数 $\|v\|\leqslant\|v\|_1=(\|v\|^2+\|v_x\|^2+\|v_y\|^2)^{1/2}$, 故有

$$|F(v)|\leqslant\|f\|\cdot\|v\|_1,\qquad \forall v\in H_0^1(\Omega),$$

即 $F(v)$ 是在 $H_0^1(\Omega)$ 上有界的.

$A(u,v)$ 的对称性是显然的. 此外,

$$\begin{aligned}|A(u,v)|&=|(u_x,v_x)+(u_y,v_y)|\\&\leqslant|(u_x,v_x)|+|(u_y,v_y)|\\&\leqslant\|u_x\|\cdot\|v_x\|+\|u_y\|\cdot\|v_y\|\\&\leqslant 2\|u\|_1\|v\|_1,\qquad \forall u,v\in H_0^1(\Omega),\end{aligned}$$

即 $A(u,v)$ 在 $H_0^1(\Omega)$ 上是有界的. 至于它的正定性, 需要以下引理.

引理 6.3.2(Friedrichs 第一不等式)　设 Ω 是有界区域, 则存在常数 $\gamma>0$, 使得 $\forall v\in H_0^1(\Omega)$,

$$\|u_x\|^2+\|u_y\|^2\geqslant\gamma\|u\|^2. \tag{6.3.43}$$

证明　首先设 $u\in C_0^1(\Omega)$, 作一个充分大的矩形 G, 使 $\Omega\subset G$. 为简便不妨设

$$G=\{(x,y)|\ \ 0\leqslant x\leqslant a,0\leqslant y\leqslant b\},$$

把 $u(x,y)$ 的定义域从 Ω 开拓到 G, 并在 $G\backslash\Omega$ 上定义 $u=0$. 任取 $(\xi,\eta)\in\Omega$, 则

$$u(\xi,\eta)=\int_0^{\xi}\frac{\partial u(x,\eta)}{\partial x}\mathrm{d}x.$$

由 Schwarz 不等式,

$$u^2(\xi,\eta)\leqslant \xi\int_0^{\xi}\left[\frac{\partial u(x,\eta)}{\partial x}\right]^2\mathrm{d}x\leqslant a\int_0^{a}\left[\frac{\partial u(x,\eta)}{\partial x}\right]^2\mathrm{d}x,$$

将上式在 G 上对 (ξ,η) 求积分, 得

$$\begin{aligned}\iint_G u^2(\xi,\eta)\mathrm{d}\xi\mathrm{d}\eta &\leqslant a^2\iint_G\left[\frac{\partial u(x,\eta)}{\partial x}\right]^2\mathrm{d}x\mathrm{d}\eta\\&\leqslant a^2\iint_G\left[\left(\frac{\partial u(x,y)}{\partial x}\right)^2+\left(\frac{\partial u(x,y)}{\partial y}\right)^2\right]\mathrm{d}x\mathrm{d}y.\end{aligned}$$

由于在 $G\backslash\Omega$ 上 $u=0$, 故

$$\frac{1}{a^2}\iint_\Omega u^2(x,y)\mathrm{d}x\mathrm{d}y\leqslant\iint_\Omega\left[\left(\frac{\partial u}{\partial x}\right)^2+\left(\frac{\partial u}{\partial y}\right)^2\right]\mathrm{d}x\mathrm{d}y.$$

取 $\gamma=1/a^2$, 即得式 (6.3.43). 当 $u\in H_0^1(\Omega)$ 时, 取函数序列 $\{u_n(x,y)\}\subset C_0^1(\Omega)$, 使得 $\|u_n-u\|_1\to 0$(根据附注 6.3.6, 这是可以做到的). 由于 u_n 成立 (6.3.43), 令 $n\to\infty$, 即得 u 也满足式 (6.3.43). 引理证毕. □

现在证 $A(u,v)$ 是正定的. 因为 $u\in H_0^1(\Omega)$,

$$A(u,u)=\iint_\Omega[u_x^2+u_y^2]\mathrm{d}x\mathrm{d}y\geqslant\gamma\|u\|^2,$$

上式两边加上 $\|u_x\|^2+\|u_y\|^2$, 得

$$\begin{aligned}A(u,u)&\geqslant\frac{\gamma}{2}\iint_\Omega u^2\mathrm{d}x\mathrm{d}y+\frac{1}{2}\iint_\Omega[u_x^2+u_y^2]\mathrm{d}x\mathrm{d}y\\&\geqslant\alpha\iint_\Omega[u^2+u_x^2+u_y^2]\mathrm{d}x\mathrm{d}y=\alpha\|u\|_1^2,\end{aligned}$$

其中 $\alpha=\min(\gamma/2,1/2)$.

所以, 变分方程 (6.3.42) 有唯一解 $u\in H_0^1(\Omega)$, 它是边值问题 (6.3.38), (6.3.39) 的 Galerkin 意义广义解.

附注 6.3.11　边界条件 (6.3.39) 的齐次性并不是一个限制. 对一般的边界条件 $u|_\Gamma=g(x,y)$, 可以作变换 $w=u-g$ (其中 g 已从 Γ 开拓到整个 Ω 上, 而且使 $g\in H^1(\Omega)$. 只要定义在 Γ 上的 g 充分光滑, 这总是可以做到的). 于是, 我们得到关于 w 的 Poisson 方程的齐次边值问题. 由 w 的存在唯一性得 u 的存在唯一性.

附注 6.3.12　由于 $A(u,v)$ 的对称性, 我们可以作二次泛函

$$J(v)=\frac{1}{2}A(v,v)-F(v)=\frac{1}{2}\iint\limits_{\Omega}(v_x^2+v_y^2)\mathrm{d}x\mathrm{d}y-\iint\limits_{\Omega}fv\mathrm{d}x\mathrm{d}y, \tag{6.3.44}$$

然后求 $u\in H_0^1(\Omega)$, 使得

$$J(u)=\min_{v\in H_0^1(\Omega)}J(v). \tag{6.3.45}$$

根据定理 6.3.4, 变分问题 (6.3.45) 与变分方程 (6.3.42) 是等价的, 所以, 变分问题 (6.3.45) 有唯一解. 由变分方程 (6.3.42) 求得的 $u\in H_0^1(\Omega)$ 为 Galerkin 意义的广义解, 由变分问题 (6.3.45) 求得的 $u\in H_0^1(\Omega)$ 为 Ritz 意义的广义解.

最后考虑以下第三边值问题

$$\begin{cases}-(u_{xx}+u_{yy})+bu=f, & (x,y)\in\Omega, \qquad (6.3.46)\\ \dfrac{\partial u}{\partial n}+ku=\psi, & (x,y)\in\Gamma. \qquad (6.3.47)\end{cases}$$

其中函数 $f\in L_2(\Omega)$, $0<b_0\leqslant b(x,y)\leqslant b_1$, $0\leqslant k(x,y)\leqslant k_1$. 引入 $H^1(\Omega)$ 上的双线性泛函

$$A(u,v)=\iint\limits_{\Omega}(u_xv_x+u_yv_y+buv)\mathrm{d}x\mathrm{d}y+\int_{\Gamma}kuv\mathrm{d}s \tag{6.3.48}$$

和线性泛函

$$F(v)=\iint\limits_{\Omega}fv\mathrm{d}x\mathrm{d}y+\int_{\Gamma}\psi v\mathrm{d}s, \tag{6.3.49}$$

与边值问题对应的变分方程为: 求 $u\in H^1(\Omega)$, 使得

$$A(u,v)=F(v),\quad \forall v\in H^1(\Omega).$$

由于式 (6.3.47) 是自然边界条件, 对解在边界上不加任何限制, 故在 $H^1(\Omega)$ 中求解.

利用 Lax-Milgram 定理证明式 (6.3.46), (6.3.47) 的广义解存在唯一, 只需证 $A(u,v)$ 的有界性, 正定性和 $F(v)$ 的有界性. 为此, 需用到下面的引理.

引理 6.3.3(迹定理)　设 Ω 为有界区域, 边界 Γ 分片光滑, 则存在常数 C 使得

$$\|u\|_{L_2(\Gamma)}\leqslant C\|u\|_1,\quad \forall u\in H^1(\Omega).$$

证明从略. 于是, 由 Schwarz 不等式和迹定理

$$\begin{aligned}|A(u,v)|&\leqslant\|u_x\|\cdot\|v_x\|+\|u_y\|\cdot\|v_y\|+b_1\|u\|\cdot\|v\|+k_1\|u\|_{L_2(\Gamma)}\|v\|_{L_2(\Gamma)}\\&\leqslant 2\|u\|_1\cdot\|v\|_1+b_1\|u\|_1\cdot\|v\|_1+k_1C^2\|u\|_1\cdot\|v\|_1\\&=(2+b_1+k_1C^2)\|u\|_1\cdot\|v\|_1,\quad \forall u,v\in H^1(\Omega),\end{aligned}$$

其中 C 为迹定理中的常数, 故 $A(u,v)$ 有界. 又

$$\begin{aligned}A(v,v) &\geqslant \iint\limits_{\Omega}(v_x^2+v_y^2+b_0v^2)\mathrm{d}x\mathrm{d}y+\int_{\Gamma}kv^2\mathrm{d}s\\ &\geqslant \min(1,b_0)\iint\limits_{\Omega}(v_x^2+v_y^2+v^2)\mathrm{d}x\mathrm{d}y\\ &=\alpha\|v\|_1^2,\quad \forall v\in H^1(\Omega),\end{aligned}$$

其中 $\alpha=\min(1,b_0)>0$, 从而 $A(u,v)$ 正定. 而

$$\begin{aligned}|F(v)| &\leqslant \|f\|\cdot\|v\|+\|\psi\|_{l_2(\Gamma)}\|v\|_{L_2(\Gamma)}\\ &\leqslant \|f\|\cdot\|v\|_1+\|\psi\|_{l_2(\Gamma)}C\|v\|_1\\ &=(\|f\|+C\|\psi\|_{L_2(\Gamma)})\|v\|_1,\quad \forall v\in H^1(\Omega),\end{aligned}$$

即 $F(v)$ 是 $H^1(\Omega)$ 上有界线性泛函.

6.4　变分近似法

前几节我们讨论了把一类微分方程的边值问题归结为求解二次泛函的极小值(或者求解变分方程), 并利用 Lax-Milgram 定理证明了它们解的存在唯一性. 但是, 除了个别特例, 一般是难以求出变分问题准确解的. 本节讨论两种近似求解变分问题的方法 —— Ritz 法和 Galerkin 法. 从数学上说, 有限元方法是这两种方法的一种发展.

6.4.1　Ritz 方法

设给出二次泛函

$$J(v)=\frac{1}{2}A(v,v)-F(v), \tag{6.4.1}$$

其中 $A(u,v)$ 是 Hilbert 空间 V 上的双线性泛函, 而且满足对称性、有界性、正定性; $F(v)$ 是 V 上的有界线性泛函. 考虑以下变分问题: 求 $v\in V$ 满足

$$J(u)=\min_{v\in V}J(v). \tag{6.4.2}$$

设 Hilbert 空间 V 是可分的, 即 V 中有可数多个元素构成一个稠密集. 在 V 中取 N 个线性无关的元素 $\varphi_1,\varphi_2,\cdots,\varphi_N$, 它们张成一个 N 维子空间 S_N, 即

$$S_N=\left\{v\middle|v=\sum_{i=1}^{N}c_i\varphi_i;\ c_1,\cdots,c_N\ \text{为实数}\right\},$$

或记成

$$S_N = \mathrm{span}\{\varphi_1, \varphi_2, \cdots, \varphi_N\}. \tag{6.4.3}$$

上述元素 $\varphi_1, \varphi_2, \cdots, \varphi_N$ 称为空间 S_N 的基.

用 S_N 代替 V, 在 S_N 上求泛函 $J(v)$ 的极小, 即求 $u_N \in S_N$ 满足

$$J(u_N) = \min_{v \in S_N} J(v). \tag{6.4.4}$$

显然, 原先的变分问题 (6.4.2) 与后面的变分问题 (6.4.4) 是不同的, 它们的解 u 与 u_N 也是不同的. 如果 V 的子空间 S_N 充分接近 V, 那么, 用 S_N 代替 V 而得到的解 u_N 也就充分接近 u, 从而把 u_N 作为原变分问题的近似解, 亦即把无穷维空间 V 中的极值问题近似为有限维空间 S_N 中的极值问题, 这就是 Ritz 方法的基本思想.

问题 (6.4.4) 很容易化为一个线性代数方程组问题. 实际上, 每一个 S_N 中的元素 w_N 都可以用 $\{\varphi_1, \varphi_2, \cdots, \varphi_N\}$ 的线性组合表示, 故 $w_N = \sum\limits_{i=1}^{N} c_i\varphi_i$, 这时, 由 $A(u,v)$ 及 $F(v)$ 的性质

$$\begin{aligned}
J(w_N) &= \frac{1}{2}A\Big(\sum_{i=1}^{N} c_i\varphi_i, \sum_{j=1}^{N} c_j\varphi_j\Big) - F\Big(\sum_{i=1}^{N} c_i\varphi_i\Big)\\
&= \frac{1}{2}\sum_{i=1}^{N}\sum_{j=1}^{N} A(\varphi_i, \varphi_j)c_ic_j - \sum_{i=1}^{N} F(\varphi_i)c_i,
\end{aligned}$$

因此, $J(w_N)$ 是一个以 $c_1, c_2, \cdots, c_N$ 为变量的二次多项式 $Q(c_1, c_2, \cdots, c_N)$. 由于双线性泛函 $A(u,v)$ 是对称、正定的, 则二次项

$$\frac{1}{2}\sum_{i=1}^{N}\sum_{j=1}^{N} A(\varphi_i, \varphi_j)c_ic_j = \frac{1}{2}A(w_N, w_N)$$

是一个以 $c_1, c_2, \cdots, c_N$ 为变量的正定二次型, 即矩阵 $[A(\varphi_i, \varphi_j)]_{N\times N}$ 是对称正定的. 因此, $J(w_N) = Q(c_1, c_2, \cdots, c_N)$ 在点 $(c_1^0, \cdots, c_N^0)$ 取得极小的充分必要条件是

$$\frac{\partial Q}{\partial c_i}\Big|_{(c_1^0, \cdots, c_N^0)} = 0, \quad i = 1, 2, \cdots, N.$$

可以算出, 上式即

$$\sum_{j=1}^{N} A(\varphi_i, \varphi_j)c_j^0 = F(\varphi_i), \quad i = 1, 2, \cdots, N, \tag{6.4.5}$$

即 N 维列向量 $\boldsymbol{c}^0 = [c_1^0, c_2^0, \cdots, c_N^0]^{\mathrm{T}}$ 是线性方程组

$$K\boldsymbol{c} = \boldsymbol{f}$$

的解, 其中

$$K = [A(\varphi_i, \varphi_j)]_{i,j=1}^N,$$

$$\boldsymbol{c} = [c_1, c_2, \cdots, c_N]^{\mathrm{T}},$$

$$\boldsymbol{f} = [F(\varphi_1), F(\varphi_2), \cdots, F(\varphi_N)]^{\mathrm{T}}.$$

求出 $c_1^0, c_2^0, \cdots, c_N^0$ 之后, 即得近似变分问题 (6.4.4) 的解

$$u_N = \sum_{i=1}^N c_i^0 \varphi_i. \tag{6.4.6}$$

总之, Ritz 法把泛函的极小值问题化为多元二次函数的极小值问题, 最后通过求解一个线性代数方程组而得出变分问题 (6.4.2) 的近似解. 我们在后面再讨论近似解的误差.

6.4.2 Galerkin 方法

前面已指出, 当双线性泛函 $A(u, v)$ 对称时, 变分问题 (6.4.2) 等价于变分方程: 求 $u \in V$ 使得

$$A(u, v) = F(v) \quad \forall v \in V. \tag{6.4.7}$$

Galerkin 方法是一种求解变分方程 (6.4.7) 的近似方法. 假设 V 是可分的 Hilbert 空间, 仍然取有限维子空间 S_N 为

$$S_N = \operatorname{span}\{\varphi_1, \varphi_2, \cdots, \varphi_N\}.$$

考虑近似变分方程: 求 $u_N \in S_N$ 满足

$$A(u_N, v) = F(v) \quad \forall v \in S_N. \tag{6.4.8}$$

需要注意的是, 近似变分方程 (6.4.8) 的解 u_N 在 S_N 中, 且检验函数 v 只要求对 S_N 中的元素成立而不是对 V 中的一切元素成立.

这时, 求解 u_N 仍然化为求解一个线性方程组. 因为 S_N 中的元素仍是通过 $\{\varphi_i\}$ 的线性组合来表示, 可以设

$$u_N = \sum_{j=1}^N c_j^0 \varphi_j, \quad v = \sum_{i=1}^N c_i \varphi_i,$$

代入式 (6.4.8) 得

$$\sum_{i=1}^N \sum_{j=1}^N A(\varphi_j, \varphi_i) c_j^0 c_i - \sum_{i=1}^N F(\varphi_i) c_i = 0,$$

或者

$$\sum_{i=1}^{N}\Big[\sum_{j=1}^{N}A(\varphi_j,\varphi_i)c_j^0-F(\varphi_i)\Big]c_i=0.$$

由 $v\in S_N$ 的任意性, 即 $c_1,c_2,\cdots,c_N$ 的任意性, 可得出线性代数方程组

$$\sum_{j=1}^{N}A(\varphi_j,\varphi_i)c_j^0=F(\varphi_i)\quad(1\leqslant i\leqslant N). \tag{6.4.9}$$

它与 Ritz 法所得的线性方程组 (6.4.5) 相比, 系数矩阵不同, 但目前我们假定双线性泛函 $A(u,v)$ 是对称的, 从而系数矩阵对称, 故这两个线性方程组是完全相同的.

附注 6.4.1　如果不假定 $A(u,v)$ 对称, 则变分问题 (6.4.2) 与变分方程 (6.4.7) 是不等价的, 它们对应的近似问题 (6.4.4) 与 (6.4.8) 也是不等价的. 此时, 我们应用 Ritz 法得不到线性方程组 (6.4.5)(请读者验证), 但用 Galerkin 法仍然导出线性方程组 (6.4.9). 因此, Galerkin 法比 Ritz 法有更好的适应性, 无论双线性泛函 $A(u,v)$ 是否对称都可以应用.

附注 6.4.2　无论应用 Ritz 方法还是 Galerkin 方法, 选取子空间 S_N 的基 $\{\varphi_1,\varphi_2,\cdots,\varphi_N\}$ 都不是容易做到的. 例如, 我们用变分近似法求解椭圆型方程的边值问题时, 要求 $\varphi_1,\varphi_2,\cdots,\varphi_N$ 在定解区域上有一定的光滑性, 它们张成的子空间 S_N 能充分逼近解空间 V, S_N 中的函数满足边界条件等. 因此, 只有在某些特殊情形才能选取出基函数 $\{\varphi_1,\varphi_2,\cdots,\varphi_N\}$. 一般而言, 对二维以上的不规则区域是很难选取的. 下一章介绍的有限元方法将克服这一困难.

6.4.3　投影定理

我们将指出: 上面介绍的两种变分近似法在理论上有一个共同的特点, 就是近似解 u_N 是真解 u 在子空间 S_N 上的投影.

设 Hilbert 空间 V 上的双线性泛函 $A(u,v)$ 是有界、对称、正定的, 定义能量内积 $[\cdot,\cdot]$ 为

$$[u,v]=A(u,v),$$

对应的能量范数

$$|||u|||=\big(A(u,u)\big)^{1/2},$$

下面的定理是我们的主要结果.

定理 6.4.1 (投影定理)　设 u 是变分方程 (6.4.7) 的解. u_N 是 Galerkin 意义的近似变分方程 (6.4.8) 的解, 那么, 当 S_N 是 V 的子空间时, 必有

$$[u-u_N,v]=0,\quad\forall v\in S_N, \tag{6.4.10}$$

$$|||u-u_N|||=\inf_{v\in S_N}|||u-v|||. \tag{6.4.11}$$

证明 由 u 和 u_N 的定义

$$A(u,v)-F(v)=0,\quad \forall v\in V,$$

$$A(u_N,v)-F(v)=0,\quad \forall v\in S_N.$$

因为 S_N 是 V 的子空间, 在前一式中特别取 $v\in S_N$, 再将上两式相减, 得

$$A(u,v)-A(u_N,v)=0,\quad \forall v\in S_N.$$

由 $A(u,v)$ 的双线性, 得

$$A(u-u_N,v)=0,\quad \forall v\in S_N,$$

此即式 (6.4.10).

再证式 (6.4.11). 任取 $v\in S_N$, 由于

$$\begin{aligned}|||u-u_N|||^2&=A(u-u_N,u-u_N)\\&=A(u-u_N,u-v)+A(u-u_N,v-u_N),\end{aligned}$$

但 $(v-u_N)\in S_N$, 故由已证明的式 (6.4.10) 知上式右端第二项为零. 所以,

$$\begin{aligned}|||u-u_N|||^2&=A(u-u_N,u-v)\\&=[u-u_N,u-v]\leqslant |||u-u_N|||\cdot|||u-v|||,\end{aligned}$$

即

$$|||u-u_N|||\leqslant|||u-v|||,\quad \forall v\in S_N.$$

当取 $v=u_N$ 时上式变为等式, 所以

$$|||u-u_N|||=\inf_{v\in S_N}|||u-v|||.$$

□

附注 6.4.3 式 (6.4.11) 表示, u 与 u_N 的距离就是 u 与空间 S_N 的距离, 因此, 只要子空间 S_N 能无限接近空间 V, 那么近似解 u_N 也无限接近真解 u. 另外, 近似解 u_N 就是真解 u(按能量内积的意义) 在子空间 S_N 上的投影.

推论 6.4.1 设 $S_1,S_2,\cdots,S_N,\cdots$ 是 V 的一系列有限维子空间. 对任意给定的 $v\in V$ 存在 $v_N\in S_N$ $(N=1,2,\cdots)$, 使得

$$\lim_{N\to\infty}|||v-v_N|||=0,$$

那么, 变分方程 (6.4.7) 的 Galerkin 近似解 u_N 收敛于解 u, 即

$$\lim_{N\to\infty}|||u-u_N|||=0.$$

证明 由假设条件, 对式 (6.4.7) 的解 $u \in V$ 存在序列 $\{v_N\}$, 使得 $v_N \in S_N$ $(N = 1, 2, \cdots)$ 且

$$\lim_{N\to\infty} |||u - v_N||| = 0.$$

由投影定理, 因为近似解 $u_N \in S_N$, 且

$$|||u - u_N||| = \inf_{v\in S_N} |||u - v||| \leqslant |||u - v_N|||,$$

当 $N \to \infty$ 时上式右端向零. □

推论 6.4.2 *设 u_N 是变分方程 (6.4.7) Galerkin 近似解, 则*

$$A(u_N, u_N) \leqslant A(u, u).$$

证明 利用 $A(u, v)$ 的对称正定性和投影定理, 即有

$$\begin{aligned}
&A(u,u) - A(u_N,u_N)\\
=\ &A(u,u) - A(u_N,u_N) - 2A(u-u_N,u_N)\\
=\ &A(u,u) - 2A(u,u_N) + A(u_N,u_N)\\
=\ &A(u-u_N,u-u_N) \geqslant 0.
\end{aligned}$$

而且上式等号成立的充要条件是 $u - u_N = 0$. □

附注 6.4.4 *这个推论的物理意义是, Galerkin 方法得到的近似解 u_N 其能量不超过真解 u 的能量, 而且近似解的能量均偏小.*

Ritz 法和 Galerkin 法都是在 20 世纪初提出来的, 它们有如下一些优点:

如果原问题中的双线性泛函 $A(u, v)$ 对称正定, 那么离散后得到的线性代数方程组的系数矩阵仍然保持对称正定;

这两种方法都是以变分原理为基础的, 因此, 椭圆型方程边值问题的第二、第三类边界条件和内边界条件都是自然边界条件, 不必作为强制约束在 V 中出现, 避免了逼近边界条件中的法向导数所带来的困难.

虽然 Ritz 法和 Galerkin 法有以上的优点, 但在实际应用时还有很多具体困难:

对边值问题的第一类边界条件, 必须在 V 中作为强制约束来考虑, 如前面所指出的, 在二维以上的情况下, 当求解区域 Ω 的形状不规则时难于构造子空间 S_N;

实际计算时, $A(\varphi_i, \varphi_j)$ 和 $F(\varphi_i)$ 都是在区域 Ω 上的积分, 计算量很大, 而且矩阵 $[A(\varphi_i, \varphi_j)]$ 一般是稠密矩阵, 无法节省计算量和存储量.

但是, 下一章讨论的有限元方法将保留 Ritz-Galerkin 方法的优点而克服其不足, 成为一种理论上完善、实践上可行的有效算法, 使得变分近似法获得了新的生命.

本章小结与补充讨论

我们这一章所讨论的内容虽然是为下一章作理论准备的, 但它们本身在数学上都有重要的地位, 在其他的数学分支中也有广泛的应用.

关于古典的变分学, 我们只介绍了诸如泛函极值的必要条件、泛函的变分、自然边界条件等一些最基本的概念和结果. 对变分学感兴趣的读者可以参阅有关的专著.

广义导数的概念是前苏联数学家 S.L.Sobolev 在 20 世纪 30 年代引入的, 由此而产生的 Sobolev 空间对偏微分方程理论的发展起了革命性的作用. 现代的 Sobolev 空间理论十分丰富, 我们所引入的一阶 Sobolev-Hilbert 空间只是为了讨论二阶椭圆型方程的广义解而已, 一般的 Sobolev 空间理论可以参阅文献 Adams, 1981.

Ritz 方法和 Galerkin 方法在 20 世纪前半叶作为一种变分近似法在工程上曾被广泛应用, 虽然它的局限性很大, 但毕竟可以用来求解规则区域 (或比较规则区域) 的力学问题. 自从有限元方法诞生后, 已很少有人直接应用它们了.

总之, 我们希望读者能充分注意本章以下一些主要内容.

(1) 变分学中泛函取极值的必要条件: 一阶变分为零 (Euler 方程). 当二阶变分正定时泛函取极值的充分必要条件.

(2) 二阶线性椭圆型方程边值问题与变分问题 (或变分方程) 之间的关系.

(3) 广义导数的概念以及 Sobolev 空间的定义.

(4) 边值问题 Ritz 广义解和 Galerkin 广义解的概念.

(5) Lax-Milgram 定理及其应用.

(6) 变分近似法与投影定理.

习　题

1. 设 $f(x)$ 在 $[x_0,x_1]$ 上连续, 如果

$$\int_{x_0}^{x_1} f(x)\eta(x)\mathrm{d}x=0,\quad \forall\eta\in C_0^\infty(x_0,x_1),$$

则在 $[x_0,x_1]$ 上 $f(x)=0$.

2. 求泛函 $J(u)=\displaystyle\int_{x_0}^{x_1}\pi(x,u,u',\cdots,u^{(m)})\mathrm{d}x$ 的一阶变分.

3. 设 A 是 n 阶对称正定矩阵, $\boldsymbol{b}$ 是 n 维列向量, 二次泛函

$$J(\boldsymbol{u})=\frac{1}{2}(A\boldsymbol{u},\boldsymbol{u})-(\boldsymbol{b},\boldsymbol{u}),\quad \boldsymbol{u}\in\mathbf{R}^n.$$

(1) 直接计算泛函 $J(\boldsymbol{u})$ 的一阶变分和二阶变分;

(2) 证明问题 (P) 和 (Q) 等价:

(P) 求 $\boldsymbol{u} \in \mathbf{R}^n$ 使 $J(\boldsymbol{u}) = \min\limits_{\boldsymbol{v}\in\mathbf{R}^n} J(\boldsymbol{v})$;

(Q) 求线性方程组 $A\boldsymbol{u} = \boldsymbol{b}$ 的解 $\boldsymbol{u} \in \mathbf{R}^n$.

4. 设定义在容许函数类 $M = \{v \mid v \in C^1[0,1]\}$ 上的泛函

$$J(v) = \frac{1}{2}\int_0^1 \left[p(x)v'(x)^2 + q(x)v(x)^2 - 2f(x)v(x)\right] \mathrm{d}x$$
$$+\frac{1}{2}k_0 v(0)^2 + \frac{1}{2}k_1 v(1)^2 - \varphi_0 v(0) - \varphi_1 v(1),$$

其中函数 $p(x), q(x), f(x)$ 充分光滑, $k_0, k_1 \geqslant 0$ 及 φ_0, φ_1 为已知常数. 如果 $u \in M$ 且 $u \in C^2(0,1)$ 是泛函 J 的极值点, 那么, $u(x)$ 应满足什么边值问题?

5. 给出两点边值问题

$$\begin{cases} -\dfrac{\mathrm{d}}{\mathrm{d}x}\left(p\dfrac{\mathrm{d}u}{\mathrm{d}x}\right) + qu = f, \quad 0 < x < 1, \\ -u'(0) + \sigma_0 u(0) = \alpha, \quad u'(1) + \sigma_1 u(1) = \beta, \end{cases}$$

其中 $p(x) \geqslant p_0 > 0,\ \ q(x) \geqslant 0$ 充分光滑, 常数 $\sigma_0, \sigma_1 \geqslant 0$.

(1) 叙述并证明该边值问题的最小位能原理;

(2) 叙述并证明该边值问题的虚功原理.

6. 给出两点边值问题

$$\begin{cases} -\dfrac{\mathrm{d}}{\mathrm{d}x}\left(p(x)\dfrac{\mathrm{d}u}{\mathrm{d}x}\right) + q(x)u(x) = f(x), \quad 0 < x < 1, \\ -p(0)u'(0) + k_0 u(0) = g_0, \quad u(1) = g_1, \end{cases}$$

其中 $p(x) \geqslant p_0 > 0,\ \ q(x) \geqslant 0$ 充分光滑, 常数 $k_0 \geqslant 0$.

(1) 叙述边值问题的 Ritz 意义广义解、Galerkin 意义广义解的定义;

(2) $q(x) \geqslant q_0 > 0$, $f(x)$ 充分光滑.

7. 对椭圆型方程的第一边值问题

$$\begin{cases} -\dfrac{\partial}{\partial x}\left(k\dfrac{\partial u}{\partial x}\right) - \dfrac{\partial}{\partial y}\left(k\dfrac{\partial u}{\partial y}\right) + qu = f \quad (x,y) \in \Omega, \\ u|_\Gamma = g \end{cases}$$

建立相应的最小位能原理和虚功原理, 其中系数 $k(x,y) \geqslant k_0 > 0, q(x,y) \geqslant 0$, $f(x,y)$ 充分光滑.

8. 设轴对称的三维定常温度场 $u = u(r,z)$ 满足如下的边值问题:

$$\begin{cases} -\left[\dfrac{1}{r}\dfrac{\partial}{\partial r}\left(r\dfrac{\partial u}{\partial r}\right) + \dfrac{\partial^2 u}{\partial z^2}\right] = f(r,z), \quad 在\ \Omega\ 内, \\ \dfrac{\partial u}{\partial \boldsymbol{n}} + \sigma u = g(r,z), \quad 在\ \Gamma\ 上. \end{cases}$$

其中区域 $\Omega = \{(r,\theta,z):\ 0 \leqslant \theta \leqslant 2\pi,\ 0 \leqslant r < 1,\ -1 < z < 1\}$, 函数 $\sigma \geqslant 0$ 和 f 充分光滑. 试建立求 Galerkin 广义解的变分问题.

9. 设 $f(x)$ 在 $[a,b]$ 分段连续可导, 则 $f(x)$ 在 $[a,b]$ 上有广义导数.

10. 设 $\Omega=\{(x,y)|\ r<1/2\ \}$, 其中 $r=(x^2+y^2)^{1/2}$. 考虑函数 $u=\ln|\ln r|$, 验证 $u\in H^1(\Omega)$ 但是 $u\notin C(\Omega)$.

11. 设 $f(x,y)$ 定义在区域 Ω 上. 给出 $f(x,y)$ 的二阶广义导数和 $m(m\geqslant 1)$ 阶广义导数的定义.

12. 如果 $u\in H^1(\Omega)$, $v\in C^1(\overline{\Omega})$, 证明 $uv\in H^1(\Omega)$.

13. 设 $f,\ g,\ h\in L_2(a,b)$, 且

$$\int_a^b g(x)\varphi(x)\mathrm{d}x=-\int_a^b f(x)\varphi'(x)\mathrm{d}x\quad \forall\varphi\in C_0^\infty(a,b),$$

$$\int_a^b h(x)\varphi(x)\mathrm{d}x=\int_a^b f(x)\varphi''(x)\mathrm{d}x\quad \forall\varphi\in C_0^\infty(a,b),$$

则 $h(x)$ 为 $g(x)$ 的广义导数.

14. 设 $g=f_x$, $h=f_y$ 为 $f(x,y)$ 的广义导数. 如果 f 的二阶广义导数存在, 则 $g_y=h_x$, 即广义导数与求导次序无关.

15. 设 $u\in H_0^1(a,b)$, 按通常习惯定义范数 $\|u\|_1$. 如果定义能量范数 $|||u|||$ 为

$$|||u|||^2=\int_a^b[pu'(x)^2+qu(x)^2]\mathrm{d}x,$$

其中 $p(x)\geqslant p_0>0$, $q(x)\geqslant 0$ 在 (a,b) 上连续且有界, 求证: 若序列 $\{u_n\}$ 在 $H_0^1(a,b)$ 中按能量范数收敛, 则也按通常的范数收敛; 反之亦然.

16. 设 $L_2(a,b)$ 中的函数集合 $\{\varphi_1,\varphi_2,\cdots,\varphi_N\}$ 线性无关, 证明 Gram 方阵

$$G=[(\varphi_i,\varphi_j)]$$

是对称正定的, 其中 (φ_i,φ_j) 表示 $L_2(a,b)$ 中的内积.

第 7 章　有限元方法的基本过程

在第 6 章我们介绍了两种求解变分问题的近似方法 —— Ritz 方法和 Galerkin 方法, 并且指出了这类方法的优点和不足. 现在所介绍的有限元方法虽然在数学上说也属于这两类变分近似法, 但是在本质上已经把它们作了改进, 而且以后的发展又超出了古典的变分近似法的范畴. 因此, 有限元方法得以和差分方法并列, 成为一种有效的求解微分方程定解问题的数值方法.

有限元方法中关键的一步是: 把边值问题化为变分问题之后, 对求解区域 Ω 作剖分, 使 Ω 成为有限个“单元”的和, 然后在每一个单元上作未知函数的某种多项式插值, 并且使它们在相邻单元的公共边界上满足某种连续性条件, 以保证用这种分片插值函数组成的有限维函数空间 S_N 是未知函数解空间 V 的子空间 (我们在下文中用 V_h 表示这种子空间 S_N). 这种子空间满足微分方程边值问题的本质边界条件, 从而克服了古典的 Ritz-Galerkin 方法在构造子空间 S_N 时所遇到的困难. 此外, 由于采用了分片插值的办法来构造子空间 S_N 的基函数, 可以使得形成近似变分方程 (即线性代数方程组) 的系数矩阵时其计算量大为减少. 特别, 系数矩阵还是一个稀疏矩阵 (即含有大量的零元素). 如果对结点编号采取某些措施, 还可以使它是一个带状的稀疏矩阵, 这对实际计算是大有好处的.

总之, 有限元方法通过剖分插值构造有限维子空间 S_N 的基函数的方法保持了古典 Ritz-Galerkin 方法的优点, 克服了它的不足. 这种方法尤其适用于区域 Ω 的形状复杂、定解条件中含有第二或第三类边界条件、方程的系数有间断 (从而出现内边界条件) 等情形, 而差分方法对这类问题是颇感棘手的.

在这一章我们只介绍有限元方法中一些最基本的过程. 为了容易解释, 先从含一个自变量的两点边值问题入手, 然后再以两个自变量的椭圆型方程为例, 讲述和归纳出有限元方法的一般过程.

7.1　两点边值问题的有限元方法

考虑两点边值问题 (P)

$$
\begin{cases}
-\dfrac{\mathrm{d}}{\mathrm{d}x}\left(p(x)\dfrac{\mathrm{d}u}{\mathrm{d}x}\right)+q(x)u=f(x), \qquad a<x<b, & (7.1.1)\\
u(a)=0, & (7.1.2)\\
p(b)u'(b)+\sigma u(b)=\beta, & (7.1.3)
\end{cases}
$$

其中 $p(x) \geqslant p_0 > 0$, $q(x) \geqslant 0$, 且 $p(x) \in C^1(\bar{I})$, $q(x), f(x) \in C(\bar{I})$(为简便, 这里记 $I = (a, b)$), 常数 $\sigma \geqslant 0$, β 为已知常数.

下面分别从 Ritz 方法和 Galerkin 方法两种观点出发, 介绍解边值问题 (P) 的有限元方法. 先引入 (P) 的广义解. 根据边界条件, 定义空间

$$V = \{v | v \in H^1(I),\ v(a) = 0\}, \tag{7.1.4}$$

任取 $v \in V$, 用它乘以方程 (7.1.1) 的两边, 并在区间 $I = (a, b)$ 上积分

$$\int_a^b \left[-\frac{\mathrm{d}}{\mathrm{d}x}\left(p\frac{\mathrm{d}u}{\mathrm{d}x}\right) + qu\right] v\mathrm{d}x = \int_a^b fv\mathrm{d}x, \qquad \forall v \in V.$$

对左端分部积分,

$$-p\frac{\mathrm{d}u}{\mathrm{d}x}v\bigg|_a^b + \int_a^b \left[p\frac{\mathrm{d}u}{\mathrm{d}x}\cdot\frac{\mathrm{d}v}{\mathrm{d}x} + quv\right]\mathrm{d}x = \int_a^b fv\mathrm{d}x,$$

利用 $v(a) = 0$ 以及边界条件 (7.1.3), 左端第一项为

$$-pu'(b)v(b) = [\sigma u(b) - \beta]v(b),$$

代入前式得

$$\int_a^b [pu'(x)v'(x) + qu(x)v(x)]\mathrm{d}x + \sigma u(b)v(b) = \int_a^b fv\mathrm{d}x + \beta v(b), \qquad \forall v \in V. \tag{7.1.5}$$

如前所述, 满足式 (7.1.5) 的解 $u \in V$ 称为边值问题 (P) 的 Galerkin 意义的广义解.

如果引入空间 V 上的双线性泛函

$$A(u, v) = \int_a^b [pu'(x)v'(x) + qu(x)v(x)]\mathrm{d}x + \sigma u(b)v(b) \tag{7.1.6}$$

和线性泛函

$$F(v) = \int_a^b f(x)v(x)\mathrm{d}x + \beta v(b), \tag{7.1.7}$$

于是, 问题 (P) 的 Galerkin 广义解 $u \in V$ 可以表示为

$$A(u, v) = F(v), \qquad \forall v \in V. \tag{7.1.8}$$

再引入二次泛函

$$J(v) = \frac{1}{2}A(v, v) - F(v),$$

由上一章的讨论, 易知问题 (P) 的 Ritz 广义解 $u \in V$ 就是

$$J(u) = \min_{v \in V} J(v). \tag{7.1.9}$$

7.1.1　用 Ritz 方法建立有限元方程

上面引入的定义在 V 的二次泛函

$$J(v)=\int_a^b\left\{\frac{1}{2}[p(x)v'(x)^2+q(x)v(x)^2]-f(x)v(x)\right\}\mathrm{d}x+\frac{1}{2}\sigma v(b)^2-\beta v(b),\quad(7.1.10)$$

其中的导数理解为广义导数.

附注 7.1.1　我们对边值问题 (P) 中的系数 $p(x)$, $q(x)$, $f(x)$ 都假定了比较高的光滑性 (见前所述), 这是研究古典解时所需要的. 但对泛函 J(见式 (7.1.10)) 来说, 只需假定 $p(x)$ 和 $q(x)$ 是有界可测函数, $f(x)$ 在 I 上平方可积, 那么 J 就可以在 V 上有定义. 因此, 为了研究边值问题 (P) 的广义解, 可以降低 $p(x)$, $q(x)$, $f(x)$ 的光滑性. 当然, 广义解 $u(x)$ 的光滑性是由这些系数的光滑性决定的. 可以证明, 当 $p(x)$, $q(x)$, $f(x)$ 足够光滑时, 广义解就是古典解.

附注 7.1.2　我们在空间 V 的定义中要求它的元素 $v(x)$ 满足 $v(a)=0$; 然而, 对 $v\in H^1(I)$ 来说, 似乎这一要求又是不可思议的. 因为在区间 I 上一个测度为零的集上改变 $v(x)$ 的定义是完全允许的, 而且改变后的函数仍然和 $v(x)$“相等”, 即它们是 $H^1(I)$ 中的同一个元素. 那么, 要求 $v(a)=0$ 有什么意义呢? 下面的嵌入定理回答了这个问题.

定理 7.1.1 (Sobolev 空间的嵌入定理)　设 Ω 是 $\mathbf{R}^n$ 中的有界区域, 边界 Γ 充分光滑. 如果整数 $k>n/2$, 那么, 当 $v\in H^k(\Omega)$ 时, v 几乎处处等于一个在 $\overline{\Omega}$ 上连续的函数, 而且

$$\max_{\overline{\Omega}}|v|\leqslant C\|v\|_k,\tag{7.1.11}$$

其中常数 C 只与区域 Ω 有关.

从嵌入定理可知, 当 $v\in H^k(\Omega)$ 时, 在重新定义零测度点集上的函数值以后, 可使 v 成为连续函数, 即 $k>n/2$ 时空间 $H^k(\Omega)$“嵌入”了空间 $C(\overline{\Omega})$, 记为 $H^k(\Omega)\hookrightarrow C(\overline{\Omega})$.

当 $n=1$, $k=1$ 时, 成立 $k>n/2$, 因此 $H^1(I)$ 嵌入 $C(\overline{I})$, 故 $v(a)=0$ 是有确定含义的.

下面开始讨论解边值问题 (P) 的 Ritz 有限元方法, 即求 Ritz 广义解 u 的近似解. 首先构造广义解空间 V 的有限维子空间 V_h, 为此对区间 $\overline{I}$ 作网格剖分:

$$a=x_0<x_1<\cdots<x_{i-1}<x_i<\cdots<x_{n-1}<x_n=b,$$

把 $\overline{I}$ 分成 n 个相邻的小区间 $e_i=[x_{i-1},x_i]$, 称每个小区间 e_i 为单元, 其长度 $h_i=x_i-x_{i-1}$. 又记 $h=\max\limits_{1\leqslant i\leqslant n}h_i$.

解空间 V 的有限维子空间 V_h 通常由在每一个单元上是自变量 x 的多项式、在整个区间 $[a,b]$ 上连续、在 $x=a$ 时取值为零的全体函数所构成. 我们称空间 V_h 为试探函数空间. 最简单的例子是, V_h 的每一个函数在任一个单元 e_i 上为线性函数 (不超过一次的多项式). 本节只考虑这种简单情形.

我们的目的是求 $u_h(x)\in V_h$, 使得

$$J(u_h)=\min_{v\in V_h} J(v). \tag{7.1.12}$$

假定 $u_h(x)$ 在网格结点 $x_0=a, x_1,\cdots,x_{i-1},x_i,\cdots,x_{n-1},x_n=b$ 上取值为

$$u_0(=0),u_1,\cdots,u_{i-1},u_i,\cdots,u_{n-1},u_n,$$

按照分片线性插值, 可得 $u_h(x)$(其图形如图 7.1.1 所示) 在单元 $e_i(1\leqslant i\leqslant n)$ 上的表达式为

$$u_h(x)=\frac{x_i-x}{h_i}u_{i-1}+\frac{x-x_{i-1}}{h_i}u_i,\quad x\in e_i. \tag{7.1.13}$$

将上述 $u_h(x)$ 代入泛函 (7.1.10) 之后, 根据 $u_h(x)$ 的分段线性性质, 可得

$$J(u_h)=\int_a^b\left\{\frac{1}{2}[p(u_h')^2+q(u_h)^2]-fu_h\right\}\mathrm{d}x+\frac{1}{2}\sigma u_n^2-\beta u_n,$$

或者

$$J(u_h)=\frac{1}{2}\sum_{i=1}^n\int_{e_i}[p(u_h')^2+q(u_h)^2]\mathrm{d}x-\sum_{i=1}^n\int_{e_i}fu_h\mathrm{d}x+\frac{1}{2}\sigma u_n^2-\beta u_n\ . \tag{7.1.14}$$

其中的 $u_h(x)$ 如式 (7.1.13) 所示. 我们将要通过计算证明式 (7.1.14) 的右端实际上是 $u_1,u_2,\cdots,u_{i-1},u_i,\cdots,u_{n-1},u_n$ 的二次函数, 从而使得近似变分问题 (7.1.12) 的求解转化为求二次函数的极小值, 后者利用微积分的知识是容易做到的.

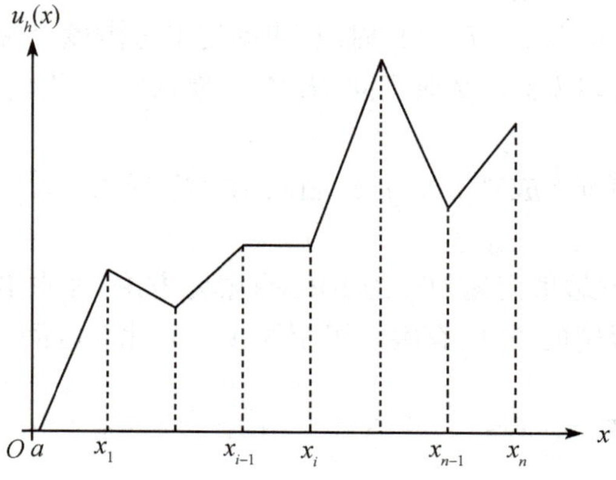

图 7.1.1

为了使计算过程标准化, 我们通过一个仿射变换

$$\xi=\frac{x-x_{i-1}}{h_i},\quad x\in e_i \tag{7.1.15}$$

把单元 $e_i=[x_{i-1},x_i]$ 变为 ξ 轴上的标准单元 $\widehat{e}=[0,1]$. 标准单元 $\widehat{e}$ 的长度为 1, 而且两个端点为 $\xi=0$ 和 $\xi=1$, 所以在 $\widehat{e}$ 上作线性插值时其表达式是十分简单的. 事实上, 我们定义两个线性函数

$$N_0(\xi)=1-\xi,\quad N_1(\xi)=\xi,\quad \xi\in[0,1] \tag{7.1.16}$$

之后 (图 7.1.2), 如果 $u_h(\xi)$ 在 $\xi=0$ 取值 u_{i-1}, 在 $\xi=1$ 取值 u_i, 那么, $u_h(\xi)$ 在 $\widehat{e}$ 上的表达式就是

$$u_h(\xi)=N_0(\xi)u_{i-1}+N_1(\xi)u_i. \tag{7.1.17}$$

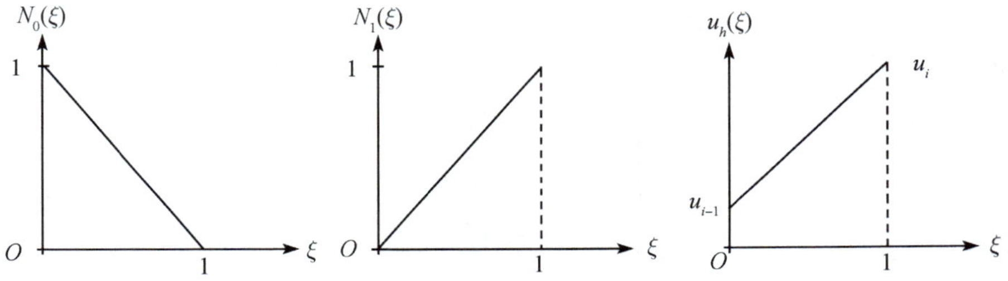

图 7.1.2

现在我们计算式 (7.1.14) 右端的积分. 为此, 在每个单元 e_i $(1\leqslant i\leqslant n)$ 上作变换式 (7.1.15), 在 e_i 上的积分都化为在 $\widehat{e}=[0,1]$ 上的积分

$$\begin{aligned}&\int_{e_i}[p(u_h')^2+q(u_h)^2]\mathrm{d}x\\ =&\int_0^1\left[p(x_{i-1}+h_i\xi)\left(\frac{u_i-u_{i-1}}{h_i}\right)^2+q(x_{i-1}+h_i\xi)[N_0(\xi)u_{i-1}+N_1(\xi)u_i]^2\right]h_i\mathrm{d}\xi,\end{aligned}$$

$$\int_{e_i}fu_h\mathrm{d}x=\int_0^1 f(x_{i-1}+h_i\xi)[N_0(\xi)u_{i-1}+N_1(\xi)u_i]h_i\mathrm{d}\xi,$$

这些积分中 u_{i-1}, u_i 都不是积分变量, 因此它们可以写成 u_{i-1} 和 u_i 的二次函数

$$\begin{aligned}J(u_h)=&\frac{1}{2}\sum_{i=1}^n(a_1^{(i)}u_{i-1}^2+2a_2^{(i)}u_{i-1}u_i+a_3^{(i)}u_i^2)\\ &-\sum_{i=1}^n(b_1^{(i)}u_{i-1}+b_2^{(i)}u_i)+\frac{1}{2}\sigma u_n^2-\beta u_n,\end{aligned} \tag{7.1.18}$$

其中

$$\begin{cases} a_1^{(i)} = \int_0^1 [p(x_{i-1}+h_i\xi)h_i^{-1} + q(x_{i-1}+h_i\xi)N_0(\xi)^2 h_i]\mathrm{d}\xi, \\ a_2^{(i)} = \int_0^1 [-p(x_{i-1}+h_i\xi)h_i^{-1} + q(x_{i-1}+h_i\xi)N_0(\xi)N_1(\xi)h_i]\mathrm{d}\xi, \\ a_3^{(i)} = \int_0^1 [p(x_{i-1}+h_i\xi)h_i^{-1} + q(x_{i-1}+h_i\xi)N_1(\xi)^2 h_i]\mathrm{d}\xi, \\ b_1^{(i)} = \int_0^1 f(x_{i-1}+h_i\xi)N_0(\xi)h_i\mathrm{d}\xi, \\ b_2^{(i)} = \int_0^1 f(x_{i-1}+h_i\xi)N_1(\xi)h_i\mathrm{d}\xi. \end{cases} \tag{7.1.19}$$

合并同类项之后, 并且定义 $a_{0,-1} = a_{n,n+1} = 0$, 则式 (7.1.18) 又可以写成

$$J(u_h) = \frac{1}{2}\sum_{i=0}^{n}\sum_{j=i-1}^{i+1} a_{ij}u_iu_j - \sum_{i=0}^{n} b_iu_i + \frac{1}{2}\sigma u_n^2 - \beta u_n, \tag{7.1.20}$$

其中

$$\begin{cases} a_{i\ i-1} = a_2^{(i)}, \\ a_{ii} = a_3^{(i)} + a_1^{(i+1)}, \\ a_{i\ i+1} = a_2^{(i+1)}, \\ b_i = b_2^{(i)} + b_1^{(i+1)}. \end{cases} \tag{7.1.21}$$

(上式中定义 $a_1^{(n+1)} = a_2^{(n+1)} = 0,\ b_2^{(0)} = b_1^{(n+1)} = 0.$)

从式 (7.1.18) 化为式 (7.1.20) 的过程, 我们可以利用矩阵和向量, 给出清楚的解释.

引入二维列向量

$$\boldsymbol{u}^{(i)} = [u_{i-1}, u_i]^{\mathrm{T}}, \quad \boldsymbol{b}^{(i)} = [b_1^{(i)}, b_2^{(i)}]^{\mathrm{T}}$$

($\boldsymbol{b}^{(i)}$ 称之为单元 e_i 的荷载向量) 和二阶矩阵

$$A^{(i)} = \begin{bmatrix} a_1^{(i)} & a_2^{(i)} \\ a_2^{(i)} & a_3^{(i)} \end{bmatrix}.$$

$A^{(i)}$(称之为单元 e_i 的刚度矩阵) 和 $\boldsymbol{b}^{(i)}$ 的元素都是在 e_i 上的积分, 可以按式 (7.1.19) 计算. 于是. 把式 (7.1.18) 改写为

$$J(u_h) = \frac{1}{2}\sum_{i=1}^{n} \boldsymbol{u}^{(i)\mathrm{T}}A^{(i)}\boldsymbol{u}^{(i)} - \sum_{i=1}^{n} \boldsymbol{u}^{(i)\mathrm{T}}\boldsymbol{b}^{(i)} + \frac{1}{2}\sigma u_n^2 - \beta u_n. \tag{7.1.22}$$

如果把 $A^{(i)}$ 扩充为只有 4 个非零元素的 $n+1$ 阶方阵

$$A^{(i)}=\begin{bmatrix} 0 & & & & & & \\ & \ddots & & & & & \\ & & 0 & & & & \\ & & & a_1^{(i)} & a_2^{(i)} & & \\ & & & a_2^{(i)} & a_3^{(i)} & & \\ & & & & & 0 & \\ & & & \uparrow & \uparrow & & \ddots \\ & & & i-1\text{ 列} & i\text{ 列} & & & 0 \end{bmatrix}\begin{matrix} \\ \\ \\ \leftarrow i-1\text{ 行} \\ \leftarrow i\text{ 行} \\ \\ \\ \\ \end{matrix},\tag{7.1.23}$$

$\boldsymbol{b}^{(i)}$ 扩充为只有第 $i-1$ 个和第 i 个分量非零的 $n+1$ 维列向量

$$\boldsymbol{b}^{(i)}=[0,\cdots,0,b_1^{(i)},b_2^{(i)},0,\cdots,0]^{\mathrm{T}},\tag{7.1.24}$$

并且记

$$\boldsymbol{u}=[u_0,u_1,\cdots,u_{i-1},u_i,\cdots,u_{n-1},u_n]^{\mathrm{T}},$$

$$A=\sum_{i=1}^{n}A^{(i)},\quad \boldsymbol{b}=\sum_{i=1}^{n}\boldsymbol{b}^{(i)},\tag{7.1.25}$$

则

$$\begin{aligned}J(u_h)&=\frac{1}{2}\sum_{i=1}^{n}\boldsymbol{u}^{\mathrm{T}}A^{(i)}\boldsymbol{u}-\sum_{i=1}^{n}\boldsymbol{u}^{\mathrm{T}}\boldsymbol{b}^{(i)}+\frac{1}{2}\sigma u_n^2-\beta u_n\\&=\frac{1}{2}\boldsymbol{u}^{\mathrm{T}}\left(\sum_{i=1}^{n}A^{(i)}\right)\boldsymbol{u}-\boldsymbol{u}^{\mathrm{T}}\left(\sum_{i=1}^{n}\boldsymbol{b}^{(i)}\right)\\&\quad+\frac{1}{2}\sigma u_n^2-\beta u_n.\end{aligned}$$

所以

$$J(u_h)=\frac{1}{2}\boldsymbol{u}^{\mathrm{T}}A\boldsymbol{u}-\boldsymbol{u}^{\mathrm{T}}\boldsymbol{b}+\frac{1}{2}\sigma u_n^2-\beta u_n.\tag{7.1.26}$$

这就是式 (7.1.20). 在上面的讨论中, 实际上已经给出了计算矩阵 A 和向量 $\boldsymbol{b}$ 的方法.

第一步: 在单元 e_i $(1\leqslant i\leqslant n)$ 上计算积分式 (7.1.19), 得到单元刚度矩阵 $A^{(i)}$ 和单元荷载向量 $\boldsymbol{b}^{(i)}$, 称之为单元分析.

第二步: 把算出的 $A^{(i)}$ 和 $\boldsymbol{b}^{(i)}$ $(1\leqslant i\leqslant n)$ 作叠加 (见式 (7.1.25)), 形成 A 和 $\boldsymbol{b}$, 称之为总体合成.

这两步都是容易实现的. 通过变换式 (7.1.15), 在单元 e_i 上的积分都已化为在标准单元 $\widehat{e}=[0,1]$ 上的积分 (见式 (7.1.19)), 积分中的函数 $N_0(\xi)=1-\xi$ 和 $N_1(\xi)=\xi$ 是不随 e_i 而变化的.

经过对每一个单元 e_i $(1\leqslant i\leqslant n)$ 的单元分析和总体合成的过程, 我们就得到了矩阵 A 和向量 $\boldsymbol{b}$. 在式 (7.1.26) 中, 再把 $\dfrac{1}{2}\sigma u_n^2$ 和 $-\beta u_n$ 分别归入 $\dfrac{1}{2}\boldsymbol{u}^{\mathrm{T}}A\boldsymbol{u}$ 和 $-\boldsymbol{u}^{\mathrm{T}}\boldsymbol{b}$, 则

$$J(u_h)=\frac{1}{2}\boldsymbol{u}^{\mathrm{T}}K\boldsymbol{u}-\boldsymbol{u}^{\mathrm{T}}\boldsymbol{f}, \tag{7.1.27}$$

其中总刚度矩阵 K 与矩阵 A 只有一个元素不同, 总荷载向量 $\boldsymbol{f}$ 与向量 $\boldsymbol{b}$ 只有最后一个分量不同. 容易得知, 当泛函 J 在 $u_h\in V_h$ 达到极小时必有

$$K\boldsymbol{u}-\boldsymbol{f}=\boldsymbol{0}, \tag{7.1.28}$$

称之为有限元方程.

再注意边界条件限定 $u_0=0$, 因此, 只有 n 个未知量 $u_1,u_2,\ldots,u_n$ 是待求的, 故可以将关于 u_0 的方程划去, 将其余方程中的 u_0 以零代入, 再求解降了一阶的有限元方程

$$\widetilde{K}\widetilde{\boldsymbol{u}}-\widetilde{\boldsymbol{f}}=\boldsymbol{0}, \tag{7.1.29}$$

其中 $\widetilde{\boldsymbol{u}}$ 和 $\widetilde{\boldsymbol{f}}$ 为 n 维向量, $\widetilde{K}$ 是将 K 的第一行、第一列划去后的 n 阶方阵.

容易看出, K 和 $\widetilde{K}$ 都是三对角对称矩阵. 当方程的系数 $p(x)\geqslant p_0>0$, $q(x)\geqslant 0$ 时它还是正定的.

求解有限元方程得 $u_1,u_2,\cdots,u_n$ 后, 利用插值表达式 (7.1.13) 就得到边值问题 (P) 的近似解 $u_h(x)\in V_h$, 而且 $u_h(x_i)=u_i$ $(1\leqslant i\leqslant n)$.

从以上的讨论可知, 利用有限元方法求解边值问题 (P) 时, 先把 (P) 化为相应的变分问题, 然后通过剖分插值的方法构造广义解空间 V 的有限维子空间 V_h, 在 V_h 上求泛函的极值, 得到一个线性代数方程组 $K\boldsymbol{u}=\boldsymbol{f}$, 解出向量 $\boldsymbol{u}$ 就求出了边值问题的近似解 $u_h(x)\in V_h$.

附注 7.1.3　如果第一类边界条件是非齐次的, 例如 $u(a)=\alpha$, 则有两种处理办法.

一是作未知函数变换 $w(x)=u(x)-\alpha$, 于是得到关于 $w(x)$ 的齐次边界条件 $w(a)=0$. 而方程 (7.1.1) 以及自然边界条件 (7.1.3) 虽有变化, 但仍然保持原有特性.

另一办法是, 在 $x=a$ 的结点上虽然已知 $u_h(x)$ 的值为 α, 但仍把它作为未知, 增加一个未知量 u_0. 于是, 未知向量 $\boldsymbol{u}=[u_0,u_1,\cdots,u_n]^{\mathrm{T}}$ 是 $n+1$ 维向量. 对单元

$e_1=[x_0,x_1]$ 作单元分析时, 所得的单元刚度矩阵 $A^{(1)}$(我们只写未扩充的形式)

$$A^{(1)}=\begin{bmatrix} a_1^{(1)} & a_2^{(1)} \\ a_2^{(1)} & a_3^{(1)} \end{bmatrix}$$

要完整地叠加到 $n+1$ 阶方矩阵 $A=\sum\limits_{i=1}^{n}A^{(i)}$ 中. 对于 $\boldsymbol{b}^{(1)}$ 也类似处理.

于是, 由矩阵 A 再进一步形成 $n+1$ 阶矩阵 K, 由向量 $\boldsymbol{b}$ 又可生成向量 $\boldsymbol{f}$. 这时, 得到一个 $n+1$ 阶的有限元方程 $K\boldsymbol{u}=\boldsymbol{f}$, 即

$$\begin{bmatrix} k_{00} & k_{01} & \cdots & k_{0n} \\ k_{10} & k_{11} & \cdots & k_{1n} \\ \vdots & \vdots & & \vdots \\ k_{n0} & k_{n1} & \cdots & k_{nn} \end{bmatrix}\begin{bmatrix} \alpha \\ u_1 \\ \vdots \\ u_n \end{bmatrix}=\begin{bmatrix} f_0 \\ f_1 \\ \vdots \\ f_n \end{bmatrix}. \tag{7.1.30}$$

由于 $u_0=\alpha$, 实际上只要求解 $u_1,u_2,\cdots,u_n$. 显然可以把方程 (7.1.30) 降低一阶:

$$\begin{bmatrix} k_{11} & \cdots & k_{1n} \\ \vdots & & \vdots \\ k_{n1} & \cdots & k_{nn} \end{bmatrix}\begin{bmatrix} u_1 \\ \vdots \\ u_n \end{bmatrix}=\begin{bmatrix} f_1-k_{10}\alpha \\ \vdots \\ f_n-k_{n0}\alpha \end{bmatrix} \tag{7.1.31}$$

(事实上, 由于系数矩阵是三对角线矩阵, 上面方程的右端向量只需对 f_1 作修改, 其余分量不变).

我们记 n 阶线性方程组 (7.1.31) 为

$$\widetilde{K}\widetilde{\boldsymbol{u}}=\widetilde{\boldsymbol{f}}.$$

为了从矩阵 K 和向量 $\boldsymbol{f}$ 得到矩阵 $\widetilde{K}$ 和向量 $\widetilde{\boldsymbol{f}}$, 只需按以下步骤进行.

第一步: 划去 $\boldsymbol{f}$ 中第一个分量 f_0, 然后用 $f_1-k_{10}\alpha$ 代替 f_1 即得 $\widetilde{\boldsymbol{f}}$.

第二步: 从 K 中划去第一行与第一列元素, 即形成 $\widetilde{K}$.

7.1.2 用 Galerkin 方法建立有限元方程

仍然考虑边值问题 (P), 不过这次从 Galerkin 意义的广义解出发来建立有限元方程.

和 Ritz 法建立有限元方程的过程一样, 剖分区间 $[a,b]$, 并构造广义解空间的有限维子空间 V_h, 那么, 有限元解 $u_h\in V_h$ 满足

$$\sum_{i=1}^{n}\int_{e_i}\Big[pu_h'v_h'+qu_hv_h\Big]dx+\sigma u_nv_n=\sum_{i=1}^{n}\int_{e_i}fv_hdx+\beta v_n,\quad \forall v_h\in V_h. \tag{7.1.32}$$

在单元 $e_i = [x_{i-1}, x_i]$ 上计算积分. 仍然将 e_i 通过仿射变换化为标准单元 $\widehat{e} = [0,1]$, 并引入线性函数 $N_0(\xi)$ 和 $N_1(\xi)$(见式 (7.1.16)). 于是, u_h 和 v_h 在 $\widehat{e}$ 上的表达式就是

$$u_h(\xi) = N_0(\xi)u_{i-1} + N_1(\xi)u_i, \quad v_h(\xi) = N_0(\xi)v_{i-1} + N_1(\xi)v_i. \tag{7.1.33}$$

将它们代入式 (7.1.32), 可以算出

$$\begin{aligned}\sum_{i=1}^{n}\left(a_1^{(i)}u_{i-1}v_{i-1} + a_2^{(i)}u_{i-1}v_i + a_2^{(i)}u_iv_{i-1} + a_3^{(i)}u_iv_i\right) + \sigma u_nv_n \\ = \sum_{i=1}^{n}\left(b_1^{(i)}v_{i-1} + b_2^{(i)}v_i\right) + \beta v_n,\end{aligned} \tag{7.1.34}$$

其中系数 $a_1^{(i)}, a_2^{(i)}, \cdots, b_2^{(i)}$ 和式 (7.1.19) 是相同的. 和 Ritz 法一样, 引入单元 e_i 上的刚度矩阵 $A^{(i)}$, 荷载向量 $\boldsymbol{b}^{(i)}$, 以及列向量

$$\boldsymbol{u}^{(i)} = [u_{i-1}, u_i]^{\mathrm{T}}, \quad \boldsymbol{v}^{(i)} = [v_{i-1}, v_i]^{\mathrm{T}},$$

则式 (7.1.34) 可以简洁地表示为

$$\sum_{i=1}^{n}\boldsymbol{u}^{(i)\mathrm{T}}A^{(i)}\boldsymbol{v}^{(i)} + \sigma u_nv_n = \sum_{i=1}^{n}\boldsymbol{v}^{(i)\mathrm{T}}\boldsymbol{b}^{(i)} + \beta v_n. \tag{7.1.35}$$

和 Ritz 法一样, 引入 $n+1$ 维向量 $\boldsymbol{u}, \boldsymbol{v}$, 并将 $A^{(i)}$ 和 $\boldsymbol{b}^{(i)}$ 分别扩张成 $n+1$ 阶和 $n+1$ 维, 则式 (7.1.35) 又可表示为

$$\boldsymbol{u}^{\mathrm{T}}A\boldsymbol{v} + \sigma u_nv_n = \boldsymbol{v}^{\mathrm{T}}\boldsymbol{b} + \beta v_n, \tag{7.1.36}$$

其中的 A, $\boldsymbol{b}$ 如式 (7.1.25). 再将 σu_nv_n 和 βv_n 归入同类项, 就有

$$\boldsymbol{u}^{\mathrm{T}}K\boldsymbol{v} - \boldsymbol{v}^{\mathrm{T}}\boldsymbol{f} = 0,$$

或者写成向量内积的形式, 并用 K 的对称性, 则

$$(K\boldsymbol{u} - \boldsymbol{f}, \boldsymbol{v}) = 0. \tag{7.1.37}$$

注意 $u_0 = v_0 = 0$, 则对 n 阶矩阵 $\widetilde{K}$, n 维向量 $\widetilde{\boldsymbol{u}}, \widetilde{\boldsymbol{v}}, \widetilde{\boldsymbol{f}}$, 成立

$$(\widetilde{K}\widetilde{\boldsymbol{u}} - \widetilde{\boldsymbol{f}}, \widetilde{\boldsymbol{v}}) = 0,$$

其中 $\widetilde{\boldsymbol{v}}$ 是任意一个 n 维向量. 因此, 仍然得到和 Ritz 法有限元方程 (7.1.29) 相同的有限元方程.

综上所述, Ritz 法和 Galerkin 法建立有限元方程的过程几乎是相同的. 主要差别是边值问题 (P) 广义解的定义不同, 其他过程如建立有限元子空间、计算单元刚度矩阵和荷载向量、合成总刚度矩阵和总荷载向量、处置强制边界条件都没有差别.

下面, 我们用另一种方式表示有限元空间 V_h, 并用它建立有限元方程. 这种方式在表达上比较简单.

我们设法构造空间 V 的有限维子空间 V_h 线性无关的函数集合 $\{\varphi_1(x), \varphi_2(x), \cdots, \varphi_n(x)\}$, 使它成为空间 V_h 的基. 为此, 仍然采用在上一段的作法, 把区间 $\bar{I} = [a,b]$ 剖分

$$a = x_0 < x_1 < \cdots < x_{i-1} < x_i < \cdots < x_{n-1} < x_n = b,$$

然后作定义在区间 $\bar{I}$、支集在 $e_i = [x_{i-1}, x_i]$ 和 $e_{i+1} = [x_i, x_{i+1}]$ 上的"山形"函数 $\varphi_i(x)$ $(1 \leqslant i \leqslant n)$:

$$\varphi_i(x) = \begin{cases} 1 + \dfrac{x - x_i}{h_i}, & \text{当 } x \in e_i; \\ 1 - \dfrac{x - x_i}{h_{i+1}}, & \text{当 } x \in e_{i+1}; \\ 0 & \text{其他点}. \end{cases} \tag{7.1.38}$$

而

$$\varphi_n(x) = \begin{cases} 1 + \dfrac{x - x_n}{h_n}, & \text{当 } x \in e_n; \\ 0 & \text{其他点}. \end{cases} \tag{7.1.39}$$

其图形见图 7.1.3 所示. 显然 $\{\varphi_i(x)\}_{i=1}^n$ 线性无关, 而且满足

$$\varphi_i(a) = 0, \quad 1 \leqslant i \leqslant n,$$

故由 $\{\varphi_1(x), \cdots, \varphi_n(x)\}$ 张成的子空间 $V_h \subset V$.

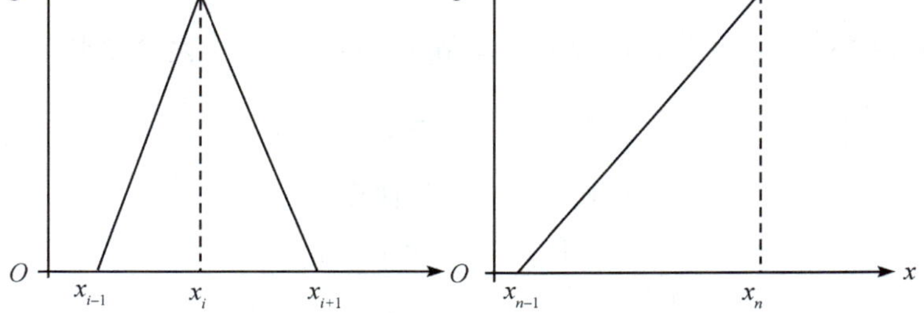

图 7.1.3

容易验证

$$\varphi_i(x_j)=\delta_{ij}\quad (1\leqslant i,j\leqslant n), \tag{7.1.40}$$

所以, 如果给出结点 x_i 上的未知函数值 u_i, 那么, 在 V_h 中的近似解就是

$$u_h(x)=\sum_{i=1}^{n}u_i\varphi_i(x). \tag{7.1.41}$$

我们的问题是：求 $u_h(x)\in V_h$ 使得

$$A(u_h,v)=F(v),\qquad \forall v\in V_h\ . \tag{7.1.42}$$

这相当于：求 $u_1,u_2,\cdots,u_n$ 使得

$$\sum_{i=1}^{n}A(\varphi_i,\varphi_j)u_i=F(\varphi_j)\quad (1\leqslant j\leqslant n) \tag{7.1.43}$$

(请读者考虑为什么式 (7.1.42) 相当于式 (7.1.43)).

式 (7.1.43) 是一个以 $u_1,\cdots,u_n$ 为未知量的线性代数方程组 $K\boldsymbol{u}=\boldsymbol{f}$. 下面讨论如何计算 K 和 $\boldsymbol{f}$.

根据 $\varphi_i(x)$ 的定义, 当 x 不属于 $[x_{i-1},x_{i+1}]$ 时 $\varphi_i(x)=0$, 即

$$\begin{cases}\operatorname{supp}\,\varphi_i=[x_{i-1},x_{i+1}] & (1\leqslant i\leqslant n-1),\\ \operatorname{supp}\,\varphi_n=[x_{n-1},x_n], & \end{cases} \tag{7.1.44}$$

所以, 当 $|i-j|\geqslant 2$ 时恒有 $\varphi_i(x)\varphi_j(x)=0$. 因而矩阵 $K=[A(\varphi_i,\varphi_j)]$ 中每一行最多只有三个非零元素, 即 K 是一个三对角线矩阵. 又由 $A(u,v)$ 的对称性, 故 K 也是对称的.

我们仍然采用上一段中的仿射变换 (7.1.15)

$$\xi=\frac{x-x_{i-1}}{h_i},\quad 当\ x\in e_i=[x_{i-1},x_i]\ 时,$$

它把单元 $e_1,e_2,\cdots,e_n$ 变为标准单元 $\widehat{e}=[0,1]$. 再引入以下两个函数

$$N_0(\xi)=\begin{cases}1-\xi, & 当\ \xi\in[0,1],\\ 0, & 其他点;\end{cases} \tag{7.1.45}$$

$$N_1(\xi)=\begin{cases}\xi, & 当\ \xi\in[0,1],\\ 0, & 其他点.\end{cases} \tag{7.1.46}$$

这两个函数有以下性质:

(1) $\operatorname{supp} N_0(\xi) = [0,1]$，$\operatorname{supp} N_1(\xi) = [0,1]$；

(2) $N_0(0) = 1$，$N_0(1) = 0$；$N_1(0) = 0$，$N_1(1) = 1$；

(3) 当自变量 $\xi \in [0,1]$ 时是线性函数.

我们称 $N_0(\xi)$ 和 $N_1(\xi)$ 为一维线性元在标准单元上的形状函数. 利用形状函数可以生成一维线性有限元空间 V_h 的基：对 $1 \leqslant i \leqslant n-1$

$$\varphi_i(x) = \begin{cases} N_1(\xi), & \text{当 } x \in e_i = [x_{i-1}, x_i],\ \ \xi = (x - x_{i-1})h_i^{-1}; \\ N_0(\xi), & \text{当 } x \in e_{i+1} = [x_i, x_{i+1}],\ \ \xi = (x - x_i)h_{i+1}^{-1}; \\ 0, & \text{其他}. \end{cases}$$

$$\varphi_n(x) = \begin{cases} N_1(\xi), & \text{当 } x \in e_n = [x_{n-1}, x_n],\ \ \xi = (x - x_{n-1})h_n^{-1}; \\ 0, & \text{其他}. \end{cases}$$

于是, 当 $2 \leqslant i \leqslant n-1$ 时,

$$\begin{aligned} A(\varphi_{i-1}, \varphi_i) &= \int_{x_{i-1}}^{x_i} [p\varphi_{i-1}'\varphi_i' + q\varphi_{i-1}\varphi_i]dx \\ &= \int_{x_{i-1}}^{x_i} [-p(x)h_i^{-2} + q\varphi_{i-1}\varphi_i]dx \\ &= \int_0^1 [-p(x_{i-1} + h_i\xi)h_i^{-1} + q(x_{i-1} + h_i\xi)N_0(\xi)N_1(\xi)h_i]d\xi, \end{aligned}$$

它恰好就是式 (7.1.21) 中的 $a_{i\ i-1}$. 类似地可以算出 $A(\varphi_i, \varphi_i)$ 就是式 (7.1.21) 中的 a_{ii}，$A(\varphi_{i+1}, \varphi_i)$ 就是 $a_{i\ i+1}$. 至于方程 (7.1.43) 的右端项,

$$\begin{aligned} F(\varphi_i) &= \int_a^b f\varphi_i dx = \int_{x_{i-1}}^{x_i} f\varphi_i dx + \int_{x_i}^{x_{i+1}} f\varphi_i dx \\ &= \int_0^1 h_i f(x_{i-1} + h_i\xi)N_1(\xi)d\xi + \int_0^1 h_{i+1} f(x_i + h_{i+1}\xi)N_0(\xi)d\xi, \end{aligned}$$

它与式 (7.1.21) 中算出的 b_i 也是一致的.

附注 7.1.4　按照本段构造子空间的方式, V 的有限维子空间 V_h 应该是

$$V_h = \operatorname{span}\{\varphi_1, \varphi_2, \cdots, \varphi_n\}, \tag{7.1.47}$$

它与上一段 Ritz 方法建立的空间 V_h 是同一个空间, 只不过当时我们没有明确给出 V_h 的基 $\{\varphi_i\}$. 我们称 V_h 为有限元空间, 或者为有限元解 $u_h(x)$ 的试探函数空间. 如果用 (7.1.47) 形式表示的 V_h 通过 Ritz 方法建立有限元方程, 则所得的结果是前后一致的, 读者不妨自己验证一下这个结论.

附注 7.1.5　虽然基函数 $\varphi_1(x), \varphi_2(x), \cdots, \varphi_n(x)$ 张成有限元空间 V_h, 而且有了它们之后通过 $A(\varphi_i, \varphi_j)$ 和 $F(\varphi_j)$ 可以计算总刚度矩阵 K 和总荷载向量 $\boldsymbol{f}$, 但是, $\{\varphi_i\}$ 的表达式是比较复杂的 (从下文可见, 对二维问题更甚). 因此, 我们在实际计算时常常采用单元的形状函数 $N_0(\xi)$ 和 $N_1(\xi)$, 直接用它作单元分析以合成总刚度矩阵. 总之, 只要构造出单元的形状函数, 就等于给出了有限元空间 V_h.

7.2　二维边值问题的有限元方法

上一节讨论了用有限元方法求解两点边值问题, 虽然用到了变分原理, 剖分插值构造有限元子空间, 通过单元分析和总体合成形成总刚度矩阵和总荷载向量等典型的过程, 但却没有把有限元方法对于复杂区域的适应性表示出来, 而且很多过程由于一维情形而过于简单. 因此, 本节以二维的椭圆型边值问题为例介绍有限元方法的基本结构, 以使读者对这种方法有更多的了解.

我们考虑以下的边值问题 (P)

$$\begin{cases} -\dfrac{\partial}{\partial x}\Big(a\dfrac{\partial u}{\partial x}\Big) - \dfrac{\partial}{\partial y}\Big(a\dfrac{\partial u}{\partial y}\Big) + cu = f, & \text{在 } \Omega \text{ 内}, \quad (7.2.1) \\ u = 0, & \text{在 } \Gamma_0 \text{ 上}, \quad (7.2.2) \\ a\dfrac{\partial u}{\partial \boldsymbol{n}} + \sigma u = \beta, & \text{在 } \Gamma_1 \text{ 上}, \quad (7.2.3) \end{cases}$$

其中 Ω 是平面上的有界区域, 边界 Γ 分片光滑而且分成互不相交的 Γ_0 与 Γ_1 两部分; 系数 $a(x,y) \geqslant a_0 > 0$, $c(x,y) \geqslant 0, \sigma(x,y) \geqslant 0$ 以及 $f(x,y), \beta(x,y)$ 都足够光滑.

引入 Sobolev 空间 $H^1(\Omega)$ 的子空间

$$V = \{v \in H^1(\Omega):\ v|_{\Gamma_0} = 0\}, \tag{7.2.4}$$

以及定义在 V 上的双线性泛函

$$A(u,v) = \iint\limits_{\Omega} \Big[a\frac{\partial u}{\partial x}\cdot\frac{\partial v}{\partial x} + a\frac{\partial u}{\partial y}\cdot\frac{\partial v}{\partial y} + cuv\Big]\mathrm{d}x\mathrm{d}y + \int_{\Gamma_1} \sigma uv\mathrm{d}s \tag{7.2.5}$$

和线性泛函

$$F(v) = \iint\limits_{\Omega} fv\mathrm{d}x\mathrm{d}y + \int_{\Gamma_1} \beta v\mathrm{d}s, \tag{7.2.6}$$

那么, 边值问题 (P) 的 Ritz 意义的广义解为: $u \in V$ 满足

$$J(u) = \min_{v\in V} J(v), \tag{7.2.7}$$

其中二次泛函

$$J(v) = \frac{1}{2}A(v,v) - F(v). \tag{7.2.8}$$

边值问题 (P) 的 Galerkin 意义的广义解为：$u \in V$ 满足

$$A(u,v) - F(v) = 0, \quad \forall v \in V. \tag{7.2.9}$$

我们从 Galerkin 方法出发求变分方程 (7.2.9) 的近似解. 为此, 构造 V 的有限维子空间 V_h, 然后求 $u_h \in V_h$ 使得

$$A(u_h,v) - F(v) = 0, \quad \forall v \in V_h. \tag{7.2.10}$$

第一步就需要构造出有限元空间 V_h.

7.2.1　三角剖分与分片插值

二维区域 Ω 不同于一维区间 I. 当把它剖分为一系列子区域时可以有多种多样的形式. 这里只介绍单纯的三角剖分, 因为它简单实用, 对区域形状的适应性也强.

设 Ω 的边界 Γ 分片光滑. 如果 Γ 不是由折线段组成的, 那么就用裁弯取直的办法, 以某条适当的折线 Γ_h 逼近它. 设 Γ_h 所围的区域是 Ω_h. 也就是说, 用 Γ_h 近似 Γ, 用 Ω_h 近似 Ω. 我们把 Γ_h 上对应 Γ_0 的部分记为 $\Gamma_h^{(0)}$, 对应 Γ_1 的部分记为 $\Gamma_h^{(1)}$.

将 $\overline{\Omega}$ 剖分为一系列三角形的并集. 三角形的顶点称为结点, 记为 P_i, 其坐标为 (x_i, y_i) $(1 \leqslant i \leqslant N_p)$; 每一个三角形称为单元, 记为 e_k $(1 \leqslant k \leqslant N_e)$. 于是

$$\overline{\Omega}_h = \bigcup_{k=1}^{N_e} e_k\ . \tag{7.2.11}$$

剖分时要遵守以下几条规则:

(1) 三角形之间没有重叠的内部, 即

$$\mathring{e}_i \bigcap \mathring{e}_j = \emptyset \quad (i \neq j,\ 1 \leqslant i,j \leqslant N_e),$$

其中 $\mathring{e}_k$ 表示单元 e_k 的内部;

(2) 每一个单元的顶点, 或者是边界 Γ_h 上的点, 或者是相邻单元的公共顶点. 亦即不允许单元的顶点是其他单元边上的内点 (图 7.2.1);

(3) 如果方程的系数有间断, 则应该用折线逼近间断线, 并且使这些折线都成为三角形的边界;

(4) $\Gamma_h^{(0)}$ 和 $\Gamma_h^{(1)}$ 的交界点必须取为结点 (图 7.2.2), 边界条件中的系数 $\sigma(x,y)$, $\beta(x,y)$ 的间断点也要取为结点.

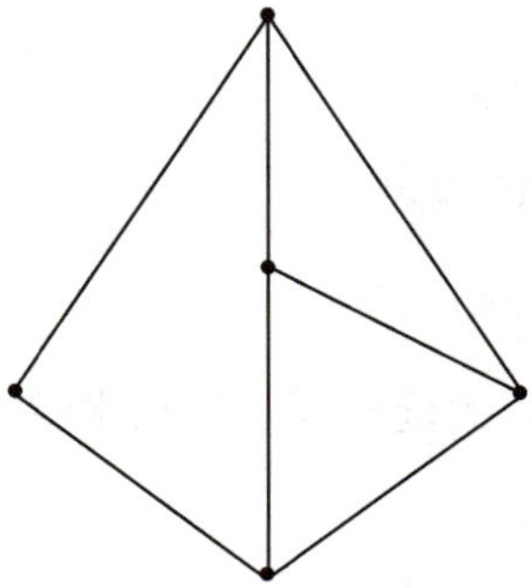

图 7.2.1

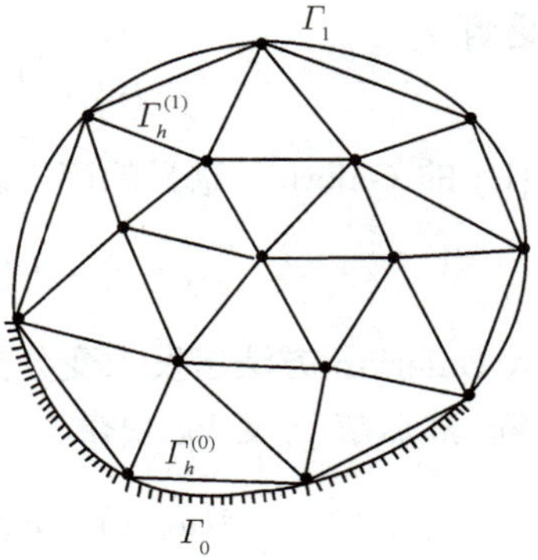

图 7.2.2

除了上述四条规则之外, 为了提高有限元解的精度, 还应注意以下两点:

(5) 在剖分中尽可能使每个三角形的最小内角大一些, 亦即避免太尖或太扁的三角形出现;

(6) 如果对解 $u(x,y)$ 的性质事先有大致的了解, 那么, 在解变化剧烈的部分结点可以密一些, 解变化平缓之处结点可以疏一些, 但剖分疏密的变化不要太剧烈.

按以上要求作完区域 $\overline{\Omega}_h$ 的三角剖分之后, 再通过分片插值的办法构造有限元空间 V_h. 为简单, 在这一节也只采用线性插值, 更一般的情形留待下一章讨论.

在两个自变量的情形, 线性函数的一般形式为

$$u(x,y)=ax+by+c, \tag{7.2.12}$$

它有三个待定系数. 现在构造

$$V_h=\{v\in C(\overline{\Omega}_h),\ v\ \text{在每个单元上线性},\ v|_{\Gamma_h^{(0)}}=0\}, \tag{7.2.13}$$

那么, 为了确定 $u(x,y)\in V_h$ 在某一个单元上的值, 需要在该单元上的三个点处给出 $u(x,y)$ 的值 (当然, 这三点不能在一条直线上), 通常就取单元的三个顶点为插值点. 因此, 只要给出函数 u 在结点 P_i 上的值 $u_i=u(x_i,y_i)$ $(1\leqslant i\leqslant N_p)$, 这个函数就完全确定了.

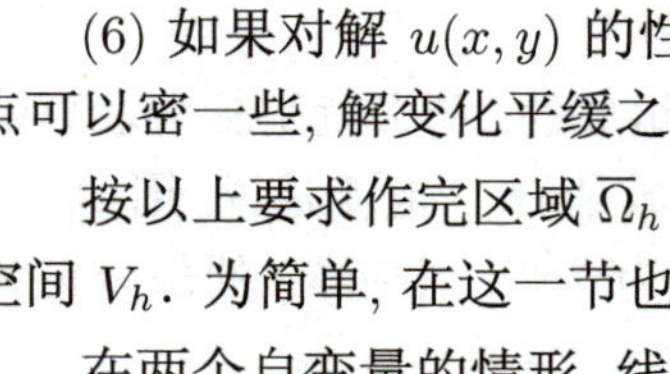

图 7.2.3

在 $\{e_k\}_{k=1}^{N_e}$ 中任意取出一个单元, 不妨记为e. 设它的顶点为P_i,P_j,P_m, 即 $e=\triangle P_iP_jP_m$. 为确定, 不妨设这三点的顺序是逆时针的 (图 7.2.3).

这时, 每一个函数 $u\in V_h$ 在单元 e 上的限制是线性函数, 必具有 (7.2.12) 的形

式, 其中的系数 a, b, c 应该满足以下的方程

$$\begin{cases} ax_i + by_i + c = u_i, \\ ax_j + by_j + c = u_j, \\ ax_m + by_m + c = u_m. \end{cases}$$

记

$$\Delta_e = \frac{1}{2}\begin{vmatrix} x_i & y_i & 1 \\ x_j & y_j & 1 \\ x_m & y_m & 1 \end{vmatrix} \tag{7.2.14}$$

(因为假定 P_i, P_j, P_m 按逆时针排列, 故 $\Delta_e > 0$, Δ_e 恰好表示单元 e 的面积), 则可以解出

$$a = \frac{1}{2\Delta_e}\left[\begin{vmatrix} y_j & 1 \\ y_m & 1 \end{vmatrix} u_i + \begin{vmatrix} y_m & 1 \\ y_i & 1 \end{vmatrix} u_j + \begin{vmatrix} y_i & 1 \\ y_j & 1 \end{vmatrix} u_m\right],$$

$$b = \frac{1}{2\Delta_e}\left[-\begin{vmatrix} x_j & 1 \\ x_m & 1 \end{vmatrix} u_i - \begin{vmatrix} x_m & 1 \\ x_i & 1 \end{vmatrix} u_j - \begin{vmatrix} x_i & 1 \\ x_j & 1 \end{vmatrix} u_m\right],$$

$$c = \frac{1}{2\Delta_e}\left[\begin{vmatrix} x_j & y_j \\ y_m & y_m \end{vmatrix} u_i + \begin{vmatrix} x_m & y_m \\ x_i & y_i \end{vmatrix} u_j + \begin{vmatrix} x_i & y_i \\ x_j & y_j \end{vmatrix} u_m\right].$$

把它们代入式 (7.2.12) 就得到 $u(x, y)$ 在 e 上的表达式

$$u(x, y) = N_i(x, y)u_i + N_j(x, y)u_j + N_m(x, y)u_m, \tag{7.2.15}$$

其中

$$\begin{aligned} N_i(x, y) &= \frac{1}{2\Delta_e}\left[\begin{vmatrix} y_j & 1 \\ y_m & 1 \end{vmatrix} x - \begin{vmatrix} x_j & 1 \\ x_m & 1 \end{vmatrix} y + \begin{vmatrix} x_j & y_j \\ x_m & y_m \end{vmatrix}\right] \\ &= \frac{1}{2\Delta_e}\begin{vmatrix} 1 & x & y \\ 1 & x_j & y_j \\ 1 & x_m & y_m \end{vmatrix}, \end{aligned}$$

简记为

$$\begin{cases} N_i(x, y) = \dfrac{1}{2\Delta_e}(a_i x + b_i y + c_i), \\ a_i = \begin{vmatrix} y_j & 1 \\ y_m & 1 \end{vmatrix}, \quad b_i = -\begin{vmatrix} x_j & 1 \\ x_m & 1 \end{vmatrix}, \quad c_i = \begin{vmatrix} x_j & y_j \\ x_m & y_m \end{vmatrix}. \end{cases} \tag{7.2.16}$$

$N_j(x,y)$ 和 $N_m(x,y)$ 的表达式与 $N_i(x,y)$ 类似, 它们的系数 a_j,b_j,c_j,a_m,b_m,c_m 的表达式可以通过 a_i,b_i,c_i 的表达式求得, 只要将其下标按照 $\{i,j,m\}$ 的顺序作轮换即可. 显然, 只要 P_i, P_j, P_m 三个点确定, 这三个函数是唯一被确定的.

从式 (7.2.15) 可知, 只要给出单元 e 上三个顶点 P_i,P_j,P_m 上的函数值 u_i,u_j, u_m, 则立即可以通过 $N_i(x,y),N_j(x,y)$ 和 $N_m(x,y)$ 的线性组合将函数 $u(x,y)\in V_h$ 在 e 上的表达式写出来. 对于一个定义在 e 上的连续函数 v, 只要给出它在单元 e 上三个顶点的函数值 v_i,v_j,v_m, 同样立即可以通过 N_i,N_j,N_m 的线性组合作出 $v(x,y)$ 在 e 上的线性插值. 因此, 我们称 $N_i(x,y)$, $N_j(x,y)$ 和 $N_m(x,y)$ 为单元 $e=\triangle P_iP_jP_m$ 上线性插值的基函数. 它们本身都是线性函数. 而且

$$N_k(x_l,y_l)=\begin{cases}1, & \text{当 } k=l \text{ 时},\\ 0, & \text{当 } k\neq l \text{ 时}.\end{cases} \tag{7.2.17}$$

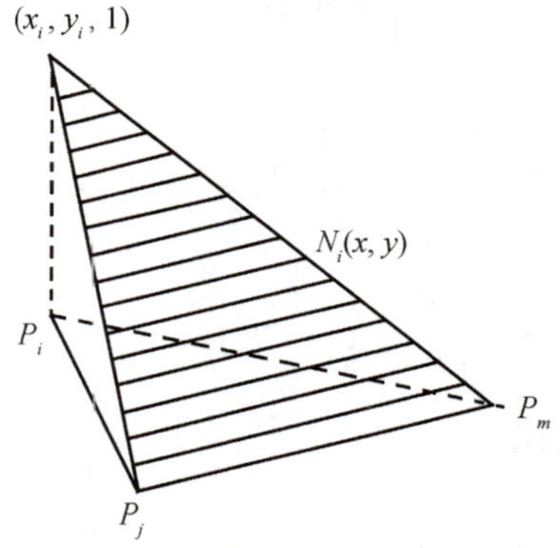

图 7.2.4

几何上 $u=N_i(x,y)$ 表示空间 (x,y,u) 中一个通过 $(x_i,y_i,1)$, $(x_j,y_j,0)$ 和 $(x_m,y_m,0)$ 三点的平面 (图 7.2.4). 另外两个基函数也有类似的性质. 在 7.2.3 节中, 我们将会介绍 $N_i(x,y)$ 的另外一种几何意义.

附注 7.2.1　当被插值的函数 $v(x,y)$ 是线性函数时, 它的线性插值应当是准确的. 于是, 依次取 $v(x,y)=1$, $v(x,y)=x$, $v(x,y)=y$ 就得到以下三个恒等式:

$$N_i(x,y)+N_j(x,y)+N_m(x,y)=1, \tag{7.2.18}$$

$$x_iN_i(x,y)+x_jN_j(x,y)+x_mN_m(x,y)=x, \tag{7.2.19}$$

$$y_iN_i(x,y)+y_jN_j(x,y)+y_mN_m(x,y)=y. \tag{7.2.20}$$

作 (x,y) 平面到 (λ_1,λ_2) 平面的线性变换

$$\begin{cases}\lambda_1=N_i(x,y),\\ \lambda_2=N_j(x,y).\end{cases} \tag{7.2.21}$$

那么, 由式 (7.2.18) 知 $N_m(x,y)=1-\lambda_1-\lambda_2$. 又从式 (7.2.19) 和 (7.2.20) 知, 变换 (7.2.21) 的逆变换是

$$\begin{cases}x=(x_i-x_m)\lambda_1+(x_j-x_m)\lambda_2+x_m,\\ y=(y_i-y_m)\lambda_1+(y_j-y_m)\lambda_2+y_m.\end{cases} \tag{7.2.22}$$

它的 Jacobi 行列式是

$$\frac{D(x,y)}{D(\lambda_1,\lambda_2)}=\begin{vmatrix} x_i-x_m & x_j-x_m \\ y_i-y_m & y_j-y_m \end{vmatrix}=2\Delta_e. \tag{7.2.23}$$

在变换 (7.2.21) 之下, (x,y) 平面上以 P_i, P_j, P_m 为顶点的单元 e 变为 (λ_1,λ_2) 平面上的标准单元 $\widehat{e}=\Delta OAB$, e 的顶点 $P_i(x_i,y_i)$ 的象是 $A(1,0)$, $P_j(x_j,y_j)$ 的象是 $B(0,1)$, $P_m(x_m,y_m)$ 的象是 $C(0,0)$(图 7.2.5).

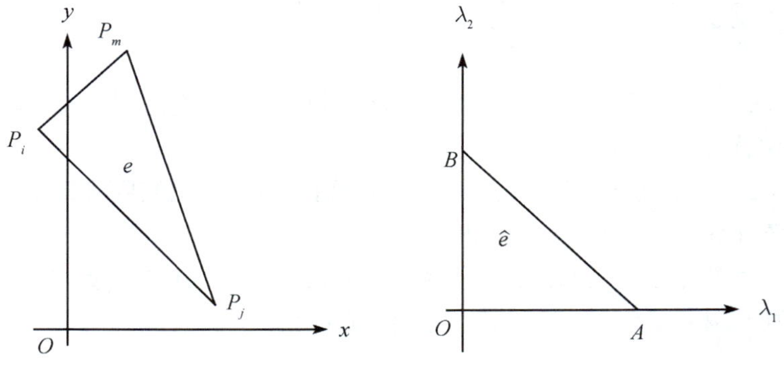

图 7.2.5

和求解两点边值问题时一样, 将任意一个单元 e 经过线性变换 (7.2.21) 变为标准单元 $\widehat{e}$ 对于计算单元 e 上的刚度矩阵和荷载向量是大有益处的.

附注 7.2.2 通过以上的三角剖分和分片线性插值, 我们已经能够构造空间 V 的一个有限维子空间 V_h. 但是, 由于裁弯取直而得到的区域 Ω_h 一般与 Ω 是不同的, 故 V_h 中的函数 $v\in H^1(\Omega_h)$ 而不属于 $H^1(\Omega)$; $v|_{\Gamma_h^{(0)}}=0$ 而不是 $v|_{\Gamma_0}=0$. 因此. 严格地说, V_h 不是 V 的子空间, 但在目前阶段我们不深究这个问题.

7.2.2 单元分析与总体合成

我们从 Galerkin 法出发, 对变分方程 (7.2.9) 作离散, 就是求 $u_h\in V_h$ 使得

$$A(u_h,v)-F(v)=0,\qquad \forall v\in V_h,$$

也就是求 $u_h(x,y)\in V_h$, 使得

$$\iint\limits_{\Omega_h}\left[a(x,y)\frac{\partial u_h}{\partial x}\cdot\frac{\partial v}{\partial x}+a(x,y)\frac{\partial u_h}{\partial y}\cdot\frac{\partial v}{\partial y}+c(x,y)u_hv\right]\mathrm{d}x\mathrm{d}y+\int_{\Gamma_h^{(1)}}\sigma u_hv\mathrm{d}s$$

$$=\iint\limits_{\Omega_h}f(x,y)v\mathrm{d}x\mathrm{d}y+\int_{\Gamma_h^{(1)}}\beta v\mathrm{d}s,\qquad \forall\ v\in V_h. \tag{7.2.24}$$

附注 7.2.3　与式 (7.2.5), (7.2.6) 相比, 这里已经把 $A(u,v)$ 和 $F(v)$ 定义中的积分区域由 Ω 和 Γ_1 改成 Ω_h 和 $\Gamma_h^{(1)}$, 原因在于三角形单元 $\{e_k\}$ 的并集是 Ω_h 而不是 Ω.

我们将在 Ω_h 上的积分化为在单元上的积分再求和, 于是式 (7.2.24) 可改写为

$$\begin{aligned}&\sum_{n=1}^{N_e}\iint_{e_n}\left[a\frac{\partial u_h}{\partial x}\cdot\frac{\partial v}{\partial x}+a\frac{\partial u_h}{\partial y}\cdot\frac{\partial v}{\partial y}+cu_hv\right]\mathrm{d}x\mathrm{d}y+\sum_{n=1}^{N_e}\int_{\gamma_n}\sigma u_hv\mathrm{d}s\\&=\sum_{n=1}^{N_e}\iint_{e_n}fv\mathrm{d}x\mathrm{d}y+\sum_{n=1}^{N_e}\int_{\gamma_n}\beta v\mathrm{d}s,\qquad\forall v\in V_h,\end{aligned}\tag{7.2.25}$$

其中 $\gamma_n=\partial e_n\cap\Gamma_h^{(1)}$ 表示单元 e 的边界 ∂e_n 与 $\Gamma_h^{(1)}$ 的交集. 若 ∂e_n 与 $\Gamma_h^{(1)}$ 不相交, 则认为线积分取零值.

式 (7.2.25) 中的积分都是只在某一个单元上求积的, 我们要将每个单元上的积分计算出来, 此即单元分析的主要内容.

任取一个单元 $e=\triangle P_iP_jP_m$, 函数 $u_h(x,y)$ 和 $v(x,y)$ 在结点 $P_s\ (s=i,j,m)$ 上的值记为 u_s 和 $v_s\ (s=i,j,m)$. 于是, 据式 (7.2.15)

$$u_h(x,y)=N_i(x,y)u_i+N_j(x,y)u_j+N_m(x,y)u_m,$$

$$v(x,y)=N_i(x,y)v_i+N_j(x,y)v_j+N_m(x,y)v_m.$$

利用式 (7.2.16), 得

$$\begin{cases}\dfrac{\partial u_h}{\partial x}=\dfrac{1}{2\Delta_e}(a_iu_i+a_ju_j+a_mu_m),\\[2mm]\dfrac{\partial u_h}{\partial y}=\dfrac{1}{2\Delta_e}(b_iu_i+b_ju_j+b_mu_m).\end{cases}\tag{7.2.26}$$

为简化表达式, 引入矩阵

$$B=\frac{1}{2\Delta_e}\begin{bmatrix}a_i&a_j&a_m\\b_i&b_j&b_m\end{bmatrix}\tag{7.2.27}$$

和三维列向量

$$\boldsymbol{u}^{(e)}=[u_i,u_j,u_m]^{\mathrm{T}},\quad\boldsymbol{v}^{(e)}=[v_i,v_j,v_m]^{\mathrm{T}},\tag{7.2.28}$$

由式 (7.2.26), $u_h(x,y)$ 的梯度 $\nabla u_h=\left[\dfrac{\partial u_h}{\partial x},\dfrac{\partial u_h}{\partial y}\right]^{\mathrm{T}}$ 可以表示为

$$\nabla u_h=B\boldsymbol{u}^{(e)}.\tag{7.2.29}$$

类似地

$$\nabla v = B\boldsymbol{v}^{(e)}. \tag{7.2.30}$$

再引入三维列向量

$$\boldsymbol{N}(x,y) = [N_i(x,y), N_j(x,y), N_m(x,y)]^{\mathrm{T}}, \tag{7.2.31}$$

那么

$$u_h(x,y) = \boldsymbol{N}(x,y)^{\mathrm{T}}\boldsymbol{u}^{(e)}, \quad v(x,y) = \boldsymbol{N}(x,y)^{\mathrm{T}}\boldsymbol{v}^{(e)}, \tag{7.2.32}$$

利用这些矩阵和向量的记号, 式 (7.2.25) 中的被积函数可以表示为

$$\begin{aligned}
&a(x,y)\left[\frac{\partial u_h}{\partial x}\cdot\frac{\partial v}{\partial x}+\frac{\partial u_h}{\partial y}\cdot\frac{\partial v}{\partial y}\right] = a(x,y)(B\boldsymbol{u}^{(e)})^{\mathrm{T}}(B\boldsymbol{v}^{(e)}),\\
&c(x,y)u_h v = c(x,y)\boldsymbol{N}(x,y)^{\mathrm{T}}\boldsymbol{u}^{(e)}\boldsymbol{N}(x,y)^{\mathrm{T}}\boldsymbol{v}^{(e)},\\
&\sigma u_h v = \sigma\boldsymbol{N}(x,y)^{\mathrm{T}}\boldsymbol{u}^{(e)}\boldsymbol{N}(x,y)^{\mathrm{T}}\boldsymbol{v}^{(e)},\\
&fv = f\boldsymbol{N}(x,y)^{\mathrm{T}}\boldsymbol{v}^{(e)},\\
&\beta v = \beta\boldsymbol{N}(x,y)^{\mathrm{T}}\boldsymbol{v}^{(e)}.
\end{aligned}$$

那么, 式 (7.2.25) 可以表示为 (下式中对 e 求和表示对 e_n 关于 n 从 1 到 N_e 求和)

$$\begin{aligned}
&\sum_e\iint_e[a(x,y)\boldsymbol{u}^{(e)\mathrm{T}}B^{\mathrm{T}}B\boldsymbol{v}^{(e)}+c(x,y)\boldsymbol{u}^{(e)\mathrm{T}}\boldsymbol{N}\boldsymbol{N}^{\mathrm{T}}\boldsymbol{v}^{(e)}]\mathrm{d}x\mathrm{d}y\\
&+\sum_e\int_{\partial e\cap\Gamma_h^{(1)}}\sigma\boldsymbol{u}^{(e)\mathrm{T}}\boldsymbol{N}\boldsymbol{N}^{\mathrm{T}}\boldsymbol{v}^{(e)}\mathrm{d}s\\
=&\sum_e\iint_e f\boldsymbol{N}^{\mathrm{T}}\boldsymbol{v}^{(e)}\mathrm{d}x\mathrm{d}y+\sum_e\int_{\partial e\cap\Gamma_h^{(1)}}\beta\boldsymbol{N}^{\mathrm{T}}\boldsymbol{v}^{(e)}\mathrm{d}s.
\end{aligned}$$

这个看似复杂的表达式又可以简单地记为

$$\sum_e\boldsymbol{u}^{(e)\mathrm{T}}A^{(e)}\boldsymbol{v}^{(e)}+\sum_e\boldsymbol{u}^{(e)\mathrm{T}}A_0^{(e)}\boldsymbol{v}^{(e)}=\sum_e\boldsymbol{b}^{(e)\mathrm{T}}\boldsymbol{v}^{(e)}+\sum_e\boldsymbol{b}_0^{(e)\mathrm{T}}\boldsymbol{v}^{(e)}, \tag{7.2.33}$$

其中三阶方阵

$$A^{(e)}=\iint_e[a(x,y)B^{\mathrm{T}}B+c(x,y)\boldsymbol{N}(x,y)\boldsymbol{N}(x,y)^{\mathrm{T}}]\mathrm{d}x\mathrm{d}y, \tag{7.2.34}$$

$$A_0^{(e)}=\int_{\partial e\cap\Gamma_h^{(1)}}\sigma(x,y)\boldsymbol{N}(x,y)\boldsymbol{N}(x,y)^{\mathrm{T}}\mathrm{d}s; \tag{7.2.35}$$

三维列向量

$$\boldsymbol{b}^{(e)} = \iint_e f(x,y)\boldsymbol{N}(x,y)\mathrm{d}x\mathrm{d}y, \tag{7.2.36}$$

$$\boldsymbol{b}_0^{(e)} = \int_{\partial e\cap\Gamma_h^{(1)}} \beta(x,y)\boldsymbol{N}(x,y)\mathrm{d}s. \tag{7.2.37}$$

只要计算出矩阵 $A^{(e)}$, $A_0^{(e)}$ 和向量 $\boldsymbol{b}^{(e)}$, $\boldsymbol{b}_0^{(e)}$, 则式 (7.2.33) 还可以简记为

$$\sum_e \boldsymbol{u}^{(e)\mathrm{T}}K^{(e)}\boldsymbol{v}^{(e)} = \sum_e \boldsymbol{f}^{(e)\mathrm{T}}\boldsymbol{v}^{(e)}, \tag{7.2.38}$$

其中

$$K^{(e)} = A^{(e)} + A_0^{(e)}, \qquad \boldsymbol{f}^{(e)} = \boldsymbol{b}^{(e)} + \boldsymbol{b}_0^{(e)}. \tag{7.2.39}$$

要注意的是, $A^{(e)}$ 和 $\boldsymbol{b}^{(e)}$ 都是在 e 上的二重积分, 而 $A_0^{(e)}$ 和 $\boldsymbol{b}_0^{(e)}$ 都是在 $\partial e\cap\Gamma_h^{(1)}$ 上的线积分.

在下一小节再讨论如何计算它们.

为了使 (7.2.33)(或式 (7.2.38)) 中的求和运算易于进行, 和 7.1 节中一样, 需要将三阶方阵和三维向量扩充为 N_p 阶方阵和 N_p 维向量 (其中 N_p 是对 Ω_h 作三角剖分时结点的个数). 但由于 $e = \triangle P_iP_jP_m$ 的三个顶点的编号未必相邻, 所以, 扩充后的矩阵其非零元素位置要根据单元 e 的三个顶点编号而定.

设 $u_h(x,y)$ 和 $v(x,y)$ 在结点 P_s 上的值分别为 u_s 和 v_s, 记 n 维列向量

$$\boldsymbol{u} = [u_1, u_2, \cdots, u_{N_p}]^{\mathrm{T}}, \qquad \boldsymbol{v} = [v_1, v_2, \cdots, v_{N_p}]^{\mathrm{T}}. \tag{7.2.40}$$

为确定, 不妨设 $e = \triangle P_iP_jP_m$ 中三个顶点的编号 $i<j<m$. 经过计算积分 (7.2.34) 后, 得式 (7.2.33) 中

$$\boldsymbol{u}^{(e)\mathrm{T}}A^{(e)}\boldsymbol{v}^{(e)} = [u_i, u_j, u_m]\begin{bmatrix} a_{ii}^{(e)} & a_{ij}^{(e)} & a_{im}^{(e)} \\ a_{ji}^{(e)} & a_{jj}^{(e)} & a_{jm}^{(e)} \\ a_{mi}^{(e)} & a_{mj}^{(e)} & a_{mm}^{(e)} \end{bmatrix}\begin{bmatrix} v_i \\ v_j \\ v_m \end{bmatrix}.$$

将 $A^{(e)}$ 扩充

$$A^{(e)} = \begin{bmatrix} & \vdots & & \vdots & & \vdots & \\ \cdots & a_{ii}^{(e)} & \cdots & a_{ij}^{(e)} & \cdots & a_{im}^{(e)} & \cdots \\ & \vdots & & \vdots & & \vdots & \\ \cdots & a_{ji}^{(e)} & \cdots & a_{jj}^{(e)} & \cdots & a_{jm}^{(e)} & \cdots \\ & \vdots & & \vdots & & \vdots & \\ \cdots & a_{mi}^{(e)} & \cdots & a_{mj}^{(e)} & \cdots & a_{mm}^{(e)} & \cdots \\ & \vdots & & \vdots & & \vdots & \end{bmatrix}.$$

这 9 个元素分布在第 i,j,m 行和第 i,j,m 列上, $A^{(e)}$ 的其他元素都是零元素. 那么,

$$\boldsymbol{u}^{(e)\mathrm{T}}A^{(e)}\boldsymbol{v}^{(e)}=\boldsymbol{u}^{\mathrm{T}}A^{(e)}\boldsymbol{v}. \tag{7.2.41}$$

类似地, 式 (7.2.33) 中

$$\boldsymbol{b}^{(e)\mathrm{T}}\boldsymbol{v}^{(e)}=[b_i^{(e)},b_j^{(e)},b_m^{(e)}]\begin{bmatrix}v_i\\v_j\\v_m\end{bmatrix},$$

将向量 $\boldsymbol{b}^{(e)}$ 扩充为 N_p 维,

$$\boldsymbol{b}^{(e)}=[\cdots,b_i^{(e)},\cdots,b_j^{(e)},\cdots,b_m^{(e)},\cdots]^{\mathrm{T}},$$

上式右端除三个分量外都是零, 这三个分量分别在第 i, 第 j, 第 m 行位置上, 于是

$$\boldsymbol{b}^{(e)\mathrm{T}}\boldsymbol{v}^{(e)}=\boldsymbol{b}^{(e)\mathrm{T}}\boldsymbol{v}. \tag{7.2.42}$$

至于 $A_0^{(e)}$ 和 $\boldsymbol{b}_0^{(e)}$ 的扩充稍有不同. 由式 (7.2.35) 和 (7.2.37) 可知, 它们的积分只在单元 e 的边界 ∂e 与 $\Gamma_h^{(1)}$ 的交集上进行. 为确定起见, 不妨设单元 $e=\triangle P_iP_jP_m$ 与 $\Gamma_h^{(1)}$ 的交集仅为线段 P_iP_j, 因此, 按式 (7.2.35) 算出 $A_0^{(e)}$ 之后, 去除零元素, 得

$$\boldsymbol{u}^{(e)\mathrm{T}}A_0^{(e)}\boldsymbol{v}^{(e)}=[u_i,u_j]\begin{bmatrix}\overline{a}_{ii}^{(e)}&\overline{a}_{ij}^{(e)}\\\overline{a}_{ji}^{(e)}&\overline{a}_{jj}^{(e)}\end{bmatrix}\begin{bmatrix}v_i\\v_j\end{bmatrix}$$

(详细过程见下一小节). 所以, 把它扩充为 N_p 阶方阵

$$A_0^{(e)}=\begin{bmatrix}&\vdots&&\vdots&\\\cdots&\overline{a}_{ii}^{(e)}&\cdots&\overline{a}_{ij}^{(e)}&\cdots\\&\vdots&&\vdots&\\\cdots&\overline{a}_{ji}^{(e)}&\cdots&\overline{a}_{jj}^{(e)}&\cdots\\&\vdots&&\vdots&\end{bmatrix}$$

时, 这 4 个元素分布在第 i 和第 j 行、第 i 和第 j 列, 除此之外 $A_0^{(e)}$ 的其他元素均是零. 于是,

$$\boldsymbol{u}^{(e)\mathrm{T}}A_0^{(e)}\boldsymbol{v}^{(e)}=\boldsymbol{u}^{\mathrm{T}}A_0^{(e)}\boldsymbol{v}. \tag{7.2.43}$$

同样

$$\boldsymbol{b}_0^{(e)\mathrm{T}}\boldsymbol{v}^{(e)}=[\overline{b}_i^{(e)},\overline{b}_j^{(e)}]\begin{bmatrix}v_i\\v_j\end{bmatrix},$$

将向量 $\boldsymbol{b}_0^{(e)}$ 扩充为 N_p 维

$$\boldsymbol{b}_0^{(e)} = [\cdots, \bar{b}_i^{(e)}, \cdots, \bar{b}_j^{(e)}, \cdots]^{\mathrm{T}},$$

除第 i、第 j 个分量之外都是零. 故

$$\boldsymbol{b}_0^{(e)\mathrm{T}} \boldsymbol{v}^{(e)} = \boldsymbol{b}_0^{(e)\mathrm{T}} \boldsymbol{v}. \tag{7.2.44}$$

根据式 (7.2.41)~(7.2.44), 把式 (7.2.33) 写为

$$\sum_e \boldsymbol{u}^{\mathrm{T}} A^{(e)} \boldsymbol{v} + \sum_e \boldsymbol{u}^{\mathrm{T}} A_0^{(e)} \boldsymbol{v} = \sum_e \boldsymbol{b}^{\mathrm{T}} \boldsymbol{v} + \sum_e \boldsymbol{b}_0^{\mathrm{T}} \boldsymbol{v},$$

此即

$$\boldsymbol{u}^{\mathrm{T}} \sum_e K^{(e)} \boldsymbol{v} = \sum_e \boldsymbol{f}^{(e)\mathrm{T}} \boldsymbol{v}\ ,$$

其中 $K^{(e)}$ 和 $\boldsymbol{f}^{(e)}$ 如式 (7.2.39) 所示.

我们称 $A^{(e)}$ 为三角形单元 e 的单元刚度矩阵, $\boldsymbol{b}^{(e)}$ 为三角形单元 e 的荷载向量; $A_0^{(e)}$ 为线元 $\partial e \cap \Gamma_h^{(1)}$ 的线元刚度矩阵, $\boldsymbol{b}_0^{(e)}$ 为线元 $\partial e \cap \Gamma_h^{(1)}$ 的荷载向量, 计算这些矩阵和向量的过程称为单元分析, 只要给出方程的系数和单元 e 三个顶点的坐标, 它们可以按式 (7.2.34)~(7.2.37) 计算出来.

将上述单元 (线元) 的刚度矩阵和荷载向量扩充为 N_p 阶之后, 作线性叠加, 得到

$$K = \sum_e K^{(e)} = \sum_e (A^{(e)} + A_0^{(e)}), \tag{7.2.45}$$

$$\boldsymbol{f} = \sum_e \boldsymbol{f}^{(e)} = \sum_e (\boldsymbol{b}^{(e)} + \boldsymbol{b}_0^{(e)}), \tag{7.2.46}$$

它们分别称为总刚度矩阵和总荷载向量. 这个过程称为总体合成. 于是, 变分方程 (7.2.24)(即 (7.2.25)) 及式 (7.2.33) 化为: 求 $\boldsymbol{u} \in V_h$ 使得

$$\boldsymbol{u}^{\mathrm{T}} K \boldsymbol{v} = \boldsymbol{f}^{\mathrm{T}} \boldsymbol{v}, \quad \forall \boldsymbol{v} \in V_h. \tag{7.2.47}$$

附注 7.2.4　据式 (7.2.13), V_h 中的每一个函数, 只要给出它在 $\overline{\Omega}_h$ 上的结点的值, 它就完全确定. 如果扣除属于 $\Gamma_h^{(0)}$ 上的结点后 $\overline{\Omega}_h$ 上共有 N 个结点, 那么空间 V_h 与 N 维 Euclid 空间 $\mathbf{R}^N$ 是线性同构的. 所以, 在式 (7.2.47) 中采用了 $\boldsymbol{u}$, $\boldsymbol{v}$ 属于 V_h 的表示方法.

附注 7.2.5　由于边界条件 (7.2.2), 所以空间 V_h 中限定每一个函数 v 在 $\Gamma_h^{(0)}$ 上为零. 因此, 在式 (7.2.47) 中要求向量 $\boldsymbol{u}$ 和 $\boldsymbol{v}$ 对应 $\Gamma_h^{(0)}$ 上的结点处的分量必须为零. 在下文中再讨论如何处理这一问题.

附注 7.2.6　总刚度矩阵 K 是对称正定的. 事实上, 由式 (7.2.34) 和 (7.2.35) 可见, 矩阵 $A^{(e)}$ 和 $A_0^{(0)}$ 是对称的, 它们的和 $K=\sum(A^{(e)}+A_0^{(e)})$ 当然也是对称的. 为证明正定性, 考虑二次型

$$\begin{aligned}\boldsymbol{v}^{\mathrm{T}}K\boldsymbol{v}&=\boldsymbol{v}^{\mathrm{T}}\Big[\sum_e(A^{(e)}+A_0^{(e)})\Big]\boldsymbol{v}\\&=\boldsymbol{v}^{\mathrm{T}}\Big[\sum_e\Big(\iint_e(aB^{\mathrm{T}}B+c\boldsymbol{N}\boldsymbol{N}^{\mathrm{T}})dxdy+\int_{\partial e\cap\Gamma_h^{(1)}}\sigma\boldsymbol{N}\boldsymbol{N}^{\mathrm{T}}ds\Big)\Big]\boldsymbol{v}\\&=\sum_{n=1}^{N_e}\Big[\iint_{e_n}(a|\nabla v|^2+cv(x,y)^2)dxdy+\int_{\partial e_n\cap\Gamma_h^{(1)}}\sigma v(x,y)^2ds\Big].\end{aligned}$$

由于假设 $a(x,y)\geqslant a_0>0,\ c\geqslant 0,\ \sigma\geqslant 0$, 因此

$$\boldsymbol{v}^{\mathrm{T}}K\boldsymbol{v}\geqslant 0,\qquad \forall v\in V_h\ ,$$

故 K 至少是半正定的. 当 $\boldsymbol{v}^{\mathrm{T}}K\boldsymbol{v}=0$ 时, 必有

$$\iint_{e_n}a(x,y)|\nabla v(x,y)|^2dxdy=0\quad(1\leqslant n\leqslant N_e),$$

即在单元 e_n 上 $v(x,y)$ 是常数. 所以, 在每一个单元上 $v_i=v_j=v_m$, 从而在 $\overline{\Omega}_h$ 上

$$v_1=v_2=\cdots=v_{N_p}.$$

剩下来只需证明至少有某个 $v_l=0$ 从而向量 $\boldsymbol{v}=\boldsymbol{0}$. 但这是必然成立的. 事实上, 如果 $\Gamma_h^{(0)}$ 不是空集, 由三角剖分时所定的规则, 在 $\Gamma_h^{(0)}$ 上至少有两个结点, 从而存在某个 $v_l=0$. 如果 $\Gamma_h^{(0)}$ 是空集, $\sigma\geqslant 0$ 且 σ 不恒为零, 那么, 从

$$\int_{\partial e_n\cap\Gamma_h^{(1)}}\sigma v(x,y)^2ds=0\quad(1\leqslant n\leqslant N_e)$$

可知, $v(x,y)$ 在边界上至少有某两点取值为零 (否则导出矛盾), 即有某一个 $v_l=0$.

总之, 只要边界条件中含有第一类边界条件或第三类边界条件, 矩阵 K 在 V_h 上就是正定的, 亦即对任何 $\boldsymbol{v}\in V_h$

$$\boldsymbol{v}^{\mathrm{T}}K\boldsymbol{v}\geqslant 0,\qquad 且\ \boldsymbol{v}^{\mathrm{T}}K\boldsymbol{v}=0\Longleftrightarrow\boldsymbol{v}=\boldsymbol{0}.$$

当边界条件只含第二类边界条件时 (即 $\Gamma_h^{(0)}$ 是空集, $\Gamma_h^{(1)}=\Gamma_h$ 且 $\sigma\equiv 0$), 则矩阵 K 可能是半正定的.

7.2.3　积分的计算

式 (7.2.34)~(7.2.37) 中的单元刚度矩阵 $A^{(e)}$、线元刚度矩阵 $A_0^{(e)}$、单元荷载向量 $\boldsymbol{b}^{(e)}$、线元荷载向量 $\boldsymbol{b}_0^{(e)}$ 都是用积分表示的, 如何简便而准确地计算它们是有限元方法中又一个重要的问题.

给出单元 $e = \triangle P_iP_jP_m$ 后, 按式 (7.2.16) 算出 $a_i, b_i, \cdots, a_m, b_m$ 和按式 (7.2.14) 算出 Δ_e 后, 利用式 (7.2.27) 就得常数矩阵 B, 故无需再作讨论. 而由线性函数 $N_i(x,y)$, $N_j(x,y)$, $N_m(x,y)$ 作分量的向量 $\boldsymbol{N}(x,y)$ 则应进一步讨论.

为书写方便, 不妨设单元 e 的三个按逆时针方向排列的顶点为 $P_1(x_1,\ y_1)$, $P_2(x_2,y_2)$, $P_3(x_3,y_3)$(图 7.2.6), 在此单元 e 上线性插值的基函数为 $N_1(x,y)$, $N_2(x,y)$, $N_3(x,y)$. 如果单元 e 的面积为 Δ, 那么, 由 (7.2.16) 的前一式

$$N_1(x,y) = \frac{1}{2\Delta}\begin{vmatrix} 1 & x & y \\ 1 & x_2 & y_2 \\ 1 & x_3 & y_3 \end{vmatrix}. \tag{7.2.48}$$

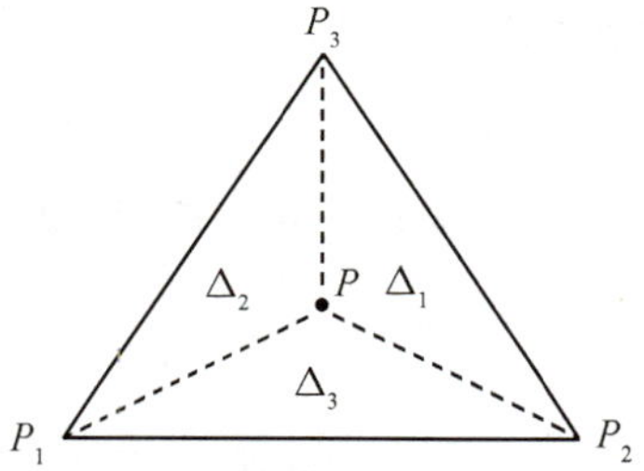

图7.2.6

在 $e = \triangle P_1P_2P_3$ 内任取一点 $P(x,y)$, 于是, $\triangle PP_2P_3$ 的面积为

$$\Delta_1(x,y) = \frac{1}{2}\begin{vmatrix} 1 & x & y \\ 1 & x_2 & y_2 \\ 1 & x_3 & y_3 \end{vmatrix}.$$

与式 (7.2.48) 比较, 得到

$$N_1(x,y) = \frac{\Delta_1}{\Delta} = \frac{\Delta PP_2P_3\text{面积}}{\Delta P_1P_2P_3\text{面积}},$$

同理可得

$$N_2(x,y) = \frac{\Delta_2}{\Delta} = \frac{\Delta P_1PP_3\text{面积}}{\Delta P_1P_2P_3\text{面积}},$$

$$N_3(x,y) = \frac{\Delta_3}{\Delta} = \frac{\Delta P_1P_2P\text{面积}}{\Delta P_1P_2P_3\text{面积}}.$$

也就是说, $\boldsymbol{N}(x,y)$ 的三个分量有明显的几何意义. 我们引入三个变量 $\lambda_1, \lambda_2, \lambda_3$:

$$\lambda_i = N_i(x,y) \quad (i=1,2,3). \tag{7.2.49}$$

由式 (7.2.18)~(7.2.20), 得

$$1=\lambda_1+\lambda_2+\lambda_3, \tag{7.2.50}$$

$$x=x_1\lambda_1+x_2\lambda_2+x_3\lambda_3, \tag{7.2.51}$$

$$y=y_1\lambda_1+y_2\lambda_2+y_3\lambda_3, \tag{7.2.52}$$

因此, 当 $\Delta\neq 0$ 时, 只要 $\lambda_1+\lambda_2+\lambda_3=1$, 则 $(\lambda_1,\lambda_2,\lambda_3)$ 与 (x,y) 是一一对应的; 也就是说, 可以用 $(\lambda_1,\lambda_2,\lambda_3)$ 作为坐标表示单元 e(甚至是整个平面) 上的点 (x,y). 由于

$$\lambda_i=\frac{\Delta_i(x,y)}{\Delta}\quad (i=1,2,3),$$

它们是三角形面积之比, 所以称 $(\lambda_1,\lambda_2,\lambda_3)$ 为面积坐标, 它有以下几条十分有用的性质.

(1) $\lambda_1+\lambda_2+\lambda_3=1$, 即只有两个变元是独立的.

(2) 当点 $P(x,y)$ 在单元 e 上变动时, 对应的面积坐标

$$0\leqslant\lambda_i\leqslant 1\quad (1\leqslant i\leqslant 3).$$

e 的三个顶点 P_1,P_2,P_3 和形心 Q 的坐标分别是

$$(1,0,0),\quad (0,1,0),\quad (0,0,1)\text{ 和 }\left(\frac{1}{3},\frac{1}{3},\frac{1}{3}\right).$$

(3) e 的三条边 P_2P_3,P_3P_1,P_1P_2 的方程分别是

$$\lambda_1=0,\quad \lambda_2=0,\quad \lambda_3=0.$$

(4) 若取 λ_1,λ_2 为独立变量 $(\lambda_3=1-\lambda_1-\lambda_2)$, 则线性变换

$$\begin{cases}\lambda_1=\dfrac{1}{2\Delta}(a_1x+b_1y+c_1),\\[2mm] \lambda_2=\dfrac{1}{2\Delta}(a_2x+b_2y+c_2)\end{cases} \tag{7.2.53}$$

将 (x,y) 平面上的单元 e 变为 (λ_1,λ_2) 平面上的标准单元 $\widehat{e}=\{\lambda_1\geqslant 0,\ \lambda_2\geqslant 0,\ \lambda_1+\lambda_2\leqslant 1\}$, 我们已在 7.2.1 节中指出过这一点. 变换 (7.2.53) 的逆变换为

$$\begin{cases}x=(x_1-x_3)\lambda_1+(x_2-x_3)\lambda_2+x_3,\\ y=(y_1-y_3)\lambda_1+(y_2-y_3)\lambda_2+y_3,\end{cases} \tag{7.2.54}$$

(见式 (7.2.22)), 它的 Jacobi 行列式是

$$\frac{D(x,y)}{D(\lambda_1,\lambda_2)}=2\Delta.$$

(5) 当取变量 λ_1, λ_2 为独立变量时, 利用式 (7.2.53) 和 (7.2.16) 得

$$\begin{cases} \dfrac{\partial \lambda_1}{\partial x} = \dfrac{1}{2\Delta}(y_2 - y_3), & \dfrac{\partial \lambda_1}{\partial y} = \dfrac{1}{2\Delta}(x_3 - x_2), \\ \dfrac{\partial \lambda_2}{\partial x} = \dfrac{1}{2\Delta}(y_3 - y_1), & \dfrac{\partial \lambda_2}{\partial y} = \dfrac{1}{2\Delta}(x_1 - x_3). \end{cases} \tag{7.2.55}$$

(6) 任何一个 x, y 的 k 次多项式是 $\lambda_1, \lambda_2, \lambda_3$ 的齐 k 次多项式, 反之亦然. 事实上, 对每一个 r $(r \leqslant k)$ 次单项式乘以 $(\lambda_1 + \lambda_2 + \lambda_3)^{k-r} = 1$, 然后展开, 得到 $\lambda_1, \lambda_2, \lambda_3$ 的齐 k 次多项式. 逆命题是显然成立的.

(7) 在单元 $e = \triangle P_1P_2P_3$ 的每一条边上, λ_i $(i = 1, 2, 3)$ 都是弧长参数 s 的一次式. 以 P_1P_2 边为例, 设 $P_1(s = 0)$, $P_2(s = l)$, 那么

$$\lambda_1|_{P_1P_2} = 1 - \frac{s}{l}, \quad \lambda_2|_{P_1P_2} = \frac{s}{l}, \quad \lambda_3|_{P_1P_2} = 0. \tag{7.2.56}$$

事实上, 第三个等式是显然的, 故

$$(\lambda_1 + \lambda_2)|_{P_1P_2} = 1.$$

注意到 $\lambda_2|_{P_1P_2}$ 与 P_1P_2 边上的弧长参数 s 都是线性函数, 且在 P_1 点同取零值, 便易知

$$\lambda_2|_{P_1P_2} = \frac{s}{l}.$$

面积坐标的这些性质今后常用到.

我们已经看到, 在作单元分析时需要计算大量的积分. 如果把被积函数的积分变量 (x, y) 改用面积坐标表示, 则会给积分的计算带来极大的方便. 例如, 对任何一个在单元 $e = \triangle P_iP_jP_m$ 的积分

$$\begin{aligned} \iint\limits_e F \mathrm{d}x\mathrm{d}y &= \iint\limits_{\hat{e}} F(\lambda_1, \lambda_2) \left| \frac{D(x, y)}{D(\lambda_1, \lambda_2)} \right| \mathrm{d}\lambda_1 \mathrm{d}\lambda_2 \\ &= 2\Delta_e \int_0^1 \mathrm{d}\lambda_1 \int_0^{1-\lambda_1} F(\lambda_1, \lambda_2)\mathrm{d}\lambda_2, \end{aligned} \tag{7.2.57}$$

可以化为在标准单元 $\hat{e}$ 上的积分.

如果被积函数 F 是 x, y 的多项式, 那么, 在面积坐标之下, F 化为 $\lambda_1, \lambda_2, \lambda_3$ 的齐次多项式 (见上述性质 (6)), 可以直接把积分结果计算出来. 例如,

$$\begin{aligned} \iint\limits_e \lambda_1^{\alpha_1}\lambda_2^{\alpha_2}\lambda_3^{\alpha_3}\mathrm{d}x\mathrm{d}y &= \iint\limits_{\hat{e}} \lambda_1^{\alpha_1}\lambda_2^{\alpha_2}(1 - \lambda_1 - \lambda_2)^{\alpha_3} \cdot 2\Delta_e \mathrm{d}\lambda_1\mathrm{d}\lambda_2 \\ &= 2\Delta_e \int_0^1 \mathrm{d}\lambda_1 \int_0^1 \lambda_1^{\alpha_1}(1 - \lambda_1)^{\alpha_2+\alpha_3+1} t^{\alpha_2}(1 - t)^{\alpha_3}\mathrm{d}t, \end{aligned}$$

其中最后一步用了变量变换 $\lambda_2=(1-\lambda_1)t$. 再利用 Euler 积分公式

$$\int_0^1 t^m(1-t)^n\mathrm{d}t=\frac{m!\,n!}{(m+n+1)!},$$

最后得

$$\iint_e \lambda_1^{\alpha_1}\lambda_2^{\alpha_2}\lambda_3^{\alpha_3}\mathrm{d}x\mathrm{d}y=2\Delta_e\frac{\alpha_1!\,\alpha_2!\,\alpha_3!}{(\alpha_1+\alpha_2+\alpha_3+2)!}. \tag{7.2.58}$$

如果被积函数 F 不是多项式, 而且积分也不容易直接计算出来时, 那么可以应用数值积分, 通过面积坐标, 任何一个三角形单元 $e=\triangle P_iP_jP_m$ 上的求积公式可以写为

$$\iint_e F\mathrm{d}x\mathrm{d}y\approx\Delta_e\sum_{k=1}^m\rho^{(k)}F(\lambda_1^{(k)},\lambda_2^{(k)},\lambda_3^{(k)}), \tag{7.2.59}$$

其中 $(\lambda_1^{(k)},\lambda_2^{(k)},\lambda_3^{(k)})$ 是求积结点的面积坐标, $\rho^{(k)}$ 是求积系数. 本书末尾附有一些常用的数值积分公式.

对于在线单元上的积分 (如式 (7.2.35), (7.2.37)), 也可类似地处理. 例如, 某个线元 γ 的两端点为 $P_1(x_1,y_1)$ 和 $P_2(x_2,y_2)$. 这时, 在 γ 上的任何一点 $P(x,y)$ 应有

$$\begin{cases} 1=\lambda_1+\lambda_2, \qquad \lambda_1\geqslant 0,\quad \lambda_2\geqslant 0, & (7.2.60)\\ x=\lambda_1x_1+\lambda_2x_2, & (7.2.61)\\ y=\lambda_1y_1+\lambda_2y_2. & (7.2.62)\end{cases}$$

这说明满足 $\lambda_1+\lambda_2=1$ 的 (λ_1,λ_2) 与 γ 上的点 $P(x,y)$ 有一一对应关系. (图 7.2.7) 因为 λ_1,λ_2 正好是 P 点把 P_1P_2 分成的两段线段与 P_1P_2 的长 l 之比 (见上述性质 (7)), 故称它为长度坐标. 当然, 它只有一个变量是独立的.

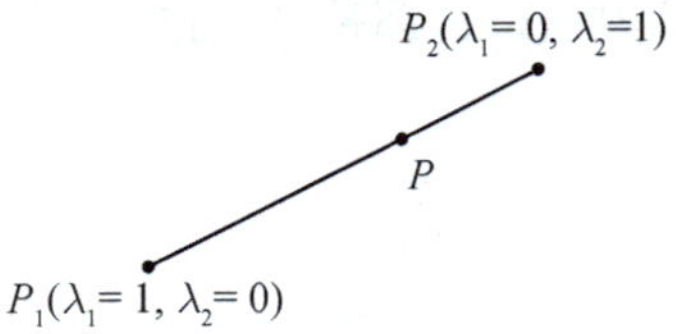

图 7.2.7

利用长度坐标计算线单元 γ 上的积分也是十分方便的. 例如

$$\int_\gamma F\mathrm{d}s=\int_1^0 F(\lambda_1,\lambda_2)\frac{\mathrm{d}s}{\mathrm{d}\lambda_1}\mathrm{d}\lambda_1=l\int_0^1 F(\lambda_1,1-\lambda_1)\mathrm{d}\lambda_1, \tag{7.2.63}$$

其中 l 表示 γ 的长度.

当被积函数是多项式时, 也可以直接将积分值计算出来. 这时, 可以利用下列结果

$$\int_\gamma \lambda_1^{\alpha_1}\lambda_2^{\alpha_2}\mathrm{d}s=l\frac{\alpha_1!\,\alpha_2!}{(\alpha_1+\alpha_2+1)!} \tag{7.2.64}$$

(请读者证明它). 至于线元时的数值积分公式, 一般形式为

$$\int_\gamma F ds = l\sum_{k=1}^{m}\rho^{(k)}F(\lambda_1^{(k)},\lambda_2^{(k)}), \tag{7.2.65}$$

其中 $(\lambda_1^{(k)},\lambda_2^{(k)})$ 为 γ 上求积结点的长度坐标, $\rho^{(k)}$ 为相应的权系数.

7.2.4　本质边界条件的处理

通过单元分析和总体合成, 我们得到了总刚度矩阵 K 和总荷载向量 $\boldsymbol{f}$. 边值问题 (P) 化为：求 $\boldsymbol{u}\in V_h$ 满足

$$\boldsymbol{u}^{\mathrm{T}}K\boldsymbol{v}-\boldsymbol{f}^{\mathrm{T}}\boldsymbol{v}=0,\quad \forall\boldsymbol{v}\in V_h.$$

由于 V_h 中的函数 v 都满足 $v\Big|_{\Gamma_h^{(0)}}=0$, 因此向量 $\boldsymbol{v}$ 和未知向量 $\boldsymbol{u}$ 在 ${\Gamma_h}^{(0)}$ 结点上的分量都应该取零值.

如果我们对 $\overline{\Omega}_h$ 作三角剖分时, 将 ${\Gamma_h}^{(0)}$ 上的结点编号放在最后, 并且设 $\overline{\Omega}_h\backslash{\Gamma_h}^{(0)}$ 上共有 N 个结点, 那么, 对于向量 $\boldsymbol{u},\boldsymbol{v}\in V_h$ 应该有以下形式

$$\boldsymbol{u}=[u_1,\cdots,u_N,0,\cdots,0]^{\mathrm{T}},$$

$$\boldsymbol{v}=[v_1,\cdots,v_N,0,\cdots,0]^{\mathrm{T}}.$$

或者记为

$$\boldsymbol{u}=[\tilde{\boldsymbol{u}},0]^{\mathrm{T}},\quad \boldsymbol{v}=[\tilde{\boldsymbol{v}},\boldsymbol{0}]^{\mathrm{T}},$$

其中 $\tilde{\boldsymbol{u}}$, $\tilde{\boldsymbol{v}}$ 都是 N 维的. 又将矩阵 K 分块

$$K=\begin{bmatrix}\tilde{K} & K_{12}\\ K_{21} & K_{22}\end{bmatrix}, \tag{7.2.66}$$

其中 $\tilde{K}$ 是 N 阶方阵. 对向量 $\boldsymbol{f}$ 也类似地分块

$$\boldsymbol{f}=[\,\tilde{\boldsymbol{f}},\ \tilde{\tilde{\boldsymbol{f}}}\,]^{\mathrm{T}}, \tag{7.2.67}$$

其中 $\tilde{\boldsymbol{f}}$ 是 N 维的. 经过如此处理后, 各个量代入方程 (7.2.47)

$$[\,\tilde{\boldsymbol{u}},0\,]\begin{bmatrix}\tilde{K} & K_{12}\\ K_{21} & K_{22}\end{bmatrix}\begin{bmatrix}\tilde{\boldsymbol{v}}\\ \boldsymbol{0}\end{bmatrix}-[\,\tilde{\boldsymbol{f}},\ \tilde{\tilde{\boldsymbol{f}}}\,]\begin{bmatrix}\tilde{\boldsymbol{v}}\\ \boldsymbol{0}\end{bmatrix}=0,$$

亦即

$$\tilde{\boldsymbol{u}}^{\mathrm{T}}\tilde{K}\tilde{\boldsymbol{v}}-\tilde{\boldsymbol{f}}^{\mathrm{T}}\tilde{\boldsymbol{v}}=0,\quad \forall\tilde{\boldsymbol{v}}\in\mathbf{R}^N. \tag{7.2.68}$$

由于 $\tilde{\boldsymbol{v}}\in\mathbf{R}^N$ 是任意的, 所以 $\tilde{\boldsymbol{u}}\in\mathbf{R}^N$ 满足

$$\tilde{K}\tilde{\boldsymbol{u}}=\tilde{\boldsymbol{f}}. \tag{7.2.69}$$

这就是我们需要求解的线性代数方程组 —— 有限元方程.

显然, 只需要划去总刚度矩阵 K 的最后 N_P-N 行和 N_P-N 列就得到 $\tilde{K}$, 划去总荷载向量 $\boldsymbol{f}$ 的最后 N_P-N 个分量就得到 $\tilde{\boldsymbol{f}}$.

附注 7.2.7　如果不将 ${\Gamma_h}^{(0)}$ 上的结点编号放在最后, 而是夹杂在其他结点之中, 例如这些结点的编号是 $(1\leqslant)i<j<\cdots<m(\leqslant N_P)$, 那么, 当 N_P 维向量 $\boldsymbol{u},\boldsymbol{v}\in V_h$ 时, 它们的第 i, 第 $j,\cdots$, 第 m 个分量应当是零. 也就是说, 向量 $\boldsymbol{u},\boldsymbol{v}$ 属于 $\mathbf{R}^{N_P}$ 中的一个 N 维子空间. 我们把 $\mathbf{R}^{N_P}$ 中满足这种约束条件的向量 $\boldsymbol{u},\boldsymbol{v}$ 记为 $\tilde{\boldsymbol{u}},\tilde{\boldsymbol{v}}$, 近似变分方程 (7.2.47) 就相当于求 $\tilde{\boldsymbol{u}}\in V_h$, 使得

$$\tilde{\boldsymbol{u}}^{\mathrm{T}}K\tilde{\boldsymbol{v}}-\boldsymbol{f}^{\mathrm{T}}\tilde{\boldsymbol{v}}=0,\quad \forall\tilde{\boldsymbol{v}}\in V_h. \tag{7.2.70}$$

于是, 从 $\tilde{\boldsymbol{v}}$ 的任意性得到: $\tilde{\boldsymbol{u}}\in V_h$ 满足方程

$$K\tilde{\boldsymbol{u}}=\boldsymbol{f}. \tag{7.2.71}$$

但容易验证, 上述方程又相当于求 $\boldsymbol{u}\in\mathbf{R}^{N_P}$ 使得满足有限元方程

$$\tilde{K}\boldsymbol{u}=\tilde{\boldsymbol{f}}, \tag{7.2.72}$$

其中 N_P 阶 (不是 N 阶) 方阵 $\tilde{K}$ 是如此形成的:

(1) 将方阵 K 的第 i , 第 j , $\cdots$, 第 m 行和列的元素都改为 0;

(2) 将所得方阵的第 i , 第 j , $\cdots$, 第 m 行的对角线元素改为 1.

至于 N_P 维 (不是 N 维) 向量 $\tilde{\boldsymbol{f}}$ 则是将向量 $\boldsymbol{f}$ 的第 i , 第 j , $\cdots$, 第 m 个分量改为 0 后得到的.

求解式 (7.2.72) 比求解式 (7.2.71) 方便, 因为未知向量 $\boldsymbol{u}\in\mathbf{R}^{N_P}$ 不受任何约束, 而解得的结果 $\boldsymbol{u}$ 却会自动在 V_h 中.

最后, 对于非齐次边界条件再作一点讨论. 如果式 (7.2.2) 是非齐次的

$$u(x,y)\big|_{\Gamma_0}=\alpha(x,y), \tag{7.2.73}$$

我们引入容许函数类

$$M=\{v(x,y)\in H^1(\Omega);v\big|_{\Gamma_0}=\alpha(x,y)\}, \tag{7.2.74}$$

它不是一个线性空间 (因为当 $u,v\in M$ 时 $u+v\notin M$), 但却是一个线性流形 (因为当 $u,v\in M$ 时 $(\lambda_1u+\lambda_2v)\in M,\forall\lambda_1+\lambda_2=1$).

与上文同样方式引入空间 $H^1(\Omega)$ 上的双线性泛函 $A(u,v)$ 和线性泛函 $F(v)$, 以及 $H^1(\Omega)$ 的子空间

$$V = \{v(x,y) \in H^1(\Omega); v\big|_{\Gamma_0} = 0\}, \tag{7.2.75}$$

那么, 边值问题 (P) 的 Galerkin 意义的广义解应当是 $u \in M$ 满足

$$A(u,v) - F(v) = 0, \quad \forall v \in V. \tag{7.2.76}$$

这里, 解的集合 M 与检验函数空间 V 不是同一个. 因为在第 6 章中已指出: v 相当于虚位移, 或相当于函数 u 的变分 δu, 为了使得 $u+v \in M$, 故 v 应当满足齐次边界条件 $v\big|_{\Gamma_0} = 0$.

对区域 Ω 作三角剖分和线性插值之后, 得到 M 的有限维子流形

$$M_h = \{v(x,y) \in C(\overline{\Omega}_h), v\text{在每个单元上线性}, v\big|_{\Gamma_h^{(0)}} = \alpha_h(x,y)\}, \tag{7.2.77}$$

其中定义在 $\Gamma_h^{(0)}$ 上的函数 $\alpha_h(x,y)$ 是 $\alpha(x,y)$ 的线性插值函数. V 的有限维子空间仍是

$$V_h = \{v(x,y) \in C(\overline{\Omega}_h), v\text{在每个单元上线性}, v\big|_{\Gamma_h^{(0)}} = 0\}. \tag{7.2.78}$$

于是, 边值问题 (P) 的 Galerkin 有限元解为: $u_h \in M_h$ 满足

$$A(u_h,v) - F(v) = 0, \quad \forall v \in V_h. \tag{7.2.79}$$

经过单元分析和总体合成之后, 问题化为求向量 $\boldsymbol{u} \in M_h$, 使得

$$\boldsymbol{u}^{\mathrm{T}} K \boldsymbol{v} - \boldsymbol{f}^{\mathrm{T}} \boldsymbol{v} = 0, \quad \forall \boldsymbol{v} \in V_h . \tag{7.2.80}$$

为表示方便, 假设作三角剖分时 $\Gamma_h^{(0)}$ 上的结点编号在最后, $\overline{\Omega}_h \backslash \Gamma_h^{(0)}$ 上共有 N 个结点, 于是, 向量 $\boldsymbol{u} \in M_h$ 和 $\boldsymbol{v} \in V_h$ 应该有以下的形式

$$\boldsymbol{u} = [u_1, u_2, \cdots, u_N, \alpha_{N+1}, \cdots, \alpha_{N_P}]^{\mathrm{T}},$$

$$\boldsymbol{v} = [v_1, v_2, \cdots, v_N, 0, \cdots, 0]^{\mathrm{T}}.$$

其中 $\alpha_i = \alpha(x_i, y_i)$ $(N+1 \leqslant i \leqslant N_P)$ 表示 $\alpha(x,y)$ 在结点 $P_i \in \Gamma_h^{(0)}$ 上的值, 或者简记为

$$\boldsymbol{u} = [\tilde{\boldsymbol{u}}, \boldsymbol{\alpha}]^{\mathrm{T}}, \qquad \boldsymbol{v} = [\tilde{\boldsymbol{v}}, \boldsymbol{0}]^{\mathrm{T}}.$$

其中 $\tilde{\boldsymbol{u}}, \tilde{\boldsymbol{v}}$ 都是 N 维的. 对矩阵 K 和向量 $\boldsymbol{f}$ 分别作形如式 (7.2.66) 和 (7.2.67) 的分块, 那么, 方程 (7.2.80) 化为

$$[\tilde{\boldsymbol{u}}, \boldsymbol{\alpha}] \begin{bmatrix} \tilde{K} & K_{12} \\ K_{21} & K_{22} \end{bmatrix} \begin{bmatrix} \tilde{\boldsymbol{v}} \\ \boldsymbol{0} \end{bmatrix} - [\tilde{\boldsymbol{f}}, \ \tilde{\tilde{\boldsymbol{f}}}] \begin{bmatrix} \tilde{\boldsymbol{v}} \\ \boldsymbol{0} \end{bmatrix} = 0,$$

即

$$\tilde{\boldsymbol{u}}^{\mathrm{T}}\tilde{K}\tilde{\boldsymbol{v}}+\boldsymbol{\alpha}^{\mathrm{T}}K_{21}\tilde{\boldsymbol{v}}-\tilde{\boldsymbol{f}}^{\mathrm{T}}\tilde{\boldsymbol{v}}=0.$$

也就是说, 求 $\tilde{\boldsymbol{u}}\in\mathbf{R}^N$ 满足

$$(\tilde{\boldsymbol{u}}^{\mathrm{T}}\tilde{K}+\boldsymbol{\alpha}^{\mathrm{T}}K_{21})\tilde{\boldsymbol{v}}-\tilde{\boldsymbol{f}}^{\mathrm{T}}\tilde{\boldsymbol{v}}=0,\quad \forall\tilde{\boldsymbol{v}}\in\mathbf{R}^{\mathrm{N}}.$$

由 $\tilde{\boldsymbol{v}}$ 的任意性, 故相当于求 $\tilde{\boldsymbol{u}}\in\mathbf{R}^N$, 满足

$$\tilde{K}\tilde{\boldsymbol{u}}+K_{12}\boldsymbol{\alpha}=\tilde{\boldsymbol{f}}.$$

这里用到了 K 的对称性 (从而 $\tilde{K}=\tilde{K}^{\mathrm{T}},K_{21}^{\mathrm{T}}=K_{12}$). 由于 $\boldsymbol{\alpha}$ 是已知的, 所以 $\tilde{\boldsymbol{u}}\in\mathbf{R}^N$ 满足有限元方程

$$\tilde{K}\tilde{\boldsymbol{u}}=\tilde{\boldsymbol{f}}-K_{12}\boldsymbol{\alpha}. \tag{7.2.81}$$

写成分量的形式就是

$$\sum_{j=1}^{N}k_{ij}u_j=f_i-k_{i\ N+1}\alpha_{N+1}-\cdots-k_{i\ N_P}\alpha_{N_P}\quad(1\leqslant i\leqslant N). \tag{7.2.82}$$

所以, 我们对总刚度矩阵 K 和总荷载向量 $\boldsymbol{f}$ 作如下的处理就得到方程组 (7.2.81):

(1) 将矩阵 K 的第 j 列元素 $(N+1\leqslant j\leqslant N_P)$ 乘以 α_j , 变号后叠加到右端向量 $\boldsymbol{f}$ 上;

(2) 将矩阵 K 的第 $N+1$ 列到第 N_P 列元素全部划去, 第 $N+1$ 行到第 N_P 行的元素也全部划去, 即得 $\tilde{K}$;

(3) 划去修改过的向量 $\boldsymbol{f}$ 的最后 N_P-N 个分量, 即得 $\tilde{\boldsymbol{f}}-K_{12}\boldsymbol{\alpha}$.

至于 $\Gamma_h^{(0)}$ 上结点编号不在最后的情形, 读者可参考上文类似讨论.

7.2.5　有限元方程的求解

经过处理本质边界条件之后, 我们得到了可以求解的有限元方程: 求 $\boldsymbol{u}\in\mathbf{R}^N$ 满足

$$\tilde{K}\boldsymbol{u}=\tilde{\boldsymbol{f}}. \tag{7.2.83}$$

前面已指出, 对第一类和第三类边界条件, $\tilde{K}$ 是 (对称) 正定的矩阵. 在二维问题时, 虽然它不像两点边值问题那样是三对角线的, 但它仍然是一个稀疏矩阵, 有大量的零元素. 事实上, 在作单元分析时, 我们知道, 单元 $e=\triangle P_iP_jP_m$ 所产生的单元刚度矩阵 $A^{(e)}$ 只对总刚度矩阵 K 的第 i 、第 j 、第 m 行和列有贡献. 所以, 任意取出矩阵 K 的第 n 行元素 $k_{n1},k_{n2},\cdots,k_{nN_P}$ 来考虑的话 $(1\leqslant n\leqslant N_P)$, 只要观察第 n 号结点周围的情形就可以知道那些元素不为 0. 例如, 若 n 号结点分别只

和第 i、第 j、…、第 m 号结点属于同一个单元, 与其他结点都不属于同一单元, 那么, 这一行元素中只有 $k_{ni}, k_{nj}, \cdots, k_{nm}$ 不是零, 其余元素都是零.

因此, 只要对区域的三角剖分和结点编号确定, 就立即可以知道总刚度矩阵 K 的非零元素分布状况.

在某些情况下, 我们希望 K 的非零元素集中在对角线两旁, 以形成带宽较小的带状矩阵. 为此, 作完三角剖分之后可以适当地给结点排号, 使得矩阵 K 的带宽尽可能地小. 例如, 图 7.2.8 中按图 (a) 的编号带宽就小于按图 (b) 的编号.

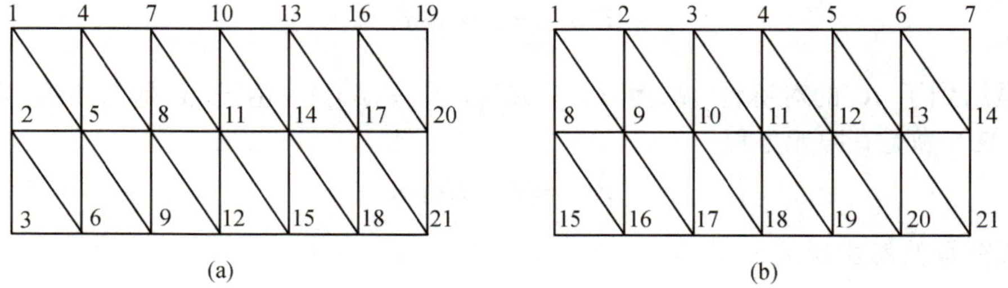

图 7.2.8

按图 (a) 编号时, K 的第 5 行 (对应 5 号结点) 有以下非零元素: k_{51}, k_{52}, k_{54}, k_{55}, k_{56}, k_{58}, k_{59}; 而按图 (b) 编号时, K 的第 9 行 (对应 9 号结点, 它与图 (a) 的 5 号结点是同一个点) 有以下非零元素：k_{91}, k_{92}, k_{98}, k_{99}, $k_{9\,10}$, $k_{9\,16}$, $k_{9\,17}$. 虽然都是 7 个元素, 显然前者较为集中在对角线元素周围.

矩阵 $\tilde{K}$ 的对称、正定、稀疏性质对于实际求解是极为有利的. 一般的 N 阶矩阵有 N^2 个元素, 即使矩阵对称, 也需存储 $N(N+1)/2$ 个元素, 当 N 很大时 (实用上可成千上万) 存储量是十分可观的. 但稀疏性就大大节约了存储.

因此, 有限元方法导出的线性代数方程组具有很好的性质. 当未知量的数目 N 不是很大时, 可以用直接法 (例如消元法、Cholesky 法) 求解. 但随着 N 的增大, 采用迭代法是有利的. 与差分法类似, 有限元方法的系数矩阵的条件数随着网络步长 h 的缩小而迅速增大, 因此, 针对克服这一困难而产生的预处理共轭梯度法、多重网格法 (见第 **??** 章) 和区域分解法是近年来受人瞩目的新型算法.

7.2.6 有限元方法的一般过程

我们将上面所讨论的内容再归纳一下, 以利于读者掌握有限元方法的基本结构.

(1) 将边值问题 (P) 化为对应的变分问题. 这时, 应用 Galerkin 形式比较方便: 求 $u \in V$ 使得

$$A(u,v) = F(v), \qquad \forall v \in V\ .$$

如果 V 上的双线性泛函 $A(u,v)$ 对称, 也可以采用 Ritz 形式: 求 $u \in V$ 使得

$$J(u) = \min_{v \in V} J(v),$$

其中

$$J(v) = \frac{1}{2}A(v,v) - F(v).$$

(2) 通过裁弯取直, 将求解区域 Ω 及其边界 Γ 近似为多角形区域 Ω_h 及其边界 Γ_h. 然后在 $\overline{\Omega}_h$ 上作一定规则的三角剖分, 并且对结点作出编号. 为了以后运算的需要, 应该给出以下一些信息:

所有结点的坐标 $\{(x_i, y_i)\}$;

所有单元 e 的顶点号 —— 单元信息 $\{(i,j,m)\}$;

所有 $\Gamma_h^{(0)}$ 上的结点号 $\{i\}$;

所有 $\Gamma_h^{(1)}$ 上的线单元的顶点号 $\{(i,j)\}$.

(3) 构造单元上的插值基函数 (目前只考虑线性插值), 作每个单元和线元上的分析, 以算出 $A^{(e)}, A_0^{(e)}, \boldsymbol{b}^{(e)}, \boldsymbol{b}_0^{(e)}$. 在具体计算时, 可以应用在第 (2) 步中给出的信息, 逐个单元、线元地进行. 开始时, 先将矩阵 K 和向量 $\boldsymbol{f}$ 全部置 0, 然后把求出的单元 (线元) 刚度矩阵 $A^{(e)}(A_0^{(e)})$ 叠加到总刚度矩阵 K 上, 把单元 (线元) 上的荷载 $\boldsymbol{b}^{(e)}(\boldsymbol{b}_0^{(e)})$ 叠加到总荷载向量 $\boldsymbol{f}$ 上.

(4) 对矩阵 K 和向量 $\boldsymbol{f}$ 通过“划行划列”的方法处理本质边界条件, 形成有限元方程 $\tilde{K}\boldsymbol{u} = \tilde{\boldsymbol{f}}$.

(5) 求解有限元方程. 得到解向量 $\boldsymbol{u}$ 之后, 就得到有限元解 $u_h(x,y)$ 在结点上的值 $u_h(x_i,y_i) = u_i(1 \leqslant i \leqslant N_P)$. 如果需要 $u_h(x,y)$ 在非结点上的值, 那么, 当 $(x,y) \in \triangle P_iP_jP_m$ 时

$$u_h(x,y) = N_i(x,y)u_i + N_j(x,y)u_j + N_m(x,y)u_m.$$

如果需要 $u_h(x,y)$ 的导数, 那么, 在 $\triangle P_iP_jP_m$ 上,

$$\begin{cases} \dfrac{\partial u_h}{\partial x} = \dfrac{1}{2\Delta_e}[(y_j - y_m)u_i + (y_m - y_i)u_j + (y_i - y_j)u_m], \\[2ex] \dfrac{\partial u_h}{\partial y} = \dfrac{1}{2\Delta_e}[(x_j - x_m)u_i + (x_m - x_i)u_j + (x_i - x_j)u_m]. \end{cases}$$

在单元 $\triangle P_iP_jP_m$ 上它是常量. 如果要求结点处的导数值, 则可以取相邻单元上的导数值按其面积加权平均.

本章小结与补充讨论

本章的目的在于使读者对有限元方法有个最基本的了解. 因此, 我们通过一维、二维两个边值问题给出了计算的过程, 而不作理论上的分析, 也不给出其他形式的剖分和插值. 要求读者掌握如何将求边值问题古典解化为求变分问题的广义解, 如何通过剖分插值构造有限元空间, 如何通过单元分析和总体合成形成总刚度矩阵和总荷载向量, 如何处理本质边界条件而得到有限元方程, 并了解这类方程的特点和求解方法.

更进一步的讨论在下章给出.

习　题

1. 考虑两点边值问题

$$\begin{cases} -\dfrac{\mathrm{d}}{\mathrm{d}x}\left(p\dfrac{\mathrm{d}u}{\mathrm{d}x}\right)+qu=f, \quad a<x<b, \\ u(a)=\alpha, \quad u(b)=\beta, \end{cases}$$

其中 $p(x)\geqslant p_0>0,\ q(x)\geqslant 0$.

(1) 用等距结点线性元推导出有限元方程.

(2) 仍然用等距结点, 但用中心差商代替导数, 导出差分方程.

(3) 试比较上述有限元方程和差分方程.

2. 考虑 Laplace 方程的混合边值问题

$$\begin{cases} \dfrac{\partial^2 u}{\partial x^2}+\dfrac{\partial^2 u}{\partial y^2}=0 \quad (0<x<1,\ \ 0<y<1), \\ u=1 \quad (y=0), \\ \dfrac{\partial u}{\partial \boldsymbol{n}}=0 \ \ (x=0,\ \ x=1,\ \ y=1). \end{cases}$$

将单位正方形 $0\leqslant x\leqslant 1,\ 0\leqslant y\leqslant 1$ 用平行于坐标轴的线段作等距剖分, 得到 $(N-1)^2$ 个边长为 h 的小正方形, 然后又用一系列平行线把这些小正方形每个剖分成两个直角三角形.

对此三角剖分, 用线性元推导出上述边值问题的有限元方程, 并与相应的五点格式差分方程作比较.

3. 考虑 Poisson 方程的第一边值问题

$$\begin{cases} -\Delta u=f, \quad 在\ \Omega\ 内, \\ u=\varphi, \quad 在\ \Gamma\ 上. \end{cases}$$

由于在 Γ 上的边界条件是非齐次的, 试讨论在形成总刚度矩阵 K 之后, 应如何处理这类非齐次的强制约束条件?

4. 考虑一个三维轴对称问题

$$\begin{cases} -\left[\dfrac{\partial}{\partial x}\left(a\dfrac{\partial u}{\partial x}\right)+\dfrac{\partial}{\partial y}\left(a\dfrac{\partial u}{\partial y}\right)+\dfrac{\partial}{\partial z}\left(a\dfrac{\partial u}{\partial z}\right)\right]=f, \quad 在\ \Omega\ 内, \\ a\dfrac{\partial u}{\partial n}+ku=\beta, \quad 在\ \Gamma_1\ 上, \\ u=\alpha, \quad 在\ \Gamma_0\ 上. \end{cases}$$

其中区域 Ω 是以 z 轴为对称轴的旋转体, 当方程中的系数 a, k, f, β, α 等都具有回转不变性时, 该边值问题的解也具有回转不变性 (即轴对称性). 如果采用柱坐标 r, z, φ, 则一切系数和方程的解都和经度角 φ 无关. 取 $\varphi=0$ 的参考平面 (r,z), 其上的二维区域 ω 以及边界 γ_0, γ_1 绕 Oz 轴转旋而生成 Ω 及边界 Γ_0, Γ_1.

(1) 将三维边值问题化为二维边值问题.

(2) 用与第 2 题相同的三角形线性有限元法解此轴对称问题.

(3) 写出单元刚度矩阵元素和荷载向量.

第 8 章　有限元方法的几个问题

在上一章，我们已经通过求解两个边值问题把有限元方法中一些最基本的过程作了介绍. 但为了更深入地了解这种方法，必须对几个重要的问题作进一步的讨论.

首先，我们只讨论了对区域的三角剖分和分片线性插值这种方式所构造的有限元空间. 事实上，剖分和插值的方式可以多种多样，以适应不同的问题和不同的精度要求.

其次，求出的有限元解 $u_h(x,y)$ 与边值问题广义解 $u(x,y)$ 之间究竟有多大误差？在什么条件下，$u_h(x,y)$ 能够收敛到 $u(x,y)$？收敛的速度怎样度量?…… 这一系列问题都未涉及.

还有，我们只讨论了两个例子. 虽然它们可以几乎不变地照搬到一般的二阶线性椭圆型方程的边值问题，但是，对于与时间变量有关的问题 (如热传导方程、波动方程的定解问题) 又应当怎么处理?

当然，还可以提出一大堆关于有限元方法的各种问题，但以上一些却是十分基本的. 如果对上述一些问题有个了解后，读者在进一步阅读有限元方法的专门论著时就比较容易. 本章主要内容就是初步回答上面几个问题.

8.1　形状函数与有限元空间

8.1.1　引言

有限元方法用有限维空间 V_h 代替边值问题广义解空间 V，是一种变分近似法. 通过第 6 章所证明的投影定理 (定理 6.4.1) 可知：有限元解与广义解之间的误差是由子空间 V_h 与广义解 $u(x,y)$ 之间的"距离"决定的. 因此，为了提高有限元解的精确度，应当提高有限元空间 V_h 对广义解空间 V 的逼近程度. 一般说来，可以有两种途径达到这个目标：

一是加密网格剖分，使单元的最大直径 h 变小，从而缩短 V_h 与 V 的元素之间的距离.

二是提高分片插值函数的阶，用更高次的多项式逼近广义解，使得在同一个网格时，所得到的有限元解比用线性插值获得的有限元解有更高的精度. 因此，用这种分片高次多项式所构造的有限元空间 V_h 就不同于第 7 章中所用的有限元空间.

在构造有限元空间时，首先是将区域 Ω 作剖分. 对一维区域，情形比较简单，主要把区域剖分为一些区间 e (称为单元) 的和. 对二维区域, 情况就复杂多了, 可以把区域 Ω 剖分为一系列三角形, 也可以剖分为矩形或任意四边形, 甚至同一个区域 Ω 的剖分中既有三角形又有矩形 ······. 因此, 对二维以上的区域, 单元不再限于三角形, 还可以有矩形、四边形、曲边三角形、曲边四边形 ······. 采取什么形式的单元, 主要考虑两个方面: 一是使单元的并集 Ω_h 能充分地逼近求解区域 Ω, 特别是边界 Γ_h 逼近 Γ; 二是和插值函数的形式适应, 详见下文.

将区域剖分之后, 就是构造有限元空间的结点基函数 (如图 8.1.1 所示), 亦即构造定义在 Ω_h 上的函数 $\{\varphi_i\}$ 使得

$$V_h = \mathrm{span}\{\varphi_1, \varphi_2, \cdots, \varphi_N\}.$$

不过, 我们在上一章已经看到, 它们可以通过定义在每个单元上的插值基函数 (或称单元的形状函数, 如图 8.1.2 所示) $\{N_i\}$ 来生成. 因此, 如何构造单元的形状函数就是有限元方法中最关键的步骤之一.

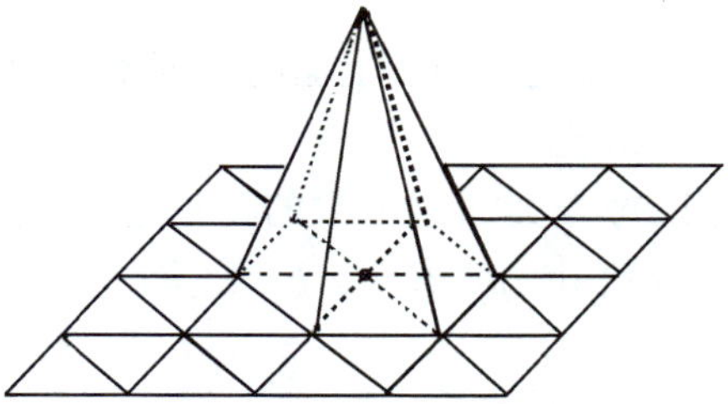

图 8.1.1　有限元空间的结点基函数

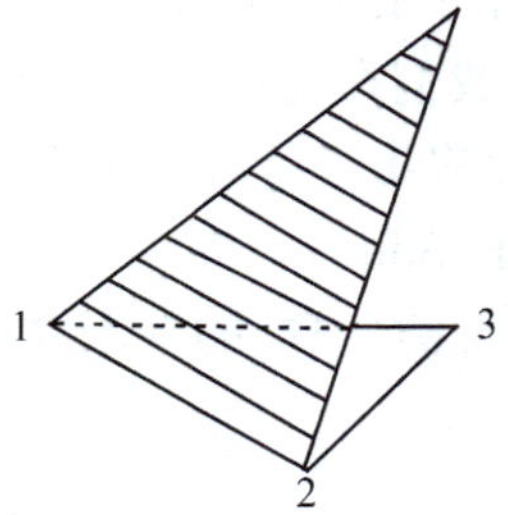

图 8.1.2　单元的形状函数

一旦得到单元的形状函数, 就可以通过它作单元分析, 得到单元刚度矩阵和单元荷载向量. 在这之后, 合成总刚度矩阵和总荷载向量、处理本质边界条件、求解有限元方程组等过程都是标准化的, 不因形状函数的不同而有本质的变化. 因此, 我们把注意力放在构造各种类型的单元形状函数上.

因为不限于讨论三角形上的线性插值, 所以, 每个单元的几何形状不再限定, 每个单元上的插值结点个数和位置也可以根据插值多项式的次数和类型适当取定. 但是, 每种单元的形状函数 $\{N_i\}$ 应当满足以下一些条件:

(1) 每一个形状函数 N_i 都是与单元上插值多项式同一类型的多项式;

(2) 设单元上共有 N 个结点 $P_1, P_2, \cdots, P_N$, 那么, 每个结点 P_i 都对应一个形状函数 N_i(我们暂时只考虑 Lagrange 插值的形状函数), 满足

$$N_i(P_j) = \delta_{ij} \quad (1 \leqslant i, j \leqslant N);$$

(3) 在单元之外, 每个形状函数都取值为零.

显然, 满足上述要求的形状函数是无穷无尽的, 为了确定某一种类型的单元形状函数, 应当明确地给出下列各项信息:

(1) 单元的几何形状;

(2) 单元上结点的个数以及它们的分布情况;

(3) 单元上每个结点的自由度, 亦即在该点上插值多项式有哪些量 (如函数值, 导数值等) 是可以取指定值的.

但是, 以上三项信息又是不能随心所欲地给出的, 它们又必须受到以下各项因素的约束.

(1) 由形状函数所构造的结点基函数系 $\{\varphi_i\}$ 必须在整个区域 Ω 上有一定的光滑性, 使它们所张成的有限元空间 $V_h \subset V$. 也就是说, 每两个相邻的单元在其交界面 (成交界线) 上, 它们的形状函数在"拼接"时有一定的连续性和光滑性, 从而使 $\{\varphi_i\}$ 在交界面上有一定的光滑性.

(2) 由形状函数生成结点基函数系 $\{\varphi_i\}$ 后, 应该使有限元空间 $V_h = \mathrm{span}\{\varphi_1, \varphi_2, \cdots, \varphi_N\}$ 能任意逼近广义解空间 V.

因此, 我们在构造单元的形状函数时, 首先要顾及上面两条因素, 然后再以此来设计单元的几何形状、结点分布及其自由度.

为了在 Sobolev 空间的度量下讨论每一类插值函数的逼近程度, 我们引入 Sobolev 空间 $H^m(\Omega)$ 的半范数. 对一元函数 $u(x) \in H^m(a,b)$, 定义

$$|u|_m = \Big[\int_a^b \Big(\frac{\mathrm{d}^m u}{\mathrm{d}x^m}\Big)^2 \mathrm{d}x\Big]^{1/2}; \tag{8.1.1}$$

对二元函数 $u(x,y) \in H^m(\Omega)$, 定义

$$|u|_m = \Big[\iint\limits_\Omega \sum_{i+j=m} \Big(\frac{\partial^m u}{\partial x^i \partial y^j}\Big)^2 \mathrm{d}x\mathrm{d}y\Big]^{1/2}; \tag{8.1.2}$$

以上的导数都按广义导数理解. 我们称 $|u|_m$ 为 $u \in H^m(\Omega)$ 的半范数. 除了 $|u|_m = 0$ 并不导出 $u = 0$ 之外, 它满足范数定义的三个要求.

为了今后讨论有限元解 u_h 与边值问题广义解 u 之间的误差, 我们不加证明地给出以下 Sobolev 空间中的插值逼近定理.

定理 8.1.1　设区域 Ω 的边界充分光滑, 函数 $u \in H^{k+1}(\Omega)$. 将区域 Ω 剖分为有限多个边界充分光滑的单元 $e_1, e_2, \cdots, e_n$, 每个单元 e_i 的直径为 h_i, 含于 e_i 内的最大圆 (或最大球) 的直径为 ρ_i. 记 $h = \max\limits_i h_i$. 假设这种剖分是正规的, 即存在常数 $\sigma > 0$, 使得剖分加密时

$$\max_i \{h_i/\rho_i\} \leqslant \sigma. \tag{8.1.3}$$

设 Πu 是 u 的分片插值多项式, 它在 $\overline{\Omega}$ 上有 $l-1$ 阶连续导数, 在 $\overline{\Omega}$ 上有 l 阶分片连续导数, 而且在每一个单元 e_i 上插值算子对 k 次多项式 p_k 是准确的, 即 $\Pi p_k = p_k$, 那么

$$|\Pi u - u|_s \leqslant Ch^{k+1-s}|u|_{k+1}, \tag{8.1.4}$$

其中 $0 \leqslant s \leqslant \min(k+1, l)$, 常数 C 与 h 和 u 都无关.

这个定理可以用来估计插值误差. 例如, 采用三角形线性插值时, 如果函数 $u \in H^2(\Omega)$, 它的插值函数 Πu 是连续的, 导数是分片连续的, 亦即 $k=1, l=1$, 那么, 由 (8.1.4) 得到

$$|\Pi u - u|_0 \leqslant Ch^2|u|_2, \quad |\Pi u - u|_1 \leqslant Ch|u|_2.$$

可见, 当剖分无限加密时 (即 $h \to 0$), 按照 $L^2(\Omega)$ 中的度量, Πu 以 $O(h^2)$ 的速度收敛于 u; 按照 $H^1(\Omega)$ 的度量, Πu 以 $O(h)$ 的速度收敛于 u.

附注 8.1.1 把 Ω 剖分为各个单元 $\{e_i\}$ 时, 不论这种剖分如何加密, 要求单元不能无限制地"扁"或"尖". 这就是正规剖分要求 (8.1.3) 的含义. 可以证明, $\max\limits_i\{h_i/\rho_i\}$ 越小, 估计式 (8.1.4) 中的常数 C 就越小.

附注 8.1.2 从估计式 (8.1.4) 可知, 只要 u 充分光滑, 把 k 取得越大, Πu 逼近 u 的阶就越高. 所以, 增加分片插值多项式的次数有助于提高逼近的阶.

综上所述, 为了得到某一个有限元空间 V_h, 只需对它的每一个单元给出形状函数. 下面讨论一些常用的单元形状函数.

8.1.2 一维高次元的形状函数

给出区间 $(a, b) = I$, 在 $\overline{I}$ 上作剖分

$$a = x_0 < x_1 < \cdots < x_{i-1} < x_i < \cdots < x_{N-1} < x_N = b,$$

记单元 $e_i = [x_{i-1}, x_i]$, $h_i = x_i - x_{i-1}$.

所谓二次元, 是指在每个单元上是二次多项式, 在整个区间 I 上连续的分段插值. 由于二次多项式有三个系数, 要求在每个单元上给出三个条件; 又为了使函数在相邻单元连续, 所以, 在相邻单元 e_i 和 e_{i+1} 的公共点 $x = x_i$ 上要取相同的函数值. 因此, 应当给出以下的信息:

(1) 每一个单元 $e_i = [x_{i-1}, x_i]$, $1 \leqslant i \leqslant N$;

(2) 在单元 e_i 上有三个结点: $x = x_{i-1}$, $x = x_i$ 以及中点 $x = x_{\frac{1}{2}} = (x_{i-1}+x_i)/2$;

(3) 在每个结点上, 插值多项式取给定的函数值, 亦即每个结点的自由度是 1.

任取一个单元 e_i, 作线性变换

$$\xi = (x - x_{i-1})/h_i, \tag{8.1.5}$$

把 $e_i = [x_{i-1}, x_i]$ 映射到标准单元 $\widehat{e} = [0,1]$. 而且 e_i 的三个结点 $x = x_{i-1}$, $x = x_i$, $x = x_{\frac{1}{2}}$ 对应于 $\widehat{e}$ 上三个结点 $\xi_0 = 0$, $\xi_1 = 1$, $\xi_{\frac{1}{2}} = 1/2$.

我们的目的是, 对标准单元 $\widehat{e}$ 的每一个结点 ξ_i $(i = 0, 1/2, 1)$ 构造一个相应的形状函数 $N_i(\xi)$, 使得

(1) $N_i(\xi)$ 在 $[0,1]$ 上是 ξ 的二次多项式;

(2) $N_i(\xi)$ 满足

$$N_i(\xi_j) = \begin{cases} 1, & i = j, \\ 0, & i \neq j \end{cases} \quad \left(i, j = 0,\ \frac{1}{2},\ 1\right). \tag{8.1.6}$$

一旦构造出 $N_0(\xi), N_{\frac{1}{2}}(\xi), N_1(\xi)$, 则在单元 $\widehat{e}$ 上的二次函数 $u(\xi)$ 可以写成

$$u(\xi) = u_0 N_0(\xi) + u_{\frac{1}{2}} N_{\frac{1}{2}}(\xi) + u_1 N_1(\xi),$$

其中 $u_i = u(\xi_i)\left(i = 0, \dfrac{1}{2}, 1\right)$. 至于在单元 $e_i = [x_{i-1}, x_i]$ 上的二次函数, 则可以写成

$$\begin{aligned} u(x) = {} & u_{i-1} N_0\left(\frac{x - x_{i-1}}{h_i}\right) + u_{i-\frac{1}{2}} N_{\frac{1}{2}}\left(\frac{x - x_{i-1}}{h_i}\right) \\ & + u_i N_1\left(\frac{x - x_{i-1}}{h_i}\right), \end{aligned} \tag{8.1.7}$$

其中 $u_j = u(x_j)$ $\left(j = i, i - \dfrac{1}{2}, i - 1\right)$.

对于 $N_0(\xi)$, 由于 $N_0\left(\dfrac{1}{2}\right) = N_0(1) = 0$, 故二次多项式 $N_0(\xi)$ 可以分解为

$$N_0(\xi) = C\left(\xi - \frac{1}{2}\right)(\xi - 1).$$

由 $N_0(0) = 1$ 定出其中的常数 $C = 2$, 所以

$$N_0(\xi) = (2\xi - 1)(\xi - 1). \tag{8.1.8}$$

采用类似的过程, 又可以定出

$$N_1(\xi) = \xi(2\xi - 1), \quad N_{\frac{1}{2}}(\xi) = 4\xi(1 - \xi). \tag{8.1.9}$$

它们的图形如图 8.1.3 所示.

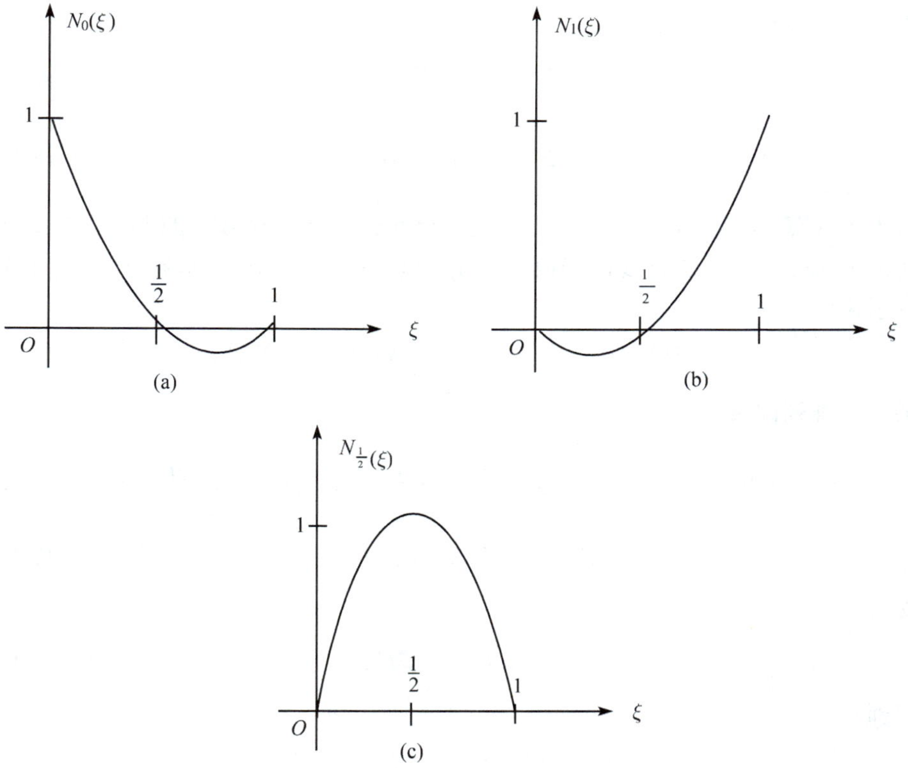

图 8.1.3

有了二次元的形状函数, 则可以仿照第 7 章的途径, 用有限元方法解两点边值问题

$$\begin{cases} -\dfrac{\mathrm{d}}{\mathrm{d}x}\left[p(x)\dfrac{\mathrm{d}u}{\mathrm{d}x}\right]+q(x)u=f(x), \quad 0<x<1, & (8.1.10)\\ u(0)=u(1)=0. & (8.1.11)\end{cases}$$

仍然把区间 $I=(0,1)$ 剖分, 分点 $0=x_0<x_1<\cdots<x_N=1$. 记单元 $e_i=[x_{i-1},x_i]$. 定义广义解空间

$$V=\{v(x)\big|\ \ v\in H^1(I), v(0)=v(1)=0\} \tag{8.1.12}$$

的有限维子空间

$$\begin{aligned} V_h=\{v(x)\big|\, v \text{ 在 } I \text{ 上连续, 在每个单元 } e_i \text{ 上}\\ \text{为二次多项式, 且 } v(0)=v(1)=0\}. \end{aligned} \tag{8.1.13}$$

然后求 $u_h(x)\in V_h$ 满足

$$A(u_h,v)=F(v), \quad \forall v\in V_h, \tag{8.1.14}$$

其中

$$A(u,v)=\int_0^1[pu'v'+quv]\mathrm{d}x, \tag{8.1.15}$$

$$F(v)=\int_0^1 fv\mathrm{d}x. \tag{8.1.16}$$

为了计算 $A(u_h,v)$ 和 $F(v)$, 仍然采用单元分析和总体合成的办法. 对每一个单元 $e_i=[x_{i-1},x_i]$, 通过线性变换 (8.1.5) 可以变为 $\widehat{e}=[0,1]$, 则在 e_i 上 $u_h(x)$ 可以表示为

$$u_h(\xi)=u_{i-1}N_0(\xi)+u_{i-\frac{1}{2}}N_{\frac{1}{2}}(\xi)+u_iN_1(\xi). \tag{8.1.17}$$

如果记三维列向量

$$\boldsymbol{u}^{(i)}=[u_{i-1},u_{i-1/2},u_i]^{\mathrm{T}},\quad \boldsymbol{v}^{(i)}=[v_{i-1},v_{i-1/2},v_i]^{\mathrm{T}}, \tag{8.1.18}$$

$$\boldsymbol{N}(\xi)=[N_0(\xi),N_{\frac{1}{2}}(\xi),N_1(\xi)]^{\mathrm{T}}, \tag{8.1.19}$$

那么

$$u_h(\xi)=\boldsymbol{u}^{(i)\mathrm{T}}\boldsymbol{N}(\xi). \tag{8.1.20}$$

类似地

$$v(\xi)=\boldsymbol{v}^{(i)\mathrm{T}}\boldsymbol{N}(\xi)=\boldsymbol{N}(\xi)^{\mathrm{T}}\boldsymbol{v}^{(i)}.$$

于是, 在单元 e_i 上的积分化为在 $\widehat{e}=[0,1]$ 上的积分

$$\begin{aligned}
&\int_{x_{i-1}}^{x_i}\left[p(x)\frac{\mathrm{d}u_h}{\mathrm{d}x}\cdot\frac{\mathrm{d}v}{\mathrm{d}x}+q(x)u_h(x)v(x)\right]\mathrm{d}x\\
=&\int_0^1\left[p(x_{i-1}+h_i\xi)\boldsymbol{u}^{(i)\mathrm{T}}\frac{\mathrm{d}\boldsymbol{N}(\xi)}{\mathrm{d}\xi}\cdot\left(\frac{\mathrm{d}\boldsymbol{N}(\xi)}{\mathrm{d}\xi}\right)^{\mathrm{T}}\boldsymbol{v}^{(i)}\left(\frac{\mathrm{d}\xi}{\mathrm{d}x}\right)^2\right.\\
&\left.+q(x_{i-1}+h_i\xi)\boldsymbol{u}^{(i)}\boldsymbol{N}(\xi)\boldsymbol{N}(\xi)^{\mathrm{T}}\boldsymbol{v}^{(i)}\right]\frac{\mathrm{d}x}{\mathrm{d}\xi}\mathrm{d}\xi\\
=&\boldsymbol{u}^{(i)\mathrm{T}}\int_0^1\left[h_i^{-1}p(x_{i-1}+h_i\xi)\boldsymbol{N}'(\xi)\boldsymbol{N}'(\xi)^{\mathrm{T}}\right.\\
&\left.+q(x_{i-1}+h_i\xi)h_i\boldsymbol{N}(\xi)\boldsymbol{N}(\xi)^{\mathrm{T}}\right]\mathrm{d}\xi\boldsymbol{v}^{(i)}.
\end{aligned}$$

记三阶方阵

$$\begin{aligned}
A^{(i)}=&\int_0^1[h_i^{-1}p(x_{i-1}+h_i\xi)\boldsymbol{N}'(\xi)\boldsymbol{N}'(\xi)^{\mathrm{T}}\\
&+q(x_{i-1}+h_i\xi)h_i\boldsymbol{N}(\xi)\boldsymbol{N}(\xi)^{\mathrm{T}}]\mathrm{d}\xi,
\end{aligned} \tag{8.1.21}$$

则

$$A(u_h, v) = \sum_{i=1}^{N} \boldsymbol{u}^{(i)\mathrm{T}} A^{(i)} \boldsymbol{v}^{(i)}. \tag{8.1.22}$$

类似地, 记三维列向量

$$\boldsymbol{f}^{(i)} = \int_0^1 h_i f(x_{i-1} + h_i\xi)\boldsymbol{N}(\xi)\mathrm{d}\xi, \tag{8.1.23}$$

则

$$F(v) = \sum_{i=1}^{N} \boldsymbol{f}^{(i)\mathrm{T}} \boldsymbol{v}^{(i)}. \tag{8.1.24}$$

所以, 上述单元分析的过程和线性元的情形相仿. 为进行总体合成, 只需把三阶方阵

$$A^{(i)} = \begin{bmatrix} a_{i-1\ i-1}^{(i)} & a_{i-1\ i-\frac{1}{2}}^{(i)} & a_{i-1\ i}^{(i)} \\ a_{i-\frac{1}{2}\ i-1}^{(i)} & a_{i-\frac{1}{2}\ i-\frac{1}{2}}^{(i)} & a_{i-\frac{1}{2}\ i}^{(i)} \\ a_{i\ i-1}^{(i)} & a_{i\ i-\frac{1}{2}}^{(i)} & a_{i\ i}^{(i)} \end{bmatrix} \tag{8.1.25}$$

扩充为 $2N+1$ 阶方阵, $\boldsymbol{f}^{(i)}$ 扩充为 $2N+1$ 维向量, 并且引入 $2N+1$ 维向量

$$\boldsymbol{u} = [u_0, u_{\frac{1}{2}}, u_1, \cdots, u_{i-1}, u_{i-\frac{1}{2}}, u_i, \cdots, u_N]^{\mathrm{T}},$$
$$\boldsymbol{v} = [v_0, v_{\frac{1}{2}}, v_1, \cdots, v_{i-1}, v_{i-\frac{1}{2}}, v_i, \cdots, v_N]^{\mathrm{T}},$$

则方程 (8.1.14) 化为

$$\sum_{i=1}^{N} \boldsymbol{u}^{\mathrm{T}} A^{(i)} \boldsymbol{v} = \sum_{i=1}^{N} \boldsymbol{f}^{(i)\mathrm{T}} \boldsymbol{v}$$

或者

$$\boldsymbol{u}^{\mathrm{T}} K \boldsymbol{v} = \boldsymbol{f}^{\mathrm{T}} \boldsymbol{v}, \tag{8.1.26}$$

其中总体合成

$$K = \sum_{i=1}^{N} A^{(i)}, \quad \boldsymbol{f} = \sum_{i=1}^{N} \boldsymbol{f}^{(i)}. \tag{8.1.27}$$

其过程与上一章所述是类似的. 再利用 $u_0 = u_N = 0,\quad v_0 = v_N = 0$, 经过处理本质边界条件, 最终得 $2N-1$ 阶有限元方程

$$\tilde{K}\tilde{\boldsymbol{u}} = \tilde{\boldsymbol{f}}, \tag{8.1.28}$$

其中 $\tilde{\boldsymbol{u}}$ 是 $2N-1$ 维向量

$$\boldsymbol{u} = [u_{\frac{1}{2}}, u_1, \cdots, u_{i-1}, u_{i-\frac{1}{2}} u_i, \cdots, u_{N-\frac{1}{2}}]^{\mathrm{T}}. \tag{8.1.29}$$

由此可见, 根据剖分插值方式, 作出单元分析 (见式 (8.1.21) 和 (8.1.23)), 经过总体合成 (见式 (8.1.27)) 就得到总刚度矩阵 K 和总荷载向量 $\boldsymbol{f}$, 然后处理本质边界条件, 即得有限元方程. 这一切过程几乎和线性元是相同的. 因此, 只要构造出单元的形状函数, 有限元方法的计算过程是标准的.

需要注意的是, 由于我们把单元 $e_i=[x_{i-1},x_i]$ 的中点 $x_{i-\frac{1}{2}}=(x_{i-1}+x_i)/2$ 作为结点, 因此, 在这些点上 $u_h(x)$ 的值也是未知量. 所以, 向量 $\boldsymbol{u}$ 及 $\tilde{\boldsymbol{u}}$ 中有分量 $u_{\frac{1}{2}},u_{\frac{3}{2}},\cdots,u_{N-\frac{1}{2}}$.

附注 8.1.3　实际计算时, 可取

$$\boldsymbol{u}=[u_0,u_1,u_2,\cdots,u_{2i-2},u_{2i-1},u_{2i},\cdots,u_{2N}]^{\mathrm{T}},$$
$$\tilde{\boldsymbol{u}}=[u_1,u_2,\cdots,u_{2i-2},u_{2i-1},u_{2i},\cdots,u_{2N-2},u_{2N-1}]^{\mathrm{T}},$$

亦即

$$u_h(x_{i-1})=u_{2i-2},\quad u_h(x_{i-\frac{1}{2}})=u_{2i-1},\quad u_h(x_i)=u_{2i}.$$

因此, 在把矩阵 $A^{(i)}$ (见式 (8.1.21) 及 (8.1.25)) 扩张为 $2N+1$ 阶方阵时, 只有第 $2i-2$、第 $2i-1$、第 $2i$ 行和列是非零元素, $\boldsymbol{f}^{(i)}$ 扩充为 $2N+1$ 维向量时也只有第 $2i-2$、第 $2i-1$、第 $2i$ 个分量非零.

附注 8.1.4　读者可以自行证明矩阵 $\tilde{K}$ 是对称、正定的, 而且是五对角线矩阵.

我们最后再说明如何从二次元形状函数 $N_0(\xi),N_{\frac{1}{2}}(\xi)$ 和 $N_1(\xi)$ 构造空间 V_h 的结点基函数 $\varphi_{\frac{1}{2}}(x),\varphi_1(x),\cdots,\varphi_{i-1}(x),\varphi_{i-\frac{1}{2}}(x),\varphi_i(x),\cdots,\varphi_{N-\frac{1}{2}}(x)$.

任取结点 x_i $(1\leqslant i\leqslant N-1)$, 对应结点基函数 $\varphi_i(x)$ (图 8.1.4(a)) 的支集为 $e_i\cup e_{i+1}=[x_{i-1},x_{i+1}]$, 且

$$\varphi_i(x)=\begin{cases} N_0\left(\dfrac{x-x_i}{h_{i+1}}\right), & \text{当}x\in e_{i+1}=[x_i,x_{i+1}];\\ N_1\left(\dfrac{x-x_{i-1}}{h_i}\right), & \text{当}x\in e_i=[x_{i-1},x_i];\\ 0, & \text{其他点}.\end{cases}$$

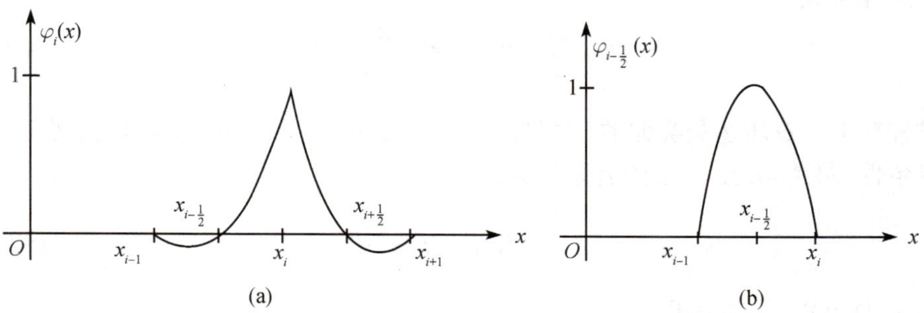

图 8.1.4

而对任何单元 e_i 的中点 $x_{i-1/2}(1 \leqslant i \leqslant N)$, 对应结点基函数 $\varphi_{i-1/2}(x)$(图 8.1.4(b)) 的支集只在 $e_i = [x_{i-1}, x_i]$ 上：

$$\varphi_{i-\frac{1}{2}}(x) = \begin{cases} N_{\frac{1}{2}}\left(\dfrac{x - x_{i-1}}{h_i}\right), & \text{当} x \in e_i = [x_{i-1}, x_i]; \\ 0, & \text{其他点}. \end{cases}$$

也就是说, V_h 的结点基函数 $\{\varphi_i\}$ 可以通过单元的形状函数"拼接"而成.

以上是二次元的形状函数和结点基函数. 我们可以类似地构造三次元的形状函数, 请读者作为练习写出它们的表达式.

但是, 无论怎样提高分段插值多项式的次数, 上述方式所构造出来的函数虽然在单元 e_i 内是充分光滑的, 但在单元 e_i 和 e_{i+1} 的交界点 $x = x_i$ 上只是连续, 它的导数却不一定存在, 因而在整个区间 $[a, b]$ 上并不是一次连续可微分的. 在应用上需要构造一种有限元空间 $V_h \subset H^2(I) \subset C^{(1)}(I)$, 为此, 必须另找途径.

8.1.3　一维 Hermite 型的形状函数

函数的插值可分为两大类：一类是只要求插值多项式在插值点上取给定值, 即所谓 Lagrange 型插值; 另一类还要求插值多项式的某些导数在插值点上取给定值, 即 Hermite 型插值.

为了得到在区间 $\bar{I} = [a, b]$ 上一次连续可微分的插值多项式, 应该在每个单元 $e_i = [x_{i-1}, x_i](1 \leqslant i \leqslant N)$ 的端点 $x = x_{i-1}$ 和 $x = x_i$ 上插值多项式取指定的函数值和一阶导数值. 也就是说, 在 e_i 上至少给出四个条件, 故插值多项式至少是三次多项式. 为了构造这种类型的单元形状函数, 我们给出以下的信息：

(1) 单元 $e_i = [x_{i-1}, x_i]$;

(2) 单元 e_i 上两个结点 $x = x_{i-1}$ 和 $x = x_i$;

(3) 在每个结点上, 插值多项式取给定的函数值和一阶导数值, 亦即每一个结点的自由度是 2.

和 7.1.2 节一样, 对每一个单元 $e_i = [x_{i-1}, x_i]$ 都通过线性变换 (8.1.5) 变成 ξ 轴上的标准单元 $\widehat{e} = [0, 1]$. 于是 $\widehat{e}$ 有两个结点: $\xi_0 = 0$ 和 $\xi_1 = 1$. 由于每个结点的自由度是 2, 所以对每个 ξ_i 要构造两个形状函数 $N_i(\xi)$ 和 $N_i^{(1)}(\xi)$, 使得分别满足以下条件:

$$\begin{cases} N_0(0) = 1, & N_0(1) = 0, & \dfrac{\mathrm{d}}{\mathrm{d}\xi} N_0(0) = 0, & \dfrac{\mathrm{d}}{\mathrm{d}\xi} N_0(1) = 0; \\ N_0^{(1)}(0) = 0, & N_0^{(1)}(1) = 0, & \dfrac{\mathrm{d}}{\mathrm{d}\xi} N_0^{(1)}(0) = 1, & \dfrac{\mathrm{d}}{\mathrm{d}\xi} N_0^{(1)}(1) = 0; \\ N_1(0) = 0, & N_1(1) = 1, & \dfrac{\mathrm{d}}{\mathrm{d}\xi} N_1(0) = 0, & \dfrac{\mathrm{d}}{\mathrm{d}\xi} N_1(1) = 0; \\ N_1^{(1)}(0) = 0, & N_1^{(1)}(1) = 0, & \dfrac{\mathrm{d}}{\mathrm{d}\xi} N_1^{(1)}(0) = 0, & \dfrac{\mathrm{d}}{\mathrm{d}\xi} N_1^{(1)}(1) = 1; \end{cases} \tag{8.1.30}$$

并且 $N_0(\xi), N_0^{(1)}(\xi), N_1(\xi), N_1^{(1)}(\xi)$ 都是 ξ 的三次多项式. 采用上一小节中的方法, 容易推导出

$$\begin{cases} N_0(\xi) = (1-\xi)^2(2\xi+1), \\ N_0^{(1)}(\xi) = \xi(1-\xi)^2, \\ N_1(\xi) = \xi^2(3-2\xi), \\ N_1^{(1)}(\xi) = -\xi^2(1-\xi). \end{cases} \tag{8.1.31}$$

请读者推导出式 (8.1.31) 的结果, 并且验证 (8.1.31) 满足式 (8.1.30).

利用上面的形状函数, 如果对定义在 $\widehat{e} = [0,1]$ 上的三次多项式 $u(\xi)$ 给出在 $\xi = 0$ 处的函数值 u_0 和导数值 $u_0^{(1)}$ 、在 $\xi = 1$ 处的函数值 u_1 和导数值 $u_1^{(1)}$, 则立即可以写出

$$u(\xi) = u_0 N_0(\xi) + u_0^{(1)} N_0^{(1)}(\xi) + u_1 N_1(\xi) + u_1^{(1)} N_1^{(1)}(\xi). \tag{8.1.32}$$

但是, 对于定义在 $e_i = [x_{i-1}, x_i]$ 上的三次多项式 $u(x)$, 如果给出在 $x = x_{i-1}$ 处的函数值 u_{i-1} 和导数值 $u_{i-1}^{(1)}$ 、在 $x = x_i$ 处的函数值 u_i 和导数值 $u_i^{(1)}$, 为了表示 $u(x)$ 还应该考虑线性变换 (8.1.5) 对求导数的影响. 注意到

$$\frac{\mathrm{d}u(x)}{\mathrm{d}x} = \frac{\mathrm{d}u}{\mathrm{d}\xi} \cdot \frac{\mathrm{d}\xi}{\mathrm{d}x} = h_i^{-1} \frac{\mathrm{d}u}{\mathrm{d}\xi},$$

所以, 当 $x \in [x_{i-1}, x_i]$ 时

$$\begin{aligned} u(x) = {} & u_{i-1} N_0\left(\frac{x - x_{i-1}}{h_i}\right) + u_{i-1}^{(1)} h_i N_0^{(1)}\left(\frac{x - x_{i-1}}{h_i}\right) \\ & + u_i N_1\left(\frac{x - x_{i-1}}{h_i}\right) + u_i^{(1)} h_i N_1^{(1)}\left(\frac{x - x_{i-1}}{h_i}\right). \end{aligned} \tag{8.1.33}$$

利用式 (8.1.31) 的 4 个形状函数, 可以构造有限元空间

$$V_h = \{v | v \in C^{(1)}(a,b), v \text{ 在单元 } e_i \text{ 内是三次多项式}\}$$

的结点基函数. 对于 $x = x_i$ $(1 \leqslant i \leqslant N-1)$, 对应有两个结点基函数, 它们通过用形状函数来拼接而得到

$$\varphi_i(x) = \begin{cases} N_1\left(\dfrac{x - x_{i-1}}{h_i}\right), & \text{当 } x \in e_i = [x_{i-1}, x_i]; \\ N_0\left(\dfrac{x - x_i}{h_{i+1}}\right), & \text{当 } x \in e_{i+1} = [x_i, x_{i+1}]; \\ 0, & \text{其他点}, \end{cases} \tag{8.1.34}$$

$$\varphi_i^{(1)}(x) = \begin{cases} N_1^{(1)}\left(\dfrac{x - x_{i-1}}{h_i}\right) h_i, & \text{当 } x \in e_i = [x_{i-1}, x_i]; \\ N_0^{(1)}\left(\dfrac{x - x_i}{h_{i+1}}\right) h_{i+1}, & \text{当 } x \in e_{i+1} = [x_i, x_{i+1}]; \\ 0, & \text{其他点}. \end{cases} \tag{8.1.35}$$

对于 $x = x_0$ 和 $x = x_N$, 它们的基函数 $\varphi_0(x)$, $\varphi_0^{(1)}(x)$, $\varphi_N(x)$ 和 $\varphi_N^{(1)}(x)$ 可类似得到, 不过它们分别只有右半支和左半支 (图 8.1.5). 根据 V_h 的定义, 任何 $v \in V_h$ 必有 $v \in C^{(1)}(I)$, 且在每一个单元 e_i 内有二阶连续导数, 即 v 是分段二次连续可微分的, 从而 $v'' \in L^2(I)$, 因此 $v \in H^2(I)$, 即 $V_h \subset H^2(I)$. 所以, 通过三次 Hermite 元可以构造出 $H^2(I)$ 的有限元子空间, 可以用它求解四阶方程的两点边值问题.

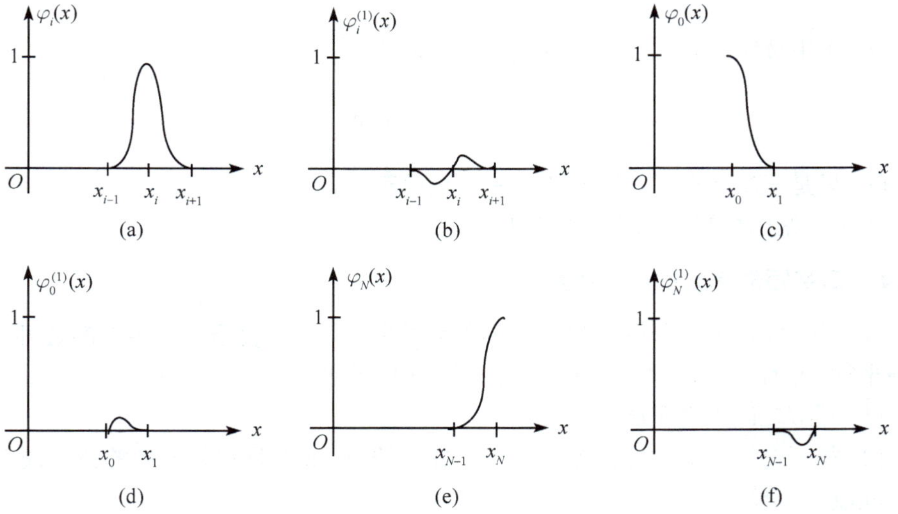

图 8.1.5

对任何 $v \in V_h$, 它可以唯一地表示为

$$v(x) = \sum_{i=0}^{N} [v_i \varphi_i(x) + v_i^{(1)} \varphi_i^{(1)}(x)], \tag{8.1.36}$$

其中 $v_i = v(x_i), v_i^{(1)} = v'(x_i)$. 因此, 当应用三次 Hermite 元求解边值问题时, 可以同时求得近似解 $u_h(x)$ 在结点上的值 u_i 和导数值 $u_i^{(1)}$. 在弹性力学和电学中 u_i 分别表示弹性体的位移和电场的电位, $u_i^{(1)}$ 分别表示弹性体的应变 (应力) 和电场的电流密度, 都是需要计算的量. 如果用线性 Lagrange 元只能求出 u_i; 为了得到 $u_i^{(1)}$ 还必须通过求左、右数值导数并作加权平均, 计算精度低于用三次 Hermite 元直接求得的 $u_i^{(1)}$.

当然, 在应用三次 Hermite 元求解边值问题时, 每一个结点上有两个未知量: u_i 和 $u_i^{(1)}$, 因此, 未知量的个数增加了一倍. 不过, 采用同样的网格时, 误差比线性元小得多.

如果有需要, 还可以构造更高次的 Hermite 类型的单元, 读者不妨给出某一类单元上的结点分布、每一个结点上的自由度, 并以此构造出单元的形状函数, 并且讨论由此而得的有限元空间 V_h 中的函数在 $I=(a,b)$ 上的整体光滑性.

我们最后证明, 这种三次 Hermite 型的分片插值 (8.1.33) 必是唯一的. 为此, 只需证明, 如果 $u_{i-1}=u_{i-1}^{(1)}=u_i=u_i^{(1)}=0$, 那么, 在单元 $e_i=[x_{i-1},x_i]$ 上 $u(x)=0$. 事实上, 因为 $u(x)$ 在 e_i 上是一个多项式, 而且

$$u(x_{i-1})=0,\ u'(x_{i-1})=0,\ u(x_i)=0,\ u'(x_i)=0,$$

所以 $u(x)$ 中必定含有因子 $(x-x_{i-1})^2(x-x_i)^2$, 即

$$u(x)=c(x)(x-x_{i-1})^2(x-x_i)^2.$$

但 $u(x)$ 只是三次多项式, 所以 $c(x)=0$, 从而有 $u(x)=0$.

关于一维的情形我们不作更多的讨论.

8.1.4　二维矩形单元的形状函数

设二维区域 Ω 被分成有限个矩形单元的并集, 不妨设每一个矩形的边都和坐标轴平行, 并且和三角剖分时一样, 遵守以下的规则:

(1) 矩形之间没有重叠的内部;

(2) 每一个矩形的顶点, 或者是 Ω 边界上的点, 或者是相邻矩形的公共顶点.

任取一个单元

$$e=\{(x,y)\big|x_1\leqslant x\leqslant x_2,y_1\leqslant y\leqslant y_2\},\tag{8.1.37}$$

它的中心 (x_0,y_0):

$$x_0=\frac{1}{2}(x_1+x_2),\quad y_0=\frac{1}{2}(y_1+y_2);\tag{8.1.38}$$

在 x 方向和 y 方向的边长的一半为

$$h_1=\frac{1}{2}(x_2-x_1),\quad h_2=\frac{1}{2}(y_2-y_1).\tag{8.1.39}$$

通过仿射变换

$$\xi=\frac{x-x_0}{h_1},\quad \eta=\frac{y-y_0}{h_2},\tag{8.1.40}$$

则单元 e 变为标准单元

$$\widehat{e}=\{(\xi,\eta)\big|-1\leqslant\xi\leqslant 1,\ -1\leqslant\eta\leqslant 1\}.\tag{8.1.41}$$

我们称 (ξ,η) 为单元 e 的局部坐标. 在局部坐标之下, 单元 e 四条边的方程分别是 $\eta=-1,\ \ \xi=1,\ \ \eta=1,\ \ \xi=-1$(图 8.1.6).

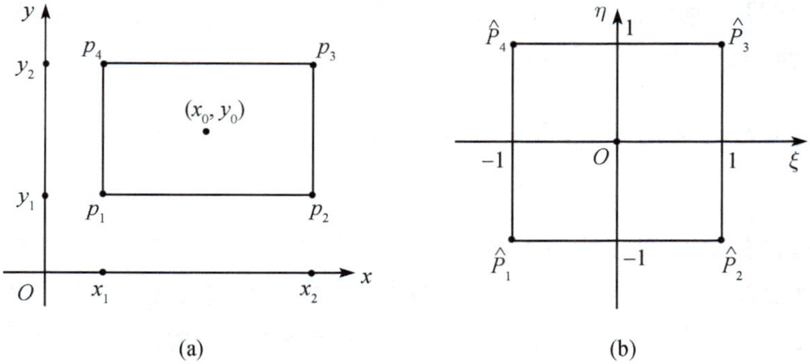

图 8.1.6

下面讨论在矩形 e 上的 Lagrange 型单元形状函数, 其中最简单的是 Lagrange 型矩形双线性单元. 在矩形的四个顶点上给出函数值, 要作一个多项式, 使它在各顶点取已知值. 由于二元一次多项式有三个待定系数, 二元二次多项式有六个待定系数, 现在给出四个点上的函数值, 故所求的多项式必定是不完全的二元二次多项式. 再考虑到两个相邻单元交界上应保持分片插值多项式的连续性, 应该采取以下形式的插值多项式

$$u(x,y)=a_1+a_2x+a_3y+a_4xy,$$

这种多项式沿每一个坐标轴的方向都是变量的一次 (线性) 函数, 故称这种类型的插值为矩形的 Lagrange 双线性插值.

我们和以前的讨论一样, 仍然先在标准单元 $\hat{e}$ 上作出单元的形状函数, 通过变换 (8.1.40) 就得到 e 上的形状函数. 我们给出以下信息:

(1) 单元 $\hat{e}=\{(\xi,\eta)\big|-1\leqslant\xi\leqslant 1,\ -1\leqslant\eta\leqslant 1\}$;

(2) $\hat{e}$ 上的四个结点 $\hat{P}_1=(-1,-1), \hat{P}_2=(1,-1), \hat{P}_3=(1,1), \hat{P}_4=(-1,1)$;

(3) 在每个结点上, 插值多项式取给定的函数值, 即每个结点的自由度是 1.

我们的目的是, 对每一个结点 $\hat{P}_i(i\leqslant i\leqslant 4)$, 构造相应的形状函数 $N_i(\hat{P})$, 使得

(1) $N_i(\xi,\eta)$ 在 $\hat{e}$ 上是 ξ,η 的不完全二次多项式 $a_1+a_2\xi+a_3\eta+a_4\xi\eta$;

(2) $N_i(\hat{P})$ 满足

$$N_i(\hat{P}_j)=\begin{cases}1, & \text{当 } i=j,\\ 0, & \text{当 } i\neq j\end{cases}\quad(1\leqslant i,j\leqslant 4).$$

不难得到, 这些形状函数为

$$\begin{cases}N_1(\xi,\eta)=\dfrac{1}{4}(1-\xi)(1-\eta); & N_2(\xi,\eta)=\dfrac{1}{4}(1+\xi)(1-\eta);\\ N_3(\xi,\eta)=\dfrac{1}{4}(1+\xi)(1+\eta); & N_4(\xi,\eta)=\dfrac{1}{4}(1-\xi)(1+\eta).\end{cases}\tag{8.1.42}$$

容易看出, 这四个形状函数实际上是在区间 $\widehat{I}=[-1,1]$ 上一维线性插值的基函数的乘积. 于是, 在 $\widehat{e}$ 上的双线性函数

$$u(\xi,\eta)=u_1N_1(\xi,\eta)+u_2N_2(\xi,\eta)+u_3N_3(\xi,\eta)+u_4N_4(\xi,\eta),$$

其中 $u_i=u(\widehat{P}_i)(1\leqslant i\leqslant 4)$.

这样构造的分片双线性函数在区域 Ω 上是连续的. 事实上, 只需证明在两个相邻的单元上函数连续. 由于沿着公共边上, 函数 u 只是变量 x 或 y 的一次函数, 它的值完全由公共边上两个顶点处的函数值唯一决定, 因此, u 在两个单元的公共边上连续.

比双线性插值有更高逼近程度的是 Lagrange 双二次插值, 亦即一个变量固定时插值函数是另一个变量的二次多项式. 这时, 我们对单元 $\widehat{e}$ 给出以下信息:

(1) $\widehat{e}=\{(\xi,\eta)\big|-1\leqslant\xi\leqslant 1,\ -1\leqslant\eta\leqslant 1\}$;

(2) $\widehat{e}$ 上九个结点: 四个顶点 $\widehat{P}_1,\widehat{P}_2,\widehat{P}_3,\widehat{P}_4$, 四边中点 $\widehat{P}_5=(0,-1),\widehat{P}_6=(1,0),\widehat{P}_7=(0,1),\widehat{P}_8=(-1,0)$ 以及形心 $\widehat{P}_9=(0,0)$ (图 8.1.7(a));

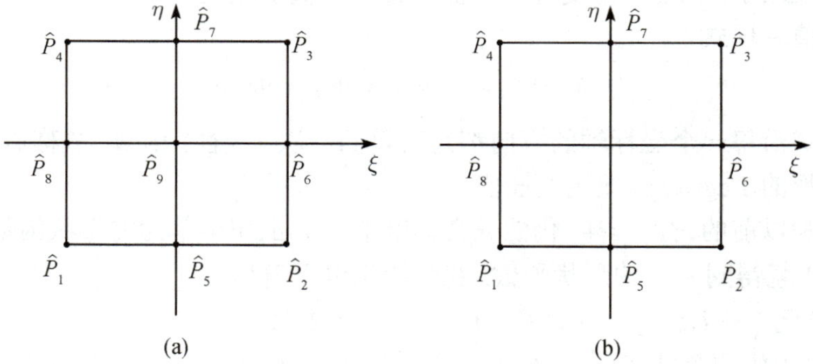

图 8.1.7

(3) 在每个结点上插值多项式取给定的函数值, 即每个结点自由度是 1.

我们下面构造 9 个形状函数, 使得

(1) $N_i(\xi,\eta)$ 是不完全的四次多项式, 即

$$N_i(\xi,\eta)=a_1+a_2\xi+a_3\eta+a_4\xi^2+a_5\xi\eta+a_6\eta^2$$
$$+a_7\xi^2\eta+a_8\xi\eta^2+a_9\xi^2\eta^2;$$

(2) $N_i(\widehat{P}_j)=\delta_{ij}\ (1\leqslant i,j\leqslant 9)$.

这一次, 我们利用在区间 $\widehat{I}=[-1,1]$ 上一维二次插值的基函数来构造上述 9 个形状函数. 在 $\widehat{I}$ 上取三个结点 $\xi=-1,\xi=0,\xi=1$, 那么, 这三个一维 Lagrange

型的二次形状函数是

$$L_{-1}(\xi)=\frac{1}{2}\xi(\xi-1),\quad L_0(\xi)=(1-\xi^2),\quad L_1(\xi)=\frac{1}{2}\xi(\xi+1).$$

于是, 在 $\widehat{e}$ 上的 9 个形状函数如下:

$$\begin{cases} N_1(\xi,\eta)=L_{-1}(\xi)L_{-1}(\eta); & N_2(\xi,\eta)=L_1(\xi)L_{-1}(\eta);\\ N_3(\xi,\eta)=L_1(\xi)L_1(\eta); & N_4(\xi,\eta)=L_{-1}(\xi)L_1(\eta);\\ N_5(\xi,\eta)=L_0(\xi)L_{-1}(\eta); & N_6(\xi,\eta)=L_1(\xi)L_0(\eta);\\ N_7(\xi,\eta)=L_0(\xi)L_1(\eta); & N_8(\xi,\eta)=L_{-1}(\xi)L_0(\eta);\\ N_9(\xi,\eta)=L_0(\xi)L_0(\eta). \end{cases} \tag{8.1.43}$$

这种双二次插值在区域 Ω 上是连续的, 而且插值是唯一的. 读者可自行证明. 但在实际应用时, 由于出现了单元 $\widehat{e}$ 的中心 $\widehat{P}_9$ 而不方便, 能否把这个点去掉 (图 8.1.7(b)), 以减少插值的自由度而又不影响插值的精度呢? 回答是肯定的. 这时, 我们不再得到完全的双二次插值 (因为单元 $\widehat{e}$ 上 8 个自由度不可能决定 9 个系数).

从对称性的观点出发把双二次式的最高阶项 $\xi^2\eta^2$ 去掉似乎是最自然的办法. 这时, 我们要构造 8 个形状函数 $N_i(\xi,\eta)$ $(1\leqslant i\leqslant 8)$, 使得

(1)$N_i(\xi,\eta)$ 是不完全的双二次多项式

$$N_i(\xi,\eta)=a_1+a_2\xi+a_3\eta+a_4\xi^2+a_5\xi\eta+a_6\eta^2$$

$$+a_7\xi^2\eta+a_8\xi\eta^2;$$

(2) $N_i(\widehat{P}_j)=\delta_{ij}(1\leqslant i,j\leqslant 8)$.

我们根据这些形状函数所满足的条件直接构造它们. 例如对于 $N_1(\xi,\eta)$, 注意到

$$N_1(\widehat{P}_1)=1,\quad N_1(\widehat{P}_i)=0\ (2\leqslant i\leqslant 8),$$

而且直线 $\widehat{P}_2\widehat{P}_6\widehat{P}_3,\widehat{P}_3\widehat{P}_7\widehat{P}_4$ 和 $\widehat{P}_5\widehat{P}_8$ 的方程分别是

$$\xi-1=0,\ \eta-1=0,\ 1+\xi+\eta=0,$$

故

$$N_1(\xi,\eta)=C(\xi-1)(\eta-1)(1+\xi+\eta).$$

为了在 $\widehat{P}_1=(-1,-1)$ 上 $N_1(\xi,\eta)=1$, 故 $C=\frac{1}{4}$, 即

$$N_1(\xi,\eta)=-\frac{1}{4}(\xi-1)(\eta-1)(1+\xi+\eta).$$

容易验证 $N_1(\xi,\eta)$ 满足上述要求. 同理,

$$N_5(\xi,\eta)=C(1-\eta)(1+\xi)(1-\xi).$$

为了在 $\widehat{P}_5=(0,-1)$ 上 $N_5(\xi,\eta)=1$, 故 $C=\dfrac{1}{2}$, 即

$$N_5(\xi,\eta)=\frac{1}{2}(1-\xi^2)(1-\eta).$$

再利用对称性, 我们得到

$$\begin{cases}N_1(\xi,\eta)=-\dfrac{1}{4}(1-\xi)(1-\eta)(1+\xi+\eta),\\ N_2(\xi,\eta)=-\dfrac{1}{4}(1+\xi)(1-\eta)(1-\xi+\eta),\\ N_3(\xi,\eta)=-\dfrac{1}{4}(1+\xi)(1+\eta)(1-\xi-\eta),\\ N_4(\xi,\eta)=-\dfrac{1}{4}(1-\xi)(1+\eta)(1+\xi-\eta),\\ N_5(\xi,\eta)=\dfrac{1}{2}(1-\xi^2)(1-\eta),\\ N_6(\xi,\eta)=\dfrac{1}{2}(1-\eta^2)(1+\xi),\\ N_7(\xi,\eta)=\dfrac{1}{2}(1-\xi^2)(1+\eta),\\ N_8(\xi,\eta)=\dfrac{1}{2}(1-\eta^2)(1-\xi).\end{cases}\tag{8.1.44}$$

容易证明这种分片不完全的双二次插值在 Ω 上的整体连续性. 至于唯一性也是容易证明的：事实上, 一个双二次多项式在 8 个结点 $\widehat{P}_i(1\leqslant i\leqslant 8)$ 上如果取值为零, 它必含有因子 $(1-\xi^2)(1-\eta^2)$, 但不允许含 $\xi^2\eta^2$ 项, 故它必恒为零.

当然还可以讨论在矩形上的双三次 (甚至更高次) 的插值, 方法和原理都与上文类似, 故不赘述.

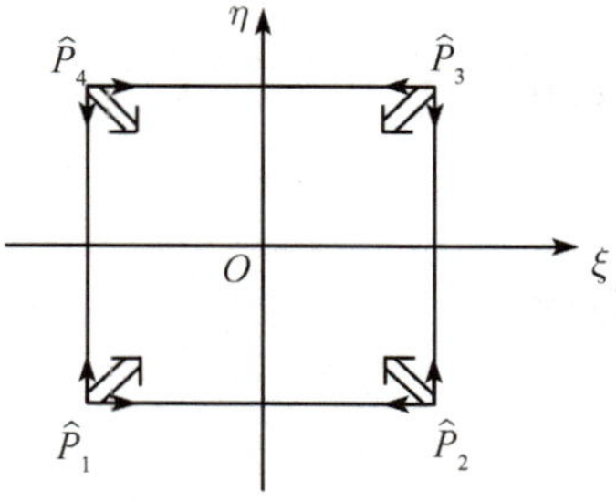

图 8.1.8

我们最后讨论矩形单元的 Hermite 插值, 其中最简单的情形是:

(1) $\widehat{e}=\{(\xi,\eta)\big|-1\leqslant\xi\leqslant 1,-1\leqslant\eta\leqslant 1\}$;

(2) $\widehat{e}$ 上的四个顶点 $\widehat{P}_1$、$\widehat{P}_2$、$\widehat{P}_3$、$\widehat{P}_4$ 为结点;

(3) 每个结点上有 4 个自由度：函数值, 两个一阶导数值, 一个二阶混合导数值 (图 8.1.8).

在整个矩形上一共有 16 个自由度, 它正好决定双三次多项式的 16 个系数.

下面构造 16 个矩形双三次元的形状函数，使得 $\widehat{e}$ 上的每一个双三次多项式都可以用它们的线性组合表示出来：

$$u(\xi,\eta)=\sum_{i=1}^{4}\big(u_iN_i(\xi,\eta)+u_i^{(1,0)}N_i^{(1,0)}(\xi,\eta)$$

$$+u_i^{(0,1)}N_i^{(0,1)}(\xi,\eta)+u_i^{(1,1)}N_i^{(1,1)}(\xi,\eta)\big),$$

其中 $u_i=u(\widehat{P}_i),\ u_i^{(1,0)}=u_\xi(\widehat{P}_i),\ u_i^{(0,1)}=u_\eta(\widehat{P}_i),\ u_i^{(1,1)}=u_{\xi\eta}(\widehat{P}_i)$.

和 Lagrange 双二次插值一样，我们用一维的 Hermite 三次插值的基函数来构造上述 16 个形状函数. 设 $\widehat{I}=[-1,1]$，结点为 $\xi=-1$ 和 $\xi=1$. 这时，对应于每个结点有两个插值基函数

$$L_{-1}(\xi)=\frac{1}{4}(\xi-1)^2(2+\xi),\quad L_{-1}^{(1)}(\xi)=\frac{1}{4}(\xi-1)^2(\xi+1),$$

$$L_1(\xi)=\frac{1}{4}(\xi+1)^2(2-\xi),\quad L_1^{(1)}(\xi)=\frac{1}{4}(\xi+1)^2(\xi-1).$$

于是，在结点 $\widehat{P}_1=(-1,-1)$ 上的四个形状函数为

$$\begin{cases}N_1(\xi,\eta)=L_{-1}(\xi)L_{-1}(\eta);\\ N_1^{(1,0)}(\xi,\eta)=L_{-1}^{(1)}(\xi)L_{-1}(\eta);\\ N_1^{(0,1)}(\xi,\eta)=L_{-1}(\xi)L_{-1}^{(1)}(\eta);\\ N_1^{(1,1)}(\xi,\eta)=L_{-1}^{(1)}(\xi)L_{-1}^{(1)}(\eta).\end{cases}\tag{8.1.45}$$

可以类似写出对应于结点 $\widehat{P}_2$、$\widehat{P}_3$、$\widehat{P}_4$ 的其他 12 个形状函数.

需要指出的是，当把标准单元 $\widehat{e}$ 上的形状函数用来表示一般单元 e 上的函数 $u(x,y)$ 时，应该仿照 (8.1.33) 的方式，对一阶导数的形状函数乘以 x 方向的步长 h_1 或 y 方向的步长 h_2，对二阶混合导数的形状函数乘以 h_1h_2.

容易证明这种分片双三次 Hermite 插值在 Ω 上是一次连续可微分的. 显然，沿着两个单元的某条公共边 $x=x_0$ 上，插值函数是 y 的三次多项式，但在两端的结点上给出了共同的 u 和 u_y，所以，沿此条公共边 $u(x,y)$ 和 $u_y(x,y)$ 是连续的. 另一方面，在公共边两端的结点上，又给出了两个单元公共的 u_x 和 $(u_x)_y$，所以，$u_x(x,y)$ 沿公共边也是连续的. 也就是说，$u(x,y),u_x(x,y),u_y(x,y)$ 沿两单元的公共边 $x=x_0$ 是连续的. 同理可证，沿公共边 $y=y_0$ 它们也是连续的. 所以，在单元的边界上 $u(x,y),u_x(x,y),u_y(x,y)$ 连续. 因此，用这种形状函数构造的有限元空间 $V_h\subset C^{(1)}(\overline{\Omega})$，而且 $V_h\subset H^2(\Omega)$.

还可以证明这种插值是唯一的.

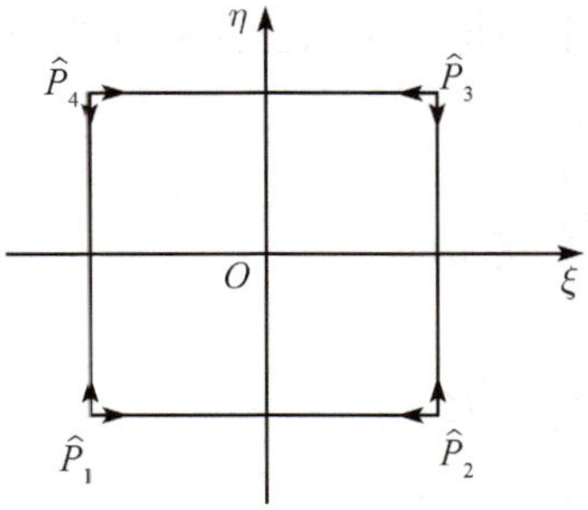

图 8.1.9

以上的双三次 Hermite 插值中，能否去掉每个结点上的二阶混合导数 $\dfrac{\partial^2 u}{\partial x \partial y}$ 的值，而构造不完全的双三次插值呢？这时，每个结点上只有三个自由度 (图 8.1.9)，一共 12 个自由度. 为此，我们去掉双三次式中的最高阶项 x^3y^3, x^3y^2, x^2y^3；在四阶项 x^3y, x^2y^2, xy^3 中，为了对称性需要，再去掉 x^2y^2. 于是，这种不完全的双三次多项式形状为

$$u(x,y) = p_3(x,y) + \alpha x^3 y + \beta x y^3,$$

其中 $p_3(x,y)$ 是 x,y 的完全三次多项式，有 10 项.

可以证明，这种不完全的双三次插值是唯一可解的. 它的总体自由度 (12) 比完全双三次插值的自由度 (16) 少了四分之一，但逼近程度相同. 不过，它在整个区域 Ω 上只是连续，公共边上的法向导数间断，因而用它们构造的有限元空间 $V_h \subset C(\overline{\Omega})$ 和 $V_h \subset H^1(\Omega)$. 这种单元在工程上被称为 Adini 元.

限于篇幅，这里只列出标准单元 $\hat{e}$ 上对应于结点 $\hat{P}_1$ 的三个形状函数

$$\begin{cases} N_1(\xi,\eta) = \dfrac{1}{16}(1-\xi)(1-\eta)\big[(1-\xi)(1-\eta) - (1+\xi)(1+\eta) \\ \qquad\qquad +2(1-\xi^2) + 2(1-\eta^2)\big], \\ N_1^{(1,0)}(\xi,\eta) = \dfrac{1}{8}(1-\xi)^2(1+\xi)(1-\eta), \\ N_1^{(0,1)}(\xi,\eta) = \dfrac{1}{8}(1-\xi)(1-\eta)^2(1+\eta). \end{cases} \tag{8.1.46}$$

其余 9 个可用对称性得到.

8.1.5　二维三角形单元的形状函数

在第 7 章中所用的线性三角形单元是最简单的三角形单元. 以下主要讨论高次多项式的 Lagrange 型插值和 Hermite 型插值.

三角形单元在有限元方法中被广泛地应用是因为它有一系列优点. 首先，它的几何形状简单，又可以较好地拟合曲线边界；其次，在每一个三角形上的局部插值可以采用完全多项式，使得沿三角形的任何一边插值函数还可以用同一类型的 (单变量) 多项式表示. 这是和各向同性的物理模型相适应的.

首先讨论三角形二次单元.

(1) 单元 $e = \triangle P_1P_2P_3$.

(2) e 上共 6 个结点：三个顶点 P_1, P_2, P_3；三边上的中点 P_4, P_5, P_6 (图 8.1.10).

(3) 在每个结点上，插值多项式取给定的函数值，即每个结点的自由度是 1.

由于二次完全多项式

$$u(x,y)=a_1+a_2x+a_3y+a_4x^2+a_5xy+a_6y^2$$

有 6 个系数, 它们恰好被三角形的二次元所确定.

我们要构造对应每一个结点的形状函数 N_i, 使得

(1) $N_i(x,y)$ 是二次多项式 $(1\leqslant i\leqslant 6)$;

(2) $N_i(P_j)=\delta_{ij}\ (1\leqslant i,j\leqslant 6)$.

一旦有了这些形状函数, 则在 e 上二次多项式可表示为

$$u(x,y)=\sum_{i=1}^{6}u_iN_i(x,y),$$

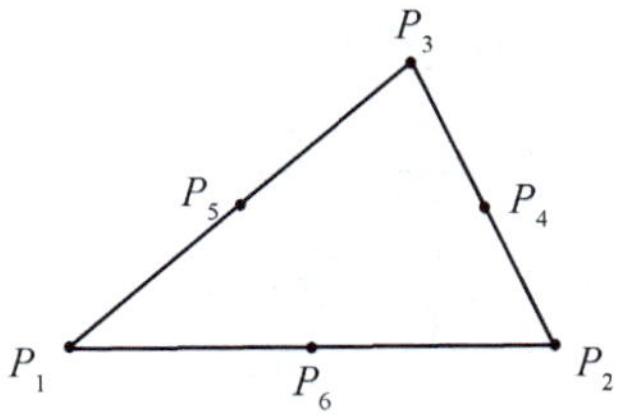

图 8.1.10

其中 $u_i=u(P_i)$. 和三角形线性单元一样, 我们仍然采用三角形 $P_1P_2P_3$ 的面积坐标 $(\lambda_1,\lambda_2,\lambda_3)$ 来表示这些形状函数.

因为在直线 $P_2P_4P_3$ 上 $\lambda_1=0$, 在直线 P_5P_6 上 $\lambda_1-\dfrac{1}{2}=0$, 所以在 $N_1(x,y)$ 中必含有因子 $\lambda_1\Big(\lambda_1-\dfrac{1}{2}\Big)$, 这已经是二次多项式, 故 $N_1=C\lambda_1\Big(\lambda_1-\dfrac{1}{2}\Big)$. 但在 $P_1=(1,0,0)$ 处 $N_1=1$, 所以 $C=2$, 即 $N_1=2\lambda_1\Big(\lambda_1-\dfrac{1}{2}\Big)$.

又因为直线 $P_1P_6P_2$ 上 $\lambda_3=0$, 直线 $P_1P_5P_3$ 上 $\lambda_2=0$, 所以在 $N_4(x,y)$ 含有 $\lambda_2\lambda_3$ 的因子. 再利用在 $P_4=(0,\frac{1}{2},\frac{1}{2})$ 上 $N_4=1$, 可知 $N_4=4\lambda_2\lambda_3$. 总之, 这 6 个形状函数为

$$\begin{cases} N_1(x,y)=\lambda_1(2\lambda_1-1), & N_2(x,y)=\lambda_2(2\lambda_2-1),\\ N_3(x,y)=\lambda_3(2\lambda_3-1), & N_4(x,y)=4\lambda_2\lambda_3,\\ N_5(x,y)=4\lambda_1\lambda_3, & N_6(x,y)=4\lambda_1\lambda_2. \end{cases} \tag{8.1.47}$$

这种二次完全多项式插值是唯一的. 设在结点上函数值全为零: $u_i=0(1\leqslant i\leqslant 6)$. 在 P_2P_3 上因 $\lambda_1=0$, 故 u 是 λ_2 的二次多项式, 但这个二次式在 P_2,P_3,P_4 三点上取零值, 利用一维二次插值的唯一性, 故它恒为零. 因此, 从 $u(x,y)$ 在 $\lambda_1=0$ 上恒为零推出 $u(x,y)$ 必含有因子 λ_1. 同理, 从 $u(x,y)$ 在 $\lambda_2=0$ 上恒为零, 故也知 $u(x,y)$ 必含有 λ_2 的因子, 所以 $u(x,y)=C\lambda_1\lambda_2$. 但又知在 $P_6=\Big(\frac{1}{2},\frac{1}{2},0\Big)$ 处 $u(x,y)=0$, 故 $C=0$, 从而 $u(x,y)=0$.

利用一维二次插值的唯一性容易证明 $u(x,y)$ 在任何两个三角形单元的公共边上连续, 所以 $u(x,y)$ 在 $\overline{\Omega}$ 上是连续的.

至于三角形单元上的完全三次多项式插值, 其基本方法和构思均与完全二次插值相同. 现简略介绍如下.

在单元 $e=\triangle P_1P_2P_3$ 上, 取每条边上的三等分点 $Q_{12},Q_{21},Q_{23},Q_{32},Q_{31},Q_{13}$ 和形心 Q_{123} (图 8.1.11). 将这七个点和三个顶点作为结点, 给出在这 10 个点上的函数值, 作单元上的三次多项式.

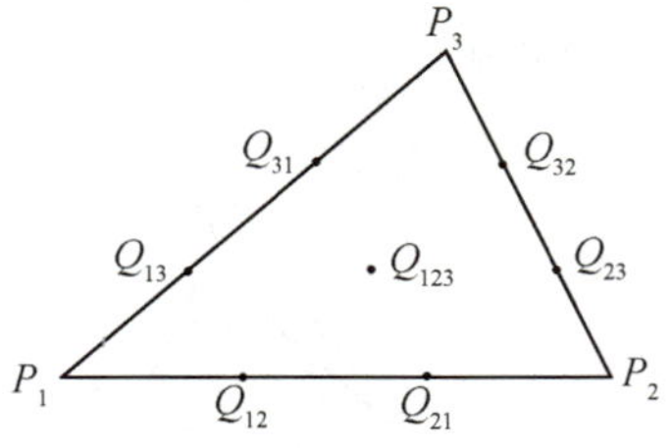

图 8.1.11

由于直线 $Q_{13}Q_{12}$ 的方程为 $\lambda_1 - \frac{2}{3} = 0$, 直线 $Q_{31}Q_{123}Q_{21}$ 的方程为 $\lambda_1 - \frac{1}{3} = 0$, 直线 $P_3Q_{32}Q_{23}P_2$ 的方程为 $\lambda_1 = 0$, 因此, 对应于 P_1 的形状函数为

$$N_1(x,y) = \frac{1}{2}\lambda_1(3\lambda_1 - 1)(3\lambda_1 - 2).$$

同理可以推出对应于 Q_{12} 的形状函数为

$$N_{12}(x,y) = \frac{9}{2}\lambda_1\lambda_2(3\lambda_1 - 1).$$

对应于形心 Q_{123} 的形状函数为

$$N_{123}(x,y) = 27\lambda_1\lambda_2\lambda_3.$$

其他的形状函数请读者自己写出来.

这种三次完全多项式插值是唯一的. 事实上, 设在 10 个结点上函数值全为零, 由三角形三条边上 9 个函数值为零, 用与上面类似的讨论知 $u(x,y) = C\lambda_1\lambda_2\lambda_3$, 再由在 $Q_{123} = \left(\frac{1}{3}, \frac{1}{3}, \frac{1}{3}\right)$ 点取零值, 故 $C = 0$, 即 $u(x,y) = 0$.

同样, 这种分片插值在 $\overline{\Omega}$ 上是连续的.

当然, 我们还可以把三角形在形心 Q_{123} 处的结点去掉, 考虑 9 个自由度的插值. 这时, 已不可能是完全的三次多项式

$$\begin{aligned} u(x,y) = &a_1 + a_2x + a_3y + a_4x^2 + a_5xy + a_6y^2 \\ &+ a_7x^3 + a_8x^2y + a_9xy^2 + a_{10}y^3. \end{aligned}$$

最容易想到的是, 去掉三次式的某一项, 使之剩下 9 个系数. 粗略地看这似乎是可取的办法, 例如, 我们要求三次式不含有 $\lambda_1\lambda_2\lambda_3$ 的项, 这样处理之后所得的不完全三项式是由除了形心处的 9 个结点上的函数值所唯一决定的. 因为上文中已指出, 当 $u(x,y)$ 在周围 9 个结点上取零时, 三次式只能有形式 $u(x,y) = C\lambda_1\lambda_2\lambda_3$, 现在既然不含 $\lambda_1\lambda_2\lambda_3$, 故 $C = 0$, 从而 $u(x,y) = 0$.

但是, 这种类型的插值函数对一次多项式也是不准确的, 例如, 我们取线性函数

$$\begin{aligned} u(x,y) &= \lambda_1 = \lambda_1(\lambda_1 + \lambda_2 + \lambda_3)^2 \\ &= \lambda_1^3 + \lambda_1\lambda_2^2 + \lambda_1\lambda_3^2 + 2\lambda_1^2\lambda_2 + 2\lambda_1^2\lambda_3 + 2\lambda_1\lambda_2\lambda_3. \end{aligned}$$

它一定含有 $\lambda_1\lambda_2\lambda_3$ 这一项. 所以, 取消 $\lambda_1\lambda_2\lambda_3$ 的插值多项式根本不能逼近已知函数, 甚至连线性函数都不能逼近, 因而是不实用的.

我们不应当试图去掉完全三次式中的某一项, 而是保留这 10 项, 只不过对 10 项的系数加以适当的限制. 所以, 我们去掉形心之后得到的是受限制的三次插值. 这里不细述, 有兴趣的读者可参阅文献 Ciarlet, 1978.

应用 Lagrange 型插值固然简单, 但有其不利之处. 首先, 为提高插值精度, 必须增加大量的结点, 特别是内结点; 其次, 不论结点数目如何增加, 最多只能保证插值多项式在 $\overline{\Omega}$ 上的连续性而得不到导数在 $\overline{\Omega}$ 上的连续性. 因此, 需要讨论 Hermite 型插值. 三角形单元由于不能使每一条边平行于坐标轴, 所以它的 Hermite 型插值比矩形单元的 Hermite 型插值要复杂一些. 我们首先介绍四个结点十个自由度的三次 Hermite 插值, 它是完全的三次多项式.

(1) 单元 $e=\triangle P_1P_2P_3$;

(2) 结点为 e 的三个顶点 P_1,P_2,P_3 以及 e 的形心 P_4;

(3) 在结点 P_1、P_2、P_3 上, 插值多项式取给定的函数值和两个偏导数值; 在结点 P_4 取给定的函数值 (图 8.1.12).

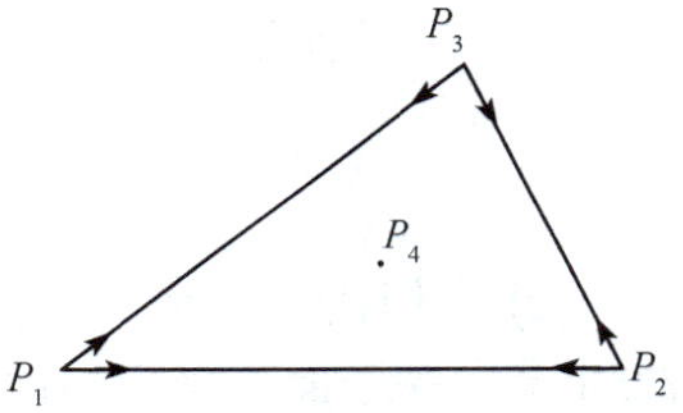

图 8.1.12

可以证明, 如果这种插值存在, 必是唯一的. 事实上, 设插值多项式 $u(x,y)$ 满足

$$u(P_i)=\frac{\partial u}{\partial x}(P_i)=\frac{\partial u}{\partial y}(P_i)=0\quad(1\leqslant i\leqslant 3);\quad u(P_4)=0.$$

在单元 e 的一边 $\lambda_1=0$ (即 P_2P_3) 上 $u(x,y)$ 是变量 λ_2 的三次多项式. 但因为在结点 P_2、P_3 上 $u(x,y)$ 沿 x 和 y 方向的导数都是零, 故对沿任何方向的导数也是零, 特别是沿 P_2P_3 方向的导数更是零. 于是, 在 $\lambda_1=0$ 这条边上 $u(x,y)$ 作为 λ_2 的三次多项式满足四个条件:

$$u(P_2)=u(P_3)=0,\quad \frac{\mathrm{d}u}{\mathrm{d}\lambda_2}(P_2)=\frac{\mathrm{d}u}{\mathrm{d}\lambda_2}(P_3)=0.$$

由一维 Hermite 插值的唯一可解性知 $u(x,y)$ 沿着边 $\lambda_1=0$ 恒等于零, 因此, $u(x,y)$ 一定有因子 λ_1.

对另外两条边用同样的推理, 可证明 $u(x,y)$ 一定含有因子 λ_2 和 λ_3. 所以

$$u(x,y)=C\lambda_1\lambda_2\lambda_3,$$

但在 P_4 点 $\left(\lambda_1=\lambda_2=\lambda_3=\dfrac{1}{3}\right)$, $u(P_4)=0$, 故 $C=0$, 从而 $u(x,y)=0$. 这就证明了插值的唯一性.

下面构造这种三次 Hermite 型单元的形状函数. 为了表示的方便, 我们先用独立的面积坐标 λ_1,λ_2 为自变量. 构造 10 个形状函数 $\widehat{N}_i(\lambda_1,\lambda_2)$、$\widehat{N}_i^{(1,0)}(\lambda_1,\lambda_2)$、$\widehat{N}_i^{(0,1)}(\lambda_1,\lambda_2)(1\leqslant i\leqslant 3)$ 以及 $\widehat{N}_4(\lambda_1,\lambda_2)$, 使得当 $1\leqslant i,j\leqslant 3$ 时

(1) $\widehat{N}_i(P_j)=\delta_{ij},\ \ \widehat{N}_i(P_4)=\dfrac{\partial\widehat{N}_i}{\partial\lambda_1}(P_j)=\dfrac{\partial\widehat{N}_i}{\partial\lambda_2}(P_j)=0;$

$$\widehat{N}_4(P_4)=1,\ \ \widehat{N}_4(P_j)=\frac{\partial\widehat{N}_4}{\partial\lambda_1}(P_j)=\frac{\partial\widehat{N}_4}{\partial\lambda_2}(P_j)=0;$$

$$\frac{\partial\widehat{N}_i^{(1,0)}}{\partial\lambda_1}(P_j)=\delta_{ij},$$

$$\widehat{N}_i^{(1,0)}(P_j)=\widehat{N}_i^{(1,0)}(P_4)=\frac{\partial\widehat{N}_i^{(1,0)}}{\partial\lambda_2}(P_j)=0;$$

$$\frac{\partial\widehat{N}_i^{(1,0)}}{\partial\lambda_2}(P_j)=\delta_{ij},$$

$$\widehat{N}_i^{(0,1)}(P_j)=\widehat{N}_i^{(0,1)}(P_4)=\frac{\partial\widehat{N}_i^{(0,1)}}{\partial\lambda_1}(P_j)=0.$$

(2) 它们在 e 上是 λ_1,λ_2 的三次多项式 (或者是 $\lambda_1\lambda_2\lambda_3$ 的三次齐次式 —— 见 7.2.3 节中关于面积坐标的性质 (6)).

先考虑 $\widehat{N}_1$ 的构造. 利用与证明唯一性时相仿的推理, $\widehat{N}_1$ 必含有因子 λ_1, 所以

$$\widehat{N}_1=\lambda_1(a_1\lambda_1^2+a_2\lambda_2^2+a_3\lambda_3^2+a_4\lambda_1\lambda_2+a_5\lambda_1\lambda_3+a_6\lambda_2\lambda_3),$$

于是

$$\begin{aligned}\frac{\partial\widehat{N}_1}{\partial\lambda_1}&=3a_1\lambda_1^2+a_2\lambda_2^2+a_3(\lambda_3^2-2\lambda_1\lambda_3)+2a_4\lambda_1\lambda_2\\&\quad+a_5(2\lambda_1\lambda_3-\lambda_1^2)+a_6(\lambda_2\lambda_3-\lambda_1\lambda_2),\\\frac{\partial\widehat{N}_1}{\partial\lambda_2}&=\lambda_1[2a_2\lambda_2-2a_3\lambda_3+a_4\lambda_1-a_5\lambda_1+a_6(\lambda_3-\lambda_2)].\end{aligned}$$

利用上面的插值条件 (1): $\widehat{N}_1(P_1)=1,\ \ \widehat{N}_1(P_4)=0,\ \ \dfrac{\partial\widehat{N}_1}{\partial\lambda_1}(P_1)=\dfrac{\partial\widehat{N}_1}{\partial\lambda_2}(P_1)=\dfrac{\partial\widehat{N}_1}{\partial\lambda_1}(P_2)=\dfrac{\partial\widehat{N}_1}{\partial\lambda_1}(P_3)=0$, 得到

$$a_1=1,\quad a_1+a_2+a_3+a_4+a_5+a_6=0,$$

$$3a_1-a_5=0,\ a_4-a_5=0,\ a_2=0,\ a_3=0,$$

解得

$$a_1=1,\ a_2=a_3=0,\ a_4=a_5=3,\ a_6=-7,$$

所以

$$\begin{aligned}\widehat{N}_1&=\lambda_1(\lambda_1^2+3\lambda_1\lambda_2+3\lambda_1\lambda_3-7\lambda_2\lambda_3)\\&=\lambda_1^2(3-2\lambda_1)-7\lambda_1\lambda_2\lambda_3.\end{aligned}$$

$\widehat{N}_1^{(1,0)}$ 和 $\widehat{N}_1^{(0,1)}$ 也含有因子 λ_1, 故与 $\widehat{N}_1$ 有同样的一般表达式. 将相应的插值条件代入一般表达式, 定出系数, 易得

$$\widehat{N}_1^{(1,0)} = \lambda_1(2\lambda_2\lambda_3 - \lambda_1\lambda_2 - \lambda_1\lambda_3),$$

$$\widehat{N}_1^{(0,1)} = \lambda_1\lambda_2(\lambda_1 - \lambda_3).$$

适当轮换 λ 的下标, 就得到

$$\widehat{N}_2 = \lambda_2^2(3 - 2\lambda_2) - 7\lambda_1\lambda_2\lambda_3,$$

$$\widehat{N}_2^{(1,0)} = \lambda_2\lambda_1(\lambda_2 - \lambda_3),$$

$$\widehat{N}_2^{(0,1)} = \lambda_2(2\lambda_1\lambda_3 - \lambda_2\lambda_1 - \lambda_2\lambda_3),$$

$$\widehat{N}_3 = \lambda_3^2(3 - 2\lambda_3) - 7\lambda_1\lambda_2\lambda_3,$$

$$\widehat{N}_3^{(1,0)} = \lambda_1\lambda_3(\lambda_3 - \lambda_2),$$

$$\widehat{N}_3^{(0,1)} = \lambda_2\lambda_3(\lambda_3 - \lambda_1).$$

对 $\widehat{N}_4$ 来说, 由于它在三条边上为零, 易知

$$\widehat{N}_4 = 27\lambda_1\lambda_2\lambda_3.$$

有了这 10 个初步的形状函数之后, $\widehat{N}_1, \widehat{N}_2, \widehat{N}_3, \widehat{N}_4$ 就可以直接作为 e 的关于结点上函数值的形状函数；但是关于结点上的导数值的形状函数还必须换成以 x 和 y 作为自变量的形式. 由第 7 章的讨论可知, 如果 $P_i = (x_i, y_i)(1 \leqslant i \leqslant 3)$，则由式 (7.2.54)

$$\begin{cases} \dfrac{\partial u}{\partial \lambda_1}(P_i) = (x_1 - x_3)\dfrac{\partial u}{\partial x}(P_i) + (y_1 - y_3)\dfrac{\partial u}{\partial y}(P_i), \\ \dfrac{\partial u}{\partial \lambda_2}(P_i) = (x_2 - x_3)\dfrac{\partial u}{\partial x}(P_i) + (y_2 - y_3)\dfrac{\partial u}{\partial y}(P_i). \end{cases}$$

所以

$$\begin{aligned} u(x,y) = &\sum_{i=1}^{4} u(P_i)\widehat{N}_i + \sum_{i=1}^{4}\left[(x_1 - x_3)\frac{\partial u}{\partial x}(P_i) + (y_1 - y_3)\frac{\partial u}{\partial y}(P_i)\right]\widehat{N}_i^{(1,0)} \\ &+ \sum_{i=1}^{4}\left[(x_2 - x_3)\frac{\partial u}{\partial x}(P_i) + (y_2 - y_3)\frac{\partial u}{\partial y}(P_i)\right]\widehat{N}_i^{(0,1)}. \end{aligned}$$

经过整理, 即得

$$
\begin{aligned}
u(x,y)=&\sum_{i=1}^{4}u(P_i)\widehat{N}_i+\sum_{i=1}^{4}\left[(x_1-x_3)\widehat{N}_i^{(1,0)}+(x_2-x_3)\widehat{N}_i^{(0,1)}\right]\frac{\partial u}{\partial x}(P_i)\\
&+\sum_{i=1}^{4}\left[(y_1-y_3)\widehat{N}_i^{(1,0)}+(y_2-y_3)\widehat{N}_i^{(0,1)}\right]\frac{\partial u}{\partial y}(P_i).
\end{aligned}
$$

因此, 对于在 $P_i(1\leqslant i\leqslant 3)$ 上以函数值 $u(P_i)$, 导数值 $\dfrac{\partial u}{\partial x}(P_i),\dfrac{\partial u}{\partial y}(P_i)$ 为自由度时的形状函数为

$$
\begin{cases}
N_i(x,y)=\widehat{N}_i\quad(1\leqslant i\leqslant 4),\\
N_i^{(1,0)}(x,y)=(x_1-x_3)\widehat{N}_i^{(1,0)}+(x_2-x_3)\widehat{N}_i^{(0,1)},\\
N_i^{(0,1)}(x,y)=(y_1-y_3)\widehat{N}_i^{(1,0)}+(y_2-y_3)\widehat{N}_i^{(0,1)},
\end{cases}\tag{8.1.48}
$$

其中 $\widehat{N}_i,\widehat{N}_i^{(1,0)}$ 和 $\widehat{N}_i^{(0,1)}$ 如上面所列.

需要特别注意的是：这种三角形上的三次 Hermite 插值虽然在结点上增加了对导数值的自由度, 使得两个相邻的三角形在公共顶点上函数值和一阶导数值都是连续的, 但是, 这只能使插值多项式沿公共边上有相同的切向导数, 而沿公共边上的法向导数却不连续. 因此, 这种三次完全多项式的 Hermite 插值在整个区域 Ω 上不是一次连续可微分的!

可以证明：为了使插值多项式 $u(x,y)\in C^{(1)}(\overline{\Omega})$, 在每一个单元 e 中的插值至少是五次多项式. 这就要求在每个三角形单元中给出 21 个自由度. 例如, 在每个顶点上给出 $u,u_x,u_y,u_{xx},u_{xy},u_{yy}$, 然后在每边中点上给出法向导数 $\dfrac{\partial u}{\partial \boldsymbol{n}}$.

如果在三角形单元内不用统一的多项式, 例如把单元再分成三个小三角形, 在每个小三角形上用不同的三次多项式, 也可以设法使插值多项式 $u\in C^{(1)}(\overline{\Omega})$, 这种类型的单元称为 Clough 单元, 读者可参阅文献姜礼尚等, 1979; Ciarlet, 1978. 这里不细述.

*8.1.6　等参数单元

在二维的情形, 上面介绍了矩形剖分和三角形剖分. 三角形剖分简便灵活, 适应于各种几何形状的区域, 是一种经常被采用的剖分; 但是, 如果采用线性插值, 那么在每个三角形单元内一阶导数 (相当于力学中的应变、应力) 都是常数, 精确度较差. 若采用矩形剖分、双线性插值, 则在每个单元内一阶导数都是线性函数, 效果比三角形线性元要好；但是, 矩形的剖分对区域的适应性较差. 如果把这两种不同的剖分插值结合起来, 使得既能适应区域的几何形状, 又有较为精确的一阶导数, 则是一种理想的单元形态. 为此, 可以采用任意四边形的剖分, 再参考矩形的双线性插值.

另外, 不论采用三角形剖分还是矩形剖分, 都是用直线段代替区域 Ω 的曲线边界, 得到的近似区域 Ω_h 总不能较好地逼近 Ω. 如果采用曲线边界的单元, 那么, 就可以得到区域 Ω 较为精确的近似.

以上两个问题的解决都需要引入等参数单元的概念. 前面在构造矩形单元的形状函数时, 总是用一个仿射变换

$$\xi=\frac{x-x_0}{h_1},\quad \eta=\frac{y-y_0}{h_2} \tag{8.1.49}$$

把任意一个各边平行于坐标轴的单元 $e=\{(x,y)\big|x_1\leqslant x\leqslant x_2,y_1\leqslant y\leqslant y_2\}$ 变到 $\xi\eta$ 平面上的标准单元 $\widehat{e}=\{(\xi,\eta)\big|-1\leqslant\xi\leqslant 1,-1\leqslant\eta\leqslant 1\}$; 在构造三角形单元的形状函数时, 总是用面积坐标 (仿射变换)

$$\lambda_1=N_1(x,y),\quad \lambda_2=N_2(x,y)$$

(见式 (7.2.21)) 将任意一个三角形单元 e 变到 $\lambda_1\lambda_2$ 平面上的标准单元 $\widehat{e}=\{(\lambda_1,\lambda_2)\big|\lambda_1\geqslant 0,\lambda_2\geqslant 0,\lambda_1+\lambda_2\leqslant 1\}$. 然后, 再在标准单元 $\widehat{e}$ 上构造单元的形状函数. 这些形状函数通过逆变换就得到一般单元 e 上的形状函数.

我们也可以把这个过程反过来考虑. 给出一个标准三角形 (或标准矩形) $\widehat{e}$, 通过不同的线性变换, 就得到不同的单元 e 和它的形状函数. 例如, 取 $\widehat{e}=\{(\xi,\eta)\big|-1\leqslant\xi\leqslant 1,-1\leqslant\eta\leqslant 1\}$ (如图 8.1.13(a)), 在 $\widehat{e}$ 上的双线性插值的形状函数为

$$\begin{cases}N_1=\dfrac{1}{4}(1-\xi)(1-\eta), & N_2=\dfrac{1}{4}(1+\xi)(1-\eta),\\[2mm] N_3=\dfrac{1}{4}(1+\xi)(1+\eta), & N_4=\dfrac{1}{4}(1-\xi)(1+\eta),\end{cases} \tag{8.1.50}$$

经过仿射变换

$$\begin{cases}x=\dfrac{1}{2}(x_2-x_1)\xi+\dfrac{1}{2}(x_1+x_2),\\[2mm] y=\dfrac{1}{2}(y_2-y_1)\eta+\dfrac{1}{2}(y_1+y_2)\end{cases} \tag{8.1.51}$$

后化为矩形 (见图 8.1.13(b))

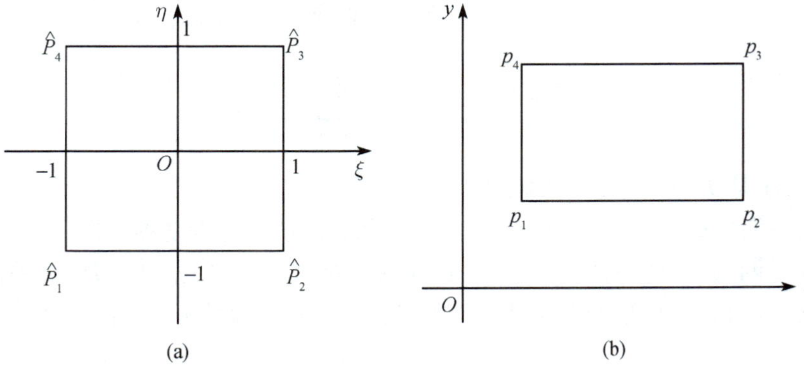

图 8.1.13

$$e=\{(x,y)\big|x_1\leqslant x\leqslant x_2,\quad y_1\leqslant y\leqslant y_2\}.$$

若记 $x_0=\dfrac{1}{2}(x_1+x_2)$, $y_0=\dfrac{1}{2}(y_1+y_2)$, $h_1=\dfrac{1}{2}(x_2-x_1)$, $h_2=\dfrac{1}{2}(y_2-y_1)$, 则变换 (8.1.51) 记成

$$\begin{cases} x=h_1\xi+x_0, \\ y=h_2\eta+y_0. \end{cases} \tag{8.1.52}$$

它的逆变换显然就是变换 (8.1.49). 于是, 从 $\widehat{e}$ 上的四个形状函数 $N_1(\xi,\eta),\cdots,N_4(\xi,\eta)$ 得到 e 上的四个形状函数

$$N_1(x,y)=\frac{1}{4}\left(1-\frac{x-x_0}{h_1}\right)\left(1-\frac{y-y_0}{h_2}\right),$$

$$\cdots\cdots$$

$$N_4(x,y)=\frac{1}{4}\left(1-\frac{x-x_0}{h_1}\right)\left(1+\frac{y-y_0}{h_2}\right).$$

不同的仿射变换 (8.1.51) 得到不同的矩形 e 和不同的形状函数.

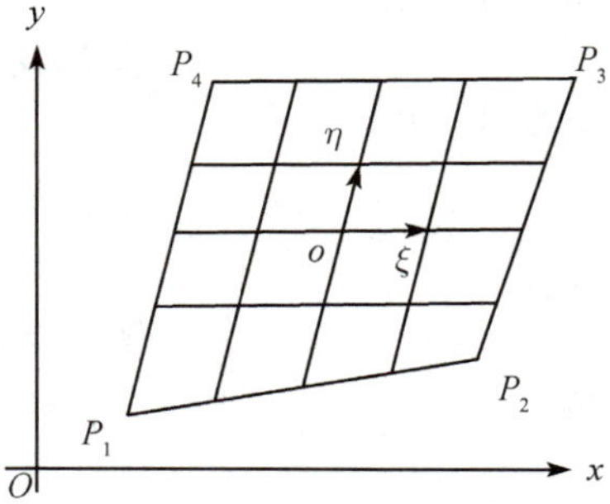

图 8.1.14

如果单元 e 不再是矩形, 而是一个任意四边形 $P_1P_2P_3P_4$ (图 8.1.14), 那么用仿射变换就不能把它变为标准的正方形 $\widehat{e}$, 亦即仿射变换 (8.1.51) 不可能把 $\widehat{e}$ 变为任意四边形单元 e. 必须另找变换, 使得四边形 $P_1P_2P_3P_4$ 在新的变量 (ξ,η) 之下成为一个标准矩形 $\widehat{e}$.

对矩形 $\widehat{e}$ 我们已有双线性插值的形状函数 N_i(见式 (8.1.50)), 它对于线性插值来说当然更是准确的, 因此, 对一次式 x,y 有

$$x=\sum_{i=1}^{4}x_iN_i(\xi,\eta),\quad y=\sum_{i=1}^{4}y_iN_i(\xi,\eta), \tag{8.1.53}$$

其中 (x_i,y_i) 是 $P_i(1\leqslant i\leqslant 4)$ 的坐标.

如果我们将式 (8.1.53) 看作从 (x,y) 平面到 (ξ,η) 平面的变换, 那么, 式 (8.1.53) 就是把任意四边形 $P_1P_2P_3P_4$ 变为 $\widehat{e}$ 的坐标变换式. 事实上, $P_1P_2P_3P_4$ 的四条边正好变到 $\widehat{e}=\widehat{P}_1\widehat{P}_2\widehat{P}_3\widehat{P}_4$ 的四条边. 例如, $\widehat{P}_1\widehat{P}_2$ 边的方程是 $\eta=-1$, 与之对应的点 (x,y) 为

$$x=\sum_{i=1}^{4}x_iN_i(\xi,-1),\quad y=\sum_{i=1}^{4}y_iN_i(\xi,-1).$$

这是一条直线的参数方程. 而 $\widehat{P}_1\widehat{P}_2$ 的两个端点 $\widehat{P}_1$ 和 $\widehat{P}_2$ 分别对应

$$\Big(\sum_{i=1}^{4} x_iN_i(-1,-1),\ \sum_{i=1}^{4} y_iN_i(-1,-1)\Big) = (x_1,y_1),$$
$$\Big(\sum_{i=1}^{4} x_iN_i(1,-1),\ \sum_{i=1}^{4} y_iN_i(1,-1)\Big) = (x_2,y_2),$$

即 P_1 和 P_2 点, 故 $\widehat{P}_1\widehat{P}_2$ 对应直线段 P_1P_2.

也就是说, 通过变换 (8.1.53) 之后, 矩形 $\widehat{e}$ 变为任意四边形 $e = P_1P_2P_3P_4$. 我们就把 $\widehat{e}$ 上双线性插值的形状函数 $N_i(1 \leqslant i \leqslant 4)$ (见式 (8.1.50)) 作为任意四边形 e 上的插值形状函数.

由于这类单元的坐标变换、插值多项式都是以结点上的函数值作为参数, 而且参数的个数相同, 采用的基函数也相同, 故习惯上称为等参数单元 (简称为等参单元或等参元).

附注 8.1.5　对于被分成若干个任意四边形 e 的区域 Ω, 如果在每个 e 的四个顶点上给定插值多项式的值, 则不可能像从前那样作双线性插值, 因为这样做不能保证插值多项式在整个 Ω 上的连续性. 事实上, 只要 e 的某一边不与坐标轴平行, 它就可以表示为 $y = ax + b(a \neq 0)$ 的形式, 从而在该边上一般是 x 的二次函数, 但一个二次函数是不能由两个结点上的函数值唯一确定的.

附注 8.1.6　为了使得标准单元 $\widehat{e}$ 和任意四边形单元 e 上的点是双方一一对应的, 还应该要求变换 (8.1.53) 的Jacobi 行列式不等于零, 即

$$J = \frac{D(x,y)}{D(\xi,\eta)} = \begin{vmatrix} \sum x_i \dfrac{\partial N_i}{\partial \xi} & \sum y_i \dfrac{\partial N_i}{\partial \xi} \\ \sum x_i \dfrac{\partial N_i}{\partial \eta} & \sum y_i \dfrac{\partial N_i}{\partial \eta} \end{vmatrix} \neq 0. \tag{8.1.54}$$

若记

$$b_{11} = \frac{1}{4}\sum_{i=1}^{4} x_i\xi_i,\quad b_{12} = \frac{1}{4}\sum_{i=1}^{4} y_i\xi_i,\quad b_{21} = \frac{1}{4}\sum_{i=1}^{4} x_i\eta_i,$$
$$b_{22} = \frac{1}{4}\sum_{i=1}^{4} y_i\eta_i,\quad a_1 = \frac{1}{4}\sum_{i=1}^{4} x_i\xi_i\eta_i,\quad a_2 = \frac{1}{4}\sum_{i=1}^{4} y_i\xi_i\eta_i,$$

其中 (ξ_i,η_i) 为 $\widehat{e}$ 上结点 $\widehat{P}_i$ 的坐标, 于是

$$J = \begin{vmatrix} b_{11}+a_1\eta & b_{12}+a_2\eta \\ b_{21}+a_1\xi & b_{22}+a_2\xi \end{vmatrix}$$
$$= \begin{vmatrix} b_{11} & b_{12} \\ b_{21} & b_{22} \end{vmatrix} + \begin{vmatrix} b_{11} & b_{12} \\ a_1 & a_2 \end{vmatrix}\xi + \begin{vmatrix} a_1 & a_2 \\ b_{21} & b_{22} \end{vmatrix}\eta.$$

它正好是 ξ, η 的线性函数. 为了使 J 在 $\widehat{e}$ 上不为零, 只须在顶点 $\widehat{P}_1, \widehat{P}_2, \widehat{P}_3, \widehat{P}_4$ 上的值同号.

为确定起见, 假定 e 的四个顶点 P_1, P_2, P_3, P_4 按逆时针方向排列. 四个顶点处的内角分别记为 $\theta_1, \theta_2, \theta_3, \theta_4$, 则

$$J(\widehat{P}_1) = \begin{vmatrix} b_{11}-a_1 & b_{12}-a_2 \\ b_{21}-a_1 & b_{22}-a_2 \end{vmatrix} = \frac{1}{4}\begin{vmatrix} x_2-x_1 & y_2-y_1 \\ x_4-x_1 & y_4-y_1 \end{vmatrix}$$

$$= \frac{1}{4}\overline{P_1P_2} \cdot \overline{P_1P_4} \sin\theta_1,$$

同理可得

$$J(\widehat{P}_2) = \frac{1}{4}\overline{P_2P_1} \cdot \overline{P_2P_3} \sin\theta_2,$$

$$J(\widehat{P}_3) = \frac{1}{4}\overline{P_3P_2} \cdot \overline{P_3P_4} \sin\theta_3,$$

$$J(\widehat{P}_4) = \frac{1}{4}\overline{P_4P_3} \cdot \overline{P_4P_1} \sin\theta_4.$$

注意 $\theta_1+\theta_2+\theta_3+\theta_4=2\pi$, 故当且仅当 $0<\theta_i<\pi(1\leqslant i\leqslant 4)$ 时上面四个值同为正号, 这相当于 $P_1P_2P_3P_4$ 必须是凸的四边形才能保证 Jacobi 行列式不为零.

附注 8.1.7　我们没有必要解出变换 (8.1.53) 的逆变换以求得用变量 (x, y) 表示的形状函数 $N_i(x, y)$. 因为这种求解很不容易, 而且在实用上也没有必要. 事实上, 在建立有限元方程时, 都是采用单元分析, 总体合成的办法以求出总刚度矩阵和总荷载向量, 一切关于单元刚度矩阵和单元荷载向量的计算都可以直接在标准单元 $\widehat{e}$ 上进行. 因此, 我们只需要以 ξ, η 为变量的形状函数 $N(\xi, \eta)$. 需指出的是, 虽然积分区域由 e 变为正方形 $\widehat{e}$, 但被积函数中多了一个因子 —— Jacobi行列式 (8.1.54). 由于不能保证直接积分, 故实用上可采用数值积分公式.

从上面的具体例子可以看到, 等参数单元是以一个标准单元 $\widehat{e}$ 及其插值的形状函数为基础, 通过这些形状函数建立坐标变换以得到所有的等参数单元 e. 因此, 一个等参数单元 e 实际上只依赖于标准单元 $\widehat{e}$ 上的形状函数及其本身上的结点的坐标.

根据这个原则, 可以建立许许多多等参数单元. 不过, 由于等参数单元的坐标变换式中形状函数前只有结点的坐标值, 不带导数值, 所以, 只对 Lagrange 型的插值适用. 我们以八个自由度的双二次插值为例再构造一种等参数单元. 这时, $\widehat{e}$ 上有 8 个结点

$$\widehat{P}_1=(-1,-1),\quad \widehat{P}_2=(1,-1),\quad \widehat{P}_3=(1,1),\quad \widehat{P}_4=(-1,1),$$

$$\widehat{P}_5=(0,-1),\quad \widehat{P}_6=(1,0),\quad \widehat{P}_7=(0,1),\quad \widehat{P}_8=(-1,0).$$

在 7.1.4 节中我们已经对 $\widehat{e}$ 上不完全的双二次插值给出了它的形状函数

$$\begin{cases} N_i(\xi,\eta) = -\dfrac{1}{4}(1+\xi_i\xi)(1+\eta_i\eta)(1-\xi_i\xi-\eta_i\eta), & 1 \leqslant i \leqslant 4, \\ N_i(\xi,\eta) = \dfrac{1}{2}(1-\xi^2)(1+\eta_i\eta), & i = 5,6, \\ N_i(\xi,\eta) = \dfrac{1}{2}(1-\eta^2)(1+\xi_i\xi), & i = 7,8. \end{cases}$$

其中 (ξ_i,η_i) 是 $\widehat{P}_i$ 的坐标. 为了构造对应的等参数单元 e, 我们只要给出对应 $\widehat{P}_i$ 的八个结点 $P_i(1 \leqslant i \leqslant 8)$, 通过等参数变换

$$x = \sum_{i=1}^{8} x_i N_i(\xi,\eta), \quad y = \sum_{i=1}^{8} y_i N_i(\xi,\eta),$$

其中 (x_i,y_i) 为 P_i 的坐标, $\widehat{e}$ 上的四条边就对应 e 上的四条边 —— 它们都是二次曲线 (图 8.1.15(b)). 我们不必给出这些二次曲线的表达式, 因为给出了 $P_i(i \leqslant i \leqslant 8)$ 之后, 这些由三个点决定的二次曲线已经被唯一地确定了.

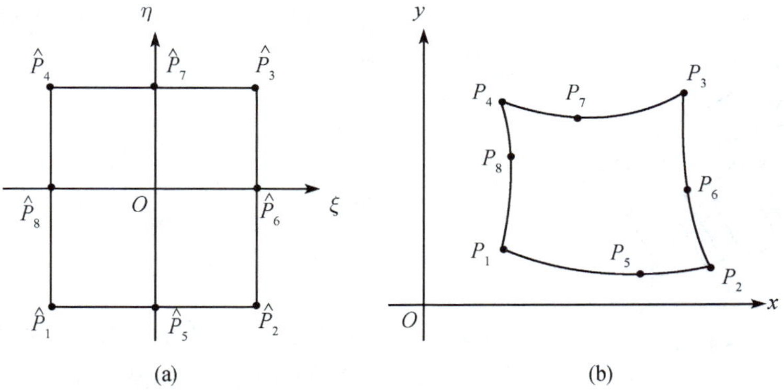

图 8.1.15

采用这种等参数单元不仅内部精度较高, 而且由于单元边界是二次曲线, 它比用直线段逼近区域 Ω 的边界有更高的精度. 因此, 等参数单元在有限元方法中占有很重要的地位.

对各种等参数单元, 由于结点数的不同, 单元的几何形状有相当大的任意性, 但必须考虑等参变换的 Jacobi 行列式不为零的问题. 例如, 前面所考虑的四边形四结点等参数单元要求是凸的四边形, 至于四边形八结点等参数单元的要求, 限于篇幅我们从略了.

8.1.7　三维情形

为了求解三个自变量 (x,y,z) 的偏微分方程定解问题, 必须讨论对空间区域 Ω

的剖分和分片插值. 但是空间情形比平面情形要复杂. 与平面上三角形对应的, 空间中有四面体; 与矩形对应的有六面体. 在空间中同样可以使用等参数单元的概念.

我们先考虑四面体. 和三角形的面积坐标一样, 引入四面体的体积坐标 $(\lambda_1,\lambda_2,\lambda_3,\lambda_4)$. (图 8.1.16) 设四面体的四个顶点为 $P_i=(x_i,y_i,z_i)$ $(1\leqslant i\leqslant 4)$. 对任何一点 $P=(x,y,z)$, 我们定义

$$\lambda_1=\frac{\text{四面体}PP_2P_3P_4\text{体积}}{\text{四面体}P_1P_2P_3P_4\text{体积}}.$$

至于 $\lambda_2,\lambda_3,\lambda_4$ 可以类似地定义. 和二维情形几乎一样, 体积坐标 $(\lambda_1,\lambda_2,\lambda_3,\lambda_4)$ 和直角坐标 (x,y,z) 有如下关系

$$\begin{cases}\displaystyle\sum_{i=1}^4\lambda_i=1,\\ \displaystyle\sum_{i=1}^4\lambda_ix_i=x,\ \sum_{i=1}^4\lambda_iy_i=y,\ \sum_{i=1}^4\lambda_iz_i=z.\end{cases}\tag{8.1.55}$$

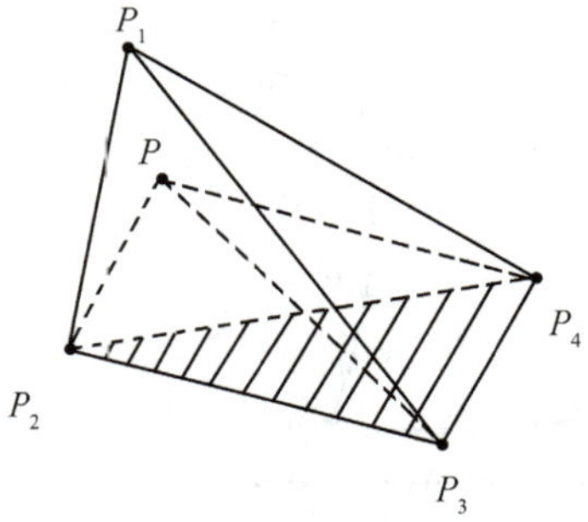

图 8.1.16

它与平面情形 (7.2.50)～ (7.2.52) 是相应的. 因此, 只要行列式

$$6V_e=\begin{vmatrix}1&x_1&y_1&z_1\\1&x_2&y_2&z_2\\1&x_3&y_3&z_3\\1&x_4&y_4&z_4\end{vmatrix}\neq 0\tag{8.1.56}$$

(当 P_1,P_2,P_3,P_4 按右手系排列时, 此处 V_e 表示四面体 $P_1P_2P_3P_4$ 的体积), 可以从式 (8.1.55) 解出

$$\lambda_i=\frac{1}{6V_e}(a_ix+b_iy+c_iz+d_i).\tag{8.1.57}$$

其中

$$\begin{cases}a_1=-\begin{vmatrix}1&y_2&z_2\\1&y_3&z_3\\1&y_4&z_4\end{vmatrix},\quad b_1=\begin{vmatrix}1&x_2&z_2\\1&x_3&z_3\\1&x_4&z_4\end{vmatrix},\\ \\ c_1=-\begin{vmatrix}1&x_2&y_2\\1&x_3&y_3\\1&x_4&y_4\end{vmatrix},\quad d_1=\begin{vmatrix}x_2&y_2&z_2\\x_3&y_3&z_3\\x_4&y_4&z_4\end{vmatrix}.\end{cases}\tag{8.1.58}$$

只要按照 $\{1,2,3,4\}$ 的顺序轮换下标, 可以类似地写出 $a_2, b_2, \cdots, c_4, d_4$. 显然, 体积坐标 $(\lambda_1,\lambda_2,\lambda_3,\lambda_4)$ 中只有三个变量是独立的.

如果把式 (8.1.57) 看作是一个仿射变换, 则任何一个四面体 $e = P_1P_2P_3P_4$ 经过变换 (8.1.57) 都可化为空间 $(\lambda_1,\lambda_2,\lambda_3)$ 中的一个标准直四面体

$$\widehat{e} = \{(\lambda_1,\lambda_2,\lambda_3)\big|\lambda_1 \geqslant 0, \lambda_2 \geqslant 0, \lambda_3 \geqslant 0, \lambda_1+\lambda_2+\lambda_3 \leqslant 1\} \tag{8.1.59}$$

体积坐标的其他性质与 7.2.3 节中所列的面积坐标性质类似. 例如

$$\begin{aligned}&\iiint\limits_e \lambda_1^{\alpha_1}\lambda_2^{\alpha_2}\lambda_3^{\alpha_3}\lambda_4^{\alpha_4}\mathrm{d}x\mathrm{d}y\mathrm{d}z\\ &= 6V_e\frac{\alpha_1!\alpha_2!\alpha_3!\alpha_4!}{(\alpha_1+\alpha_2+\alpha_3+\alpha_4+3)!}.\end{aligned} \tag{8.1.60}$$

在四面体 e 上的线性插值的形状函数是

$$N_i(x,y,z) = \lambda_i(x,y,z)\quad(1 \leqslant i \leqslant 4). \tag{8.1.61}$$

在四面体 e 上的二次插值有 10 个结点 (图 8.1.17), 形状函数也有 10 个. 这是因为三维时的二次完全多项式为

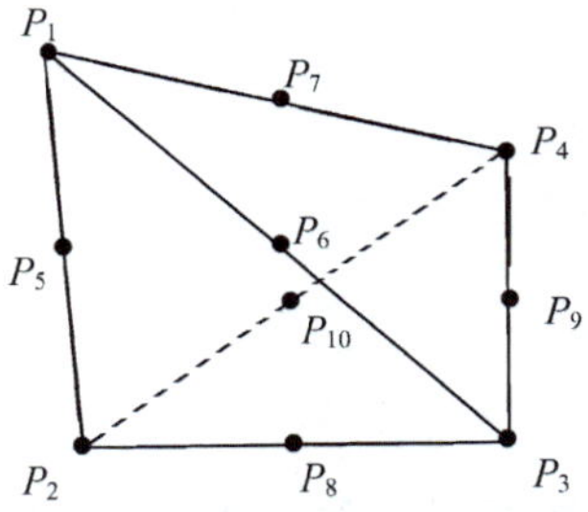

图 8.1.17

$$a_1+a_2x+a_3y+a_4z+a_5x^2+a_6y^2+a_7z^2+a_8xy+a_9xz+a_{10}yz,$$

它们有 10 个系数. 单元 e 的结点除了四个顶点外, 还有六条棱的中点. 利用体积坐标, 容易推出

$$\begin{cases} N_i(x,y,z) = \lambda_i(2\lambda_i-1)\ \ (i=1,2,3,4),\\ N_5(x,y,z)=4\lambda_1\lambda_2,\quad N_6(x,y,z)=4\lambda_1\lambda_3,\\ N_7(x,y,z)=4\lambda_1\lambda_4,\quad N_8(x,y,z)=4\lambda_2\lambda_3,\\ N_9(x,y,z)=4\lambda_3\lambda_4,\quad N_{10}(x,y,z)=4\lambda_2\lambda_4.\end{cases} \tag{8.1.62}$$

类似还可以讨论四面体 e 上的完全三次多项式插值, 这时, 应有 20 个结点, 其中有 4 个不在四面体的棱上. 我们不细述了.

用四面体作为单元形式虽然简单, 但剖分却不简单, 因为一个六面体可以分成五个四面体, 也可以分成六个四面体, 其间的相互关系也不直观, 因此计算前的准备工作相当繁杂. 故求解空间问题经常采用六面体单元或六面体等参数单元.

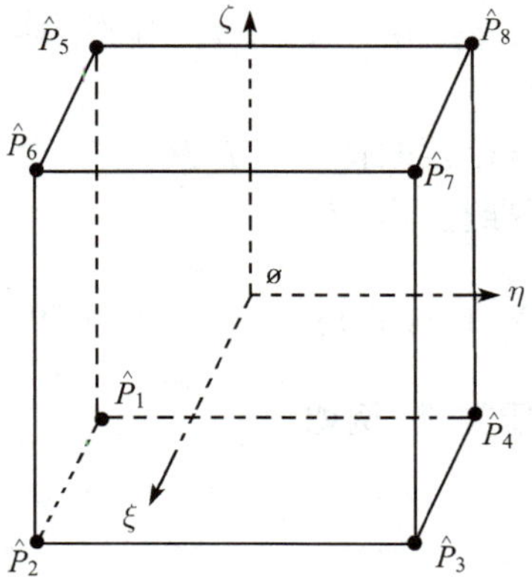

图 8.1.18

首先考虑最简单的 8 结点等参数单元. 在三维空间中取标准六面体 (如图 8.1.18 所示)：$\widehat{e}=\{(\xi,\eta,\zeta)\big|-1\leqslant\xi\leqslant 1,-1\leqslant\eta\leqslant 1,-1\leqslant\zeta\leqslant 1\}$. 在它的八个顶点 $\widehat{P}_i(1\leqslant i\leqslant 8)$ 上给定了插值多项式的函数值, 采用在二维时用过的方法, 易知对 $\widehat{e}$ 上的三线性插值的形状函数 N_i $(1\leqslant i\leqslant 8)$ 可以表示为

$$N_i(\xi,\eta,\zeta)=\frac{1}{8}(1+\xi_i\xi)(1+\eta_i\eta)(1+\zeta_i\zeta),\quad(8.1.63)$$

其中 (ξ_i,η_i,ζ_i) 是结点 $\widehat{P}_i$ 的坐标.

在空间中给出 8 个结点 $P_i=(x_i,y_i,z_i)$ $(1\leqslant i\leqslant 8)$, 由上面的形状函数 (8.1.63), 通过坐标变换

$$x=\sum_{i=1}^{8}x_iN_i(\xi,\eta,\zeta),$$

$$y=\sum_{i=1}^{8}y_iN_i(\xi,\eta,\zeta),$$

$$z=\sum_{i=1}^{8}z_iN_i(\xi,\eta,\zeta),$$

就得到一个 8 结点的等参数单元. 变换的 Jacobi 行列式为

$$J=\frac{D(x,y,z)}{D(\xi,\eta,\zeta)}=\begin{vmatrix}\sum x_i\dfrac{\partial N_i}{\partial\xi} & \sum y_i\dfrac{\partial N_i}{\partial\xi} & \sum z_i\dfrac{\partial N_i}{\partial\xi}\\ \sum x_i\dfrac{\partial N_i}{\partial\eta} & \sum y_i\dfrac{\partial N_i}{\partial\eta} & \sum z_i\dfrac{\partial N_i}{\partial\eta}\\ \sum x_i\dfrac{\partial N_i}{\partial\zeta} & \sum y_i\dfrac{\partial N_i}{\partial\zeta} & \sum y_i\dfrac{\partial N_i}{\partial\zeta}\end{vmatrix}$$

$$=\det\begin{bmatrix}\dfrac{\partial N_1}{\partial\xi} & \dfrac{\partial N_2}{\partial\xi} & \cdots & \dfrac{\partial N_8}{\partial\xi}\\ \dfrac{\partial N_1}{\partial\eta} & \dfrac{\partial N_2}{\partial\eta} & \cdots & \dfrac{\partial N_8}{\partial\eta}\\ \dfrac{\partial N_1}{\partial\zeta} & \dfrac{\partial N_2}{\partial\zeta} & \cdots & \dfrac{\partial N_8}{\partial\zeta}\end{bmatrix}\begin{bmatrix}x_1 & y_1 & z_1\\ x_2 & y_2 & z_2\\ \vdots & \vdots & \vdots\\ x_8 & y_8 & z_8\end{bmatrix}.\quad(8.1.64)$$

在作单元分析的时候, 计算可以在标准单元上进行. 因此, 在等参数单元上的积分都化为在 $\widehat{e}$ 上的积分, 只是积分变量由 (x,y,z) 变为 (ξ,η,ζ) 后需要乘以 Jacobi 行列式. 另外, 注意到

$$\begin{bmatrix} \dfrac{\partial}{\partial \xi} \\ \dfrac{\partial}{\partial \eta} \\ \dfrac{\partial}{\partial \zeta} \end{bmatrix} = \begin{bmatrix} \dfrac{\partial}{\partial x}\cdot\dfrac{\partial x}{\partial \xi}+\dfrac{\partial}{\partial y}\cdot\dfrac{\partial y}{\partial \xi}+\dfrac{\partial}{\partial z}\cdot\dfrac{\partial z}{\partial \xi} \\ \dfrac{\partial}{\partial x}\cdot\dfrac{\partial x}{\partial \eta}+\dfrac{\partial}{\partial y}\cdot\dfrac{\partial y}{\partial \eta}+\dfrac{\partial}{\partial z}\cdot\dfrac{\partial z}{\partial \eta} \\ \dfrac{\partial}{\partial x}\cdot\dfrac{\partial x}{\partial \zeta}+\dfrac{\partial}{\partial y}\cdot\dfrac{\partial y}{\partial \zeta}+\dfrac{\partial}{\partial z}\cdot\dfrac{\partial z}{\partial \zeta} \end{bmatrix} = \tilde{J} \begin{bmatrix} \dfrac{\partial}{\partial x} \\ \dfrac{\partial}{\partial y} \\ \dfrac{\partial}{\partial z} \end{bmatrix},$$

此处 $\tilde{J}$ 表示 Jacobi 矩阵, 因此

$$\begin{bmatrix} \dfrac{\partial N_i}{\partial x} \\ \dfrac{\partial N_i}{\partial y} \\ \dfrac{\partial N_i}{\partial z} \end{bmatrix} = \tilde{J}^{-1} \begin{bmatrix} \dfrac{\partial N_i}{\partial \xi} \\ \dfrac{\partial N_i}{\partial \eta} \\ \dfrac{\partial N_i}{\partial \zeta} \end{bmatrix} \quad (1 \leqslant i \leqslant 8). \tag{8.1.65}$$

要注意的是, 8 个结点的等参数单元的六个面一般地说可以不是平面, 而是由两族直线交织成的直纹面, 只不过我们不需要知道它们的表达式和准确形状, 取定了结点之后就可以知道它们的大致轮廓.

我们还可以引入更多结点的等参数单元, 这里就不细说了.

8.1.8　单元形状函数小结

我们在上面几段分别讨论了在不同维数空间中 Lagrange 型和 Hermite 型的各种单元形状函数. 实质上, 就是在不同几何形状的单元上作各种分片插值时求这些插值的基函数. 我们看到, 为了便于讨论和便于单元分析时的计算, 我们只需要在一个标准单元 $\widehat{e}$ 上作出各种不同的单元形状函数. 通过一族仿射变换, 就得到每一个单元上的形状函数; 若通过等参变换, 就得到等参单元上的形状函数. 此外, 在 8.1.1 节中, 我们给出了一个在 Sobolev 空间中关于插值误差的定理. 根据这个定理, 我们可以将讨论过的各种分片插值列表如下, 以便今后应用.

一维插值

插值名称	连续性	自由度	$\lvert\Pi u-u\rvert_s \leqslant Ch^{k+1-s}\lvert u\rvert_{k+1}$
线性 (L 型)	$C(\overline{I})$	2	$k=1,\ \ 0\leqslant s\leqslant 1$
二次 (L 型)	$C(\overline{I})$	3	$k=2,\ \ 0\leqslant s\leqslant 1$
三次 (H 型)	$C^1(\overline{I})$	4	$k=3,\ \ 0\leqslant s\leqslant 2$

二维及三维插值

单元形状	插值名称	连续性	自由度	$\lvert\Pi u-u\rvert_s \leqslant Ch^{k+1-s}\lvert u\rvert_{k+1}$
三角形	线性 (L 型)	$C(\overline{\Omega})$	3	$k=1,\ \ 0\leqslant s\leqslant 1$
	二次 (L 型)	$C(\overline{\Omega})$	6	$k=2,\ \ 0\leqslant s\leqslant 1$
	三次 (L 型)	$C(\overline{\Omega})$	10	$k=3,\ \ 0\leqslant s\leqslant 1$

续表

单元形状	插值名称	连续性	自由度	$\lvert\Pi u-u\rvert_s \leqslant Ch^{k+1-s}\lvert u\rvert_{k+1}$
三角形	受限制三次 (L 型)	$C(\overline{\Omega})$	9	$k=2,\ \ 0\leqslant s\leqslant 1$
	三次 (H 型)	$C(\overline{\Omega})$	10	$k=3,\ \ 0\leqslant s\leqslant 1$
	五次 (H 型)	$C^1(\overline{\Omega})$	21	$k=5,\ \ 0\leqslant s\leqslant 2$
	Clough	$C^1(\overline{\Omega})$	12	$k=3,\ \ 0\leqslant s\leqslant 2$
矩形	双线性 (L 型)	$C(\overline{\Omega})$	4	$k=1,\ \ 0\leqslant s\leqslant 1$
	双二次 (L 型)	$C(\overline{\Omega})$	9	$k=2,\ \ 0\leqslant s\leqslant 1$
	不全双二次 (L 型)	$C(\overline{\Omega})$	8	$k=2,\ \ 0\leqslant s\leqslant 1$
	双三次 (H 型)	$C^1(\overline{\Omega})$	16	$k=3,\ \ 0\leqslant s\leqslant 2$
	Adini	$C(\overline{\Omega})$	12	$k=3,\ \ 0\leqslant s\leqslant 1$
四边形	四结点等参元	$C(\overline{\Omega})$	4	$k=1,\ \ 0\leqslant s\leqslant 1$
	八结点等参元	$C(\overline{\Omega})$	8	$k=2,\ \ 0\leqslant s\leqslant 1$
四面体	线性 (L 型)	$C(\overline{\Omega})$	4	$k=1,\ \ 0\leqslant s\leqslant 1$
	二次 (L 型)	$C(\overline{\Omega})$	10	$k=2,\ \ 0\leqslant s\leqslant 1$
六面体	八结点等参元	$C(\overline{\Omega})$	8	$k=1,\ \ 0\leqslant s\leqslant 1$
	二十结点等参元	$C(\overline{\Omega})$	20	$k=2,\ \ 0\leqslant s\leqslant 1$

8.2　收敛性与误差估计

8.2.1　引言

用有限元方法近似求解微分方程定解问题时, 产生误差的原因是多方面的, 但其中最主要的误差是由于用有限元空间 V_h 去代替广义解空间 V.

设 u 是微分方程边值问题的广义解, u_h 是用有限元方法求得的近似解. 我们在上一章中已经指出, 有限元方法实质上就是古典的变分近似法 ——Ritz-Galerkin 方法, 只不过我们在构造广义解空间 V 的有限维子空间 S_N 时采用了对区域作剖分, 然后在上面作分片多项式插值罢了. 因此, 在估计广义解 u 与有限元解 u_h 之间的误差时, 可以应用在 6.4.3 节中所讨论过的投影定理. 该定理指出

$$[u-u_h, v]=0, \qquad \forall v\in V_h, \tag{8.2.1}$$

$$|||u-u_h|||=\inf_{v\in V_h}|||u-v|||, \tag{8.2.2}$$

其中 $[\cdot,\cdot]$ 表示能量内积, 即

$$[u,v]=A(u,v);$$

而 $|||\cdot|||$ 表示能量范数, 即

$$|||u||| = [u,u]^{\frac{1}{2}}.$$

正如在附注 6.4.3 中指出过的, 式 (8.2.2) 表示有限元解是广义解 u 按能量范数的意义在有限元空间 V_h 上的投影. 因此, 式 (8.2.1) 的几何意义也是明显的 (图 8.2.1). 总之, 用有限维的空间 V_h 代替无限维的空间 V 是产生误差 $u-u_h$ 的第一位原因.

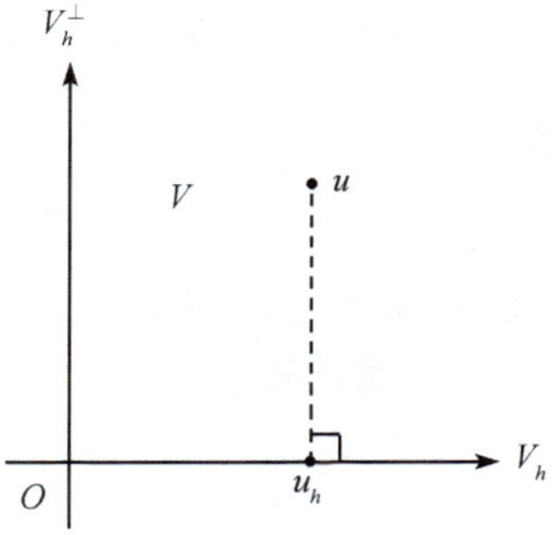

图 8.2.1

除此之外, 在实际应用有限元方法时还由于以下原因产生一系列误差:

(1) 用近似区域 Ω_h 代替求解区域 Ω;

(2) 用近似边界 Γ_h 代替边界 Γ, 由此造成边界条件的误差;

(3) 用数值积分计算刚度矩阵和荷载向量产生的截断误差;

(4) 用直接法求解有限元方程时的含入误差, 或用迭代法时的截断误差.

在下面的讨论中, 我们只考虑用有限元空间 V_h 代替广义解空间 V 所产生的误差.

根据式 (8.2.2), 我们取定右端的 $v\in V_h$ 为 u 的分片插值多项式 Πu(其中 Π 为插值算子). 由于 $\Pi u\in V_h$, 所以

$$|||u-u_h||| \leqslant |||u-\Pi u|||. \tag{8.2.3}$$

上式表明, 有限元解的误差 $u-u_h$ 可以用插值误差 $u-\Pi u$ 来估计. 于是, 有限元解的误差估计问题归结为一个纯粹的函数逼近论问题. 所以, 在 8.1 节中关于插值的误差估计即可用于有限元解的误差估计.

由于双线性泛函 $A(u,v)$ 的有界性和正定性,

$$|||u|||^2 = |A(u,u)| \leqslant M\|u\|^2,$$

$$|||u|||^2 = |A(u,u)| \geqslant \alpha\|u\|^2,$$

所以能量范数 $|||\cdot|||$ 和空间 V 原先的范数 $\|\cdot\|$ 是等价的, 故由式 (8.2.3) 得

$$\|u-u_h\| \leqslant C\|u-\Pi u\|, \tag{8.2.4}$$

其中常数 C 与 u 无关, 与有限元空间 V_h 也无关.

*8.2.2　Sobolev 空间中的插值理论

虽然在 8.1.1 节中给出了在 Sobolev 空间中插值的误差估计, 但并未给出它的证明. 在下文中仅就分片线性插值的特殊情形给出证明, 至于一般性的结果由于篇幅所限只能从略.

首先考虑在区间 $I=[a,b]$ 上分段线性插值的情形. 在 (a,b) 上作剖分

$$a=x_0<x_1<\cdots<x_{i-1}<x_i<\cdots<x_N=b,$$

记

$$h_i=x_i-x_{i-1},\qquad h=\max_{1\leqslant i\leqslant N} h_i. \tag{8.2.5}$$

假设在 $[a,b]$ 上的函数 $u\in H^2(I)$, 其分段线性插值函数为 Πu. 我们要估计 $\|u-\Pi u\|_1$, 也就是估计积分

$$\int_a^b (u-\Pi u)^2 \mathrm{d}x \text{ 和 } \int_a^b [(u-\Pi u)']^2 \mathrm{d}x.$$

根据 Sobolev 空间中的嵌入定理 (定理 7.1.1), 可以证得 $u\in C^1(\overline{I})$. 为方便, 记

$$e(x)=u(x)-\Pi u(x), \tag{8.2.6}$$

于是, 我们只要估计

$$\sum_{i=1}^N \int_{x_{i-1}}^{x_i} e(x)^2 \mathrm{d}x,\qquad \sum_{i=1}^N \int_{x_{i-1}}^{x_i} [e'(x)]^2 \mathrm{d}x.$$

为此, 只须在 $[x_{i-1},x_i]$ 上估计误差

$$\int_{x_{i-1}}^{x_i} [e(x)^2+(e'(x))^2]\mathrm{d}x.$$

下面分两步进行.

(1) 将积分区间 $[x_{i-1},x_i]$ 变换为标准区间 $[0.1]$. 为此, 引入长度坐标 λ_1, λ_2(见 7.2.3 节), 并取定其中一个为独立变量, 记为 λ. 例如,

$$\lambda=\frac{x-x_{i-1}}{x_i-x_{i-1}}. \tag{8.2.7}$$

取 λ 为新的变量, 则把区间 $I_i=[x_{i-1},x_i]$ 上定义的函数 $e(x)$ 化为在标准区间 $\widehat{I}=[0,1]$ 上的函数 $\widehat{e}(\lambda)$:

$$\widehat{e}(\lambda)=e(x).$$

显然, 变换 (8.2.7) 是可逆的仿射变换. 下面在标准区间 $\widehat{I}$ 上估计

$$\int_0^1 \widehat{e}(\lambda)^2 \mathrm{d}\lambda \quad \text{和} \quad \int_0^1 [\widehat{e}'(\lambda)]^2 \mathrm{d}\lambda.$$

因为 $u\in H^2(I)$, 故 $u\in H^2(I_i)$; 且 Πu 在 I_i 上是线性函数, 故 $\Pi u\in H^2(I_i)$, 从而 $e=(u-\Pi u)\in H^2(I_i)$. 又因为变换 (8.2.7) 是可逆的仿射变换, 于是, $\widehat{e}(\lambda)\in H^2(\widehat{I})$; 又由嵌入定理 $\widehat{e}\in C^1(\widehat{I})$.

因为在结点 $x_i(0 \leqslant i \leqslant N)$ 上插值是准确的, 故 $u(x_i) = (\Pi u)(x_i)$, 即

$$e(x_{i-1}) = e(x_i) = 0.$$

或者

$$\widehat{e}(0) = \widehat{e}(1) = 0. \tag{8.2.8}$$

由微积分中的 Rolle 定理, 存在 $\lambda_0 \in (0,1)$, 使得 $\widehat{e}'(\lambda_0) = 0$, 于是

$$\begin{aligned}|\widehat{e}'(\lambda)| &= \left|\int_{\lambda_0}^{\lambda} \widehat{e}''(\lambda)\mathrm{d}\lambda\right| \leqslant \int_0^1 |\widehat{e}''(\lambda)|\mathrm{d}\lambda \\ &\leqslant \left[\int_0^1 (\widehat{e}''(\lambda))^2\mathrm{d}\lambda\right]^{1/2},\end{aligned}$$

所以

$$\int_0^1 [\widehat{e}'(\lambda)]^2\mathrm{d}\lambda \leqslant \int_0^1 [\widehat{e}''(\lambda)]^2\mathrm{d}\lambda. \tag{8.2.9}$$

如果引入空间 $H^1(I)$ 和 $H^2(I)$ 中的半范数

$$|u|_{1,I} = \left\{\int_I [u'(x)]^2\mathrm{d}x\right\}^{\frac{1}{2}}, \tag{8.2.10}$$

$$|u|_{2,I} = \left\{\int_I [u''(x)]^2\mathrm{d}x\right\}^{\frac{1}{2}}, \tag{8.2.11}$$

则式 (8.2.9) 可以记为

$$|\widehat{e}|_{1,\widehat{I}}^2 \leqslant |\widehat{e}|_{2,\widehat{I}}^2. \tag{8.2.12}$$

又因为 $\widehat{e}(0) = 0$ 类似可得

$$\int_0^1 \widehat{e}(\lambda)^2\mathrm{d}\lambda \leqslant \int_0^1 [\widehat{e}'(\lambda)]^2\mathrm{d}\lambda. \tag{8.2.13}$$

由式 (8.2.9) 有

$$|\widehat{e}|_{0,\widehat{I}}^2 \leqslant |\widehat{e}|_{2,\widehat{I}}^2\,. \tag{8.2.14}$$

从式 (8.2.12) 和 (8.2.14), 我们得到: 在标准区间 $\widehat{I}$ 上 $|\widehat{e}|_{0,\widehat{I}}^2$ 和 $|\widehat{e}|_{1,\widehat{I}}^2$ 都可以用 $|\widehat{e}|_{2,\widehat{I}}^2$ 估计.

(2) 将估计式从 $\widehat{I}$ 变回 $I_i = [x_{i-1}, x_i]$. 由于

$$\mathrm{d}\lambda = \frac{\mathrm{d}x}{x_i - x_{i-1}} = \frac{1}{h_i}\mathrm{d}x,$$

$$\widehat{e}'(\lambda) = e'(x)\frac{\mathrm{d}x}{\mathrm{d}\lambda} = h_i e'(x),$$

$$\widehat{e}''(\lambda) = \frac{\mathrm{d}}{\mathrm{d}\lambda}[he'(x)] = h_i^2 e''(x),$$

利用这些 $\widehat{e}(\lambda)$ 与 $e(x)$ 间的关系, 得

$$|\widehat{e}|_{0,\widehat{I}}^2 = \int_0^1 \widehat{e}(\lambda)^2 \mathrm{d}\lambda = \int_{x_{i-1}}^{x_i} e(x)^2 \cdot h_i^{-1} \mathrm{d}x = h_i^{-1}|e|_{0,I_i}^2,$$

$$|\widehat{e}|_{1,\widehat{I}}^2 = \int_0^1 \widehat{e}'(\lambda)^2 \mathrm{d}\lambda = \int_{x_{i-1}}^{x_i} h_i^2 e'(x)^2 h_i^{-1} \mathrm{d}x = h_i|e|_{1,I_i}^2,$$

$$|\widehat{e}|_{2,\widehat{I}}^2 = \int_0^1 \widehat{e}''(\lambda)^2 \mathrm{d}\lambda = \int_{x_{i-1}}^{x_i} h_i^4 e''(x)^2 h_i^{-1} \mathrm{d}x = h_i^3|e|_{2,I_i}^2.$$

上面三个关系式可以统一归纳为以下的结果

$$|\widehat{e}|_{s,\widehat{I}} = h_i^{s-\frac{1}{2}}|e|_{s,I_i} \quad (s = 0,1,2). \tag{8.2.15}$$

利用式 (8.2.15), 将式 (8.2.12) 和 (8.2.14) 的结果变为区间 I_i 上的形式

$$|\widehat{e}|_{0,I_i}^2 = h_i|\widehat{e}|_{0,\widehat{I}}^2 \leqslant h_i|\widehat{e}|_{2,\widehat{I}}^2 = h_i^4|e|_{2,I_i}^2,$$

$$|\widehat{e}|_{1,I_i}^2 = h_i^{-1}|\widehat{e}|_{1,\widehat{I}}^2 \leqslant h_i^{-1}|\widehat{e}|_{2,\widehat{I}}^2 = h_i^2|e|_{2,I_i}^2.$$

但在每一个 $I_i = [x_{i-1}, x_i]$ 上 Πu 是线性函数, 故

$$(\Pi u)'' = 0 \Longrightarrow e''(x) = u''(x).$$

上面两个估计式化为

$$|e|_{0,I_i}^2 \leqslant h_i^4|u|_{2,I_i}^2, \tag{8.2.16}$$

$$|e|_{1,I_i}^2 \leqslant h_i^2|u|_{2,I_i}^2, \tag{8.2.17}$$

把式 (8.2.16) 和 (8.2.17) 对 i 从 1 到 N 求和, 得

$$|e|_{0,I}^2 = \sum_{i=1}^N h_i^4|u|_{2,I_i}^2 \leqslant h^4\sum_{i=1}^N |u|_{2,I_i}^2,$$

$$|e|_{1,I}^2 = \sum_{i=1}^N h_i^2|u|_{2,I_i}^2 \leqslant h^2\sum_{i=1}^N |u|_{2,I_i}^2.$$

也就是说

$$|e|_{0,I} \leqslant h^2|u|_{2,I}, \tag{8.2.18}$$

$$|e|_{1,I} \leqslant h|u|_{2,I}. \tag{8.2.19}$$

把这两个结果统一为

$$|u - \Pi u|_{s,I} \leqslant h^{2-s}|u|_{2,I} \quad (s = 0, 1). \tag{8.2.20}$$

它就是我们在 8.1.1 节中所给出的一般性结果在一维线性插值时的情形. 再注意到

$$\|u - \Pi u\|_{1,I}^2 = |u - \Pi u|_{0,I}^2 + |u - \Pi u|_{1,I}^2$$

$$\leqslant (h^4 + h^2)|u|_{2,I}^2,$$

当 $h < 1$ 时, 有 $h^2 + 1 < 2$, 故

$$\|u - \Pi\|_{1,I} \leqslant \sqrt{2}h|u|_{2,I}. \tag{8.2.21}$$

我们把上面的结果归纳为以下定理.

定理 8.2.1　*在一维分段线性插值时, 如果被插值函数 $u \in H^2(I)$, 那么, 插值多项式 Πu 与 u 的误差可以按式 (8.2.20) 估计. 其中 h 为分段区间的最大长度.*

在上面证明这个定理时, 对整个区间 I 上的插值误差估计是通过每一个小区间 I_i 的插值误差估计来实现的. 在估计每一个小区间 $I_i = [x_{i-1}, x_i]$ 上的误差时又分为两步:

(1) 先在标准区间 $\widehat{I} = [0, 1]$ 上估计插值误差, 并且用高阶半范数来估计低阶半范数;

(2) 将标准区间 $\widehat{I}$ 通过仿射变换变回到任何一个小区间 I_i, 并算出变换前后函数半范数之间的关系, 就得到插值误差与小区间长度 h_i 的关系.

这种思想也是处理一般情形的思想. 下面通过对二维线性插值的误差估计来说明这一点.

设函数 $u \in H^2(\Omega)$. 在 Ω 上作三角剖分、分片线性插值. 即 $\Omega = \bigcup\limits_i e_i$, 其中 e_i 是内部非空的三角形, 且三角剖分满足在 7.2.1 节中的要求. 记分片线性插值算子为 Π. 我们下面估计插值误差 $u - \Pi u$, 为此, 引入空间 $H^1(\Omega)$ 和 $H^2(\Omega)$ 的半范数

$$|u|_{1,\Omega}^2 = \iint\limits_{\Omega} (u_x^2 + u_y^2)\mathrm{d}x\mathrm{d}y, \tag{8.2.22}$$

$$|u|_{2,\Omega}^2 = \iint\limits_{\Omega} (u_{xx}^2 + u_{yy}^2 + 2u_{xy}^2)\mathrm{d}x\mathrm{d}y. \tag{8.2.23}$$

先在某一个单元 $e = \triangle P_1P_2P_3$ 上估计 $|u - \Pi u|_{0,e}$ 和 $|u - \Pi u|_{1,e}$. 为表示方便, 记 $E = u - \Pi u$, 在估计 $|E|_{0,e}$ 和 $|E|_{1,e}$ 时仍然分为两步:

(1) 在标准单元 $\triangle\widehat{P}_1\widehat{P}_2\widehat{P}_3$, 即在

$$\widehat{e}=\{(\lambda_1,\lambda_2)|\lambda_1\geqslant 0,\lambda_2\geqslant 0,\lambda_1+\lambda_2\leqslant 1\} \tag{8.2.24}$$

上用二阶半范数 $|\widehat{E}|_{2,\widehat{e}}$ 估计 $|\widehat{E}|_{0,\widehat{e}}$ 和 $|\widehat{E}|_{1,\widehat{e}}$;

(2) 通过仿射变换

$$\begin{cases} x=(x_1-x_3)\lambda_1+(x_2-x_3)\lambda_2+x_3, \\ y=(y_1-y_3)\lambda_1+(y_2-y_3)\lambda_2+y_3, \end{cases} \tag{8.2.25}$$

把标准单元 $\widehat{e}$ 变回单元 e. 其中 (x_i,y_i) 是 e 的顶点 P_i 的坐标 $(1\leqslant i\leqslant 3)$. 算出 $|\widehat{E}|_{s,\widehat{e}}$ 与 $|E|_{s,e}$ 的关系, 以便得到 $|E|_{0,e}$ 和 $|E|_{1,e}$ 的估计式.

与一维情形相比, 现在的主要困难在于: 当 $\widehat{E}(\lambda_1,\lambda_2)\in H^2(\widehat{e})$ 时不能导出 $\widehat{E}\in C^1(\widehat{e})$ (请读者考虑为什么), 也无法应用 Rolle 定理. 我们将引入 Sobolev 空间中的等价范数定理来解决这一困难.

引理 8.2.1　*若 $u\in H^k(\Omega)$ 且所有的 k 阶广义导数都是 0, 则 u 必定是 $k-1$ 次多项式.*

引理 8.2.2　*设整数 $n>m$, 那么, 当 $u\in H^n(\Omega)$ 时, 必有 $u\in H^m(\Omega)$, 而且存在常数 C, 使得*

$$\|u\|_m\leqslant C\|u\|_n,$$

其中 C 与 u 无关. 另外 $H^n(\Omega)$ 中的有界集必有在 $H^m(\Omega)$ 中收敛的子序列.

定理 8.2.2 (等价范数定理)　*设 $l_1,l_2,\cdots,l_m$ 是定义在 $H^k(\Omega)$ $(k\geqslant 1)$ 上的有界线性泛函, 它们作用于次数不高于 $k-1$ 次的任何非零多项式时其值不全为零, 那么, 空间 $H^k(\Omega)$ 的范数 $\|u\|_k$ 等价于范数 $|u|_k+\sum\limits_{i=1}^{m}|l_i(u)|$, 亦即存在常数 C_1 和 C_2, 使得 $\forall u\in H^k(\Omega)$,*

$$C_1\Big[|u|_k+\sum_{i=1}^{m}|l_i(u)|\Big]\leqslant\|u\|_k\leqslant C_2\Big[|u|_k+\sum_{i=1}^{m}|l_i(u)|\Big]. \tag{8.2.26}$$

证明　由于 $|u|_k\leqslant\|u\|_k$ 以及 $|l_i(u)|\leqslant\|l_i\|\cdot\|u\|_k$(有界性), 左边不等式显然成立.

再证右边的不等式. 用反证法. 若不成立, 则对任何自然数 n, 存在 u_n, 使得

$$\|u_n\|_k>n\Big[|u_n|_k+\sum_{i=1}^{m}|l_i(u_n)|\Big].$$

不妨取

$$\|u_n\|_k=1, \tag{8.2.27}$$

故

$$|u_n|_k + \sum_{i=1}^{m} |l_i(u_n)| < \frac{1}{n}. \tag{8.2.28}$$

由式 (8.2.27), $\{u_n\}$ 是 $H^k(\Omega)$ 中的有界列, 据引理 8.2.2, 必存在子列 (不妨仍然记为 u_n) 使得它在 $H^{k-1}(\Omega)$ 中收敛. 即 $\forall \varepsilon > 0$, 存在整数 $N_1 > 0$, 当 $n, m \geqslant N_1$ 时

$$\|u_n - u_m\|_{k-1} < \frac{\varepsilon}{2};$$

又由式 (8.2.28), 知存在整数 N_2, 当 $n, m \geqslant N_2$ 时

$$|u_n - u_m|_k < |u_n|_k + |u_m|_k < \frac{1}{n} + \frac{1}{m} < \frac{\varepsilon}{2},$$

因此, 当 $n, m \geqslant \max(N_1, N_2)$ 时

$$\|u_n - u_m\|_k = \|u_n - u_m\|_{k-1} + |u_n - u_m|_k < \varepsilon.$$

即 $\{u_n\}$ 是 $H^k(\Omega)$ 中的基本列. 由 $H^k(\Omega)$ 的完备性, 存在 $u \in H^k(\Omega)$ 使得当 $n \to \infty$ 时 $\|u_n - u\|_k \to 0$.

在式 (8.2.27) 和 (8.2.28) 中, 令 $n \to \infty$, 得

$$\|u\|_k = 1, \quad |u|_k = 0, \quad l_i(u) = 0 \quad (l \leqslant i \leqslant m).$$

于是, 从上列第二式和引理 8.2.1 知 u 是一个 $k-1$ 次多项式; 又从上列第三式和定理假设, 必有 $u = 0$. 但这与第一式 $\|u\|_k = 1$ 是矛盾的. □

下面为证明三角形上的线性插值的逼近定理, 先证明几个引理. 以后我们总用 C 表示绝对常数, 它们一般与插值函数 u 无关, 也与三角剖分的形式无关. 为简便, 对不同的 C 不加以区别.

引理 8.2.3

$$\|\widehat{E}\|_{2,\widehat{e}} \leqslant C|\widehat{u}|_{2,\widehat{e}}\ . \tag{8.2.29}$$

证明　用 $\widehat{\Pi}$ 表示在 $\widehat{e}$ 上的线性插值算子, 则有

$$\widehat{\Pi}\widehat{u} = \sum_{i=1}^{3} \widehat{u}(\widehat{P}_i)\lambda_i,$$

其中 $\lambda_3 = 1 - \lambda_1 - \lambda_2$. 再定义三个泛函

$$l_i(\widehat{u}) = \widehat{u}(P_i) \quad (i = 1, 2, 3),$$

它们显然是线性的, 且由嵌入定理知 $H^2(\widehat{e}) \subset C(\widehat{e})$,

$$|l_i(\widehat{u})| = |\widehat{u}(P_i)| \leqslant \max_{\widehat{e}} |\widehat{u}| \leqslant C\|\widehat{u}\|_{2,\widehat{e}},$$

所以 $l_i(u)$ 是 $H^2(\widehat{e})$ 上的有界线性泛函.

此外, 若存在一次多项式 $\widehat{p}_1$, 使 $l_i(\widehat{p}_1) = 0\ (i = 1, 2, 3)$, 则 $\widehat{p}_1 = 0$. 事实上, 因为 $\widehat{\Pi}$ 对一次多项式是准确的, 故

$$\widehat{p}_1 = \widehat{\Pi}\widehat{p}_1 = \sum_{i=1}^{3} \widehat{p}_1(\widehat{P}_i)\lambda_i = \sum_{i=1}^{3} l_i(\widehat{p}_1)\lambda_i = 0.$$

于是, 根据 Sobolev 空间中的等价范数定理, $\forall\ \widehat{u} \in H^2(\widehat{e})$ 均有

$$\|\widehat{u}\|_{2,\widehat{e}} \leqslant C\Big(|\widehat{u}|_{2,\widehat{e}} + \sum_{i=1}^{3} |l_i(\widehat{u})|\Big).$$

用 $\widehat{E} = \widehat{u} - \widehat{\Pi}\widehat{u}$ 代入上述不等式, 并且注意

$$\begin{aligned} l_i(\widehat{E}) &= l_i(\widehat{u}) - l_i(\widehat{\Pi}\widehat{u}) \\ &= \widehat{u}(\widehat{P}_i) - \left(\widehat{\Pi}\widehat{u}\right)(\widehat{P}_i) = \widehat{u}(\widehat{P}_i) - \widehat{u}(\widehat{P}_i) = 0, \end{aligned}$$

便得到

$$\|\widehat{E}\|_{2,\widehat{e}} \leqslant C|\widehat{E}|_{2,\widehat{e}} = C|\widehat{u}|_{2,\widehat{e}}\ .$$

□

由此就得到与式 (8.2.12) 和 (8.2.14) 类似的估计式

$$|\widehat{E}|_{0,\widehat{e}} \leqslant C|\widehat{u}|_{2,\widehat{e}}\ , \quad |\widehat{E}|_{1,\widehat{e}} \leqslant C|\widehat{u}|_{2,\widehat{e}}\ .$$

这就完成了第一步的工作. 下面开始第二步.

对任何一个单元 $e = \triangle P_1P_2P_3$, 设在 P_i 点的顶角为 θ_i, P_i 的对边长为 h_i. 不失一般性可以假设 $\theta_1 \leqslant \theta_2 \leqslant \theta_3$, 于是 $h_1 \leqslant h_2 \leqslant h_3$, 并记 $h_e = h_3$. 仿射变换 (8.2.25) 在单元 $\widehat{e}$ 与 e 之间建立了一一对应的关系, 且 P_i 与 $\widehat{P}_i (i = 1, 2, 3)$ 对应. 因函数 $\widehat{u}(\lambda_1, \lambda_2)$ 与 $u(x, y)$ 间有关系

$$\begin{aligned} \widehat{u}(\lambda_1, \lambda_2) &= u(x, y) \\ &= u\big((x_1 - x_3)\lambda_1 + (x_2 - x_3)\lambda_2 + x_3, \\ &\qquad (y_1 - y_3)\lambda_1 + (y_2 - y_3)\lambda_2 + y_3\big). \end{aligned}$$

类似于式 (8.2.15), 我们有下面的引理.

引理 8.2.4

$$|u|_{s,e} \leqslant \frac{Ch_e^{1-s}}{\sin^s\theta_1}|\widehat{u}|_{s,\widehat{e}} \quad (s = 0, 1, 2), \tag{8.2.30}$$

$$|\widehat{u}|_{s,\widehat{e}} \leqslant \frac{Ch_e^{s-1}}{\sin^s\theta_1}|u|_{s,e} \quad (s = 0, 1, 2). \tag{8.2.31}$$

证明　因为变换 (8.2.25) 的 Jacobi 行列式

$$\frac{D(x,y)}{D(\lambda_1,\lambda_2)}=2\Delta_e\leqslant h_e^2,$$

其中 Δ_e 表示单元 e 的面积. 因为 $h_e\leqslant h_1+h_2\leqslant 2h_2$, 故

$$\max\left\{\left|\frac{\partial\lambda_i}{\partial x}\right|,\left|\frac{\partial\lambda_i}{\partial y}\right|\right\}\leqslant\frac{h_e}{2\Delta_e}=\frac{h_e}{h_2h_3\sin\theta_1}\leqslant\frac{2}{h_e\sin\theta_1},$$

所以

$$\begin{aligned}|u|_{0,e}&=\Big(\iint\limits_e u(x,y)^2\mathrm{d}x\mathrm{d}y\Big)^{\frac12}\\&=\Big(\iint\limits_{\widehat{e}}\widehat{u}(\lambda_1,\lambda_2)^2\left|\frac{D(x,y)}{D(\lambda_1,\lambda_2)}\right|\mathrm{d}\lambda_1\mathrm{d}\lambda_2\Big)^{\frac12}\\&\leqslant h_e|\widehat{u}|_{0,\widehat{e}},\end{aligned}$$

$$\begin{aligned}|u|_{1,e}=&\Big(\iint\limits_e(u_x^2+u_y^2)\mathrm{d}x\mathrm{d}y\Big)^{\frac12}\\=&\Big\{\iint\limits_{\widehat{e}}\Big[\Big(\sum_{i=1}^2\frac{\partial\widehat{u}}{\partial\lambda_i}\frac{\partial\lambda_i}{\partial x}\Big)^2+\Big(\sum_{i=1}^2\frac{\partial\widehat{u}}{\partial\lambda_i}\frac{\partial\lambda_i}{\partial y}\Big)^2\Big]\cdot\Big|\frac{D(x,y)}{D(\lambda_1,\lambda_2)}\Big|\mathrm{d}\lambda_1\mathrm{d}\lambda_2\Big\}^{\frac12}\\\leqslant&\Big\{\iint\limits_{\widehat{e}}\Big[\sum_{i=1}^2\Big(\frac{\partial\lambda_i}{\partial x}\Big)^2\sum_{i=1}^2\Big(\frac{\partial\widehat{u}}{\partial\lambda_i}\Big)^2\\&+\sum_{i=1}^2\Big(\frac{\partial\lambda_i}{\partial y}\Big)^2\sum_{i=1}^2\Big(\frac{\partial\widehat{u}}{\partial\lambda_i}\Big)^2\Big]\cdot\Big|\frac{D(x,y)}{D(\lambda_1,\lambda_2)}\Big|\mathrm{d}\lambda_1\mathrm{d}\lambda_2\Big\}^{\frac12}\\\leqslant&\frac{C}{h_e\sin\theta_1}h_e\Big[\iint\limits_{\widehat{e}}\sum_{i=1}^2\Big(\frac{\partial\widehat{u}}{\partial\lambda_i}\Big)^2\mathrm{d}\lambda_1\mathrm{d}\lambda_2\Big]^{\frac12}\\=&\frac{C}{\sin\theta_1}|\widehat{u}|_{1,\widehat{e}}.\end{aligned}$$

这就证明了引理第一部分中 $s=0$ 和 $s=1$ 的情形. 类似地可证 $s=2$ 的情形和另一组不等式. □

引理 8.2.5

$$\widehat{\Pi u}=\widehat{\Pi}\widehat{u}. \tag{8.2.32}$$

证明　因为 $\Pi u = \sum\limits_{i=1}^{3} u(P_i)\lambda_i(x,y)$, 但

$$\widehat{\lambda}_i(x,y) = \lambda_i, \quad u(P_i) = \widehat{u}(\widehat{P}_i) \ (1 \leqslant i \leqslant 3),$$

故有

$$\widehat{\Pi u} = \sum_{i=1}^{3} u(P_i)\widehat{\lambda}_i(x,y) = \sum_{i=1}^{3} \widehat{u}(\widehat{P}_i)\lambda_i = \widehat{\Pi}\widehat{u}.$$

□

有了以上的准备工作, 就可以得到下面的定理.

定理 8.2.3　设 $u \in H^2(\Omega)$. 对 Ω 作三角剖分时每个单元 e 的最小内角 $\theta_e \geqslant \theta > 0$, 每个单元 e 的最大边长 $h_e \leqslant h$, 那么, 对分片线性插值 Πu, 有估计式

$$|u - \Pi u|_{s,\Omega} \leqslant \frac{C}{\sin^{s+1}\theta} h^{2-s} |u|_{2,\Omega} \ (s = 0,1). \tag{8.2.33}$$

证明　只须对任何一个单元 e 证明

$$|u - \Pi u|_{s,e} \leqslant \frac{C}{\sin^{s+1}\theta} h^{2-s} |u|_{2,e}.$$

注意到在 e 上的最小内角 $\theta_1 \geqslant \theta$, 故有

$$\begin{aligned} |u - \Pi u|_{s,e} &\leqslant \frac{C}{\sin^s\theta} h^{1-s} |\widehat{u} - \widehat{\Pi u}|_{s,\widehat{e}} = \frac{C}{\sin^s\theta} h^{1-s} |\widehat{u} - \widehat{\Pi}\widehat{u}|_{s,\widehat{e}} \\ &\leqslant \frac{C}{\sin^s\theta} h^{1-s} \|\widehat{u} - \widehat{\Pi}\widehat{u}\|_{2,\widehat{e}} \leqslant \frac{C}{\sin^s\theta} h^{1-s} |\widehat{u}|_{2,\widehat{e}} \\ &\leqslant \frac{C}{\sin^s\theta} h^{1-s} \frac{1}{\sin\theta} h |u|_{2,e} = \frac{C}{\sin^{s+1}\theta} h^{2-s} |u|_{2,e}. \end{aligned}$$

□

定理 8.2.1 和定理 8.2.3 论述了线性插值时的误差: 当插值函数 $u \in H^2(\Omega)$ 时, $u - \Pi u$ 按照 $L^2(\Omega)$ 的范数度量为 $O(h^2)$, 按照 $H^1(\Omega)$ 的范数度量是 $O(h)$.

对于更一般的情形, 无论 Ω 是二维还是三维, e 是三角形单元还是六面体单元, Π 是 Lagrange 插值还是 Hermite 插值, 都已归纳在上一节的定理 8.1.1 之中.

8.2.3　有限元方法的收敛性与误差估计

在讨论了 Sobolev 空间中的插值理论之后, 利用投影定理所导出的式 (8.2.3) 或 (8.2.4) 立即可以得到有限元解的收敛性与误差估计. 但是, 有两点应该特别指出.

首先, 有限元方法的误差估计和边值问题的广义解的光滑性密切相关. 如果边值问题的广义解 $u \in H^1(\Omega)$ 而不是 $u \in H^2(\Omega)$, 那么, 在定理 8.2.1 或定理 8.2.3 中关于 $u - \Pi u$ 的估计不再成立, 因而也不能从式 (8.2.4) 得到 $u - u_h$ 的误差估计. 这

种情形是经常遇到的, 例如, 当 Poisson 方程 $-\Delta u = f$ 的右端函数 f 不是 $L_2(\Omega)$ 中的函数时, 那么它的解 u 不属于 $H^2(\Omega)$.

虽然如此, 我们还是可以证明, 只要二阶线性椭圆型方程的解 $u \in H^1(\Omega)$, 当剖分 Ω 所得单元的最大直径 $h \to 0$ 时有限元解 u_h 按照 $H^1(\Omega)$ 的范数收敛于 u.

其次, 对于误差 $u - u_h$ 的估计总是按照一定的度量进行的. 根据投影定理, 最自然的度量是能量范数 $|||\cdot|||$, 在我们讨论过的二阶椭圆型方程边值问题中它和 $H^1(\Omega)$ 的范数 $\|\cdot\|_1$ 是等价的. 如果不取 $|||\cdot|||$ 或 $\|\cdot\|_1$ 为度量, 例如取 $L_2(\Omega)$ 的范数 $\|\cdot\|_0$(简记为 $\|\cdot\|$) 作为度量, 则得到的估计也不同.

习惯上, 如果对 $u - u_h$ 的估计式右端出现因子为 h^k(h 为剖分 Ω 为单元时的最大直径), 就称误差的阶是 k 阶. 对于 $u - \Pi u$ 也有同样的定义. 因此, 定理 8.2.3 表明, 在 $H^1(\Omega)$ 度量下, 当 $u \in H^2(\Omega)$ 时分片线性插值的误差是一阶的; 在 $L_2(\Omega)$ 度量下它的误差是二阶的.

如果在某一种度量下, 有限元方法的误差 $u-u_h$ 与相应的插值逼近误差 $u-\Pi u$ 的阶是一致的, 则称对 $u - u_h$ 的估计是丰满的; 否则, 若 $u - u_h$ 的阶高于 $u - \Pi u$ 的阶, 则称 $u - u_h$ 有超收敛性质; 若 $u - u_h$ 的阶低于 $u - \Pi u$ 的阶, 则要设法改进估计, 使之尽可能提高.

假设某个二阶椭圆型边值问题的 Galerkin 意义的广义解可以归结为: 求 $u \in V$, 使得

$$A(u,v) = F(v), \quad \forall v \in V, \tag{8.2.34}$$

其中 V 是 $H^1(\Omega)$ 的某个子空间, $A(u,v)$ 是定义在 $V \times V$ 上的有界双线性泛函, 且满足正定性条件;$F(v)$ 是 V 上的有界线性泛函. 在第 7 章中讨论过的两点边值问题、Poisson 方程的边值问题等都可以归结为上述形式. 这时, 通过剖分插值构造有限元空间 $V_h \subset V$, 则有限元解 $u_h \in V_h$ 满足

$$A(u_h,v) = F(v), \quad \forall v \in V_h. \tag{8.2.35}$$

我们讨论 u_h 与 u 的关系. 为了简单, 只限于讨论第一边值问题. 前已指出, 可以把边界条件 $u|_\Gamma = g$ 化为齐次边界条件 $u|_\Gamma = 0$, 因此, 取 $V = H_0^1(\Omega)$, 即

$$V = \{v | v \in H^1(\Omega), \quad v|_\Gamma = 0\}. \tag{8.2.36}$$

定理 8.2.4　设空间 $V = H_0^1(\Omega)$, $V_h \subset V$ 是有限元空间, u 是方程 (8.2.34) 的解, u_h 是有限元方程 (8.2.35) 的解, 那么

$$\lim_{h\to 0} \|u - u_h\|_1 = 0, \tag{8.2.37}$$

其中 h 是剖分 Ω 为有限个单元时的最大直径.

证明 利用 $C_0^\infty(\Omega)$ 在 $H_0^1(\Omega)$ 的稠密性, 可知任给 $\varepsilon>0$, 存在 $\tilde{u}\in C_0^\infty(\Omega)$ 使得

$$\|u-\tilde{u}\|_1<\frac{\varepsilon}{2}.$$

又由投影定理, 以及能量范数 $|||\cdot|||$ 与 $H^1(\Omega)$ 范数的等价性, 知

$$\begin{aligned}\|u-u_h\|_1&\leqslant C\inf_{v\in V_h}|||u-\tilde{u}+\tilde{u}-v|||\\&\leqslant C\inf_{v\in V_h}\left(|||u-\tilde{u}|||+|||\tilde{u}-v|||\right)\\&\leqslant C\left(\|u-\tilde{u}\|_1+\|\tilde{u}-\Pi\tilde{u}\|_1\right).\end{aligned}$$

因为 $\tilde{u}\in C_0^\infty(\Omega)$, 利用插值逼近定理, 只要取 $h_0>0$ 充分小, 就可使 $h<h_0$ 时

$$\|\tilde{u}-\Pi\tilde{u}\|_1<\frac{\varepsilon}{2}.$$

于是

$$\|u-u_h\|_1<C\left(\frac{\varepsilon}{2}+\frac{\varepsilon}{2}\right)=C\varepsilon,$$

其中 C 是与 ε 和 h_0 无关的常数. 定理得证. □

定理 8.2.4 表明, 只要边值问题的广义解 $u\in H^1(\Omega)$, 则不需要 u 更高的光滑性, 必然有有限元解 u_h 按照 $H^1(\Omega)$ 的度量收敛于广义解 u. 但是, 如果广义解有更高的光滑性, 那么, 还可以估计出这种收敛的阶.

定理 8.2.5 *设边值问题的广义解 $u\in H_0^1(\Omega)\cap H^{k+1}(\Omega)$ $(k\geqslant 1)$. 如果由 $H_0^1(\Omega)\cap H^{k+1}(\Omega)$ 到空间 V_h 的分片插值算子 Π 对 k 次多项式是准确的, 那么,*

$$\|u-u_h\|_1\leqslant Ch^k\|u\|_{k+1}\quad(k\geqslant 1). \tag{8.2.38}$$

证明 由投影定理和插值逼近定理

$$\|u-u_h\|_1\leqslant C\|u-\Pi u\|_1\leqslant Ch^k\|u\|_{k+1}.$$

□

定理 8.2.5 表明, 如果广义解的光滑性比 $H^1(\Omega)$ 更高, 那么就可以估计出收敛的阶. 这个阶的大小一是依赖于分片插值多项式的次数, 二是取决于广义解的光滑程度. 因此, 在构造有限元空间 V_h 时, 采取什么方式的分片插值除了考虑精度要求外, 必须充分了解广义解的光滑性. 如果广义解光滑性不高, 采用高次多项式插值是没有意义的.

在定理所作的估计中实际上包含了 $u-u_h$ 及其广义导数的估计, 所以它是 h 的 k 阶量. 如果只估计 $u-u_h$ 而不同时估计它的导数, 是否会有更高的收敛阶呢?

这是有可能的, 因为当 $u \in H^{k+1}(\Omega)$ 且插值算子 Π 对 k 次多项式是准确的时候, 由插值逼近定理, 有 $L_2(\Omega)$ 的估计式

$$\|u - \Pi u\| \leqslant Ch^{k+1}\|u\|_{k+1},$$

所以, 有可能将 $u - u_h$ 的 $L_2(\Omega)$ 估计提高到 $k+1$ 阶. 这时, 除了要求边值问题的广义解 $u \in H_0^1(\Omega) \cap H^{k+1}(\Omega)$ 之外, 还需要利用微分方程理论中关于椭圆型边值问题广义解的先验估计式. 限于篇幅, 这里只介绍有关 Poisson 方程的相应结果.

引理 8.2.6　如果 Ω 是平面上的凸多角形, 那么, 当 $f \in L_2(\Omega)$ 时 Poisson 方程 $-\Delta u = f$ 齐次第一边值问题的解 $u \in H^2(\Omega)$, 且有估计

$$\|u\|_2 \leqslant C\|f\|, \tag{8.2.39}$$

其中 C 与函数 f 无关.

定理 8.2.6　设 Ω 是平面上的凸多角形区域, $f \in H^{k+1}(\Omega)$, $u \in H_0^1(\Omega) \cap H^{k+1}(\Omega)$ 是 Poisson 方程 $-\Delta u = f$ 的齐次第一边值问题的广义解 $(k \geqslant 1)$. 如果由 $H_0^1(\Omega) \cap H^{k+1}(\Omega)$ 到空间 V_h 的分片插值算子 Π 对 k 次多项式是准确的, 那么

$$\|u - u_h\| \leqslant Ch^{k+1}\|u\|_{k+1}. \tag{8.2.40}$$

证明　设 w 是 Poisson 方程齐次第一边值问题

$$\begin{cases} -\Delta w = u - u_h, & \text{在 } \Omega \text{ 内}, \\ w|_\Gamma = 0 \end{cases}$$

的广义解, 即 $\forall v \in H_0^1(\Omega)$

$$\iint\limits_\Omega [w_x v_x + w_y v_y]\mathrm{d}x\mathrm{d}y = \iint\limits_\Omega (u - u_h)v\mathrm{d}x\mathrm{d}y,$$

或者记为

$$(\nabla w, \nabla v) = (u - u_h, v) \quad \forall v \in H_0^1(\Omega).$$

由于 Ω 是多角形区域, 应用引理 8.2.6 得到, 当 $(u - u_h) \in L_2(\Omega)$ 时 $w \in H_0^1(\Omega) \cap H^2(\Omega)$, 且有估计式

$$\|w\|_2 \leqslant C\|u - u_h\|.$$

特别取 $v = u - u_h$, 故前一式为

$$(\nabla w, \nabla(u - u_h)) = (u - u_h, u - u_h),$$

所以

$$\|u-u_h\|^2=(\nabla w,\nabla(u-u_h)).$$

再注意投影定理的结果 (见式 (6.4.10)): 因 $\Pi w\in V_h$,

$$(\nabla\Pi w,\nabla(u-u_h))=0,$$

故前一式又有

$$\begin{aligned}\|u-u_h\|^2&=(\nabla(w-\Pi w),\nabla(u-u_h))\\&\leqslant|w-\Pi w|_1|u-u_h|_1\\&\leqslant Ch\|w\|_2\cdot h^k\|u\|_{k+1}\\&\leqslant Ch^{k+1}\|u\|_{k+1}\|u-u_h\|,\end{aligned}$$

两边消去 $\|u-u_h\|$ 就得

$$\|u-u_h\|\leqslant Ch^{k+1}\|u\|_{k+1}.$$

定理证毕. □

附注 8.2.1　证明中我们考虑了一个辅助的变分问题

$$(\nabla w,\nabla v)=(u-u_h,v),\qquad\forall v\in H_0^1(\Omega),$$

然后利用了投影定理和椭圆型方程的先验估计, 这种处理方式是由 Aubin(1967) 和 Nitsche(1968) 首先采用的, 通常称为 Aubin-Nitsche 技巧. 它不限于 Poisson 方程, 只要边值问题的广义解有足够的光滑性, 而且对应的共轭边值问题有所需的先验估计都可以仿此处理, 从而使误差估计$u-u_h$在$H^1(\Omega)$和$L_2(\Omega)$的度量下都是丰满的.

附注 8.2.2　按照 $L_2(\Omega)$ 的度量来估计 $u-u_h$ 是在 Ω 上估计它的"平均"误差, 有可能在某些点上很小, 在另一些点上很大. 因此, 在实用上还要按照最大范数来估计 $u-u_h$(或者说, 按照 $C(\Omega)$ 范数来估计), 这是一个技巧性很强的工作, 这里不深入讨论, 只给出它的结果. 对于三角形单元线性插值

$$\max_{\Omega}|u-u_h|\leqslant Ch^2|\ln h|\cdot\|u\|_{C^2(\Omega)},\tag{8.2.41}$$

这个结果当然是不丰满的, 因为在逼近论中已经有结果: 当 $u\in C^2(\overline{\Omega})$ 时

$$\|u-\Pi u\|_{C(\Omega)}\leqslant Ch^2\|u\|_{C^2(\Omega)}.$$

但是, 如果对区域 Ω 的剖分不作特殊限制的话, 因子 $|\ln h|$ 是不可去的. 也就是说

$$\max_{\Omega}|u-u_h|=O(h^{2-\varepsilon}),$$

其中 $\varepsilon > 0$ 是任意的. 与 $L_2(\Omega)$ 中的估计式

$$\|u - u_h\| = O(h^2)$$

相比, 它当然差一些.

关于本节内容的详细论述, 请见文献 Ciarlet, 1978.

8.3　抛物型方程的有限元方法

8.3.1　引言

到目前为止, 我们只是讨论了用有限元方法求解椭圆型方程的边值问题. 但是, 我们也可以把变分原理和对区域的剖分插值应用于带时间变量的数学物理问题. 从 20 世纪 70 年代以来, 有限元方法已成功地解决了抛物型方程初边值问题的求解, 对于双曲型方程则还有一些待解决的课题. 在这一节中将简要地介绍二阶线性抛物型方程初边值问题的有限元方法. 当然, 由于篇幅所限, 主要叙述方法的过程, 对一些理论性问题只给出结果而不加以证明.

在求解抛物型方程时, 有限元方法把未知函数 $u(x,y,t)$ 中的空间变量 x, y 与时间变量 t 分开处理. 先是对空间变量 x, y 离散 ——“半离散”, 其过程与求解椭圆型方程一样; 然后是对变量 t 离散 —— “全离散”, 其过程与差分方法类似, 从而得到一系列线性代数方程组, 逐个求解它们就得到原问题的有限元近似解.

我们先从一个热传导方程的初边值问题开始, 然后给出一般抛物型方程有限元方法的求解过程. 为了简便, 这里只讨论空间变量是二维的情形.

设 Ω 为平面上的有界区域, 边界 Γ 充分光滑. 对于 Γ, 定义集合

$$Q_T = \Omega \times (0,T) = \{(x,y,t) | (x,y) \in \Omega,\ t \in (0,T)\},$$

$$\Sigma_T = \Gamma \times (0,T) = \{(x,y,t) | (x,y) \in \Gamma,\ t \in (0,T)\}.$$

给出定义在 Ω 上的函数 $u_0(x,y)$ 和定义在 Q_T 上的函数 $f(x,y,t)$, 考虑以下的热传导方程初边值问题: 求定义在 Q_T 上的函数 $u(x,y,t)$ 满足

$$\begin{cases} \dfrac{\partial u}{\partial t} - \left(\dfrac{\partial^2 u}{\partial x^2} + \dfrac{\partial^2 u}{\partial y^2}\right) = f(x,y,t), \quad \text{在 } Q_T \text{ 内}, & (8.3.1) \\ u(x,y,t) = 0, \quad \text{在 } \Sigma_T \text{ 上}, & (8.3.2) \\ u(x,y,0) = u_0(x,y), \quad \text{在 } \overline{\Omega} \text{ 内}. & (8.3.3) \end{cases}$$

如果未知函数 $u(x,y,t)$ 充分光滑, 在方程 (8.3.1) 两边分别乘以 $H_0^1(\Omega)$ 中的函数 $v(x,y)$, 然后在 Ω 上积分

$$\iint\limits_{\Omega} u_t(x,y,t)v(x,y)\mathrm{d}x\mathrm{d}y - \iint\limits_{\Omega} \Delta u(x,y,t)v(x,y)\mathrm{d}x\mathrm{d}y$$

$$= \iint\limits_{\Omega} f(x,y,t)v(x,y)\mathrm{d}x\mathrm{d}y,$$

对上式左端第二项应用 Green 公式, 并注意到 $v \in H_0^1(\Omega)$, 上式化为

$$\begin{aligned}&\frac{\mathrm{d}}{\mathrm{d}t}\iint\limits_{\Omega} u(x,y,t)v(x,y)\mathrm{d}x\mathrm{d}y \\ &\quad + \iint\limits_{\Omega} [u_x(x,y,t)v_x(x,y) + u_y(x,y,t)v_y(x,y)]\mathrm{d}x\mathrm{d}y \\ &= \iint\limits_{\Omega} f(x,y,t)v(x,y)\mathrm{d}x\mathrm{d}y.\end{aligned} \tag{8.3.4}$$

容易看到, 我们在上面的处理过程中是将变量 x, y 和 t 区别对待的. 为了今后讨论方便, 我们把 x, y 和 t 分开处理.

当我们给出一个在 Q_T 上定义的实值函数 $u(x,y,t)$ 时, 经常写成 $u : (x,y,t) \in Q_T \to u(x,y,t) \in R$, 其中 Q_T 表示定义域, R 表示值域. 现在, 我们把 t 和 x, y 分开, $\forall t \in (0,T)$, 可以定义

$$u(t) : (x,y) \in \Omega \to u(x,y,t) \in R,$$

也可以把 u 认为是一个定义在 $(0,T)$ 上的函数 $u(t)$, 它在某个函数空间 (例如 $H_0^1(\Omega)$) 中取值

$$u:\ t \in (0,T) \to u(t) \in H_0^1(\Omega),$$

也就是说, 当取定 $t \in (0,T)$ 时, $u(t)$ 是 $H_0^1(\Omega)$ 中的函数 $u(x,y,t)$. 又如, 我们把 $f(x,y,t)$ 中的 t 和 x, y 分开时, $\forall t \in (0,T)$, 定义

$$f(t):\ (x,y) \in \Omega \to f(x,y,t) \in R,$$

或者

$$f(t):\ t \in (0,T) \to f(t) \in L_2(\Omega),$$

亦即取定 t 时, $f(x,y,t)$ 作为 (x,y) 的函数是在 $L_2(\Omega)$ 中的.

对于函数 $\varphi,\psi\in L_2(\Omega)$, 定义 $L_2(\Omega)$ 中内积

$$(\varphi,\psi)=\iint\limits_{\Omega}\varphi(x,y)\psi(x,y)\mathrm{d}x\mathrm{d}y, \tag{8.3.5}$$

对 $\varphi,\ \psi\in H^1(\Omega)$, 定义 $H^1(\Omega)\times H^1(\Omega)$ 上的双线性泛函

$$A(\varphi,\psi)=\iint\limits_{\Omega}[\varphi_x(x,y)\psi_x(x,y)+\varphi_y(x,y)\psi_y(x,y)]\mathrm{d}x\mathrm{d}y. \tag{8.3.6}$$

利用式 (8.3.4)~(8.3.6), 我们可以将初边值问题 (8.3.1)~(8.3.3) 表示为 Galerkin 弱形式:

求 $u:\ t\in[0,T]\to u(t)\in H_0^1(\Omega)$, 使得

$$\begin{cases}\dfrac{\mathrm{d}}{\mathrm{d}t}(u(t),v)+A(u(t),v)=(f(t),v),\quad \forall v\in H_0^1(\Omega), & (8.3.7)\\ u(0)=u_0, & (8.3.8)\end{cases}$$

其中 u_0 就是式 (8.3.3) 中的 $u_0(x,y)$.

*8.3.2　线性抛物型方程的广义解

将初边值问题写成上面的形式还是不够确切的, 至少没有把函数 $u(x,y,t)$ 中对 t 的关系交待清楚. 对变量 x,y 来说, 我们已经知道, 当 t 取定时 $u(x,y,t)$ 是 $H_0^1(\Omega)$ 中的函数, 从而使边界条件 (8.3.2) 不必明确地写出来. 而初始条件 (8.3.3), 需要 $u(x,y,t)$ 对 t 有某种程度的连续性才有意义, 故为了使式 (8.3.8) 有意义, 应当给出 $u(t)$ 对 t 在适当意义下的连续性.

为了便于讨论一般的抛物型问题, 我们将式 (8.3.7),(8.3.8) 稍作推广. 因为在上面的讨论中涉及了空间 $H_0^1(\Omega)$ 和 $L_2(\Omega)$, 因此, 下面给出:

(1) 两个实的 Hilbert 空间 V 和 H, 它们满足:

$$\text{(i) } V\text{嵌入}H, \tag{8.3.9}$$

$$\text{(ii) } V\text{在}H\text{中稠密}. \tag{8.3.10}$$

并且用 $(\cdot,\cdot)$ 表示 H 中的内积, $|\cdot|$ 表示对应于此内积的范数, 用 $\|\cdot\|$ 表示 V 中的范数.

(2) 定义在 $V\times V$ 上的双线性泛函 $A(u,v)$.

附注 8.3.1　*所谓 V 嵌入 H, 也就是说*

$$\forall v\in V,\ \ \text{必有} v\in H; \tag{8.3.11}$$

而且存在常数 $C>0$, 使得 $\forall v\in V$,

$$|v|\leqslant C\|v\|, \tag{8.3.12}$$

通常把 V 嵌入 H 记为 $V\hookrightarrow H$.

我们再引入两类函数空间. 设 X 是一个范数为 $\|\cdot\|_X$ 的 Banach 空间, 整数 $m\geqslant 0$, 实数 $T>0$, 用 $C^m(0,T;X)$ 表示在 $(0,T)$ 上 m 次连续可微、在 X 上取值的函数 $v(t)$ 所构成的空间 (即对取定的 $t, v(t)$ 是 X 中的元素), 定义范数

$$\|v\|_{C^m(0,T;X)}=\max_{0\leqslant i\leqslant m}\Big(\sup_{0<t<T}\Big\|\frac{\mathrm{d}^i v(t)}{\mathrm{d}t^i}\Big\|_X\Big), \tag{8.3.13}$$

则 $C^m(0,T;X)$ 也是一个 Banach 空间.

另外, 对实数 $p\geqslant 1$, 用 $L_p(0,T;X)$ 表示在 $(0,T)$ 上使得 $\|v(t)\|_X$ 对测度 $\mathrm{d}t$ 是可测的, 并且 $\|v(t)\|_X$ 是 p 次可积的函数 $v(t)$ 的全体, 定义范数

$$\|v\|_{L_p(0,T;X)}=\Big(\int_0^{\mathrm{T}}\|v(t)\|_X^p\mathrm{d}t\Big)^{1/p} \tag{8.3.14}$$

之后, $L_p(0,T;X)$ 也是一个 Banach 空间.

如果 X 是一个 Hilbert 空间, 定义内积 $(\cdot,\cdot)_X$, 则 $L_2(0,T;X)$ 也是一个 Hilbert 空间, 而且它的内积

$$(u,v)_{L_2(0,T;X)}=\int_0^{\mathrm{T}}(u(t),v(t))_X\mathrm{d}t. \tag{8.3.15}$$

另外, 当 $u(t)\in L_2(0,T;X)$, $v\in X$ 时, 那么 $(u(t),v)_X\in L_2(0,T)$.

有了这些准备, 我们就可以以较为确切的方式描述一般的抛物型问题：给出 $u_0\in H$ 和 $f\in L^2(0,T;H)$, 求 u 使得

$$\begin{cases} u\in L^2(0,T;V)\cap C^0(0,T;H), & (8.3.16)\\ \dfrac{\mathrm{d}}{\mathrm{d}t}(u(t),v)+A(u(t),v)=(f(t),v),\quad \forall v\in V, & (8.3.17)\\ u(0)=u_0. & (8.3.18)\end{cases}$$

附注 8.3.2　上述问题的提法是有意义的. 因为 $u\in L_2(0,T;V)$, 故 $(u(t),v)$ 和 $A(u(t),v)$ 均属于 $L_2(0,T)$; 同样, $f\in L_2(0,T;H)$ 使 $(f(t),v)\in L_2(0,T)$. 至于对 t 的求导, 是在广义函数意义下: 亦即对任何 $x(t)\in L_2(0,T)$, 它的导数 $\dfrac{\mathrm{d}x}{\mathrm{d}t}(t)$ 定义为

$$\Big(\frac{\mathrm{d}x}{\mathrm{d}t}(t),y(t)\Big)=-\Big(x(t),\frac{\mathrm{d}y}{\mathrm{d}t}(t)\Big),\quad \forall y(t)\in C_0^\infty(0,T),$$

这里并不要求 $\dfrac{\mathrm{d}x}{\mathrm{d}t}\in L_2(0,T)$, 上式左边的记号只是沿用 $L_2(\Omega)$ 的内积而已. 另外, 因为 $|u(t)|_H$ 是 t 的连续函数, 故初始条件 (8.3.18) 有意义.

为了保证抛物型问题 (8.3.16)~(8.3.18) 有唯一的解, 对双线性泛函 $A(u,v)$ 作以下的假设: 存在正数 α, 实数 λ, 使得

$$A(v,v)+\lambda|v|^2 \geqslant \alpha\|v\|^2 \quad \forall v\in V, \tag{8.3.19}$$

通常称满足上式的双线性泛函 $A(u,v)$ 为 (V,H) 强制的.

定理 8.3.1　如果双线性泛函 $A(u,v)$ 为 (V,H) 强制的, 则一般抛物问题 (8.3.16)~(8.3.18) 有唯一解 u.

证明从略.

现在应用这个定理来解决前面提到过的热传导方程初边值问题. 对问题 (8.3.1)~(8.3.3) 我们已化成它的 Galerkin 形式 (8.3.7)~(8.3.8), 其中的双线性形式 $A(u,v)$ 如式 (8.3.6) 所定义. 于是, 取 $V=H_0^1(\Omega)$, $H=L_2(\Omega)$, 容易验证 $A(u,v)$ 是 $(H_0^1(\Omega), L^2(\Omega))$ 强制的

$$A(v,v)\geqslant \alpha\|v\|_1^2$$

(取 $\lambda=0$, 并且应用引理 6.3.2). 如果方程 (8.3.1) 的右端项 $f(x,y,t)\in L_2(0,T;L_2(\Omega))$, 初始条件中的 $u_0(x,y)\in L_2(\Omega)$, 利用定理 8.3.1 就可以得到, 热传导方程的初边值问题 (8.3.1)~(8.3.3) 有唯一的广义解 $u(x,y,t)\in L_2(0,T;H_0^1(\Omega))\cap C^0(0,T;L_2(\Omega))$.

8.3.3　半离散的有限元方程

引言中已指出, 用有限元方法于抛物型问题时分为两步. 第一步先对空间变量 x,y 离散. 为此, 设 V_h 是 V 的有限维子空间, 它的维数 $d=d(h)$. 作为第一步, 考虑以下的半离散问题: 给出 $u_{0,h}\in V_h$, 求函数 $u_h:\ t\in[0,T]\to u_h(t)\in V_h$, 使得

$$\begin{cases} \dfrac{\mathrm{d}}{\mathrm{d}t}(u_h(t),v)+A(u_h(t),v)=(f(t),v), \quad \forall v\in V_h, & (8.3.20)\\ u_h(0)=u_{0,h}. & (8.3.21)\end{cases}$$

定理 8.3.2　半离散问题 (8.3.20),(8.3.21) 有唯一的解 $u_h(t)$.

当然, 从应用的观点看来, 直接求解上面的半离散问题是不方便的, 我们将它稍微变一下形式. 设空间 V_h 的一组基为 $\{\varphi_1,\cdots,\varphi_d\}$, 未知函数 $u_h(t)\in V_h$ 的形式为

$$u_h(t)=\sum_{j=1}^{d}\xi_j(t)\varphi_j, \quad t\in[0,T]; \tag{8.3.22}$$

它的初值 $u_{0,h}\in V_h$ 表示为

$$u_{0,h}=\sum_{j=1}^{d}\xi_{0,j}\varphi_j, \tag{8.3.23}$$

将它们代入半离散问题, 则式 (8.3.20),(8.3.21) 表示为

$$\begin{cases} \sum_{j=1}^{d}(\varphi_j,\varphi_i)\dfrac{\mathrm{d}\xi_j}{\mathrm{d}t}(t)+\sum_{j=1}^{d}A(\varphi_j,\varphi_i)\xi_j(t)=(f(t),\varphi_i),\ 1\leqslant i\leqslant d, & (8.3.24)\\ \xi_i(0)=\xi_{0,i},\ \ 1\leqslant i\leqslant d. & (8.3.25)\end{cases}$$

引入刚度矩阵 K 和质量矩阵 M:

$$K=\left[A(\varphi_j,\varphi_i)\right],\qquad M=\left[(\varphi_j,\varphi_i)\right] \tag{8.3.26}$$

以及 d 维列向量

$$\boldsymbol{\xi}(t)=[\xi_1(t),\cdots,\xi_d(t)]^{\mathrm{T}}; \tag{8.3.27}$$

$$\boldsymbol{\beta}(t)=[\beta_1(t),\cdots,\beta_d(t)]^{\mathrm{T}},\ \ \beta_i(t)=(f(t),\varphi_i); \tag{8.3.28}$$

$$\boldsymbol{\xi}_0=[\xi_{0,1},\cdots,\xi_{0,d}]^{\mathrm{T}}. \tag{8.3.29}$$

之后, 半离散问题表示为一个含 d 个未知函数 $\xi_1(t),\cdots,\xi_d(t)$ 的常微分方程组

$$\begin{cases} M\dfrac{\mathrm{d}\boldsymbol{\xi}}{\mathrm{d}t}(t)+K\boldsymbol{\xi}(t)=\boldsymbol{\beta}(t), & (8.3.30)\\ \boldsymbol{\xi}(0)=\boldsymbol{\xi}_0. & (8.3.31)\end{cases}$$

求出 $\boldsymbol{\xi}(t)$ 后代入式 (8.3.22) 就得到 $u_h(t)$.

定理 8.3.3　*在定理 8.3.1 的条件下, 如果*

$$\lim_{h\to 0}\inf_{v_h\in V_h}\|v-v_h\|=0,\quad \forall v\in V, \tag{8.3.32}$$

$$\lim_{h\to 0}\|u_0-u_{0,h}\|=0, \tag{8.3.33}$$

则在 $L_2(0,T;V)$ 和 $C(0,T;H)$ 的度量下

$$\lim_{h\to 0}u_h=u. \tag{8.3.34}$$

对于我们前面考虑的热传导方程初边值问题 (8.3.1)~(8.3.3), 因为 $V=H_0^1(\Omega)$, 所以, 我们可以通过对区域 Ω 剖分和分片插值的方法, 构造有限元空间 V_h, 其过程和求解椭圆型方程的边值问题是一样的. 根据 8.1 节中的插值误差估计, 式 (8.3.32) 所要求的性质 (即 V_h 可以充分逼近 V) 是满足的. 至于 $u_{0,h}$ 的选择, 方式多种多样. 例如可以选它为 u_0 在 V_h 上的 L_2 投影

$$(u_0-u_{0,h},v)=0,\quad \forall v\in V_h, \tag{8.3.35}$$

或者 (见式 (8.3.23))

$$\left(u_0-\sum_{j=1}^{d}\xi_{0,j}\varphi_j,\ \varphi_i\right)=0\quad(1\leqslant i\leqslant d),$$

$$\sum_{j=1}^{d}(\varphi_j,\varphi_i)\xi_{0,j}=(u_0,\varphi_i)\quad(1\leqslant i\leqslant d),\tag{8.3.36}$$

解出 $\xi_{0,j}\ \ (1\leqslant j\leqslant d)$ 即得 $u_{0,h}$.

为了计算出方程中的刚度矩阵 K、质量矩阵 M、荷载向量 $\boldsymbol{\beta}(t)$(见式 (8.3.6), (8.3.28)), 可以应用在上一章中对椭圆型方程有限元法所介绍的单元分析、总体合成的标准过程. 因此, 为了得到半离散方程 (8.3.20), (8.3.21) (或者 (8.3.30), (8.3.31)), 只需对热传导方程初边值问题 (8.3.1) $\sim$ (8.3.3) 的 Galerkin 形式 (8.3.7), (8.3.8) 运用类似于对椭圆型方程边值问题所用的离散过程. 因为在这一步只对空间变量 x,y 离散而不涉及时间变量, 所以称为半离散过程.

8.3.4　全离散的有限元方程

为了数值求解半离散问题 (8.3.20) 和 (8.3.21)(或者它们的等价形式 (8.3.30) 和 (8.3.31)), 先回顾一阶常微分方程 Cauchy 问题

$$\begin{cases}\dfrac{\mathrm{d}y}{\mathrm{d}t}=\varphi(t,y(t)),\qquad t\in(0,T], & (8.3.37)\\ y(0)=y_0 & (8.3.38)\end{cases}$$

的某些数值方法. 在 $[0,T]$ 上作一个剖分, 为简单起见, 取步长 $\Delta t=T/N\ (N\geqslant 1)$, 记

$$t_n=n\Delta t\quad(0\leqslant n\leqslant N).\tag{8.3.39}$$

为了逐次求出 $y(t_n)$ 的近似值 y_n, 考虑最简单的 θ 方法

$$\frac{1}{\Delta t}(y_{n+1}-y_n)=\theta\varphi(t_{n+1},y_{n+1})+(1-\theta)\varphi(t_n,y_n)$$

$$(0\leqslant n\leqslant N-1),\tag{8.3.40}$$

其中 $\theta\in[0,1]$ 为参数. 当 $\theta=0$ 时它是显格式, $\theta>0$ 时是隐格式. 如果 Cauchy 问题(8.3.37), (8.3.38) 的解 $y(t)$ 充分光滑 (如三次连续可微分), 则格式 (8.3.40) 在 $\theta\neq\dfrac{1}{2}$ 时有一阶精度, $\theta=\dfrac{1}{2}$ 时有二阶精度. 另外, 当 $0\leqslant\theta<\dfrac{1}{2}$ 时格式 (8.3.40) 是条件稳定的, 当 $\theta\geqslant\dfrac{1}{2}$ 时它是无条件稳定的.

我们用 θ 方法求解 (8.3.30), (8.3.31). 为此, 设 $f\in C(0,T;H)$, 由此得到 $\beta_i(t)=(f(t),\varphi_i)$ 在区间 $[0,T]$ 上连续. 用 $\boldsymbol{\xi}^n$ 表示 $\boldsymbol{\xi}(t_n)$ 的近似值, 得到全离散方程

$$\begin{cases}\Delta tM(\boldsymbol{\xi}^{n+1}-\boldsymbol{\xi}^n)+K[\theta\boldsymbol{\xi}^{n+1}+(1-\theta)\boldsymbol{\xi}^n]\\ =\theta\boldsymbol{\beta}(t_{n+1})+(1-\theta)\boldsymbol{\beta}(t_n), & (8.3.41)\\ \boldsymbol{\xi}^0=\boldsymbol{\xi}_0. & (8.3.42)\end{cases}$$

因此, 对于 $n=0,1,\cdots,N-1$, 每一步都要解一个线性代数方程组

$$(M+\theta\Delta tK)\boldsymbol{\xi}^{n+1}=\boldsymbol{\eta}^n, \tag{8.3.43}$$

其中 d 维向量 $\boldsymbol{\eta}^n$ 是一个已知向量. 因为 $\theta\geqslant 0$, 对称矩阵 $M+\theta\Delta tK$ 是正定的 (这里, 假定双线性泛函 $A(u,v)$ 是对称正定的), 所以可用很多方法求解式 (8.3.43). 当用 Cholesky 分解时, 由于 $M+\theta\Delta tK$ 与 n 无关, 只需作出一次分解就可以对所有的 $n=0,1,\cdots,N-1$ 使用.

在实用上, 通常取 θ 为以下一些值:

$\theta=0$, 即向前 Euler 格式;

$\theta=\dfrac{1}{2}$, 称为 Crank-Nicolson 格式;

$\theta=1$, 即向后 Euler 格式.

我们也可以将全离散方程写成另一种形式. 记 $u_h(t_n)$ 的近似值为 u_h^n, 我们的目的是求出 $u_h^{n+1}\in V_h\ \ (0\leqslant n\leqslant N-1)$ 满足

$$\begin{cases}\dfrac{1}{\Delta t}(u_h^{n+1}-u_h^n,v)+A(\theta u_h^{n+1}+(1-\theta)u_h^n,v)\\ =(\theta f(t_{n+1})+(1-\theta)f(t_n),\ v),\quad \forall v\in V_h, & (8.3.44)\\ u_h^0=u_{0,h}. & (8.3.45)\end{cases}$$

逐次地求出全离散方程的解 $u_h^n\ \ (0\leqslant n\leqslant N)$, 我们认为它就是半离散方程 (8.3.20), (8.3.21) 的解 $u_h(t)$ 在 $t=t_n$ 的近似, 也认为它是一般抛物问题 (8.3.16)~(8.3.18) 的解 $u(t)$ 在 $t=t_n$ 的值 $u(t_n)$ 的近似. 因此, 用 u_h^n 近似 $u(t_n)$ 时先后经过了半离散和全离散两个过程. 我们当然可以估计误差 $u_h^n-u(t_n)$, 限于篇幅只能从略.

本章小结与补充讨论

有限元方法是近年来获得迅速发展和应用的一种求解偏微分方程的数值方法, 其内容是极其丰富的. 我们在上一章中通过两个问题使读者对这种方法有个初步

的了解之后, 在这一章又对几个基本问题作了讨论. 我们着重介绍了如何构造各种剖分插值的形状函数, 以便读者根据需要选用; 并且介绍了 Sobolev 空间中的插值误差理论, 它既能用于分析各种分片插值的误差, 又可以用于证明有限元方法的收敛性和估计误差的阶. 由此可见, 有限元方法通过投影定理和 Sobolev 空间的插值理论, 把它的收敛性问题十分完美地加以解决.

至于带时间变量的偏微分方程的有限元方法, 是一个极为庞大的课题, 在第三节中所作的简略介绍只是为了使读者对它有个初步的印象, 并且可以用它求解一些简单的问题. 对此有兴趣的读者可以参阅文献 Knabner et al, 2003; Quarteroni et al, 1997; Thomee, 1997; Johnson, 1987.

总之, 我们通过这三章使得读者对有限元方法有了基本的了解. 但是, 这种了解是十分不全面的. 例如, 我们主要讨论协调的有限元方法, 亦即有限元空间 V_h 是广义解空间 V 的有限维子空间. 但是, 在很多情形下 (例如四阶椭圆型问题) 要求 $V_h \subset V$ 是比较困难的, 因此, 就出现了不协调的有限元方法, 它不要求 $V_h \subset V$. 然而, 这时不能用投影定理来证明它的收敛性, 问题的难度增加了很多.

又如, 我们主要讨论 Galerkin 有限元方法求未知函数 (在力学上相当于求弹性体的位移). 如果需要求出未知函数的导数 (在力学上相当于要求弹性体的应力), 那么, 应用 Galerkin 方法得出的导数其精确度就要低一阶. 为此, 人们又发展了一些非标准的有限元方法, 如混合有限元方法, 杂交有限元方法等, 它们应用非标准的变分原理, 剖分插值也有很多新的技巧. 至于收敛性和误差估计, 更需要建立新的理论. 读者可以参阅文献 Ciarlet et al, 1991; Brezzi et al, 1991; 应隆安, 1988; Ciarlet, 1978. 其中文献 Ciarlet, 1978 是一部经典著作, 被讨论有限元的论文和专著大量引用.

在求解有限元方程时, 近年来提出的预处理共轭梯度法和多重网格迭代法, 其收敛速度极快, 运算量极省, 已经开始广泛应用. 有关求解离散方程的内容，读者除了参看本书第 3 章，还可以参考文献 Varga, 2006; Axelsson, 1994; Bramble, 1993; 哈克布思, 1988.

有限元方法所研究的课题远不止这些. 读者在今后的工作实践和理论提高中可以选择与专业有关的内容深入学习. 作为一门基础课, 我们只能介绍最基本的内容. 为了真正掌握这种方法, 读者要尽可能在计算机上进行一次数值试验.

习　题

1. 设区间 $I=[a,b]$, 函数 $u\in C^2(I)$. 求证分段线性插值函数 Πu 满足

$$\max_{x\in I}|\Pi u(x)-u(x)|\leqslant\frac{1}{8}h^2\max_{x\in I}|u''(x)|,$$
$$\max_{x\in I}|(\Pi u)'(x)-u'(x)|\leqslant h\max_{x\in I}|u''(x)|.$$

2. 写出三角剖分时 Lagrange 型三次插值的形状函数，并且证明这种插值是唯一可解的.

3. 给出两点边值问题

$$\begin{cases} -\dfrac{\mathrm{d}^2u}{\mathrm{d}x^2}+u=1, \quad 0<x<1, \\ u(0)=0, \quad u'(1)=0, \end{cases}$$

试用 Hermite 三次元写出求解此边值问题的有限元方程.

4. 证明矩形 Lagrange 型双二次插值是唯一可解的，并且证明它是整体连续的.

5. 设双线性矩形单元沿 x 方向边长为 h_1，沿 y 方向边长为 h_2. 写出 Laplace 方程 $\Delta u=0$ 在此单元上的单元刚度矩阵.

6. 设 Ω 为平面上的有界区域. 对 Ω 作三角剖分，记单元 e 的最大边长为 h_e，内切圆的直径为 ρ_e，最小内角为 θ_e，且 $h=\max\limits_e h_e$. 证明以下两个条件是等价的：

(1) 存在常数 $\sigma>1$，使得 $\max\limits_e\{h_e/\rho_e\}\leqslant\sigma, \quad \forall h>0$;

(2) 存在常数 $\theta>0$，使得 $\min\limits_e\{\theta_e\}\geqslant\theta, \quad \forall h>0$.

部分习题答案及提示

第 1 章

2. 对步长 $h \in (0, h_0)$ 证明之，其中 h_0 为满足 $\dfrac{h_0 L}{2} < 1$ 的正常数.

6. 方法是三阶收敛的.

9. 取 α_0, α_1 为参数，得到三步四阶方法类系数

$$\beta_1 = -\frac{1}{24}(3\alpha_0 + 13\alpha_1 + 5),\ \beta_2 = -\frac{1}{24}(8\alpha_0 + 13\alpha_1 - 19),$$
$$\beta_3 = \frac{1}{24}(\alpha_1 + 9),\ \beta_0 = -\frac{1}{24}(8\alpha_0 - \alpha_1 - 1),$$
$$\alpha_2 = -\alpha_1 - \alpha_0 - 1,\ \alpha_3 = 1.$$

当 $\alpha_1 = -9$ 时，$\beta_3 = 0$，得到三步四阶显式方法类系数

$$\alpha_3 = 1,\ \alpha_2 = -(\alpha_0 - 8),\ \beta_0 = -\frac{1}{3}(\alpha_0 + 8),$$
$$\beta_1 = -\frac{1}{6}(33\alpha_0 - 28),\ \beta_2 = -\frac{1}{3}(\alpha_0 - 17).$$

10. 三步最高阶方法是六阶的，其系数为

$$\alpha_3 = -\alpha_0 = 1,\ \beta_1 = \beta_0 = \alpha_2 = -\alpha_1 = \frac{27}{11},\ \beta_3 = \beta_0 = \frac{3}{11}.$$

11. 对 $k = 1, 2, 3, 4$, k 阶 k 步 Gear 方法的表达式分别为

$$u_{n+1} - u_n = hf_{n+1},\ u_{n+2} - \frac{4}{3}u_{n+1} + \frac{1}{3}u_n = \frac{2}{3}hf_{n+2},$$
$$u_{n+3} - \frac{18}{11}u_{n+2} + \frac{9}{11}u_{n+1} - \frac{2}{11}u_n = \frac{6}{11}hf_{n+3},$$
$$u_{n+4} - \frac{48}{25}u_{n+3} + \frac{36}{25}u_{n+2} - \frac{16}{25}u_{n+1} + \frac{3}{25}u_n = \frac{12}{25}hf_{n+4}.$$

15. 求解二阶差分方程初值问题：$\phi_{n+2} = \phi_{n+1} + \phi_n, \phi_0 = 0, \phi_1 = 1$, 可求出

$$\phi_n = \frac{1}{\sqrt{5}}\left[\left(\frac{1+\sqrt{5}}{2}\right)^n - \left(\frac{1-\sqrt{5}}{2}\right)^n\right].$$

16. 通解为 $u_n = c_1\mu^n \cos n\theta + c_2\mu^n \sin n\theta + \dfrac{1}{1-\mu}$, 其中 c_1, c_2 为任意常数.

17. 这个二步方法不能达到三阶收敛.

18. 先求出 $\rho_{j+1}(\lambda) = \sum\limits_{i=0}^{k} i^j \alpha_i \lambda^i,\ \sigma_{j+1}(\lambda) = \sum\limits_{i=0}^{k} i^j \beta_j \lambda^i,\ j = 1, 2, \cdots$, 再由式 (1.3.7) 算出 $c_j = \dfrac{1}{j!}\Big[\rho_{j+1}(1) - j\sigma_j(1)\Big]$.

19.(a)$\alpha_0 = -(1 + \alpha_1),\ \beta_1 = \dfrac{1}{2}(\alpha_1 + 4),\ \beta_0 = \dfrac{1}{2}\alpha_1$;

(b) 当 $-2 < \alpha_1 \leqslant 0$ 时，方法满足根条件；

(c) 当 $\alpha_1 = 0$ 时得到中点公式, 当 $\alpha_1 = -1$ 时，得到二步 Adams 显式公式.

(d) 可选择 $\alpha_1 = 4$, 使方法达到 3 阶，但不满足根条件.

20. 当 $-\dfrac{1}{2} < \beta_0 \leqslant \dfrac{1}{3}$ 时，方法满足根条件. 当 $-\dfrac{1}{2} < \beta_0 < \dfrac{1}{3}$ 时, 绝对稳定区间为 $\left(\dfrac{-4+12\beta_0}{2\beta_0+1}, 0\right)$.

21. 最高阶三步方法是绝对不稳定的.

22. 方法的绝对稳定区间为 $\left(\dfrac{6(\alpha+1)}{\alpha-1}, 0\right)$.

23. 设二次方程的两个根为：λ_1, λ_2, 则 $|\lambda_1|, |\lambda_2| \leqslant 1 \Leftrightarrow (1-\lambda_1)(1-\lambda_2) = 1-b-c \geqslant 0, (1+\lambda_1)(1+\lambda_2) = 1+b-c \geqslant 0, (1-\lambda_1\lambda_2) = 1+c \geqslant 0$.

24. 矩阵 $\begin{bmatrix} -2000 & 999.75 \\ 1 & -1 \end{bmatrix}$ 的特征值为 $\lambda_1 = -2000.5, \lambda_2 = 0.5$, 故方程组的刚性比为 4001. 用 RK 方法求解，步长 $h \leqslant 0.00138$.

第 2 章

1. 将方程在 $[x_{i-\frac{1}{2}}, x_{i+\frac{1}{2}}]$ 上积分. 只需注意 $\displaystyle\int_{x_{i-\frac{1}{2}}}^{x_{i+\frac{1}{2}}} r\frac{\mathrm{d}u}{\mathrm{d}x}\mathrm{d}x = h\left[r\frac{\mathrm{d}u}{\mathrm{d}x}\right]_i + O(h^3)$, 而 $\left[r\dfrac{\mathrm{d}u}{\mathrm{d}x}\right]_i = r_i\dfrac{[u]_{i+1}-[u]_{i-1}}{2h} + O(h^2)$.

2. 注意系数 p 和未知函数 u 都是二元函数.

3. 注意这两个格式只相差一个因子.

4. 将未知量按 $u_{01}, u_{11}, \cdots, u_{34}$ 排序, 则方程的系数矩阵为对称矩阵

$$H = \begin{bmatrix} E_0 & K & & & \\ K & E_1 & K & & \\ & K & E_1 & K & \\ & & K & E_1 & \\ & & & K & E_2 \end{bmatrix},$$

其中 $K = \begin{bmatrix} -\frac{3}{2} & & & \\ & -3 & & \\ & & -3 & \\ & & & -3 \end{bmatrix}$, $E_0 = \begin{bmatrix} 2 & -\frac{1}{2} & & \\ -\frac{1}{2} & 4 & -\frac{1}{2} & \\ & -\frac{1}{2} & 4 & -\frac{1}{2} \\ & & -\frac{1}{2} & 4 \end{bmatrix}$,

$$E_1 = \begin{bmatrix} 4 & -1 & & \\ -1 & 8 & -1 & \\ & -1 & 8 & -1 \\ & & -1 & 8 \end{bmatrix}, E_2 = \begin{bmatrix} \frac{19}{8} & -\frac{1}{2} & & \\ -\frac{1}{2} & \frac{19}{4} & -\frac{1}{2} & \\ & -\frac{1}{2} & \frac{19}{4} & -\frac{1}{2} \\ & & -\frac{1}{2} & \frac{19}{4} \end{bmatrix}.$$

而方程的右端项 $\boldsymbol{g} = [g_0, g_1, g_1, g_1, g_0]^{\mathrm{T}}$, 其中 $\boldsymbol{g}_0 = \left[\frac{1}{4}, \frac{1}{2}, \frac{1}{2}, \frac{1}{2}\right]^{\mathrm{T}}$, $\boldsymbol{g}_1 = \left[\frac{1}{2}, 1, 1, 1\right]^{\mathrm{T}}$.

6. 将各式表示为 $a_{ii}u_i - \sum a_{ij}u_j = \varphi_i(i \leqslant i \leqslant N-1)$ 时，当 $h>0$ 充分小就有 $a_{ij}>0$. 注意 $d_{ii} = a_{ii} - \sum a_{ij} = q_i \geqslant q_{\min} > 0$.

7. 用优函数法. 将坐标原点 (0,0) 置于正方形中心, 若正方形边长为 a, 则可取优函数 $V_i = K(\frac{1}{2}a^2 - x_i^2 - y_i^2)$, 其中常数 K 适当选取.

8. 将网函数 u 及 $\Lambda_h u$ 按二维 Laplace 差分算子的规范正交特征函数组展开.

9. 利用第 8 题结果及第一差分 Green 公式.

第 3 章

1. 记 $\varphi_a(\mu) = \dfrac{1-\mu a}{1+\mu a}, \varphi_b(\mu) = \dfrac{1-\mu b}{1+\mu b}$, 则 $\varphi(\mu) = \max\{|\varphi_a(\mu)|, |\varphi_b(\mu)|\}$. 证明当 $0<\mu\leqslant 1/\sqrt{ab}$ 时 $\varphi(\mu)=\varphi_a(\mu)$, 且单调下降; 当 $1/\sqrt{ab}\leqslant\mu<+\infty$ 时 $\varphi(\mu) = -\varphi_b(\mu)$, 且单调上升, 从而 $\varphi(\mu)$ 在 $\mu = 1/\sqrt{ab}$ 时取极小.

第 4 章

1.
$$\begin{cases} u_j^{k+1} = 0.1u_{j-1}^k + 0.8u_j^k + 0.1u_{j+1}^k \quad (1\leqslant j\leqslant 9,\ 0\leqslant k\leqslant 99), \\ u_j^0 = \sin 0.1j\pi \quad (0\leqslant j\leqslant 10), \\ u_0^k = u_{10}^k = 0 \quad (0\leqslant k\leqslant 100). \end{cases}$$

2. 用积分插值法对内点和边界点分别建立等距网格的差分格式, 得

$$\begin{aligned} u_j^{k+1} &= rx_{j-1/2}u_{j-1}^k + (1-2rx_j)u_j^k + rx_{j+1/2}u_{j+1}^k \quad (1\leqslant j\leqslant N-1), \\ u_N^{k+1} &= 2rx_{N-1/2}u_{N-1}^k + (1-rh-2rx_{N-1/2})u_N^k, \end{aligned}$$

注意 $x_j = 0.5 + jh$, 当 $r\leqslant \dfrac{1}{2}$ 时有 $\|u^{k+1}\|_c \leqslant \|u^k\|_c$.

3. 用差商代替导数, 对内点和边界点分别建立等距网格的差分格式, 得

$$\begin{aligned} u_j^{k+1} =& r\left(1-\frac{h}{2(1+x_j)}\right)u_{j-1}^k + (1-2r)u_j^k \\ &+ r\left(1+\frac{h}{2(1+x_j)}\right)u_{j+1}^k \quad (1\leqslant j\leqslant N-1), \\ u_0^{k+1} =& u_1^{k+1}. \end{aligned}$$

注意 $x_j = jh$, 当 $r\leqslant\dfrac{1}{2}$ 时有 $\|u^{k+1}\|_c\leqslant\|u^k\|_c$.

5.(1) 这是对空间导数用中心差商逼近的格式, 截断误差为 $O(\tau+h^2)$. 传播因子 $G(\sigma,\tau) = 1-2r(1-\cos\sigma h) - i\,2rL\sin\sigma h$. 导出 $|G(\sigma,\tau)|^2\leqslant 1 \Leftrightarrow r\leqslant\dfrac{1}{2}$且$r\leqslant\dfrac{1}{2L^2}$. 这是格式按 Euclid 范稳定的充要条件.

(2) 这是对 $\dfrac{\partial u}{\partial x}$ 用偏心差商逼近的格式, 截断误差为 $O(\tau+h)$. 将此格式改写为上题的形式后, 则逼近 $\dfrac{\partial^2 u}{\partial x^2}$ 项的系数为 $(1+L)$. 类似上题的讨论, 格式按 Euclid 范稳定的充要条件是 $r\leqslant\dfrac{1}{2}(1+L)$ 且 $r\leqslant\dfrac{1}{2L^2}(1+L)$.

6. $r \leqslant 1/2a(1-\theta)$.

7. 在 $\left(j,k+\dfrac{1}{2}\right)$ 点离散方程, 对 $\dfrac{\partial^2 u}{\partial x^2} = \dfrac{\partial}{\partial x}\left(\dfrac{\partial u}{\partial x}\right)$, 先用 $\dfrac{\partial u}{\partial x}$ 在 $\left(j+\dfrac{1}{2},k+\dfrac{1}{2}\right)$ 和 $\left(j-\dfrac{1}{2},k+\dfrac{1}{2}\right)$ 之差作一次离散, 之后将它们用 $\left(j+\dfrac{1}{2},k\right)$ 和 $\left(j-\dfrac{1}{2},k\right)$ 逼近, 则可知截断误差为 $O\left(\dfrac{\tau}{h}+\tau^2+h^2\right)$. 格式无条件稳定.

8. 参考第 7 题. 格式是无条件稳定的.

9. 考虑 $\dfrac{3}{2}\left[\dfrac{\partial u}{\partial t}\right]_j^{k+1/2} - \dfrac{1}{2}\left[\dfrac{\partial u}{\partial t}\right]_j^{k-1/2}$, 将其对变量 t 在 $(j,k+1)$ 处作 Taylor 展开, 可得格式截断误差为 $O(\tau^2+h^2)$, 且是无条件稳定的.

10. 参考第 8 题. 格式是无条件稳定的.

11. 格式也是无条件稳定的.

12. 格式的传播因子

$$G(\sigma_1,\sigma_2,\tau) = \frac{1-4r\sin^2\dfrac{\sigma_2 h}{2}}{1+4r\sin^2\dfrac{\sigma_1 h}{2}}.$$

由于 σ_1, σ_2 各自独立取值, 当 $r \leqslant \dfrac{1}{2}$ 时格式稳定.

13. 算出格式的传播因子 $G(\sigma_1,\sigma_2,\sigma_3,\tau)$. 如果对任何 $h>0$, 适当选取 σ_1,σ_2 和 σ_3, 使 $\sin\sigma_1 h = \sin\sigma_2 h = \sin\sigma_3 h = 1$, 当 $r > \dfrac{3}{2}$ 时 $|G(\sigma_1,\sigma_2,\sigma_3,\tau)| > 1$, 故格式不是无条件稳定.

15.(a) 格式与 PR 格式等价.

(b) 格式无条件稳定, 其截断误差阶为 $O(\tau^2+h^4)$.

第 5 章

1. 计算过程如果采用分数表示, 不作舍入, 并将结果以表格列出, 则可以看出: 迎风格式保持了解的单调性, 但 LW 格式不保持; 且 LW 格式的精度高于迎风格式.

2. 这两个格式都是按 Euclid 范无条件稳定的.

3. 根据条件 $0 < c_0 \leqslant a(x) \leqslant c_1$, 这两个格式当 $rc_1 \leqslant 1$ 时按最大范稳定.

4. 此三层格式可参阅正文式 (5.2.8). 当 $ar=1$ 时, 取 $\sigma h = -\dfrac{\pi}{2}$, 则传播矩阵

$$G(\sigma,\tau) = \begin{bmatrix} 2i & 1 \\ 1 & 0 \end{bmatrix}, \quad G^k(\sigma,\tau) = i^k \begin{bmatrix} k+1 & -ki \\ -ki & 1-k \end{bmatrix},$$

其中 $i=\sqrt{-1}$. 显然 $\|G^k(\sigma,\tau)\|$ 关于 k 无界, 故格式不稳定. 类似讨论 $ar=-1$.

5. 当 $\dfrac{1}{4} \leqslant \theta \leqslant 1$ 时, 格式无条件稳定; 当 $0 \leqslant \theta < \dfrac{1}{4}$ 时, 若 $r < 1/\sqrt{1-4\theta}$ 格式稳定, 否则不稳定.

6. 当 $ar \leqslant 1$ 时格式稳定.

7. 当 $ar < \dfrac{1}{\sqrt{2}}$ 时格式稳定.

8. 与正文中讨论无阻尼的情形类似.

10. 当 $|a|r \leqslant 1$ 时格式稳定.

第 6 章

1. 参考正文中变分法基本引理的证明, 构造 $\eta(x) \in C_0^\infty(x_0, x_1)$ 是主要的不同点.

2. 令 $\varphi(\alpha) = J(u+\alpha\eta)$, 计算 $\varphi'(0)$, 则从 $\delta u = \alpha\eta$ 得

$$\delta J(u, \delta u) = \int_{x_0}^{x_1} [\pi_u \delta u + \pi_{u'}(\delta u)' + \cdots + \pi_{u^{(m)}}(\delta u)^{(m)}]\mathrm{d}x.$$

如果 u 有比 m 阶更高的连续导数, 可以对某些项部分积分, 但要注意本题未给出边界条件.

3.(1) 由 A 的对称性, 得 $\delta J(u, \delta u) = (Au - b, \delta u)$, $\delta^2 J(u, \delta u) = (A\delta u, \delta u)$.

(2) 注意二阶变分正定.

4.

$$\begin{cases} -\dfrac{\mathrm{d}}{\mathrm{d}x}\left(p\dfrac{\mathrm{d}u}{\mathrm{d}x}\right) + q(x)u = f(x), & 0 < x < 1; \\ -p(0)u'(0) + k_0 u(0) = \varphi_0, & p(1)u'(1) + k_1 u(1) = \varphi_1. \end{cases}$$

5. 参考正文中边值问题与变分问题关系的论述, 可以先建立虚功原理, 再建立最小位能原理.

6.(2) 利用 Lax-Milgram 定理. 作变换 $w(x) = u(x) - g_1$, 证明 $w(x)$ 的存在唯一性. 为证明变分问题中线性泛函的有界性, 可应用嵌入定理 (见定理 7.1.1).

8. 将问题转化为二维矩形区域上的边值问题

$$\begin{cases} -\dfrac{1}{x}\dfrac{\partial}{\partial x}\left(x\dfrac{\partial u}{\partial x}\right) - \dfrac{\partial^2 u}{\partial y^2} = f(x,y), \quad 0 < x < 1, -1 < y < 1, \\ \dfrac{\partial u}{\partial \boldsymbol{n}} = 0, \quad x = 0, -1 < y < 1, \\ \dfrac{\partial u}{\partial \boldsymbol{n}} + \sigma u = g(x,y), \quad \text{其他边界上}, \end{cases}$$

方程两边乘以 x 后再按通常方法讨论.

9. 设 $f(x)$ 在 $[a,b]$ 内于 $x_1 < x_2 < \cdots < x_n$ 处导数间断, 利用区间 $[a, x_1), [x_2, x_3), \cdots, [x_{n-1}, x_n), [x_n, b]$ 上的通常导数 $f'(x) = g_i(x)$ $(1 \leqslant i \leqslant n+1)$ 定义一个函数 $g(x)$, 并证明 $g(x)$ 是 $f(x)$ 的广义导数.

10. 在区域 $\Omega_\varepsilon = \left\{(x,y) | \varepsilon < r < \dfrac{1}{2}\right\}$ 上用 Green 公式, 令 $\varepsilon \to 0$, 可以证明古典导数是 Ω 上的广义导数.

12. 如果 $v \in C^\infty(\overline{\Omega})$, 在 $u \in H^1(\Omega)$ 广义导数定义中允许用 $v\varphi$ 代替 $\varphi \in C_0^\infty(\Omega)$. 此外, 当 $v \in C^1(\overline{\Omega})$ 时, 可以用 $C^\infty(\overline{\Omega})$ 中的序列按 $H^1(\Omega)$ 的范数逼近 v.

13. 当 $\varphi \in C_0^\infty(\Omega)$ 时 $\varphi_{xy} = \varphi_{yx}$, 由此证明 $\displaystyle\iint_\Omega (g_y - h_x)\varphi \mathrm{d}x\mathrm{d}y = 0$.

14. 证明存在常数 $c_1 > 0$ 和 $c_2 > 0$ 使得 $c_1\|u\|_1 \leqslant |||u||| \leqslant c_2\|u\|_1$, 可以利用 $H_0^1(a,b)$ 中的 Friedrichs 第一不等式.

15. 对任何列向量 $\boldsymbol{\xi} \in \mathbf{R}^N$, 证明二次型 $\boldsymbol{\xi}^{\mathrm{T}} G \boldsymbol{\xi} \geqslant 0$, 且 $\boldsymbol{\xi}^{\mathrm{T}} G \boldsymbol{\xi} = 0 \Leftrightarrow \boldsymbol{\xi} = \mathbf{0}$.

第 7 章

1. (1) 如用中矩形公式计算积分, 得 $e_i=[x_{i-1},x_i]$ 上的单元刚度矩阵 $A^{(i)}$ 和单元荷载向量 $\boldsymbol{b}^{(i)}$:

$$A^{(i)}=\begin{bmatrix}\frac{1}{h}p_{i-\frac{1}{2}}+\frac{h}{3}q_{i-\frac{1}{2}} & -\frac{1}{h}p_{i-\frac{1}{2}}+\frac{h}{6}q_{i-\frac{1}{2}}\\ -\frac{1}{h}p_{i-\frac{1}{2}}+\frac{h}{6}q_{i-\frac{1}{2}} & \frac{1}{h}p_{i-\frac{1}{2}}+\frac{h}{3}q_{i-\frac{1}{2}}\end{bmatrix},\ \boldsymbol{b}^{(i)}=\begin{bmatrix}\frac{h}{2}f_{i-\frac{1}{2}}\\ \frac{h}{2}f_{i-\frac{1}{2}}\end{bmatrix}$$

经过处理边界条件后, 总刚度矩阵和总荷载向量的前两行为

$$\begin{bmatrix}\frac{1}{h}(p_{\frac{1}{2}}+p_{\frac{3}{2}})+\frac{h}{3}(q_{\frac{1}{2}}+q_{\frac{3}{2}}) & -\frac{1}{h}p_{\frac{1}{2}}+\frac{h}{6}q_{\frac{1}{2}} & 0 & \cdots & \\ -\frac{1}{h}p_{\frac{1}{2}}+\frac{h}{6}q_{\frac{1}{2}} & \frac{1}{h}(p_{\frac{3}{2}}+p_{\frac{5}{2}})+\frac{h}{3}(q_{\frac{3}{2}}+q_{\frac{5}{2}}) & -\frac{1}{h}p_{\frac{3}{2}}+\frac{h}{6}q_{\frac{3}{2}} & 0 & \cdots\end{bmatrix},$$

$$\begin{bmatrix}\frac{h}{2}f_{\frac{1}{2}}+\frac{h}{2}f_{\frac{3}{2}}-(-\frac{1}{h}p_{\frac{1}{2}}+\frac{h}{6}q_{\frac{1}{2}})\alpha\\ \frac{h}{2}f_{\frac{3}{2}}+\frac{h}{2}f_{\frac{5}{2}}\end{bmatrix}.$$

(2) 差分方程系数矩阵与右端向量的前两行为

$$\begin{bmatrix}\frac{1}{h^2}(p_{\frac{1}{2}}+p_{\frac{3}{2}})+q_1 & -\frac{1}{h^2}p_{\frac{1}{2}} & 0 & \cdots & 0\\ -\frac{1}{h^2}p_{\frac{1}{2}} & \frac{1}{h^2}(p_{\frac{3}{2}}+p_{\frac{5}{2}})+q_2 & -\frac{1}{h^2}p_{\frac{3}{2}} & 0 & \cdots & 0\end{bmatrix},$$

$$\begin{bmatrix}f_1-(-\frac{1}{h^2}p_{\frac{1}{2}})\alpha\\ f_2\end{bmatrix}.$$

(3) 方程离散后的差别主要体现在 qu 和 f 这两项.

2. 如果三角形单元上直角顶点的编号最大, 则单元刚度矩阵为

$$A^{(i)}=\frac{1}{2}\begin{bmatrix}1&0&-1\\0&1&-1\\-1&-1&2\end{bmatrix},$$

若直角顶点的编号在单元顶点编号中居中, 则单元刚度矩阵为

$$A^{(i)}=\frac{1}{2}\begin{bmatrix}1&-1&0\\-1&2&-1\\0&-1&1\end{bmatrix},$$

其他情形类似讨论. 经过总体合成和处理本质边界条件, 所得的有限元方程与用积分插值法离散的有限差分方程是一致的.

4. (1) 参阅第 6 章习题 8. 本题应考虑以下方程

$$-\frac{1}{r}\frac{\partial}{\partial r}\left(ra\frac{\partial u}{\partial r}\right)-\frac{\partial}{\partial z}\left(a\frac{\partial u}{\partial z}\right)=f(r,z).$$

(2),(3) 参阅本章第 2 题, 并注意单元上的积分被积函数是多项式, 可以引入面积坐标后精确算出.

第 8 章

1. 由牛顿插值公式, 余项可表示为

$$R(x) = (x-a)(x-b)[a,b,x]u,$$

其中二阶差商 $[a,b,x] = \frac{1}{2}u''(\xi)$, $\xi \in I$. 再注意 $|(x-a)(x-b)| \leqslant \frac{h^2}{4}$.

3. 记方程的弱形式为 $A(u,v) = (1,v)$, 在结点 x_i 处有限元空间的基函数为 $\varphi_i(x)$ 和 $\varphi_i^{(1)}(x)$, 则左端点方程为

$$\begin{cases} u_0 = 0, \\ \sum\limits_{i=0}^{n}[u_i A(\varphi_i, \varphi_0^{(1)}) + u_i'(\varphi_i^{(1)}, \varphi_0^{(1)})] = (1, \varphi_0^{(1)}), \end{cases}$$

其他结点上的方程 $l = 0, 1; j = 1, 2, \cdots, n$

$$\sum_{i=0}^{n}[u_i A(\varphi_i, \varphi_j^{(l)}) + u_i' A(\varphi_i^{(1)}, \varphi_j^{(l)})] = (1, \varphi_j^{(l)}).$$

5. 单元刚度矩阵是对称的:

$$\frac{h_2}{3h_1}\begin{bmatrix} 1 & -1 & -1/2 & 1/2 \\ & 1 & 1/2 & -1/2 \\ & & 1 & -1 \\ & & & 1 \end{bmatrix} + \frac{h_1}{3h_2}\begin{bmatrix} 1 & 1/2 & -1/2 & -1 \\ & 1 & -1 & -1/2 \\ & & 1 & 1/2 \\ & & & 1 \end{bmatrix}.$$

6. 证明在单元 e 上 $\left(2\tan\frac{\theta_e}{2}\right)^{-1} \leqslant \frac{h_e}{\rho_e} \leqslant 2(\sin\theta_e)^{-1}$.

参 考 文 献

郭本瑜. 1988. 偏微分方程的差分方法. 北京：科学出版社
姜礼尚, 庞之垣. 1979. 有限元方法及其理论基础. 北京：人民教育出版社
李立康, 於崇华, 朱政华. 1999. 微分方程数值解法. 上海：复旦大学出版社
李荣华, 冯果忱. 1996. 微分方程数值解法. 第 3 版. 北京：高等教育出版社
李荣华. 2005. 偏微分方程数值解法. 北京：高等教育出版社
陆金甫, 顾丽珍, 陈景良. 1988. 偏微分方程差分方法. 北京：高等教育出版社
应隆安. 1988. 有限元方法讲义. 北京：北京大学出版社
哈克布思 W. 1988. 多重网格方法. 林群等译. 北京：科学出版社
亨利西 P. 1985. 常微分方程离散变量方法. 包雪松等译. 北京：科学出版社
吉尔 C W. 1978. 常微分方程初值问题的数值解法. 费景高等译. 北京：科学出版社
普利斯 W H 等. 2005. C++ 数值算法. 胡健伟等译. 北京：电子工业出版社
萨马尔斯基 A A, 安德列耶夫 B B. 1984. 椭圆型方程差分方法. 武汉大学计算数学教研室译. 北京：科学出版社
Adams R A. 1981. 索波列夫空间. 叶其孝等译. 北京：人民教育出版社
Axelsson O. 1994. *Iterative Solution Methods.* Cambridge University Press
Bramble J H. 1993. *Multigrid Methods.* Harlow: Longman
Brezzi F, Fortin M. 1991. *Mixed and Hybrid Finite Element Methods.* New York: Springer-Verlag
Ciarlet P G. 1978. *The Finite ElementMethods for Elliptic Problems.* North-Holland
Ciarlet P G, Lions J L. 1989. *Handbook of Numerical Analysis, Vol Ⅰ: Finite Difference Methods.* North-Holland
Ciarlet P G, Lions J L. 1991. *Handbook of Numerical Analysis, Vol. Ⅱ: Finite Element Method.* North-Holland
Hairer E, Norset S P, Wanner G. 2006. *Solving Differential Equations Ⅰ: Nonstiff Problems.* 2nd ed. (国外数学名著系列 (影印版), 科学出版社)
Johnson C. 1987. *Numerical Solution of Partial Differential Equations by the Finite Element Method.* Cambridge University Press
Hairer E, Wanner G. 2006. *Solving Differential Equations Ⅱ: Stiff and Differential–Algebraic Problems.* 2nd ed. (国外数学名著系列 (影印版), 科学出版社)
Knabner P and Angermann L. 2003. *Numerical Methods for Elliptic and Parabolic Partial Differential Equations.* New York: Springer-Verlag
Lambert J D. 1991. *Numerical Methods in Ordinary Differential Systems: the Initial Value Problems.* John Wiley & Sons
Quarteroni A and Valli A. 1997. *Numerical Approximation of Partial Differential Equations.* Springer-Verlag (世界图书出版公司北京公司 1998 年重印出版)
Richtmyer R D, Morton K W. 1967. *Difference Methods for Initial Value Problem.* 2nd ed. John Wiley & Sons (中译本: 1992. 初值问题的差分方法. 第 2 版. 袁国兴等译. 中山大学出版社)
Samarskii A A and Nikolaev E S. 1989. *Numerical Methods for Grid Equations.* Basel: Birkhauser Verlag
Stoer J. 1996. *Introduction to Numerical Analysis.* 2nd ed. Berlin-Heidelberg-New York: